中国艺术研究院
基本科研业务费项目

中国美术年鉴2018

中国艺术研究院美术研究所 编

文化艺术出版社
Culture and Art Publishing House

图书在版编目（CIP）数据

中国美术年鉴. 2018 / 中国艺术研究院美术研究所
编. — 北京 : 文化艺术出版社, 2019.11
ISBN 978-7-5039-6810-5

Ⅰ. ①中… Ⅱ. ①中… Ⅲ. ①美术—中国—2018—年
鉴 Ⅳ. ①J12-54

中国版本图书馆CIP数据核字（2019）第247199号

中国美术年鉴 · 2018

编　　者　中国艺术研究院美术研究所
主　　编　郑　工
副 主 编　苏 丹　吴 爽　蔡 祐
责任编辑　魏 硕　齐大任
书籍设计　马夕雯
出版发行　文化艺术出版社
地　　址　北京市东城区东四八条52号（100700）
网　　址　www.caaph.com
电子邮箱　s@caaph.com
电　　话　（010）84057666（总编室）　84057667（办公室）
　　　　　84057696—84057699（发行部）
传　　真　（010）84057660（总编室）　84057670（办公室）
　　　　　84057690（发行部）
经　　销　新华书店
印　　刷　北京雅昌艺术印刷有限公司
版　　次　2019 年 12 月第 1 版
印　　次　2019 年 12 月第 1 次印刷
开　　本　787 毫米 × 1092 毫米　1/16
印　　张　29.5
字　　数　650千字　图片 110 余幅
书　　号　ISBN 978-7-5039-6810-5
定　　价　180.00 元

《中国美术年鉴·2018》

专家咨询组名单

（排名以姓氏笔画为序）

丁　宁　北京大学教授

王廷信　东南大学教授，《艺术学界》杂志主编

王　镛　《中华书画家》杂志主编

尚　辉　《美术》杂志主编

殷双喜　中央美术学院教授，《美术研究》杂志主编

卷首语

主编　郑　工

2018年中国美术界最引人注目的活动是两所院校的校庆，即中央美术学院和中国美术学院。两校的前身，一是成立于1918年的国立北京美术学校，一是成立于1928年的国立艺术院，而两校成立都与蔡元培有着密切关联。那时，蔡元培在国民教育中正极力推行他的美育主张，而美术教育是其中不可或缺的重要环节。时至2018年8月30日，中共中央习近平总书记给中央美术学院八位教授回了一封信，特别关注新时代的国民美育问题，提出要"弘扬中华美育精神"，由此引发美术界新的学习热潮并落实到各项工作中去。

对于2018年，"改革开放四十年"又成为中国美术界的一大热词，也是各项活动的主题词，体现在各种美术展览的组织策划以及相关的创作活动上。如果认真比较与考量展览的主题，分析作品的意义指向，便会发现组织者的意图在于说明四十年改革开放的深度与广度，尤其是在学科发展方面，在创作方法论的问题上，在艺术与生活的关系上，艺术家们的思考与探索实践。

与此相应，本年鉴在学科报道上，增加了一些综述性文章，提供导读，特别是在创作实践的专业领域，如中国画、油画、版画、雕塑及设计等，注意其发展的新特点，也试图通过学术梳理关注其理论问题。这是2018年年鉴编撰开启的新视角，希望能以此推动创作类学科的知识建构。文章的作者均是编辑部邀约的，有的是年轻学人，缺乏经验，我们也是在尝试进行这方面的工作。同样，在"专题讨论"一栏，结合年度热点也将注意力投向创作领域，如近年来持续不断的主题性美术创作、当代水墨艺术、跨媒体艺术与数字艺术以及创作方法论的研究等。作为一本美术年鉴，必须面对美术界所有引人注目的现象，而作为一级学科的美术学，创作领域内的理论研究向来是一薄弱环节，而研究又必须从发现问题开始。有了问题，就会有讨论。

学术自觉的根本是文化自觉。之所以提倡创新，目的在于从原有的知识基础上能有所发展。对于美术创作，就在于寻找艺术表现新的可能性，对于美术理论研究，既有对新知识的诉求，又有对既成知识的辨析与考订，因为知识总存在着局限性，需要一代又一代学人的努力。在某种意义上，创新就是一种新的发现，而发现就是醒悟。在"年度作品"的选择上，我们的标准也重在发现，发现他人的发现，不论老人还是新人，均以创新为重，并不以为这些都是年度经典。因为我们知道其中难以避免流行现象，而我们又不能不注意到新的流行现象背后蕴含的文化问题。流行现象有创新也会伴随着模仿与复制，创作如此，学术依然如此。我们只能将问题摆出来，提供给学术界，这只是前一步的工作，后续的事却是我们所期待的。学术自觉，在于每一环节，也在于每一个人。

不断地提示，是我们的工作目标。因为我们的能力有限，所以会将不少精力放在资料的检索上，为大家进一步研究提供方便。就资料本身而言，也需要系统化，最好能找到一个内在的脉络，但这标准是什么？我们无法把握，还是将其客观化了，即在大的类别上，以作者姓氏或文献发表的时间为序。不过，作者与文献的标题（含论题）本身就是一个提示。我们总担心陷在资料堆里无法自拔，也担心漏掉了一些重要的信息，毕竟我们面对的是整个美术界，难免有不足之处。

2019年12月27日于北京

目录

总　论

3　中国美术2018年度报告／苏　丹

年度焦点

19　由一封信引发的美育问题大讨论／于广华
27　改革开放40年中国美术大回顾／蔡　祜
35　历史与未来：中国两大美院校庆／崔晓蕾
43　人才培养：国家艺术基金资助新亮点／崔晓蕾
51　"一带一路"倡议下的七彩世界／冯知军

年度作品

61　山水六屏／贾又福
65　春　潮／胡　伟
68　盛世珠江／李劲堃　莫　菲　林杨杰　黄　涛
77　万壑松风／邱佳铭
81　马克思和家人的莎士比亚之夜／孙景波
87　李家山的布达拉／张新权
90　中国电子一条街／陆声设
95　觅·答谢中书书　其一／王海迪
100　无人售票／柳　青
107　跳竹竿／孙　妍

年度展览／吴　爽

115　综合展览
128　专题展览（含个人展览）
140　2018年度展览总目

学术文摘／吴　爽

235　美术史学
235　（1）中国古代美术史研究
242　（2）中国近现代美术史研究
248　（3）中国书法史研究
253　（4）外国美术史研究
257　（5）艺术设计史研究
259　（6）美术史学史研究（含方法论研究）
264　美术理论
264　（1）美术原理论研究
266　（2）美术创作理论研究
268　（3）美术批评理论研究
270　（4）艺术设计理论研究
273　（5）交叉学科理论研究

专题讨论

277　马克思与中国共产党：主题性美术创作／于　洋
287　当代水墨艺术综述／于广华
296　跨媒体艺术与数字艺术／林宸胄
305　当代艺术创作中的思想与方法／林宸胄
320　敦煌学与敦煌美术研究／郑　弋

学科报道

333　2018年中国画理论与实践研究综述／陈青青
340　2018年中国写实与写意油画热点问题盘点／陈国辉
347　2018年版画学科发展综述／何禹珩

353 2018年中国雕塑／韩小囡
359 2018年艺术设计研究综述／彭圣芳　彭宝莹
366 2018年美术史学研究评述／梁舒涵
372 2018年美术理论与批评研究综述／黄　琳
378 2018年艺术社会学研究综述／陆　豪
384 2018年中国艺术人类学学术讨论的焦点与热点／方李莉
391 实践中创造“中国范式”
——非物质文化遗产的保护实践与发展需要／董永俊

399 **文献索引**／吴　爽
437 **年度纪实**／苏　丹

总论

中国美术2018年度报告

苏　丹

2018年对于中国美术来说，是一个具有多重纪念意义的年度。其以特定事件与时间段为桥梁，与之对应的另一个历史时间节点相互关联、映射。2018年度中国美术的历史映射点之一，是1978年的“改革开放”，本年度此起彼伏的“纪念改革开放40周年”各级各类美术作品展丰富多彩；历史映射点之二，是中国现代美育和美术教育诞生的代表性事件，两大美院的建校周年大庆活动是对此的映射。

线性流淌的时间是一去不复返的，可是历史文本总会一次又一次在不同的时间、不同的地点，被不同的读者重读。因而，2018年绝不仅仅是2018年，在我们对中国乃至世界美术过往的再认识中，当下变得更加厚重。世界文化地理版图在知识的传播和衍变中，不断地漂移、碰撞、融合，信息技术的一次又一次革新让遥远的他国与中国无缝对接。中国是世界的中国，所以中国美术又不仅仅是中国美术，这里有来自中国之外的思想、声音、行为、作品的参与。

一、年度热点

（一）关于美育与美术教育的大讨论

1917年4月8日，蔡元培（1868—1940）在北京神州学会发表演说，提出了“以美育代宗教”说。在蔡元培的积极倡导和直接组织下，中央美术学院的前身——国立北京美术学校于1918年建立，而中国美术学院的前身——国立艺术院于1928年在杭州成立。两大美院之后在不同的历史时期，都是中国现代美育实施的排头兵，为打造国家文化形象、改善社会审美环境、提升国民审美素质做出了突出的贡献。在中国特色社会主义建设的新时代，美育仍然是培养公民健全人格的重要方式。2018年，两大美院分别迎来了100周年和90周年校庆，“美育”与美术教育依然是一个热议的话题。

两大美院的校庆活动各有一场盛大的艺术教育论坛。2018年3月26日至27日，中国美术学院以建校90周年为契机，邀请来自8个国家的数十位教育专家共聚北京，举办了“前沿，我们何以可能讨论未来？——Panel 21: 廿一世纪艺术 / 教育圆桌会议”。“论坛由“问题”“提案”“超越”“论辩”四场构成，与会专家学者共同梳理了艺术教育的前沿讯息，辨析当下实践中蕴含着的发展要素，追问在当代艺术、知识生产中，我们如何讨论未来。2018年11月2日至3日，由中央美术学院主办的高等美术教育盛会——“国际美术教育大会”在北京举行。大会分为6个论坛：校长论坛、设计论坛、建筑论坛、艺术史论坛、艺术管理论坛、美术馆论坛。来自30多个国家和地区的114所美术院校、艺术机构的校长、负责人及知名专家等近300位嘉宾参加了大会。大会围绕“新时代的美术教育”主题，聚焦全球美术教育的前沿问题，回顾、总结、交流中外美术教育的创新成果，探讨世界发展变化格局中美术教育的使命、任务，建构全球美术教育的合作平台，提升中国美术教育的发展水平。

两大中国一流的美术学院不约而同地在全球化的视野下，聚集世界各国的艺术家、哲学家、教育家展开对美术教育的过去、当下与未来的讨论。今天艺术教育面临全新的机遇与挑战，一方面，媒介与技术的迅速发展使艺术、设计与知识生产发生巨大的变化；另一方面，互联网、大数据和人工智能带来了教育的变革，艺术教育的理念也必将不断地被重塑。如何在数码化、智能化的新技术的冲击下保持艺术教育的原动力，如何让艺术教育回归初心，都是严峻的问题。

在中央美院100周年校庆之际，周令钊、戴泽、伍必端、詹建俊、闻立鹏、靳尚谊、邵大箴、薛永年等8位中央美术学院老教授给习近平总书记写信，表达了老一代艺术家和艺术教育家对中华民族伟大复兴的坚定决心，以及要进一步加强美育、培养“德智体美”全面发展的社会主义建设者和接班人的心声。2018年8月30日，习近平总书记给中央美术学院8位老教授回信，指出：“美术教育是美育的重要组成部分，对塑造美好心灵具有重要作用……做好美育工作，要坚持立德树人，扎根时代生活，遵循美育特点，弘扬中华美育精神，让祖国青年一代身心都健康成长。”这为我国美育和美术教育工作的进一步发展提供了指南。全国各美术创作、研究、教学、展览等单位，第一时间对这封倡议信的精神进行了全面的学习和贯彻，围绕美育问题展开系列研讨。

“美育的知与行——中国美术家协会美术理论委员会2018年会暨委员作品展”，于11月2日在江苏常州西太湖美术馆举办开幕式，分为“理论与实践”“视觉与文化”“传承与开拓”等几个方面进行讨论。与会的中国美协理论委员会委员纷纷发言，交流思想、分享经验，对美育的基本概念、发展变革、社会使命和当代意义进行了深刻阐述，一致呼吁美术工作者要有文化自觉的意识，弘扬美育精神，并将其付诸行动，言传身教，知行合一，在推动美术史论研究、批评事业拓展和培养一代新人等方面继续加大力度，坚守信仰，贡献力量。陈履生对会议进行总结，认为此次会议取得了五个方面成果：一是探寻了美育的历史，正视了美育的意义；二是分析了美育的方法，强调传统与现代有别；三是重申了美育的批评，抨击了当今美术界和社会存在的好坏不辨、美丑不分的现象；四是研究了美育的现状，对基础教育、高等教育、美术馆博物馆专业教育、乡村基层教育的现状进行了剖析；五是与会委员建言的积极性意义。这次会议一方面是对习总书记给中央美术学院8位老教授回信的回应，同时也是理论家深刻反思、查找问题，为美育发展建设做出的积极努力。

（二）“纪念改革开放40周年”美术展览异彩纷呈

2018年以“纪念改革开放40周年”为主题的回顾展，展出的作品大多是近40年来的创作精品或有特殊影响力的作品，这些作品展的策划往往围绕着两个主旨：（1）以图像历史的方式反映社会现实，多角度展现当代中国社会文化建设的探索历程和成就，讴歌新时期中国人民自强不息的奋斗精神；（2）学术梳理，对改革开放以来中国美术本身的发展历程进行总结。大部分展览是二者兼而有之而各有侧重。

中国美术馆精心策划了“东方风来满眼春——中国美术馆典藏精品展（1978—2018）”，遴选出100件1978年至2018年的代表性藏品，涵盖中国画、油画、版画、水彩及雕塑等门类。展览以春天的意象为策展主线，由“春风又绿”“春潮涌动”“春意盎然”3部分组成。中国美术馆除本身的全景式综合性大展外，独具地域特色的各地庆祝改革开放40年的晋京展览项目也蔚然可观。由中国美协、广东省委宣传部、广东省文联、深圳市委宣传部、中国美术馆联合主办的“大潮起珠江——纪念改革开放40周年全国美术作品展览”，共展出278件作品。由湖北省委宣传部、湖北省文化厅、中国美术馆联合主办的“从长江走来——湖北优秀美术作品展”，以“情系长江”“击水中流”“扬帆启航”3个板块展出了湖北百年来的优秀美术作品。由安徽省委宣传部、中国美协、中国书协、中国美术馆等单位主办的“新时代 新徽派——安徽书画40年精品晋京展”，集中展示了改革开放40年来徽派书画艺术新成就。由山东省委宣传部、中国美术馆、中国美协等单位联合主办的“能量——改革开放40年山东美术发展成果展”，展出山东籍艺术家创作的年画、连环画、陶艺等各门类艺术作品280余件。除各省地域性成果展示外，美术院校也从学科建设角度，通过展示教学成果，反映改革开放新成就，如南京艺术学院和中国美术馆联合主办的“闳约深美——南京艺术学院中国画、书法专业改革开放40周年教学成果展”。

北京其他展馆也有不少庆祝改革开放40年的主题展览举行。上海市浦东新区人民政府、文化和旅游部主办，中国国家画院组织实施的“今日浦东——庆祝中国改革开放40周年暨浦东开放28周年浦东美术作品展”12月27日在中国国家画院美术馆开幕，以文献展、主题创作展两部分，见证了改革开放为浦东带来的发展、巨变和成就。北京民生现代美术馆举办了“中国新水墨作品展1978—2018”，首次对改革开放40年来的水墨艺术进行系统梳理。

其他各地的美术馆也相继在当地举办相关主题大展。例如，在上海中华艺术宫举办的“风生水起逐浪高——纪念改革开放四十周年长三角美术作品展”，通过改革开放以来江苏、浙江、安徽、上海三省一市的著名美术家创作的120件作品，展现新时期新面貌。再如，由中国美协、湖南省文联主办的“美丽中国——纪念改革开放40周年全国中国画作品展”，从3700余件征稿中精选200件作品展出，基本反映了当代中国画的发展现状。还有，龙美术馆（西岸馆）“转折点——中国当代艺术四十年”与上海宝龙美术馆“艺术史：40×40——从四十位艺术家看改革开放四十年的中国当代艺术”均由吕澎策展，分别从不同角度对40年的中国当代艺术史加以勾画。

中国美术之所以在改革开放40年来取得巨大成就，有两方面的原因。一方面，与物质生活变迁相关，写实性因素的美术作品更直接地反映了这些变化。另一方面，与自由开放的时代思潮及艺术思想、创作媒介的革命相关。40年来，中国美术在引进西方美术思潮、挖掘传统文化资源、艺术与科技融合、开发利用新媒材的艺术探索中成就斐然，“星星美展”、“85美术新潮”、新写实主义、新水墨运动、新文人画、实验艺术等一系列运动共同谱写了新时期中国美术的壮丽篇章。这些以“纪念改革开放”为共同主题的展览从不同侧面反映了40年来中国美术既勇于创新，又努力追求中国气派的勃勃生机，也以题材、内容、形式的多样性诠释了改革开放的精神内涵。

（三）中国美协换届并加强行业自律

2018年12月22日，中国美术家协会第九次全国代表大会在北京召开。这次会议是中国美术家协会在中国特色社会主义进入新时代召开的第一次代表大会，也是在决胜全面建成小康社会、夺取新时代中国特色社会主义伟大胜利的新形势下召开的一次十分重要的代表大会。大会回顾了美术界过往5年的工作，总结了经验，并分析形势，规划未来，号召广大美术工作者为发展繁荣社会主义文艺事业，实现中华民族伟大复兴中国梦而努力奋斗。2018年12月23日上午，中国美术家协会召开第九次全国代表大会第四次全体代表会议，选举产生了新一届理事会理事。12月23日下午，中国美术家协会召开第九届理事会第一次会议，选举产生了新一届主席团，范迪安当选新一届主席。马锋辉被任命为中国美协第九届秘书长，推举靳尚谊、冯远为中国美协第九届名誉主席。范迪安在发言中说，我们要坚持以人民为中心的创作导向，脚踏人民生活的热土，深入现实生活的现场，用心、用情、用力表现生活的丰富多彩，为人民抒写、抒怀、抒情，提高中国美术的思想性含量，展现中国美术的人民性特色，提升中国美术的艺术性水平。中国美术家协会在《章程修正案》中，明确提出要“深入生活、扎根人民”，“坚持以人民为中心的工作导向”，在未来5年工作报告中提出要“加强美术界行业自律和行风建设”。

中国书法家协会和各分会也强调了对行业风气的整顿。中国书协在山东济南召开的推动行业建设培训班上，“号召广大书法家和书法工作者讲品位、讲格调、讲责任，坚决抵制低俗、庸俗、媚俗，自觉肩负起新时代书法工作者的使命”。上海书协“自律公约”倡议书提到要“树立正确的义利观，淡泊名利……坚持高雅，抵制媚俗，远离江湖气、铜臭味，不为低俗书法活动站台”。西泠印社在新的社团章程里，对理事、社员的责任和义务及财务管理等各种议事、行事规则进行了“立法”式规定。

2018年，文艺团体的行业管理在不断加强，建设严于律己、恪守正道的行业风气与职业道德观，成为各协会工作的重点。艺术产品是精神产品，但是，艺术品毕竟不是一般的生活商品，作为人类智慧和审美意识寄托物的艺术作品，具有超越普通商品的精神价值。习近平总书记对新时代的文艺工作者提出了“坚定文化自信，推动社会主义繁荣兴盛”的寄语。一个优秀的艺术家要紧跟时代潮流，把握时代脉搏，聆听时代声音，要勇于承担时代使命，回答时代课题，不能为了片面追求经济回报，创作庸俗的作品，去迎合品位低俗的消费人群，也不能只把自己的艺术创作当作满足附庸风雅的少数人的赏玩之物。真正做到以生活为根基，以人民为中心，文艺才能发挥最大的正能量。

（四）主题性美术创作持续深化发展

2018年的主题性美术创作工程，在红色历史主题、“一带一路”主题、家园建设主题、地方历史主题等方面均取得突出的成绩，在题材选取、主题拓展、艺术处理各方面都有所进步。

红色历史主题是2018年主题性美术创作工程的重头戏。马克思主义中国化的历史征程，其中包括马克思主义的诞生、中国共产党的诞生、中国革命历史以及新中国的建设，是主题性美术创作的重要选材范围。2018年是马克思诞辰200周年，由中共中央宣传部、中共中央党史和文献研究院以及中国文学艺术界联合会共同主办，中共中央编译局、中国美术家协会和中国国家博物馆承办的“真理的力量——纪念马克思诞辰200周年主题展览”于2018年5月5日在中国国家博物馆开幕，美术作品展览是这个活动的重要组成部分。围绕与马克思生平相关的重大历史事件和重要节点，冯远、孙景波、王珂等24位美术工作者创作了《马克思、恩格斯与工人代表们在一起》《革命的一家人》等24幅作品。这些作品热情讴歌了伟大革命导师的壮丽人生，艺术地再现了马克主思义诞生和传播的过程。由中宣部、中国文联、财政部、文化和旅游部主办，中国美术家协会承办的“不忘初心　继续前进——庆祝中国共产党成立100周年大型美术创作工程”于2018年8月在北京启动。创作工程将通过全国重点作者约稿和广泛动员相结合的方法，依托丰富的历史素材和研究史料，运用绘画、雕塑等造型艺术形式再现1921年至2021年中国共产党成立100年来各个历史时期的重大历史事件、杰出历史人物和优秀共产党人，艺术化地展现中国共产党走过的光辉历程和建立的不朽功勋。

2018年是由文化和旅游部主办、中国国家画院组织实施的“‘一带一路’国际美术工程”的收官之年。“‘一带一路’国际美术工程”历时5年，活动期间，国家画院组织创研人员前往丝路沿线考察、写生、创作，“草原丝路”“沙漠丝路”“海上丝路”“茶马古道”“理论考察”五路写生考察队伍，走进了成都、广西、延安、宁夏等地区。“‘一带一路’国际美术工程”还广泛邀请“一带一路”沿线各国推荐当地知名艺术家，与中国国家画院的创作人员及其他国内美术工作者，共同围绕258个选题进行创作，收到了来自30个国家和地区的艺术家的作品。2018年11月21日“‘一带一路’国际美术工程”完成国内作品的验收评审。2018年12月18日，中国国家画院“‘一带一路’采风写生作品展”在北京炎黄艺术馆启幕，400多幅“一带一路”沿线写生作品再现了辉煌的丝路文明史。除此之外，“合作共赢——‘一带一路’国际版画邀请展”“‘一带一路’湖北省美术院雕塑作品展”“海丝情·中国梦——中国福州‘海上丝绸之路’全国中国画作品展”“丝路艺蕴——中欧女性艺术交流展”等展览也相继举行。“一带一路”美术工程顺应了第三次全球化的趋势，体现了“合作、共赢”的中国价值观，传播了以“和谐”为核心的中国文化观。“‘一带一路’国际美术工程”艺术主题表达的是：不同文化之间是彼此依存而非冲突的关系，从而改变了传统的世界文化发展理念和格局，为未来世界文化的发展提供了新的动力与可能。“‘一带一路’国际美术工程”虽然结束了，但“一带一路”所倡导的文化理念和精神内涵却源远流长。

主题性美术创作工程不仅有革命和历史题材，还有与民生相关的家园建设题材。《中华家园》美术创作项目于2018年进入具体推进实施阶段，此项目由国务院参事室、中央文史研究馆、国家民族事务委员会、中国文学艺术界联合会、中国美术家协会共同策划组织，分为“四海一家”与“锦绣河山”两个子项。“四海一家”旨在展现中华民族大家庭的56个民族的风情，以每个民族作为绘画创作主题，艺术地展现各个民族的历史传统、民俗风情、人文特色和当代风貌，体现56个民族是一家的主题内涵。“锦绣河山”则旨在表现50处中华自然与人文胜景，这些胜景涵盖了祖国各地的名山大川、宫观遗迹、珍禽异兽、名贵花木等。《中华家园》美术创作项目的作品形式则包括中国画、油画、版画、壁画和综合材料绘画等多种媒材。

另外，地方省市主题性美术创作工程也纷纷展开，如“时代风采——上海现实题材美术创作工程”、“美丽湖南·三湘巨变”湖南省现实题材美术创作工程、宁波市重大历史题材美术创作工程等，以反映当地的自然风貌、历史文化、发展建设为宗旨。

2018年主题性美术创作的艺术水准较往年有所提高。在创作过程中，大部分艺术家能够精心选材，追求艺术表现语言的个体风格。以“真理的力量——纪念马克思诞辰200周年主题展览”的参展作品为例，有的选取了马克思一生中最具有代表性的时间节点、典型瞬间，塑造出生动鲜活的人物形象，如冯远的《在国际工人协会（第一国际）成立大会上》和孙景波的《马克思和家人的莎士比亚之夜》对马克思工作、生活瞬间的截取；有的选择具有代表性的象征物来安排画面，如于文江的《马克思童年时代的特里尔城》中的大黑门；有的在布局上打破时空，将历史的碎片集约择取，巧妙组合，如刘健的《马克思晚年关注俄国和东方经济落后国家的发展道路》的画面处理方式。此外，文化主管部门对主题进行设定时，也改变了以往美术创作工程重人物题材，轻山水、花鸟题材的局限，如《中华家园》美术创作项目的选题中，山水画和花鸟画在数量上占据了所有选题的一半。

（五）城市狂欢与乡建热潮共存的公共艺术

2018 年中国公共艺术发展势头劲猛，大型公共艺术活动几乎贯穿整年。仅雅昌艺术网关注及报道的 2018 年的大型公共艺术活动，全年加起来就有 17 场之多。2018 年中国公共艺术活动的分布区域呈现“去中心化”的特点，公共艺术活动涉及的地域有北京、上海、广州等一线城市，也有武汉、重庆、郑州、大连、合肥、天津等众多二线城市，还有大同、眉山、曲阳、民勤、广安、平遥、林州这样的三四线城市和乡镇。公共艺术创作和展示空间出现偏移，二三线城市甚至乡村，正在成为公共艺术一个新的增长点。

2018 年的公共艺术活动，以室外雕塑的形式展开的居多，大部分活动的名称直接就以雕塑展命名。2018 年 3 月 30 日，由海航集团主办的“海南城市公共艺术计划——来自中英的艺术家”雕塑展在海口日月广场、万绿园户外举办，共展出了 11 件来自中英顶级艺术家的作品。2018 年 4 月 3 日，“丝路新语・2018 博鳌国际雕塑展”在琼海市博鳌融创金湾举行，邀请了 22 位中外艺术家共 36 件公共雕塑作品参展，把体量宏大的作品按“海上丝绸之路”的意象排布。2018 年 7 月 20 日，首届平遥国际雕塑节在有 2800 多年历史的平遥古城启幕，来自中国、意大利、美国等十余个国家的 80 余位艺术家、策展人齐聚古城，共有百余件中外雕塑作品参展。2018 年 8 月 22 日，“ 2018 中国・民勤首届沙漠雕塑国际创作营”在甘肃民勤县苏武沙漠景区开幕，共有 11 个国家的 26 件适合沙漠环境及活动主题的作品入选，长期保存在苏武沙漠景区。此外，还有东莞雕塑装置艺术节、第八届中国・曲阳国际雕塑（定瓷）文化艺术节、中国大同雕塑双年展等以雕塑展为主的公共艺术活动。这些公共艺术活动以放眼世界、立足本地的策略，挖掘自身历史文化优势，确定活动主题倾向，向中外优秀艺术家征稿。

2018 年的综合性公共艺术活动也为数不少，大多以公共艺术节命名。这一类活动有更全面的关注、更细微的关怀，更能体现公共艺术的人文色彩。2018 年 9 月 15 日，“中国・天津市首届公共艺术大展”在天津美术馆开幕。此次展览的理念是“公共艺术唤起天津”，试图以公共艺术全面激活天津厚积的文脉基因，实验性地重组文化艺术资源，以实现新一轮城市文化崛起。开幕当天还举行了一系列的公共艺术体验活动:《启航・共塑未来》，由城市管理者、艺术家和观众用泥土共同塑造象征未来的理想之舟;《再触像》，让两位视力障碍少年用双手塑造对生活的心灵感受;《城市书写》是老年地书活动，倡导老年人精神文化的社会性。2018 年 9 月 30 日，厦门“海上共明月”公共艺术节暨首届厦门海丝艺术品中心公共艺术展开幕，旨在为福建厦门的城市建设提供具有全球性的前瞻视野，有 30 多件大型公共艺术作品被陈列在 5 万平方米的海丝文化广场上。2018 年 11 月 18 日，重庆悦来公共艺术展开幕，共有 10 件风格迥异的作品沿悦来的滨江大道分布，将永久留在悦来。这次展览从 2018 年 2 月份开始谋划，10 位艺术家都亲自到悦来考察，结合当地文化生态进行了跨界的艺术创作。

上海、北京、武汉、成都、西安、广州六个城市不约而同以多展联动的方式组成极有影响力的当代艺术季，在一些当代艺术展中公共艺术占了很大的比例。例如，2018 年 4 月 29 日开幕的第十三届“艺术北京”博览会，基于“立足本土，完整亚洲”的核心理念，展览包括当代艺术、经典艺术、设计艺术、公共艺术四个板块。大型艺术雕塑置入公共空间与升级城市文化的关系是“艺术北京”持续关注的课题，凭借充裕的室外空间，公共艺术——“ART PARK”项目将亚洲范围内的公共艺术作品在广场中集中呈现。而 2018 年 9 月 22 日在西安美术馆开幕的“古城新脉——城墙之外 2018 西安当代艺术展”以开放的展示空间将当代艺术公共化。此次艺术展以“1+6+36”个场馆的 92 位国内外艺术家的作品，重新定义了西安当代艺术的格局与边界，宣告着西安艺术新时代的到来。“1”指西安美术馆主展厅的一个大型主题群展；“6”指联动合作的 6 个专业艺术机构的分展厅里的 6 个西安籍艺术家的个展；“36”指分布于全市的 36 个展示点，包括书店、咖啡吧等城市文化景点。以“诚如所思：加速的未来”为题的第六届广州三年展则通过无穷的想象和技术可能提供了对公共艺术空间的另类探索。这次“三年展”于 2018 年 12 月 21 日在广东美术馆开幕，将持续到 2019 年的 3 月 10 日，旨在探讨由技术构建的时空，从真实到虚拟所产生的多重影响，同时通过地理纬度和宇宙前景来审视创造性的努力，应对危机中的挑战和机遇，提供一种关于新的生态可能性的场景，使得经过重整的人文主义可以在“物的集合”中共生互惠地成长。这次展览的主题展分为三个部分：“叠加：数字中的艺术”“同类演化”“机器不孤单”。

2018 年的艺术乡建依然是中国公共艺术发展很重要的一个着力点，取得了可喜的成果。2018 年 5 月 1 日，在“艺术北京”ART PARK 公共艺术论坛上，乐领生活的艺术乡建“旗山计划”正式启动，包括旗山艺术计划、艺术家驻留计划、旗山展览计划、旗山写作计划、旗山出版计划等，而将徐冰的代表作《桃花源的理想一定要实现》列为首个项目进行展出。2018 年 11 月 8 日，在首届中国国际进口博览会 G60 科创走廊九城市扩大开放政策发布会上，浙江杭州桐庐县政府与日本专业艺术策展机构 Art Front Gallery 及其中国合作伙伴瀚和文化在国家会展中心签署了“大地艺术节中国项目合作协议”。这标志着当今世界上规模最大、水准最高、影响力最广泛的国际性户外当代艺术节首个中国项目正式落地杭州桐庐，以其出色的艺术振兴乡村模式，开启了大地艺术节的中国创想。2018 年 12 月 16 日，“守望原乡——2018 广安田野双年展”在广安市武胜县宝箴塞开幕，邀请了国内、国际艺术家参与公共艺术创作与展示，试图以当代田野艺术样本的国际化建构方式，实现一种以当代艺术的创新意识引领中国乡村建设、乡村转型的文化实践。“守望原乡”的乡村建设及其文化实践，重视的是深化当代艺术家对中国文化根性的深度挖掘和探究，活化对农耕文明的文化原型和历史记忆的追溯和认知。2018 年的艺术乡建活动还有四川眉山乡野艺术节、河南林州万蹇松风小镇、水渡河国际艺术节、第二届·中国·合川钓鱼城国际新媒体艺术节等，都是利用自然环境中的山水园林作为背景设置公共艺术作品，用当代艺术理念来重塑自然空间。

2018 年中国公共艺术在 2017 年的基础上，更加重视在地的有效性和长效性，以及作品的当代语境和传统文化的融合。当代艺术的公共性与公共艺术的当代性，都在逐步加强。公共艺术要做的事情就是重塑地方环境、人文精神。对城市和乡村环境进行改造的目的是为了营造人类“诗意栖居”的生活与游览空间，潜移默化地润泽人们的心灵，满足人们的审美需求，提升生活品位。城市和乡村，在信息交流日益频繁、等量的情况下，在地的物性媒介和空间营建还是有着巨大的差别的，应该正视这些差异，因地制宜，和谐共进。

（六）古代书画展与对“四王”、董其昌的再认识

2018 年，故宫《丝路山水地图》上春晚、《国家宝藏》热播、七大博物馆集体入驻抖音，掀起全民“博物馆热”。费孝通在《乡土中国》中写道：“文化是依赖象征体系和个人记忆而维护着的社会共同经验。这样说来，每个人的‘当前’不但包括他个人‘过去’的投影，而且是整个民族的‘过去’的投影。”而美术馆和博物馆就是保留这种关于“过去”的投影的地方。2018 年国内重要的古代书画展览有：上海博物馆的“丹青宝筏——董其昌书画艺术大展”、故宫博物院的“故宫博物院藏清初‘四王’绘画特展”、辽宁省博物馆的“辽宁省博物馆中国古代绘画展”“辽宁省博物馆中国古代书法展”、天津博物馆的“清代中期绘画特展”等。

专业学术展览和充满趣味的各类“网红”特展都颇受欢迎，许多珍贵的古书画名迹让人们大饱眼福。2018 年 4 月 2 日，传为“李白传世唯一书迹”的《上阳台帖》展于故宫张伯驹收藏展；2018 年 8 月 17 日，《洛神赋图》、《簪花仕女图》、《瑞鹤图》、宋徽宗赵佶《草书千字文》、张旭草书《古诗四帖》、欧阳询书《仲尼梦奠帖》、《唐摹王羲之一门书翰卷》（又名《万岁通天帖》）等珍贵书画在辽宁博物馆联袂登场。2018 年 6 月 1 日，北宋范宽《雪景寒林图》真迹时隔 6 年再次于天津博物馆百年大展上和观众见面。台北故宫博物院 2018 年 10 月 4 日起展出的 26 件国宝级书画皆是晋、唐、宋、元名作。第一期展出的 6 件“限展国宝”，包括晋王羲之《平安何如奉橘三帖》、唐阎立本《萧翼赚兰亭图》、宋萧照《山腰楼观图》、宋夏珪《溪山清远图》、宋陈居中《文姬归汉图》和元赵孟頫《鹊华秋色图》。后期自 11 月 4 日起登场的 7 件“限展国宝”，分别为唐玄宗书《鹡鸰颂》、唐徐浩书《朱巨川告身》、宋易元吉《猴猫图》、宋钱选《桃枝松鼠》、宋人《翠竹翎毛》、宋人《折槛图》和金武元直《赤壁图》。

显然，博物馆已从原来的社会生活边缘地带走进了百姓视野，对古代书画的观赏，提高了民众对中国古代美术的兴趣，增强了民族自豪感和文化自信。在众多展览中，故宫博物院的“四王”展、上海博物馆的董其昌大展尤为引人注目。

2017 年，故宫博物院于武英殿推出清初“四僧”书画特展；2018 年，书画馆从武英

殿转到了文华殿，在9月10日推出清初“四王”绘画特展。此次特展展出文物多达113件（套），其中一级文物占展出文物半数以上。“四王”“四僧”皆从董其昌而来，但又呈现出两种截然不同的面貌：“四僧”主张跳出古人窠臼，抒发个人情怀；“四王”倾心师古，精研笔墨，追求文人意趣。王时敏取法黄公望，笔墨秀雅苍润，法度严谨；王鉴深研“元四家”，并上溯至五代董源、巨然，水墨、设色俱精；王翚兼取南北宗画法，集古而大成；王原祁注重皴染，笔墨浑厚，章法布局颇精。以王原祁、王翚为首分别形成“娄东派”和“虞山派”。“四王”的画风在清初画坛居“正统”地位，对清代及近代的山水画创作有着重要的影响。故宫博物院策展团队在展品的遴选上，不仅优选了艺术造诣高的绘画精品，同时又兼顾了能够体现“四王”画学思想的作品，如王鉴的《四家灵气图》、王原祁的《神完气足图》等，使观众易于理解“四王”的绘画风格及理论，同时也为绘画实践者提供了优秀的临摹范例。配合此次清初“四王”特展，不仅出版了《故宫藏四王绘画全集》十卷，收录包含此次展品在内的近700件（套）文物，而且于9月25至26日举办了“四王”暨清前期书画研讨会。为期两天的研讨会共提交25篇论文，其中有的以宏观视野回顾近百年来的“四王”研究，有的针对“四王”的生平与艺术进行综合讨论，也有的聚焦单件作品展开个案研究，可以说是一个对清前期书画进行全面探讨的学术论坛。

作为上海历史上最有名的书画大家，董其昌是一位在中国书画史上极具影响力的大师级人物。以董其昌为首的“华亭书派”在明代书坛举足轻重。他创立的清秀飘逸、灵空闲适的书风影响了几代人，被世人誉为“帖学传统的最后一位大师”。董其昌的绘画艺术也是集前人之大成，融会贯通。在绘画理论方面，他提出画分“南北宗”论，是文人画理论史上的又一个高峰。清初“四僧”、“四王”、金陵画派、新安画派，乃至晚清近三百年的画坛，大多深受其理论影响，形成了一个群体性的文人画创作高峰时期。中国美术史上最大规模的董其昌作品展“丹青宝筏——董其昌书画艺术大展”于2018年12月7日在上海博物馆开幕。整个展览由“董其昌和他的时代”“董其昌的艺术成就与超越”及“董其昌的艺术影响和作品辨伪”三个部分组成，展出董其昌及相关作品共计154件（组）。展出的重要作品有现存董其昌最早的画作《山居图》扇、绝笔《细琐宋法山水图》卷、《烟江叠嶂图卷》、《天马赋》、《秋兴八景图》、《昼锦堂图并书记卷》、《关山雪霁图》等董其昌各阶段的书画经典之作。同时，唐摹王羲之《行穰帖》卷、颜真卿《楷书自书告身帖》、董源《夏景山口待渡图》卷、赵佶《雪江归棹图》、倪瓒《六君子图》轴等董其昌及其师友鉴藏并对其理论和实践产生影响的晋、唐、宋、元大家名迹也一并展出。上海博物馆还于2019年1月21日至23日举行了“丹青宝筏——董其昌书画艺术国际研讨会”，这是到目前为止举行的规模最大的董其昌学术研讨会。研讨会由上海博物馆协同中国美术学院艺术人文学院举办，参会的90多位学者，除了来自国内（包括中国的台湾与香港地区）古代书画研究的知名学者，还包括美国、德国、荷兰、英国与日本的海外学者。研讨会以展出作品为引，分别就“董其昌的艺术成就与画史意义”“董其昌书画作品的鉴定问题”“董其昌及其交游”“董其昌的书法艺术”“董其昌绘画的艺术特色与鉴藏”“董其昌的艺术影响”六个方面，较全面地探讨了董其昌的艺术成就与意义。

2018年的古代书画展数量之多、展品之精，“四王”和董其昌作品展与研讨会的规模之大，都是史无前例的。研讨会的专家学者，从不同角度深入细致地对明清文人画的师承脉络、风格演变进行了考察，厘清了一些成见。例如，提出了“四王”与董其昌所说的拟古、仿古并非一味地泥古，他们最终的目的也是要实现自家面目，这在他们的画跋、画论中可以看到端倪；指出对董其昌进行污蔑的《民抄董宦事实》一书系其政敌收买无赖文人所编，董其昌因此蒙冤400多年；提出明末清初的画册格式与诗歌形式有一定的关联性等新的见解，并对许多作品进行了辨伪分析，改变了学界对明清文人绘画的一些旧有认知。

二、呈现问题与对策

2018年中国美术在美育思想建设、行业风气整顿、美术创作实践、美术史与理论研究、公共美术教育等各个方面都取得了可观的成果，但也存在一些问题需要面对和解决。

第一，中国现代美术教育已经有百年历史，美术教育作为美育的重要组成部分，对中国美育的发展功不可没，但中国美术教育的现状，依然存在着地区发展不平衡、学科安排不平衡、学段分布不平衡等问题。在发达的城市地区，适龄儿童、青少年在学校的教育资源更专业、充分，各种校外辅导机构、公共艺术展馆较多，有很便利的受教育机会，而在偏远乡村，则师资投入和环境设施等条件严重不足。无论城乡，大部分地区的美术学科在小学阶段尚能正常开设，初中阶段会被压缩，高中阶段虽被列入必修课，但很难实施，形同虚设。在高等教育阶段，艺术教育课程只是作为极个别的选修课。艺术教育作为人类智识和情感教育的重要手段至关重要，现代脑科学研究的成果和各国艺术教育的体制构成证明艺术教育对于提升一个人的综合素质和智力水平、研究能力都有重要的作用。1967年，美国哈佛大学著名的“零点项目”（Zero Project）直接影响了美国教育的发展和进步，而不仅仅局限于审美教育对情感的陶冶。中国美术教育的发展依然是任重道远，要解决这些问题，需要教育主管部门加强对艺术教育课程学段的分配和实施政策的导向、监管力度，应保证中小学美术课程保质保量完成，并在高等学校设置更多的艺术公共必修、选修课程。各级公共美育职能和艺考部门可借助互联网等现代高科技教育手段，对偏远地区实施美育普及与提高。随着对传统文化重要性的认识不断深化，书法教育进课堂已经取得了一定的成效，还有更多更好的传统美术教育资源需要提供给孩子们。对于艺术教育师资不足、学段分布不均等问题，也需要加大力度来调整。

第二，当代中国美术在借鉴中外传统文化艺术的同时，力图实现自主性演变。2018年各种以“纪念改革开放40年”为主题的美术展览提供的视觉文献反映了40年来祖国各地的巨大发展变化，但是审视美术本体发展，也暴露出一些问题。如中国画40年来经过历次论争，从“穷途末路”到柳暗花明，如今呈现出开放而多元的态势，中国画创作发展面临的核心问题是如何继承传统，介入当代，既不失具有传统意味的东方情韵，又有朝气蓬勃的时代新意，如何融合西法又不失中国画本色。解决的办法只能是对中西传统进行深入理解和消化，不可简单模仿拼接，同时要立足当下，反映时代。再如改革开放之后，“85 美术新潮”运动打开了中国美术的全球化视野，中国油画面对的不仅仅是如何本土化、民族化的问题，还有如何迈入当代艺术范畴的问题。油画的争论主题从 20 世纪 80 年代的“油画民族化”转向 21 世纪的“意象油画”或“写意油画”概念，对这些问题的解决也离不开对传统中国文化艺术资源的再利用和对西方艺术语言模式的突破。又如在革命美术中占有压倒性优势的版画在和平盛世中失去了当年的大众特色，呈现出学院精英色彩。至于其他美术门类，如年画、连环画、宣传画这些曾经在人们的精神生活中占有重要比例的艺术品类也只得到了少数收藏家的青睐，不再具有大众效应。水彩的发展势头还是很旺的，但在对油画的模仿中往往失去了媒材自身的特色。所以，在对其他媒材学习、借鉴的同时，美术门类也要保持、发挥自身的优势，并积极地扎根、反映现实，在形式、内容上与时俱进，才不会被历史淘汰。在这一方面，漆艺、陶艺等传统工艺美术品种在发展中融入了更多的当代艺术理念，具有更强的精神表现性，但仍有一些重要的传统技艺传承无序，后继乏人，这需要国家、地方政府实施有效的保护政策，建立严谨有序的传承机制。综合材料绘画的装置化、雕塑的公共艺术化都反映了中国当代艺术与世界当代艺术的接轨。但是，艺术家个性与大众审美之间的差异性、公共艺术家作品的公众认可度等问题是比较突出的，这需要完善中国城乡规划管理、公共艺术申请实施机制，建立艺术家和公众的交流渠道，让公共艺术的公共性与艺术家作品的独创性形成和谐对话，促进优秀公共艺术作品的产生。

第三，中国美术界自改革开放以来产生了大批优秀作品，也不乏德艺双馨的艺术家。但是，随着书画市场的兴起，在名利诱惑下，部分艺术家忽视社会责任，片面追求经济效益，导致行业出现浮躁低俗、不守底线的歪风邪气。针对这些不良现象，习近平总书记在 2014 年的文艺工作座谈会上，对全国文艺工作者提出“深入生活、扎根人民”的要求。几年来，各级美协和画院等创作单位，都在以各种形式进行“深入生活、扎根人民”的写生采风和帮扶活动，整个文艺界的风气有所好转，但也存在一些不尽如人意之处。有些下基层的活动流于形式，只是象征性地到下面走一走看一看，不能真正深入群众生活。艺术来源于生活，好作品来源于艺术家对基层生活的深切体验，对风土人情的入微体察。应该把“文艺为人民服务”做到实处，倡导风清气正的行风建设与精益求精的学术精神。只有这样，文艺工作者创作出的作品才能在实现“两个一百年”奋斗目标、实现中华民族伟大复兴的中国梦进程中，发挥不可替代的重要作用，我们的时代才有可能产生与前人相比“不输文采、不逊风骚”的文艺高峰人物。

第四，2018 年的主题性美术创作涌现出了一批主题表现恰当、艺术手法精湛的优秀作品，但也有一些作品存在一定的问题。如由于手法趋同的“模板化”创作倾向，因而要激发创作者的主观能动性，鼓励作品创作推陈出新，注重对中青年创作人才的培养。由于一些参与创作的画家的知识储备和表现能力不足，因而要关注画家们的创作过程，多组织创作草图观摩会或展览活动，邀请名家前辈讲述自己的创作过程，使学员近距离感受、汲取名师大家的创作经验，将其融入自身创作。由于创作实践与理论研究不同步，应该注重创作实践与学术研究相结合，关注艺术风格、媒材技法与学术观念、历史语境的契合，使其相互促进、相互深化，让作为跨学科、多维度的学术课题的主题性美术创作越发受到美术界及社会各界的关注、重视。由于过分重视叙事表达，忽视艺术本体，而要回到艺术本体角度观察主题性创作，从题材内容、思考立意到风格样式，都要在秉持艺术品质与历史意识的同时，与时代脉搏共振，探究艺术表现的历史情境与社会现场寻求真情实感的表达。

第五，2018 年公共艺术热度不断上升，大量活动的举办，使公共艺术呈现出城市与乡村协同发展的趋势，但也存在一定的不足，有以下这些问题。如，在乡村建设中如何处理人的精神归属与生活依存的问题。乡村的复兴和活化，首先是人的复兴和活化，要控制本地人口流失，引进外来流动游客，激发离开故土的人们的主体性和参与感，让他们有意识地寻根问祖，“看得见美景，留得住乡愁”。再如，如何实现在地的有效性。艺术家首先要“控制自己”，没有绝对的自由，公共艺术要合理地介入公共空间，使之成为“有意义的场所”，要做非常详尽的城市发展史和村史田野调查，用社会学的方式进行历史的、科学的梳理和分析，然后才能以艺术介入。又如城市文明和乡村文明，如何共存并相融。城市和乡村是相互哺育的关系，要把城市化的经验、当代艺术的一些元素在某种程度上带入乡村，也要把民间的、乡土的文化基因带入城市，使二者能够互相流通，但同时对乡土艺术要有保护意识，保持其特色。还有两大问题，一是资金问题。要保证公共艺术文化产业的正常运转，就要有效地把公共艺术的管理纳入城乡建设的系统规划之中，要增强人民群众的主体意识与经营能力，地方政府、村委会、村民与艺术家协同合作，共同对项目进行实施和可持续开发。二是评判机制的问题。在缺乏评判机制的情况下，公共艺术发展看上去非常繁荣，怎么做都有道理，必然陷入混乱无序。要认真思考：在现实中这些作品究竟对环境意味着什么？对于所在的场域是建设还是破坏？在艺术层面，作品的价值在哪里？突破性在哪里？与国内、国外同类作品的不同之处在哪里？

第六，清初“四王”和董其昌均属文人画家，皆以山水画为主要创作方向，倡导南宗绘画，将中国画的笔墨营构水平发展到了空前高度。他们在当时以正统地位雄踞画坛，并影响后世 300 余年，在美术革命中却成为被“革命”的对象。可以说，中国画的现代转型是以全盘否定文人画、向西方绘画学习写实造型技法为先导的。现代中国画以素描为基础的教学体系，对于中国人物画的发展起了很大的作用，但不当之处是使中国画失去了书法用笔的写意性和中国画特有的韵味。现在的美术院校的中国画教学，大多倡导当代性创新，弱化了对传统笔墨的继承。中国画在明清时期的形式化并不是完全一无是处，应该客观全面地认识这个问题，不能以历史虚无主义的态度对其全盘否定。2018 年的“四王”和董其昌书画展及学术研讨会，对“四王”与董其昌等文人画家的关注和再认识，有助于重新审视这一段书画史，对中国绘画形式语言发展的顶峰时期有一个较为客观而公允的评价。

时光如水亦如镜，每一个时间节点都是一面可以映照历史真相的魔镜，我们企图在2018年这一组魔镜下摄取中国美术的事件与影像痕迹，为下一个与之相关联的时间节点预设一次有意义的回望。

（苏丹　中国艺术研究院2018级美术学博士研究生）

年度焦点

由一封信引发的美育问题大讨论

于广华

2018年8月30日，习近平总书记给中央美术学院周令钊、戴泽、伍必端、詹建俊、闻立鹏、靳尚谊、邵大箴、薛永年八位老教授回信，对他们长期以来不改初心、心系祖国接班人培养予以充分肯定，并就做好美育工作、弘扬中华美育精神提出殷切期望。习近平总书记在回信中强调："美术教育是美育的重要组成部分，对塑造美好心灵具有重要作用。"习近平总书记在回信中指出，加强美育工作很有必要。"做好美育工作，要坚持立德树人，扎根时代生活，遵循美育特点，弘扬中华美育精神，让祖国青年一代身心都健康成长。""希望学院坚持正确办学方向，落实党的教育方针，发扬爱国为民、崇德尚艺的优良传统，以大爱之心育莘莘学子，以大美之艺绘传世之作，努力把学院办成培养社会主义建设者和接班人的摇篮。"

席勒在1795年发表的《审美教育书简》中系统地提出了"美育"的概念，明确审美教育与其他教育方式有着不同之处，"有促进健康的教育，有促进认识的教育，有促进道德的教育，还有促进鉴赏力和美的教育。这最后一种教育的目的在于，培养我们感性和精神力量的整体达到尽可能和谐"[1]。美育即审美教育，"敏锐的审美耳目、充沛的审美情感和健康的审美灵魂，需要培养和陶冶。而培养和陶冶的过程，即为美育"[2]。美育是一种审美观念和经验的熏陶和教育，让人们以一种感性的、直观的方式领悟美的意义和价值，以艺术的方式领悟世界、自然与人生，最终促进人格的完善——审美教育对形成健全的人格有着重要作用。20世纪初，蔡元培在其《哲学总论》里提出"美育"概念，"美育者，应用美学之理论于教育，以陶养感情为目的者也"[3]，之后又提出"以美育代宗教说"，强调审美教育对于人格培养的作用。

当前美育问题再次被提出，也是基于我们时代的迫切需要。中央美院的老教授在给习近平总书记的信中提到"实现中华民族复兴加强美育非常紧迫""以新时代的美育提升人民大众的审美素养和精神境界，培育深厚的家国情怀，激发全民族的创新活力和创造精神""从富起来到强起来，中国人民和中华民族的精神首先要强起来，心灵要美起来"[4]。

一、关于如何做好美育工作的讨论

习近平总书记在回信中提到“加强美育工作，很有必要”，美育的重要性再次被提出，由此引发了文艺界关于美育问题的大讨论。讨论主要围绕习近平总书记提出的“做好美育工作，要坚持立德树人、扎根时代生活、遵循美育特点、弘扬中华美育精神”展开。

（一）坚持立德树人

美育的重要目的在于立德，“所以美育者，与智育相辅而行，以图德育之完成者也”[5]。此外，美育的目的还在于“树人”，“美育之目的，在于陶冶活泼敏锐之性灵，养成高尚纯洁之人格”[6]。即通过艺术熏陶和教育，以培养和健全人格。我们国家当前的教育工作的根本任务和目标是“培养德智体美劳全面发展的社会主义建设者和接班人”，美育教育也是我们国家的教育不可缺少的一个环节。习近平在全国教育大会上强调“坚持把立德树人作为根本任务”。育人的根本在于立德，培养学生的大爱大德大情怀，立德树人，不仅是教育的目标，而且是美育工作的基本立足点。

中国向来有立德树人的优秀历史传统，中国古代美育思想也非常强调艺术教育对立德树人的重要性。孔子提出“志于道，据于德，依于仁，游于艺”。“据于德”即以道德为根据，凸显“德”的根本地位。但德育的完成又离不开艺术教育。“兴于诗，立于礼，成于乐”，孔子从“礼”和“仁”的角度看待艺术的作用，突出了艺术的道德教育功能，通过艺术来帮助人们达到“仁”的境界。但艺术的德育功能不是功利的和机械式的灌输，而是通过艺术教育，把对礼和道德的理性追求变成内在的情感诉求、主体的自觉行为。因此，艺术活动有助于我们的道德修养和完善人格的培养。

美育的主要方式是艺术教育，但“只注重技术层面的艺术教育，而不是道德上面对美的理解，并不是完善的美育”[7]。我们的美育教育不应只注重艺术技法的传授，更重要的是应该将立德树人融入到艺术教育之中，“发扬爱国为民、崇德尚艺的优良传统”。“要在教育教学中贯穿美育，高度重视思想品德和价值观的培育，以立德树人为根本任务。”[8]“艺术院校应该成为美育的中心，把培养艺术人才与美育人才统一起来，把艺术创作研究与发挥美育职能结合起来，培养德艺双馨的艺术人才”[9]。学艺得先立德，需要拥有一颗大爱之心，“艺术家只有爱祖国、爱人民、爱党、爱自己的文化、爱自己的时代、爱自己的民族，才能生产出一种巨大的力量”[10]，才能创造出优秀的艺术作品。

“立德”主要强调德育的重要性，而“树人”更多地强调美育是完善人格的教育。艺术教育是美育的主要途径，但是美育的根本为审美教育，“实际上，审美教育包含对自然美、社会美等范畴的更大教育，而审美教育非常重要的还是一个审美观念的教育，而不仅仅是艺术技能技巧的教育”。美育强调“树人”，说明了美育并不是简单的艺术技法的传授与学习，美育更注重人格的健全和生命意识的培养，“美育是人的素质教育，也是完整和完美的为人教育，还是一个人成长的教育。美育感化具有一种约束力、召唤力，也是人类一直梦寐以求的完美大同理想的社会”[11]。因此我们的美育工作，要培养学生的审美意识，培养学生的大爱之心，养成学生以艺术和诗意的方式看待自然和人生的审美习惯。

（二）扎根时代生活

“文章合为时而著，歌诗合为事而作。”习近平在《在文艺工作座谈会上的讲话》中提出：“衡量一个时代的文艺成就最终要看作品。推动文艺繁荣发展，最根本的是要创作生产出无愧于我们这个伟大民族、伟大时代的优秀作品。”[12]我们当前的文艺创作要深入时代生活，美育工作亦是如此，“接受艺术熏陶、美的培育，欲取最佳效果，必须‘扎根时代生活’”[13]。

我们的美育工作，需要与时代社会相协调，扎根时代生活，这同时也意味着“坚持为人民服务、为社会主义服务的根本方向”。文艺来源于生活，人民是文艺创作的源泉活水，是创作的根基所在。习近平在文艺工作座谈会上谈到“文艺深深融入人民生活，事业和生活、顺境和逆境、梦想和期望、爱和恨、存在和死亡，人类生活的一切方面，都可以在文艺作品中找到启迪”[14]。历来优秀的文艺作品，都是艺术家深入现实生活，然后借用艺术媒介表达个人对社会现实以及人生的真实感受，描绘个人真切的生活与情感、爱恨与理想。这样的作品才符合艺术“真善美”的要求，才能得到人民和历史的认可。

美育坚持以人民为导向，坚持扎根社会，也就是需要我们思考美育工作对于时代社会和人民的意义。随着当前人民物质生活水平的提高，人民群众日益对美好生活有着向往，其中就“包含了对美的环境、美的空间、美的造物、美的艺术的期待，因此，我们的艺术创作要为社会美育提供新的资源，围绕着建设美丽中国的目标，从美好城市到美丽乡村建设，从艺术作品的公共展示到衣食住行的生活设计，都要贯穿美育意识，在社会美育建设中切实发挥作用”[15]。当前的美育工作也需要符合当前中国社会和现实的需求，满足人民群众的需求。我们的美育工作需要与时代发展相结合，创造出符合人民大众审美需求的作品，在艺术设计领域体现得尤为明显。

将美育工作与现实社会相结合，发挥美育在“美丽中国”建设中的作用，如中国美术学院“提出‘以乡土为学院’，引领师生深入社会主义建设第一线，在社会调查、田野工作中进行‘社会素描’，融艺术课程与社会工程于一体，形成中国美术学院极具特色、极富成效的课程思政和实践育人方式。同时聚焦服务地方经济社会发展，服务人民对美好生活的向往”[16]。将美育工作与美好乡村建设相结合，使美育工作立足于人民，扎根于社会现实。

在美术创作方面要聚焦于新时代主题，发挥艺术的社会功能，回应时代的号召。例如，杨晓阳从中国画院创作方面讨论画院创作与时代生活的关系，他认为要“把表现这个时代的精神，表现政府的政策精神，表现人民的意愿全部综合在一起，全方位地表现这个时代”。“我们正在进行的‘一带一路’国际美术工程，不但符合国家的‘一带一路’倡议的要求，有利于配合国家战略，而且也符合大爱之心、大美之艺、和谐社会和人类命运共同体的要求。”[17]创作符合时代精神的作品，推动建立人类命运共同体，也体现了“大爱之心，大美之艺”艺术精神。钱晓芳认为，当前的美术教育需要“牢牢把握住时代发展的脉搏，积极参与国家大型文艺创作项目，坚持以人民为中心的创作导向，聚焦中国梦时代主题，创作推出一批响应时代号召，回应人民期待的优秀文艺作品”[18]。

（三）遵循美育特点

美育的根本目标是立德树人，但这“不是通过理性灌输和说教，而是通过审美鉴赏和艺术熏陶，润物无声，耳濡目染，自然而然，水到渠成的。因此，那种形形色色的非审美、非艺术的方式和做法，与行之有效的真正美育，从来就是格格不入的”。[19]美育即通过艺术熏陶和教育来达到完善人格之目的，达到立德树人之目的，但美育这种教育方式不是说教式的直接灌输，美育需要遵从艺术与人的主体性之间的关系特点。人通过艺术感知世界，领悟人生，体悟“真善美”，如果是直接说教，那么显然不可能达到美育的目的。因此，习近平总书记提出“遵循美育特点”。艺术有自身独特的表达方式，只有遵从美育自身的规律和特点，才能到达良好的美育效果。刘小东认为“尊重艺术教育规律，是对专业人士的一个最大尊重，也是中央美院历来的优良传统。希望能用我们小小的校园文化，去感染更多的、更大范围的人群，这也是我们年青一代应该去思考和以身作则的事情”[20]。尊重艺术教育规律，也是对艺术工作者的尊重，也只有这样才能达到良好的美育效果。

美育需要探究艺术与人的关系。艺术集中体现了人对美好事物的追求，体现了人对真善美的追求，体现了人性的力量与解放，美育通过人感悟和顿悟的方式，直击人的心灵深处。习近平总书记在回信里也指出：“美术教育是美育的重要组成部分，对塑造美好心灵具有重要作用。”“以大爱之心育莘莘学子，以大美之艺绘传世之作。”习近平总书记一方面指出艺术对塑造美好心灵的重要作用，另一方面对美术教育者提出要求，即美育工作者需要有“大爱之心”。薛永年认为：“美是要走心的，要塑造人的灵魂，表现生命的升华。”[21]詹建俊认为：“美育不仅仅是让人民懂艺术，还要让他们拥有美的心灵和美的修养。”[22]“美是要走心的”，说明了美术塑造人格的方式，是“走心”而不是说教，艺术是直击人的心灵和灵魂的，艺术有着自己独特的打量和观照世界与人生的方式。“美是一种心灵的能力，它是用一种温情的目光，一种爱心和一种善意，去看待我们周围的一切。美育不止停留在书本上，它贯穿在点滴言行之中。”“艺术如果没有真不能够感人，失去了善就没有了价值，只有升华到美才有艺术的力量。”[23]

美育就是要塑造学生美的心灵和美的修养，这就对从事美育工作的教师提出了更高要求。薛永年认为：“要把美术教育做好，首先是要做一个有信念、有情怀、有担当的人，有这样的要求才能做一位好老师。总书记的回信多次强调‘心’，表达了对所有从事美术教育教师的深切关怀、鼓舞和期望。”“作为美院教师，我们要秉承对精神与心灵的高标准追求来培养学生和创作作品。”[24]我们美育工作者需要有“大爱之心”，方能“育莘莘学子”。

（四）弘扬中华美育精神

中华美育精神“是数千年来中华多民族生存境遇及其共同价值体系长期孕育的结晶，凝聚着中华民族优秀文化传统的精华，具有绵长久远的生命力，在当前美育工作中具有重要的传承和弘扬价值”[25]。中国美育精神和中华美学精神有着紧密联系，“中华美学精神是中华美育的一个基础理论”[26]，中华美学精神体现了中国人对于艺术的独特理解和感受，中华美育精神即中华民族的艺术传统精神在美育层面的作用。

中国传统的美育思想非常注重审美与艺术在个体成长过程中的作用。孔子提出“志于道，据于德，依于仁，游于艺”，讲求艺术对个人的情感熏陶，然后在此基础上潜移默化地实现完整人格的养成，“中华审美与艺术的终极目标不仅仅在于个体的情感陶冶，而在于由此而实现完整人格的养成，而这种完整人格表现为个体与天地的和谐”[27]。西方的美育目标，以马斯洛的“五个需求”层次为例，主要集中于人的个性的张扬、个体在社会中的“自我实现”。西方社会，尤其是进入现代社会以来，工具理性盛行，强调个体对世界和自然的征服，而中国的独特的审美精神讲求天人合一、道法自然，讲求中庸与和谐，“涵养顺乎天地并与之和谐相处的共在或共生式人格，而这是与中华文化对‘和’‘中和’‘同和’的尊崇传统相一致的”[28]。当前世界全球化和多极化并存，习近平总书记提出构建人类命运共同体和“一带一路”倡议，其实是中国美学精神的当代体现，求同存异，为世界和平和发展贡献出中国人的智慧和力量。

当前的美育工作，其中重要的一点就是要坚持民族自信、文化自信。习近平总书记在亚洲文明对话大会上提出：“每一种文明都扎根于自己的生存土壤，凝聚着一个国家、一个民族的非凡智慧和精神追求，都有自己存在的价值。”[29]中华文明有着悠久的历史，积累了丰富的民族智慧，中国美学精神理应为世界文明提供中国经验，贡献中国智慧。习近平总书记提出的“弘扬中华美育精神”，对美育工作而言，即探索和发扬中国传统美育精神，坚持民族文化自信，倡导多元文化共存，将弘扬中华美育精神贯彻到实际的美育工作之中。

中国作为世界文明大国，有着数千年璀璨的文明历史，积累了宝贵的民族智慧。继往开来，我们延续的是中华文明，这也是我们中华民族向前发展的立足点，在此基础上吸收、借鉴世界其他国家的文化艺术，继承和革新传统艺术，探索传统艺术的当代价值，探索中华美育精神。邵大箴认为：“在中西大融合、世界大变革的格局中，中国的教育、美术、文化一定要坚持民族自信，吸收外国古典的、现代的经验，使其两者融合。”[30]何家英认为：“在西方现代思潮的影响下，当今美术学院教育中，中华美学精神被淡化。中国的写实绘画之所以能在世界艺术格局中具有独特价值，就因为不轻易丢失中华民族的优秀传统。我们应当积极继承中国传统绘画优秀传统。”[31]西方通过油画创造了具象的写实艺术，中国画虽然以文人画写意为主，但也形成了独特的工笔写实传统。应继承和发扬写实传统，将水墨与现代艺术结合，创造具有民族特色的现代艺术样式。中国艺术研究院部分学者“从近年来的艺术创作体会中阐明传统文化的价值，认为中国博大的传统文化给予了艺术家创作的自信，可以用视觉艺术的方式讲好中国故事。要重视中国传统思想中的‘中和’能力，以中国美学智慧获得文化自信，创作出无愧于时代、无愧于人民的作品”[32]。

我们当前的艺术创作需要立足于中华民族文化，发扬中国美学精神，挖掘历史传统，塑造好中国形象。“作为中华优秀文化传统的一个方面，对当前贯彻落实立德树人根本任务，推进美育工作，塑造广大青少年乃至成人的美好心灵，具有重要的启迪价值。今天重温中华美育精神传统，有助于澄清美育问题上的理论混乱或操作迷误，让美育回归于正确的轨道。”[33]习近平总书记提出“弘扬中华美育精神”，为我们的美育工作指明了方向，应该在美育工作中贯穿中华美育精神，坚守民族文化自信，立足于中华文化传统，继往开来。

二、美育大讨论的意义

中央美院八位老教授在给习近平总书记的信中提到了美育的重要性和紧迫性，习近平总书记的回信在艺术界随即引发美育相关的大讨论，学界纷纷展开对习近平总书记回信的学习和探讨，并对美育工作提出自己的见解。诸多艺术教育工作者，对如何加强和改进美育工作提出自己的建议和看法。范迪安认为发挥文艺评论的美育作用，“把作品的内涵和价值更好点化和阐述出来，通过评论作用于创作，作用于社会，以期对人的心灵情操和社会风尚都起到引领作用”[34]。薛永年提出建立新时代协同美育机制，“各系统各部门有必要在统一领导下，设立新时代美育协同中心，加强统筹安排，合力协同，全方位地、不留死角地切实把加强美育落到实处”[35]。周星认为当前社会还缺乏深层次的美育概念认知，“美育是一个哲学的审美教育，它是提升人的思想和情感，为了实用的培养教育，校外机构和学校教育缺乏对审美的哲学思辨的认知”[36]。由此可见，习近平总书记的回信引发的美育问题大讨论是具有很重要的意义的。

首先，美育大讨论将艺术教育的重要性再次提出。我们当前的主要矛盾是“人民日益增长的美好生活需要和不平衡不充分的发展之间的矛盾”，随着当前人民物质生活水平的提高，人民群众日益对美好生活有着向往，对于我们的日常用品、环境、建筑等都有着更高的审美需求，我们需要大力发展艺术教育，以符合建设“美丽中国”的需求。此外，当前国际上的竞争更多地强调文化软实力，强调国家对外的文化形象展示，这些都离不开艺术教育的发展。

其次，美育的大讨论明晰了美育的概念及内涵。围绕“要坚持立德树人，扎根时代生活，遵循美育特点，弘扬中华美育精神”四点，学者们展开关于美育的概念、途径、目标的讨论。强调了美育是审美教育，艺术教育是美育的主要途径，在艺术教育中需贯穿“立德树人”思想，美育主要是提升人的感情和生命意识，注重美育对健全人格重要性。更加明确了美育的特性。美育可以塑造学生的美好心灵，对美育工作者而言，即需要以大爱之心，育莘莘学子。

最后，美育大讨论为新时代做好美育工作指明了方向。“习近平总书记指出做好美育工作要坚持‘立德树人’等基本原则，提出弘扬中华美育精神的时代任务，为新时代做好美育工作指明了方向。”[37]“习近平总书记在这封回信中又进一步为我们阐明了美育宗旨、道路、规律、内涵，为我们提供了理论武器和行动指南。”[38]

（于广华　上海大学美术学院2018级博士研究生）

注释

[1]［德］席勒：《美育书简》，徐恒醇译，中国社会科学院哲学所美学研究室编，中国文联出版公司1984年版，第108页。
[2] 吴为山：《以美育提升人文素养筑牢文化自信》，《光明日报》2019年2月1日。
[3] 高平叔编：《蔡元培美育论集》，湖南教育出版社1998年版，第310页。
[4]《大爱之心 大美之艺——中央美术学院举办“学习贯彻习近平总书记回信精神座谈会”》，《中国文化报》2018年9月2日。
[5] 高平叔编：《蔡元培美育论集》，湖南教育出版社1998年版，第310页。
[6] 蔡元培：《蔡元培美学文选》，北京大学出版社1983年版，第16页。
[7] 周星：《新时代美育观念的焦点难点问题辨析》，《艺术教育》2018年第21期。
[8] 范迪安：《百年美育 新的使命》，《中国高等教育》2018年第18期。
[9] 薛永年：《建立新时代协同美育机制》，《光明日报》2019年3月8日。
[10]《为国为民 为善为美——中国艺术研究院召开“学习贯彻习近平总书记给中央美术学院老教授回信精神”座谈会》，《美术观察》2018年第10期。
[11] 周星：《新时代美育观念的焦点难点问题辨析》，《艺术教育》2018年第21期。
[12] 习近平：《在文艺工作座谈会上的讲话》，《人民日报》2015年10月15日。
[13] 仲呈祥：《“加强美育工作，很有必要”——学习〈习近平给中央美术学院老教授的回信〉笔记》，《美育学刊》2018年第6期。
[14] 习近平：《在文艺工作座谈会上的讲话》，《人民日报》2015年10月15日。
[15] 范迪安：《百年美育 新的使命》，《中国高等教育》2018年第18期。
[16] 许江：《我校院长许江受邀出席全国学校美育工作会议并发言》，中国美术学院官网（https://www.caa.edu.cn/gmrx/2019/4y/201904/13753.html），2019年4月。
[17] 钱晓鸣：《以大美之艺探索完善有中国特色美育之路——访中国国家画院杨晓阳院长》，《中国高等教育》2018年第18期。
[18] 钱晓芳：《牢记嘱托 勇担使命 让青年一代身心健康成长》，《中国高等教育》2018年第18期。
[19] 仲呈祥：《“加强美育工作，很有必要”——学习〈习近平给中央美术学院老教授的回信〉笔记》，《美育学刊》2018年第6期。
[20]《大爱之心 大美之艺——中央美术学院举办“学习贯彻习近平总书记回信精神座谈会”》，《中国文化报》2018年9月2日。
[21]《大爱之心 大美之艺——中央美术学院举办“学习贯彻习近平总书记回信精神座谈会”》，《中国文化报》2018年9月2日。
[22]《大爱之心 大美之艺——中央美术学院举办“学习贯彻习近平总书记回信精神座谈会”》，《中国文化报》2018年9月2日。
[23]《为国为民 为善为美——中国艺术研究院召开“学习贯彻习近平总书记给中央美术学院老教授回信精神”

座谈会》,《美术观察》2018 年第 10 期。
[24]《大爱之心 大美之艺——中央美术学院举办“学习贯彻习近平总书记回信精神座谈会”》,《中国文化报》2018 年 9 月 2 日。
[25] 王一川:《中华美育精神的内涵和特质》,《中国艺术报》2018 年 9 月 7 日。
[26] 王一川:《中华美育精神的内涵和特质》,《中国艺术报》2018 年 9 月 7 日。
[27] 王一川:《中华美育精神的内涵和特质》,《中国艺术报》2018 年 9 月 7 日。
[28] 王一川:《中华美育精神的内涵和特质》,《中国艺术报》2018 年 9 月 7 日。
[29]《习近平出席亚洲文明对话大会开幕式并发表主旨演讲》,《人民日报》2019 年 5 月 16 日。
[30]《大爱之心 大美之艺——中央美术学院举办“学习贯彻习近平总书记回信精神座谈会”》,《中国文化报》2018 年 9 月 2 日。
[31]《为国为民 为善为美——中国艺术研究院召开“学习贯彻习近平总书记给中央美术学院老教授回信精神”座谈会》,《美术观察》2018 年第 10 期。
[32]《为国为民 为善为美——中国艺术研究院召开“学习贯彻习近平总书记给中央美术学院老教授回信精神”座谈会》,《美术观察》2018 年第 10 期。
[33] 王一川:《中华美育精神的内涵和特质》,《中国艺术报》2018 年 9 月 7 日。
[34] 范迪安:《发挥文艺评论的美育作用》,《中国艺术报》2018 年 10 月 10 日。
[35] 薛永年:《建立新时代协同美育机制》,《光明日报》2019 年 3 月 8 日。
[36] 周星:《新时代美育观念的焦点难点问题辨析》,《艺术教育》2018 年第 21 期。
[37] 薛永年:《建立新时代协同美育机制》,《光明日报》2019 年 3 月 8 日。
[38] 仲呈祥:《“加强美育工作,很有必要”——学习〈习近平给中央美术学院老教授的回信〉笔记》,《美育学刊》2018 年第 6 期。

改革开放40年中国美术大回顾

蔡 祐

2018年是中国改革开放40周年。40年来，整个中国政治、经济、文化等方面都取得了巨大的发展与辉煌的成就。同时，改革开放也深刻地改变了中国现代美术的发展进程：随着国门的主动打开，西方现代艺术思潮涌进，中国美术经历了从全盘西化到逐渐构建自我精神，从回归本民族的文化土壤到接纳世界上一切优秀的文化精华等一系列的重大转折，留下了大量值得仔细回味的美术思潮、美术事件、美术作品、美术人物。按照"逢十大庆，逢五小庆"的习惯，2018年全国出现了众多以"庆祝改革开放40年"为主题的美术活动，其中最具有学术价值与话题性的是各类回顾40年来美术发展的理论文章与大型美术作品展。这些文章与展览，从深度与广度上，对改革开放40年来的中国美术进行了一次系统的梳理与总结，这为我们认识、了解以及研究1978年之后的中国美术现代化进程提供了诸多文字与图像资料。

一、改革开放40年中国美术的理论研究

改革开放是中国现代美术史上的一个重要节点。自1978年以来，中国美术从单一发展走向多元共生，艺术群体行为产生，个体意识觉醒，产生了众多关于中国美术现代形态的探索与演变。这个正在处于进行时的探索与演变，同样持续影响着美术理论研究工作的整体方向。相比之前的相关研究，改革开放40年的理论研究呈现出一种延续与整合、反思与开拓并进的新特点。按照其内容大致可以分为相关学科的理论研究与回顾、改革开放的热点话题、亲历者口述历史三个部分。

（一）相关学科的理论研究与回顾

在讨论改革开放40年的中国画的话题中，于洋的《改革开放四十年中国画学科的延展与衍进——以新时期中国画坛与中央美院中国画学科为中心》[1]一文，采取了将改革开放40年以来中国画发展进程与中央美院中国画学科改革两条叙事线索并行来展开论述，展现了40年间中国画随时代发展变迁的图景，以及中央美院中国画学科在教育、创作、研究等

方面的应对措施与改革。在关注改革开放40年的中国画发展的问题中，笔墨同样是一个非常值得注意的话题。在林木的《改革开放与中国画笔墨的冷热》[2]一文中便以“笔墨”作为讨论的中心，展开关于40年来中国画的发展之路的论述。他认为，在改革开放初期关于“形式美”的讨论中，中国画在反传统的“创新”与“现代”的作用下，步入了“穷途末路”的困境。但随着20世纪80年代中后期黄秋园、陈子庄的再发现以及“新文人画”浪潮的出现，中国画传统又出现了复归。之后的世纪之交“笔墨等于零”的争论以及“黄宾虹热”的出现，同样使关于传统的话题持续升温，这其中作为传统中国画核心要素的“笔墨”备受关注。关于“笔墨”问题的命运，文中林木在“笔墨等于零”的陈述中提到的一个细节值得注意：“许多批评者不仅对笔墨没有深入研究，连吴冠中的文章大多也没看，仅冲着标题去，其讨论之浮泛可以想见……当时最突出的问题是，即使说得有些深入的，也只是拿明清文人画笔墨的特定内涵去取代有数千年绘画传统之笔墨概念，这显然也有碍于对悠久传统的准确理解和学习继承。”回顾改革开放以来围绕笔墨展开的话题，林木最后点出了目前对于笔墨问题看法不深入、研究不够的问题。

关于版画40年的发展历程，周举在《改革开放40年中国版画艺术语言的演变与发展》[3]一文中认为，“外部环境变化”是直接影响中国版画的生存和发展语境的前置条件。作者将40年中国版画的发展与演变大致分成审美价值的提升到本体语言的回归（改革开放初期至20世纪80年代中期）、从传统模式的分离到现代语言的建立（80年代后期至90年代中期）、从观念思维的推进到当代语汇的形成（90年代后期至21世纪初期）、从国际语境到融入民族精神的探寻（21世纪初期至今）四个不同的时间段。文中着重从创作群体、艺术思潮的演变中呈现中国版画总体上丰富多样与个体上千差万别的时代风貌，并对于中国版画与世界版画的交流与互动中的“民族化”与“中国化”问题提出自己的看法。

在关于改革开放40年的雕塑问题上，刘礼宾的《中国当代雕塑创作四十年管窥》[4]，着力从40年间的雕塑语言推进进行分析与讨论，特别是在对1999—2018年雕塑发展回顾中，刘礼宾提到了20世纪90年代“后学”的流行对于原有雕塑概念的解构，使艺术家的创作思路与创作方法相比前20年有了更大的扩展，关于“身体”“物质性”等问题的讨论成为雕塑创作的热点话题，多元开放的创作语境也出现了“着色雕塑”、多媒体雕塑样式等新现象。同时，文中也谈到了具象写实雕塑在进入公共空间之后，艺术家的个人创作与观众接受度之间出现反差的问题，但没有继续展开。这个话题在赵志红的《空间再造与价值重构——改革开放40年的公共艺术》[5]中有了更为详细的讨论，她在文中将雕塑纳入公共艺术的范畴进行讨论，认为在改革开放40年中，“人们往往更容易直观感受到题材、功能、媒介和语言风格等方面的变化。其实影响这些变化最重要的因素是公共艺术生产机制和艺术作品与观众之间的关系发生了变化，正是这些变化，艺术的公共性才得以真正凸显”[6]。并且提出了具体的建议，比如让公众参与艺术规划、设计，成为艺术创作的参与者，观众与作品在同一空间共存互动，等等，认为这些都体现出对于“公共性”的追求。同时，该文也在城市精神的塑造、媒介、风格、独立与整体的转向中谈到公共艺术在重构艺术、公共空间、公众生活中所发挥的作用。

毫无疑问，在改革开放初期受西方思潮影响最大、面貌最为丰富的油画创作，同样在改革开放40年回顾文章中占有重要的位置。其中，殷双喜的《坚持改革开放 推动中国油画的现代发展》[7]全面地介绍40年来油画创作成果的文章。该文将改革开放40年来中国油画出现的重要展览、重要美术事件、人物以及创作以时间为序展开全景式叙述。同样作为回顾改革开放40年油画艺术发展的文章，李昌菊的《借鉴·重建·转化——改革开放40年中国油画的自主探索之路》[8]，则从借鉴西方艺术、构建现实主义、转化传统资源等角度来谈40年来油画探索与发展的轨迹。李昌菊认为“借鉴·重建·转化”虽然是中国油画发展的三个不同的阶段，但三者并非各自分离，而是在交融中共生，并认为改革开放之后，中国油画在吸纳西方表现方法和观念的基础上，已经逐渐实现了从现代到当代的审美转变，建立起有别于西方现当代艺术的独特谱系，成为自主构建中国文化主题的重要组成部分。

（二）改革开放的热点话题

改革开放以来，最明显的一个特征便是加速进行中的城市化进程，由此也出现了艺术家以城市为主题的创作新方向。韩立朝的《从丘壑到景观——改革开放与中国城市山水画语言嬗变》[9]便是一篇以城市山水为主题的回顾文章。文中提到，自从20世纪90年代正式提出“城市山水”这一新课题之后，“城市山水”便以中国改革开放的窗口城市深圳为据点，开始进行艺术探索。文中认为，随着“城市山水”概念、创作与展览的不断推出，关于“城市山水”所处的现实情境、功能与意义的建构、审美意识的转化、形式语言的嬗变等的发展变化，显现出城市山水画在精神内核上尝试从传统的山中丘壑到城市景观的转变，而外在表现上则继承传统与借鉴西方现代艺术来实现形式上的多种可能性探索。同样是伴随着城市化出现的还有城市雕塑，吴士新在《从借建到营建——新时期中国城市雕塑的发展脉络》[10]一文中，详细地梳理了从1978年至今城市雕塑的发展轨迹。他在文中认为在40年的发展过程中，“为城市发展服务”始终是城市雕塑的核心概念，而每个时期社会观念的转变，也对城市雕塑形式产生了很大的影响。随着社会的多元发展，城市雕塑也展现出越来越多元化的特征，而这也证明城市雕塑进入了一个全新的公共艺术时代。

回顾改革开放40年的美术创作过程，重大题材美术创作同样是一个令人关注的话题。在改革开放以前，重大题材美术创作曾经在新中国美术创作中占据着重要而独特的位置，然而在改革开放初期几乎可以说是销声匿迹了。陈明在《历史与时代的艺术坐标——重大题材美术创作40年》[11]一文中，对这段历史进行了回顾。他在文中陈述了重大题材美术创作在改革开放初期衰落、自然主义倾向创作手法出现的原因，以及在2000年之后，随着国家重启重大题材创作工程实现再次复苏的历史。从中也可以看出，在重大题材美术创作中国家意志的重要作用。在文章的最后，陈明也提到了，虽然目前国家在重大题材美术创作中投入巨大，但美术界对于当前重大题材的创作水平低下的问题有诸多讨论，而这个棘手的问题也明显制约了重大题材美术创作的更好发展。

（三）亲历者口述历史

相比上述带有研究性与宏观视角的理论文章，关于改革开放40年的美术创作艺术家、理论家的口述历史，则是通过亲历者的个人角度，为我们了解改革开放40年来中国美术界的进程提供了许多更为鲜活生动的历史细节。这些由零碎的记忆片段所构建的40年美术故事，让我们能够在时代变革的洪流中感受到亲历者对于40年美术创作的反思与展望。改革开放40年口述历史资料，以《美术观察》在2018年第11、12期的《观察家·热点述评》栏目中推出的“我与中国美术这40年”专题最有代表性。该专题一共收录了20余位美术界的艺术家、理论家的采访。他们来自国画、油画、版画、雕塑、书法、设计、当代艺术、美术史论及美术教育等不同领域，基本上涵盖了中国美术的各个学科。同时，所甄选的这批美术专家（冯远、罗中立、苏新平、吴为山、邱振中、柳冠中、吴海燕、徐冰、水天中、潘公凯、田黎明、杨飞云、展望、袁运生、陈振濂、谭平、吕敬人、吕品田、刘骁纯、许江、万捷）也有着较为相似的求学经历——基本上都是在改革开放初期接受并完成美术院校的教育，在那个国门初开、社会巨变的时代中构建起自身具有时代印记的艺术谱系或知识谱系，他们的创作与研究成果也大多成为抒写中国改革开放40年美术史的重要资料。同时，其中的大部分专家也是改革开放以来的若干个美术事件与美术领域的重要的见证者、参与者、组织者，通过对他们的采访，我们也可以找到一条连接40年来改革开放的众多美术事件的线索，使读者能够更为深刻地认知改革开放40年对中国美术界产生的重大影响。

二、改革开放40年的美术展览

在2018年众多的美术展览中，因为展览的官方背景、策展理念不同呈现出“成果展示”与“回顾反思”两个不同的侧重点，当然这只是对展览主题所进行的大致分类。在改革开放这个重大的历史节点上，中国美术在40年间取得了毋庸置疑的辉煌成就，但同时也出现了大量需要回顾与反思的话题。这种成就与反思并存的局面也使我们需要以一种综合的目光去看待改革开放40年的美术展览。

（一）以成果展示为线索的“改革开放40周年”主题美展

1. 以省为单位的晋京展

2018年，全国各大美术馆都相继举办了以“改革开放40周年”为主题的美术作品展，其中以省为单位的美术作品晋京展是“改革开放40周年”主题展览的一个主要形式，如

"大潮起珠江——庆祝改革开放 40 周年全国美术作品展"（广东）、"能量——改革开放 40 年山东美术发展成果展"（山东）、"新时代　新徽派——安徽书画 40 年精品晋京展"（安徽）、"从长江走来——湖北优秀美术作品展"（湖北）、"俊采星驰——江西美术作品学术邀请晋京展暨'魅力红谷'改革开放四十周年美术成果汇报"（江西），等等。以上展览虽然都是从全省征选优秀美术作品到中国美术馆举办大展，以达到向全国展示本省美术成就的目的，但根据各省的不同情况，在作品挑选与组成上各有侧重。

来自改革开放的前沿阵地，由中国美术家协会、中共广东省委宣传部、中国美术馆、广东省文联、中共深圳市委宣传部主办的"大潮起珠江——庆祝改革开放 40 周年全国美术作品展"（广东），便以展示改革开放题材的作品为主。展览的作品包括：由中国美协向全国征集反映改革开放题材的国画和油画作品；由广东省有关部门列出，分别由广州美院、广东画院、广州画院、广州雕塑院及深圳的艺术家创作的关于广东改革开放各个时期重要事件及重要人物的选题；由广东省挑选出的反映改革开放的优秀作品。主题设置方面，展览按照改革开放历史进程，分为"春潮澎湃""激流勇进""扬帆逐梦"三大板块，主要以展现改革开放伟大成就为基调，包括一系列反映国家领导人心系群众、为民造福的作品，以及反映广东作为改革开放前沿阵地 40 年来的变化的作品。

由中共山东省委宣传部、中国美术馆、中国美术家协会、山东省文化厅、山东省文学艺术界联合会主办的"能量——改革开放 40 年山东美术发展成果展"（山东）则主要以展现 1978 年至 2018 年间山东美术界的代表作品为主基调。展览从第 5 届到第 12 届全国美展的山东籍作者入选、获奖作品中征集作品，并按照展览学术逻辑进行了特邀工作，共展出了 301 位山东籍艺术家的中国画、油画、版画、雕塑、水彩·水粉、壁画、综合材料绘画、连环画、环境艺术、装置艺术、年画、漫画、实验艺术、陶艺、宣传画、招贴画等十几个门类的作品，共 283 件。

同样是展示改革开放 40 年美术成就的作品展，由中共安徽省委宣传部、中国美术家协会、中国书法家协会、中国美术馆、安徽省文学艺术界联合会、安徽省文化厅共同主办的"新时代　新徽派——安徽书画 40 年精品晋京展"则加入了书法作品，共展出 346 件作品，其中包含书法 150 件。其中既有表现安徽创新发展新气象、展示安徽美术创作新成果的巨幅国画、油画、版画作品，又有安徽重大历史题材主题创作优秀美术作品、安徽历届全国获奖作品，以及安徽中青年美术家创作的反映时代主题的优秀作品。书法作品则包括安徽历届获奖的书法作品和中青年书法家创作的反映时代主题的优秀书法作品，形式上有真、草、隶、篆、行等书体和篆刻。

由中共湖北省委宣传部、湖北省文化厅、中国美术馆主办的"从长江走来——湖北优秀美术作品展"（湖北）则是一场百年湖北美术大型回顾展。展览以百年为周期，挑选了 100 多位涵盖国画、油画、版画、雕塑、水彩领域的湖北代表性艺术家共 117 件作品。以"情系长江""击水中流""扬帆启航"三个专题展开，体现出湖北美术的筚路蓝缕和薪火相传的历程。作品的内容有宏观视野下的叙事和记忆，有对历史事件与时代精神的折射，亦有反映不同时期生活的微观日常，展现了湖北美术工作者扎根荆楚文化沃土，忠实记录社会沧桑巨变的创作精神。

在2018年众多以省为单位的晋京展中，时间跨度最大的展览是由中国美协、江西省文联、南昌市红谷滩新区管委会主办的“俊采星驰——江西美术作品学术邀请晋京展暨‘魅力红谷’改革开放40周年美术成果汇报”，在该展上总共展出江西艺术家国画、油画、漆画、雕塑、陶艺等各类艺术作品230余件。展出的作品既有江西当代艺术家的精品力作、历届参加全国美术展的优秀作品，也有江西艺术家近年佳作，同时还展出了八大山人、傅抱石、黄秋园等江西籍美术名家的作品。

2. 教学成果展

教育成果展作为美术院校展现学科特色和教学成果的舞台，同样在2018年改革开放40年主题展览中成为一个亮点。其中，比较有代表性的展览有9月29日在中国美术馆举办的“闳约深美——南京艺术学院中国画、书法专业改革开放40年教学成果展”。作为中国美术馆庆祝改革开放40周年系列展之一，本次展览展出了南京艺术学院杰出校友和现任教师共42位书画家的140余件书画作品。如董欣宾的《江南太湖之滨》、方骏的《家在碧云西》、吴元奎的《人物山水图》、黄惇的《酒狂帖》、徐利明的《野田黄雀行》等作品。在这些作品背后可以看到南京艺术学院中国画、书法专业40年教学的演变与发展轨迹。

11月22日的“纪念改革开放40周年‘时代的温度’——山东艺术学院建校60周年美术作品展”，既是山东艺术学院建校60周年的院庆展，也是一次山东艺术学院60周年教学成果的集中展示。此次展览分为国画、油画、版画、雕塑、壁画、陶瓷、水彩和综合材料等美术种类，共展出作品208件（组），全面回顾与梳理了山东艺术学院60年的美术学科创作和教学成果，全面展现了山东艺术学院美术学科60年建设发展取得的成就。

3. 其他美术展览

依托于丰富的近现代美术藏品资源，中国美术馆举办的“东方风来满眼春——中国美术馆典藏精品展（1978—2018）”可以说是最出彩的“改革开放40周年”主题展览之一。该展览共呈现了中国美术馆收藏的101件精品，涵盖中国画、油画、版画、雕塑、水彩（粉）画、装置等作品形式。围绕“春”字，主办方把展览内容分为“春风又绿”“春潮涌动”“春意盎然”三个部分。作品重在展现自改革开放以来，复合多元的文化生态给艺术家的创作营造了宽松的氛围，艺术家们以开放的胸怀自由借鉴古今中外各种艺术形式，在观念与语言上进行积极探索，使中国当代艺术焕发出盎然春意，力图概括性地梳理和多角度地展现1978年至2018年改革开放40年来，中国当代美术的发展历程及在艺术创作方面的成就。

除此之外，全国各大美术馆关于“改革开放40周年”的美术作品展同样精彩纷呈，如2018年9月15日，江苏省美术馆举办的“脚步——40年缩影经典作品回顾展”展出了自

20世纪七八十年代至今的江苏省代表作品100余幅，展览以回望篇、奋斗篇和崛起篇三个板块展开叙事，在劳动形象、山河新貌、美好生活、社会建设等各个方面勾勒出时代的脚步。9月20日，上海中华艺术宫举办的"纪念改革开放40周年上海美术作品展"，共展出90余件艺术作品。这些作品大多是来自上海历年来获得全国美展、上海美展、青年美展的优秀获奖作品或画家的代表作品，涵盖油画、国画、版画、雕塑、水彩·水粉等多个门类，具象、抽象、意象等不同艺术取向的美术作品多元并存。此次展览结合当下文化发展命题，以"红色文化""海派文化""江南文化"为陈列主线，打造出"红色之魂""海派之魅""江南之韵"三大板块，以立足本土文化资源来建构上海这座城市的创作语境，彰显上海美术的话语力量。持同样策展理念的，还有重庆美术馆举办的"潮涌两江——庆祝改革开放40周年重庆市美术作品展 "、陕西美术博物馆举办的"陕西省庆祝改革开放四十周年美术作品展览"等，都通过集中地方美术资源，重点呈现改革开放40年对美术所产生的巨大影响。

（二）以回顾反思为线索的当代艺术展

作为改革开放的产物，中国当代艺术的整个发展轨迹与改革开放进程紧密相连。改革开放为中国的当代艺术家们提供了自由而多彩的创作源泉，使当代艺术得以在中国社会的每一个转折阶段都留下深刻的烙印。但与此同时，某些中国当代艺术对于西方艺术观念与形式的挪移、借鉴甚至是抄袭，也使得当代艺术在改革开放40年中始终处于争议的旋涡之中。在2018年，当代艺术40年发展的回顾与反思是展览的主基调。如2018年6月16日龙美术馆（西岸馆）举办的"转折点——中国当代艺术四十年"展览以时间为线索分为四个章节——1978—1984年、1985—1989年、1990—1999年、2000年以后，共展出龙美术馆所藏的40年来极具影响力的近百件作品，包括油画、国画、雕塑、影像、装置等。对于40年的当代艺术的发展，策展人吕澎将其定义为一个转折点、一个过往和未来之间的连接点。而在这40年间当代艺术所暴露的问题，也使我们需要调整一种方式去发展艺术。

这种对当代艺术的看法同样延续在吕澎后来在上海宝龙美术馆所策划的"艺术史：40×40——1978—2018　从四十位艺术家看改革开放四十年的中国当代艺术"展览之中。如果说，"转折点——中国当代艺术四十年"是借龙美术馆馆藏作品为线索，来诉说40年当代美术发展的整体情况及出现的相关问题，那么"艺术史：40×40——1978—2018　从四十位艺术家看改革开放四十年的中国当代艺术"则是通过挑选40位当代艺术代表艺术家及作品来展开对当代艺术40年的铺陈。与展览一起推出的还有《中国当代艺术简史：1978—2018》和纪录片《中国艺术40年：1978年以来的艺术历程》等珍贵研究资料和成果，让观者更好地了解这40年当代艺术的发展情况。

新水墨是伴随中国当代艺术运动而产生的一个重要的新概念。12月18日，"中国新水墨作品展1978—2018"在北京民生现代美术馆开幕。展览集中呈现了改革开放40年中国水墨艺术的代表性作品，展示了中国当代艺术的群体形象，系统梳理了40年来中国水墨艺术的发展脉络，是一个颇具开创性的历史意义和学术价值的展览。展览由张晓凌担任策展人的“新中国画板块”以及由鲁虹担任策展人的“新水墨板块”两部分组成，共呈现各个时期具有影响力的艺术家182位，200组（件）作品。作为首次对中国改革开放40年来水墨艺术作系统的大规模梳理的展示，该展览在2018年末引发了一场社会性的观展热潮和关于新水墨话题的广泛讨论。

三、结语

以上是对2018年改革开放40年美术研究与展览活动的一个简要回顾。事实上，作为一个重要的历史节点，围绕改革开放所进行的，无论是官方或者非官方的美术活动，向来不缺乏外部的关注与支持。这种繁荣的景象无疑为改革开放40年的美术研究提供了一个良好的外部环境，而40年来美术界的不断积淀与反思，也为这段正在进行中的历史带来了更多新问题、新观点与新材料，为我们从内部审视与发现改革开放以来的美术创作提供了更多切入点，并且不断地修正、丰富着我们对于“改革开放美术”的定义。正如郑工先生在《改革开放与中国美术思潮》一文中所提到的，“相对于‘改革’与‘开放’，还有一对关键词，就是‘创新’与‘实验’。没有改革开放，就没有这么大面积大幅度的美术的创新性实验，而创新性实验又促进了改革开放，构成这40年中国美术发展的整体面貌[12]”。不断进行的改革开放，意味着不断进行的创新与实验，而这点也提醒着我们时刻需要以一种发展中的眼光去看待这段进行中的美术史。

（蔡祜　中国艺术研究院2019级美术学博士研究生）

注释

［1］ 于洋：《改革开放四十年中国画学科的延展与衍进——以新时期中国画坛与中央美院中国画学科为中心》，《美术研究》2018年第5期。

［2］ 林木：《改革开放与中国画笔墨的冷热》，《美术》2018年第10期。

［3］ 周举：《改革开放40年中国版画艺术语言的演变与发展》，《深圳大学学报（人文社会科学版）》2019年第3期。

［4］ 刘礼宾：《中国当代雕塑创作四十年管窥》，《美术研究》2018年第6期。

［5］ 赵志红：《空间再造与价值重构——改革开放40年的公共艺术》，《美术》2018年第11期。

［6］ 赵志红：《空间再造与价值重构——改革开放40年的公共艺术》，《美术》2018年第11期。

［7］ 殷双喜：《坚持改革开放 推动中国油画的现代发展》，《美术研究》2018年第5期。

［8］ 李昌菊：《借鉴·重建·转化——改革开放40年中国油画的自主探索之路》，《美术》2018年第11期。

［9］ 韩立朝：《从丘壑到景观——改革开放与中国城市山水画语言嬗变》，《美术》2018年第11期。

［10］ 吴士新：《从借建到营建——新时期中国城市雕塑的发展脉络》，《美术》2018年第12期。

［11］ 陈明：《历史与时代的艺术坐标——重大题材美术创作40年》，《中国艺术报》2018年7月16日。

［12］ 郑工：《改革开放与中国美术思潮》，《中国文艺评论》2018年第11期。

历史与未来：中国两大美院校庆

崔晓蕾

2018年，作为中国目前最有代表性的两大专业美术院校，中央美术学院迎来了建校100周年校庆，中国美术学院迎来了建校90周年校庆。校庆的意义，从来都不仅仅是一个庆祝仪式，关键是要借助这个时间节点对自身历史和发展轨迹进行梳理与思考。所以，中央美术学院100周年和中国美术学院90周年校庆的意义就是回溯中国现代美术教育从形成、融合发展到转型的历史，就是审视过往教学中的得失利弊及形成未来教学和人才培养的新目标与新规划。

一、源起：蔡元培“以美育代宗教”思想的提出

中国现代美术教育的发生、发展，与蔡元培有着密切的关系。“以美育代宗教”“文化运动不要忘了美育”是蔡元培在20世纪初期提出的美育思想，这些思想不但影响了一批美术教育家，而且成为当时艺术院校开设与实践的纲领性思想。

早在1912年，蔡元培在任南京临时政府教育总长时就提出了与军国主义、实利主义、德育主义并列的世界观与美育主义教育，而较为系统地阐述美育思想则是其1917年4月8日在北京神州学会的演说词《以美育代宗教说》、1919年发表于《晨报副镌》的《文化运动不要忘了美育》和1922年6月发表于《教育杂志》第14卷第6期的《美育实施的方法》等文章。

在《文化运动不要忘了美育》一文中，蔡元培概述了当时美术教育的现状，并向美术界提出了普及美育的重要作用，“美术的教育，除了小学校中机械性的音乐、图画之外，简直可说是没有”，因此，“致力于文化运动诸君”，不要忘了美育，“文化不是简单，是复杂的；运动不是空谈，是要实行的。要透彻复杂的真相，应研究科学；要鼓励实行的兴会，应利用美术”[1]。这里的“美术”和美育并不是狭义上的美术概念，而是指宏观上的艺术视角，对此，蔡元培在《以美育代宗教》一文中详细阐释了美育的概念：“我向来主张以美育代宗教，而引者或改美育为美术，误也。我所以不用美术而用美育者；一因范围不同，欧洲人所设之美术学校，往往止有建筑、雕刻、图画等科，并音乐、文学，亦未列入……而

所谓美育，则自上列五种外，美术馆的设置，剧场与影戏院的管理，园林的点缀，公墓的经营，市乡的布置，个人的谈话与容止，社会的组织与演进，凡有美化的程度者，均在所包，而自然之美，尤供利用，都不是美术二字所能包举的。”[2]由此可知，蔡元培提出的普及美育、“以美育代宗教”的理念，是一个艺术的概念，是渗透到个人日常生活方方面面的美育要求，是对社会全面改革、全面发展提出的美育要求，更是对人全面素养培养提出的美育要求。社会要成为完整的社会，人要成为完整的人，美育是不可替代的。

中央美术学院的前身——国立北京美术学校和中国美术学院的前身——杭州国立艺术院就是在此美育思想的基础上建立起来的。

虽然国立北京美术学校成立时，蔡元培正在担任北京大学校长一职，但是，20世纪初期蔡元培在整个教育界的地位，以及“以美育代宗教”思想的影响力，使得他的美育思想不可避免地会对首所公立美术学校产生影响。在1918年4月15日国立北京美术学校开学典礼上，蔡元培亦有相关发言，更进一步提出了当时中国创建艺术院校所要注意的学科建设。“惟中国图画与书法为缘，故善画者常善书，而画家尤注意于笔力风韵之属。西洋图画与雕刻为缘，故善画者，亦或善刻，而画家尤注意于体积光影之别。甚望兹校于经费扩张时，增设书法专科，以助中国画之发展，并增设雕刻专科，以助西洋画之发展也。”[3]中国画与书法、西洋画与雕刻在蔡元培看来是相辅相成的专业设置，这是他的美育思想在艺术课程设置上的表现，即美育所要养成的人格健全、思想完善的个体，就必须要从最基本的学校课程设置入手，国画院、西画院、图案院、雕塑院、建筑院五院完整的布局，才能从个人完整人格养成的基础层面建构起完整的培养体系。这是蔡元培对国立北京美术学校课程设置和人才培养提出的希冀，也是其后在西湖国立艺术院创办时期，蔡元培依托他的美育思想一手打造的美术院校“兼容并蓄”的人才培养模式。

美育作为从西方舶来的概念，蔡元培将其引入国内，也就是要在中国的美术教育、人才培养模式上，同时引入这个概念的基本含义，所以，它从引入之初，必然承载着兼顾中西方艺术思想、文化传统的作用，因此，“兼容并蓄”的教育理念自然就成了“以美育代宗教”的具体实践方法。

如果说蔡元培对国立北京美术学校的教学理念是间接的影响，那么对西湖国立艺术院的教育理念和人才培养模式的影响，就是非常直接、非常具体的影响了。1927年12月，蔡元培在《创办国立艺术大学之提案》中指出：“美育为近代教育之骨干。美育之实施，直以艺术为教育，培养美的创造及鉴赏的知识，而普及于社会。是故东西各国，莫不有国立美术专门学校、音乐院、国立剧场等之设立，以养成高深艺术人才，以谋美育之实施与普及，此各国政府提倡美育之大概情形也。”[4]所以，《国立艺术专科学校组织大纲》中明确提出的办学宗旨是“培养专门艺术人才，倡导艺术运动，促进社会美育”[5]。加之林风眠作为蔡元培直接委任的国立艺术院校长，国立艺术院必然会直接而完整地实践蔡元培培养艺术专门人才的理念，实行美育运动，进而形成全社会的美育思想。

成立于西子湖畔的国立艺术院，不但完整地践行着蔡元培的美育思想，更因其所处的西湖地理位置而丰富地阐释了蔡元培美育思想的内涵，即美育对人的完整养成，不但依赖于学校的培养，更有赖于社会和自然所营造的随时随地发现美、感受美的环境，这是有别于学校的人为塑造，而是潜移默化的自动生成状态，是生活的艺术化状态。所以，1927年12月，蔡元培在《创办国立艺术大学之提案》中强调："美育之目的，在陶冶活泼敏锐之性灵，养成高尚纯洁之人格，故为达到美育实施之艺术教育，除适当之课程外，尤应注意学校的环境，以引起学者清醇之兴趣、高尚之精神。""窃以为最适宜者，莫过于西湖。"[6]因此，大学院在西湖设立艺术院，既因为秀美的自然环境，又因为历史人文遗产丰富，所以，在此基础上设计美术馆、音乐院、剧场等，便使西湖成为艺术之区，"所以大学院在西湖设立艺术院，创造美，使以后的人都移其迷信的心为爱美的心，借以真正的完成人们的生活"[7]。

在20世纪上半叶中国内忧外患的大环境中，蔡元培意识到美育超过了科学所具有的对人格完整养成的作用、对社会完整改革的作用和对生活完整塑造的作用，建设传播美育的学校、培养传播美育的教师迫在眉睫。在蔡元培"文化进步的国民，既要实施科学教育，尤要普及美术教育"思想的引导下，国立北京美术学校和西湖国立艺术院逐渐建构起了最初的美术教育教学体系、人才培养体系，这不但为以后美术教育的更大规模发展培养了诸多教师资源，而且使国家、社会、个人都在思想层面建构起了对美育的重视，为其后中国艺术教育的发展和完整人格的培养提供了理论支持。

二、融合：郑锦、林风眠、徐悲鸿的中西融合教育实践

19世纪末洋务运动提出"向西方学习""师夷长技以制夷"的呼声后，留学西方学习而归国救亡图存的浪潮成为20世纪上半叶主要的文化现象，加之在蔡元培"以美育代宗教"思想的指导下所形成的"兼容并蓄"的艺术教育实践方法，使得以国立北京美术学校和西湖国立艺术院为主的美术院校的骨干教师都有留学背景。留日、留欧是当时两大主要留学方向。这种向外国学习，而后融合中国传统文化和教育背景所形成的美术教育面貌，是当时显著的美术教育特色。所以，在中国早期的学院美术教育中存在着两股教育思潮：一种是留学日本，而后形成的日本图画手工教育模式；另一种是留学欧洲，特别是留学法国，而后形成的学院美术教育模式。这是第一次美术教育融合现象的具体表现。

国立北京美术学校则先后同时占有了这两种美术教育思潮，究其原因，则主要与先后任职的两任校长有关系。

1915年郑锦受民国政府教育部聘请从日本回国，1917年10月受命筹建中国近代第一所国立美术学校，担任美术学校筹备所主任。1918年4月15日，国立北京美术学校（即中央美术学院前身）正式成立，郑锦就任校长。上至校长，下至学校所聘任的教师（陈师

曾、姚华、王悦之、高春莱、夏伯鸣、严智开等）均有留学日本的教育背景，而且在学校筹备期间，郑锦再度赴日本考察日本的美术教育。所以，学校自成立之初就自然地会受到日本美术教育理念的影响，这在学校所设置的课程上有显著体现。[8]

而国立北京美术学校的另一种教学面貌则源于第二任校长林风眠的影响。1926 年 3 月 1 日，林风眠正式担任国立北京美术学校的校长，开始传播他和蔡元培共同信奉的“以美育代宗教”的美术教育思想。在此期间，林风眠不仅修改《组织大纲》，推行学分制和选修制，而且提出推行社会美育的理念，“稗能集中艺术界的力量，扶助多数的青年作家，共同奋斗，以求打破艺术上传统模仿的观念，使倾向于基础的练习及自由的创作；更以艺人团结之力，举办大规模之艺术展览会，以期实现社会艺术化的理想”[9]。在教学上，林风眠力求打破艺术上传统模仿的观念，主张创新和自由地创作，这一教学理念促进了西画的发展。他在教学过程中重视对西方教育理念的引入和使用。早在 1919 年，蔡元培就曾向国立北京美术学校推荐过吴法鼎（留学法国）和李毅士（留学英国），两人在当时分别被郑锦校长聘为教务长和西画系主任、教授，这是蔡元培在国立北京美术学校的建设中最早表现出的对留学欧洲学生的重视和重用。同时，林风眠还主张“十字街头艺术”和“平民艺术运动”，鼓励学生多走出校门，多举办社会展览，这些无疑是林风眠在国立北京美术学校任职期间推行的宣传美育的主要手段。以展览的形式连接起学校和社会民众，使社会民众可以充分感受艺术的力量，使美育对民众产生积极的唤醒和人格养成作用。

但是，由于当时政治时局的问题，林风眠和他的美育思想并没能在国立北京美术学校产生长久的影响。1927 年，林风眠南下杭州，之后在蔡元培的支持下创建国立艺术院。随林风眠南下的还有国立北京美术学校的部分教师，如王代之、李朴园（国立艺术院成立后任美术史讲师）等。国立艺术院的成立，目的在于在相对宽松的环境中实践蔡元培的美育理念，从而建立起一所外部环境和内部组织均有别于国立北京美术学校的国立艺术院校。如蔡元培所言，是因为“中国鼎革以来，各种学校日渐推广；惟国立艺术学院，仅于民国七年在北京设立一校，然几经官僚之把持，军阀之摧残，已不成其为艺术学校矣；况经费困难，根本组织即不完善耶！我国民政府为励行革命教育计，尤不可不注意富革命性之艺术教育，急谋所以振兴之”[10]。所以，在蔡元培看来：“教育当务之急，应在长江流域设一国立艺术大学，以资补救，而便提倡。此本会向中华民国大学院建议创办国立艺术大学之最大理由也。”[11]

1927 年 10 月 1 日，中华民国大学院正式成立，蔡元培宣誓就院长职。11 月初，蔡任命林风眠为大学院“艺术教育委员会”主任委员和美术博物馆筹备员。在此期间，林风眠协助蔡元培主持召开了三次“艺术教育委员会”会议，计划在国立艺术院成立后，依托学校成立全国性的社团——“艺术运动社”。对此，林风眠的阐释是：“该有两个重要的观点：第一，要从创作者本身着眼，怎样才可以使艺术时时有新的倾向，俾不致为旧的桎梏所限制；第二，要从享受者的实际着眼，怎样才可以使大家了解艺术，使大家可从艺术的光明中，得到人生合理的观念，同正当情感的陶冶。”[12]这与他在国立北京美术学校提出的教育改革思想相一致，即既要摆脱中国旧有的艺术创作思想的限制，吸收国外新的艺术理念和创作方法，还要在学校的基础上，为社会美育的形成贡献力量，使社会和个人均能意识到，美育是完整人格养成的主要因素，达到“艺术为社会”服务的美育认知。

这一时期的国立艺术院，在蔡元培和林风眠的主导下，不但在学校建制上形成完整的国画系、西画系、雕塑系、图案系、预科和研究部体系，而且在师资聘请上，也主要选择有留学欧洲教育经历的教师。主要有教务长兼西洋美术史教授林文铮，国画系主任潘天寿，西画系主任吴大羽，西画教授常书鸿、李超士、蔡威廉，雕塑教授王静远、刘开渠，图案系主任刘既漂，图案教授孙福熙、陶元庆、王子云、雷圭元，中国美术史、解剖、透视讲师姜丹书，美术史论讲师李朴园，文艺导师钟敬文，国文教师张天翼。[13]以此形成了一所建立在欧洲美术教育理念基础上的现代美术学校，其教学理念、教育学制、院系组织、课程设置、师资构成等，均彰显出蔡元培“以纯粹的美来唤醒人的心，就是以艺术来代宗教”的理念和林风眠“调和中西”的“兼容并蓄”的艺术主张。

中央美术学院和中国美术学院在以往的教学过程中，不仅有中外艺术理念的融合，还有国内各学校的理念的融合。

1949 年 11 月，改为国立北平艺术专科学校的原北京美术学院与从 1938 年成立的延安鲁迅艺术学院美术系发展而来的华北大学三部美术系合并成立“国立美术学院”。1950 年 1 月经中央人民政府批准正式定名为“中央美术学院”，徐悲鸿任院长。从 1950 年徐悲鸿任中央美术学院院长开始，到 1953 年徐悲鸿去世，虽然仅有短短三年时间，但是徐悲鸿留学法国期间所形成的中西融合写实美术教育体系通过在国立中央大学 22 年的实践，已经形成了完备的教学理念、教学体系和成熟的师资体系，所以，仅三年时间，他就使中央美术学院具有了鲜明的写实美术教育面貌，“素描是一切造型艺术的基础”理论也从国立中央大学一直延续到了中央美术学院。从课程设置到师资构成都已形成了影响至今的徐悲鸿中西融合写实美术教育体系。

正如中央美术学院院长范迪安在建校 100 周年系列活动启动仪式上演讲时说到的，中央美术学院的百年历史是由“故事和人生”铸成的，而“故事和人生”是一个学校的历史中最为可见可触的鲜活存在。[14]这个由“故事和人生”构成的学校历史，不独属于中央美术学院，而是属于整个中国现代美术教育的历史。历史上的蔡元培、郑锦、林风眠、徐悲鸿等，他们作为教育的领导者，在一个时期，在一个学校的建设、发展中起着关键的精神引导和价值引领的作用，所以，明晰他们的教育理念，才能更加清楚地建构中国现代美术教育的整体理念。

三、转型：全球化背景下复合型人才的培养和“艺术为社会”的美育需求

中央美术学院已经历了百年的发展，中国美术学院已经历了90年的发展，到今天，均已在蔡元培美育理念的基础上形成了各自独特的教学面貌和教学体系。但是，在全球化和科技发展的背景下，两个学校又明显地呈现出相同的发展诉求，即在多元互动与跨界融合的基础上所要达到的教学理念和人才培养的现代化转型，以及在“艺术为社会”美育理念的基础上所要达到的教学成果和社会需求的现代化转型。

在转型的过程中，两大美院均注意到传统学科和传统文化再发掘的重要作用。中央美术学院和中国美术学院是代表中国美术教育主要面貌的两大公立的、专门的美术院校，在全球化和科技化转型的大背景下，合理而理性地坚守住传统才能更进一步地与现代相融合，与科技相融合，与西方相融合。中央美术学院在造型艺术、设计、建筑、艺术人文四大学科群相互渗透、相互依存的前提下，建构起了现代形态的美术教育学科群，在人才培养模式上更加强调跨越专业边界，强调综合性和创造性，以此培养出满足社会需求的复合型、创造性人才。[15]中国美术学院在林风眠“兼容并蓄”和潘天寿“传统出新”美术教育思想的基础上，形成了今天的“东方学”教育理念，即把握东方文化所代表的精神特点、根源性因素，在此基础上不断修复，不断补强，不断更新。[16]

中央美术学院和中国美术学院美术教育的内部转型，落脚点都在多元共生与跨界融合的基础上，这是全球化和科技化背景下，美术院校未来发展的必然选择。

早在20世纪中叶，欧美国家在工程、科技教育领域就提出了“STEM”教育理念，目的在于培养学生的分析能力、对话交流能力和批判性思维能力。20世纪70年代，美国提出加上艺术，使“STEM”模式变成“STEAM”模式，即科学、技术、工程、艺术和数学。[17]艺术在各个学科的交融中占据了中心的位置。由于艺术所具有的开放性、包容性和灵活性，使它具有了融合其他学科为一体的作用。

艺术所具有的融合其他学科为一体的作用，是建立在艺术自我融合的基础上的，所以，中央美术学院提出的学科群发展理念和中国美术学院提出的“东方学”发展理念，都是为了实现融合多学科为一体的未来发展目标，也是为了实现培养出具有多学科能力和思维能力的复合型人才的未来发展目标。

2018年8月30日，中共中央总书记、国家主席、中央军委主席习近平给中央美术学院8位教授的回信引起了社会各界的全面关注与学习。“习近平强调，美术教育是美育的重要组成部分，对塑造美好心灵具有重要作用。”“做好美育工作，要坚持立德树人，扎根时代生活，遵循美育特点，弘扬中华美育精神，让祖国青年一代身心都健康成长。”[18]这对当下以至其后美术院校开展美育工作提出了明确要求，也为美育在学校教育和社会教育中如何开展指明了方向。在美术界举行的热议习近平总书记给中央美院老教授的回信的座谈会

上，中央美术学院院长范迪安表示：“这既是艺术先贤们当年兴办美术教育的初衷，更是今天社会发展向美术教育提出的课题。”[19]

将美育的成果延伸到社会，将学校美术教育的成果向社会展示，以此提升全社会的美育水平，以美育来净化人们的心灵，陶冶人们的情操，完善人们的人格，这是在100年前蔡元培初次提出“以美育代宗教”时即想达到的社会效果。在美术院校发展了100年后，我们看到了美育为国家、为社会、为个人所带来的积极影响。这是国家和社会对美术院校提出的百年要求，也是美术院校在之后的发展中要继续承担的社会责任。

从纯美术学科到融多学科为一体的综合美术体系，从兼容并蓄到跨界融合，从单维度地引进西方文化到形成全球化背景下的主体重建，100年来，我们纵观中国美术院校发展的跌宕起伏的历史，有成果，有困难，有挑战，但发展、普及美育的理念始终没变。以美育的力量涵养每个时代的发展，以美育的内涵完整培养每个时代国民的人格，是100年前美术院校刚刚成立时就提出的愿景。在今天以至其后的历史进程中，美育也仍然会是时代发展、人格完善、社会完整的内在驱动力。中央美术学院、中国美术学院作为以往、当下以至其后引领中国美术教育发展的核心美术院校，必然要继续坚守以美育引导精神、净化心灵的责任，还要继续发挥“艺术为社会”的大众美育理想，更要形成以美育融合科技、融汇时代的发展理念。

（崔晓蕾　中国国家画院雕塑院院长助理）

注释

[1] 蔡元培:《文化运动不要忘了美育》,《晨报副镌》1919年12月1日。
[2] 蔡元培:《以美育代宗教》，据《现代学生》第1卷第3期，1930年12月出版，载中国蔡元培研究会编《蔡元培全集》第六卷，浙江教育出版社1997年版，第585页。
[3]《北京大学日刊》1918年4月18日，“中国第一国立美术学院之开学式”，另见《绘学杂志》，北京大学画法研究会出版，1920年6月，“美术学校开学记”。
[4] 蔡元培:《创办国立艺术大学之提案》，载中国蔡元培研究会编《蔡元培全集》第6卷，浙江教育出版社1997年版，第133页。
[5]《国立艺术专科学校组织大纲》，载《中国美术学院七十年华》，中国美术学院出版社1998年版，第127页。
[6] 蔡元培:《创办国立艺术大学之提案摘要》，载中国蔡元培研究会编《蔡元培全集》第6卷，浙江教育出版社1997年版，第 134页。
[7] 蔡元培:《学校是为研究学术而设——在西湖国立艺术院开学式演说词》，载中国蔡元培研究会编《蔡元培全集》第六卷，浙江教育出版社1997年版，第214页。
[8] 李中华:《1917—1937年北京国立专门美术教育研究》，硕士学位论文，中国艺术研究院，2005年。
[9] 林风眠:《致全国艺术界书》，刘世敏《艺海逆舟——林风眠传》，吉林美术出版社1990年版，第300页。
[10] 蔡元培:《创办国立艺术大学之提案》，载中国蔡元培研究会编《蔡元培全集》第6卷，浙江教育出版社1997年版，第133页。
[11] 蔡元培:《创办国立艺术大学之提案》，载中国蔡元培研究会编《蔡元培全集》第6卷，浙江教育出版社1997年版，第133页。

[12] 林风眠:《我们要注意》,《亚波罗》1928年第1期。
[13]《浙江美术学院校史 第一章 国立艺术院、国立杭州艺术专科学校》(1928—1937),载《艺术摇篮——浙江美术学院六十年》,浙江美术学院出版社1988年版,第8页。
[14] 范迪安:《百年共创千秋业,五代同堂四月天——在百年校庆典礼上的致辞》,《美术研究》2018年第3期。
[15] 苏新平:《中央美术学院教学改革之思》,《美术研究》2017年第3期。
[16] 王钰:《在时代创造中把握"东方学"的内涵——中国美术学院院长许江访谈录》,《艺术教育》2017年第Z4期。
[17] 王晓琳:《面向未来的高等美术教育人才培养路径探析》,《北京教育(高教)》2018年第4期。
[18]《习近平给中央美术学院老教授的回信》,新华社北京8月30日电。
[19]《以大爱之心育莘莘学子 以大美之艺绘传世之作——美术界热议习近平总书记给中央美院老教授的回信》,《美术》2018年第10期。

人才培养：国家艺术基金资助新亮点

崔晓蕾

作为由国家设立、主要由中央财政拨款的公益性国家艺术基金，其资助的主要对象是“满足艺术事业当前和长远发展需求的艺术人才培养项目。重点资助特殊的、急需的、紧缺的高端艺术专业人才、复合型经营管理人才和理论评论人才培养项目”[1]。这是国家以制度化的形式对艺术发展和艺术人才培养进行资助和引导的主要代表。

以艺术基金资助的形式培养艺术人才的模式在贯彻国家相关文艺政策的同时，更多地体现出艺术基金所具有的灵活性和自主性特点。不同于艺术院校的系统教学和艺术机构的应试培训，国家艺术基金直接面向社会进行人才的选拔与资助，不但拓展了人才培养的传统经验模式，而且丰富了人才培养的形式，为整个社会的艺术生态建设注入了良性发展因子。

在此基础上，国家艺术基金的人才培养和资助具有了既注重艺术创作又强调艺术教育，既重视传统文化又强调艺术创新，既注意艺术的普及均衡发展又强调艺术人才的高水平、高质量提升的特质。

一、创作与教育并重

国家艺术基金是“旨在繁荣艺术创作、打造和推广原创精品力作、培养艺术创作人才、推进国家艺术事业健康发展的公益性基金”[2]。由于其公益性的性质，它具有隐含的创生力量，即在资助艺术创作、培养艺术人才、鼓励探索创新等方面，具有对当下和未来的指向性的作用。

2015 年 10 月 19 日《中共中央关于繁荣发展社会主义文艺的意见》指出：“加大国内文化艺术领军人才和青年拔尖人才培养支持力度。”在此基础上，国家艺术基金尤为重视对青年艺术创作人才的培养和资助，鼓励青年人才的艺术探索和创新，提倡艺术面貌和艺术形式的多样化，激发艺术创作活力，推出艺术创作新人，培育艺术创作的后备人才。

2018 年青年艺术创作人才项目申报 2241 项，立项 290 项，立项率 12.9%，其中美术、工艺美术类立项数量为 181 项，占比该类项目 62.3%。[3] 2018 年获得立项资助的 290 位青年艺术人才中，在地市级、县级基层艺术机构、高等院校和非文化系统单位工作，以及从事自由职业的文艺人才共141位，占该类项目总资助人数的48.6%，体现了艺术基金不断加强对青年艺术人才的培养，拓宽资助范围，努力营造有利于青年文艺工作者的成长环境。[4]

青年艺术人才是艺术创作的生力军，他们具有更丰富、更多样的艺术创新的能力和体验，所以，青年艺术创作人才资助项目的资助资金虽用于作品创作，但资助的重点在人，在申报者本身。因此，要求青年艺术家要有对时代主题把握的能力，对时代新发展、新变化、新气象捕捉的能力，对时代和社会敏锐表现的能力，对主题性创作熟练掌握的能力，对艺术创作理念和艺术表现技法系统学习的能力，对新技术和新材料接受与使用的能力。这些都是国家艺术基金对青年艺术创作人才资助和以此形成青年人才创作引导性的出发点和落脚点。

而且，从2018年青年艺术创作人才项目各艺术门类申报量和立项量统计情况看，居于前三位的艺术门类是工艺美术创作（申报量462个，立项量59个）、油画（申报量331个，立项量44个）、中国画（申报量320个，立项量42个）。[5]其中居于第一位的工艺美术创作在中国传统艺术技法、传统审美理念和创新技术的结合方面，均具有很好的表现能力、接受能力和展示能力，而且工艺美术作为实用与审美相结合的艺术门类，其受众面也是当下最广泛的。而根据2018年青年艺术创作人才项目申报数量排前十名的省（区、市）的申报量情况看，北京、辽宁、江苏、上海、吉林、中央直属单位、湖北、河南、天津、山东、广西在青年艺术人才的培养方面相对其他省、市、区而言占据一定优势。且据2018年度各类申报主体的申报量、立项量、立项率的统计情况看，个人作为申报主体，即青年艺术创作人才申报的项目立项率占据了第二位，申报2241项，最终立项290项。

从青年艺术创作人才项目的申报率和立项率来看，对青年艺术人才的培养和资助，无疑是国家艺术基金的重点。对青年艺术人才的扶持，对青年文艺人才队伍的建设，也体现出新时期文艺工作的主要方向。获得青年艺术创作人才立项资助的艺术门类和青年艺术人才所在的省市，也直接呈现出当下艺术创作的主要方向和各地区艺术发展的基本面貌。

在资助艺术创作项目的同时，艺术人才的培养项目也是国家艺术基金对青年人才培养的主要着力点，艺术创作结合艺术培训，为青年艺术人才艺术素养、艺术理论知识的养成建构了合理的培养体系。在2018年立项的134项艺术人才培养资助项目中，美术方面开设有油画、艺术与科技跨学科创新型创作、汉字水墨国际交流、综合材料绘画创作、传统版画创作、雕塑研究与创作、物质文化遗产抢救性数字保护、古陶瓷修复、玻璃艺术创作、书画装裱、古籍修复、文创产品开发等各个方面的培训课程[6]，不仅涵盖艺术人才培养的大部分种类，而且这些培养项目包括艺术的传统与创新、技术与科技等方面，形成了一个全方位的人才培养体系。

不论哪种形式的艺术基金会，都是艺术创作、艺术人才培养和艺术传播交流的主要推动者和引导者，通过展演、出版书籍、媒体发布、研讨会议、艺术教育等方面对艺术进行深度和广度上的传播，以此促进全社会对艺术在历史、文化、社会、经济等各个层面上的深刻、广泛的认识。而青年艺术人才作为艺术的生力军，不仅代表着一个地区、一个国家艺术发展的基本面貌，而且青年艺术人才所掌握和表现的艺术形式，以及个人和艺术作品所蕴含的文化内涵，都可以体现出一个时代的精神面貌。所以，国家艺术基金在人才培养上，着力资助和引导青年艺术人才的发展，以期形成具有时代特色、具有民族特色的艺术面貌，以期传达出富有民族自信、弘扬正能量的艺术精神。这是这个时代的艺术特色，也是国家艺术基金的资助特色。

二、传承与创新并重

2014 年 10 月 15 日，习近平在文艺工作座谈会上的讲话中提出："中华优秀传统文化是中华民族的精神命脉，是涵养社会主义核心价值观的重要源泉，也是我们在世界文化激荡中站稳脚跟的坚实根基。""要结合新的时代条件传承和弘扬中华优秀传统文化，传承和弘扬中华美学精神。"[7] 2017 年 10 月 18 日，习近平总书记在中国共产党第十九次全国代表大会上所作的报告中强调："深入挖掘中华优秀传统文化蕴含的思想观念、人文精神、道德规范，结合时代要求继承创新，让中华文化展现出永久魅力和时代风采。"[8] 追溯优秀传统文化中蕴含的民族精神和民族文化，挖掘优秀传统文化中蕴含的思想价值和审美精华，在此基础上进行新时代的创新和发展，已经成了这一时期文艺发展的纲领性思想，不但为艺术创作提出了理论依据，而且也为当下的人才培养提供了明确的方向和明晰的理念。

中华民族的优秀传统文化是中华民族几千年人类智慧的结晶，是民族艺术对内不断汲取养分、对外不断传播交流的文化基因，也是艺术创造性转换和创新性发展的原始文化驱动力。

在 2018 年立项的 187 项传播交流推广资助项目中，境内、境外美术展览共立项 47 个，以弘扬中华传统文化为主的美术展览有 38 个，涉及中国传统拓片文化、木刻版画、历代碑拓的项目有 10 个，如《中国拓片文化艺术法国意大利巡展》《新华日报木刻版画作品及史料巡展》《山西历代碑拓书法艺术展览》《洛阳唐代墓志拓片巡展》等。以体现宗教艺术、古代窑址瓷器艺术、传统工艺美术技艺和其他传统艺术形式为主的展览有 28 个，如《五大藏区唐卡精品巡展》《柳湾彩陶艺术进校园》《中国陶瓷艺术瑞士芬兰巡展》《中国榫卯工艺巡展》等。[9]

以各地区的民族传统文化特色为主线，将中国传统文化中的宗教艺术、碑刻艺术、木刻艺术、手工艺技术等相串联，形成了较为全面的中华民族传统文化和艺术面貌。国家艺术基金以被资助的人为引导，试图建立起传统文化的保护传承、传统手工艺的发掘利用的宏观认知体系和审美体系，这既是国家艺术基金在人才培养资助上所呈现出的一个显著特点，也符合中国当下所倡导的坚定文化自信的文艺思想。

在科技不断发展的新时代，依托科技和中华民族的传统文化所建构起的艺术的创造性转换和创新性发展，科技手段辅助艺术和文化所形成的新的思考方式和观看方式，渐渐成为当下艺术发展的主流方向。

国家艺术基金2018年立项的传播交流推广资助项目中，传统艺术形式与现代科技手段相结合开展的项目有24项，以网络推广平台建设和数字化保护与传播建设为核心，如《榫卯工艺网络展示传播平台建设》《中国流失海外艺术品展示平台建设》《丝绸之路雕塑与壁画数字艺术博物馆》等项目。[10]借助网络和数字化所具有的技术性便捷特征，传统文化遗产、文物、手工艺等不但可以跨越时间和空间与观众进行交流，让传统文化在科技的作用下重新活起来，而且以科技的手段挖掘传统文化在当下更多的可能性，对文化的保护、传承与传播均起到了重要作用。

艺术与科技的结合，是当下艺术发展中比较热的话题，也成为当代艺术创作的一个典型的面貌。这一艺术面貌所呈现出来的艺术思考方向往往具有较强的社会性，并以科技与艺术的融合介入到对当下社会现象的思考中。而国家艺术基金所赞助的艺术与科技相结合的主要方向是传统艺术形式与现代科技手段的结合，是在依托现代科技还原、保护、传承、创新传统艺术形式的基础上所形成的人才培养资助导向。

国家艺术基金所侧重资助的传统艺术形式与现代科技手段的结合，提出了艺术创作和人才培养的另一种建构模式，即在艺术与科技相结合所形成的当代艺术发展脉络中，“当下”和“传统”的意义不是相互背离的，而是相互融合的，从传统中挖掘资源，从传统中寻求创意，对传统优秀资源的创造性转化和创新性发展，是艺术与科技相融合发展的关键所在，也是国家艺术基金在人才培养资助上所要着重体现的。

传统与创新并重的资助理念，也是国家艺术基金通过政策引导的手段向社会传达一种宏观的艺术人才培养理念和艺术审美诉求。立足于本民族深厚文化积淀基础上的创新，才是当下以至其后艺术人才良性成长和发展的根本，才能建构起富有民族特色的、富有文化内涵的艺术创作、艺术人才培养和审美环境，才能在对外传播交流的过程中，彰显优势，凸显特色。

以艺术基金的资助和鼓励手段，营造和培育文化艺术发展的有益氛围，这是近百年来已经发展很成熟的人才培养体系。以美国为例，1826年美国艺术学院院长首次向总统提出了“联邦政府应当为艺术提供永久性的支持”的建议。美国政府正式介入文化艺术始于罗斯福“新政”时期，在“新政”期间所实施的公共工程艺术计划（Public Works of Art Project）收购了1100余幅壁画和300件雕塑作品，资助艺术家为美国政府创作了公共壁画2500幅、架上绘画108000幅、雕塑18000件，版画25万幅等。[11]开启了政府资助艺术发展和人才培养的先例，不仅以国家的名义和力量完成了大量的艺术创作，而且向全社会展示了国家对艺术发展的政策性引导和国家对艺术人才培养的方向。而美国国家艺术基金会成立于 1965 年，约翰逊总统在签署《国家艺术与文化发展法案》时明确了这个机构的性质："'政府不能创造伟大的艺术'，而要'提供创造伟大艺术的环境''政府应该采取措施营造一种有助于艺术繁荣的环境，这些措施包括对艺术成就的认可，帮助那些希望提升自身创作能力的人们，增加并拓宽人民群众享受艺术的机会与途径，以及将艺术作为伟大的美国精神追求的一部分'。"[12]

艺术是民族精神的一部分，国家以资助的形式导向性地建构起的艺术精神，就是国家的艺术精神，这是美国国家艺术基金给我们的启示，我们也看到了这种国家艺术精神所产生的影响。目前，中国也正在借助国家艺术基金进行人才的培养和资助，以此引导和影响中国文艺发展的方向，在既重视中国传统文化又积极引入现代科技的基础上，建构起中国独有的艺术精神。

三、普及与提高并重

国家艺术基金从国家的宏观人才培养和资助角度出发，既注重各地区艺术人才的普及性发展，又着重资助特殊的、急需的、紧缺的高端艺术专业人才、复合型经营管理人才和理论评论人才培养项目。

2017 年 3 月，国家艺术基金管理中心在贵阳市面向全国组织开展《国家艺术基金"十三五"时期资助规划》培训工作。申报期内，艺术基金理事会、管理中心先后赴新疆、青海、宁夏、贵州、甘肃、海南等边疆少数民族地区和申报工作相对薄弱的 11 个省区重点开展动员辅导，并和中国文联文艺研修院、中国曲艺家协会、中国戏曲教育联盟等针对曲艺、戏曲项目申报合作开展专项辅导。从 2018 年度资助项目的地区分布看，中、西部地区立项率较上一年度均有提高，且地区间的立项差距逐步缩小，2018 年东部地区立项率为 14.2%，中部地区立项率为 12.1%，西部地区立项率为 10.9%，其中，新疆立项 20 个，青海立项 7 个，宁夏立项 11 个，贵州立项 13 个，甘肃立项 10 个，海南立项 3 个。[13] 艺术基金还重点加强了对革命老区、民族地区、边疆地区和集中连片深度贫困地区申报工作的指导，以改善和缓解长期以来艺术发展不平衡、不充分的情况。

以政策性引导加大艺术的普及，实则是使艺术基金充当领路人的角色，通过艺术基金将艺术传达到"更广泛的、不同社会经济和民族背景的人群中，扩展了'文化'的概念，获得了维持这一公共政策所需要的人民群体的支持"[14]。这是美国艺术基金会以艺术资助的形式为艺术的普及所带来的积极影响。所以，国家艺术基金以政策偏向性的手段扶持、引导中西部地区艺术的发展，实则是着眼于将艺术作为推动城市建设和文化发展的手段，通过艺术在这些地区的普及，达到文化传播和艺术教育的目的。

艺术产业对一个城市的发展起到的是更深入、更有内涵的影响，不但可以促进城市各项产业的发展，更重要的是，以文化为纽带，可以增强城市的凝聚力和吸引力，这是美国纽约以艺术带动城市发展而产生出的正面经验。“纽约是众所周知的国际化艺术之都，纽约对自身城市发展的定位明确，大力发展艺术、创造艺术氛围、构建艺术之城，这使得纽约在创造艺术美感享受的同时也为其带来了巨大的经济效益和社会效益，文化艺术成为纽约的重要产业。艺术消费中，‘一旦发生乘数（multi plier）效应或连锁（ripple）反应，艺术和文化组织的消费就会给经济带来巨大的效益’。纽约的艺术产业在整个纽约市经济产业链中占据了巨大的比例。”[15]

艺术在中西部地区的普及和发展，从宏观角度看，可以带动地区文化事业的发展和城市建设的发展，而从微观角度看，则有助于提升中西部地区的文化素养和审美能力，这是国家艺术基金在艺术发展和人才培养上所呈现出来的另一个特色。

加强文艺队伍建设，努力造就一批有影响的各领域的文艺领军人物，建设一支宏大的文艺人才队伍，是当下文艺人才培养的重点。所以，国家艺术基金提出了着重对特殊的、急需的、紧缺的高端艺术专业人才、复合型经营管理人才和理论评论人才培养项目资助的目标，这是有别于其他艺术基金和艺术机构人才培养的主要亮点。

“艺术专业人才培养重在艺术实践和经验传授，注重提升专业技能、拓宽艺术视野和培养创新能力，鼓励带着具体项目、具体作品或具体创作任务的培训，通过业务培训出人才、出作品；经营管理人才培养重在培养熟悉艺术创作生产规律，了解市场运行机制，能够做好艺术作品宣传推广和市场经营工作的复合型人才；理论评论人才培养重在培养能够围绕当下艺术实践开展艺术批评活动的理论评论人才；‘高端艺术人才境外研修计划’重在选派、支持优秀艺术人才赴境外艺术团体和经营机构学习实践，提升专业技能和经营管理能力。”[16]对这四类高端人才的培养，从艺术创作到理论评论，从经营管理到对外交流传播，为当下以至其后艺术的发展，建构了一个由内而外、自给自足、有机统一的完整的艺术人才资源队伍。国家艺术基金的这一人才培养举措，也为社会提出了崭新的、可供参考的人才培养机制。

2018年度立项的134个艺术人才培养项目（舞台艺术专业人才立项49个，工艺美术艺术专业人才立项46个，美术书法摄影艺术专业人才立项22个，经营管理人才立项7个，理论评论人才立项6个，网络文艺人才4个，艺术人才境外研修计划立项0个）。[17]从各个方向的立项数量上看，特殊的、急需的、紧缺的高端艺术专业人才、复合型经营管理人才和理论评论人才培养项目仍然只占总量的少数，且艺术人才境外研修计划仅有6个单位申报，同时没有一个立项，这说明了特殊的、急需的、紧缺的高端艺术人才的培养在这类人才长期短缺的情况下并不能立竿见影。人才的培养，尤其是长期处于特殊的、急需的、紧缺状态下的高端人才的培养，是国家艺术基金面临的挑战，更是国家从宏观角度对文艺人才进行培养面临的挑战。

以特殊、急需、紧缺的高端人才引领艺术的高水平发展，培养艺术上的高层次、高水平人才，这是解决当下有“高原”缺“高峰”的艺术现状的有效手段。艺术的普及固然重要，因为普及涉及艺术和文化的均衡、全面发展，但艺术的提升则关系到艺术水平的发展高度和艺术人才的成才高度。因此，国家艺术基金针对特殊、急需、紧缺的高端艺术人才培养给出的解决方案是注重发挥名家大师的艺术创作和艺术传承优势，并在2018年设立了培养戏曲流派、经典保留剧目青年表演人才和少数民族工艺美术创作人才项目数量约20项，每个项目的培训人数基本不超过20人，更好地发挥老艺术家的传帮带作用。[18] 以小而精的构成和中国传统的师徒传授的教学形式展开的对特殊的、急需的、紧缺的高端艺术人才的培养，其优势在于更直接、更直观地进行艺术思想和艺术创作经验的传授。老艺术家的“传帮带”作用在艺术人才的培养效率方面，往往更能事半功倍。

总体而言，艺术基金会可以促进整个艺术行业的理性、有序发展。艺术基金会涉及艺术生产、传播交流的整个过程，它通过对艺术创作项目和艺术人才的支持为国家培养、为世界输出更多的优秀艺术人才，为当代人类文化、艺术的发展提供了重要的平台。

国家艺术基金，在全球化和信息化的时代背景下，在文化艺术领域里发挥着统筹的地位和引导的作用，它对人才的培养和资助，在客观上影响着当代艺术思潮的走向。而且，从发展的角度看，国家艺术基金是文化艺术生态进程中不可或缺的动力系统，它对促进当今文化艺术的发展，对国家艺术精神形象的建立，都具有很关键的作用。所以，国家艺术基金所培养的人才、所资助的项目，一定程度上代表了国家的艺术面貌和艺术态度，同时艺术基金的人才培养模式又为人才的多元化发展提供了系统的保障。

（崔晓蕾　中国国家画院雕塑院院长助理）

注释

[1]《国家艺术基金章程（试行）》，http://www.cnaf.cn/gjysjjw/jjhzc/zc_list.shtml。

[2]《国家艺术基金章程（试行）》，http://www.cnaf.cn/gjysjjw/jjhzc/zc_list.shtml。

[3]《国家艺术基金（一般项目）2018年度青年艺术创作人才资助项目申报指南》，http://www.cnaf.cn/gjysjjw/jjsbzn/201706/4afc9ce27d6e469f8286abd12d39ffd3.shtml。

[4]《国家艺术基金2018年度项目评审报告》，http://www.cnaf.cn/gjysjjw/tztg/201801/c310421731554b268672e7f04a094e33.shtml。

[5]《国家艺术基金2018年度项目评审报告》，http://www.cnaf.cn/gjysjjw/tztg/201801/c310421731554b268672e7f04a094e33.shtml。

[6]《国家艺术基金2018年度资助项目立项名单公示》，http://www.cnaf.cn/gjysjjw/tztg/201801/5ff30321c3fd4a79af374589bff9ba74.shtml。

[7]《（授权发布）习近平：在文艺工作座谈会上的讲话》，http://www.xinhuanet.com//politics/2015-10/14/c_1116825558.htm。

[8]《习近平：决胜全面建成小康社会　夺取新时代中国特色社会主义伟大胜利——在中国共产党第十九次全国代表大会上的报告》，http://www.xinhuanet.com/politics/19cpcnc/2017-10/27/c_1121867529.htm。

[9]《国家艺术基金2018年度资助项目立项名单公示》，http://www.cnaf.cn/gjysjjw/tztg/201801/5ff30321c3fd4a79af374589bff9ba74.shtml。

[10]《国家艺术基金2018年度资助项目立项名单公示》, http://www.cnaf.cn/gjysjjw/tztg/201801/5ff30321c3fd4a79af374589bff9ba74.shtml。
[11] 凌金铸:《美国国家艺术基金会的体制与机制》,《江南大学学报(人文社会科学版)》2013年第4期。
[12] 凌金铸:《美国国家艺术基金会的体制与机制》,《江南大学学报(人文社会科学版)》2013年第4期。
[13]《国家艺术基金2018年度项目评审报告》, http://www.cnaf.cn/gjysjjw/tztg/201801/c310421731554b268672e7f04a094e33.shtml。
[14] 张玉梅:《美国国家艺术基金会运作机制初探》,《美术》2013年第11期。
[15] 张玉梅:《美国国家艺术基金会运作机制初探》,《美术》2013年第11期。
[16] 韩子勇:《艺术人才培养新机制的探索与实践——国家艺术基金资助艺术人才培养项目情况统计分析》,《艺术教育》2017年第17期。
[17]《国家艺术基金2018年度项目评审报告》, http://www.cnaf.cn/gjysjjw/tztg/201801/c310421731554b268672e7f04a094e33.shtml。
[18]《国家艺术基金2018年度项目评审报告》, http://www.cnaf.cn/gjysjjw/tztg/201801/c310421731554b268672e7f04a094e33.shtml。

“一带一路”倡议下的七彩世界

冯知军

“一带一路”是“丝绸之路经济带”和“21世纪海上丝绸之路”的简称。2013年9月和10月，中国国家主席习近平分别提出建设“新丝绸之路经济带”和“21世纪海上丝绸之路”的合作倡议。依靠中国与有关国家既有的双多边机制，借助既有的、行之有效的区域合作平台，“一带一路”旨在借用古代丝绸之路的历史符号，高举和平发展的旗帜，积极发展与沿线国家的经济合作伙伴关系，共同打造政治互信、经济融合、文化包容的利益共同体、命运共同体和责任共同体。共建“一带一路”倡议，目的是聚焦互联互通，深化务实合作，携手应对人类面临的各种风险挑战，实现互利共赢、共同发展。“一带一路”倡议本着共商共建共享原则，全面推进政策沟通、设施联通、贸易畅通、资金融通、民心相通，为世界经济增长注入了新动力，为全球发展开辟了新空间。

如今，经过各方共同努力，共建“一带一路”的蓝图已经初步绘就，成果逐渐呈现。在“一带一路”倡议之下，众多艺术家和艺术机构在传承和弘扬中华优秀传统文化的基础上，聚焦“一带一路”和构建人类命运共同体，运用美术的形式讲好中国故事，加强东西方文化交流，弘扬传承和而不同、开放包容的丝路精神。这也使得“一带一路”成为近年来美术创作的热点，而且随着共建“一带一路”倡议的推进，其更将成为未来一段时间持续的热土。

一、宏大架构的“一带一路”国际美术工程

“一带一路”国际美术工程，是近年来继“国家重大历史题材美术创作工程”“中华文明历史题材美术创作工程”之后，范围最广、规模最大的美术创作工程。跨越数千年的历史，跨越几万公里的路程，258个选题，“丝绸之路”沿线数十个国家艺术家的共同参与，都凸显了这一工程的宏大架构。

2018年11月21日，“一带一路”国际美术工程圆满完成国内作品的验收评审。此次参加验收评审的作品共203件，其中国画作品110件，油画作品41件，版画作品22件，雕塑作品24件，公共艺术作品6件。“一带一路”国际美术工程艺委会顾问詹建俊、邵大

箴、广军、杜大恺、冯远，执行副主任杨晓阳，副主任范迪安、吴为山、徐里、卢禹舜、张江舟、纪连彬、张晓凌、赵卫、曾来德、曾成钢、张祖英、陈云岗，以及艺委会委员水天中、李宝林、刘曦林、李延声、阿鸽、潘鲁生、郭线庐、李象群、葛剑雄等48人参与了评审工作。参加验收评审的作品获得了全体评委的高度认可，而这些作品，亦成为“一带一路”倡议所提倡的合作、共赢的最佳表征。

经过三次更名、五年经营的“一带一路”国际美术工程，自2014年正式启动以来，得到了中宣部、财政部、文化和旅游部等领导单位和社会各界的支持与关注。通过中国国家画院研究员申报、社会招标、名家推荐、海内外特别是“一带一路”沿线国家艺术家联络邀请等方式，广泛地团结国内和海外的艺术家，组织了多次“一带一路”沿线国家与地区的采风写生活动，其间经历了草图的初选、汇看研讨30余次，并多次举办阶段性成果展览，积极推进工程的实施。从2017年底的草图终审，到2018年10月底创作完成，在各方的共同努力下，“一带一路”国际美术工程的面貌逐渐清晰，并取得了有目共睹的成绩。

“一带一路”国际美术工程是从“中国美术发展工程”中延伸出来的。2012年7月，中国国家画院以“祖国”为主题的“中国美术发展工程”正式上报，并于同年8月获得中宣部的同意批复，“祖国”主题的美术创作初步文本包含“六大题材”，即丝绸之路、郑和下西洋、黄河、长江、长城、大运河。2013年9月，为配合落实国家共建“丝绸之路经济带”的构想，中国国家画院决议实施“丝绸之路美术创作工程”。2014年该创作工程正式启动，集结了国内外优秀的美术、人文、历史、民俗、哲学专家编写了“丝绸之路美术创作选题”，几经调整，最终在600余个选题中确定了这一工程的258个创作选题。随后，中国国家画院启动了画院研究员和理论家深入“陆路丝绸之路”“草原丝绸之路”“西南丝绸之路”“茶马古道”等路线的考察写生，以积累创作和研究资料。2015年，中国国家画院又组织画家分批考察了乌兹别克斯坦、伊朗、土耳其、希腊、意大利、波兰、奥地利等国家和地区，将视野延伸到了“一带一路”沿线各国。为了更好地配合“一带一路”倡议的落实，同年11月，“丝绸之路美术创作工程”经当时的文化部批准，正式更名为“‘一带一路’国际美术工程”。参与工程的艺术家范围从国内扩大到了国际，中国国家画院随即向“一带一路”沿线所有国家的优秀艺术家发出邀请，共同参与到本次美术工程中来。

“一带一路”国际美术工程的总体规划是广泛邀请“一带一路”沿线各国知名艺术家，与中国国家画院近300名代表中国当代美术最高水平的艺术家，在5年（2014—2018）时间内围绕258个题目进行创作，并定期组织艺术家举办展览，研讨交流，就美术史、美术理论等诸多方面展开学术讨论，切实促进“一带一路”沿线各国的文化交流与传承，最终留给国家一份完整的由世界各地艺术家绘制而成的关于“一带一路”美术创作的收藏。

“一带一路”国际美术工程每一年都有阶段性成果产出，这些阶段性成果通过“写意中国”年展、每年的写生展、不定期的小型海外巡展、陆续举办的个展进行展示。这些“一带一路”国际美术工程中阶段性成果的展示，不断发挥着美术对国家战略的配合、促进作用，同时是对中国美术自身发展的总结。

二、“艺术与和平”——永恒的主题

由中国美术家协会主办的“艺术与和平”是在“中国美术世界行”项目框架下确立的系列展主题，在2018年继续推进开展。

2018年5月10日，“艺术与和平——中国当代美术作品展”在希腊塞萨洛尼基的马其顿当代艺术博物馆拉开序幕，这不仅是该主题展自2016年启动以来，连续第三年举办国际巡展，也是中国美术家协会2018年度“中国美术世界行”首展。这次展览展出的40余件国画、油画、版画、雕塑作品，用精妙的艺术语言向希腊和欧洲观众生动形象地展现了中华民族“以和为贵”的价值观和中国人民对和平、和谐生活的美好向往与不懈追求，讲述中国美术家眼中的“艺术与和平”故事。随后，“艺术与和平——中国当代美术作品展”先后在马耳他瓦莱塔、西班牙马德里、捷克布拉格展出。展览所到之处，无不引起各国观众对于“艺术与和平”这一永恒主题的强烈共鸣。

在2018年“艺术与和平——中国当代美术作品展”国际巡展中，展出的作品由“一带一路”沿线国家主题创作的作品、历届“中国北京国际美术双年展”所藏优秀作品和中国“中青年美术家海外研修工程”的成果作品三部分组成，涌现出一大批优秀的作品。

“一带一路”主题作品以独具中国传统艺术特色的水墨语言，描绘出和而不同的“一带一路”沿线国家风情，这其中有的表现异域自然景观的独特魅力，如张复兴的《拉脱维亚掠影》、石峰的《马其顿奥赫里德湖印象》、董小明的《圣托里尼·希腊》、何加林的《天空之城》等，以中西融合的语言抒发了画家的浪漫诗情；有的描绘外国城市建筑印象，如侯耀洲的《斯洛伐克首都印象》、郑百重的《海市蜃楼》、朱道平的《遥忆布拉格》、余光清的《波鲁纳鲁瓦古城》、梁时民的《罗马尼亚佩列什王宫》等，把中国画的笔墨韵味与西画的明暗光影相结合，以中国笔墨表现外国建筑，特别是文化遗址的诗化意境；有的描绘外国人物风俗，如陈政明的《小镇倩影》、李爱国的《白俄罗斯的夏天》、李青稞的《阿联酋扎耶德清真寺》、黄华三的《科威特小夫妻》等，把中国画的传神写照与西画的写实造型相结合。这些作品展示了中国美术走向世界、表现和传承“丝路精神”的新视角，体现出中国美术家们开阔的创作视野和艺术情怀。

展览也再次集合了部分历届北京双年展优秀作品，有的表达了全球化语境中文化冲突与融合的宏大主题，有的展现了传统经典在当代的时尚演绎，有的描绘了对丝路景观的直观感受，有的用艺术的形式呼吁人们保护生态环境。曾参与中国美术家协会“中国中青年美术家海外研修工程”的青年美术家们也为巡展献上了反映研修成果的佳作。此外，石峰的《希腊比雷埃夫斯港印象》、侯耀洲的《雅典卫城风情》、邵晓峰的《朝阳映照马耳他》、许俊的《太阳门广场一景》、姚舜熙的《金秋》、董希源的《蓝天下的捷克》等应中国美术家协会之邀而特别创作的一批作品，也展现了中国艺术家讴歌和平、追求和谐、向往美好生活的朴素情感。

“艺术与和平——中国当代美术作品展”国际巡展自2016年启动以来，已经走过三年历程。几年来，展览先后在亚美尼亚、法国、美国、古巴、丹麦、比利时、意大利、芬兰、英国、格鲁吉亚、希腊、马耳他、西班牙、捷克等国家展出。“艺术与和平”这一永恒主题，所到之处引发了观众们的强烈共鸣。同时，也展现了今天的中国美术已不再仅仅是坚守传统，也在突破着造型语言的藩篱，跨越艺术观念的隔阂，开始用积极的态度和方式介入当下，参与建构人类命运共同体，“艺术与和平”这一宏大主题饱含了众多艺术家在这方面的诉求和探索。

三、汇聚古今中外的“丝路”对话

在“一带一路”的倡议下，众多艺术家和艺术机构纷纷投入到火热的主题写生和创作之中。在2018年，关于“一带一路”的写生创作、展览交流，可以说是持续升温的热点，不同的画种和领域迸发出同样的激情，焕发出同样的光彩。

在2018年众多的关于“一带一路”的展览中，特别值得一提的是6月9日至8月19日在中国国家博物馆展出的“无问西东——从丝绸之路到文艺复兴”。这个展览是由中国国家博物馆和湖南省博物馆联合主办的，汇集展出了意大利21家博物馆、中国17家博物馆共计200余件（套）文物精品，通过还原意大利文艺复兴中的中国元素以及中国艺术中的西方影响，呈现不同文明之间交流互鉴、兼收并蓄、共同发展的千年史诗，揭示多元文化交融共生、相互影响的历史脉络，为推动构建人类命运共同体做出贡献。

“无问西东——从丝绸之路到文艺复兴”展精心挑选的参展文物中，既有中国先贤开拓发展“丝绸之路”的重要历史见证物，也有受到中国文化影响、呈现中国文化元素的西方物证。例如，中国和意大利在航海中使用的罗盘、针碗、航海图和船只模型，青铜器、瓷器、玻璃器皿以及充满西域风格的唐代陶俑等，还有《马可·波罗游记》《通商指南》《世界地图》等反映早期意大利旅行家和传教士对中西文化交流所做贡献的意大利早期文献。此外，展览还推出了中意两国众多博物馆收藏的大量难得一见的珍稀文物，通过这些珍贵文物，我们可以切身感受东西方之间和平发展、共同进步的历史主流。

1月19日至3月8日，由中国艺术研究院版画创作研究中心、今日美术馆主办，中国艺术研究院深圳观澜创作与教育基地、北京文奇首艺版画机构协办的“合作·共赢：一带一路国际版画邀请展”在今日美术馆开幕。作为“合作·共赢：一带一路国际版画交流项目”中的重要组成部分，此展力图通过多样化的形式和国际化视野推动版画艺术的研究实践与教育传播，深化“一带一路”沿线国家间的文化交流。本次展览共邀请中国、保加利亚、波兰、塞尔维亚、柬埔寨、俄罗斯、伊拉克等21个国家的51名版画艺术家共同创作。

作为中国四大发明之一的印刷术，就是通过“丝绸之路”传播到其他国家的，而印刷术也是古代版画制作的基础之一。这次将版画和“丝绸之路”连接起来，不仅是今天的中西交流，也是一次古今对话，艺术家们以不同的视角讲述着他们心中的故事。

4月10日，“跨文化视野中的意大利当代艺术展”在湖南凤凰古城拉开序幕，展出25位意大利艺术家的140余件作品。随着展览的开幕，也启动了凤凰古城结盟意大利佛罗伦萨、罗马、米兰三大艺术重镇美术学院的国际交流合作。“四城艺术结盟”开启了国际艺术城镇间交流合作的先河，是“跨文化视野中的意大利当代艺术展”的重大成果。三大美院推荐的25位优秀艺术家的140余件作品展出，涵盖了写实、抽象、表现及综合材料等多种类型，代表意大利当代艺术水平。同步举办的水墨夜宴、中意美术学院院长论坛、凤凰宣言、艺术边场等系列文化创新活动，开启了国际艺术交流合作的新模式。

5月26日，由中国美术家协会、福建省文联、福清市政府主办的“水墨融情海丝梦”首届全国中国画作品展开幕式在福清市美术馆举行。此次作品展是中国美术家协会第一次与福清市合作举办全国美展，也是福建东南沿海首个以侨乡海丝文化为主题的大型美术作品展览。主办方进行了历时近半年的征稿活动，共征集到4000多件作品，经过初评、复评，有265件入选作品展。

7月20日至8月5日，由湖北省美术院主办，湖北省美术院创作交流部、湖北省美术院雕塑与新媒体创作室、湖北省美术院美术馆承办的“一带一路”湖北省美术院雕塑作品展在湖北省美术院美术馆举办。展出李三汉、王昇、郭雪、史金淞、安维秋、李鹏程、项祎7位湖北省美术院雕塑艺术家创作的雕塑作品及采风写生创作的速写、草图、手稿等共53件。为圆满完成该创作项目，湖北省美术院雕塑艺术家查阅了“一带一路”相关文献资料，多次赴新疆进行采风写生活动。通过深入生活、采风写生活动，湖北省美术院的雕塑艺术家获得了大量第一手素材，并以研讨、交流、草图观摩等多种形式，最终创作了一批再现“丝绸之路”光辉历史、诠释“一带一路”时代内涵的雕塑作品。

8月17日，由中国美术家协会、福建省文学艺术界联合会、福州市人民政府主办的“海丝情·中国梦”——中国福州“海上丝绸之路”全国中国画作品展在福州海峡国际会展中心开幕。此次展览共分为三个主题展区，其中“海丝情·中国梦”展区的作品由中国美术家协会面向全国征集，既有充分展示海上丝绸之路的起源、发展、社会影响及历史贡献的“丝路”题材作品，也有反映福建沿海港口城市文化风貌、聚焦福州新貌的闽都元素作品；“丝路扬帆”展区特别邀约了20位“一带一路”沿线国家（地区）的美术家和国内10位“海上丝绸之路”沿线省、市、自治区的美术家代表，他们的作品展现了各自独特的艺术风貌和人文色彩，搭建起“海上丝绸之路”沿线国家、城市文化交流的友谊之桥；“闽韵丹青”展区汇集了徐里、范迪安、许江、林容生、尉晓榕、谢振瓯、石齐、姚舜熙、郑百重等当代著名闽籍艺术名家及一大批福建美术家的作品，形式多样，类型丰富，在思想观念和形式语言上充满创新，不仅满足当代社会审美需求，也反映了福建当代美术别具特色的艺术风采。

9月14日，由中国美术家协会壁画艺术委员会、四川美术学院、重庆市美术家协会主办，四川美术学院中国画系、四川美术学院美术馆、重庆市新媒介美术创作重点实验室、重庆市美术家协会壁画艺委会承办的“第三届‘一带一路’壁画论坛——传统壁画的复制与修复研究”暨作品展在四川美术学院举办。该作品展汇集了敦煌研究院、龟兹研究院、陕西历史博物馆、永乐宫壁画保护研究院、中央美术学院修复研究院、江苏理工学院刘海粟艺术学院、四川美术学院的壁画复制与修复作品，全面呈现了中国传统壁画复制与修复研究最新成果。开幕式后，第三届“一带一路——传统壁画的复制与修复研究”壁画论坛在四川美院多功能厅召开。与会专家学者分别进行了主题演讲和交流发言，围绕“一带一路”沿线国家传统壁画研究与保护现状、保护和修复的理念与方法、相互间的差异与特质，当代壁画创作经验交流与推动发展，传统壁画在当代壁画教学与创作中的传承与发扬，中国当代壁画如何保持和阐释中华民族精神和审美特质，当代公共环境如何为高品质的壁画创作提供有利条件与保障等议题，分别从不同的角度提出了各自的观点。

10月15日，由清华大学主办，恭王府博物馆、清华大学美术学院承办的国家艺术基金资助项目“丝路艺蕴——中欧女性艺术交流展”在北京恭王府博物馆开幕。来自国内外的女性艺术家共聚嘉乐堂，参与这场促进多国女性文化交流的盛宴。其间，还在清华大学艺术博物馆举办“丝路文明——国际女性艺术发展论坛”等系列活动。

10月16日，由中国美术家协会、甘肃省文联主办的“金城流韵——21世纪新丝绸之路”全国中国画作品展在兰州的甘肃金城画院开幕。此次展览共展出征集自全国各地的入展作品184幅，展出作品题材丰富多样，艺术表现手法各异，既有传统基因，又具时代审美风貌，体现出新时代积极正大的美学艺术气象，也代表着当下青年一代中国画创作的主流方向。

10月24日，首届“一带一路”非中艺术交流展暨非中文化论坛在中国国家图书馆举行。此次非中艺术交流展的举办，是肯尼亚政府对“一带一路”倡议的积极回应，也是中非文化艺术界的一次交流盛会。展览以“走进肯尼亚·感知新非洲”为主题，参展的110余幅作品中有近一半出自肯尼亚、卢旺达、乌干达、津巴布韦、坦桑尼亚等非洲国家的40余位艺术家之手，其中既有反映非洲人民日常生活的民俗类的油画、粉笔画、雕塑作品，也有当代艺术表现的作品，主题丰富，形式多样，基本反映出当代非洲艺术作品的现状和特色。中国有30余位著名艺术家的40余幅作品参展，包括油画、国画、版画及雕塑等反映“一带一路”沿途国家的建设、非洲的风土人情以及当代生活的艺术作品。

通过这些活动可以看出，“一带一路”主题的展览，参与的艺术家和艺术机构不仅仅来自国内，而是有越来越多的国外艺术家和艺术机构加入进来，这也从另一个侧面反映出，“一带一路”倡议已经得到了沿线各国越来越多的响应。

四、“一带一路”创作热的冷思考

随着“一带一路”倡议在国际社会上的积极响应不断扩大，中国艺术家关于“一带一路”的主题创作也是愈加深入，关于“一带一路”的主题展览更是精彩纷呈。但是，在“一带一路”主题创作和展览热的背后，也呈现出一些不太和谐的声音，比如对“一带一路”主题的简单图解，对“一带一路”倡议认知的偏差，还有对“一带一路”主题的盲目追逐。

在关于“一带一路”主题创作中，简单图解的作品屡见不鲜，有些甚至让人哭笑不得。比如2018年在北京某管理学院树立起一座主题雕塑作品《一带一路》，此作品取“一带一路”的谐音，将其具化为一个口袋和一只鹿，并解释这座雕塑寓意着世界各国人民团结合作，互惠互利，共同创造、共同分享21世纪人类的智慧和财富。2018年9月17日，《中国美术报》新闻时评栏目以《“一带一路”不是“一袋一鹿”》为题，对“一袋一鹿”的雕塑作品《一带一路》，以及表现为站在地球上的老中医靠双腿走向世界的雕塑《中医走向世界》等简单图解的“艺术创作”作品，邀请业界学者展开讨论、批评。

邢千里认为，“一袋一鹿”(《一带一路》)、《中医走向世界》这类“荒诞派”恶俗雕塑，用一种简单粗暴的视觉符号和视觉冲击，既消解了雕塑主题的严肃性、文化性、艺术性、逻辑性和功能性，又暴露出我国城市雕塑中长期存在的话语权倒置和审美缺失问题。瞿孜文认为，简单的图解式公共艺术作品创作很容易给人带来“解谜”的快感，却丧失了公共艺术作品应该具备的真善美。沈华清认为，要谨记职业精神，而不是慑于权力的干预；要有坚持设计的公共性和审美取向、坚持责任的意识，而不是被设计费或眼前利益迷了心窍，最终违背了自己的原则，变成了权力的奴才。虽然几位学者展开讨论的角度不同，但都能从中看出，对于主题的简单图解不是艺术创作的归宿。同理，对于“一带一路”这样一个宏大的主题，需要做的，更是应该深入研究历史文化和现实社会，才能找到最佳的创作角度。

此外，历经千载的“丝绸之路”，是中西方文化、经济交流之路，是人类文明共同的宝贵遗产。今天的“一带一路”，更是一条和而不同、开放包容、交流合作、互利共赢之路。所以，在“一带一路”主题的创作之中，需要凸显的是和平与友谊，是交流与共建，是包容与发展。而有些“一带一路”主题创作仅仅是依据个人见解，从而在主题表现上产生了偏差。此外，对于“一带一路”沿线国家的风土人情、人文习俗、宗教信仰等方面，也需要进行深入的研究，才能在创作中不出现有违常识错误。

对艺术家个人的创作而言，有如此要求，对艺术机构也同样如此，而且有着更严谨的要求。这就要求相关的组织方广泛吸纳历史学家、社会学者等业界外专家的意见，这样才能更好地保障“一带一路”主题创作的进展，也才能真正涌现出一批优秀的主题作品。

（冯知军　《中国文化报·美术文化周刊》记者）

年度作品

山水六屏

贾又福

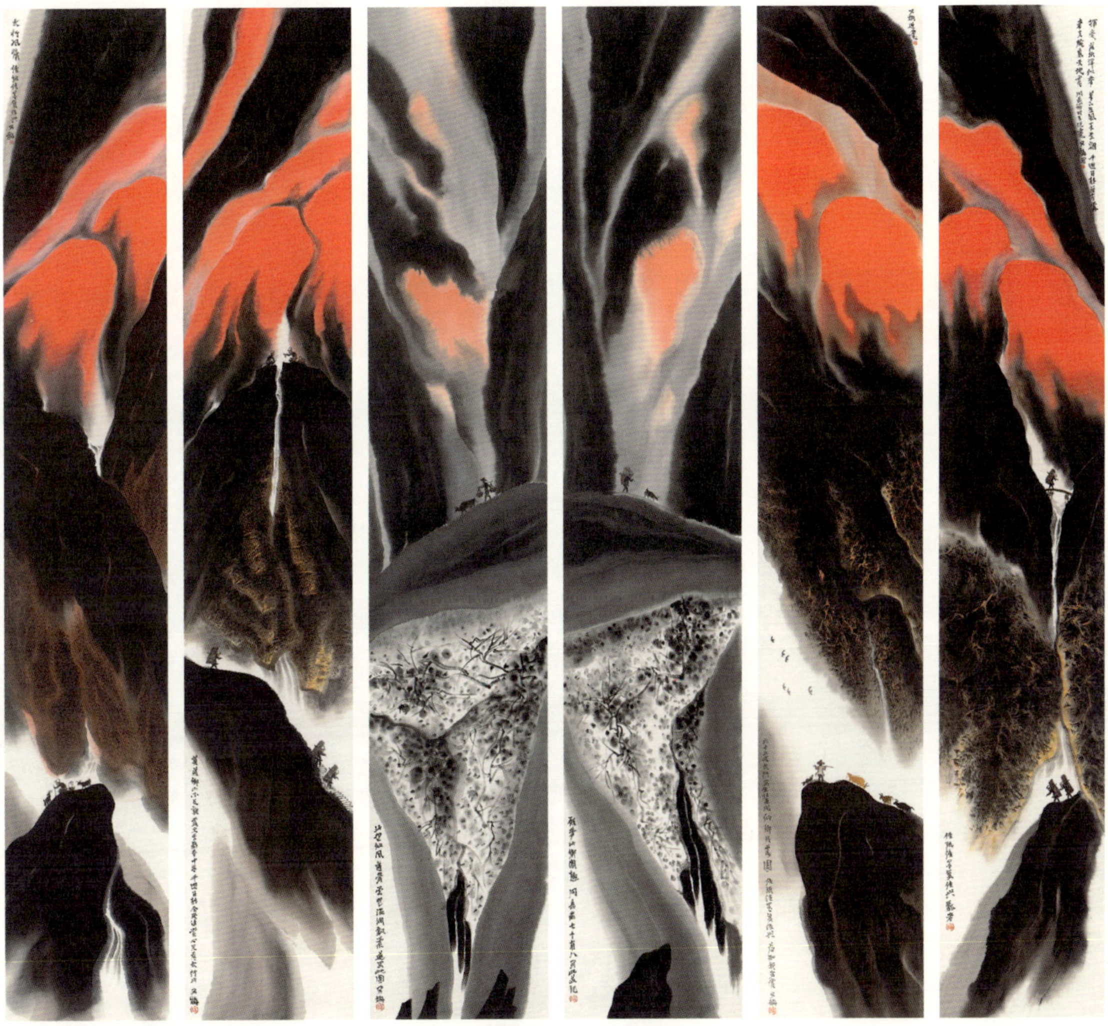

贾又福 《山水六屏》 中国画 188cm × 30.5cm × 6 2018年

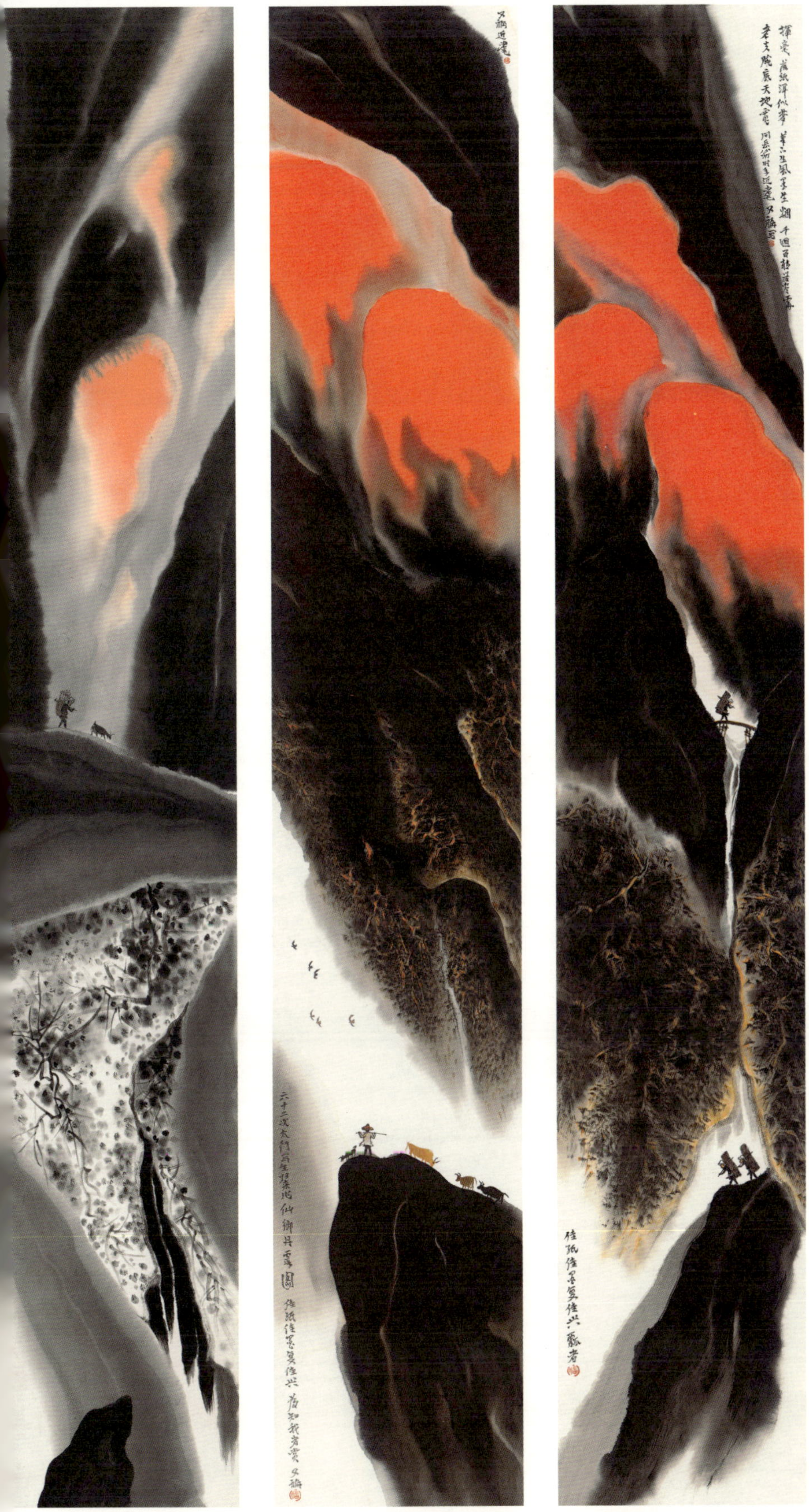

《山水六屏》1—6

作者简介

贾又福，生于1941年。著名画家、美术教育家、理论家，中央美术学院、中国艺术研究院教授、博士生导师。北京大学中国当代艺术经典大家入史研究与传承工程设立了北京大学贾又福艺术研究基金、北京大学贾又福艺术研究会和北京大学贾又福艺术工作室。1992年，获国务院授予的“文化事业有突出贡献专家”称号和特殊津贴。1994年，获文化部授予的“优秀专家”称号。1997年，获国家人事部授予的“国家级有突出贡献中青年专家”荣誉，并获证书。2018年，在中央美术学院建校100周年之际，继1992年获中央美术学院“首届学院奖”和“20世纪优秀作品奖”后，被授予“首批中央美术学院杰出教授”称号并获证书。

春 潮

胡 伟

胡伟 《春潮》 中国画 276cm × 94cm × 4 2018年

作者简介

胡伟，1957 年生。1982 年毕业于中央美术学院并留校任教。1985 年，作品《李大钊、瞿秋白、萧红》获国际青年美展金质奖。1987 年，公派留学日本。1991 年，获东京艺术大学美术硕士学位。1995 年，于联合国教科文组织总部举办“胡伟展”（联合国成立 50 周年文化庆典项目）。1996 年，获东京艺术大学美术博士学位。1997 年，回母校中央美术学院主持“材料与表现工作室”，破格晋升为教授。2010 年，调任中国美术馆副馆长。先后主持过国家大剧院艺术工程项目、北京奥运会开闭幕式艺术概念设计项目、伦敦奥运会奥林匹克美术大会等。独立创作了财政部、文化部联合实施的“国家重大历史题材美术创作工程”中的作品《陈独秀与〈新青年〉》；中国文联、财政部、文化部联合实施的“中华文明历史题材 5000 年美术创作工程”中的作品《张居正改革》等。现为中央美术学院教授，中国人民大学艺术学院博士生导师，中国美术家协会理事、综合材料绘画与美术作品保存修复艺术委员会主任。

创作手记

艺术上的事情是很难用文字说清楚的，像“单画种材料技法的演进”就不仅仅是某个画种材料技法的拓展，它带有演变的性质。比如，某件作品的主题立意受到水墨概念的启

展示效果图

发，但不一定使用中国画的材料技法，它是一个材料技法与精神诉求、形而下和形而上的关系，这时候“演进”的意义更多地体现在思想性的表达，而非材料技法。

而“多画种或多种材料技法的互渗融通”似乎就比较容易理解了，它的意义在于模糊或打通多画种之间的边界，使当代艺术表现获得更多的能量，从而体现当代文化形象。这与使用材料之多寡是没有多少关系的，综合材料绘画或综合材料的表现并非材料技法的堆砌。

“原生态表述”是国际间架上艺术板块中常见的一种形态，它的样式很多，但万变不离其宗，都是受到已有物质美感的诱惑阐发的艺术表达。比如，我们到皖南去，上百年旧屋的一块墙壁因发霉、生苔、剥落，形成动人的美感，使人过目不忘，我们就要考虑用什么样的主题来表达自己的观点，再用什么样的材料技法来呈现这种美感。这个“原生态”是一个刺激源，“表述”才是至关重要的。

谈到水墨，我们就会想到中国画、书法等程式化的东西。讲到用笔，自然会联系到一波三折、折钗股、屋漏痕、如锥画沙、如绵里裹针这些讲究，这没有什么不好，这些东西是中国书画赖以传承的根本法则，但它们也需要与时俱进。叶浅予先生对于中国画的教学和创作看得很透，他用“中国画的问题是软硬笔头的问题”这样一句话，概括了中国美术界苦苦论争了几十年的大问题。所谓“硬笔头”指的是西方对我们的影响，“软笔头”则指中国画的传统，我们既然接受了西方，又要继承传统，就要把“软笔头”用硬，而“硬笔头”又要用软，我陪同他多年，对这句话印象最深。

我在画水墨类作品的时候，有时用笔，有时用盆儿或盘，有人问我它们的区别以及“用笔”的问题。我认为，在艺术创作的瞬间，工具和材料的选择全由心生，我没有感觉到它们的不同，这种时候“笔”在心中不在手上。这又要谈到一个表现的问题了，创作者有时候非常渴望感受到毛笔在纸面上行走的“触摸”快感，有的时候又希望获得“坠落”的体验，还有些时候又在追求触与不触、抚摸与坠落交融的效果。这些，都是作品思想性的表达和作者身处某种创作情境中的表现，刻意地追求所谓“用笔”我们就会失去很多东西。

（内容节选自胡伟《把古典带到今天》，《中国艺术报》2017 年 6 月 14 日美术视点）

盛世珠江

李劲堃　莫　菲　林杨杰　黄　涛

李劲堃、莫菲、林杨杰、黄涛 《盛世珠江》 中国画 236cm × 1978cm 2018年

《盛世珠江》创作草稿

作者简介

李劲堃，1958 年生，广东省南海人。现为中国美术家协会副主席、广东省文联主席、广东省美术家协会主席、广州美术学院院长、广东画院院长、岭南画派纪念馆馆长、教授、硕士研究生导师、一级美术师。

莫菲，1981 年生，广东省罗定人。现为广东省美协策展委员会副秘书长、岭南画派纪念馆展览部副主任、广东省中国画学会理事、广东省美术家协会会员、三级美术师。入选首届广东青年美术人才。

林杨杰，1988 年生，广东省雷州人。曾任职于广东青年职业学院艺术系、岭南画派纪念馆。现任职于广州美术学院中国画学院，为广东省美术家协会会员。入选首届广东青年美术人才。

黄涛，1988 年生，江西省樟树人。2017 年毕业于广州美术学院中国画学院，获硕士学位。现为广州国家青苗画家培育计划“青苗二期”杰青班画家，于岭南艺术研修院研修。

创作手记

改革开放 40 年，广东发生了翻天覆地的变化，如何用绘画来记录这样巨变的历史显得尤为重要。广东省委宣传部策划了一个以“珠江胜景”为题的长卷创作项目。全卷分为三部分：上卷《珠源峦脉》由方土团队创作，中卷《云涌珠江》由许钦松团队创作，下卷《盛世珠江》由李劲堃团队创作。其中，《盛世珠江》是表现整个珠江流域进入中心城市的一段。

《盛世珠江》局部1

该如何用传统国画表现现代城市面貌，一直以来都是现代国画发展进程中的重要课题。随着中国在国际上的影响力日益加强，中国当代艺术国际化与当代中国画如何发展，对此我们这代人应持什么态度，一直是我们所思考的。这张画把广州作为改革开放40年中国当代城市的象征，把其取得的举世瞩目的成就，用图像表现出来。同时，这也是改革开放40年，中国画探索如何向当代形态转变的一次尝试。

中国社会已进入新的时代，其变化之剧甚至引起世界最先进国家的瞩目。在这样的新时代中，创作具有新的东方精神的绘画，理应有不同于农耕文化时期的山水画形态。如今

《盛世珠江》局部 2

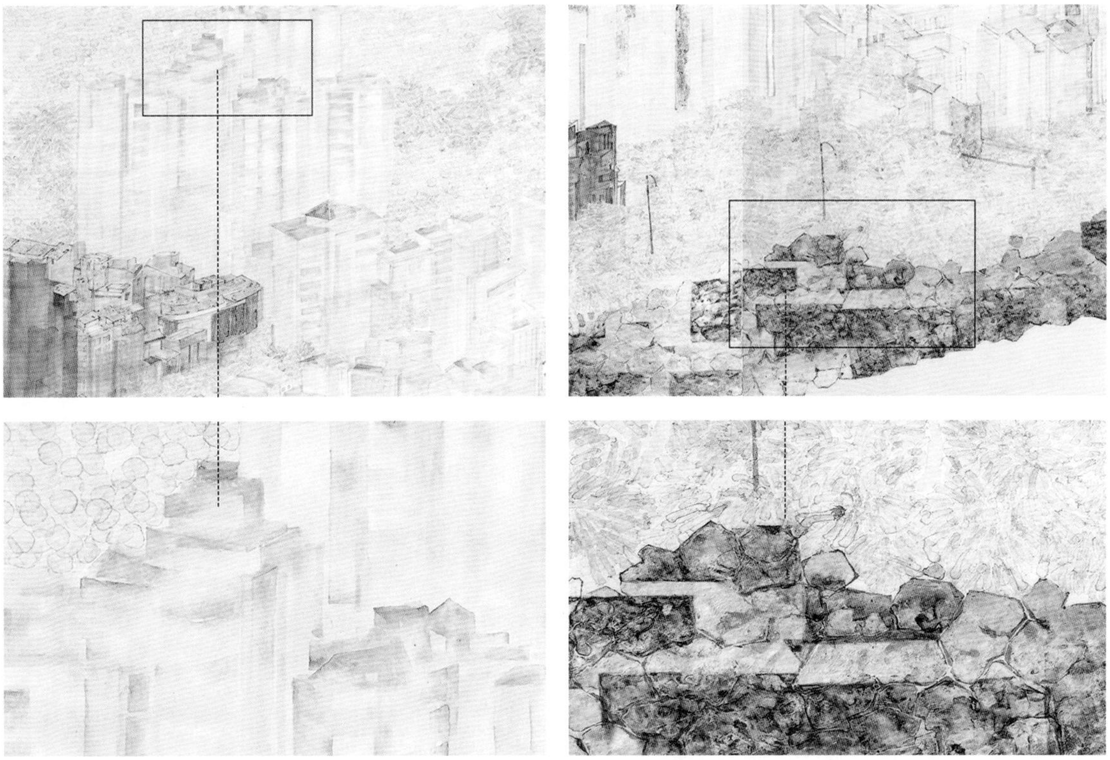

《盛世珠江》局部3

的人所生存的自然环境、空间状态，已经发生了天翻地覆的变化，原有的表现方式不能贴切地表现新时代、新环境、新气息。因此，这张画一改过去传统山水画以景带小面积建筑的构图方式，全卷开篇即以新城市、新样式去铺开。更重要的是，这是我们理想中的城市：洁净、明亮、简洁。我们用充满东方绘画精神的绘画风格来定格，力求用一种全新的国画语言来表现现代城市题材！

由李劲堃带领的《盛世珠江》“80后”主创团队，是乘着改革开放的春风成长起来的一代，我们切身感受着广州这个城市日新月异的变化。因此，在绘制《盛世珠江》时，全卷开篇以新城市、新感受铺开，以传统国画技法勾、皴、点、染、积为主要的绘画手段。描绘的是珠江流经广州主城区的这一段，以珠江流域在广州市区的这条主线作为主要的绘画对象，画面从白鹅潭起始贯穿整个广州城区一直延伸到南沙的出海口；对连接“河南”与“河北”的重要桥梁，包括人民桥、解放桥、海珠桥、广州桥、猎德桥进行勾勒；构图过程中考虑了广州新中轴线和老中轴线之间的关系，让珠江河流大面积地呈现，串联整个画面。桥梁、中轴线、主建筑群形成横竖交叉、高低起伏、长短相依的线条，建立起画面如交响乐韵律般的节奏感。在布景的过程中，主要依据改革开放以来广州涌现的地标性建筑群，强调具有现代美感和设计感。重要的场景包括白天鹅宾馆、十三行新貌、海珠广场、二沙岛、海心沙、珠江新城、广州塔等。在选材时，片段式截取，在画面安排上通过块面

《盛世珠江》局部4

2017年4月5日《盛世珠江》创作稿二稿修改

2018年2月25日《盛世珠江》创作中

2018年6月6日《盛世珠江》完成前夕进一步整体调整

的连接、线条的组合、黑白灰的整体安排，反映出现代人城居环境中的人文气息与审美倾向，突出这座城市在改革开放进程中所体现出的包容感，着重表现这个城市的明静、透亮与现代。

这幅画卷的创作过程，是一个不断提出问题、解决问题的学习过程。创作前期，李劲堃把握大局，莫菲处理块面，林杨杰积痕迹、用线，黄涛统染。创作到了后期，因为经过一段时间的磨合，各自掌握了彼此的方式，每个人已可互换角色，可以得心应手地去解决画面出现的任何问题，这是创作这张画最大的收获。甚至为了解决遇到的实际问题，我们还请团队以外的同学协助。因此，这幅画卷是我们一个学习的结果、一个群策群力的呈现。我们将对当代艺术的理解，运用综合的美术知识进行绘画语言重构，让画面既具有传统中国画的美学特点，又具有这个时代的印记。

我们的目标是“直面当代、立中研西、以古鉴今”，以东方绘画精神的特质，在表现现代城市的题材中，探索出一种全新的中国画样式。

（李劲堃　2018 年 8 月，内容由作者本人提供）

万壑松风

邱佳铭

邱佳铭 《万壑松风》 中国画 200cm × 50cm × 6 2018年

作者简介

邱佳铭，1983 年生于江西玉山。2004—2008 年中国美术学院中国画系山水画专业，获文学学士学位。2010—2013 年中国美术学院中国画系山水画专业，获文学硕士学位。2017 年至今，中国艺术研究院博士研究生在读。现为中国美术家协会会员、浙江省美术家协会会员。

创作手记

这件作品是为“和风屏山——第五届杭州·中国画双年展”创作的，因为双年展的主题是对“屏风”这一中国画传统表现形式的当代诠释，所以我选择了用六扇屏的形式来表现，把松树、山体、横云、泉瀑作为素材进行组合。在千山万壑之中，一组挺拔的松树或隐或显于烟岚之中；山间有泉瀑激流，水口沸沫煮穹石，与山体、松树、横云形成了动与静的对比。较大的尺幅充分满足了我的笔墨表现需求。“长松亭亭，为众木之表”，松树自古就被喻为君子。我喜欢松树，画中的松树即是取其君子之意，“万壑松风”实是君子之风。

《万壑松风》展示效果图

《万壑松风》细节 1

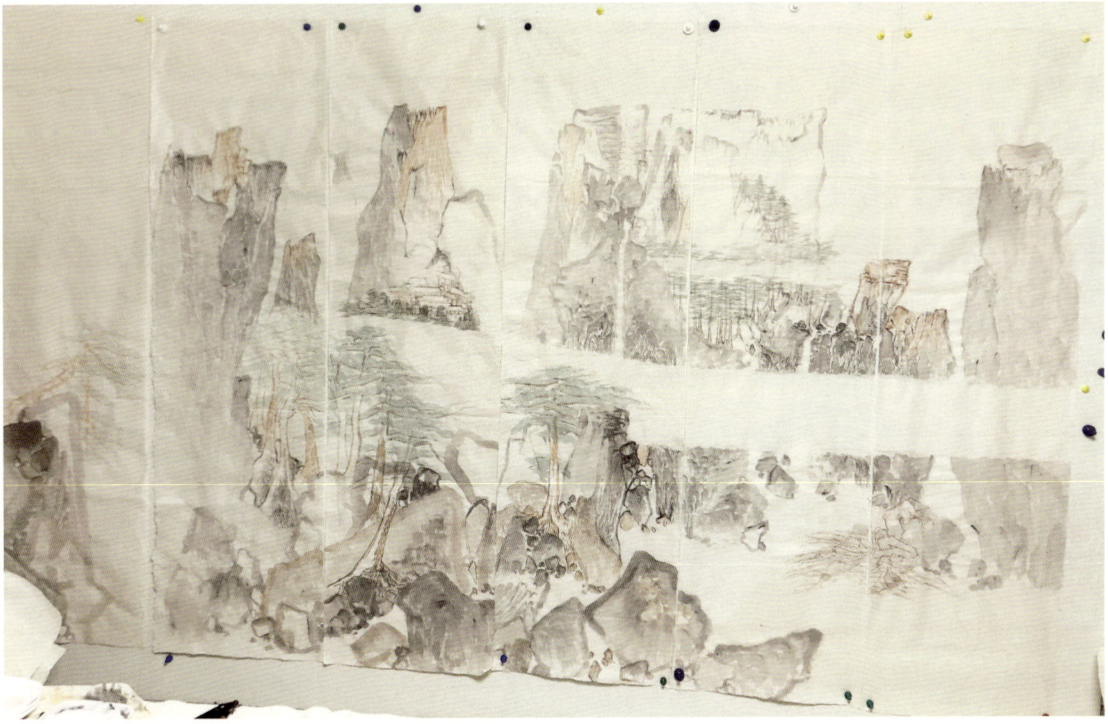

《万壑松风》细节 2

《万壑松风》创作图

在设色手法上我采用了浅绛法，颜色比较单纯、淡雅，只用了赭石、汁绿、石绿三色，并且多与墨调和使用，以降低颜色的火气。用笔从大笔泼墨到细笔勾勒提按跨度较大，在不同的组合中形成了比较丰富的笔墨质感。墨色尽量控制在一个比较灰的调子里面，使之看上去比较温和，没有很强烈的墨色冲突对比，这与我想表达的平和、平淡、天真的意境相符。

（2018 年 8 月，内容由作者本人提供）

马克思和家人的莎士比亚之夜

孙景波

孙景波 《马克思和家人的莎士比亚之夜》 油画 250cm × 380cm 2018年

作者简介

孙景波，1945年1月28日出生于山东省烟台市牟平区。1964年于中央美术学院附中毕业后到云南美术家协会创作室工作。1978年，考入中央美术学院油画系研究生班。1980年毕业后留校，在壁画系任教。1986—1987年，赴法国巴黎美术学院进修。返校后30年间曾任系主任、教授、博士生导师、院学术委员会副主任。中国美术家协会理事，中国美术家协会油画艺术委员会副主任，中国壁画学会副主任。2003年，被评为"北京市名校名师"。油画代表作品有《阿细新歌》《阿佤山人》《贞观盛会》等，壁画代表作品有《黄鹤楼史话》《华夏灵韵》《一代天骄——成吉思汗陵壁画》等。发表论文有《大师素描读记》《油画肖像艺术概论》《壁画创作谈》等百余篇，专著有《孙景波素描集》《油画作品集》《面壁释梦——孙景波壁画选集》《青藏高原纪实》《回望云之南》等。

创作手记

2018年5月5日是马克思诞辰200周年。由中央编译局主持，邀请国内研究马克思思想理论的专家，拟定了一个表现马克思一生业绩的美术创作提纲。这个提纲由26个命题组成。1月5日，在由中央编译局和中国美术家协会主持的选题会议上，我选择了"马克思革命的一家人"。

我对这个题材很感兴趣，很久以前我就了解到，马克思的家庭是一个令人敬慕的、伟大的革命家庭。他的妻子燕妮，不仅是他亲密的伴侣，而且是他思想和充满风险的革命事业的坚定不移的同志和战友。燕妮和马克思的三个女儿，在他们的影响下也都先后成为马克思思想的继承人和无产阶级革命事业的杰出战士。

作为伟大的政治经济学、哲学、历史学、法学、社会学等领域的思想家，马克思对文学与诗歌的热爱和修养，也渗透到他的哲学理论著述中。我曾经读过《马克思选集》《恩格斯选集》，读过当时翻译过来的一些马克思论著。虽然是翻译过来的，但是你会感觉到一种深厚的文学修养，那不仅是逻辑的严谨、理论的透彻，而且还有一种属于文字的优美，语言艺术的魅力。阅读马克思传记，我还印象深刻地注意到，马克思这种文学的修养更深深地影响到了小燕妮、劳拉和艾琳娜——如小燕妮，精通多国语言，对莎士比亚的文学情有独钟，喜欢戏剧表演；如劳拉，她不仅是出色的马克思思想传播者，而且还用法文翻译过《共产主义宣言》，同时有着极高的音乐天赋；如艾琳娜，在马克思家庭里，更是一个备受宠爱的小女儿，在儿童时代就显露出了对音乐、文学，戏剧，包括对语言学的浓厚兴趣，是当时著名的翻译家，她在很年轻的时候，就和姐姐们一样积极参加国际无产阶级运动，尤其在发动妇女运动中，发挥出重要的作用。

在马克思一生当中，我注意到这一个时间段——1864年至1875年间，马克思被迫从

《马克思和家人的莎士比亚之夜》最初的构图

法国迁居到了英国，他在梅里特公园路租住了一间寓所，马克思一家人在这里生活了将近11个年头。这一时段，是马克思家居生活相对稳定的时期。马克思《资本论》第一卷也成就在这段岁月。我设想把画面时间设定在1865年，即他们刚刚搬到英国新居的第二年，燕妮50岁，小燕妮19岁，劳拉18岁，艾琳娜8岁，这正是马克思一家人可能团聚在一起的时间段。而且，这时的燕妮还没有因为后期生活的困顿变得衰老，依然保持着美丽和慈祥的容颜。

我想象，这应该是1865年秋冬之际的一个初夜，在马克思伦敦的住所——书房兼起居室中，书架、书柜、写字台以至地面都摆满了书籍和马克思写作的手稿，显而易见——这是一个学者之家。这是一个安详、宁静的夜晚。马克思放下他白天写作的稿件，同家人在一起阅读他们全家人都喜爱的莎士比亚的作品。画面充满了诗意的、浪漫的氛围。时钟显示在八、九点之间，马克思发起的一个家庭的诗歌朗诵会开始了。在烛光下，壁炉上安放着莎士比亚的肖像。这该是一个享受莎士比亚美好诗意的夜晚。想象中，劳拉依偎在母亲

《马克思和家人的莎士比亚之夜》“马克思”草稿

《马克思和家人的莎士比亚之夜》“劳拉和艾琳娜”素描稿之一

燕妮身旁，小燕妮坐在桌前出神地凝视着父亲的表情，不满八岁的小女儿艾琳娜，看着爸爸动情的样子，眼神里充满了喜悦和好奇。此刻，马克思自己也沉浸在诗意之中，他的手指伴随着朗读的节奏，下意识地在坐椅的扶手上敲打着节拍。全家人都陶醉在诗意的畅想之中。这便是我把题目定为《马克思和家人的莎士比亚之夜》的缘起。

我从 1 月 15 日做第一个稿子，到 2 月 28 日完成这个素描稿，几乎用了一个半月的时间！最后，我还是感觉不对，于是请学生帮忙，在电脑上，帮我把这构图的环境扩大、比例拉宽、书架升高，重新把人物的高矮、前后关系，包括壁炉的高度，作出适合感觉的改动和调整。我手术后眼睛不舒服，画一会儿就感觉疲倦，甚至看不清我画的这些东西，导致这个稿子做得比较艰难。其实，画不在乎大小，我常年作壁画，原本具有一种驾驭大型绘画的经验，但我清醒地知道，如果小构图上做不好，上正稿时就会有大的反复，会事倍功半。而我在这个素描稿子阶段投入的时间，超出了我已有的经历。

在创作过程中所作的一切调整，一个是为了构图内在的结构需要，另一个是要展示空间的真实感，《马克思画传》中虽然提供了这样一个环境资料，但是并没有告诉我，茶几上还会摆设些什么。如时钟、台灯等，我都必须找到依据。这些依据都是在 19 世纪法国、德国的一些写实主义画家的画册里找到的。

那个时候有电灯吗？没有。但是有煤油灯和蜡烛，那些器具，如烛台、煤油灯罩，是

《马克思和家人的莎士比亚之夜》创作素描小稿

《马克思和家人的莎士比亚之夜》素描画稿

《马克思和家人的莎士比亚之夜》创作照

什么样子？因此，在画历史题材的绘画时，画家首先不是我个人能够以什么样的技巧来显示我的技巧，为所欲为地凭空编造，而是以诚实的态度去考证画面里的任何一个细节，考虑能以什么样的形式和表现手法，最贴切地揭示当时的真实情景。

在画面当中，光线由明及暗，哪里对比强一点？哪里对比弱一点？影子是怎么一点点消失的？这还只是一些客观因素的设想。但从构图核心的角度考虑，处在画面左边的马克思形象才应该是“点亮画面”的“真正光源”。从明暗和对比的关系设计而言，在烛光中间，画面最亮的色块，最黑的色块，最强烈的对比是马克思的白色上衣和黑色坎肩，包括他比较夸张的动态，这一切因素，使他成为画面中所有人物乃至画面外观众目光的集中点——这些都是我构思和作画时，要处心积虑所考虑的问题。

一幅 2.5 米 ×3.8 米的油画，应该说在我的绘画经历当中不算是大画，因为我是画过大壁画的。但是，作为架上油画作品，它的确也算是一件篇幅较大的作品了。篇幅比较大的作品需要一些细节去充实，但又不是罗列细节，喧宾夺主。比如我画马克思书架上的这些书。这些书，应该都是马克思在不同时期买来的。在书架上，有横有竖，有不同的装潢设计。我在画这些书的时候，既要根据原始资料的启示，同时也要对它们进行重新设计。这些书籍的设计，来自我所大量翻阅的那个时代的画家们的绘画作品，因为那些画才是有色彩的。而且，这些书籍必须给人感觉很具体，包括摆在地面上的这些书，不可作概念化的图解。

人们还可以注意到一个小细节，就是在桌子下面的这些书，书里面夹着一些纸条。我们可以猜想马克思写作的时候肯定要翻阅一些资料，为了不忘记在第几页，他会在这些纸条上有所标记。比如关于工人目前生活状况的社会调查，在某某著作当中有些反对者的观点。作为参考，作为引证，他伸手就可以拿过来。这种细节，在已有的资料里并没有提供，但通过合乎情理的经验推想，这类细节的描绘，更能揭示出一位学者的典型作风。在这个环境里，这么多的书、这么多的手稿！这正是我想象中一位学者马克思的家庭环境。他不仅是一位叱咤风云的思想家、是指导革命运动的无产阶级理论家，同时也是一个慈祥的父亲、一个文学诗歌的爱好者。画面此刻，就是这样的一个夜晚，这个家里充满了一种诗意的浪漫和温馨。这是我想表现的。

（内容节选自孙景波《我如何创作〈马克思和家人的莎士比亚之夜〉》，《美术》2018 年第 8 期）

李家山的布达拉

张新权

张新权 《李家山的布达拉》 油画 150cm x 140cm 2018年

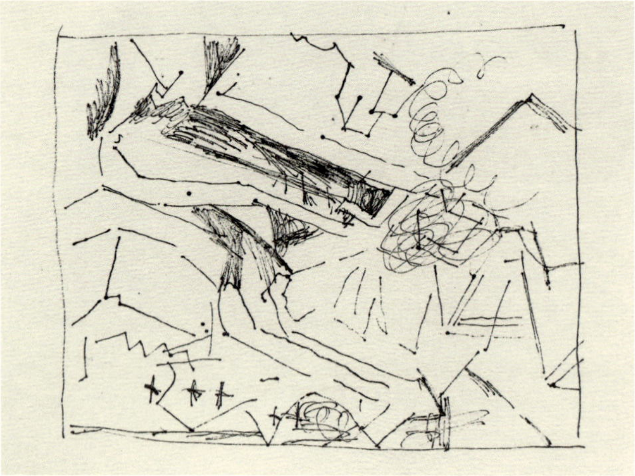
《李家山的布达拉》草图1

《李家山的布达拉》草图2

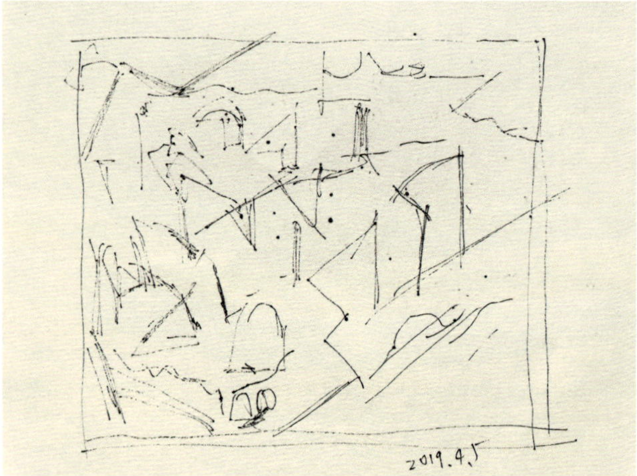

《李家山的布达拉》草图3

作者简介

张新权，1962 年生于山东。现为南京艺术学院教授、硕士研究生导师、油画系主任，中国国家画院研究员，上海美术学院客座教授。曾在中国美术馆、上海美术馆、江苏美术馆、新加坡 MOCA 美术馆、中国台北诚品艺术空间、北京 798 凤凰艺术空间、上海红坊等举办个人作品展。主要作品有《园林系列》《舰船系列》《都市系列》等。作品收藏于中国美术馆、上海美术馆、浙江美术馆、中国国家画院、北京大都会美术馆、江苏美术馆、山东美术馆、四川美术学院美术馆以及纽约摩帝富艺术基金会等。

作品评析

从光影斑驳显露写实功底的枕河人家，到有表现意味的十六铺、信号塔、十里洋场亦真亦幻的布景场式调度，张新权逐渐走向十足意象表现并以高度个人技巧展现的海魂系列、园林系列、写意江山系列、阵风系列、太湖渔港系列、李家山系列、碛口系列等。笔触在画面上被放大，渐渐演绎为抽象的符号；形体渐渐松动，变成被玩弄的对象或技巧呈现的媒介。画面上出现了刻意的平涂，呈现出种种技巧的尽情表演，厚堆薄涂，淋漓尽致，平铺直刷，黑白与色彩极尽其能事。其既有工作室中的创作，也有索性绷着 200 厘米 ×200 厘米的画框当场写生。……张新权是一个经典的技巧型画家，并非如有的批评家认为的他是依靠题材去阐释什么历史或文化。站在他的画面前，观者几可屏住呼吸，感受到一种表演性，看到了动作的编排与演绎，并不隐晦看到什么画什么构图。他也是一个技巧的集大成者。黏稠的油画材料在他的手中玩出了水性颜料的趣味，变得如此自如轻松；涂鸦、平涂、空白、稀释、滴淌、厚堆、艳俗、稚拙，在他娴熟的编排下，又以极其自由、轻松、随意偶发的状态产生足够的视觉张力，成为画面的价值所在。

就油画语言而言，张新权的画面更为突出了用笔、笔触、肌理的作用，刻意抑制了早期画面上的阳光与色彩。也许就“意象”的显现而言，笔意比色彩更为重要，如同在中国写意绘画中笔墨比颜色更为重要一样。未完成感也许这是意象表现的一种策略，见好就收、戛然而止，让观者意犹未尽。绷紧的视神经在松弛与紧张中交错，观赏的心理期待通过急停与转身而调整呼吸。画家出色地把控着画面的节奏，大片的空白与平涂，薄层的涂抹，黑白灰的间隔，技术的适时出场，在绘画的交响中，张新权绝对是一位配器高手。

张新权以有说服力的作品，为意象油画这一概念、这一词条，做出了教科书般的诠释，可以成为一种经典范例，而他画面的丰富呈现又诠释了什么是真正意义上的写生，诠释了一种绘画的纯粹性。

（文章节选自刘伟冬《松弛与严密的交错——张新权的油画》，《美术大观》2019 年第 8 期）

中国电子一条街

陆声设

陆声设 《中国电子一条街》
版画 214cm × 120cm 2018年

作者简介

陆声设，现为中国美术家协会会员、广东画院签约画家、深圳画院签约画家、深圳市美术家协会理事。作品曾获“第十届全国美术作品展”铜奖、“庆祝中国人民解放军建军 85 周年全国美术作品展暨第 12 届全军美术作品展”优秀奖、“庆祝广东美协成立 50 周年广东美术大展”优秀奖、“第四届广东版画展”金奖、“建国 60 周年广东美术展”金奖、“百年风云——广东近当代重大历史题材美术作品展览”银奖、“2012 广东青年美展”铜奖、“广东省庆祝建国 55 周年美术作品展”优秀作品奖、第五届“广东版画展”优秀奖等。

创作手记

1988 年 3 月 28 日，赛格工业发展大厦把一楼的一小半区域分隔开，改建成 1400 平方米的赛格电子配套市场，华强北电子市场就此诞生。经过 30 多年的发展，华强北早已成

《中国电子一条街》创作草稿

《中国电子一条街》创作稿1

《中国电子一条街》创作稿2

《中国电子一条街》创作稿3

《中国电子一条街》创作稿4

《中国电子一条街》创作照1

《中国电子一条街》创作照2

为国内外著名的数码电子产品集散地。深圳华强北作为电子科技高速发展集散中心，超大的电子市场吸引了全国乃至全球的采购商和个人到来，促进了中国电子科技事业的发展。2008 年，华强北被中国电子行业协会授予“中国电子第一街”，它已成为全国规模最大、科技含量最高、产品种类最齐全、年交易额最大（四个第一）的电子产品交易集散地，是国内电子行业的晴雨表和风向标。华强北，可以说是全球第三次工业革命的见证者，更是深圳改革开放的一个缩影。华强北电子市场是深圳商业的一张亮丽名片，影响了全中国甚至全世界的信息电子产业。作为中国首屈一指的电子产品集散地，它对中国乃至全世界的电子产业都具有举足轻重的影响。华强北的从无到有、从小到大，是深圳改革开放历程的真实写照之一。

在深圳生活的这 20 年里，我见证了华强北一步步发展壮大的历史，感慨于此，围绕这个主题，我多次到华强北进行实地采风。画中的主要人物都是我在华强北观察和采集素材回来创作的，在场景的安排上我想尽可能地突出人们簇拥的那种热闹场景。经过历次草图修改，再经过两次大的专家组提供修改意见进一步修定，用了将近一年时间，草图才真正落实。在画面效果方面，经过几次推敲，最后还是决定用比较写实的手法来进行创作，而且是采用比较直接的黑白木刻表现形式，因为黑白是最干脆、最直接的表达手法，它可以良好地表现出朝阳产业那种强烈的、火辣辣的生产和生活场景。

《中国电子一条街》细节

由于选择了比较写实的手法，刻画起来就要非常谨慎，加上篇幅较大，实际操作起来非常艰苦。我经常刻画一会就要退远观察一会，这使得创作进度特别慢，断断续续、前前后后用了将近一年的时间，实属不易。虽然作品最终还是达不到最理想的效果，但这历练中的收获还是很令人欣慰的。

（2018 年 8 月，内容由作者本人提供）

觅·答谢中书书　其一

王海迪

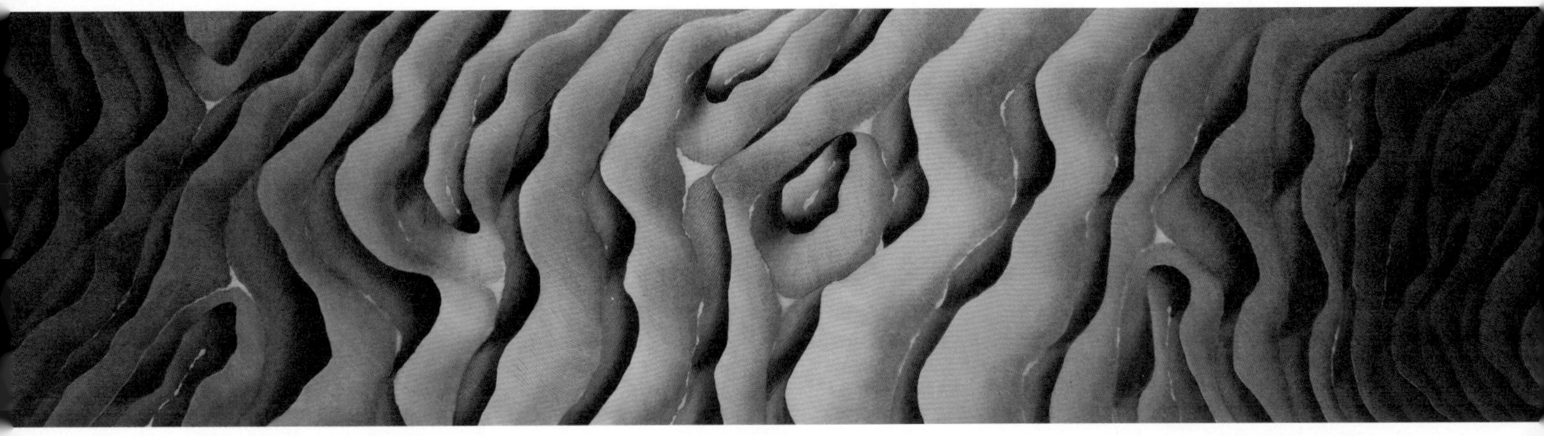

王海迪 《觅·答谢中书书 其一》 水印木刻　31cm × 120cm　2018年

作者简介

王海迪，1993 年出生于河南，现居北京。2016 年毕业于鲁迅美术学院版画系，获学士学位。2017 年 9 月至今就读于中央美术学院造型学院版画系，攻读硕士学位。参展经历：“银川对话——2019 中国·德国版画作品联展”“第五届中国青年版画展”“守正出新——2019 中国国际画院职工迎新春作品展”“大道有痕——2018 中国百家金陵画展（版画）”，“获典藏作品奖”“德国哈内姆勒中国青年版画展”“版画 100——2016 年度收藏作品展” 等。作品被收藏于黑龙江美术馆、深圳画院、鲁迅美术学院美术馆、江苏省美术馆、中国国家画院等专业机构。

创作手记

在我的理解中，绘画作品中出现的符号、颜色、痕迹……它们都具有情感的指向性。

肖恩·斯库利（Sean Scully）曾说："我们习惯性地把抽象概念当作抽象本身，但实际上并非如此，抽象画首先是一幅自画像。可以说，它表达的是画者的个人状态。"我想不单单是抽象绘画，其他种类的绘画也是如此。

《觅 · 答谢中书书 其一》草图1

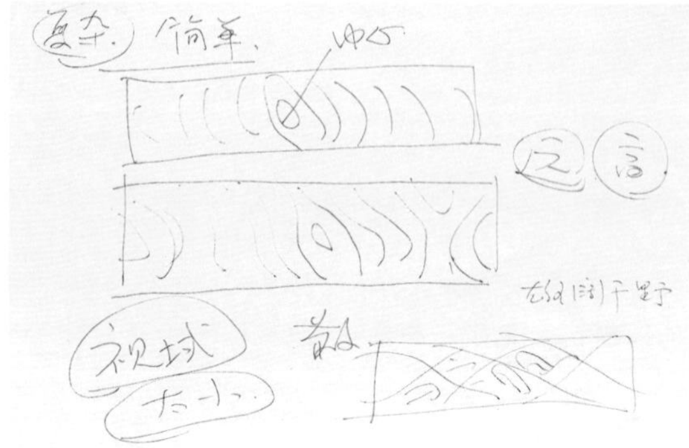

《觅 · 答谢中书书 其一》草图2

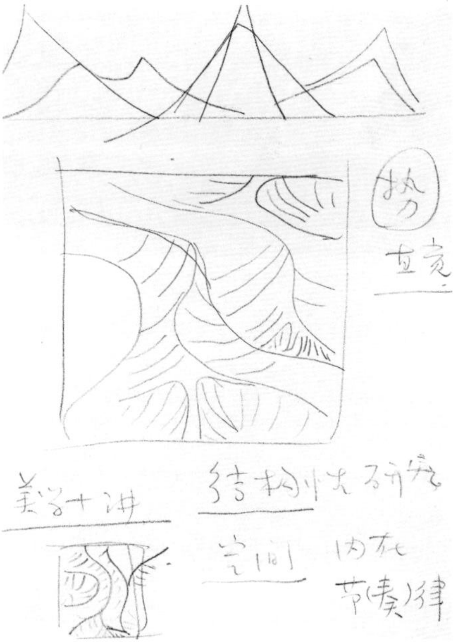

《觅 · 答谢中书书 其一》草图3

《觅 · 答谢中书书 其一》草图4

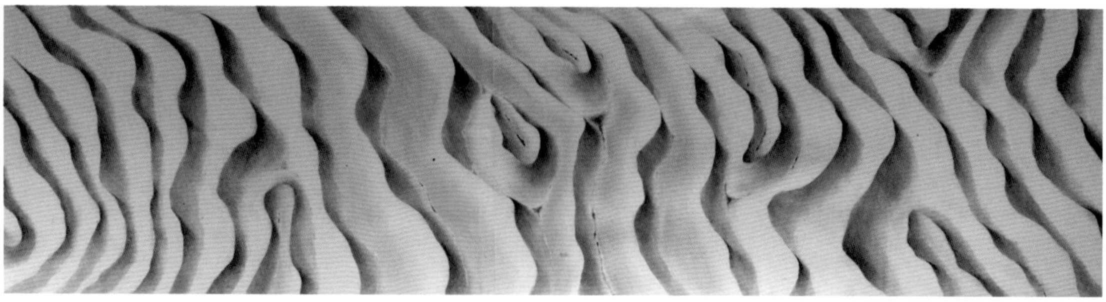

《觅 · 答谢中书书 其一》草图5

在我的作品中，我习惯用线去表达，因为线不单单带有方向的指示性，其中还蕴含着一定的情感。圆形的线条带来的是和谐、永恒、整体；垂直的线带来的是庄严、肃穆、高耸与神圣；横线带来的则是开阔、平静与祥和。艺术家用线来表达空间、质感、运动感以及审美感受。正因为如此，在作品中可以从任何一个角度去解读它。它很常见，与我们周围的一切相对应。它与我自身的经历有密切联系，而这种联系已不是现实中的线，而是抽象化或概念化的线。我对线的沉迷在《觅·答谢中书书》这组作品中得到更好的诠释。

陶弘景在《答谢中书书》中写道："山川之美，古来共谈。高峰入云，清流见底。两岸石壁，五色交辉。青林翠竹，四时俱备。晓雾将歇，猿鸟乱鸣；夕日欲颓，沉鳞竞跃。实是欲界之仙都。自康乐以来，未复有能与其奇者"。不论是诗歌、音乐、雕塑还是绘画，古今中外对山川的描述与赞美俯拾皆是。这组作品我选择了以俯视的角度，对山川重新解读。拨开山体的表象，深入其构造之中，重新组建。通过线与线的交错、面与面的叠加，来获得心理情感与物体结构的和谐统一，并营造出宁静平和的气氛。这时山的形体早已不再重要，重要的是沉迷于山川绵延结构的内心情感的激荡，从而得到一幅似山非山的内心情绪景象，时而紧密，时而平缓，时而绵延。在线的处理上不难发现，我又选择了加深印版的痕迹，这种痕迹如同传统水印版画中的拱花效果。正因这种若隐若现凸起痕迹的出现，使画面又加入了一层视觉的错觉空间，并与我营造出来的山的形体相呼应。抛开山丘的原始形体，取而代之的是自然而带有情感变动的弯曲凸线。线条在绘画中作为最基本的元素，也是最简单的审美符号，它蕴含着丰富的生命情感，在这里它也是一种心理结构。通过有限的简单的线条，创造出无限的空间。对具象事物进行细节的提纯，最后留下的是所要追寻的内心世界。

（2018 年 8 月，内容由作者本人提供）

作品评析

刘伟冬《觅之觅》

版画艺术在我国可谓源远流长，历史悠久。它又随着时代的发展而发展，变得更加丰富、深刻和多元，成为当下艺术领域中极为重要的绘画种类。有一种传统观念认为版画属于小画种，与中国画和油画相比较，它只能是一种基础或补充，甚至因为它的可复制性而降低了它的艺术价值。但在我看来，中国的版画艺术不仅有着辉煌的历史，更有着辉煌的当下创造。它的发展可以说是完全与世界同步的，可以用同一把尺子来衡量它的高度和深度，这一点也是中国画和油画望尘莫及的。中国版画家们的努力使可复制的版画成为一项

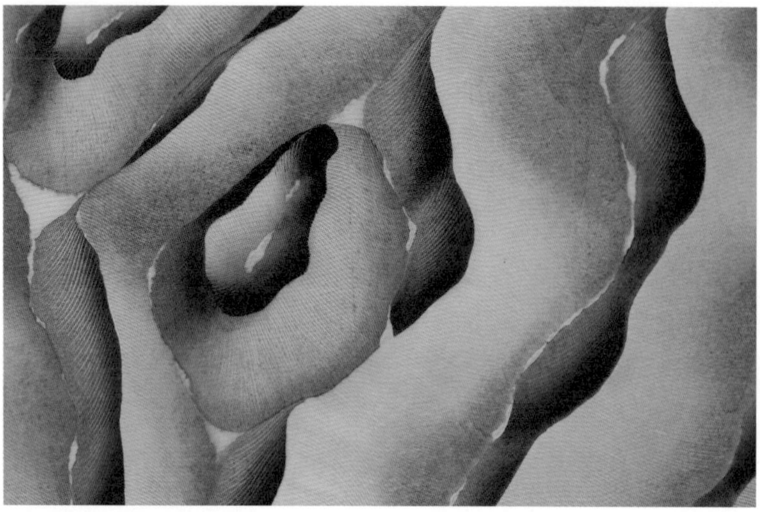
《觅 · 答谢中书书 其一》细节 1

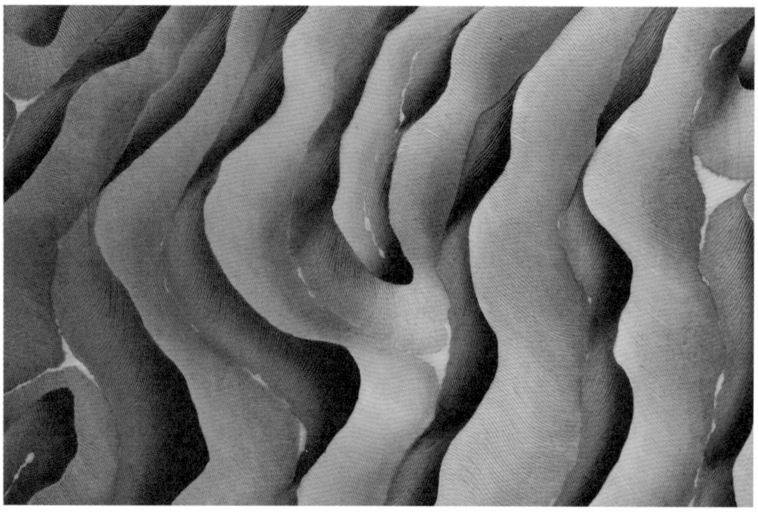
《觅 · 答谢中书书 其一》细节 2

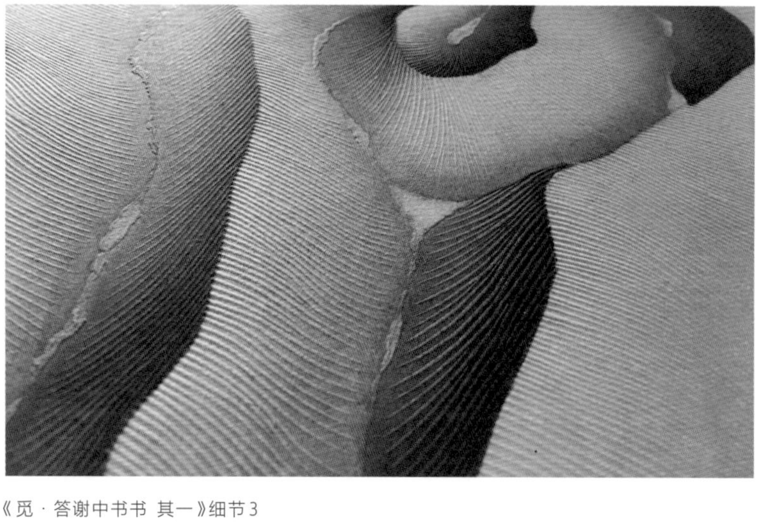
《觅 · 答谢中书书 其一》细节 3

智慧的劳动，无论是多版套印，还是独幅印制，观念和技术的完美交融往往会创造出许多奇迹，而版画也因为其独立创造的艺术价值而与其他的画种不分伯仲。

青年版画家王海迪就是创造了奇迹的艺术家中的一员。她这次参展并获奖的作品题为《觅·答谢中书书 其一》。从画面呈现的图像来看这是一幅极为抽象的作品，但抽象的画面却由大量的具体技术给予了坚强的支持。而作品的标题则勾连出一个历史掌故。所谓谢中书即谢徵，字元度，南北朝梁人。他自幼聪慧，美丽风采，好学善文。有史记载，其父异之曰："此子非常器，所忧者寿；若天假其年，吾无恨矣。"又曰："后迁乎北谘议参军，兼鸿胪卿，舍人如故，时魏中山王元略还北，高祖饯于武德殿，赋诗三十韵，限三刻成，谢徵二刻便就，其辞甚美，帝再览，赞赏不已。"由此可见，谢徵在当时是一位高官名士，有着广泛的影响。事实上，作品的标题还隐含着另外一个人，即那个给谢徵写答书的人，他就是南北朝宋人陶弘景，其书曰："山川之美，古来共谈。高峰入云，清流见底。两岸石壁，五色交辉；青林翠竹，四时俱备。晓雾将歇，猿鸟乱鸣；夕日欲颓，沈鳞竞跃。实是欲界之仙都！"不难看出，陶弘景的回信是对一个山川景色的生动描绘，而自己欣赏的激越之情也跃然纸上。既然陶的回信是谈景，那么谢徵的去信也一定是同一个主题。可惜的是谢信已失，内容无从知晓，只能以逻辑的方法来行推断，这或许是王海迪"觅"字的来源之一。那么，陶弘景这段关于山水景色的文字又是描绘哪里的风景呢？有专家专门将陶弘景的回信与谢灵运的《登石门最高顶诗》作了比较，认为其描述的很像是谢灵运游览、吟咏过的石门山（在今浙江嵊州市）。谢文曰："晨策寻绝壁，夕息在山栖。疏峰抗高馆，对岭临回溪。长林罗户穴，积石拥阶基。连岩觉路塞，密竹使径迷。……活活夕流驶，噭噭夜猿啼。"如将两段文字作详细比较，的确可以找出一些相似之处，但这也只能是一种推断，或许这是王海迪"觅"字的另一个来源。

王海迪在她的作品中，抑或在历史的掌故中要寻觅到什么，只有她自己知道。她作品的抽象性，究竟是将一个具体细微的物象做了无限的放大，还是将一个全景式的风景做了极致的浓缩，我们都无从知晓，这或许又是"觅"字的一种延伸。但王海迪在版画语言上的丰富和熟练是具体而实在的。画面的结构以及黑白灰的有机呈现表明了她试图向水印木刻的表现极限进行挑战的努力，这种技术的挑战与观念的寻觅在她的作品中得以充分的彰显。因此，在我看来，王海迪的《觅·答谢中书书 其一》是一幅既有深刻内涵，又有技术高度的精品力作，她为版画语言的完美呈现开辟了一个新的空间。

（文章原载《大道无痕：2018·中国百家金陵画展（版画）作品集》，江苏凤凰美术出版社 2018 年 11 月版）

无人售票

柳　青

柳青 《无人售票》
雕塑　120 cm × 140 cm × 350 cm

作者简介

柳青，1982 年生于湖南。2001 年毕业于中央美院附中，2006 年毕业于中央美术学院雕塑系第六工作室获学士学位，2009 年，毕业于中央美术学院雕塑系获硕士学位。2009 年至 2018 年，工作于北京人民艺术剧院。2018 年至今，工作于中央美术学院。现为中国美术家协会雕塑艺委会委员、中国雕塑学会理事会理事、中国雕塑研究院青年雕塑家创作中心雕塑家。作品《成果》《T61.2014》《13 号线 .2012》《嘿！茄子！》《无人售票》被中国美术馆收藏，《风景？》被湖北美术馆收藏，《无人售票》的另外两版分别收藏于湖北美术馆和山东美术馆，等等。第十一届和第十二届全国美术作品展览上，两次均获得铜奖。第一届和第四届“中国姿态”全国雕塑大展均获得“中国雕塑艺术大奖”。2014 年被评为“2014 美术报年度人物”。2011 年，作品《嘿！茄子！》于日本巡展，获得“日中友好会馆大奖”，等等。

创作手记

我一直希望作品有一种力量，可以穿透生活的表层，去讨论潜在的真实。

《无人售票》系列作品创作至今延续了四年，目前还没有最终完成。构思之初，整组作品是分为四块组雕，它们可以像积木一样根据不同的空间场域组合成不同的情境，产生不一样的意味。现在完成了两大块。

《无人售票》细节 1

《无人售票》细节 2

《无人售票》细节 3

从这组作品的形式感上看，我改变了以前我作品里日常化和自然化的布局，把所有出现的人物角色都塞进了一个无形的四方空间里，整体视觉上就是一个长方体块，像一个特大号的罐头，也像一个大包裹。

人物的形象不再是简单的符号化的脸谱，而是更人性化、更平凡的面貌；人物的组合也打破了之前刻意的概念化关系，而是突出更隐晦、更日常的社会关系。真正的人性很复杂，现实社会也远比我们看到的要荒诞，艺术的真实也很抽象。所以，我试图通过作品再造社会景观，来讨论都市人群的陌生化以及当代生活的碎片化等问题。

我采用了公交车空间里轮胎、窗帘和机器等符号，想突出社会的快速转型与在这种状态下人们共同的状态。而且，作品名字也是“挪用”了无人售票公交车的名称，我觉得这个名字的背后既有都市的意味，又有思索的空间。

在《无人售票 1/4》里，正面有一个使劲儿往车厢里爬的角色，他的裤子被车厢外无形的手往后拽着，露出大半个屁股，我觉得这个很形象、很生动，像是一种“围城”的隐喻——外面人想进去，里面人又出不来，这是我对于当代生活的困惑。

还有，作品里雕塑了一个小朋友，他背后有一对翅膀，是很有趣的童装，看上去像一个丘比特。他正骑在他父亲的脖子上玩手机，这是很常见的现象。这其实是我对小孩在成

《无人售票》泥稿

《无人售票》草图1

《无人售票》草图2

《无人售票》草图3

《无人售票》草图4

长过程当中的一种体会：对于小朋友，有了翅膀就认为自己真的在飞了。而手机从某些角度来说就是通向“禁锢”的一个途径，因为程序是编的，人只能不断地去适应这些电子产品，不断地去适应固化的信息接受方式。所以我觉得我们被禁锢住的不仅仅是现实生活，还有意识。

作品的另一个方向塑造了一个戴着牙套的小学生，很难受地被挤着，书包里的书和文具都倾泻了出来，全是练习册和课外辅导书，其中有口号式标语的书名“举一反三”“金榜题名”等，我想这是对于中国教育的现状和为人父母的期望的一种反映。

《无人售票 2/4》里也有有意思的细节。

正面最显眼处有一幅大红色的车窗窗帘，像剧场的大幕，幕布拉开，人生的大戏就开演了。

红幕下方有一位孕妇挤在一角，怀揣很多保健品和生育指导书，刚从妇产医院出来。当代都市语境下，准父母对于优生优育极为重视，所以从一开始就会尽其所能，期望以一个完美的状态去迎接新的生命。现实生活里成为父母是件神圣美好的事情，但是在充满了欢乐的表面下，也有另一个现实，那就是时刻伴随着责任，还有疲惫、焦虑的状态，等等。

旁边还有一对祖孙俩，祖父浑身的状态和细节都弥漫着沧桑、生活的气息，而调皮的小外孙浑身上下的“装备”都是好莱坞动漫英雄世界的外延商品，这也是我做父亲后对下一代的成长的忧虑。

柳青泥塑工作照1

柳青泥塑工作照2

在下面的机器旁蜷缩着白色的人偶，我把它塑造得脆弱、荒诞。我一直觉得人偶和面具类的元素充满了讽刺的意味，它是表面的一层壳，是可以任意修饰的一层壳，可以用来遮挡和改变使用者的真实面貌；它酷似人形，却又一直被控制。我用这个符号来隐喻当代都市生活中的人际关系……

目前，我完成了这个系列作品里的两件，即《无人售票 1/4》和《无人售票 2/4》。作品虽然是物化的，但我希望它可以留下时间的痕迹和生活的温度，我也一直在考虑怎样让静止固化的雕塑随着时间与空间不断生长。所以在创作这个系列作品的过程里，我不断地注入对生活的新的体会，把这些想法通过具象的形象塑造出来，并组合在一起，不再是现象的再现，而是我思考的过程与集合。

（2018 年 8 月，内容由作者本人提供）

跳竹竿

孙　妍

孙妍　《跳竹竿》　雕塑　50cm × 30cm × 160cm　2018年

作者简介：

孙妍，1982年出生。2002年考入鲁迅美术学院雕塑系本科。2007年考入鲁迅美术学院读研究生。2012年，考入东北师范大学美术学院攻读美术学博士。2017年，进入东北师范大学文学院博士后流动站。获奖情况：2011年作品《巨然》在江西名人雕塑园雕塑作品大赛中获得铜奖；2013年，参加“昭苏天马国际雕塑展”，作品《天马之韵》获得铜奖；2013年，参加“中央电视台雕塑大赛”，作品《快乐的小胖妞》获得铜奖；2014年，《姐妹之——吻》参加“第十二届全国美术作品展览”获奖提名作品；2016年，作品《姐妹之——吻》参加“2016中国姿态雕塑大展”获得“中国雕塑青年新锐奖”。

创作手记

雕塑的旋律

雕塑作品至呈现之时刻，就不可避免地长时间被观者在360度视角下反复观摩。好的雕塑作品是由创作主体对情感、题材、动态、塑造、体量、质感、空间等诸多因素衡量、选择而塑造的动静平衡的空间形态。作品是否耐看，能否经得住空间、时间考验，决定了雕塑能否具有恒久魅力。雕塑艺术创作既源于喷薄而出的激情，也需要理性的审美分析。

《跳竹竿》草稿1

《跳竹竿》草稿2

《跳竹竿》泥稿1

《跳竹竿》泥稿2

关于《跳竹竿》这件作品的创作灵感，在我深入感受黎族跳竹竿活动那种震撼心灵的动态美后倾泻而出。跳竹竿是一种古老的黎族祭祀活动，随着时代变迁其祭祀色彩逐渐消失，转而成为性格豪爽、能歌善舞的黎族人的一种典型娱乐文化。黎族的庭院或打谷场上，常见穿着民族华服、赤脚的黎族青年随着竹竿张合不断上跳下踏。有力的肢体动态配合纤长竹竿有节奏的律动，勇气与力量经由健美体魄喷涌而出，舞动的人群散发着浓烈、盎然的生命活力。视觉与精神的陶醉，使我抑制不住地渴望着情感抒发和艺术呈现，创造一个能够承载这种动态美与精神美的空间形态，于我而言是一场审美的纵情享乐。

在构思草图和创作泥稿的过程中，我始终充满激情，遵循着内心的悸动和朦胧的感受勾勒出一幅由模糊至清晰的图像。我用最美好的形体，塑造她们丰满莹润、柔韧有力的身姿，在律动的节奏中尽情伸展腾跃，似要凌空飞翔。而平稳、纤长的竹竿则恰到好处地使高亢的激情转化为绵长的低吟，好似欲望与理智的博弈，微妙的旋律萦绕其周围，生命力在旋律的制衡中热烈地生长。

《跳竹竿》细节 1

《跳竹竿》细节 2

《跳竹竿》细节 3

在《跳竹竿》的创作过程中，我把动态美作为单纯的对象，可以说表达的审美现象是简单的，是旋律使其产生耐看的神奇效应。旋律使动态发生，而且一再重复发生；旋律使审美感观维持一种恒久的抒情状态，而不是臻于圆满，令观者与我共同在对动态纯粹的观照和对单纯形态的领悟中享受持续的审美意愿的释放和满足，并且在这之后与作品的每一次相遇都产生恍若初见的悸动。

当然，雕塑的审美创造绝不止于对形象的纯粹观照，也需要审美的理性思维和分析，既掌握对象的形态美之所在，也表达对象的象征性。我在形体空间的细节塑造中着重强调对黎族民族性格和特色服饰的表现，使黎族文化象征符号与我的审美对象融合共生。这时的审美对象才能摆脱我的个体性意识，成为观者的审美媒介，使艺术形态能够发挥出全部的象征力量。

（2018 年 8 月，内容由作者本人提供）

年度展览

综合展览

1. 学院与沙龙：法国国家造型艺术中心、巴黎国立高等美术学院珍藏展

展览时间：2018 年 1 月 31 日—5 月 6 日

展览地点：中国国家博物馆

主办单位：中国国家博物馆、法国国家造型艺术中心、巴黎国立高等美术学院

展览简介：19 世纪法国艺术家们受到欧洲启蒙思想的感召，紧随时代的步伐，反抗服务于皇室、注重奢华的洛可可风格，而用回望古典艺术的方式从精神层面来矫正浮华的社会风尚。当时的学院与沙龙为 19 世纪的新古典主义、浪漫主义、现实主义等美术流派提供了发展的土壤与创新的契机，使得艺术在时代改革和社会现代化的进程中做出了贡献，不仅促成了法国艺术的全面繁荣，也使法国成为 19 世纪世界艺术的中心。

此展览将集中呈现从法国大革命到第一次世界大战期间的法国艺术以及以巴黎为中心的法国社会风貌，参展的 103 件学院派艺术精品均来自世界闻名的巴黎国立高等美术学院和法国国家造型艺术中心。展品包括学院派代表艺术家多米尼克・安格尔、威廉 – 阿道夫・布格罗、帕斯卡・达仰 – 布弗莱等人的油画精品，以及创作了巴黎凯旋门浮雕《马赛曲》的著名雕塑家弗朗索瓦・吕德的雕塑作品。特别是安格尔的以《朱庇特与忒提斯》为代表的三幅油画精品，尤为值得关注。观众将通过展览感受艺术在法国社会改革进程中迸发出的创造力和生机。

展览前言：中国国家博物馆是中华文化的祠堂和祖庙，是中国梦的发祥地，是国家的文化客厅，也是集中反映中华优秀传统文化、红色革命文化和社会主义先进文化的国家最高历史文化艺术殿堂，在展示中华文明持久魅力、推动世界文明成果交流互鉴方面发挥着重要的窗口作用。

展厅现场 1　摄影：范立

展厅现场 2　摄影：范立

中国国家博物馆是中法两国人民友好交流的见证者和促进者。2014 年中法建交 50 周年之际，中国国家博物馆隆重举办“名馆・名家・名作——纪念中法建交 50 周年特展”，史无前例地汇聚了卢浮宫博物馆、奥赛美术馆、凡尔赛宫博物馆等五家法国著名博物馆的珍品名作来华展出，在国内外产生了巨大影响。习近平主席专门为展览题写序言，强调中华文明和法兰西文明不断相互借鉴，为中法友好增添了绚丽色彩；中法两国博物馆展示着各自民族文化的悠久历史和世界文明的多彩风貌，加强中法博物馆交流在两国文化合作中占有重要位置。2018 年新年伊始，习近平主席会见来华访问的法国总统马克龙先生，强调要调动更多力量积极参与中法合作，扎实推进人文交流，推进各领域长效合作和机制建设，共同开启中法文化交流的新篇章。

2018 年 1 月 30 日，中国国家博物馆与巴黎国立高等美术学院等联合举办“学院与沙龙——法国国家造型艺术中心、巴黎国立高等美术学院珍藏展”，集中呈现学院派这一法国艺术史上重要流派最璀璨夺目的炫彩篇章。本次展览集中展示从法国大革命到第一次世界大战期间的法国艺术以及法国社会风貌。参展的 103 件学院派艺术精品均来自世界闻名的巴黎国立高等美术学院和法国国家造型艺术中心，包括杰出的艺术大师多米尼克・安格尔、威廉 – 阿道夫・布格罗、帕斯卡・达仰 – 布弗莱、弗朗索瓦・吕德和保尔・郎度斯基等人的重量级作品。在这里，我们重温法国艺术巨匠的精品，回顾两国文化交流的历史轨迹，不仅有助于加深两国人民对双方充满魅力的文化艺术和蕴涵于其中的人文精神的相互理解，更进一步彰显了文化交流互鉴在推动人类文明进步和世界和平发展中的重要作用。

在此，我要真诚地感谢法国国家造型艺术中心和巴黎国立高等美术学院带给我们如此优秀的精品力作，感谢法国驻华大使馆以及蔡冠深基金会的大力支持，感谢法方策展人菲利普・杰奎琳先生以及中法双方工作人员付出的辛勤劳动。我相信，本次展览将进一步促进中法两国在新时代更具创新意识的文化交流，使艺术文化的长河在汇流共聚中激荡起更加壮阔的波涛。

预祝本次展览圆满成功！

（中国国家博物馆馆长　王春法）

2. 与时代同行——中央美术学院百年校庆精品展

展览时间：2018 年 3 月 22 日—4 月 25 日

展览地点：中央美术学院美术馆

主办单位：中央美术学院

展览简介：本次“与时代同行——中央美术学院百年校庆精品展”是中央美术学院百年校庆特展，精选中央美术学院历史上的经典名作，展出作品一百余件，回顾中央美术学院的创作历程。

展览前言：

此次展览展出国画、油画、版画、雕塑等经典

展览现场 1　资料提供：中央美术学院美术馆

展览现场 2　资料提供：中央美术学院美术馆

展览现场3　资料提供：中央美术学院美术馆

作品140余件，以中央美院美术馆馆藏为基础，精选了美院百年发展史当中，从北平艺专、延安鲁艺到中华人民共和国成立等各时期，由央美师生创作的代表作品，旨在通过对中央美术学院艺术创作历史的梳理，展示最具20世纪大变革时代精神的视觉艺术形式，掠影20世纪中国美术发展史，展现中央美术学院在百年发展中的独特气质。

20世纪是一个世界性的世纪，其时代巨变史无前例。中国亦在这一时代巨变的核心中，其政治、经济、文化之变皆亘古未见，而新模式的艺术创作、艺术教育则构成了新的视觉体系，百年的美术史即是这种新的视觉艺术的变革史与创新史。如今，中央美术学院迎来了百年校庆，它以百年为轴，串联起艺术创造的时间印迹。在某种程度上，它是20世纪中国美术的缩影——中央美术学院的历史与之同步共生、密不可分。

因此，对中央美术学院历史的梳理也是对20世纪中国美术史的梳理。基于此，在中央美术学院百年校庆之际，中央美术学院美术馆策划组织了“与时代同行——中央美术学院百年校庆精品展”。展览以中央美术学院美术馆馆藏的近代央美系作品为主线，以百年为尺度，分时期扼要呈现所藏之代表作，以期展现各个时期的艺术与社会、艺术与时代的互动关系。居于其中者——中央美术学院所扮演的历史角色，从另一个维度上尽显中央美术学院与20世纪中国美术史的关系，以及中国现代美术教育的历史。

通过这样一个初步的梳理与展示，“与时代同行——中央美术学院百年校庆精品展”向我们揭示了中央美术学院在教学思想、艺术创作、社会影响、国际交流等方面所发挥的引领、示范作用。作为中国高等教育发展的一个代表和象征，中央美术学院创造了中华民族近现代美术史上的众多精彩华章。

（中央美术学院美术馆）

3. 第六届全国青年美术作品展

展览时间：2018年6月8—24日

展览地点：中国美术馆

主办单位：中华全国青年联合会、中国文学艺术界联合会、中国美术家协会

展览简介：第六届全国青年美术作品展是国家级综合性大展，不仅为青年美术家搭建了展示才华的重要舞台，更通过青年美术家的优秀作品表现了他们的创新精神、创作热情和对社会的人

展览现场1

展览现场2

文关怀，反映当代中国美术的新发展、新特点。展览旨在反映青年美术特性，倡导艺术创新的多样化；体现民族精神和时代精神，培养和扶持青年美术家，鼓励青年美术家多出精品力作。展览画种包括中国画、油画、版画、雕塑、漆画、水彩粉画、插图连环画、综合材料绘画，共计展出387件作品。

4. 无问西东——从丝绸之路到文艺复兴

展览时间：2018年6月9日—8月19日

展览地点：中国国家博物馆

主办单位：中国国家博物馆、湖南省博物馆

展览简介：展览分为“大漠之舟”“跨越七海”“帝国剪影”“凤凰西行”“丝绸之梦”“世界交融”六个单元，共展出意大利21家博物馆和国内17家博物馆的文物219件（套），其中包括中国国家博物馆馆藏文物53件（套）。参展文物既有中国在“丝绸之路”中的见证物，也有受到中国元素影响的西方物品，还包括中意两国众多博物馆的珍宝，是近年来国际博物馆与国内博物馆合作中数量最多、文物最丰富的展览之一。

展览前言：为充分反映“丝绸之路”在东西方文化交流中的深远影响，弘扬传承和而不同、开放包容的“丝路精神”，中国国家博物馆和湖南省博物馆联合主办“无问西东——从丝绸之路到文艺复兴”展，汇集展出了意大利21家博物馆、国内17家博物馆共计219件（套）文物精品，主要目的是通过还原意大利文艺复兴中的中国元素以及中国艺术中的西方影响，呈现不同文明之间交流互鉴、兼收并蓄、共同发展的千年史诗，揭示多元文化交融共生、相互影响的历史脉络，为推动构建人类命运共同体做出贡献。

“丝绸之路”历经千载，横跨欧亚，汇通中西文明，其本质和动力就是和而不同、开放包容、交流合作、互利共赢，这是人类文明共同的宝贵遗

展厅现场1

展厅现场2

产。早在汉唐时期，陆上“丝绸之路”就已经成为东西方之间经贸文化往来的重要桥梁，宋元时期海上丝绸之路达到鼎盛，东西方都在繁荣发达的经贸文化往来中相互学习，互利共赢。“无问西东——从丝绸之路到文艺复兴”展精心挑选的参展文物中，既有中国先贤开拓发展“丝绸之路”的重要历史见证物，也有受到中国文化影响、呈现中国文化元素的西方物证。例如，中国和意大利在航海中使用的罗盘、针碗、航海图和船只模型，青铜器、瓷器、玻璃器皿以及充满西域风格的唐代陶俑等，还有《马可·波罗游记》《通商指南》《世界地图》等反映早期意大利旅行家和传教士对中西文化交流所做贡献的意大利早期文献。此外，展览还推出了中意两国众多博物馆收藏的大量难得一见的珍稀文物，如中国国家博物馆收藏的黄公望《溪山雨意图》、倪瓒《水竹居图》、任仁发《饮饲图》，故宫博物院收藏的《宋人耕获图》、任仁发《张果老见明皇图卷》、任贤佐《三骏图》，首都

博物馆收藏的“景德镇窑青花凤首扁壶”，新会博物馆收藏的《新会木美人》，以及庞贝遗址发掘出的经典壁画《花神芙罗拉》、乔托的名作《圣史蒂芬》、创作于15世纪的《圣母加冕图》和《三王来拜》。通过这些珍贵文物，我们可以切身感受东西方之间和平发展、共同进步的历史主流。

2013年9月至10月间，习近平总书记先后提出共建“丝绸之路经济带”和“21世纪海上丝绸之路”的倡议，得到国际社会的高度重视和广泛认同。2015年3月，国家发展改革委、外交部、商务部联合发布《推动共建丝绸之路经济带和21世纪海上丝绸之路的愿景与行动》。在国际社会的共同努力和参与下，“一带一路”建设逐渐从理念转化为行动，从愿景转变为现实，取得了丰硕成果。中国国家博物馆作为代表国家收藏、保管、研究、展示、阐释能够充分反映中华优秀传统文化、革命文化和社会主义先进文化代表性物证的最高机构，就是要通过积极活跃的合作交流活动，让体现时代特征和中外文明交流互鉴的历史文物走出来，活起来，用展览促进交流，通过交流推动文化发展。这既是中外文明交流互鉴题中应有之义，也是中国国家博物馆的重要使命和努力方向。

（中国国家博物馆馆长　王春法）

5. 美美与共——中国美术馆藏国际艺术作品展

展览时间：2018年6月27日—7月8日

展览地点：中国美术馆

主办单位：中国美术馆

展览简介：展览主题是为呼应习近平主席的系列讲话精神，展现文明互鉴的思想主旨。展览从中国美术馆收藏的外国艺术家的3500件作品中，遴选出涉及60多个国家的100多位艺术家创作的200余件精品，形式上涵盖了油画、版画、雕塑、摄影等多种类型。展览作品中包括巴勃罗·毕加索、萨尔瓦多·达利、凯绥·珂勒惠支、葛饰北斋、安迪·沃霍尔、罗伊·利希滕斯坦、爱德华·韦斯顿、安德烈·梅尔尼科夫、大卫·霍克尼、安塞姆·基弗、马尔库斯·吕佩尔茨、约尔格·伊门多夫、格哈德·里希特等享誉世界的大师的名作，进而勾勒出中国美术馆多年来收藏国际美术作品状况的轮廓。

展览前言：

2017年1月18日，习近平主席在瑞士日内瓦万国宫出席“共商共筑人类命运共同体”高级别会议时，作题为《共同构建人类命运共同体》的主旨演讲。一年多来，习近平主席在不同的国内国际场合的演讲与署名文章中，多次提及和阐述人类命运共同体的理念，其思想内涵丰富，不仅包括世界各国共同应对恐怖主义、难民危机、气候变化等非传统安全因素的挑战，建立以合作共赢为核心的新型国际关系，建立政治互信、经济共同发展的伙伴关系，还包括加强不同国家和民族之间文明

展览现场1　资料提供：魏祥奇

展览现场2　资料提供：魏祥奇

的交流和互动，推动构建文化包容的人类命运共同体的新愿景。

中国美术馆作为中国唯一的国家造型艺术博物馆，为积极响应和落实习近平主席主旨演讲的精神，将中国美术馆收藏的国际美术作品进行梳理，精心策划了此次展览。中国美术馆收藏中外古今各类美术作品11万余件，其中国际美术藏品约3500件，涵盖油画、版画、雕塑、摄影等种类。这些作品来自五大洲的61个国家，其来源主要得益于20世纪90年代以来国内外艺术家和收藏家的热心捐赠，如1996年，德国著名企业家和社会活动家、收藏家彼得·路德维希教授和夫人伊蕾娜·路德维希教授，捐赠了82位欧美艺术家创作的89件117幅作品；2005年，刘迅先生捐赠俄罗斯油画精品108件，李松山先生及其夫人韩蓉女士捐赠非洲坦桑尼亚马孔德人木雕精品158件，王琦先生捐赠国际版画作品127件；2006年，伍必端先生捐赠苏联版画149件；2007年，李平凡先生捐赠日本浮世绘137件和日本现代版画218件；2014年，泰吉轩携艺术家、基金会及收藏家捐赠国际摄影原作100幅，黄建华先生捐赠西班牙艺术大师萨瓦尔多·达利的雕塑2件；2016年，法兰西艺术院捐赠法国油画13件，赵羡藻先生捐赠国际摄影原作20件，杨振宁先生及其夫人翁帆女士捐赠熊秉明的雕塑3件等。这些捐赠构成了中国美术馆国际美术收藏的基础，初步建立了关于20世纪西方艺术的收藏序列，汇集了巴勃罗·毕加索、萨尔瓦多·达利、凯绥·珂勒惠支、葛饰北斋、安迪·沃霍尔、罗伊·利希滕斯坦、爱德华·韦斯顿、安德烈·梅尔尼科夫、大卫·霍克尼、安塞姆·基弗、马尔库斯·吕佩尔茨、格哈德·里希特等享誉世界的大师名作。

今天，我们从中遴选了19世纪以来的200余件作品，由六个部分组成：路德维希夫妇捐赠的国际艺术作品，国际油画艺术作品，国际版画艺术作品，国际雕塑艺术作品，国际摄影艺术作品，国际水彩、素描、漆画等其他门类艺术作品。展览力图多侧面呈现中国美术馆国际美术作品收藏概貌。“各美其美，美人之美，美美与共，天下大同”，国际艺术作品所展示的是全人类可以共享的情感、智慧和思想，相信大家通过这些精彩的作品可以领略艺术中超越时空的人性的光芒与伟大。

（中国美术馆）

6. 大潮起珠江——纪念改革开放40周年全国美术作品展

展览时间：2018年7月27日—8月5日

展览地点：中国美术馆

主办单位：中国美术家协会、中国美术馆、广东省文学艺术界联合会

展览简介：本次展览共展出278件作品，其中有由中国美协向全国征集的反映改革开放题材的国画和油画作品100件。由广东省有关部门列出关于广东改革开放各个时期重要事件及重要人物的选题，并分别由广州美院、广东画院、广州画院、广州雕塑院及深圳的艺术家从中挑选78个选题承担创作任务。另由广东省挑选反映改革开放以来所创作的优秀作品100件。

全国征稿部分共收到应征作品4000余件，2018年5月22日在北京进行了初评，评出200件参加终评。终评于6月7日在北京举行，最终选出96件参展作品。

7. Xcelerator超级对撞[10]——小米·时代艺术科技大展

展览时间：2018年8月12日—10月14日

展览地点：北京时代美术馆

主办单位：北京时代美术馆、小米公司

展览简介：本次展览的主题“Xcelerator超级对撞[10]”主要着眼于艺术与科技的多元结合。其

一，借高能物理中粒子加速器的概念，通过新媒体艺术模拟大爆炸之后宇宙万物的形成和衍生，赋予了展览空间中10组作品一个相当重要的使命，即使艺术与科技平等、刺激地对撞。艺术家和科学家长久以来都在以自己的方式构建和解释这个世界，甚至试图垄断它。10组作品像10个不同的平行能量体，又像是10个共存的粒子，相乘10次致使艺术与科学间融合取舍的熵值不断增加。入场的每位观众也同时扮演着带有能量的电子，为场馆充能，对撞一触即发。其二，是对当下新媒体艺术的一次试验。艺术与科技的媒介正是观众的参与本身，多元化的观展交流是无限随机的脑洞体验的映射。“超级对撞10次方”旨在强调当下观众、美术馆、策展人和艺术家一起在每一瞬间迸发出的动态效应，试图将观众、美术馆、策展人和艺术家用一种类比试验的新方式联系起来。

展览前言：

让我们想象这样一个场景：周日下午，阳光温暖，在海边的沙滩上前行。左边蓝色的波浪在绵绸般的沙滩上一次次出现又消逝，右边的红树林枝叶随海风似有似无规律地移动。渐渐，乌云密布，赶走了阳光，海水、空气和天空融为一体，极速旋转，消逝在远方。千万年来，人类在不停地尝试从大爆炸后形成的宇宙万物中寻找自身意义的投影。浪花散去的方向，枝叶飘摇的走势，还有风云的变幻，是自在自为地发生着并触动着我们的意识，还是人类的意识与感知和它们同时被编写好之后注入进去的呢？我们所感觉到的是客观物质本身，还是自身感觉的回路？

展览主题的另一方面是对当下新媒体艺术的一次试验。提到它，人们可能首先想到的是声光电。当代社会，无论是说艺术凸显了科技，抑或科技成就了艺术，都是在营造有落差感的两极分化，而缺少两者直接联结的媒介。“超级对撞10次方”旨在强调当下观众、美术馆、策展人和艺术家一起在每一瞬间迸发出的动态效应。而艺术与科技

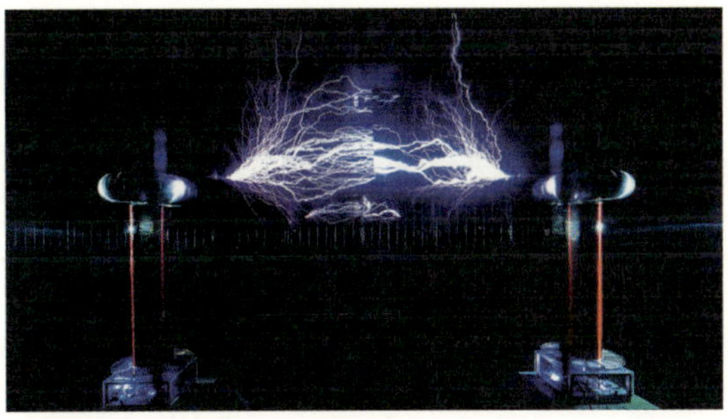
展览现场1 资料提供：崔晓蕾

展览现场2 资料提供：崔晓蕾

展览现场3 资料提供：崔晓蕾

展览现场4 资料提供：崔晓蕾

的媒介正是观众的参与本身，多元化的观展交流是无限随机的脑洞体验的映射。没有能量的加速器也就缺失了空间和时间的概念而变得死寂。同时“超级对撞10次方”也试图将观众、美术馆、策展人和艺术家用一种类比实验的新方式联系起来，实验可能导致对撞系统过载，生成黑洞，重新洗牌。每一次对撞产生的结果会成为下次对撞的新问题，又或许是答案。在“海边”寻找的自我感知的意义，是否可以在“超级对撞机制”里找到呢？或许没有机制，而需要我们去创造它。

（苏少禹）

8.“后生命”：第二届北京媒体艺术双年展

展览时间：2018年9月5—24日

展览地点：中央美术学院美术馆

主办单位：中央美术学院

展览简介：作为一个推动艺术与科技交叉实验的国际学术平台，围绕“后生命”这一主题，本届双年展由主题展览、实验空间、超链接展、试听演出、主题论坛、工作坊六大模块组成，将集中呈现艺术家在艺术与科技领域的跨学科艺术实验，并触发艺术家、设计师、科学家和理论家之间的深入探讨。展览以“后生命”为主题，重点探讨在生物基因、人工智能和机器人等科技飞速发展的影响下，在日渐受到关注的后人类理论语境中，“生命”这一古老概念的拓展和延伸，以及人在与地球上的其他物种共处时，处于“非人类中心主义”思潮中微妙变化的地位。展览主体将分为三部分，分别为“数据生命”“机械生命”“合成生命”，从存在于算法中的虚拟生命、基于机械构架的仿生生命，以及作为介于生命定义模糊边界的合成生命来阐释“生命”这一主题。作品类型包括但不局限于动态影像、互动装置、沉浸式艺术、生物艺术、机械装置、声音视觉、网络艺术、声音艺术和混合媒介等。“艺术与科技”实验空间：艺术与科技跨领域实验室已经成为面向未来的融合式创新新模式，这种实践不仅在改变科技界的研发模式，也为长久以来以工作室为核心的艺术家实践提供了一种新的范式。“艺术与科技”实验空间邀请如MIT Media Lab等多家代表性的国内外实验室参与，集中呈现这些实验室的理念、实践和方法，并展示与“后生命”主题相关的研究成果及艺术作品，展示物料包括但不局限于研发原型、作品原型、演示视频、技术Demo、文献和出版物等。本空间通过展览、工作坊、圆桌对谈等交流方式，旨在交流跨领域实践经验，打造跨领域孵化机体和催化跨领域艺术合作。展览还特别推出中国传统民间的艺术与科技成果项目展示，拓展艺术与科技的历史维度。

9. 再造山河——20世纪50、60年代“新国画运动”研究展

展览时间：2018年9月8日—10月7日

展览地点：中央美术学院美术馆

主办单位：中央美术学院美术馆

展览简介：展览从央美美术馆藏品中，选取揭示了20世纪50、60年代中国画革新之路的精品，并梳理了有关中国画变革的讨论文字，展场文字与作品穿插，观众好似在一本历史书中游走，是一场可读可看、学术性与艺术性兼备的研究性

展览现场1　资料提供：中央美术学院美术馆

展览现场 2　资料提供：中央美术学院美术馆

展览现场 3　资料提供：中央美术学院美术馆

展览。

"再造山河——20 世纪 50、60 年代'新国画运动'研究展"共分三大板块。第一板块为文字部分"中国画转型的讨论"。自康有为发出"中国画学至国朝而衰弊极矣"的惊呼后，现代中国关于艺术的争论都是从"国画"开始，这一部分将争论主要分成"以西方之长改造的融合主义""坚守文化特性的传统主义""反映生活的现实主义"三类，其中，"反映生活的现实主义"部分的讨论营造了"新国画运动"的舆论基础，此后不同人又从不同角度纷纷呼应中国画进行"改造"。第一板块的文字以时间为纵向，横向客观呈现各家观点，观众读时一目了然，对"新国画运动"会有基本的了解。

第二板块为"写生图新"。在建构山水画创作规范的过程中，20 世纪 50 年代的山水画走向"写生"状态，山水画坛形成四个重要的地域群体，分别是"京津地区""江苏地区""西北地区""岭南地区"，这一板块展出不同地区的山水写生作品，各地区作品既有呼应"再造山河"的共性，也有各自的特点。

第三板块为"山河新貌"。随着新国画的崛起，山水画突破了古典山水以"逸"为最高精神旨趣的价值标准，转化为有感于万象新宇的讴歌式时代豪情，形成了鲜明的时代意境。山水画的语言图式风格也发生了改变，出现了以"革命圣地""城乡新貌""人文景观"为表现题材的多种经典图式。

10. 走向大众的美——中国设计期刊文献展

展览时间：2018 年 9 月 28 日—10 月 23 日

展览地点：清华大学艺术博物馆

主办单位：清华大学美术学院、清华大学艺术博物馆

展览简介：专业期刊是传播专业信息的重要载体，是展现行业新知的重要媒介，更是推动观念与成果产生的重要力量。1900 年，中国第一家美术期刊《书画公会报》在上海创办。此后至今，中国的美术设计期刊与中国近现代美术设计专业发展同步，兼具史料价值与学术价值。

展览以历史时间为线索，从美术设计期刊的视角，梳理百余年来近现代中国设计的历程，呈现设计与现实生活的连接与影响，探讨美术设计期刊与学术、行业和教育的关联，展现它对促进美育、设计发展的意义，体现其在社会意识、大众生

展览现场 1　资料提供：清华大学艺术博物馆

活等方面发挥的作用。

本次展览共展出美术设计期刊100多种、600余件。展品由三部分组成：民国时期的美术设计期刊，1949年之后的实用美术、设计类期刊，以及自1958年创刊至今的《装饰》杂志。作为中国最重要的艺术设计学术刊物之一，《装饰》杂志的创办者及早期参与者包括张光宇、张仃、雷圭元、沈从文、吴劳、丁聪等先辈学人。本次展览还将围绕《装饰》的办刊历程，展出他们的珍贵手稿。

11. 走向现代主义：美国艺术八十载（1865—1945）

展览时间：2018年9月28日—2019年1月6日

展览地点：上海博物馆

主办单位：上海博物馆、芝加哥艺术博物馆、泰拉美国艺术基金会

展览简介：这次展览中的所有展品来自美国芝加哥艺术博物馆和泰拉美国艺术基金会。前者是美国最早成立的博物馆之一，藏有诸如爱德华·霍普的《夜游者》等著名美国现代艺术经典。而后者以其丰富、卓越的美国艺术藏品闻名遐迩，曾参与在上海博物馆2007年举办的“美国艺术三百年：适应与革新”展览。历经三年的筹备，上海博物馆终于有幸在两个机构的支持下为各位观众带来本次展览。“走向现代主义：美国艺术八十载（1865—1945）”囊括了创作于1865年到1945年间的80件绘画、版画，代表了美国在这段关键时期的艺术发展，旨在为观众介绍“二战”结束前美国艺术的来龙去脉。

展览前言：

前言一

芝加哥艺术博物馆与泰拉美国艺术基金会非常荣幸能够与上海博物馆合作，共同呈现展览“走向现代主义：美国艺术八十载（1865—1945）”。19世纪中叶到20世纪中叶是美国历史上颇为动荡的时期，美国政治、经济和文化在这段时间的发展，彻底转变了人们的日常生活和艺术创作的方式。本次展览的展品均从芝加哥艺术博物馆与泰拉美国艺术基金会的知名藏品中选取，探索了美国艺术是如何伴随本国飞速发展的过程逐步迈向现代主义的。

本次展览不仅描绘了18世纪中叶到19世纪中叶这个美国艺术尤为丰产的时期，还为芝加哥艺术博物馆与泰拉美国艺术基金会之间的持续合作谱写了新的篇章。作为两家机构首次合作举办的展览，“走向现代主义：美国艺术八十载（1865—1945）”体现出双方藏品之间的紧密联系，以及两个独立又互补的文化实体为了吸引世界各地的新观众而通力合作所产生的强大协同效应。

本次展览也展现了两家机构为吸引中国观众所做的努力。泰拉美国艺术基金会与中国的缘分始于2007年的展览“美国艺术三百年：适应与革新”。这个具有里程碑意义的展览由泰拉美国艺术基金会与所罗门·R.古根海姆基金会联合主办，共展出了从18世纪早期至今的130件艺术品，向中国观众全面展示了美国艺术，为他们描绘了一幅美国印象的全景图。展览首先在北京的中国美术馆展出，然后来到上海，由上海博物馆和上海当代艺术馆联合呈现。而对于芝加哥艺术博物馆来说，继近期举办的展览“吉金鉴古：皇室与文人的青铜器收藏”向上海博物馆和北京故宫博物院前所未有地借展大量中国古代青铜器之后，“走向现代主义：美国艺术八十载（1865—1945）”成为中美两国艺术机构之间广泛合作的又一延续。芝加哥艺术博物馆还与北京的嘉德艺术中心和伦敦大学亚非学院开展了一门联合课程，通过对中国艺术的学习与实践，将艺术专家和收藏家们联系在一起。

作为美国最大的百科全书式博物馆之一，坐落于国际大都市的芝加哥艺术博物馆始终致力于推动多元文化与全球交流。自1879年成立以来，

博物馆的使命便是收藏、保存和诠释来自世界各地的高质量艺术品，为观众提供教育，带来启发与思考。博物馆收藏有大约30万件艺术品，范围从中国古代的青铜器到当今最重要的艺术家们所创作的作品。其中，馆内的美国艺术收藏足以跻身全美一流的行列，囊括了爱德华·霍普、阿奇博尔德·莫特利、乔治亚·欧姬芙、杰克逊·波洛克和詹姆斯·阿博特·麦克尼尔·惠斯勒等艺术家的重要作品。尽管博物馆时常向国内外出借美国艺术藏品，但像霍普的《夜游者》以及欧姬芙的《牛头骨与白玫瑰》这样标志性的绘画作品还是第一次来到中国。芝加哥艺术博物馆非常高兴看到这些重要的作品将与来自泰拉美国艺术基金会的40余幅重要绘画和版画一同于上海博物馆展出，包括罗马勒·比尔登的《礼拜之后》、雅各布·劳伦斯的《烧烤店》、海伦·托尔的《紫色和绿色的叶子》和阿瑟·德夫的《出航的船》等。

1978年，芝加哥商人、美国文化事务大使丹尼尔·J. 泰拉建立了泰拉美国艺术基金会，致力于促进对美国视觉艺术的探索、理解和欣赏。作为关注美国艺术的重要基金会之一，泰拉美国艺术基金会收藏有从殖民时期到20世纪70年代的美国艺术作品，同时运营着一个庞大的资助项目，并为世界各地的展览、学术、出版和研究项目提供支持。基金会在中国的活动尤其活跃，曾在杭州设立和开展奖学金项目与学术交流活动，以及在南京博物院举办展览"铜塑　美国西部1850—1925"。总的来说，这些项目体现了泰拉美国艺术基金会的核心宗旨：艺术既能帮助我们辨识不同的文化，也将它们联结在一起。

在展览之外，我们还将与大学开展合作交流，除了上海博物馆的讲座、导览和公共活动，复旦大学也将以美国现代主义为主题举办学术工作坊，由复旦大学杰出的艺术史和艺术哲学学者沈语冰教授及堪萨斯大学艺术史系主任大卫·卡特弗利斯教授共同担任主讲。在此，我们诚挚地感谢所有当前和过往的合作者们，他们为我们带来了丰富的对话和崭新的视角。

我们极为重视与各个机构之间的合作伙伴关系，正是他们帮助我们将美国艺术带给全世界的观众。这次的成功合作体现了展览策展团队的领导力，在此，我们向芝加哥艺术博物馆美国艺术策展人兼菲尔德麦考密克主任莎拉·凯利·奥勒，以及泰拉美国艺术基金会策展人彼得·约翰·布朗利深表谢意。此外，这个展览的成功举办也离不开布展人员、文物保管人员和其他工作人员不辞辛劳的共同努力。我们对所有合作机构的同人们表示深切的感谢，感谢他们对跨文化交流和国际对话的持续推动，以及为这次展览取得圆满成功所付出的辛勤汗水。

（泰拉美国艺术基金会主席兼首席执行官伊丽莎白·格拉斯曼　芝加哥艺术博物馆主席兼馆长詹姆斯·龙多）

前言二

中国的观众可能已经对以波普艺术为代表的夸张、大胆的美国艺术颇为熟悉，然而任何文化现象都非无本之木，美国艺术的发展也并非一蹴而就。"走向现代主义：美国艺术八十载（1865—1945）"囊括了创作于1865年到1945年间的80件绘画、版画，代表了美国在这段关键时期的艺术发展，旨在为观众介绍"二战"结束前美国艺术的来龙去脉。

在这80年间，美国完成了从农业社会向工业化国家的转变。虽然19世纪60年代的南北战争和20世纪的两次世界大战给这个年轻的国家带来了不可磨灭的灾难，但也为其国土扩张、科技创新、艺术蓬勃发展创造了机遇。南北战争改变了美国的社会结构，也刺激了新技术和工业的迅速发展。工业生产的增长带来了财富积累，为艺术的发展提供了土壤，许多美国艺术家前往伦敦、巴黎等欧洲艺术之都学习，在多种文化潮流的影响下开创出全新的风格。同时，现代化都市中新的交通、交流和娱乐方式又为他们提供了前所未有的体验与绘画主题。美国艺术在20世纪前半叶已经呈现出多元化的面貌，到“二战”结束时，它已经准备好站在艺术世界的中心。

这次展览中的所有展品来自美国芝加哥艺术博物馆和泰拉美国艺术基金会。前者是美国最早成立的博物馆之一，藏有诸如爱德华·霍普的《夜游者》等著名美国现代艺术经典。而后者以其丰富、卓越的美国艺术藏品闻名遐迩，曾参与上海博物馆2007年举办的“美国艺术三百年：适应与革新”展览。经历三年的筹备，上海博物馆终于有幸在两个机构的支持下为各位观众带来本次展览。在此，我由衷感谢泰拉美国艺术基金会对展览给予的慷慨资助，以及芝加哥艺术博物馆、泰拉美国艺术基金会与我馆工作人员付出的辛勤劳动！

（上海博物馆馆长　杨志刚）

12. 西方绘画500年——东京富士美术馆馆藏作品展

展览时间：2018年10月23日—12月23日

展览地点：清华大学艺术博物馆

主办单位：清华大学艺术博物馆、东京富士美术馆

展览简介：“西方绘画500年”展览精选了60幅来自东京富士美术馆的西方艺术经典藏品。展览共分为五部分：个性发现与人文阐扬、华彩乐章与怀古幽情、古典理性与浪漫情感、真实镜像与光色建构、纯粹观念与混杂多元。以时间为叙事主线，流派为发展形态，展现了西方艺术的发展历程，从文艺复兴，巴洛克与洛可可、写实主义与古典主义，到新古典主义与浪漫主义，现实主义、印象主义与后印象主义，一直到后来的现代主义与后现代主义潮流，由此勾勒出一幅16世纪至20世纪西方艺术500年的历史画卷，引领着我们去探寻那些伟大的时代、艺术家及其作品中的奥秘。

展览前言：

西方的文明源远流长，艺术的发展更是五彩斑斓。“西方绘画500年——东京富士美术馆馆藏作品展”为中国观众亲身体验西方艺术提供了一次难得的机会。展览选取16世纪至20世纪西方艺术史历程中经典艺术流派的绘画作品，跨越崇尚人文的文艺复兴，经过华丽享乐的巴洛克和洛可可，再穿越新古典主义、浪漫主义、现实主义和印象主义，一直抵达现代主义和后现代主义。所展出的画作诠释了西方绘画艺术500年的流派兴替，描绘了一波又一波的西方艺术运动及风格的演变轨迹，堪称西方现当代艺术史的一次短暂巡礼。一座博物馆就是一个舞台，不同的艺术家演绎着不同的剧目。此次展览云集了诸如贝里尼、鲁本斯、安格尔、德拉克洛瓦、戈雅、库尔贝、米勒、马奈、莫奈、塞尚、凡·高、高更、毕加索、莱热、米罗、沃霍尔等众多蜚声世界的艺术大师的作品，他们的每一幅作品，都带着那个时代的文化气

展览现场1　资料提供：清华大学艺术博物馆

展览现场2　资料提供：清华大学艺术博物馆

韵，向我们诉说着曾经的故事。

此次展览作为本馆今年的特展，经过了各方的精心策划与合作。这些令人流连忘返的艺术展品均来自日本东京富士美术馆。该馆坐落于东京西郊的大学城内，与大学有着密切的合作，致力于让美术馆真正成为“人本主义的文化城堡和教育的殿堂”。此理念与清华大学艺术博物馆的办馆宗旨相一致。一所一流的大学必定有一座一流的博物馆，而一座一流的博物馆必须提供一流的展览。作为一座百年名校的艺术博物馆，清华大学艺术博物馆自2016年建成开放以来，积极筹划和举办了多场艺术展览，努力融入“人文日新”的清华校园文化之中，为创建“双一流”大学的目标贡献力量。

1968年，东京富士美术馆的创立者池田大作提出中日邦交正常化的建议。1972年，中国与日本政府签署联合声明，决定在和平共处五项原则的基础上，建立两国持久的和平友好关系。本次展览在这个时间节点上隆重举行，既是对中日邦交正常化的一个纪念，亦是推进中日文化交流的一件盛事。最后，要特别感谢提供如此精彩展品的日本东京富士美术馆，感谢对展览进行大力支持的日本驻华大使馆。此外，还要致谢清华大学艺术博物馆展览团队的出色工作，各方的积极参与和精诚合作才使得本次展览最终得以精彩呈现。

（清华大学艺术博物馆馆长　冯远）

13. 千文万华：中国历代漆器艺术展

展览时间：2018年11月16日—2019年2月24日

展览地点：上海博物馆

主办单位：上海博物馆

展览简介：为弘扬中国传统的漆器文化，上海博物馆遴选馆藏历代漆器200余件，并借展浙江省博物馆、常州博物馆、福州市博物馆、大同市博物馆等单位所藏若干重要的出土漆器珍品，分门别类加以展示，以期进一步推动对中国漆器艺术的认识和研究。

展览前言：

漆采自漆树，具有抗酸碱、御冷热、抑腐蚀的优良特性。正是因为这些特性，我国先民自新石器时期就已开始采用漆液髹饰木质、陶质器物。中国是漆器的发源地，早在7000年前河姆渡文化中就有漆器问世。漆器制作是中华民族对世界文明的重大贡献，其品类之多、工艺之精、用途之广、历史之悠久堪称中国古代造物中的鸿篇巨制。战国至秦汉是中国漆器史上第一个高峰，此时的礼仪、生活、丧葬用品，都可以用漆器制作，各地墓葬中出土的彩绘漆器数以万计。宋元明清时期是漆器史上的第二个高峰，漆器品种繁多，数量可观，而且以艺术品居多，出现了千文万华的局面。

为弘扬中国传统的漆器文化，40年前，上海博物馆曾经举办过“湖北省出土战国秦汉漆器展览”。当时，湖北省博物馆将最新出土的漆器珍品送到上海展出，让人们有缘见识了中国早期漆器的辉煌。40年后我馆举办“千文万华——中国历代漆器艺术展”，主要展出宋元明清漆器珍品，使中国漆器史上两个高峰时期的器物相隔40年在上海博物馆轮番登场，共同演绎中国几千年绵长的漆器艺术史。

本次展览上海博物馆遴选馆藏历代漆器200余件，并向浙江省博物馆、常州博物馆、福州市博物馆、大同市博物馆等诸家博物馆借展了若干重要的出土漆器珍品，分门别类加以展示，以期进一步推动对中国漆器艺术的认识和研究。

由衷感谢兄弟博物馆的大力支持！期待展览圆满成功！

（上海博物馆馆长　杨志刚）

专题展览（含个人展览）

1. 民族与时代——徐悲鸿主题创作大展

展览时间：2018 年 1 月 25 日—3 月 4 日

展览地点：中国美术馆

主办单位：中国美术馆、徐悲鸿纪念馆

展览简介：本次展览梳理并展示徐悲鸿具有时代标志性和历史价值性的系列作品一百余件，分为三大篇章：第一篇章为“民族精神”，展出徐悲鸿《愚公移山》《徯我后》《巴人汲水》《保卫世界和平大会》《会师东京》等具有代表性的绘画巨制；第二篇章为“图稿叙事”，展出徐悲鸿为创作《愚公移山》等作品所绘的画稿与素描稿，其中许多素描稿为首次展出；第三篇章为“家国忧思”，展出徐悲鸿具有民族象征意义的《马》《狮》《鹰》等作品，以及一系列为主题创作而绘制的素描稿。

2. 白石墨妙·倾胆徐君——徐悲鸿眼中的齐白石

展览时间：2018 年 2 月 2 日—4 月 11 日

展览地点：北京画院美术馆

主办单位：徐悲鸿纪念馆、北京画院

展览简介：徐悲鸿、齐白石同为 20 世纪中国美术史上开宗立派的大家，两人自 20 世纪 20 年代末相识后一见如故，更因共同的艺术旨趣和创新精神结为肝胆相照、相互尊敬与支持的莫逆之交。两人交往数十年，直至 1953 年徐悲鸿突然辞世，他们之间的情谊真挚深厚，惺惺相惜，成为 20 世纪中国美术史上的一段佳话。此次展览以徐悲鸿旧藏齐白石作品为基础，同时配合展出北京画院收藏的齐白石、徐悲鸿作品，将两家艺术机构收藏的齐白石艺术精品 70 余件（套）汇聚一堂，并通过相关作品、文献、信札全面梳理两位艺术大师相识、相交、相知的详细过程，为广大学者和观众了解徐、齐二人的艺术特色与交往提供了一次非常难得的机会。

展览前言：

在 20 世纪的中国画坛，齐白石与徐悲鸿的艺术交往堪称一段佳话。徐悲鸿不遗余力地推荐齐白石的艺术，购藏其书画精品，为其出版画集，还“三顾茅庐”聘请齐白石到大学任教。在齐白石的晚年更是无微不至地照料着老人及其家庭。齐白石也非常欣慰自己有徐悲鸿这样一位艺术知己，

展览现场1　资料提供：北京画院

展览现场2　资料提供：北京画院

曾感叹"生我者父母，知我者徐君"。从1928年徐悲鸿应北平大学艺术学院之聘赴北平任教算起，直到1953年徐先生因病辞世，两位艺术大师密切交往25载。这段艺坛的忘年交也为20世纪的中国美术史增添了许多温情的色彩。

今年，北京画院与徐悲鸿纪念馆联手合作，全面而系统地梳理了徐悲鸿旧藏齐白石作品，隆重推出"白石墨妙·倾胆徐君——徐悲鸿眼中的齐白石"专题展览，将徐悲鸿纪念馆收藏的齐白石佳作集中在北京画院美术馆展出，使广大观众得以近观这批见证了两位中国画大师友谊的精品佳作，从中感受到中国传统文化的魅力与文人交往的逸事。不仅如此，徐悲鸿纪念馆的这批藏品还与北京画院藏齐白石遗物中的徐悲鸿作品、信札、实物等资料相互印证，从而为广大学者提供新的研究资料与角度。

提倡中国画革新的徐悲鸿非常认可齐白石"胆敢独造"的艺术创新精神。在徐悲鸿旧藏的齐白石作品中，徐先生自题的"白石墨妙"无疑代表了他对齐白石艺术最核心的认识与见解。而在坚守"寂寞之道"的艺术探索中，齐白石能有徐悲鸿这样的知音相伴也是倍感欣慰。他曾在赠予徐悲鸿的画作上欣然题道"我法何辞万口骂，江南倾胆独徐君"，以此感恩徐悲鸿对自己艺术价值的认可与理解。齐白石、徐悲鸿两位先生的艺术道路完全不同，他们的艺术实践和主张也代表了20世纪中国画坛两种截然不同的方向，但是他们却在中国画改革与艺术创新等问题上产生了共鸣，达成了一致。两位艺坛巨匠为20世纪中国美术的发展做出了卓越的贡献，更为我们后人留下无尽的艺术宝藏与精神财富。

（徐悲鸿纪念馆　北京画院）

3. 戴泽艺术展

展览时间：2018年4月20日—5月20日

展览地点：中国国家博物馆

主办单位：中国国家博物馆、中国美术家协会、中央美术学院、北京靳尚谊艺术基金会

展览简介：此次展览选取戴泽先生各个时期代表作170余件，结合日记、手稿、信札、照片等历史文献，采用第一人称，以时间轴与主题线索交汇并行的模式，完整呈现了戴泽先生的现实主义艺术创作历程。

展览前言：

戴泽先生德艺双馨，是20世纪中国美术史的亲历者。他1946年毕业于重庆中央大学艺术系，后入职北平艺术专科学校，中华人民共和国成立后任教于中央美术学院油画系，执教60余载，桃李满天下，创作丰厚。

作为美术教育家，戴泽先生是新中国第二代油画家的代表人物，是中国现实主义油画大师徐悲鸿先生的得意门生和忠实追随者，是1949年参与筹建中央美术学院的奠基人之一，培养过以靳尚谊为代表的大批美术家。戴泽先生从艺80多年，对现实主义绘画理解全面透彻，基本功扎实，勤勉踏实，创作态度真诚，绘画风格质朴，形式语言丰富，积累了数千件作品。他早年的作品《马车》及《和平签名》受到徐悲鸿先生多次撰文称赞，入选1950—1951年在苏联、民主德国和波兰举办的"中国艺术展览会"，成为中华人民共和国成立后第一批代表国家走出国门的艺术家。

自20世纪50年代开始，戴泽先生多次参与了新中国重大历史题材美术创作，应邀为全国各

地的博物馆、出版社、大学等机构创作了大批优秀美术作品，以油画语言热情赞美了中华人民共和国的创立、建设及各方面的伟大成就。特别是在1957年，戴泽先生为中国国家博物馆前身之一的中国革命博物馆创作了表现红军“反围剿”胜利的油画《胜利的行列》，并先后为我馆创作了《义和团》《太平军打败洋枪队》《张献忠》《大泽乡起义》等一系列重大历史题材美术作品，受到社会公众普遍好评。

戴泽先生在艺术界有口皆碑，却为人低调，不曾举办任何大型个人展览。目前，中国国家博物馆是收藏戴泽先生重大主题创作作品最多的博物馆，举办“戴泽艺术展”，率先对戴泽先生漫长的艺术生涯进行全面系统的回顾和学术梳理，既是国博人的责任，更是国博人的荣幸。此次展览选取戴泽先生各个时期代表作170余件，结合日记、手稿、信札、照片等历史文献，采用第一人称，以时间轴与主题线索交汇并行的模式，完整呈现了戴泽先生现实主义艺术创作历程。

展厅现场1　供稿：郑艳

展厅现场2　供稿：郑艳

习近平总书记在党的十九大报告中明确指出，文化是一个国家、一个民族的灵魂。没有高度文化自信，没有文化的繁荣兴盛，就没有中华民族伟大复兴。中国国家博物馆向来以发现和推出有历史厚度和艺术价值的艺术大家为己任，此次举办的“戴泽艺术展”就是以戴泽先生的绘画创作为个案，充分展现老一代艺术家质朴坚定的现实主义创作信念和新中国“油画民族化”的发展历程，这对于新时期建立文化自信和“笔墨当随时代”的艺术标准具有非常重要的现实意义。

此次展览开幕适逢戴泽先生96岁生日，我谨代表中国国家博物馆全体同人，恭祝先生身体健康，生活愉快，艺术之树常青，继续见证波澜壮阔的历史，拥抱这个伟大的时代。

预祝“戴泽艺术展”圆满成功！

（中国国家博物馆馆长　王春法）

4. 安格尔的巨匠之路——来自大师故乡蒙托邦博物馆的收藏

展览时间：2018年6月2日—7月21日

展览地点：浙江美术馆

主办单位：浙江美术馆、中华世纪坛艺术馆、天津美术馆

展览简介：此次“安格尔的巨匠之路——来自大师故乡蒙托邦博物馆的收藏”展，是安格尔在中国第一次成系统的、全方位的展览展示，70件展品生动地展现了这位19世纪新古典主义大师的心路和成就。本次展览结构非常独特，它不是一个单纯的艺术家的编年史陈列，而是从三个角度来呈现艺术家本人的创作历程。这三个角度分别是“安格尔看自己”“安格尔看世界”“世界看安格尔”。“安格尔看自己”集合了安格尔的油画、版画、素描及草稿作品，是安格尔对自身观照的综合呈现；“安格尔看世界”集合的是安格尔的收藏和

对安格尔有影响的其他作品，展现了安格尔的收藏视野与收藏标准；“世界看安格尔”集合了安格尔的友人描绘安格尔的作品，展现了安格尔的周遭对安格尔的印象与镜像。通过上述三个角度的围观，这次特展更像是一次时代的切片、历史的还原。

5. 徐冰：思想与方法

展览时间：2018 年 7 月 21 日—10 月 18 日

展览地点：尤伦斯当代艺术中心（UCCA）

策 展 人：田霏宇、冯博一

展览简介：本展览是徐冰在北京地区最全面的回顾性个展，力图全面梳理艺术家自 20 世纪 70 年代开始，至今 40 余年的创作历程，囊括以版画、素描、装置、文献记录、手稿、影像、纪录片等为形式的 60 余件作品。此次展览为 UCCA 大展厅改建后的首个大展，展厅中呈现徐冰所有主要系列的作品，以勾勒出其艺术探索的完整轨迹。此次展览标题“思想与方法”也正源于在回溯式呈现徐冰艺术创作全貌的基础上，通过作品来展现徐冰的艺术方法和他保持不断思考的动因所在的展览理念。在此基础上，展览分为三个部分来呈现艺术家创作思想中的重要转折点：《天书》（1987—1991）、《鬼打墙》（1990—1991）、《背后的故事》（2004 至今）等作品展示徐冰对于意指系统、文本性与语言困境的冥思，《A，B，C…》（1991）、《艺术为人民》（1999）与《英文方块字书法》（1994 至今）等作品记录了艺术家在文化杂糅、文化差异和跨文化语境等方面的实践探索，作品《烟草计划》（2000 至今）、《凤凰》（2008）、《地书》（2003 至今）以及艺术家的首部电影长片《蜻蜓之眼》（2017）则共同探讨了在过去的百年间席卷中国及整个世界的经济与地缘政治转变。此外，展览还将展出徐冰于中学时代摹写的《多宝塔碑》临帖（1971）。艺术家依据北宋郭熙的作品特地为 UCCA 创作的“背后的故事”系列新作《树色平远图》（2018）也将在大展厅中呈现。

6. 法古禅心——纪念李苦禅诞辰 120 周年艺术展

展览时间：2018 年 11 月 21 日—12 月 22 日

展览地点：中国国家博物馆

主办单位：中国国家博物馆、中共山东省委宣传部、中国美术家协会、中央美术学院、山东省文学艺术界联合会

展览简介：此次展览共展出李苦禅先生不同时期精品力作 100 余件，是对李苦禅艺术人生的呈现，是近几十年来大写意花鸟艺术最高水平的一次亮相。通过不同时期作品风格的比较，充分展示出李苦禅大师对中国传统绘画艺术的继承、发展与创新，充分体现了艺术大师身上的文脉传统与中华文化的自信。为提升展览学术质量，国

展览现场 1　摄影：康岩

展览现场 2　摄影：康岩

家博物馆特提供徐渭、朱耷、齐白石等大师佳作 4 件，展现李苦禅艺术风格之源。

展览前言：

李苦禅先生是中国现代大写意花鸟画大师、人民美术教育家，自幼深受家乡传统文化熏陶，坚守中国文化品格，以毕生精力对中国画艺术执着追求，德艺双馨，为世人所崇敬，曾任中央美术学院教授、中国画研究院委员、中国美术家协会理事及中国人民政治协商会议第五届、第六届全国委员会委员等。值此先生诞辰 120 周年之际，中国国家博物馆与中共山东省委宣传部、中国美术家协会、中央美术学院、山东省文学艺术界联合会共同主办“法古禅心——纪念李苦禅诞辰 120 周年艺术展”，就是要以这种方式向苦禅大师的艺术致敬。

苦禅先生幼年在家乡以中国画学习入手，1918 年赴京学习炭画、油画与西画。1919 年入北京大学附设“留法勤工俭学会”半工半读，与毛泽东有数月同窗之谊。后在北京大学中文系旁听，聆听蔡元培、李大钊、陈独秀、梁启超、罗素（英国）等中外学者或革命家演讲，深受革命思想之影响。1922 年考入国立北平艺术专科学校西画系专修西画。1923 年入齐白石门下研习中国画。1925 年发起成立“中西画会‘吼虹社’”，立志冲破陈陈相因的画坛时弊，创造新时代之画风。1930 年，苦禅先生应林风眠校长之邀出任杭州艺术专科学校国画教授，将“传统文化之综合的写意之戏——京戏”引入高等养育教育教学体系，以罗丹派雕塑观念启示学生理解“写意手段过程之美”，切身践行蔡元培美育观念。尤以亲领学生“到大自然里找画稿”，突破轻写生重临摹的传统中国画学习模式，开启强调写生为本、临摹为用、大胆创造、示范教学之新风。特别是 1937 年“卢沟桥事变”后，先生亲身参与支持爱国抗战活动，更以关注国家命运，同进步学生、贫困学生休戚与共的言行，树立了正义仁厚的师长风范。即使在被日寇以“通八路”的罪名逮捕入狱身受酷刑之下，仍未吐一字，高诵文天祥《正气歌》，侥幸出狱后仍卖画支持抗战。苦禅先生自 1946 年起任国立北平艺术专科学校教授，中华人民共和国成立后任中央美术学院中国画系教授等职，桃李春风，花香百代。观其一生，先生始终以民族存亡、人民安乐和文化振兴为已任，虽命运多舛，依然达观自强，立定中国画传统精神，融通中西，以其豪宕刚强的笔墨创造诠释了中国画现代再生的宏大命题，竹节兰芳，英气长存。

近代中国是新旧文化剧烈震荡的时代，苦禅先生在这个时代中砥砺前行，脱颖而出，用自己的方式抒写了“一洗万古凡羽空”的雄鹰意象，在宏观的历史维度中留下了浓墨重彩的一笔，最终成为一代宗师。早在 1928 年，齐白石先生就曾预言“苦禅仁弟画笔及思想将起余辈，尚不倒戈，其人品之高即可知矣”，1950 年又题称“雪个先生（即八大山人）无此超纵，白石老人无此肝胆”；徐悲鸿先生则题“天趣洋溢”“活色生香”以为称许。前辈高论，足以激励后学砥砺奋发，勇攀艺术高峰。

在李苦禅先生诞辰 120 周年之际，在其家属及李苦禅纪念馆等单位支持配合下，中国国家博物馆系统梳理李苦禅艺术探索历程，精心策划了此次展览。苦禅先生一生勤勉谦逊，展出的百余件不同时期精品力作可为明证；与艺坛宗师齐白石先生和徐悲鸿先生的师友情谊，从往来信札中可见一斑；始终如一的问学问道精神，使得论画手稿更显弥足珍贵。特别是画戏间的不解之缘，经历颠沛流离依然保存完好的学生作品，去世前几小时的书法日课习作，以及不胜枚举的体现李苦禅高逸风骨的作品、实物等，都使观者深为苦禅先生的精湛艺术修为与高阔思想境界所感动。可以说，回望 20 世纪百年文化形态演进和艺术发展历程，苦禅先生的艺术成就与人生品格精准诠释了中国“文化脊梁”的时代内涵。

预祝展览圆满成功！

（中国国家博物馆馆长　王春法）

7. 丹青宝筏：董其昌书画艺术大展

展览时间：2018 年 12 月 7 日—2019 年 3 月 10 日

展览地点：上海博物馆

主办单位：上海博物馆、故宫博物院、美国大都会艺术博物馆、日本东京国立博物馆

展览简介：本展以上海博物馆馆藏为主，同时向故宫博物院、美国大都会艺术博物馆、日本东京国立博物馆等海内外 15 家重要收藏机构商借藏品，遴选董其昌及相关作品共计 154 件（组）。展览由“董其昌和他的时代”“董其昌的艺术成就与超越”“董其昌的艺术影响和作品辨伪”三个部分组成，旨在较好地呈现艺术性、经典性与学术性的统一。我们有理由相信，本展及由此举办的相关学术活动，对于系统梳理、重新理解董其昌及其时代的艺术成就与意义有进一步的推动，同时也是响应上海市打响“上海文化”品牌，大力挖掘与弘扬江南文化、海派文化号召的重要举措之一。

展览前言：

晚明杰出的书画大家董其昌（1555—1636）集前人之大成，融会贯通，洞察画坛时弊，以禅喻画，及时明智地提出与倡导“南北宗论”，并在实践上充分加以印证，创中国文人画理论史上又一高峰，翻开了文人画创作的新篇章。其后诸如清初“四僧”、“四王”、吴恽、金陵画派、新安画派等，乃至晚清近代三百余年的画坛，大都在其理论辐射下而成就，形成了一个群体性的文人画创作高潮。元代以降，具备自出机杼、承上启下地位的唯赵孟頫与董其昌二人，故称“画史两文敏”。

鉴于董其昌于画史之重大历史意义，以及董氏本为上海人，上海博物馆又是其传世书画的重要收藏与研究机构等因素，本次隆重举办的大陆首次“丹青宝筏：董其昌书画艺术大展”于上博而言，可谓含义丰富。展览名称，系借用王鉴评价吴伟业作品“丹青宝筏”之词。“宝筏”，原为佛教语，喻指世间一切事物由困惑到解决所使用的方法与手段，犹如借继承董其昌画学思想的朱耷、王原祁等一大批优秀艺术家，皆属得以升堂入室、进入艺术自由王国之彼岸者，个中董氏指点迷津、金针度人之用，可谓无量，诚如其挚友陈继儒所评：“狮子一法乳，散为诸名家。”

本展以上海博物馆馆藏为主，同时向故宫博物院、美国大都会艺术博物馆、日本东京国立博物馆等海内外 15 家重要收藏机构商借藏品，遴选董其昌及相关作品共计 154 件（组）。展览由“董其昌和他的时代”“董其昌的艺术成就与超越”“董其昌的艺术影响和作品辨伪”三个部分组成，旨在较好地呈现艺术性、经典性与学术性的统一。我们有理由相信，本展及由此举办的相关学术活动，对于系统梳理、重新理解董其昌及其时代的艺术成就与意义有进一步的推动，同时也是响应上海市打响“上海文化”品牌，大力挖掘与弘扬江南文化、海派文化号召的重要举措之一。

（上海博物馆馆长　杨志刚）

8. 金陵盛迹——十七世纪的金陵画坛

展览时间：2018 年 12 月 8 日—2019 年 1 月 1 日

展览地点：中国美术馆

主办单位：中国美术馆、南京博物院

展览简介：金陵画坛，是对 17 世纪，即明末清初活跃于今天南京地域的艺术家群体的统称。这个画家群体的代表性画家有龚贤、樊圻、蔡泽、

展览现场 1　资料提供：魏祥奇

高岑、邹喆、吴宏、叶欣、谢荪、胡慥、陈卓等人，还囊括了先后来南京造访、游历、定居、客留的书画家，还有董其昌、魏之璜、魏之克、胡宗仁、胡宗信、邹典、髡残、石涛等人。展出作品全部来自南京博物院和中国美术馆的藏品，计40余位名家的80余件（套）代表性画作，其中不乏宗师巨匠与赫赫名迹，充分展示了金陵画坛人物之俊彦、绘事之昌盛。

展览前言：

中国古代绘画经典作品是中华优秀传统文化的表征，凝聚着先贤丰富的人文情怀、高度的智慧和卓越的创造力。

中国美术馆是以收藏、研究、展示中国近现代艺术作品为主的国家造型艺术博物馆。当然，在馆藏的11万件美术作品中，亦不乏古代大师的精品力作。自北宋苏轼《潇湘竹石图》到元明清各个时期的古代书画1200余件，可谓自成体系。此次与南京博物院联合主办17世纪金陵地区的绘画珍品展，旨在共享两馆的馆藏资源，让广大观众领略古代绘画艺术的魅力。南京博物院作为中国创建最早的综合性的国家级博物馆，古代书画庋藏蔚为大观，在研究和展览策划方面积累了丰富的经验。此次以两馆收藏的81件（套）经典书画作品为基础，梳理和展示17世金陵地区的绘画史，举办展览，旨在为观众展开令人心动的图卷，使其感受当时画家的心象，体悟那文意与古风，并为现代生活带来浓浓的诗情和油然而生的文化自信。

展览现场2　资料提供：魏祥奇

与古人对语，延长生命的视野，且为当代生活启迪新意，为当代创造汲取资源。

自古以来，南京以其特殊的地理位置，与苏州、扬州、安徽新安地区及上海松江地区等，构成了江南地域庞大而活跃的文化圈。明末清初，金陵地区聚集了大量的书画家，被画史概称为“金陵画派”画家集群。其中，尤以龚贤为首的“金陵八家”之艺术成就最为卓著。

此次展览分为五个部分：“金陵先声”展出董其昌、蓝瑛、查士标，以及深受吴门画派、松江派、武林派和新安派画风影响的艺术家，诸如姚允在、魏之璜、胡宗信等人的具有典雅之风的画作；“金陵八家”展示樊圻、吴宏、邹喆、陈卓、盛丹、蔡泽等人笔墨细腻、风格冷逸的画作；“金陵别样”展示龚贤、石涛、髡残、程正揆、程邃、张风等人的画作，其中弥漫着一种浪漫主义的感伤情怀；“金陵妍丽”展示马湘兰、薛素素、周序、顾大昌等能诗擅画、才貌双全的女性画家的画作；“金陵余韵”展出后学武丹、邹坤、宗言、樊云、周璕等人的画作。相信通过这些绘画，让观众能够清晰地了解17世纪金陵地区杰出的艺术家超越时空的文化气象和精神境界。

中国美术馆近年来实施的捐赠与收藏系列展、典藏活化系列展、学术邀请系列展、国际交流展系列、新年展系列等已经渐成体系。我们不仅专注于对本馆藏品的梳理与推广，更致力于推进国内外的馆际交流工作，实现藏品和学术资源的高度共享，为广大人民群众提供更为优质的文化服务。此次与南京博物院共同主办的中国古代经典绘画展览，不仅有益于两馆间的良好互动，也是对传统文脉的深入梳理与接续，更是对中华优秀传统文化的继承与弘扬。

典藏活化系列展是遵循习近平总书记关于"让文物活起来”的指示精神而设立的展览。它不仅仅是美术馆和博物馆围绕自身的建设而设定，更是建立馆际资源共享的有效机制。中国美术馆和南京博物院作为国家级美术馆和博物馆，此次合作也将对未来美术馆和博物馆的发展和建设，起到示范和引领作用。

再次感谢南京博物院和中国美术馆同人为此展付出的辛劳与努力。

（中国美术馆馆长　吴为山）

9. 至诚无息——李瑞年与美术教育

展览时间： 2018年12月9日—2019年1月3日

展览地点： 中央美术学院美术馆

主办单位： 中央美术学院

展览简介： 李瑞年先生是中国20世纪重要的画家和美术教育家，中国早期留学学习美术的重要人物，他的艺术作品谨严、醇厚、质朴。20世纪40年代在重庆，徐悲鸿先生称他的画“质朴隽永，手法严谨，是极为可喜的自然主义，是抒情诗”，并给以“国内油画风景第一”的高度评价。此次展览关注李瑞年先生的艺术创作和他的美术教育活动和思想，用作品、语录、文献等资料，进行较为集中的展示。题目“至诚无息”选自中庸，《中庸》“疏解”章：“至诚无息，不息则久，久则徵，徵则悠远，悠远则博厚，博厚则高明。”“诚”也是李瑞年先生艺术人生秉持的核心精神。展览展出李瑞年先生的代表作品，以及与美术教育相关的语录和生平文献等，展现和挖掘李瑞年先生的艺术教育思想，通过李瑞年先生经典的画作与深刻的教育思考勾沉美术教育史当中一段重要的历程。

展览前言：

“至诚无息——李瑞年与美术教育”展是李瑞年先生的作品在中央美术学院的首次集中展示，也是继2010年中国美术馆举办的“李瑞年百年诞辰纪念暨捐赠作品展”之后的又一次学术梳理与深度呈现。在李瑞年先生亲属的大力支持和学院美术馆同人的共同努力下，展览以独特的艺术视角从成长环境、学习背景、交友与爱好、教学主张与方法等方面切入，立体地呈现了李瑞年先生其人、其学、其艺，尤其侧重展现他的美术教育思想，以此纪念这位从北平艺专到中央美术学院任教多年的一代名师大家。

在20世纪中国美术发展的历史上，李瑞年先生是一位在艺术创作特别是油画创研与美术教育领域取得卓越成就的艺术家。他于20世纪30年代前往欧洲，先后就学于比利时皇家美术学院和法国巴黎国立高等美术学院，对欧洲油画做了切实而深入的研究，形成了造型严谨、画风朴实的独特艺术风格。在当年留学西方的中国画家群体中，他精湛的艺术水平十分突出。归国后，在40年代中期创作了一大批具有思想主题和崭新境界的油画佳作，如其名作《暴风雨》，既表达了对于人性本质与社会现实的深沉关切，也体现了一个艺术家的文化责任感，显现了思想性和艺术性的高度统一。他所画的重庆郊区风景系列作品和中华人民共和国成立之后的大量风景、静物创作，表达出独特的地域感受，歌咏了自然生命，无论在艺术水准还是文化品质上，都体现出深厚的学术造诣，呈现了中国油画的精神风采，为中国油画的发展做出了历史性的贡献。

李瑞年先生毕生投身于美术教育事业，在探索和研究高等院校美术教学方法和理论上矢志不渝。他认为“教师的责任在于引导学生走他自己的路，而不是用老师和前人走过的路去捆住学生的手脚”。在具体的教学方法中，他善于启发学生观察生活，提炼素材，研究造型规律，追求艺术品质。一大批中国画、油画名家都曾先后受教于他，并且难忘他的教诲与师恩。直到晚年，他仍专心于美术教学研究，以年迈之躯行走南北，践行自己的教学理论，在自然风景和现实生活中勾画小稿，酝酿创作，写出笔记，传授经验。正如此次展览的主题“至诚无息”所寓涵的，“诚”是李瑞年先生艺术人生秉持的信念与精神，不仅贯穿于艺术创作，而且贯彻在其多年的育人生涯之中。

李瑞年先生曾自言："回顾往事，我感慨万千，但我可以无愧地说，几十年来我的确是不屈不挠地在这条艺术之路上探索着。"李瑞年先生的一生伴随着20世纪社会文化的跌宕起伏，他的艺术和教育都是回顾这段历史进程的重要文献。在中央美术学院百年校庆、中国现代高等美术教育走过百年这样一个特别的历史时刻，以美育、美术教育的视角展现李瑞年先生的艺术作品与教学思想，让我们的目光朝向中国美术和美术教育的不凡来路，感佩前辈先生躬行求索的精神风范。

本次展览举办之际，李瑞年先生的子女李楯先生、李蒂雅女士，承母亲廖先庄女士遗志，精选李瑞年先生各个时期的优秀作品捐赠予中央美术学院，由学院美术馆永久收藏。这些作品将成为中央美术学院教学与研究的重要财富，连同李瑞年先生的艺术品格与教育业绩，发挥永久的作用。

（中央美术学院院长　范迪安）

10. 远志四韵——李斛的艺术步履

展览时间：2018年12月9日—2019年1月3日

展览地点：中央美术学院美术馆

主办单位：中央美术学院

展览简介：本次展览汇集李斛先生不同时期的艺术佳作百余件以及珍贵文献。策展人曹庆晖基于李斛先生在晚年病痛缠身时给自己写下的座右铭"胸怀远志，不畏近难"这一思想核心，选择了"土地""百炼""心潮""斛殇"四个主题韵章，勾描他的人生与艺术步履，阐述他的人生与艺术远志，并以李斛先生同时代画家的作品作为合韵，反映那一时代中"艺为人生，前浪后浪"涌动不止的艺术潮流。展览对于认识李斛先生在中国画画法革新上的实践经验与艺术成就，学习他宗师重道、崇德尚艺的人生远志与艺术精神将产生重要的学术意义。

展览前言：

李斛先生1919年9月20日生于四川大竹，1975年11月10日病逝于北京，享年仅56岁。他在世的这56年，既度过了中华民族在最危险的时候努力救亡图存的苦难岁月，也经历了全国人民在共产党领导下探索独立自主的社会主义国家建设取得成就也付出代价的激情年代，他的这56年人生时光正是中国社会在20世纪的激流中前行的半个世纪。他的人生道路和艺术步履就随着这激流蜿蜒起伏，为后人留下数以千计的画幅。这里展出的主要是其家属，个别是国家文博机关收藏的120余件（套）作品，其中有不少是他当年的代表作。

李斛是一个穷孩子出身，他个性要强，重亲情，有悲悯，知担当，苦难的生活过早地损害了他的健康。他是徐悲鸿特别关心的中央大学师范学院艺术学系1946年的一名毕业生。徐悲鸿"艺为人生"的写实主义追求以及强调素描基础、联系构图练习的写实主义教学，造就了有造型天分的李斛关怀底层普通民众的艺术利器，使他从此走上了以西画法驾驭笔墨纸砚、将艺术创作和民生所向紧密联系起来的艺术道路。徐悲鸿对他当年艺术起步时的收获即给予了积极评价，日后李斛在这条"别开生面"的中西融合的创作道路上所形成的艺术人生观和价值观，就是他对这个大变革的时代所要求和激发的人生参与给予的积极回应。那么他的这种艺术人生观和价值观是什么呢？在我看来，就是那种默默承受生活和艺术的艰辛，总

展览现场1　资料提供：中央美术学院美术馆

是不断激励谨小慎微的自己去担起和雄起的那种自我要求很高的自律和自励；总是力求在艺术形象的塑造上千锤百炼和精益求精，不讨巧，不马虎，不对付；总是期望在平凡生活的点点滴滴里发现和传达令人回味、让人心动的爱与善，于平凡中见真情。

1973 年，李斛在病痛缠身时给自己写下“胸怀远志，不畏近难”作为座右铭，这八个字在了解李斛和他艺术精神的同道和学生看来，正是他这一生真诚地做人治艺在艺术人生观和价值观的写照。他教过的学生都记得，李斛先生当年总教导他们，在艺术上就是要强求，不要怕费事，不能做小买卖，要把收获期放长远些。这些教导和“胸怀远志，不畏近难”联系起来，可以看到李斛对待人生的态度和对待教学和创作的艺术态度同构同质，彼此相一。他是一个表里如一的老师，是一个真诚善良的好人，他对学生的艺术教诲在今天听起来也还有警醒头脑的现实意义。

基于“远志”这一思想核心，有感于李斛作品在情感的投入、题材的丰富、表现的细腻、抒情的达意方面所综合集成的画韵节奏，给人以小提琴协奏曲一般的联觉通感，因而展览选择了四个带有主题的韵章，勾描李斛的人生与艺术步履，阐述李斛的人生与艺术远志。

这四个韵章分别是：

首韵・土地：“再穷不过讨口，不死就要出头”——以 20 世纪 40 年代的作品反映李斛绘画起步的生活和艺术土壤及其自我励志与奋斗。

展览现场 2　资料提供：中央美术学院美术馆

次韵・百炼：“人生有限，艺术春秋”——以 20 世纪 50 年代到 70 年代的素描、彩墨、油画写生，反映李斛在教学和创作上千锤百炼、精益求精的自律和实践。

三韵・心潮：“唤起欢乐，唤起共鸣”——以情节性、主题性创作及其图稿为主，反映李斛平凡中见真情以及与时俱进的创作美学。

末韵・斛殇：“胸怀远志，不畏近难”——以李斛的自画像勾勒他的一生，并以他书写的座右铭点出其壮志未酬的不幸和志在千里的胸怀。

土地、百炼、心潮、斛殇四韵，重在反映李斛其人其艺的具体性和特殊性。

与四韵并置，另有“合韵・不息”一章，是以李斛和中央美院美术馆收藏的李斛同道、学生等同时代画家的作品，反映李斛和他的时代中那种“艺为人生，前浪后浪”涌动不止的艺术潮流。既在时代的艺术共性中理解李斛的艺术个性，又在把握李斛的艺术个性中看到他与时代艺术共性的共鸣，此即策划“合韵・不息”的美术史意图。

2019 年将是李斛先生诞辰 100 周年，谨以此展纪念他为中国现代美术与美育发展做出的贡献。

感谢其家属的全力配合，感谢学院领导的关心支持，感谢学院有关部门及美术馆各部门的通力合作，感谢我的几位研究生鼎力协助。

（中央美术学院人文学院教授　曹庆晖）

11. 人中奇逸——李铁夫艺术精品展

展览时间：2018 年 12 月 12 日—2019 年 1 月 13 日

展览地点：北京画院美术馆

主办单位：广州美术学院、广东省美术家协会、广东美术馆、广州艺术博物院、北京画院

展览简介：作为北京画院 2018 年的“二十世纪中国美术家系列”展收官之作，此次展览将全面

涵盖李铁夫创作的油画、水彩、国画、书法等各个艺术门类的作品，共汇聚广东省三家艺术机构所珍藏的李铁夫艺术精品73件（套），为首都观众认识、欣赏李铁夫的艺术提供了一次绝佳的机会。

展览前言：

序言一

近代以来，广东美术在中国美术的现代转型中扮演着桥头堡的角色，不仅在传统中国绘画转型中提供了富有价值的“岭南方案”，在西画入传中国领域同样是开路先锋。广东人李铁夫正是早期中国人研习西画的关键性人物。

李铁夫先生晚清时期赴海外，辗转于西方多国研习西画。就目前所知，李铁夫不仅是中国赴海外学习油画的第一人，甚至我们可以毫不夸张地说，李铁夫先生是最早掌握纯正的油画技术的中国人。正如他本人曾言，平生有两大嗜好，一是革命，二是艺术。他早年追随孙中山参加民主革命、鼎力襄助革命事业的不平凡的人生经历，同样为他的艺术赋予了革故鼎新的开创性色彩。而李铁夫的困境在于，虽然在海外取得了巨大成就，但却迟至20世纪30年代初才返回国内，且因其独鹤离群的性情，在国内艺术圈的影响有限，未能如其艺术所取得的成就一样为公众所普遍接受，留下了诸多悬而未决的历史谜团。

展览现场1　资料提供：北京画院

展览现场2　资料提供：北京画院

时至今日，他的艺术成就虽然已为学界所认同，但凡谈及中国早期油画或水彩的著述，李铁夫都是例必陈述的人物，但遗憾的是，这种陈述多是笼统概括的。无疑，还原本有的面貌，势必需要拭去掩盖历史的尘埃，重新加以认真的研究与检讨。

广州美术学院作为当今典藏李铁夫艺术作品最为丰富的机构，也是李铁夫富有传奇的生命旅途中最后供职的机构（华南文艺学院为广州美术学院前身之一），对保存、研究、推广、传承李铁夫艺术具有责无旁贷的责任。历代广美人都抱有时不待我的使命感，在不同的历史时期对李铁夫研究付出了艰辛的努力，做了筚路蓝缕的开拓性工作。从首任院长胡一川先生身体力行临摹李铁夫作品，到美术史家迟轲先生倾力编辑李铁夫画集，再到今日青年一代的画家、理论家和修复师投入到李铁夫文献史料的梳理和藏品的修复，由院内外学术力量合力所促成的李铁夫研究这项极富意义的持续性工作的成果逐渐丰厚起来。

学术乃天下之公器。今天，我们对院藏李铁夫作品做了全面的整理，出版典藏图录，并首次以整体的面貌在首都北京举办专题展览，让艺术界与公众更全面地、近距离地鉴赏李铁夫先生的作品。但愿我们微薄的工作与付出，能够唤起学术界对李铁夫的关注，有效推动中国早期油画史的研究，乃至推动近现代中西美术交流史的研究。

（广东省美术家协会主席、

广州美术学院院长　李劲堃）

序言二

北京画院自主策划的“二十世纪中国美术家系列”展，迄今已走过了12年的寒暑，这项旨在对近现代美术史进行深入个案研究的系列活动，已经成为北京画院美术馆的一个品牌性展览，也获得了业内人士和社会观众的广泛认可。早在2008年“二十世纪中国美术家系列展”的起步阶段，我们便希望能够举办李铁夫先生的展览，因为在中国近现代美术史的发展进程中，李铁夫先生是一位不容忽视的美术大师。今年，北京画院与广州美术学院通力合作，“人中奇逸——李铁夫艺术精品展”终于在北京画院美术馆与公众见面了。

“开张天岸马，奇逸人中龙”，相传是陈抟老祖所写，其拓片曾悬于齐白石的画室之中。李铁夫先生也曾写过此联，本次展览的题目“人中奇逸”正源于此，用来形容李铁夫先生这位“人中之俊杰”再恰切不过了。李铁夫先生在青年时代便赴海外学习西方艺术，他亦是迄今所知最早赴西方学习艺术的中国人。他辗转多位名师的学习历程，以及在美国艺坛所获得的耀眼成绩，我想所有看过李铁夫作品的人，都会为他笔头的帅气所惊艳。一个中国人，那么早就有如此的西画修养，可谓无出其右。他能赢得“中国油画第一人”“东亚画坛第一巨擘”的称号，可谓当之无愧。李铁夫先生不仅擅长油画、水彩、雕塑等西方艺术形式，同时在中国传统的国画、书法乃至诗歌领域也颇有建树，堪称一位学贯中西的艺术大家。

除了艺术家的身份，李铁夫先生还是中国民主革命的先驱者。他不但是孙中山先生的挚友，还长期在同盟会纽约分会中担任要职。他将自己精心绘制的艺术画作捐献出来资助革命活动的发展，还用油画笔记录下革命先烈英勇就义的身影。中华人民共和国成立后，李铁夫先生积极响应国家号召回到广州，担任华南文联副主席、华南文艺学院（广州美术学院前身之一）名誉教授及油画系主任，将人生最后的辉煌和毕生的艺术创作无私地奉献给自己深爱的祖国和人民。李铁夫先生自言生平有两大嗜好：一是革命，二是画画。可谓是他人生最好的诠释与注解。

一直以来，我们对于李铁夫先生的认识过于表面化、碎片化。尤其是在北京地区，美术界的同仁和广大的艺术爱好者都知道李铁夫是20世纪中国美术史上的一段传奇，但却很少有机会欣赏到他的原作，对于李铁夫的学术研究更是无从谈起。此次“人中奇逸——李铁夫艺术精品展”得以来京展出实属难得，甚至有柳暗花明之感。展览筹备前期得到了我院原院长王明明先生、原书记雷波先生，以及广州美术学院原美术馆馆长王见等先生的大力支持。此后在广州美术学院李劲堃院长、广州美术学院美术馆胡斌副馆长、广东美术馆王绍强馆长、广州艺术博物院陈伟安院长、梁丽辉副院长的大力支持下终得成行。这是我们系统研究李铁夫先生艺术，完善20世纪中国油画发展历程研究的一个良好开端。在此鞠躬致谢！

愿展览取得圆满成功！告慰先贤！

（北京画院副院长、
北京画院美术馆馆长　吴洪亮）

（吴爽　编）

2018年度展览总目

展览名称	时　间	地　点	主办/策展
“美好生活”——传统优秀民间美术系列展	2018.01.01—2018.03.11	江苏省美术馆陈列馆	江苏省美术馆
“茶马古道”展	2018.01.01—2018.03.18	天津博物馆	天津市文化广播影视局
湖南省第四届花鸟画大展	2018.01.03—2018.01.07	湖南国画馆	湖南省美术家协会、湖南省画院、湖南省花鸟画家协会
“水墨新象”——首届重庆青年国画家邀请展	2018.01.05—2018.01.16	重庆市文联美术馆	重庆市文艺家活动中心
非常道——王华祥作品巡回展·河北	2018.01.05—2018.01.25	河北美术馆	中央美术学院、中国美协版画艺委会、国际学院版画联盟、河北省文化厅、河北省文联
河山纪行——当代中国山水画名家画名山（雁荡山篇）写生展	2018.01.05—2018.01.12	浙江美术馆	中国画学会、中国国家博物馆书画艺术研究创作中心
我生无田食破砚——齐白石笔下的书法意蕴之二	2018.01.05—2018.02.28	北京画院美术馆	北京画院美术馆、中央美术学院美术馆、辽宁省博物馆、湖南省博物馆、首都博物馆、重庆中国三峡博物馆
“幸运狗”南博藏犬文物特展	2018.01.05—2018.04.05	南京博物院	南京博物院、中国邮政集团公司江苏省分公司
第三届山东省青年美术大展（双年展）	2018.01.06—2018.01.21	山东美术馆	山东省文学艺术界联合会
“工逢盛世”——中国工笔画名家学术邀请展	2018.01.09—2018.01.14	炎黄艺术馆	中国工笔画学会
“三秦华章　光耀四方”——陕西周秦汉唐文物精华展	2018.01.09—2018.05.18	陕西历史博物馆	陕西历史博物馆、咸阳市旅游发展文物保护委员会、沈阳博物院
“西湖志”——徐君萱金一德作品展	2018.01.09—2018.02.05	中国美术学院美术馆	中国美术学院

展览名称	时　间	地　点	主办/策展
"守望"——六人胡杨水墨作品展	2018.01.10—2018.01.20	深圳美术馆	深圳美术馆、深圳画院、深圳中国画协会、新疆俊发红光山亚欧艺术馆
献给爱丽舍：——中国当代艺术交流展	2018.01.10—2018.01.28	尤伦斯当代艺术中心	路易威登基金会、尤伦斯当代艺术中心（UCCA）
"文化传承丹青力量"——中青年艺术家系列展之徐晨阳徐小东双个展	2018.01.10—2018.01.21	中国美术馆	中国艺术研究院
"道本同源"——徐里·田黎明·赵建成·尹毅·刘万鸣·徐青峰作品展重庆巡展	2018.01.10—2018.02.04	重庆美术馆	中国美术家协会艺术委员会、中国艺术研究院中国画院、重庆市文化委员会
理念与方法——广东美术作品保存修复研究展	2018.01.10—2018.01.28	广州美术学院美术馆	广州美术学院美术馆、广东省美术家协会综合材料绘画与美术作品保存修复艺委会、澳门文物保存修复学会
刘振铎与塞北的雪	2018.01.10—2018.02.10	黑龙江省美术馆	中共黑龙江省委宣传部、黑龙江省文学艺术界联合会
2018白俄罗斯文化节——"镜头下的白俄罗斯"当代摄影展	2018.01.11—2018.01.28	重庆美术馆	重庆美术馆、白俄罗斯XO画廊
第六届中国书法兰亭奖作品展	2018.01.11—2018.01.21	中国美术馆	中国文学艺术界联合会、中国书法家协会、中国美术馆
中国精神：第四届中国油画展（第三区段）抽象——当代中国非具象油画艺术展	2018.01.11—2018.03.17	山东美术馆	中国美术家协会
典雅与狂欢：来自雅典卫城博物馆的珍宝	2018.01.11—2018.04.08	上海博物馆	上海博物馆、希腊雅典卫城博物馆
"古代文明与当代社会"——中国国家画院油画院"一带一路"艺术考察专题研究展	2018.01.12—2018.01.21	中国美术馆	中国国家画院
"光的对话"——当代影像邀请展	2018.01.12—2018.05.13	贵阳中天未来方舟·北京798艺术中心	中共贵阳市委、贵阳市人民政府、北京798艺术区管理委员会
丝路国际文化巡展之丝路国家印象"一带一路"国家使馆珍藏历史图片展　丝路画语——中国画作品展	2018.01.12—2018.01.14	中国政协文史馆	丝路规划研究中心、丝路青年论坛秘书处
"祥云托起珠穆朗玛"来自雪域高原的艺术瑰宝	2018.01.12—2018.04.15	浙江省博物馆孤山馆区西湖美术馆	浙江省博物馆、西藏博物馆、布达拉宫、罗布林卡
藏寻5人艺术展	2018.01.12—2018.01.18	深圳大学美术馆	深圳大学美术馆
翰墨情怀　弘扬国粹——中国书法家陈靖康书法展	2018.01.13—2018.01.14	广西博物馆	南宁市文化新闻出版体育局

展览名称	时　间	地　点	主办/策展
雄险秀幽·巴山蜀水——百年大师岑学恭国画展	2018.01.14—2018.01.26	四川美术馆	四川省文化厅、四川省文学艺术联合会、四川省文史研究馆、四川省美术家协会、成都市文学艺术界联合会
袁运甫先生和他的学生们绘画雕塑作品展	2018.01.15—2018.01.25	清华大学美术学院美术馆	清华大学美术学院美术馆
“蓝与红”——中芬艺术文化交流展	2018.01.16—2018.01.25	西安美术馆	唐博艺术博物馆·西安
庆祝国家当代艺术档案库华南中心成立中国当代艺术家手稿邀请展（第一回）	2018.01.16—2018.01.21	华南师范大学美术学院美术馆	中国国家画院、国家当代艺术档案库
“油画中原”2007—2017十年回顾展	2018.01.16—2018.01.20	中国文艺家之家展览馆	河南省文学艺术界联合会、河南省美术家协会
陕西省中国画学会成立大会百花迎春——陕西省中国画学会首届作品展	2018.01.16—2018.01.20	陕西省美术博物馆	陕西省中国画学会
张大千艺术展	2018.01.16—2018.03.04	中国国家博物馆	中国国家博物馆、四川博物院、荣宝斋
“吴中耆宿”——张一麐文献展	2018.01.16—2018.01.28	苏州美术馆	苏州美术馆、苏州市名人馆
“不忘初心　砥砺前行”——浙江省青年书协历届主席团成员书写十九大报告书法作品展	2018.01.17—2018.01.21	杭州国画院美术馆	浙江省青年联合会、浙江省青年书法家协会
“雪域丹青·匠心筑梦”——青海唐卡绘画艺术精品展	2018.01.17—2018.03.04	中国美术馆	中共青海省委宣传部、中国美术馆、青海省文化和新闻出版厅
“金陵风骨　其命惟新”——2018江苏省国画院中国画书法作品展	2018.01.18—2018.02.28	宁波美术馆	宁波市文学艺术界联合会、江苏省国画院
首届足迹三峡写生作品展	2018.01.18—2018.01.26	重庆市文联美术馆	重庆市美术家协会、重庆市文艺家活动中心
“吴国晨王国梁刘珂君”摄影国画书法艺术展、上海站	2018.01.18—2018.12.31	上海博物馆	上海臻国传媒文化有限公司
“紫瓯清趣”——香港中文大学文物馆藏宜兴紫砂展	2018.01.18—2018.04.08	湖北省博物馆	湖北省博物馆、香港中文大学文物馆
中国水印版画大展	2018.01.19—2018.03.11	浙江美术馆	浙江美术馆、中国美术学院
CHINA与世界——海上丝绸之路沉船与贸易瓷器大展	2018.01.19—2018.04.08	宁波博物馆	南京市博物总馆、宁波博物馆、中国航海博物馆
“流年似水”——旧上海广告月份牌特展	2018.01.19—2018.03.11	湖北美术馆	湖北美术馆、辛亥革命武昌起义纪念馆
“漆启墨续”——湖北美术馆迎新春馆藏作品展	2018.01.19—2018.03.11	湖北美术馆	湖北美术馆

展览名称	时 间	地 点	主办/策展
“合作·共赢”——“一带一路”国际版画邀请展	2018.01.19—2018.03.08	今日美术馆	中国艺术研究院版画创作研究中心、今日美术馆
“花中君子”——重庆中国三峡博物馆藏明清梅兰竹菊书画展	2018.01.20—2018.06.15	重庆中国三峡博物馆	重庆中国三峡博物馆
“回乡”——忻东旺的艺术人生	2018.01.20—2018.03.11	山西博物院会展中心	山西博物院
丝路扬帆——福州海关服务“新福建”图片展	2018.01.20—2018.03.06	福建博物院	中华人民共和国福州海关
妍妙天成——广州艺术博物院藏容祖椿百花画展	2018.01.21—2018.03.18	广州艺术博物院	广州艺术博物院
时光凝固的美丽：波兰琥珀艺术展	2018.01.23—2018.03.28	贵州省博物馆	贵州省博物馆、波兰驻成都领事馆
“金玉大明——郑和时代的瑰宝”	2018.01.23—2018.04.16	宁波博物馆	宁波博物馆、湖北省博物馆、蕲春县博物馆
仅仅是速写？——叶浅予个案研究展系列一	2018.01.23—2018.02.25	中央美术学院美术馆	中央美术学院美术馆
第六届全国插画双年展	2018.01.23—2018.02.04	深圳市关山月美术馆	深圳市委宣传部、深圳市文体旅游局、深圳设计之都推广办
“守正创新”——中国画创作研究院学术提名展（第一期）	2018.01.23—2018.01.31	中国画美术馆	中国画创作研究院
“农行杯”——2018河北省文化创意设计大赛优秀作品展	2018.01.24—2018.02.24	河北博物院	中共河北省委宣传部、河北省文化和旅游厅
缘生妙有随缘自在——吴卿金雕木刻精品展	2018.01.24—2018.03.04	山东省博物馆	山东省人民政府台湾事务办公室、山东省文物局、星云文化教育公益基金会
新春文化系列展：福犬迎春	2018.01.24—2018.03.25	重庆中国三峡博物馆	重庆中国三峡博物馆
“形象的链接”——中国美术学院油画双年展	2018.01.25—2018.02.07	上海油画雕塑院美术馆	中国美术学院、上海油画雕塑院
“民族与时代”——徐悲鸿主题创作大展	2018.01.25—2018.03.04	中国美术馆	中国美术馆、徐悲鸿纪念馆
“庆祝十九大·绿水青山美丽福建”——全国水彩名家画福建作品展	2018.01.25—2018.01.31	福建省画院	中国美术家协会水彩画艺委会、福建省画院、福建省美术家协会
“笔墨当随时代”——弘扬新金陵画派精神江苏美术采风作品展	2018.01.25—2018.02.26	中国美术馆	中国美术馆、中共江苏省委宣传部、江苏省文学艺术界联合会、江苏文投集团
“花开盛世”——中国美术馆藏花鸟画精品展	2018.01.25—2018.03.04	中国美术馆	中国美术馆
中国水墨现场·天津2018	2018.01.26—2018.03.04	天津美术馆	天津美术馆

展览名称	时　间	地　点	主办/策展
画道探微——桃园里国画名家新春邀请展	2018.01.26—2018.01.29	河北美术馆	河北省美术家协会、河北省收藏家协会、中国书画收藏家协会、桃园里、真实集团、中蕴集团
“红楼梦华”——清·孙温绘全本《红楼梦》画册展	2018.01.26—2018.04.25	河北博物院	旅顺博物馆、河北博物院
“以古开今传承创新”——田黎明赵建成江宏伟刘万鸣中国画作品邀请展	2018.01.27—2018.03.17	山东美术馆	中国美术家协会、山东省文学艺术界联合会、中国画协会
在最遥远的地方寻找故乡——13-16世纪中国与意大利的跨文化交流	2018.01.27—2018.04.30	湖南省博物馆	李军、陈建明、陈叙良
前卫·上海——上海当代艺术30年文献展（1979—2010）第二单元前卫主义新潮（1985—1992）	2018.01.28—2018.03.25	上海明圆美术馆	朱其
时代叙事——山东美术馆年度典藏精品展（2017）	2018.01.28—2018.04.07	山东美术馆	山东美术馆
“乡村振兴·艺术圆梦”四川首届乡村艺术大展	2018.01.29—2018.03.02	成都红美术馆	中共四川省委宣传部、四川省文化厅
“十年如一”——莞城美术馆开馆十周年馆藏汇报展	2018.01.30—2018.03.04	莞城美术馆	莞城美术馆
“瑞犬纳福”——戊戌新年馆藏文物展	2018.01.30—2018.03.30	中国国家博物馆	中国国家博物馆
“水墨汤湖”——武汉市文史研究馆馆员书画作品展	2018.01.30—2018.02.24	汤湖美术馆	武汉市文史研究馆、汤湖美术馆
“学院与沙龙”——法国国家造型艺术中心巴黎国立高等美术学院珍藏展	2018.01.31—2018.05.06	中国国家博物馆	中国国家博物馆、法国国家造型艺术中心、巴黎国立高等美术学院
第二届“美丽杭州”中国画双年展	2018.01.31—2018.03.11	杭州国画院美术馆	中共杭州市委宣传部
剑指苍穹的执着——走进古中山国	2018.01.31—2018.05.06	中国园林博物馆	中国园林博物馆、河北博物院、河北省文物研究所
风景这边独好·2018首届“都市水墨学术邀请展”	2018.02.01—2018.03.04	深圳画院美术馆	中国国家画院都市水墨研究所、深圳画院
“瑞福无界”——戊戌春联展	2018.02.01—2018.03.18	浙江美术馆	浙江美术馆
“一带一路”——河北美术家云南写生创作作品展	2018.02.01—2018.03.04	河北美术馆	河北省文化厅
“岁朝宓穆”——戊戌迎春小品画展	2018.02.01—2018.03.18	浙江美术馆	浙江美术馆
“文明的回响”——来自阿富汗的古代珍宝	2018.02.01—2018.05.06	成都博物馆	中国人民对外友好协会、中国文物交流中心、成都博物馆、阿富汗国家博物馆
回家过年	2018.02.02—2018.04.10	南京博物院特展馆	南京博物院

展览名称	时　间	地　点	主办/策展
“宝藏经典活化精神”——中国美术馆典藏精品展Ⅱ	2018.02.02—2018.12.30	中国美术馆	中国美术馆
“戊戌新章”——国博春联展	2018.02.02—2018.03.31	中国国家博物馆	中国国家博物馆、中国书法家协会
历届全国美展书法国展广西作品邀请展暨物的面孔——历届全国美展广西雕塑作品邀请展	2018.02.02—2018.12.28	广西美术馆	广西旅游发展集团、广西美术馆、广西美术家协会、广西书法家协会
“白石墨妙·倾胆徐君”——徐悲鸿眼中的齐白石	2018.02.02—2018.04.11	北京画院美术馆	徐悲鸿纪念馆、北京画院
闽籍书画名家抢救工程——黄道周书法艺术作品展	2018.02.02—2018.03.11	福建博物院	福建省文化厅、漳州市人民政府
“新时代新气象新作为”——首届中国（渝北）书法论坛暨全国书法名家作品展	2018.02.02—2018.02.09	重庆两江美术馆	中共重庆市渝北区委宣传部、《中国书法报》、《中国书法》杂志、重庆市渝北区文学艺术界联合会
“大朝传说”——成吉思汗与黄金家族的风采特展	2018.02.02—2018.04.08	浙江省博物馆	浙江省博物馆、内蒙古博物院
姹紫嫣红开遍——山东美术馆迎新春馆藏花鸟题材绘画精品展	2018.02.02—2018.03.24	山东美术馆	山东美术馆
“南京画家画南京”——名家作品邀请展	2018.02.02—2018.03.02	金陵美术馆	南京市文化广电新闻出版局
“十二个十二个月”——黄永玉十二生肖画法观摩展	2018.02.02—2018.02.22	深圳美术馆	深圳美术馆
西安当代水墨提名全国巡回展——西安站	2018.02.03—2018.02.28	西安美术馆	西安曲江新区管理委员会、西安美术馆
争锋——晋楚文明特展	2018.02.03—2018.03.11	山西博物院	山西博物院、湖北省博物馆、河南博物院、山西省考古研究所、宜昌博物馆、襄阳市博物馆
“国立俄罗斯博物馆典藏”——莫伊谢延科作品展	2018.02.06—2018.04.08	宁波美术馆	全山石艺术中心、中国对外文化集团公司、宁波美术馆、宁波华茂美术馆
当代国际印象派水彩画名家邀请展	2018.02.06—2018.03.05	郑州美术馆	郑州美术馆
静观——邓石如书法艺术	2018.02.06—2018.05.06	山西博物院	山西博物院、安徽博物院
“二十世纪中国美术家的记忆”——大雅宝胡同甲2号文献研究展	2018.02.06—2018.03.04	深圳市关山月美术馆	深圳市关山月美术馆、李可染艺术基金会
匠心传承——徐竹初徐强父子木偶艺术展	2018.02.06—2018.04.06	中国国家博物馆	中国国家博物馆
“光明透彻”——江苏省美术馆藏李剑晨水彩画精品展	2018.02.06—2018.03.31	江苏省美术馆陈列馆	江苏省美术馆
从自然奇迹到艺术瑰宝——比利时DIVA博物馆精品展	2018.02.07—2018.04.07	上海自然博物馆	上海科技馆、上海钻石交易所、ALLOVE

展览名称	时　间	地　点	主办/策展
“向人民汇报　酉戌丰年”——重庆市美术作品迎春展	2018.02.07—2018.03.04	重庆美术馆	重庆美术馆（重庆画院）、重庆市美术家协会
“盛世春光”——2018江苏省国画院新春献礼·贺岁大展	2018.02.08—2018.03.11	江苏省美术馆新馆	江苏省文化厅
雲·幾——殷建国、谢震漆玉作品展	2018.02.08—2018.03.11	广东省博物馆	广东省博物馆事业发展基金会、广州33当代艺术中心、广州珍宝巴士有限公司
瑞犬望春风——戊戌狗年生肖文化展	2018.02.08—2018.03.18	首都博物馆	首都博物馆
福犬迎春——戊戌狗年新春生肖文物图片联展	2018.02.08—2018.03.16	辽宁省博物馆	国家文物局、中国文物报社、辽宁省博物馆
安格尔的巨匠之路——来自大师故乡蒙托邦博物馆的收藏	2018.02.08—2018.05.20	天津美术馆	天津美术馆、天津出版集团、蒙托邦安格尔场馆、蒙托邦市政府、中华世纪坛艺术馆、浙江美术馆
颂盛世·戊戌新春剪纸艺术展	2018.02.09—2018.03.05	郑州美术馆	郑州美术馆
意象主义艺术——菲律宾画家作品展	2018.02.09—2018.02.21	厦门美术馆	菲律宾驻厦门总领事馆
“百花迎春”——第五届中国当代绘画名家迎春精品展	2018.02.10—2018.03.04	书画频道美术馆	中央数字电视书画频道
纪念陈树人诞辰134周年暨陈永锵《向陈树人先生致敬》作品展	2018.02.10—2018.03.08	陈树人纪念馆	陈树人纪念馆
2018当代中国数字艺术展	2018.02.10—2018.03.04	河北博物院	文化部艺术发展中心
“岁在丁酉临安风度”——中国传统艺术提名展（2017—2018）	2018.02.10—2018.03.10	杭州图书馆展览艺术中心	中宣部、中国萧军研究会、中央工美联合会
“中华意蕴”——中国油画艺术国际巡展国内汇报展（杭州站）	2018.02.10—2018.02.25	中国美术学院美术馆	中国国家画院、中国美术学院
新时代、新气象、新作为——2018厦门水彩画展	2018.02.10—2018.02.24	厦门美术馆	厦门市美术馆、厦门市美术家协会
不朽之旅——古埃及人的生命观	2018.02.10—2018.05.05	贵州省博物馆	贵州省博物馆
“二玄社复制精品新春特辑”——台北故宫博物院珍藏书画展	2018.02.11—2018.03.31	雅昌艺术馆（深圳）	深圳雅昌艺术馆
两岸摄影家聚集非物质文化遗产“何厝送王船”——摄影大赛获奖作品展	2018.02.13—2018.02.23	厦门美术馆	厦门市思明区文联、思明区何厝社区居委会、厦门市思明区文化馆、台湾台中摄影学会、厦门思明区摄影家协会

展览名称	时　间	地　点	主办/策展
不忘初心　弘扬工匠精神——深圳市2018年迎春烙画艺术展	2018.02.13—2018.02.21	深圳博物馆	深圳博物馆、深圳市烙画艺术协会
骏犬啸天——戊戌狗年新春生肖文物图片联展	2018.02.13—2018.03.31	天津博物馆	国家文物局、中国文物报社、故宫博物院、天津博物馆等
骏犬啸天——戊戌狗年新春生肖文物图片联展	2018.02.13—2018.03.13	湖北省博物馆	国家文物局、中国文物报社、故宫博物院、湖北省博物馆等
金犬望福——狗年犬文物展	2018.02.13—2018.03.08	海南省博物馆	海南省文化广电出版体育厅
普天同庆——清代万寿盛典展	2018.02.13—2018.05.13	海南省博物馆	故宫博物院、海南省文化广电出版体育厅
秦汉文明特展	2018.02.13—2018.05.13	海南省博物馆	国家文物局、海南省人民政府、海南省文化广电出版体育厅
刘炜：图像180	2018.02.25—2018.03.11	北京尤伦斯当代艺术中心新展厅（UCCA）	北京尤伦斯当代艺术中心（UCCA）
第六届新疆版画展	2018.02.25—2018.02.28	新疆当代美术馆	新疆美术家协会版画艺术委员会
相约春天——全国书法名家邀请展	2018.02.27—2018.03.04	陕西省美术博物馆	陕西人民书画院、中国书画报西安艺术中心、延安思明工贸有限公司、西安龙庆电力工程有限公司
天路文华——西藏历史文化展	2018.02.27—2018.07.22	首都博物馆	北京市人民政府、西藏自治区人民政府
“象由心生——作品展”（第四回）	2018.02.28—2018.03.11	深圳美术馆	深圳美术馆
“纪念周恩来诞辰120周年”书画作品展	2018.02.28—2018.03.06	淮安市美术馆（淮安市书画院）	淮安市美术馆
东风骀宕花正红——周恩来等老一辈革命家与文艺家关怀邯郸娃娃剧团图片展	2018.02.28—2018.03.28	中国国家博物馆	中国国家博物馆、河北省委宣传部、邯郸市委市政府
“千年技忆　今世风华”工艺美术作品展	2018.03.01—2018.03.31	朵云轩艺术中心	上海市人民政府合作交流办公室、上海市对外文化交流协会、上海朵云轩艺术发展有限公司
“还携笔墨向高丘”——欧豪年八十回顾展	2018.03.02—2018.03.13	中国美术馆	中国美术馆
“世纪同心”——中国美术学院师生捐赠作品特展	2018.03.02—2018.03.30	中国美术学院美术馆	中国美术学院
纳西族东巴画艺术百年展	2018.03.02—2018.04.02	云南省图书馆	丽江师范高等专科学校
“中华意蕴”——中国油画艺术国际巡展国内汇报展（广州站）	2018.03.03—2018.03.09	广州美术学院美术馆	中国国家画院油画院、广州美术学院美术馆

展览名称	时　间	地　点	主办/策展
第五届新朦胧主义总结展	2018.03.03—2018.03.15	清华大学美术学院美术馆	清华大学美术学院美术馆、清华大学美术学院史论系和东京画廊+BTAP
俄罗斯当代油画优秀作品展	2018.03.05—2018.03.25	宁波美术馆	宁波大学
“视·界”——2018当代中国中国当代女性艺术研究展	2018.03.03—2018.03.21	炎黄艺术馆	中国女画家协会、炎黄艺术馆
纪念二玄社创业60周年中国书画复制精品展	2018.03.04—2018.03.26	雅昌艺术中心（深圳）	雅昌艺术中心、日本二玄社
黑沙骆：李骆公先生艺术与文献展	2018.03.07—2018.04.01	黑龙江省美术馆	天津美术学院、黑龙江省美术馆
坐望云起·全国山水画名家学术邀请展	2018.03.08—2018.03.17	广州美术学院大学城美术馆	中国画学会、广州美术学院、广东省美术家协会、当代岭南艺术研究院、广东省中国画学会
丝路遗珍：河南省美术馆馆藏灵石不语斋汉代画像石拓片展	2018.03.08—2018.03.12	鲁迅美术学院	鲁迅美术学院、辽宁省美术家协会、河南省美术馆、杭州师范大学汉画馆
“行旅问道”——方楚雄山水写生作品展	2018.03.08—2018.03.17	广州美术学院大学城美术馆	中国画学会、广州美术学院、广东省美术家协会、当代岭南艺术研究院、广东省中国画学会
十年一见·“曾竹韶雕塑艺术奖学金”获奖作品全国巡展（湖北站）	2018.03.08—2018.03.20	湖北美术学院美术馆	中央美术学院、中国雕塑学会、中国美术家协会雕塑艺委会、大同市人民政府
“她们，我们”——2018年女性艺术家邀请展	2018.03.08—2018.03.25	成都市美术馆	成都画院·成都市美术馆
目击道存——广州美术学院写意油画研究展	2018.03.08—2018.03.18	岭南美术馆	岭南画院、广州美术学院城市学院
2018河北美术馆京冀女画家邀请展	2018.03.08—2018.03.25	河北美术馆	河北美术馆（河北画院）
“三月花　一世念”——清代江南女性的生活与艺术展	2018.03.08—2018.04.29	湖州博物馆	湖州博物馆
“时代华章·2018”——第二届中国画学会展	2018.03.08—2018.03.18	中国美术馆	中国画学会、中国美术馆
“南山律音”——专题摄影厦门展	2018.03.08—2018.03.13	厦门美术馆	陕西国画院、终南山佛教文化研究所、厦门市张晓寒美术研究会、厦门市佛光书画社
仰望其峰——孙其峰先生师生书画作品展	2018.03.10—2018.03.25	天津美术馆	中共天津市委宣传部、天津市文学艺术界联合会、天津市美术家协会、天津美术学院、天津画院、天津市书法家协会、中国人民大学画院孙其峰艺术研究会

展览名称	时间	地点	主办/策展
“山水画写生中的若即若离”——何加林个展	2018.03.09—2018.04.09	大学城广州画院大画室	广州画院
海丝遗珍——“碗礁一号”沉船出水瓷器展	2018.03.10—2018.06.10	昆明市博物馆	福州市博物馆、昆明市博物馆
南北风采——关山月写生作品展	2018.03.10—2018.05.20	莞城美术馆	莞城美术馆
《心观》——中国画学院形式语言与视觉传达六人田野调查报告展	2018.03.12—2018.03.14	鲁迅美术学院	鲁迅美术学院中国画学院
“记住乡愁”——何家安巡展第四站（广州站）	2018.03.14—2018.03.24	广东美术馆	河南省委宣传部、中国美术家协会艺术委员会、中国画学会、广东美术馆
翰墨东坡——眉山当代书画精品展	2018.03.14—2018.03.20	深圳美术馆	中共眉山市委宣传部、眉山市文广新局
“游走广州”——凯瑟琳·格非勒个展	2018.03.14—2018.04.07	广东美术馆	广东美术馆、瑞士驻广州总领事馆
“刷屏/劳作”——2018AMNUA摄影展	2018.03.15—2018.04.15	南京艺术学院美术馆	南京艺术学院美术馆（AMNUA）
“画里乾坤”——南阳出土汉代画像艺术展	2018.03.15—2018.05.02	武汉大学万林艺术博物馆	武汉大学万林艺术博物馆、南阳市汉画馆、南阳文物考古研究所、南阳市文物考古研究所、新野汉画像砖博物馆
风华正茂——湖南省画院青年画院优秀作品展	2018.03.16—2018.03.30	湖南省画院美术馆	湖南省画院、长沙市文学艺术界联合会、湖南省美术家协会
“风流清逸　萧疏奔放”——吉林省博物院藏“南张北溥”书画特展	2018.03.16—2018.05.13	云南省博物馆	云南省博物馆、吉林省博物院
风景这边独好·首届“都市水墨学术邀请展”·武汉站	2018.03.16—2018.04.15	武汉美术馆	中国国家画院都市水墨研究所、深圳画院、武汉美术馆
河北美术学院书法专业十周年教学成果展	2018.03.16—2018.03.28	中国美术馆	河北美术学院
悲鸿生命——徐悲鸿艺术大展	2018.03.16—2018.04.22	中央美术学院美术馆	中央美术学院
“邱注上元灯彩计划”——邱志杰个展	2018.03.16—2018.05.05	北京民生现代美术馆	中国民生银行、中央美术学院、北京民生现代美术馆
“寻·安江”——重走国立艺专南迁路师生风景写生作品展	2018.03.16—2018.03.19	云南大学美术馆	云南大学艺术与设计学院
“一池春水”——纪念陆抑非诞辰110周年作品展	2018.03.16—2018.04.15	浙江美术馆	中国美术家协会、浙江省文化厅、中国美术学院、西泠印社

展览名称	时　间	地　点	主办/策展
“自我有乾坤”——吕寿琨与早期水墨运动	2018.03.16—2018.04.14	中国美术馆	香港中文大学文物馆、中国美术馆
“百年世博梦”——龙川居收藏世博文献实物特展	2018.03.16—2018.04.07	扬州博物馆	扬州博物馆
“霓裳银装”——贵州苗族服饰艺术展	2018.03.16—2018.05.20	中国丝绸博物馆	中国丝绸博物馆、贵州省博物馆
“至扇至美”——全国扇面艺术主题展	2018.03.16—2018.03.26	金陵美术馆	南京书画院
余友涵：具象·抽象	2018.03.17—2018.06.19	龙美术馆（重庆馆）	余宇
匠心独行——徐匡独版画艺术展	2018.03.17—2018.04.01	北京画院美术馆	中国美术家协会、中国国家画院、四川省文学艺术界联合会、四川省美术家协会、北京画院
传承巴蜀文明感知金堂情怀——全国书法、美术、摄影作品展	2018.03.17—2018.03.24	四川美术馆	中共金堂县委、金堂县政府
谢南星：香料	2018.03.17—2018.05.27	北京尤伦斯当代艺术中心	北京尤伦斯当代艺术中心（UCCA）
“此心光明”——纪光明书法作品展	2018.03.18—2018.03.28	广东美术馆	中国书法家协会、中国书法院、广东省文学艺术界联合会、广东省政协书画促进会、广东美术馆
“君子如玉”——程征艺术展	2018.03.18—2018.03.30	陕西省美术博物馆	西安美术学院、陕西国画院、陕西省美术家协会、陕西省中国画学会、陕西省美术博物馆
“汉画诗书·名家题跋汉代画像砖”新书首发式暨作品展	2018.03.18—2018.03.27	四川博物院	四川省文化厅、四川省美术家协会、四川省书法家协会、四川美术出版社
“尽精微：中央美术学院精微素描展”全国巡展（北京师范大学站）	2018.03.18—2018.03.23	北京师范大学京师美术馆	中央美术学院
“风往北吹”——王华祥作品全国巡展（沈阳站）	2018.03.19—2018.04.04	鲁迅美术学院美术馆	中央美术学院、鲁迅美术学院、中国美术家协会版画艺委会、国际学院版画联盟
笔底烟云——龙美术馆藏明清书画展	2018.03.19—2018.09.16	龙美术馆西岸馆	龙美术馆西岸馆
为中国设计——中央美术学院设计学科成果展	2018.03.20—2018.04.25	中央美术学院美术馆	中央美术学院
流淌与凝固的记忆——馆藏水彩画专题展	2018.03.20—2018.04.22	江苏省美术馆新馆	江苏省美术馆
“天高云淡”——杜小同作品展	2018.03.20—2018.04.15	广东美术馆	广东美术馆
“它山艺境”——张仃焦墨作品专题展	2018.03.20—2018.04.06	刘海粟美术馆	刘海粟美术馆、张仃美术馆

展览名称	时　间	地　点	主办/策展
春之歌——潘玉良在巴黎	2018.03.21—2018.05.20	安徽博物院	安徽博物院、亚洲协会香港中心
“往复·超越”——当代中国美术高校水墨人物画导师提名全国巡回展	2018.03.21—2018.03.25	清华大学美术学院美术馆	中国国家画院教学中心
“阿非利加洲　赤道上的动物天堂”——姚汉军摄影作品展	2018.03.22—2018.04.03	浙江美术馆	浙江省摄影家协会、中共诸暨市委宣传部
与时代同行——中央美术学院百年校庆精品展	2018.03.22—2018.04.25	中央美术学院美术馆	中央美术学院
后笔墨时代：中国式风景	2018.03.23—2018.04.26	广东美术馆	广东美术馆、浙江美术馆
“致敬太行”——重庆油画名家写生作品邀请展	2018.03.23—2018.04.07	重庆市文联美术馆	重庆市美术家协会油画艺委会、重庆市油画学会
“东/西/南/北”——九零艺象青年创作展·第四回	2018.03.23—2018.04.13	南京艺术学院	南京艺术学院双创园、玖霖艺象
重返大地——周小平艺术澳洲（深圳站）	2018.03.23—2018.04.03	深圳美术馆	深圳美术馆
“瑞犬纳福”——生肖小版画作品展	2018.03.23—2018.04.06	肇庆学院美术学院	肇庆学院美术学院
“回归之心”——丁立人艺术展	2018.03.23—2018.04.22	浙江美术馆	浙江美术馆
春暖花开——宁波女美术家作品展·第三回	2018.03.23—2018.04.15	宁波美术馆	宁波市美术家协会、宁波市女美术家协会
全国艺术硕士美术指导教师优秀作品巡展（第13站）	2018.03.24—2018.03.30	昆明市博物馆	全国艺术专业学位研究生教育指导委员会
新倾向：张允菡个展	2018.03.24—2018.05.27	北京尤伦斯当代艺术中心	北京尤伦斯当代艺术中心
萨拉·莫里斯：奥德赛	2018.03.24—2018.06.17	北京尤伦斯当代艺术中心	北京尤伦斯当代艺术中心
笔墨尘缘——冯远中国画作品展·济南展	2018.03.24—2018.04.20	山东美术馆	山东美术馆
“行将消退”群展	2018.03.24—2018.05.27	上海外滩美术馆	上海外滩美术馆/拉瑞斯·弗洛齐、谢丰嵘
情系牡丹乡愁柏乡——2018柏乡县书画作品省会汇报	2018.03.25—2018.03.28	河北美术馆	中国汉牡丹文化节组委会
中国·美术·学院：中国美术学院九十周年纪念大展	2018.03.25—2018.04.08	中国美术馆	中国美术学院、中国美术馆
“发明的精神”——美国哈格利博物馆与图书馆藏·美国19世纪专利模型展（巡）	2018.03.27—2018.05.06	清华大学艺术博物馆	清华大学、中国科协科学技术传播中心、中国科学技术馆
文艺复兴时期意大利艺术、文化和生活	2018.03.27—2018.06.22	首都博物馆	意大利文化遗产活动与旅游部、中国国家文物局、北京市文物局
胡里改路之印展——现金代印章魅力	2018.03.27—2018.04.28	黑龙江省博物馆	黑龙江省博物馆

展览名称	时　间	地　点	主办/策展
“翰林春秋”四川省诗书画院　成都画院专职画家学术双年展	2018.03.27—2018.04.03	四川美术馆	四川省文化厅、四川省文学艺术界联合会、成都市文化广电新闻出版局
“现代之维”——二十世纪初期中国都市的审美风尚	2018.03.27—2018.06.17	江苏省美术馆陈列馆	江苏省美术馆
“金佛光明”——刘雍珍藏古代汉传金铜佛像展	2018.03.28—2018.05.20	浙江省博物馆孤山馆区精品馆	浙江省博物馆
传承之道——经部类古籍善本展	2018.03.28—2018.04.19	福建博物院	福建博物院、深圳博物馆
“造化心源”——当代山水画系列展	2018.03.28—2018.04.10	河南省美术馆	中国画学会、中国美术家协会中国画艺委会、河南省美术馆、河南省美术家协会、广州美术学院、广东省美术家协会、当代岭南艺术研究院
“只把春来报”——近现代名家画梅藏品联展	2018.03.28—2018.04.25	杭州国画院美术馆	杭州国画院
“丹青薪传”——许小峰、弭金冬从艺60年中国画作品展	2018.03.28—2018.04.28	济南市美术馆	济南市文化广电新闻出版局
“乾坤戏场”——广州美术学院明清潮州金漆木雕藏品研究展	2018.03.29—2018.04.27	广州美术学院美术馆	广州美术学院、广东省美术家协会
“清风明月裁花语”——成都画院馆藏花鸟作品展	2018.03.29—2018.04.15	成都市美术馆	成都画院、成都市美术馆
2017年度江苏省美术馆收藏作品展.第二部分	2018.03.29—2018.04.29	江苏省美术馆新馆	江苏省美术馆
国家地理经典影像盛宴（北京中华世纪坛站）	2018.03.30—2018.06.24	中华世纪坛世界艺术馆厅	中华世纪坛
郑毓敏捐赠作品展	2018.03.30—2018.04.15	浙江美术馆	浙江美术馆
“茶马古道梦·一带一路情”——云南民族主题美术作品展	2018.03.30—2018.04.03	四川美术学院美术馆	国家艺术基金会、四川美术学院
春潮2018·青岛雕塑双年展	2018.03.31—2018.05.01	青岛雕塑馆	青岛市规划局、中国雕塑院
王璜生：边界/空间	2018.03.31—2018.04.20	广东美术馆	中央美术学院、广东美术馆
“铸时代篇章”——青年雕塑家作品展	2018.03.31—2018.04.13	中国美术馆	中国美术馆、中华艺文基金会
“墨舞飞扬”——江苏省优秀青年书法家（十人）作品巡展（宜兴站）	2018.03.31—2018.04.15	吴冠中艺术馆	江苏省文学艺术界联合会
第四届深圳市青年书法艺术双年展	2018.03.31—2018.04.15	深圳画院	深圳市书法院、深圳市青年书法家协会
彦青百年——山东美术馆藏张彦青捐赠作品暨张彦青百年诞辰纪念展	2018.03.31—2018.05.05	山东美术馆	山东美术馆、山东艺术学院、山东省美术家协会

展览名称	时 间	地 点	主办/策展
“不息”——第57届威尼斯国际艺术双年展中国馆（上海站）	2018.03.31—2018.06.03	McaM上海明当代美术馆	中央美术学院视觉艺术高精尖创新中心“传统的活化”课题组、上海明当代美术馆、明园集团
静水流深”——漳江画院十五周年美术作品展	2018.04.01—2018.04.07	厦门市美术馆	福建省美术家协会、中共云霄县委、云霄县人民政府
“予所收蓄　永存吾土”——张伯驹先生诞辰120周年纪念展	2018.04.02—2018.05.06	故宫博物院	北京故宫博物院、张伯驹潘素文化发展基金会、中国国家博物馆、吉林省博物院
致远舰出水文物展	2018.04.03—2018.05.27	辽宁省博物馆	辽宁省博物馆
“十一”——方澄作品展	2018.04.03—2018.04.17	广东美术馆	广东美术馆
“乾坤清气”——邓福星画梅作品展	2018.04.03—2018.04.08	北京画院美术馆	中国艺术研究院、中国画学会、北京画院
“岁月夏宫”——俄罗斯彼得霍夫国家博物馆馆藏文物特展	2018.04.04—2018.06.10	中华世纪坛艺术馆	中华世纪坛艺术馆、俄罗斯彼得霍夫国家博物馆、中国文物交流中心、意大利MONDOMOSTRE公司
茶马古道——八省区文物联展	2018.04.03—2018.06.17	宁波博物馆	宁波博物馆、四川博物院、云南省博物馆、西藏博物馆、青海省博物馆、甘肃省博物馆、陕西历史博物馆、内蒙古博物院与广西壮族自治区博物馆
长安春：走进“一带一路”中的大唐盛世	2018.04.03—2018.07.08	南宋官窑博物馆	杭州市园林文物局、深圳市文体旅游局
美术创作工程《长江万里图》巨幅长卷展	2018.04.03—2018.04.13	中国国家博物馆	中国画学会
“山水之间”——当代青年水墨画家提名展·七〇后山水篇	2018.04.03—2018.04.17	《中国书画》美术馆	《中国书画》杂志社
大师笔下的广西——广西博物馆馆藏广西风物画展	2018.04.04—2018.04.05	广西博物馆	广西博物馆
“问道水墨”——当代中国画名家作品展（第八回·济南）	2018.04.04—2018.04.08	济南市美术馆	济南市文艺界联合会
“馨香陌”——河南省花鸟画牡丹专题展	2018.04.04—2018.04.13	洛阳美术馆	河南省美术家协会、河南省中国画学会
方寸之间——俄罗斯小幅油画作品展	2018.04.06—2018.04.15	深圳美术馆	深圳美术馆、上海苏俄造型艺术馆、河南省美术馆、温州美术馆、东莞莞城美术馆、常熟美术馆、大连中山美术馆、黑龙江省美术馆、浙江省峰&宋韧美术馆

展览名称	时　间	地　点	主办/策展
“独具匠心　中华精神”——中国工艺美术大师作品40年回顾展	2018.04.06—2018.04.10	中华世纪坛美术馆	工业和信息化部工业文化发展中心
“中华意蕴”——中国油画艺术国际巡展国内汇报展（邯郸站）	2018.04.07—2018.05.12	邯郸韩玉臣美术馆	中国国家画院
“纸の物语”——2018上海当代艺术邀请展	2018.04.07—2018.04.15	上海展览中心	上海中外文化艺术交流协会
“亲历经典·温故知新”——中国古代经典水墨珍品展	2018.04.07—2018.04.29	西安美术馆	西安曲江新区管理委员会、西安美术馆
“东方竹”——亚洲竹生活艺术展	2018.04.07—2018.07.06	中国美术学院民艺博物馆	吴光荣、章俊杰
众神的图像：天津美术学院美术馆藏内丘神码艺术展	2018.04.07—2018.04.25	黑龙江美术馆	天津美术学院、黑龙江省美术馆
寄言2028——中国美术学院九十周年校庆特展	2018.04.07—2018.04.27	中国美术学院美术馆	中国美术学院/高世名
写意中国·2018中国国家画院美术作品展（郑州）	2018.04.08—2018.04.14	郑州美术馆	中国国家画院、河南省文化厅、河南省文学艺术界联合会
“徽风京韵丹青相城”——第二届全国中国书画名家作品邀请展暨淮北京徽画院揭牌仪式	2018.04.08—2018.04.12	安徽省淮北市体育馆	淮北市文学艺术界联合会、淮北市文化旅游体育委员会
迁徙的包豪斯：设计生活展	2018.04.08—2018.07.08	中国国际设计博物馆	中国美术学院中国国际设计博物馆
“超越建筑的西扎”——葡萄牙著名建筑家阿尔瓦罗·西扎建筑与设计大展	2018.04.08—2018.07.08	中国国际设计博物馆	中国美术学院中国国际设计博物馆
中国国际设计博物馆建筑设计方案文献展	2018.04.08—2018.07.08	中国国际设计博物馆	中国美术学院中国国际设计博物馆
《不同视点下的滇越铁路》滇越铁路影像纪行专题摄影展	2018.04.09—2018.04.18	云南艺术学院设计学院展馆、美术学院展馆	云南艺术学院
中国当代版画名家原作典藏首展	2018.04.09—2018.05.07	中国版画博物馆	中国版画博物馆
“经典与传承”——第四届全国中青年写实绘画名家小幅作品邀请展暨新具象新人新作推荐展	2018.04.10—2018.04.25	宁波美术馆	宁波市文学艺术界联合会、海曙区文化广电新闻出版局
“潇洒的一生”——梁耀艺术纪念展	2018.04.10—2018.04.13	广西艺术学院漓江画派艺术研究中心美术馆	广西艺术学院
“青春心印”——2018第五届关山月美术馆青年工笔画展	2018.04.10—2018.04.17	深圳市关山月美术馆	深圳市关山月美术馆
现代主义的潜流——李文珍先生艺术与文献展	2018.04.10—2018.05.10	天津美术学院美术馆	天津美术学院美术馆、天津市美术家协会

展览名称	时　间	地　点	主办/策展
浙江省第23届全省画院作品展	2018.04.10—2018.04.22	温州书画院	温州书画院、浙江画院、温州市文化广电新闻出版局
“继往开来”——首届江苏年画·连环画·宣传画·漫画·插画作品展	2018.04.10—2018.04.18	江苏省现代美术馆	江苏省美术家协会、苏州市文学艺术界联合会
2018约翰·莫尔绘画奖（中国）获奖及入围作品展	2018.04.10—2018.06.15	上海民生现代美术馆	上海民生现代美术馆、约翰·莫尔绘画奖、上海美术学院
“双城记”——深圳·广州青年美术家协会联展	2018.04.10—2018.05.06	大芬美术馆	广东省青年美术家协会、深圳市青年美术家协会、大芬美术馆、广州青年美术家协会
“蓝色海岸”——2018烟台当代艺术展	2018.04.10—2018.04.23	烟台美术博物馆	烟台市文化广电新闻出版局、烟台市文学艺术界联合会
“文化传承　丹青力量”——中国艺术研究院中青年艺术家系列展之韩学中　韩洪伟	2018.04.11—2018.04.22	中国美术馆	中国艺术研究院
“百年艺路”——刘同丰、刘德舟、杨瑞芬、刘燕画展	2018.04.11—2018.04.15	北京画院美术馆	北京画院
《中华家园》美术创作项目草图观摩展	2018.04.11—2018.04.22	中国美术馆	中国文学艺术界联合会、国家民族事务委员会、国务院参事室、中央文史研究馆、中国美术家协会
齐鲁水墨十家暨青年水墨十家作品巡展——北京展	2018.04.11—2018.04.13	北京民族文化宫展览馆	山东省美术家协会、山东齐鲁美术研究院
“胸无成竹”——河西走廊当代油画邀请展	2018.04.11—2018.05.02	观澜美术馆	河西学院敦煌绘画与当代绘画研究中心、深圳观澜美术馆
特色·融汇——金砖国家美术馆联盟特展	2018.04.12—2018.04.22	中国美术馆	中国美术馆
时代印迹——中国艺术研究院中国画院第四届院展	2018.04.12—2018.04.22	中国美术馆	中国艺术研究院、中国美术家协会
“万物皆吾与”——郑月波诞辰110周年作品展	2018.04.12—2018.05.26	莞城美术馆	东莞市政协教科文卫体和文史委员、东莞市文学艺术界联合会、东莞市莞城街道办事处
“寻美环游记”——第十三届佛山艺博会	2018.04.12—2018.04.16	佛山艺术博览会	佛山市顺德区陈村花卉世界展览中心、佛山艺术交流协会
海丝遗珍——清代广东外销艺术品展	2018.04.13—2018.06.03	贵州省博物馆	贵州省博物馆、东莞市博物馆
“茶马古道梦·一带一路情”——云南民族主题美术作品展（曲靖展）	2018.04.13—2018.05.04	曲靖市美术馆	云南艺术学院美术学院

展览名称	时　间	地　点	主办/策展
“现实书写”——朱维理艺术创作回顾展（浙江站）	2018.04.13—2018.04.22	浙江美术馆	中国广告博物馆、浙江美术馆
“写意岭南”——岭南画院画家作品展	2018.04.14—2018.04.24	桂林美术馆	桂林画院、岭南画院
“素问”——第五回展（北京站）	2018.04.14—2018.04.23	清华大学美术学院美术馆	清华大学美术学院类盟当代艺术馆/唐红萍
庆祝改革开放40周年——2018深圳水彩画展	2018.04.18—2018.04.24	深圳美术馆	深圳市美术家协会、深圳美术馆
“中国精神”——第四届中国油画展（第三区段）抽象当代中国非具象油画展	2018.04.14—2018.04.30	鲁迅美术学院美术馆	中国美术家协会
“在东方”——意象·新媒体作品展	2018.04.14—2018.05.06	北京今日美术馆	北京电影学院
唯美至上——京津青年油画家邀请展	2018.04.14—2018.05.04	天津美术馆	天津美术馆、滨海文化中心滨海美术馆
“梦幻成真”——纪念何海霞诞辰110周年精品展	2018.04.14—2018.04.26	嘉德艺术中心	中国嘉德国际拍卖有限公司
“心迹自然”——卜绍基大写意花鸟画展	2018.04.14—2018.04.30	百诚艺术馆	广东省美术家协会、广州市美术家协会、广东省青年美术家协会、广州青年美术家协会
金字塔·不朽之宫——古埃及文明特展	2018.04.14—2018.06.24	山西博物院	山西博物院、意大利都灵埃及博物馆/郭喜锋
“默研勤耕”——陈增弼古典家具研究文献及藏品展	2018.04.14—2018.04.26	嘉德艺术中心	中国嘉德国际拍卖有限公司
“食后”——牧心斋古代香茶具展	2018.04.14—2018.04.26	嘉德艺术中心	中国嘉德国际拍卖有限公司
争创中国特色社会主义实践范例　建设美好新海南——海南建省办经济特区30周年成就展	2018.04.14—2018.07.14	海南省博物馆	中共海南省委、海南省人民政府
“太璞如琢”——崔如琢艺术上海大展暨所藏《石涛罗汉百开册页》展	2018.04.15—2018.05.20	上海刘海粟美术馆	故宫学院·中国画研究院、日本崔如琢美术馆
“龙腾盛世·弘扬经典”——2018全国书法名家系列展	2018.04.15—2018.05.15	北京阳光重阵美术馆	中国书法家协会展览中心
“浮游”——韩国张伯淳装置艺术展	2018.04.15—2018.05.13	武汉美术馆	武汉美术馆
我生无田食破砚——齐白石笔下的书法意蕴之二	2018.04.15—2018.07.15	北京画院	辽宁省博物馆、湖南省博物馆、首都博物馆、重庆中国三峡博物馆、中央美术学院美术馆、北京画院
“旷代风华”——四川美术馆馆藏历代珍品展	2018.04.16—2018.05.16	四川美术馆	四川美术馆

展览名称	时 间	地 点	主办/策展
"汇画经典 问道敦煌"——第二届美术名家丝路寻梦系列展	2018.04.16—2018.04.21	敦煌国际文化博览会会展中心	甘肃省文化厅、甘肃省文化博览局、甘肃省文化产业发展集团、敦煌市人民政府、甘肃省电力投资集团有限责任公司
全国艺术硕士美术指导教师优秀作品巡展	2018.04.16—2018.04.24	天津美术学院美术馆	天津美术学院、全国艺术专业学位研究生教育指导委员会
"百年时尚"——香港长衫故事	2018.04.17—2018.07.17	广东省博物馆	广东省文化厅、香港特别行政区康乐及文化事务署
闽瓷遗珍——南平茶洋窑出土瓷器展	2018.04.17—2018.06.01	吉林省博物院	吉林省博物院、南平市博物馆
"笔墨春秋 巴蜀文脉"——四川当代中国画名家邀请展(山水篇)	2018.04.17—2018.05.02	四川美术馆	四川省文学艺术界联合会
"司徒乔司徒杰"捐赠作品展	2018.04.18—2018.05.18	中国国家博物馆	中国国家博物馆
"山川蜀韵·文理杯"——四川省第二届青年油画作品展	2018.04.18—2018.04.29	四川美术馆	四川省美术家协会、四川美术馆、成都文理学院
庆祝改革开放40周年·2018深圳水彩画展	2018.04.18—2018.04.24	深圳美术馆	深圳市美术家协会、深圳美术馆
"海上记忆·百年经典故事连环画"——创作工程成果展	2018.04.18—2018.04.27	上海美协东外滩艺术空间	上海市美术家协会
"天地大美"——新时代中国艺术名家作品邀请展	2018.04.19—2018.05.01	中国美术馆	收藏投资导刊杂志社
"中华文明历史题材美术创作工程"——四川作品文献汇报展	2018.04.19—2018.05.02	四川美术馆	四川省文学艺术界联合会
"铜石演义"——中外版画交流展	2018.04.19—2018.05.20	刘海粟美术馆分馆	上海印钞有限公司、上海造币有限公司、中国美术学院上海校友会
戴泽艺术展	2018.04.20—2018.05.20	中国国家博物馆	中国画家博物馆、中国美术家协会、中央美术学院、靳尚谊艺术基金会
乌拉圭的瓜拉尼艺术展	2018.04.20—2018.05.05	中国美术馆	中国美术馆、乌拉圭前哥伦布土著艺术博物馆、乌拉圭驻华大使馆
"设计的可能"——2018深圳设计周主题展	2018.04.20—2018.04.30	深圳当代艺术与城市规划馆	深圳市人民政府
"妙香秘境"——云南佛教艺术展	2018.04.20—2018.07.20	云南省博物馆	云南省博物馆
"为宅雕塑"——2018中国青年雕塑家邀请展	2018.04.20—2018.04.24	山东潍坊鲁台会展中心台湾馆	中国工艺美术学会、中国艺术职业教育学会、山东省潍坊市人民政府

展览名称	时　间	地　点	主办/策展
“合中西于一治”——安徽博物院藏潘玉良绘画艺术精品展	2018.04.20—2018.07.22	深圳博物馆新馆	深圳博物馆
春华秋实——郑州大学　香港中文大学书画联展	2018.04.21—2018.04.27	郑州美术馆	郑州大学书法学院、香港中文大学艺术系
邢窑特展　磁州窑瓷枕精品展	2018.04.21—2018.05.10	河北博物院	邢台市文物管理处、河北省古陶瓷学会等
“环肥燕瘦”——汉唐长安丽人行	2018.04.21—2018.07.22	长沙博物馆	长沙市文化广电新闻出版局、长沙市文物局
“齐鲁文薪”——山东油画名家邀请展	2018.04.21—2018.06.22	凤凰艺都美术馆	山东省美术家协会、江苏省油画学会、山东艺术学院、无锡凤凰画材集团
“大道成器”——国际当代陶艺作品展	2018.04.22—2018.09.09	清华大学艺术博物馆	清华大学艺术博物馆
“何论东西”——程昕东当代雕塑艺术作品收藏展	2018.04.22—2018.06.08	湖北美术馆	湖北美术馆/冀少锋
“墨语寻梦”——赵绪成艺术展	2018.04.22—2018.05.10	徐州美术馆	江苏省委宣传部、江苏省文化厅、江苏省文联、中国美协、中国书协、徐州市委、徐州市政府
辽宁省纪念中共中央发布“五一口号”70周年书画展	2018.04.24—2018.05.03	盛京美术馆	辽宁省委统战部
“似山还似非山”——林墉个展	2018.04.24—2018.05.22	广东美术馆	广东美术馆
生态家园——福建松溪版画作品展	2018.04.24—2018.05.06	中国美术馆	福建省文化厅、福建省文学艺术界联合会、南平市人民政府
兴来笔下生烟霞——黄定初绘画作品暨捐赠作品展	2018.04.25—2018.05.10	湖南省博物馆	湖南省博物馆
“迷踪记”——孙磊杨斌于磊三人作品展	2018.04.25—2018.05.06	中国美术馆	山东省美术家协会、山东艺术学院、济南市文学艺术界联合会
纪念中共中央“五一口号”发布七十周年暨民革成立七十周年书画展	2018.04.25—2018.05.27	王琦美术博物馆	民革重庆市委、中共重庆市渝中区委统战部、重庆市美术家协会
鞍钢岁月——辛鉴名中国画作品展	2018.04.25—2018.05.06	中国美术馆	中共鞍山市委宣传部、鞍山钢铁集团公司宣传部、鞍山市文学艺术界联合会
笔墨印心·中国画名家邀请展	2018.04.25—2018.05.30	河北省美术馆	赵州柏林禅寺
“轻与重”——肖文飞作品展	2018.04.25—2018.05.06	中国美术馆	中国艺术研究院
“文化传承丹青力量”中国艺术研究院中青年艺术家系列展之肖文飞　刘波	2018.04.25—2018.05.06	中国美术馆	中国艺术研究院

展览名称	时 间	地 点	主办/策展
“中国印刷术的活化石”——十竹斋木版水印艺术作品展	2018.04.25—2018.05.04	浙江美术馆	杭州市文化广电新闻出版局
“川流不息 版权保护 文化魅力”——2018年四川美术学院油画艺术名家邀请展	2018.04.25—2018.05.13	重庆美术馆	重庆文化艺术品行业协会、重庆市美术家协会、重庆美术馆
“乘物游心”——吕品田绘画作品展	2018.04.25—2018.05.06	中国美术馆	中国艺术研究院、中国美术馆、中国美术家协会
“南方的抽象”——抽象艺术邀请展	2018.04.25-2018.05.13	广州美术学院大学城	广州美术学院造型艺术基础部
“造化情缘”——巴秋中国画作品展	2018.04.25—2018.05.28	厦门博物馆	厦门博物馆、梅兰集团艺术市场杂志社、熙园春文化公司
“江山多娇”——江苏省美术馆藏新金陵画派精品展（广州站）	2018.04.25—2018.07.23	广州艺术博物院	广州艺术博物院、江苏省美术馆
墨韵南粤——佛山市书画名家作品（郑州）展	2018.04.26—2018.05.04	郑州美术馆	郑州美术馆、佛山市石景宜刘紫英伉俪文化艺术馆
“闳约逸致”——苏百钧中国工笔画展	2018.04.26—2018.05.06	中国美术馆	中央美术学院、中国艺术研究院、中国美术馆中国美术家协会、广州美术学院
湖湘意蕴——2018湖南省画院作品展	2018.04.26—2018.05.04	湖南省画院美术馆	湖南省文学艺术界联合会
“积健为雄”——余任天艺术展	2018.04.26—2018.05.27	浙江美术馆	浙江美术馆
“五一口号”发布70周年书画作品展暨民建中央画院云南分院成立仪式	2018.04.26—2018.04.30	云南省图书馆	民建云南省委员会
乘物游心——吕品田绘画作品展	2018.04.25—2018.05.06	中国美术馆	中国艺术研究院、中国美术馆、中国美术家协会
中国印刷术的活化石——十竹斋木版水印艺术文献作品展	2018.04.26—2018.05.04	浙江美术馆	杭州市文化广电新闻出版局
“山水之间”——当代青年水墨画家提名展·七〇后山水篇（第二回）	2018.04.26—2018.05.09	《中国书画》美术馆	《中国书画》杂志社
“中国艺术新视界2018”国家艺术基金青年艺术创作人才(美术、书法、摄影、工艺美术)滚动资助作品巡展	2018.04.26—2018.05.02	江苏省美术馆新馆	江苏省美术馆、中华世纪坛艺术馆
邓散木书斋匾额——三长两短之斋	2018.04.26—2018.05.22	黑龙江省博物馆	黑龙江省博物馆
第六届“明天雕塑奖”入围暨获奖作品展	2018.04.26—2018.05.13	四川美术学院	四川美术学院、四川明天文化艺术投资管理有限公司

展览名称	时　间	地　点	主办/策展
心灵的风景：十八至二十世纪英国风景绘画	2018.04.27—2018.08.05	上海博物馆	上海博物馆
风华清漪——颐和园藏乾隆文物特展	2018.04.27—2018.07.26	福建博物院	福建博物院、北京市颐和园管理处
“心灵的风景”——泰特不列颠美术馆珍藏展（1700—1980）	2018.04.27—2018.08.05	上海博物馆	伦敦泰特美术馆、上海博物馆
“亚洲内海”——13至14世纪亚洲东部的陶瓷贸易展览	2018.04.27—2018.08.26	广东省博物馆	广东省博物馆、韩国国立海洋文化财研究所
“墨许山河”——曾来德书画艺术重庆展	2018.04.28—2018.05.09	重庆美术馆	中国国家画院、重庆市文化委员会、重庆市文学艺术界联合会、四川美术学院
“清风徐来”——董书民书法展	2018.04.28—2018.05.09	重庆美术馆	中共重庆市永川区委宣传部
“黑白无香”——郑作良艺术展	2018.04.26—2018.05.13	宁波美术馆	宁波美术馆、中国美术馆典藏部
“艺·传承”——中国画名家学术邀请全国巡回展（唐山站）	2018.04.28—2018.05.06	唐山博物馆	中国社会新闻网、唐山市文联
甬上留香——弘一法师翰墨展	2018.04.28—2018.05.27	宁波博物馆	慈溪市人民政府、宁波市文化广电新闻出版局、宁波市民族宗教事务局
“丝路南境”——全国十一省市美协主席中国画作品邀请展	2018.04.28—2018.05.28	云南银鹏文化艺术研究院	云南省美术家协会、云南银鹏文化艺术研究院
黑龙江省优秀工艺美术大师作品展	2018.04.28—2018.05.05	黑龙江省美术馆	黑龙江省工艺美术协会
“反刍”——湖北省当代油画艺术研究会素描写生展	2018.04.28—2018.05.28	利宝美术馆	湖北省美术家协会、湖北省当代油画艺术研究会
“劳动者之歌”——江苏省美术馆馆藏油画作品主题展	2018.04.28—2018.05.15	江苏省美术馆新馆	江苏省美术馆
“视野与使命”——北京靳尚谊艺术基金会青年教师扶植计划创作研究展	2018.04.28—2018.05.11	中国油画院美术馆	北京靳尚谊艺术基金会
“花间逸趣”——当代中国花鸟画邀请展.条屏、小品、手卷专题	2018.04.28—2018.05.06	北京画院美术馆	北京画院、广东省美术家协会、广州美术学院、当代岭南艺术研究院、广东省中国画学会
“黑龙江省高校手工艺展”——创新设计大赛	2018.04.28—2018.05.05	黑龙江省美术馆	黑龙江省工艺美术协会、黑龙江省工艺美术学会
“寻真”——北京大学考古教学与科研成果展	2018.04.28—2018.10.15	北京大学赛克勒考古与艺术博物馆	北京大学考古文博学院
“美丽相约·苔花米小”——大理白妮中国画作品邀请展	2018.04.28—2019.05.27	云南民族博物馆	云南民族博物馆

展览名称	时　间	地　点	主办/策展
“潘多拉的盒子”——两依藏20世纪欧洲化妆盒手袋艺术展	2018.04.29—2018.08.05	杭州工艺美术博物馆	杭州工美馆、(香港)两依藏博物馆
文物修复季特展——削木为鐻	2018.04.29—2018.07.01	陕西历史博物馆	陕西历史博物馆
新时代赞歌暨岭南春望——李远东书法作品展	2018.04.29—2018.05.05	广东美术馆	广东省文学艺术界联合会、中国书法家协会展览部、中国国家画院书法篆刻院、广东美术馆
“非常融合”——当代中国70后艺术家提名展	2018.04.29—2018.05.02	全国农业展览馆	河北省画廊联合会河北盛鼎投资集团
“金陵古韵”——广州艺术博物院藏明清金陵画家精品展	2018.04.29—2018.07.23	广州艺术博物院	广州艺术博物院
一花一世界：龙美术馆藏花鸟画展	2018.05.01—2019.02.03	龙美术馆浦东馆	龙美术馆浦东馆
河北古村落主题美术作品展	2018.05.01.2018.05.14	河北美术馆	河北省文化厅
清华大学美术学院第八届爆破节——“寓言”学生作品展	2018.05.02—2018.05.12	清华大学美术学院	清华大学美术学院艺术协会、清华美院史论系
“桃花盛开”——2018首届中国版画作品展	2018.05.04—2018.05.24	江苏大剧院	江苏省文化投资管理集团、江苏艺术中心
纪念西南联合大学在昆明建校80周年主题绘画作品展	2018.05.04—2018.06.04	云南师范大学	云南师范大学、中共昆明市委宣传部、中共昆明市委统战部、民进昆明市委
第3届“丹青华茂”当代青年中国画家邀请展暨中国画创作研究院青年画院成立仪式	2018.05.04—2018.05.24	中国画美术馆	中国画创作研究院
“千里之行”——南京书画院写生汇报展	2018.05.04—2018.05.15	金陵美术馆	南京书画院
“不忘初心　艺路前行”——中国当代艺术名家邀请展	2018.05.05—2018.05.08	中国国家画院（国展）美术中心	中国国家画院（国展）美术中心、北京丹青引文化有限公司联
“时代新像　故土乡情”——著名油画家左国顺作品展	2018.05.05—2018.05.27	河南省当代艺术馆	河南省文联、河南省美术家协会、郑州市美术家协会
“回旋”——当代陶艺展	2018.05.05—2018.06.30	景德瑞瓷艺术陶瓷展厅	深圳市景德镇陶瓷文化交流中心
“真理的力量”——纪念马克思诞辰200周年主题展览	2018.05.05—2018.08.05	中国国家博物馆	中共中央宣传部、中共中央党史和文献研究院、中国文学艺术界联合会
狂野非洲精品展	2018.05.05—2018.05.09	威海美术馆	威海市文学艺术界联合会、威海市文化广电新闻出版局
“时代赞歌·笔墨映像”——中国当代油画名家邀请展	2018.05.05—2018.05.16	中国农业大学文化艺术馆	中国农业大学、中国国际书画艺术研究会当代油画院

展览名称	时　间	地　点	主办/策展
“生存・状态”——刘向东绘画作品展（巡展、深圳）	2018.05.05—2018.05.12	深圳市关山月美术馆	中国美术家协会水彩画艺委会、北京画院、广东省美术家协会、深圳市关山月美术馆、深圳市美术家协会
无问我心——张功慤作品展	2018.05.06—2018.05.22	中华艺术宫	上海市美术家协会、中华艺术宫、上海人民美术出版社
清唱2018季——兰州小幅绘画艺术邀请展	2018.05.06—2018.05.19	雁儿湾当代美术馆	中共兰州市委宣传部、雁儿湾当代美术馆
“苍穹与大地”——陈芳桂艺术作品展	2018.05.06—2018.05.14	中国美术馆	中国美术家协会艺术委员会、中国军事文化研究会、中国画学会、解放军美术书法研究院、中国美术家协会河山画会、火箭军政治工作部宣传局
“四十不惑”——乐山师范学院建校40周年师生美术精品汇展暨作品捐赠仪式	2018.05.06—2018.05.10	四川美术馆	乐山师范学院、四川省美术家协会、四川省艺术院
2018金智造创新周暨第三届中国设计智造大奖佳作展	2018.05.08—2018.05.20	中国美术学院美术馆	中国美术学院
血脉传承不忘初心：江西美术家“深入生活扎根人民”主题实践活动汇报展	2018.05.08—2018.05.12	江西省展览中心	江西省文学艺术界联合会
“造艺之书”——中国美术学院艺术家书创作展	2018.05.08—2018.05.27	深圳画院美术馆	深圳画院、中国美术学院、国家艺术基金、浙江美术馆
“聚焦新时代”——全国油画名家邀请展	2018.05.08—2018.05.20	苏州美术馆	中国美协油画艺委会、江苏油画学会、苏州美术馆
胡溧艺术作品展暨陈列厅揭幕仪式	2018.05.08—0000.00.00	宁波美术馆	宁波美术馆
“尽精微”——精微素描全国巡展（武汉站）	2018.05.08—2018.05.20	武汉美术馆	中央美术学院、武汉美术馆、湖北大学
纪念周恩来总理诞辰120周年纪念展“一带一路　笔墨金砖”中国画名家邀请展	2018.05.09—2018.05.15	陕西省美术博物馆	中国水墨画院、西安市美术家协会、香港（燕之冠）集团
“风流”——2018上海抽象艺术大展	2018.05.09—2018.05.13	上海油画雕塑院美术馆	华东师范大学现当代艺术研究中心、上海中外文化艺术交流协会抽象艺术专业委员会（上海抽象画会）
“爱的旋律”——李洪涛油画展	2018.05.09—2018.05.18	浙江美术馆	中国战略与管理研究会
山水清音——王正平中国画艺术展	2018.05.09—2018.05.20	中国美术馆	中国美术家协会艺术委员会、中国农业银行企业文化部

展览名称	时 间	地 点	主办/策展
铁铸山川——刘三齐山水画展	2018.05.09—2018.05.20	中国美术馆	广东画院、广州艺术博物院、广东省美术家协会
“文化传承 丹青力量”——中国艺术研究院中青年艺术家系列展之张爱玲李传真	2018.05.09—2018.05.20	中国美术馆	中国艺术研究院
黄孝逵水墨艺术展	2018.05.09—2018.05.20	中国美术馆	中国画学会、(香港)水墨创意会
史海寻贝——美术史论家李松的治学与收藏	2018.05.09—2018.05.13	北京画院美术馆	中国美术家协会、中央美术学院、北京画院
“浮·游”——卢小根作品展	2018.05.09—2018.05.24	广东美术馆	广东美术馆、广东省美术家协会、广东第二师范学院
“存在的幻觉”——吴威油画展	2018.05.10—2018.05.20	中国美术馆	宁波市委宣传部、宁波市文学艺术界联合会
黎伟明、MarcRambeau、FrancescoLietti中法意国际油画联展	2018.05.11—2018.05.22	雅昌艺术馆(深圳)	深圳雅昌艺术馆、T+当代艺术中心
“为万世开太平”——于右任书法作品展	2018.05.10—2018.05.20	中国美术馆	中国美术馆
“意象之间”——荷兰艺术家阿曼多作品展	2018.05.11—2018.08.28	广东省博物馆	广东省博物馆、荷兰阿美里斯维尔特庄园博物馆
山水问道——中国画作品展	2018.05.11—2018.05.15	湖南省画院美术馆	湖南省美术家协会、湖南工业大学、湖南师范大学美术学院
“2018学院空间”——A3艺术计划特展	2018.05.11—2018.06.03	湖北美术馆	湖北美术馆、湖北美术学院油画系、中粹国际文化有限公司
妙手神韵——2018潘柏林陶塑作品展	2018.05.11—2018.05.20	中国美术馆	中国美术馆、中国非物质文化遗产保护协会、广东中华民族文化促进会、佛山市委宣传部、佛山市文化广电新闻出版局、佛山市文学艺术界联合会
A3-11青年者3人展杭州艺博会	2018.05.11—2018.05.14	浙江展览馆	FFA当代艺术中心
“大象无形”——宋雨桂水墨艺术展	2018.05.11—2018.05.22	中国国家博物馆	中国国家博物馆、中央文史研究馆、中国美术家协会
讲中国故事——第五届全国架上连环画展	2018.05.12—2018.05.26	重庆美术馆	中国美术家协会
河南省第二十三届美术新人新作展览(中国画展区)	2018.05.12—2018.05.24	郑州美术馆	河南省美术家协会
汶川地震十年摄影展暨《汶川地震十年》画册首发仪式	2018.05.12—2018.06.20	湖北省博物馆	长江日报报业集团

展览名称	时　间	地　点	主办/策展
展颜五彩飞翰墨——山东美术馆馆藏李波捐赠作品展	2018.05.12—2018.06.09	山东美术馆	山东美术馆、山东省美术家协会、山东理工大学、中共淄博市委宣传部
“待到山花烂漫时”——山东省青年中国花鸟画家提名展	2018.05.12—2018.05.22	山东省博物馆	山东省文化厅、山东省文学艺术界联合会、山东省文物局、山东艺术学院
“移动”——2018上海青年艺术家第二回邀请展	2018.05.13—2018.05.17	上海展览中心	华东师范大学美术学院王远教授工作室
风雅锦秀——民国旗袍展	2018.05.13—2018.06.12	中国妇女儿童博物馆	中国妇女儿童博物馆、苏州丝绸博物馆
“优雅de艺术”——米·顾依达董敏师生油画新作展	2018.05.13—2018.05.28	浙江当代油画院艺术馆	浙江当代油画院、浙江理工大学国际交流中心
“阅水成川”——福建师范大学美术学院2018毕业季	2018.05.14—2018.06.17	福建师范大学美术学院	福建师范大学美术学院
第五届拉美艺术季“异彩共生　拉美及加勒比艺术展”	2018.05.14—2018.05.22	北京民族文化宫展览馆	中华人民共和国文化和旅游部外联局、阿根廷共和国驻华大使馆、厄瓜多尔共和国驻华大使馆、圭亚那合作共和国驻华大使馆、墨西哥共和国驻华大使馆、巴拿马共和国驻华大使馆、秘鲁共和国驻华大使馆、特立尼达和多巴哥共和国驻华大使馆、委内瑞拉玻璃瓦尔共和国驻华大使馆
“灵之所在　魂之所系”——匈牙利艺术研究院作品展	2018.05.14—2018.06.10	今日美术馆	中国艺术研究院、匈牙利艺术研究院、今日美术馆
向大家致敬·造化心源——林丰俗艺术回顾展	2018.05.14—2018.05.25	岭南会展览馆	广州美术学院、广东省美术家协会、广东省中国画学会、当代岭南艺术研究院、广东中华民族文化促进会
“融”——法国杜尚奖提名艺术家作品展	2018.05.15—2018.06.17	清华大学艺术博物馆	清华大学艺术博物馆、法国驻华大使馆、法国国际艺术传播委员联合会
淡墨香远——天津市美术家协会花鸟画专业委员会作品展	2018.05.15—2018.06.03	天津美术馆	天津市美术家协会花鸟画专业委员会
“百年教育　百年悲鸿”——徐悲鸿作品珍藏大展	2018.05.15—2018.05.31	上海宝龙美术馆	上海宝龙文化发展基金会、宝龙美术馆、保利艺术博物馆
“科学与艺术”——何继善个展	2018.05.16—2018.05.20	深圳市关山月美术馆	深圳市关山月美术馆
畿辅通会——通州历史文化展	2018.05.16—2018.07.22	首都博物馆	北京市文物局
清代中期绘画特展	2018.05.16—2018.08.12	天津博物馆	天津博物馆

展览名称	时　间	地　点	主办/策展
“九州山水”——中国画名家作品巡回展（成都站）	2018.05.16—2018.05.20	成都市美术馆	中国美协河山画会、中央数字电视书画频道、成都市成华区文化广电新闻旅游体育局
“梵境传心”——娘本唐卡艺术展	2018.05.16—2018.05.27	深圳市关山月美术馆	青海省文化和新闻出版厅、黄南州人民政府、深圳市关山月美术馆
“天地生成造化品汇”——避暑山庄·外八庙皇家瑰宝大展	2018.05.16—2018.08.19	中国园林博物馆	中国园林博物馆、避暑山庄及周围寺庙景区管委会
翰墨榜韵——首届新疆榜书展	2018.05.17—2018.05.23	新疆当代美术馆	新疆社会科学界联合会
心仪广西六十国宝——广西壮族自治区成立60周年文物博物馆事业成果展	2018.05.17—2018.06.17	南宁博物馆	广西壮族自治区文化厅
“日出东方”——周昌新艺术展	2018.05.18—2018.05.31	中国国家博物馆	中共云南省委宣传部、北京市文化局
“茶马古道梦—带—路情”——云南民族主题美术作品展（贵阳展）	2018.05.18—2018.05.23	贵阳市美术馆	云南艺术学院
静藏群壑——畿辅先哲祠名人遗物入藏河北博物院65周年纪念展	2018.05.18—2018.06.20	河北博物院	河北博物院
逝去的风韵——西夏与播州文物展	2018.05.18—2018.07.20	贵州省博物馆	贵州省博物馆、宁夏博物馆
“穿墙透壁”——李乾朗古建筑手绘艺术展	2018.05.18—2018.08.19	山西博物院会展中心	山西博物院、台湾燕楼故事馆主办
风流清逸　萧疏奔放——吉林省博物院藏“南张北溥”书画特展	2018.05.18—2018.07.15	重庆中国三峡博物馆	重庆中国三峡博物馆、吉林省博物院
“竹缘匠心”——明清嘉定竹刻珍藏展	2018.05.18—2018.06.17	嘉定竹刻博物馆	嘉定区文化广播影视管理局主办
青春·担当——山东青年美术力量系列展（天津站）	2018.05.18—2018.05.28	天津美术馆	山东省文化厅、共青团山东省委、山东省青年联合会、山东省美术家协会、天津市美术家协会、天津市青年美术家协会
绣梓流芳——中国雕版印刷展	2018.05.18—2018.08.18	江西省博物馆	扬州博物馆、扬州中国雕版博物馆、江西省博物馆
取法与变法——清人临书展	2018.05.18—2018.08.01	山东博物馆	山东博物馆
砚德清风——故宫博物院藏清代宫廷用砚精品展	2018.05.18—2018.07.29	北京故宫博物院	北京故宫博物院
明代正统、景泰、天顺御窑瓷器展	2018.05.18—2018.06.17	北京故宫博物院	北京故宫博物院、景德镇市陶瓷考古研究所

展览名称	时　间	地　点	主办/策展
穆夏——欧洲新艺术运动瑰宝	2018.05.18-2018.08.28	南京博物院	捷克共和国布拉格国家工艺美术博物馆、捷克共和国布拉格市艺术博物馆、南京博物院
“榄风”——中山小榄中国书法家协会会员作品邀请展	2018.05.19—2018.05.23	广东画院	广东省书法家协会、中山市文学艺术界联合会
黄永玉的紫砂壶	2018.05.19—2018.05.29	中国美术馆	中国美术馆
大美青海　多彩文化——青海特色文化展	2018.05.19—2018.05.25	天津美术馆	中共青海省委宣传部、中共天津市委宣传部、青海省文化和新闻出版厅、天津市文化广播影视局
当下·新倾向——2018年关山月美术馆创作院作品邀请展（第二回）”暨“和风静美——陈湘波工笔画展”、“东观西望——文祯非写意油画展	2018.05.19—2018.05.15	青岛画院美术馆	青岛市文学艺术界联合会、深圳市关山月美术馆、青岛画院
“中华意蕴”——中国油画艺术国际巡展国内汇报展（西安站）	2018.05.19—2018.05.29	陕西省美术博物馆	中国国家画院
创意宣言——第九届福州大学厦门工艺美术学院优秀毕业作品汇报展	2018.05.20—2018.05.28	厦门美术馆	厦门美术馆
期颐艺境·德承百年——湖北美术学院世纪艺术家馆藏精品展	2018.05.20—2018.06.30	湖北美术学院美术馆	湖北省文化厅、湖北美术学院美术馆
“东坡诗意”——翰墨紫玉	2018.05.21—2018.05.29	北京大学百周年纪念讲堂	中华南社学坛、北京大学百周年纪念讲堂、中国近代文学学会南社与柳亚子研究会、苏州市侨联、宜兴市丁蜀镇人民政府、宜兴市文学艺术界联合会、宜兴市陶瓷行业协会
“相约·初夏”——莫大林、李新月、汪文斌油画作品展	2018.05.22—2018.05.31	刘海粟美术馆	刘海粟美术馆、上海市美术家协会、浙江省美术家协会
“版刻春秋”——中华文明历史题材美术创作工程馆藏版画作品文献展	2018.05.22—2018.06.03	四川美术馆	四川省美术家协会、四川美术馆
“A3艺术计划”——《三回Ⅳ＆黄金时代Ⅱ》	2018.05.22—2018.05.31	湖北美术学院美术馆	湖北美术学院油画系A3艺术计划、湖北美术学院美术馆
“具象与抽象的碰撞”——任昌久油画作品展	2018.05.23—2018.06.03	宁波美术馆	宁波市鄞州区文学艺术界联合会、宁波市鄞州区美术家协会

展览名称	时 间	地 点	主办/策展
“丝路飞虹”——韩乐然诞辰120周年中国美术馆藏韩乐然作品展	2018.05.23—2018.09.02	中国美术馆	中国美术馆
锻山——攀枝花市美术作品展	2018.05.23—2018.06.03	深圳美术馆	深圳美术馆、攀枝花市文化馆
全国水利系统“学习贯彻党的十九大精神”主题美术书法摄影四川巡展开展	2018.05.23—2018.05.25	四川省美术馆	中国水利政研会、水利文协、四川省水利厅
“艺林风华”——梁长林作品展	2018.05.23—2018.06.06	北京画院美术馆	北京美术家协会、北京画院、中央美术学院中国画学院
首届行走涪州美术作品邀请展（重庆展）	2018.05.23—2018.06.05	重庆市文联美术馆	重庆市文艺家活动中心、中共涪陵区委宣传部、长江师范学院
纪念改革开放四十周年宜昌市优秀美术作品展	2018.05.23—2018.09.30	宜昌博物馆	宜昌市文化新闻出版广电局
“炎黄风骨”——中国古代历史名人百图汪晓曙绘画作品展	2018.05.24—2018.06.12	广州图书馆	广州市委宣传部、广州大学
“温文肇始”——常熟美术馆藏温肇桐文献资料研究展	2018.05.24—2018.06.17	莞城美术馆	莞城美术馆、常熟美术馆
戊戌春季——中国美术学院研究生学术周暨拱墅区“影像大运河”系列活动	2018.05.24—2018.05.31	京杭大运河博物馆	中国美术学院、拱墅区人民政府
切真——王力克油画艺术展	2018.05.24—2018.06.23	山东美术馆	中国美术家协会、山东省文学艺术界联合会、山东省文化厅、山东艺术学院
“新时代 新徽派”——安徽书画40年精品晋京展	2018.05.24—2018.06.03	中国美术馆	中共安徽省委宣传部、中国美术家协会、中国书法家协会、中国美术馆、安徽省文学艺术界联合会、安徽省文化厅
2018艺术厦门国际博览会	2018.05.26—2018.05.28	厦门国际会展中心	艺术厦门博览会组委会、ARTAMOY博览会有限公司
“不仅仅看见”——新现实主义水墨艺术研究展全国巡展(北京展)	2018.05.25—2018.05.29	中国国家画院美术馆	山东省文化厅、大众报业集团、山东省文学艺术界联合会、山东师范大学
拓展的图示——刘海粟美术馆馆藏版画作品展	2018.05.26—2018.06.10	刘海粟美术馆	刘海粟美术馆
异彩同道——中国油画、水彩艺术家交流作品展	2018.05.26—2018.06.10	浙江美术馆	澳大利亚中国艺术研究院
后笔墨时代：中国式风景	2018.05.26—2018.06.10	浙江美术馆	浙江美术馆、广东美术馆、山东美术馆

展览名称	时　间	地　点	主办/策展
回望百年——大足石刻历史影像展	2018.05.26—2018.06.09	重庆中国三峡博物馆	大足石刻研究院、重庆中国三峡博物馆、四川美术学院大足学研究中心、四川美术学院美术馆、重庆大足石刻国际旅游集团
应物·传神——纪念山东美术馆建馆40周年馆藏国画(人物画)精品展	2018.05.26—2018.06.18	山东美术馆	山东美术馆
"平行·上海"——国际当代艺术邀请展	2018.05.26—2018.06.26	可·美术馆	中共上海市青浦区委员会宣传部、上海市青浦区文化广播影视管理局、上海市青浦区练塘镇人民政府
桑杰本唐卡艺术展	2018.05.27—2018.06.07	中国国家博物馆	中国西部研究与发展促进会、国家民族画院
天津博物馆精品厅馆藏书画换展	2018.05.28—2018.06.24	天津博物馆	天津博物馆
遇见·美好未来——庆祝改革开放40年大型儿童画展	2018.05.29—2018.07.15	山东美术馆	山东美术馆、山东银座·英才幼儿园(集团)、北京银座幼教集团
"清明上河图3.0"——高科技互动艺术展	2018.05.29—2018.10.18	北京故宫博物院	凤凰卫视、北京故宫博物院
"万花敢向雪中出"——韩川野老蔡瑜中国画巡回展(天津站)	2018.05.30—2018.06.06	天津美术馆	天津美术馆、汕头市博物馆
"外国少年儿童"的图片展	2018.05.30—2018.06.04	天津美术馆	天津美术馆、天津市摄影家协会
"丹青绘庄严匠心泽桃李"——唐卡艺术大师阿顿逝世纪念作品展	2018.05.30—2018.06.10	西藏文化发展促进会	西藏文化发展促进会、西藏美术家协会、西藏美术院、日喀则市美术摄影书法家协会
"创造的力量"——美国19世纪专利模型展	2018.05.30—2018.07.29	中国国家博物馆	中国国家博物馆、中国科学技术协会、清华大学、哈格利博物馆与图书馆
广州市立美术学校文献展	2018.05.31—2018.06.24	广东美术馆	广东美术馆
青出于蓝·2018龙泉青瓷传承与创新展	2018.05.31—2018.07.29	浙江省博物馆孤山馆区精品馆	浙江省博物馆
第十届河北艺术联展	2018.06.01.2018.06.08	河北美术馆	共青团河北省委、河北省教育厅、河北省文化厅、河北省青年联合会
文海撷珍——天津博物馆藏近代文献展	2018.06.01.2018.07.08	天津美术馆	天津博物馆
琉光溢彩——王桐发、梁世平伉俪捐赠西洋玻璃器展	2018.06.01.2018.08.10	天津博物馆	天津博物馆
"守望文明百年荣光——天津博物馆1918—2018"特展	2018.06.01—2018.08.19	天津博物馆	天津博物馆

展览名称	时　间	地　点	主办/策展
LOOK：2018安奈儿一起长大艺术展	2018.06.01—2018.06.10	深圳市关山月美术馆	深圳市关山月美术馆、深圳市安奈儿股份有限公司
“不一样的风景”——2018自闭症公益美术作品展	2018.06.01—2018.06.10	深圳画院美术馆	深圳画院
“岭南新轴线”——广东省中青年艺术家作品展	2018.06.01—2018.07.10	广东省新石湾美术馆	广东省新石湾美术馆
“孔雀公主的故事”——龙美术馆《召树屯和喃婼娜》连环画稿展	2018.06.01—2018.08.01	龙美术馆西岸馆	上海徐汇区文化局、龙美术馆西岸馆
安格尔的巨匠之路——来自大师故乡蒙托邦博物馆的收藏	2018.06.02—2018.07.21	浙江美术馆	浙江美术馆、中华世纪坛艺术馆、天津美术馆
从“自然”到“风景”——黑龙江风景油画研究展	2018.06.02—2018.06.19	黑龙省江美术馆	黑龙江省美术馆、黑龙江省油画学会
“俊采星驰”江西美术作品学术邀请晋京展——“魅力红谷”改革开放40周年美术成果汇报	2018.06.02—2018.06.12	中国美术馆	中国美术家协会、江西省文学艺术界联合会、南昌市红谷滩新区管委会
2018年度猎质广东国际当代艺术双年展	2018.06.02—2018.06.10	中山美术馆	中山美术馆/惠书文
“荆关衍脉”——当代山水画学术邀请展	2018.06.02—2018.06.09	山西省图书馆	中央美术学院中国画学院
“汲古藏今”——深圳收藏文化月系列展览（2018）	2018.06.02—2018.07.29	深圳市南山博物馆	中国收藏家协会、中国国际文化传播中心民办博物馆联合会、深圳市委宣传部、深圳市文体旅游局、中共南山区委宣传部
“苏艺天工大师系列”——林怡漆艺作品展	2018.06.02—2018.07.25	苏州博物馆	苏州博物馆、苏州市非物质文化遗产保护管理办公室
连雅堂诗词两岸百位书法名家作品展	2018.06.02—2018.06.08	厦门美术馆	福建省连横文化研究院、福建省连横书画院、台湾书法学会、台湾中华图庐书法学会
“景行维贤”——启功作品展	2018.06.03—2018.06.09	北京荣宝斋	北京荣宝斋
“造物与自然”——新媒体实验艺术项目	2018.06.03—2018.06.07	四川大学美术馆	四川大学艺术学院、四川大学美术馆、四川大学艺术学院绘画系
中国中东欧版画展	2018.06.05—2018.06.22	宁波美术馆	宁波市人民政府
徐悲鸿与他的时代	2018.06.05—2018.06.18	江苏省美术馆新馆	中央美术学院、江苏省文化厅
花之魂——当代中国花鸟画之畜兽门专题邀请展	2018.06.06—2018.06.10	炎黄艺术馆	北京画馆

展览名称	时　间	地　点	主办/策展
2018沧海颂中国海洋画作品展	2018.06.06—2018.06.10	舟山美术馆	国家海洋局宣传教育中心、浙江省海洋与渔业局、舟山市人民政府
“杏坛磬音”——名校学者七人书画展	2018.06.06—2018.06.20	陕西师范大学教育博物馆、书画艺术馆	陕西师范大学、北京师范大学
“无上清凉”——当代中国画名家扇画小品精作展	2018.06.06—2018.06.12	《中国书画》美术馆	《中国书画》杂志社
2018深圳油画年度展	2018.06.06—2018.06.17	深圳美术馆	深圳市美术家协会、深圳美术馆
“漫画一生”——华君武漫画艺术展	2018.06.06—2018.06.30	龙岗文化中心	深圳美术馆、龙岗文化中心
“古早中国”——余平·古民居摄影展	2018.06.06—2018.06.14	陕西省美术博物馆	陕西省美术博物馆
“心道悟源”——叶立平李剑黄少牧中国画作品展	2018.06.07—2018.06.22	湖北美术馆	湖北省文联文学艺术院、湖北省国画院、湖北省美术家协会
“会古通今”——当代中青年书家临创学术交流作品展	2018.06.08—2018.06.24	岭南美术馆	岭南画院
海上花——浙江自然博物馆馆藏珊瑚展	2018.06.08—2018.08.31	河北博物院	河北博物院、浙江自然博物馆
“蒙娜丽莎的微笑&文艺复兴三杰”——贝利尼家族收藏大展	2018.06.08—2018.08.31	浙江展览馆	美术报社、上海喜玛拉雅美术馆、贝利尼博物馆
越地宝藏——一百件文物讲述浙江故事	2018.06.08—2018.10.08	浙江省博物馆	浙江省博物馆
走进非洲——中非珍品雕像艺术展	2018.06.08—2018.09.09	重庆中国三峡博物馆	重庆中国三峡博物馆
第六届全国青年美术作品展	2018.06.08—2018.06.24	中国美术馆	中华全国青年联合会、中国文学艺术界联合会、中国美术家协会
张大千文献展	2018.06.08—2018.07.08	浙江大学	浙江大学出版社艺术与出版研究中心、四川张大千研究中心
2018武汉时尚艺术季暨首届武汉纤维艺术展	2018.06.08—2018.06.22	湖北美术馆	武汉市时尚文化产业联合会、湖北省美术家协会、湖北美术学院、剩余空间
“融·合”——南京市对外文化交流中心、总统府书画院名家作品联展	2018.06.08—2018.06.15	江苏大剧院美术馆	南京市对外文化交流中心、南京总统府书画院
“红土沐霞”——2018澳大利亚原住民艺术家与中国艺术家（上海）联展	2018.06.08—2018.07.30	同济大学博物馆	上海市对外文化交流协会、澳大利亚DESART机构、同济大学博物馆
“云上墨语”——中国人物画作品展	2018.06.08—2018.06.13	云南大学美术馆	董雪莹

展览名称	时　间	地　点	主办/策展
“人民的歌者”——美仑美术馆藏古元水彩画展	2018.06.08—2018.07.08	美仑美术馆	湖南美术出版社
“水与墨·黑与白”——从烟雨江南到白雪塞上·姚龙顺艺术作品巡展（深圳站）	2018.06.09—2018.06.11	雅昌艺术馆（深圳）	文化部中国美术创作基地、香港GreatArt《大美术》杂志社、古塬艺术研究院、姚龙顺艺术馆
“从学院到沙龙”——法国国家造型艺术中心、巴黎国立高等美术学院珍藏展	2018.06.09—2018.09.09	云南省博物馆	云南省文化厅、云南省博物馆、云南省人民政府外事办公室、法国国家造型艺术中心、巴黎国立高等美术学院、蔡冠深基金会
2017中国当代艺术年鉴展	2018.06.09—2018.08.24	北京民生现代美术馆	中国民生银行、北京民生现代美术馆、北京大学视觉与图像研究中心、吴作人国际美术基金会
新倾向：杨露子	2018.06.09—2018.08.12	北京尤伦斯当代艺术中心（UCCA）	尤伦斯当代艺术中心（UCCA）
“无问西东”——从丝绸之路到文艺复兴	2018.06.09—2018.08.19	中国国家博物馆	中国国家博物馆、湖南省博物馆
曲动乐心——全国非遗曲艺保护成果图文展	2018.06.09—2018.06.13	天津美术馆	文化和旅游部、天津市人民政府
“重拾营造”——中国传统村落民居营造工艺作品展	2018.06.09—2018.07.15	上海多伦现代美术馆	四川美术学院
沽风墨韵——天津市中国画学会首届作品展	2018.06.10—2018.07.02	天津美术馆	天津市中国画学会
“昆明国际水彩邀请展”暨“侨之韵国际美术作品展”	2018.06.10—2018.06.20	昆明市博物馆	云南省美术家协会、中共昆明经济技术开发区工委工作部
2018中国·南亚东南亚国际美术展（雕塑）	2018.06.11—2018.06.18	云南省文学艺术馆	云南省文学艺术界联合会、云南艺术学院
“经典与传承”——从中国传统连环画到现代漫画艺术	2018.06.12—2018.07.08	中外文化交流中心展览馆	中外文化交流中心、巴基斯坦中国文化中心
“时代印痕”——中国新兴版画百幅原作珍品展	2018.06.12—2018.07.12	深圳大学美术馆	深圳大学、广东省美术家协会版画艺委会
“纤夫的足迹”——白德松2018画展	2018.06.12—2018.06.26	重庆美术馆	中国美术家协会
当下·新倾向——2018年关山月美术馆创作院作品邀请展（第二回）	2018.06.12—2018.06.24	深圳市关山月美术馆	深圳市关山月美术馆
“韵致的文人·赵蕴玉”——二十世纪笔墨汲川系列精品展	2018.06.12—2018.09.12	四川美术馆	四川省美协、四川美术馆
《素问》第五回展	2018.06.12—2018.07.04	天津美术馆	天津美术馆、英盟当代艺术馆

展览名称	时　间	地　点	主办/策展
庆祝改革开放四十周年“中道自然”全国当代中国画名家邀请展	2018.06.13—2018.06.19	烟台美术博物馆	中国美术家协会艺术委员会、烟台市委宣传部、荣宝斋画院、烟台市文化艺术界联合会、烟台市文化广电新闻出版局
江苏省国画院近年引进专业人员系列汇报展·张迎春中国画作品展	2018.06.13—2018.06.22	江苏省国画院美术馆	江苏省国画院
典藏华章——关山月美术馆馆藏油画精品展	2018.06.13—2018.06.24	深圳市关山月美术馆	深圳市关山月美术馆
中国当代水彩系列研究展（黑龙江 吉林 辽宁）	2018.06.13—2018.06.21	中国国家画院美术馆	中国美术家协会水彩画艺术委员会、黑龙江省美术家协会、吉林省美术家协会、辽宁省美术家协会
“守望”——杭州国画院建院五周年创作成果展	2018.06.13—2018.07.15	杭州国画院美术馆	杭州国画院
“阵中点将”——《中国书画》杂志提名当代青年水墨画家作品邀请展（安徽篇）	2018.06.14—2018.06.23	《中国书画》美术馆	《中国书画》杂志社
“九九变法”——王兰若画展	2018.06.14—2018.06.27	陕西省美术博物馆	中国美术家协会、陕西省美术博物馆、北京画院、南京艺术学院
“传承与经典系列”——潘文良中国画作品展	2018.06.15—2018.06.19	中国国家画院	中国国家画院
“勇立潮头”——浙江省第七届青年美术作品展	2018.06.15—2018.07.22	浙江美术馆	浙江省文学艺术界联合会、浙江省青年联合会、浙江省美术家协会、浙江美术馆
“艺苑今声”——国家艺术基金2017年度艺术人才培养资助项目“西部地区书法艺术人才培养”学员作品巡展第三站（成都）	2018.06.15—2018.06.18	成都市美术馆	郑州大学
梦·旅·人——四人展	2018.06.15—2018.06.24	深圳美术馆	深圳美术馆
江西省第十七届版画作品展	2018.06.15—2018.06.22	宜春美术馆	江西省美协版画艺委会
“翰逸神飞”——苏州博物馆藏历代书法名品展	2018.06.15—2018.09.02	苏州博物馆	苏州博物馆
“水净沙明”——洪黎明中国画作品展	2018.06.16—2018.06.26	扬州市美术馆	扬州市国画院、扬州市美术家协会、广陵区美术家协会
“剑出偏锋”——王俭水墨艺术展	2018.06.16—2018.06.22	北京荣宝斋美术馆	江苏省美术家协会、中共江阴市委宣传部、江阴市文学艺术界联合会
杨长槐（1938—2015）	2018.06.16—2018.07.08	湖北美术馆	中国美术家协会、湖北美术馆、贵州省美术家协会、贵州美术馆

展览名称	时　间	地　点	主办/策展
转折点 ——中国当代艺术四十年	2018.06.16—2018.10.07	龙美术馆西岸馆	龙美术馆
“东行记”——布莱恩·布瑞克和史蒂夫·麦凯瑞的亚洲摄影展	2018.06.17—2018.09.09	上海摄影艺术中心	上海摄影艺术中心
匈牙利当代艺术展	2018.06.17—2018.07.20	中国美术馆	匈牙利驻华大使馆、北京匈牙利文化中心、中国美术馆
“半夏日长”——高毅+黄华三作品展	2018.06.20—2018.07.30	中国人民大学博物馆	中国人民大学
第二届深圳国际摄影大展	2018.06.21—2018.06.24	深圳会展中心	中国摄影家协会、深圳市文学艺术界联合会
“纪念改革开放40周年”主题书画摄影作品展	2018.06.21—2018.06.29	厦门美术馆	厦门美术馆
“观·照”——2018深圳美术馆当代影像艺术展	2018.06.21—2018.07.17	深圳美术馆	深圳美术馆、深圳市摄影家协会
2018上海·嘉兴美术作品交流展	2018.06.21—2018.07.18	中华艺术宫	上海市文化广播影视管理局、嘉兴市人民政府
“群贤·狮山夏至”——中国当代艺术邀请展	2018.06.21—2018.07.07	华中农业大学艺术馆	华中农业大学
第23届春季广州国际艺术博览会	2018.06.22—2018.06.25	琶洲广交会C馆	广州艺博会组委会办公室
当代朝鲜画精品巡展	2018.06.22—2018.06.25	琶洲国际会展中心	琶洲国际会展中心
我们新疆好地方 ——居建新风光摄影展	2018.06.22—2018.07.10	河北博物院	河北省摄影家协会、河北省自然生态摄影研究会、河北省黑白艺术摄影协会、河北博物院
入蜀方知画意浓 ——全国美术作品展（中国画）	2018.06.22—2018.07.08	四川美术馆	中国美术家协会、四川省文学艺术界联合会
“时代·印迹 ——河南省美术馆馆藏版画展”暨“龙江美术讲堂：艺术DIY·定制专属印记”	2018.06.22—2018.07.22	黑龙省江美术馆	河南省美术馆
首届江西省高校师生美术设计作品展　学生优秀作品展	2018.06.22—2018.06.25	江西省展览中心	江西省美术家协会、江西省展览中心
第四届傅抱石·中国画作品双年展	2018.06.22—2018.07.01	江苏省美术馆新馆	江苏省文化厅
“中华风乡土情”农民画、剪纸艺术交流展	2018.06.22—2018.07.01	新疆当代美术馆	新疆维吾尔自治区文化馆、乌鲁木齐市文化局
“青云出岫”——龙珏古意作品展	2018.06.23—2018.06.30	南京艺术学院	南京艺术学院艺术市场实验中心、南京艺术学院文化产业学院艺术管理系
版画的力量：500年世界大师经典作品回顾展	2018.06.23—2018.06.30	荣宝斋（成都）有限公司	荣宝斋（成都）有限公司

展览名称	时 间	地 点	主办/策展
“万花敢向雪中出”——韩川野老蔡瑜中国画巡回展（汕头）	2018.06.23—2018.07.08	汕头市博物馆	汕头市博物馆、天津美术馆
“一个天才的心相”——忻东旺艺术作品展	2018.06.24—2018.08.08	清华大学艺术博物馆	清华大学、中国文学艺术界联合会、中国美术家协会、中国油画学会
“无尽之境”——金一德、李振鹏、魏本师生油画展	2018.06.24—2018.07.10	台州书画院	浙江省美术家协会、台州市文化广电新闻出版局
“艺报故乡”——吕吉人吕敬人兄弟艺术联展	2018.06.25—2018.07.15	湖州博物馆	中共湖州市委宣传部
“文·艺·同·济”博士艺术联展	2018.06.25—2018.07.26	同济大学博物馆	同济大学博物馆、成都大学中国—东盟艺术学院
“盛世钱塘·美好家园”——严荣滨水彩画展	2018.06.26—2018.07.02	杭州画院美术馆	杭州市文学艺术界联合会
“融合的视界”——亚欧经典版画展	2018.06.26—2018.08.12	上海民生现代美术馆	上海民生现代美术馆、上海美术学院、黑龙江省美术馆
海洋宫殿——珊瑚礁科普展	2018.06.26—2018.08.26	深圳博物馆	深圳博物馆、海南三亚国家级珊瑚礁自然保护区管理处、广东海洋大学深圳研究院
四川美术学院青年艺术家驻留计划2017—2018年度作品展	2018.06.26—2018.07.06	四川美术学院美术馆	四川美术学院青年艺术家驻留计划
“高原·高原”——陕西省美术博物馆馆藏作品巡展	2018.06.26—2018.07.03	河北美术馆	陕西省美术博物馆、河北美术馆
千人千面——重庆中国三峡博物馆藏古代人物画展	2018.06.26—2019.01.06	重庆中国三峡博物馆	重庆中国三峡博物馆
“先生之道”——广州画院资深画家系列·首展	2018.06.26—2018.07.16	广州画院先生画馆	广州画院
“江口沉银”——四川彭山江口古战场遗址考古成果展	2018.06.26—2018.09.26	中国国家博物馆	中国国家博物馆、四川省文物局、四川省眉山市人民政府
“腕底烟云未等闲”——纪念何香凝诞辰140周年艺术精品展	2018.06.27—2018.10.07	何香凝美术馆	何香凝美术馆
“文化传承　丹青力量”——中国艺术研究院中青年艺术家系列展之李继飞　张崴	2018.06.27—2018.07.09	中国美术馆	中国艺术研究院
“美美与共”——中国美术馆藏国际艺术作品展	2018.06.27—2018.07.08	中国美术馆	中国美术馆
“湖山胜概”——西湖主题水印版画展	2018.06.27—2018.07.10	北京画院美术馆	浙江美术馆、北京画院

展览名称	时间	地点	主办/策展
“艺苑今声”——国家艺术基金2017年度艺术人才培养资助项目“西部地区书法艺术人才培养”学员作品巡展第四站（昆明）	2018.06.28—2018.06.30	昆明市博物馆	中国书法家协会、郑州大学
纪念何香凝先生诞辰140周年暨首届“香凝如故”——全国美术作品展	2018.06.28—2018.07.08	中国美术馆	民革中央委员会、中国美术家协会
“发现文化贵州品味真迹藏画”——贵州珍藏中国美术精品汇展	2018.06.28—2018.07.28	贵州美术馆	贵州省文化厅、贵州省文学艺术界联合会、贵州大学
“敕宜速”金牌	2018.06.29—2018.07.26	黑龙省江博物馆	黑龙江省博物馆
物华天宝——辽宁朝阳北塔出土文物精品展	2018.06.29—2018.10.07	深圳博物馆	深圳博物馆、朝阳市北塔博物馆
回向：大足石刻图像与历史文献展	2018.06.29—2018.07.15	四川美术学院美术馆	大足石刻研究院、四川美术学院美术馆
打开的窗口是美丽的——深圳改革开放40年优秀美术作品展	2018.06.29—2018.07.08	中国美术馆	中共深圳市委宣传部、深圳市文体旅游局、深圳市文学艺术界联合会
庆祝改革开放40周年书画摄影展	2018.06.29—2018.07.06	厦门美术馆	福建省政协、厦门市政协
“金陵风骨　其命惟新”——2018江苏省国画院中国画书法作品展	2018.06.29—2018.07.15	贵州美术馆	贵州省文化厅、江苏省国画院
第五届青未了——山东省高等学校美术院系应届毕业生优秀作品展	2018.06.29—2018.08.29	山东美术馆	山东省文化厅、山东省教育厅
“1509：与谁同坐”——吴门画派之青少年教育互动展	2018.06.29　2018.08.26	苏州博物馆	苏州博物馆
红旗飘飘——革命将士珍藏文物资料展	2018.06.29—2018.09.16	重庆中国三峡博物馆	重庆中国三峡博物馆、北京华协文化发展有限公司
“艺”——江南·2018上海油画写生作品展	2018.06.29—2018.07.29	上海美协东外滩艺术空间	上海市美术家协会
中国艺术教育博览会暨改革开放四十周年艺术教育成果展	2018.06.30—2018.07.02	中国国际展览中心	中国艺术职业教育学会
“山－水－光－气”——何多苓个展	2018.06.30—2018.09.12	西安美术馆	西安美术馆
“寓言”——井士剑艺术展	2018.06.30—2018.07.26	山东省美术馆	中国美术学院、中国美术家协会艺委会、中国油画学会
国之祀典——清代宁波孔庙祭祀礼乐器展	2018.06.30—2018.11.12	宁波博物馆	宁波博物馆
庆祝海南建省30周年水墨国粹绘画艺术展	2018.06.30—2018.07.03	海南省博物馆	海南省文化广电出版体育厅、中国书画报社

展览名称	时　间	地　点	主办/策展
沪港文化交流迎来当代中国油画精英邀请展	2018.06.30—2018.07.18	上海国际会议中心	上海艺术馆、香港云峰画苑
“红岩”——美术书法作品邀请展	2018.06.30—2018.08.05	重庆美术馆	重庆美术馆（重庆画院）
“周而复始”——综合材料绘画研究展	2018.06.30—2018.07.15	保利艺术博物馆	中国美术家协会艺术委会、中央美术学院、保利艺术博物馆
“光辉的里程”——庆祝改革开放40周年中国画名家学术邀请展	2018.06.30—2018.07.04	李可染画院	北京澎博瑞鑫国际文化传媒有限公司、《人民艺术》特刊
“笔墨纸砚”——格式与形象	2018.07.01—2018.07.22	广东美术馆	广东美术馆
徐悲鸿与他的时代（内蒙古站）	2018.07.01—2018.07.31	内蒙古美术馆	中央美术学院、内蒙古自治区文学艺术界联合会
虚实·任戎	2018.07.01—2018.08.12	湖北美术馆	湖北美术馆
“时代华章·2018”——第二届中国画学会展（江阴站）	2018.07.01—2018.07.30	海澜美术馆	中国画学会、海澜美术馆
讲中国故事——第五届全国架上连环画展（湖北美术学院站）	2018.07.02—2018.07.15	湖北美术学院美术馆	中国美术家协会
改革开放四十周年——首届鄞州书法篆刻作品展	2018.07.03—2018.07.13	宁波博物馆	中共宁波市鄞州区委宣传部、宁波市鄞州区文学艺术界联合会
“标一本”种记录时间记忆的方式康青个展	2018.07.03—2018.07.10	刘海粟美术馆	刘海粟美术馆、上海美术学院
万川曾映月——四人“风景”研究展	2018.07.03—2018.07.22	广东美术馆	樊林
文物修复季特展——執制匠之	2018.07.03—2018.08.31	陕西历史博物馆	陕西历史博物馆、西安火伴艺术文化科技有限公司
置换：延展性材料。流体形态以及变化性语境联展	2018.07.03—2018.08.03	天津美术学院美术馆	DavidPagel、王伟毅
“画颂山河”——潘景友捐赠作品展	2018.07.03—2018.08.05	浙江美术馆	浙江美术馆
“地圆天方”——杨培江的视觉之野	2018.07.03—2018.07.12	广州美术学院大学城美术馆	广州美术学院美术教育学院
和而不同·中国河北地质大学与韩国圆光大学艺术交流展	2018.07.04—2018.07.08	河北美术馆	中国河北地质大学
大师：澳大利亚树皮画艺术家	2018.07.04.2018.09.02	中国国家博物馆	中国国家博物馆、澳大利亚国家博物馆
第十四届中国国际动漫游戏博览会（CCGEXPO2018）	2018.07.05—2018.07.09	上海世博展览馆	中华人民共和国文化部、上海市人民政府
湖里区庆祝改革开放40周年书画作品展	2018.07.05—2018.07.11	厦门美术馆	湖里区文体出版旅游局、湖里区文学艺术界联合会

展览名称	时　间	地　点	主办/策展
“造景：悖立//整合”——2018当代艺术展	2018.07.05—2018.07.14	上海美术学院美术馆	上海美术学院
“戊戌迹相”——河北美术馆馆藏版画展	2018.07.05—2018.11.30	河北美术馆	河北美术馆
“木里乾坤”——吴尧辉木雕艺术精品展	2018.07.05—2018.08.19	浙江省博物馆武林馆	浙江省博物馆
“绘画在绘画在绘画之后”——德国当代艺术中形式的创造	2018.07.06—2018.08.14	广东美术馆	广东美术馆
“尼罗河的馈赠”——古埃及文物特展	2018.07.06—2018.09.16	辽宁省博物馆	辽宁省博物馆、意大利都灵埃及博物馆
“文心高古”——林岗艺术展	2018.07.06—2018.08.26	湖北美术馆	湖北美术馆
嘉陵之春“叁+叁”走乡镇采风写生作品展	2018.07.06—2018.07.24	重庆市文联美术馆	重庆市沙坪坝区文学艺术界联合会、重庆市合川区文学艺术界联合会、重庆市永川区文学艺术界联合会
首届粤港澳大湾区高校美术作品展暨第三届广东省高校美术作品学院奖双年展	2018.07.06—2018.07.12	广州美术学院大学城美术馆	广东省教育厅、广东省美术家协会
“雪情”——顾孔锋油画作品展	2018.07.06—2018.07.15	深圳美术馆	深圳美术馆
“湛碧平湖　千峰翠色”——四川遂宁金鱼村南宋窖藏瓷器精品展	2018.07.06—2018.09.09	中国园林博物馆	中国园林博物馆、遂宁市博物馆
第三届深圳国际摄影艺术展	2018.07.07—2018.07.17	中山美术馆	深圳市罗湖区委宣传部
2018四川·浙江书法篆刻名家精品交流展	2018.07.07—2018.07.12	文轩美术馆	四川省书法家协会、浙江省书法家协会
“七十年·黑土情”——北大荒版画巡展（天津站）	2018.07.08—2018.07.22	天津美术馆	黑龙江省农垦宝泉岭管理局江滨农场
“中国梦·高原情”——林跃藏獒油画主题展	2018.07.10—2018.07.23	中国美术馆	四川省文联
对话——唐卡瓷板佛画艺术展	2018.07.10—2018.07.26	青海省博物馆	青海省文化和新闻出版厅、北京市文化局
行远及众·中国水印木刻版画文献展	2018.07.10—2018.08.10	江苏省美术馆	江苏省美术馆
“清流”——首届湖北青年艺术家作品邀请展	2018.07.10—2018.10.10	武汉大学万林艺术博物馆	武汉大学万林艺术博物馆
“礼出东方”——山东焦家遗址考古发现展	2018.07.10—2018.09.09	中国国家博物馆	中国国家博物馆、山东大学、山东省文物局、济南市人民政府
恐龙诞生之谜	2018.07.10—2018.09.02	宁波博物馆	宁波博物馆
“云上心制　燃情匠心”2018珠宝文化艺术周	2018.07.10—2018.07.17	昆明国际会展中心	东方环球（昆明）国际会展运营管理有限公司
“大风起兮云飞扬”——洛阳西汉画像砖拓片展	2018.07.10—2018.08.15	北京恭王府	徐婵菲、郑虹

展览名称	时　间	地　点	主办/策展
2018中国·南亚东南亚国际美术展（雕塑）	2018.07.10—2018.08.25	红河弥勒“东风韵”小镇展示中心	云南省文学艺术界联合会、云南艺术学院
“炉火正红”——王建中玻璃艺术展	2018.07.11—2018.08.12	国家大剧院艺术沙龙展厅	国家大剧院、中国美术家协会艺术委员会
使徒行传Ⅱ·四川历届全国美展版画获奖作品展	2018.07.11—2018.08.09	四川美术馆	四川省美术家协会、四川美术馆、神州版画博物馆
王福春“火车上的中国人”40年摄影作品展	2018.07.11—2018.07.22	中国美术馆	中国铁路总公司文联、铁路摄影家协会
“文化传承　丹青力量”——中国艺术研究院中青年艺术家系列展之阴澍雨　周延	2018.07.11—2018.07.22	中国美术馆	中国艺术研究院
致敬劳模　不负时代——海南省劳动模范风采展	2018.07.11—2018.07.31	海南省博物馆	海南省总工会
“桃花盛开”——2018首届中国版画作品展（重庆巡展）	2018.07.11—2018.07.29	重庆美术馆	江苏省文化投资管理集团、江苏艺术中心
漫步星际——赵旭作品展	2018.07.12—2018.07.22	中国美术馆	清华大学艺术与科学中心
文化甘孜　精彩荟萃——甘孜州非物质文化遗产主题展	2018.07.12—2018.07.20	四川美术馆	中共甘孜州委宣传部、四川出版集团、四川省文学艺术界联合会
“大美高原”——林跃藏地油画展	2018.07.12—2018.07.22	中国美术馆	中国美术家协会艺术委员会、中国文化艺术发展促进会、四川省美术家协会
寓言——刘政德雕塑艺术展	2018.07.12—2018.08.12	湖北美术馆	湖北美术馆
“老武汉·新武汉”——从汉口开埠到老城新生	2018.07.12—2018.08.12	武汉美术馆	武汉美术馆
“新时代·新征程——庆祝改革开放40周年”厦门市书协历届主席团成员书法作品展	2018.07.12—2018.07.18	厦门美术馆	厦门市文学艺术界联合会
“中国精神”——第四届中国油画进京展	2018.07.13.2018.07.22	中国美术馆	中国美术家协会
记忆与梦想——海峡两岸少儿美术大展暨“汶川十年”纪念特展	2018.07.13—2018.07.22	四川美术馆	中国宋庆龄基金会、四川省文学艺术界联合会、台湾中华文创发展协会、云扬天际文化艺术机构
中正仁和——走进养心殿展	2018.07.03—2018.10.07	山东博物馆	故宫博物院、山东博物馆
解密中国传统山水画	2018.07.13—2018.11.11	广东省博物馆	广东省博物馆
“山水精神”——洪潮中国画全国巡展（山东站）	2018.07.14—2018.07.21	山东省文化馆	中国美术家协会艺术委员会、中国文化旅游摄影协会、中央数字电视国学频道、山东省文化馆
称霸侏罗纪·我是一只威猛的恐龙	2018.07.14—2018.10.07	南京市博物院	南京博物院、自贡恐龙博物馆

展览名称	时　间	地　点	主办/策展
星球的脊梁——“纯净星空生态中国”视听艺术展	2018.07.14—2018.07.24	国家大剧院	中国生态道德教育促进会、中国中文卫视、北京时间的风景文化发展有限公司
“构园”——2018绘画影像空间视觉艺术作品展	2018.07.15—2018.08.10	宜兴市美术馆	南京艺术学院、宜兴市文化广电新闻出版局
“桃坞镌印”——2018年（苏州）全国版画邀请展	2018.07.16—2018.07.30	寒山美术馆	中国美术家协会版画艺委会、苏州市委宣传部、苏州市文学艺术界联合会
“内生镜像”——杰姆斯·雷利×熊宇双人展	2018.07.16—2018.07.21	四川大学美术馆	四川大学艺术学院、四川大学美术馆、四川大学当代艺术研究所
“清平福来”——齐白石艺术特展	2018.07.17—2018.10.08	北京故宫博物院	北京故宫博物院、北京画院
九天花雨——柯桐枝花鸟画作品展	2018.07.17—2018.07.31	湖南省博物馆	中国艺术研究院艺术创作院、中国美术家协会艺术委员会、中国画学会、湖南省文史研究馆、湖南省文联、湖南省美术家协会、湖南省博物馆、中共长沙市委宣传部、长沙市文学艺术界联合会
“渡海白云”——黄君璧双甲纪念暨黄氏父女作品联展	2018.07.17—2018.09.13	深圳市南山博物馆	深圳市南山区委宣传部（文体局）
2018深圳书法篆刻年度展	2018.07.17—2018.07.22	深圳市关山月美术馆	深圳市文学艺术界联合会、深圳市书法家协会、深圳市摄影家协会、深圳市关山月美术馆
开时代风气之先——“当代院风双年展”	2018.07.18—2018.07.29	陕西省美术博物馆	广州美术学院、陕西省美术博物馆、广东省美术家协会、当代岭南艺术研究院
中国美术馆“典藏活化”系列展：青春之诗——中国美术馆藏青年题材作品选展	2018.07.18—2018.09.26	中国美术馆	中国美术馆
“笔墨铸魂”——邢少臣中国画作品展	2018.07.18—2018.07.29	陕西省美术博物馆	广州美术学院、陕西省美术博物馆、广东省美术家协会、当代岭南艺术研究院
“纪念蔡元培先生诞辰150周年”颜宝臻艺术精品展	2018.07.18—2018.07.22	上海朵云轩美术馆	北京大学元培学院
“时代新风”——当代中国画大展	2018.07.18—2018.07.29	陕西省美术博物馆	广州美术学院、陕西省美术博物馆、广东省美术家协会、当代岭南艺术研究院/许晓生

展览名称	时　间	地　点	主办/策展
“古蜀华章”——四川古代文物精华展	2018.07.19—2018.09.19	中国国家博物馆	中国国家博物馆、四川省文化厅、四川省文物局
“时代·生活”——第四届广州速写作品展暨艺术名家走进黄埔	2018.07.19—2018.07.29	黄埔区图书馆（香雪馆）	广州市文学艺术界联合会、广州市黄埔区政协、中共广州市黄埔区委宣传部、广州市美术家协会
第三届中国漆画学术提名展	2018.07.20—2018.08.05	宁波美术馆	中国美术家协会漆画艺术委员会、宁波市文学艺术界联合会
走进黄花曼——郑州市美术名家采风作品展	2018.07.20—2018.07.22	郑州市美术馆	郑州市美术家协会
“一带一路”湖北省美术院雕塑作品展	2018.07.20—2018.08.05	湖北省美术院美术馆	湖北省美术院
“轰鸣”——高安训油画作品展	2018.07.20—2018.07.26	贵州美术馆	贵州省美术家协会、贵州省油画学会、贵州画院、贵州美术馆
“生活·源泉”——上海中国画院画师写生作品展	2018.07.20—2018.08.19	上海中国画院美术馆	上海中国画院
“见字如晤　纸短情长”——深圳美术馆典藏现代书画艺术大家信札暨精品展	2018.07.20—2018.08.19	深圳美术馆	深圳美术馆
花间逸趣·当代花鸟画系列展	2018.07.20—2018.08.05	山东美术馆	山东美术馆、深圳市关山月美术馆
第五届丹青少年中国书画大赛优秀作品展	2018.07.21—2018.07.30	河北美术馆	中国书画家联谊会、燕赵都市报、河北省书画院、丹青少年中国书画大赛组委会
魔幻·现实——达利艺术展	2018.07.21—2018.08.31	上海中外文化艺术交流协会美术馆	上海中外文化艺术交流协会、上海嘉賜文化发展有限公司
“凤凰花开”——中山市树国画、诗歌创作展	2018.07.21—2018.08.12	中山美术馆	中山市文化广电新闻出版局
环渤海风采——2018京津冀鲁辽水彩粉版画作品邀请展	2018.07.21—2018.07.29	天津美术馆	天津市文化广播影视局、北京市文化局、河北省文化厅、山东省文化厅、辽宁省文化厅
“胸中山水奇天下”——齐白石笔下的山水意境之二专题展	2018.07.21—2018.09.23	北京画院美术馆	北京故宫博物院、中国美术馆、中国艺术研究院、中央美术学院美术馆、清华大学艺术博物馆、首都博物馆、天津博物馆、重庆中国三峡博物馆、辽宁省博物馆、湖南省博物馆等

展览名称	时　间	地　点	主办/策展
“大写兵心”——庆祝改革开放四十周年军旅书画家作品展	2018.07.21—2018.07.24	南京图书馆	江苏省美术家协会、江苏省书法家协会、江苏省书法院、江苏省中华文化促进会、南京书画院
纪念宋耀如书画展	2018.07.21—2018.07.27	海南省博物馆	海南省宋耀如研究会、海南省宋庆龄研究会、文昌市宋庆龄基金会
“凝望云林”——环太湖山水画学术邀请展	2018.07.21—2018.08.10	南京书画院	南京市文广新局、南京书画院
“生命·运动·乐趣”——中华古代体育文物展	2018.07.21—2018.10.15	扬州博物馆	江苏省文化厅、江苏省体育局、扬州市人民政府
徐冰：思想与方法	2018.07.21—2018.10.18	北京尤伦斯当代艺术中心	北京尤伦斯当代艺术中心/田霏宇、冯博一
“一支铅笔诞生的世界”——动漫原画特展	2018.07.21—2018.10.14	国家图书馆国家典籍博物馆	程旭
“书情画意”——岭南翰墨十四家作品展	2018.07.22—2018.09.22	广东省新石湾美术馆	广东省新石湾美术馆
夏荆山艺术展	2018.07.22—2018.08.11	中国国家博物馆	中国艺术研究院
文脉流芳——第三届海峡两岸中青年篆刻大赛作品展	2018.06.28—2018.07.28	福建博物院	中国艺术研究院中国篆刻艺术院、福建省文学艺术界联合会、福州市委宣传部、中国寿山石文化发展研究中心、福建博物院、福建省民间文艺家协会、福州市文化广电新闻出版局、福州广播电视台、平潭综合实验区文学艺术界联合会
“版画中国·版画艺术在民间”全国系列巡展第二站：澄川艺术空间	2018.07.24—2018.08.24	北山大院—澄川艺术空间	中央美术学院、中国美术家协会版画艺委会、古元美术馆、珠海市东方文化发展中心、北山社区居民委员会、珠海市炎艺萌远文化艺术交流中心
“7号空间——广东美术馆青年艺术家学术提名展·第五回”“出口”苏畅个展	2018.07.24—2018.08.17	广东美术馆	广东美术馆
“悠游”——2018淮阴艺术馆提名展	2018.07.24—2018.08.31	淮阴艺术馆	淮安市文学艺术界联合会、淮安市清江浦区宣传部、淮阴艺术馆、淮安市淮宣传媒有限公司
2018深圳·中国写意油画巡礼	2018.07.24—2018.10.28	深圳市关山月美术馆	深圳市关山月美术馆、大芬美术馆
“朝圣·敦煌——甘肃画院美术创作工程”甘肃画院美术作品展	2018.07.24—2018.08.02	贵州美术馆	甘肃省文化厅、贵州省文化厅

展览名称	时　间	地　点	主办/策展
“纪念改革开放40周年”开放与创新青年寿山石雕印钮邀请展	2018.07.24—2018.07.29	福建省海峡民间艺术馆	中国民间文艺家协会、福建省文联指导、中国寿山石文化发展研究中心、福建省民间文艺家协会
2018深圳·中国写意油画巡礼	2018.07.24—2018.10.28	大芬美术馆	深圳市关山月美术馆、大芬美术馆
可持续人居共享的未来	2018.07.24—2018.10.07	清华大学艺术博物馆	英国福斯特及合伙人建筑事务所、清华大学艺术博物馆
“归去来兮”——徐仲偶版画作品展（杭州）	2018.07.25—2018.08.04	浙江美术馆	中国共产党宁波市委员会宣传部、宁波市文学艺术界联合会、宁波大学
浙派人物画溯源研究系列：李震坚写生创作展	2018.07.25—2018.09.02	浙江美术馆	浙江美术馆
2018“新松计划”全省中青年艺术家提名系列展之石博文：无人之境	2018.07.25—2018.08.12	浙江美术馆	浙江省文化厅
“文脉传薪”——2018中国写意油画学派作品年展	2018.07.25—2018.08.22	深圳市关山月美术馆	深圳市关山月美术馆、北京当代中国写意油画研究院
“青年视界”——深圳市青年美术家协会年展	2018.07.26—2018.08.22	深圳市坪山区美术馆	中共深圳市坪山区委宣传部（区文体旅游局）、深圳市青年美术家协会
“无上清凉”——当代中国画名家扇画小品精作展（第二回）	2018.07.26—2018.08.15	《中国书画》美术馆	《中国书画》杂志社
“丝路遗珍　掌上佛国”——中国古代脱模泥塑擦擦艺术展	2018.07.26—2018.09.10	唐皇城墙含光门遗址博物馆	西安城墙管理委员会、榆林吉祥擦擦艺术研究中心、西安唐皇城墙含光门遗址博物馆
文化和旅游部2018年国家美术作品收藏与捐赠奖励项目：艺道寻真——张安治的艺术人生	2018.07.26—2018.08.07	中国美术馆	中国美术馆
意大利新锐设计——米兰三年展　天津特展	2018.07.26—2018.09.02	天津美术馆	天津美术馆、米兰三年展博物馆、恒兴（天津）文化交流有限公司
“湖南：当代艺术出版索引1985—2017”与“李路明：艺术时间2005—2017”	2018.07.26—2018.10.26	宋庄美术馆	中国国家画院、宋庄美术馆
“温度”——浸入体验式艺术展	2018.07.27—2018.08.03	长沙市图书馆	Lulumeanstudio、长沙市图书馆
“时代风华”——二十世纪中国美术名家精品展	2018.07.27—2018.08.18	广东美术馆	广东省文化厅
“大器风范”——2018当代中国画坛代表性名家学术邀请展	2018.07.27—2018.08.01	李可染画院美术馆	北京观复美术院

展览名称	时　间	地　点	主办/策展
“黼黻文章”——贵州民族服饰技艺展	2018.07.27—2018.10.07	贵州省博物馆	贵州省博物馆
2018·深圳中国画年度展	2018.07.27—2018.08.12	深圳美术馆	深圳市美术家协会、深圳美术馆、罗湖区文学艺术界联合会
2018年海峡两岸汉字节·台湾书法作品展	2018.07.27—2018.08.02	厦门美术馆	中华书道学会（台湾）、厦门市书法家协会
“大潮起珠江”——庆祝改革开放四十周年全国美术作品展（1978—2018）	2018.07.27—2018.08.05	中国美术馆	中国美术家协会、中共广东省宣传部、中国美术馆、广东省文学艺术界联合会、中共深圳市宣传部
秦蜀之路青铜文明特展	2018.07.27—2018.11.11	成都博物馆	宝鸡青铜器博物馆、成都博物馆、汉中市博物馆
“黄金珍宝”——前哥伦布时期艺术品展	2018.07.27—2018.08.12	广东民间工艺博物馆	广东省广府文化产业发展促进会、广东民间工艺博物馆、广东珠光集团有限公司
“粉壁丹青”——毗卢寺壁画艺术展	2018.07.27—2018.10.21	河北博物院	河北博物院、石家庄市毗卢寺博物院
“一带一路·汉动中国”——徐州青年美术大展（郑州站）	2018.07.27—2018.08.04	郑州美术馆	共青团徐州市委、江苏省青年美术家协会、中国矿业大学建筑与设计学院、徐州市青年联合会
“温文肇始”——常熟美术馆藏温肇桐文献资料研究展.武汉站	2018.07.27—2018.08.12	武汉美术馆	武汉美术馆、常熟美术馆
“五色祥云”——自得堂藏宋元明清单色釉瓷器特展	2018.07.28—2018.08.26	广东省博物馆	广东省博物馆事业发展基金会、广州市融熙文化发展有限公司、广州市当代艺术研究院
天鼓雷音2018“如实观照”当代唐卡艺术展	2018.07.28—2018.08.07	昆明市博物馆	云南天鼓雷音文化传播有限公司、昆明市博物馆
“怀袖雅物　咫尺乾坤”——济南市博物馆藏成扇展	2018.07.28—2018.08.28	济南市博物馆	济南市博物馆
“上谷雅集　艺术雄安”——纪念雄安新区设立一周年暨庆祝改革开放40周年京津冀中国画名家邀请展	2018.07.28—2018.08.03	上谷美术馆	中国画学会天津分会、中国画学会保定分会
2018连州摄影博物馆夏季展	2018.07.28—2018.11.04	连州摄影博物馆	段煜婷、弗朗索·萨瓦尔
2018青年艺术100北京启动展	2018.07.29—2018.08.01	嘉德艺术中心	“青年艺术100”组委会
2018第六届“经典与风范”当代值得关注的艺术家邀请展	2018.07.29—2018.08.12	国家大剧院	北京石上清泉文化艺术有限责任公司
“回望归鸿”——徐悲鸿抗战时期绘画作品展	2018.07.31—2018.10.31	重庆中国三峡博物馆	重庆中国三峡博物馆、徐悲鸿纪念馆

展览名称	时　间	地　点	主办/策展
“归来的木刻”——黑龙江省美术馆藏中英当代版画作品展	2018.08.01—2018.08.30	黑龙江省美术馆	黑龙江省美术馆、黑龙江省版画院、英国木口木刻家协会、英国木版教育信托
“潮涌两江”——纪念改革开放40周年重庆市首届群众书法大赛作品展	2018.08.01—2018.08.12	重庆美术馆	中共重庆市委宣传部、重庆市文化委员会、重庆市文学艺术界联合会
“心系祖国　书画传情”——抗战老兵王之鑑书画展	2018.08.01—2018.08.08	河北美术馆	河北省黄埔军校同学会、石家庄市黄埔军校同学会、燕赵老年报
第二届深圳国际摄影大展	2018.08.01—2018.08.13	宝安区图书馆	中国摄影家协会、深圳市文学艺术界联合会
“西湖销夏”——扇面书画展	2018.08.01—2018.08.19	杭州国画院美术馆	杭州国画院
“艺无止境”——中国书画名家邀请展（北京站）	2018.08.02—2018.08.07	李可染画院美术馆	枣庄市中区文联
水彩在山东——山东美术馆馆藏山东籍水彩画作者作品选展	2018.08.10—2018.09.02	山东美术馆	山东美术馆
“锦绣山河　绚丽草原”——纪念官布先生作品展	2018.08.03—2018.08.17	首都博物馆	首都博物馆、中国少数民族美术促进会
“翰墨传承”——书法作品展（西安站）	2018.08.03—2018.08.12	陕西省美术博物馆	平湖市陆维钊书画院
不仅仅看见——新现实主义水墨研究展巡展（济南展）	2018.08.03—2018.08.25	山东美术馆	山东省文化厅、大众报业集团、山东省文学艺术界联合会、山东师范大学
“中国梦·艺术魂”——纪念改革开放40周年当代名家邀请展	2018.08.03—2018.08.08	济南市美术馆	济南市文化广电新闻出版局
“自在·自为”——2018年江西青年漆画家学术作品展	2018.08.04—2018.08.10	江西省美术馆	江西省艺术研究院、江西科技师范大学美术学院
“超神尽变”——广州艺术博物院藏赖少其八零后作品展	2018.08.04—2019.07.26	广州艺术博物院	广州艺术博物院
2017年度国家艺术基金“高校漆画人才培养”结项成果汇报展	2018.08.04—2018.08.10	江西省美术馆	江西科技师范大学
“书林写意”——马书林中国画作品展	2018.08.05—2018.08.12	中国国家博物馆	中国美术家协会、中国美术馆、中国国家画院、中国艺术研究院
广州市美术家协会老画家艺委会2018年优秀作品展	2018.08.06—2018.08.19	广州和曦美术馆	广州市美术家协会
“书艺问道”——吕敬人书籍设计40年	2018.08.08—2018.09.02	刘海粟美术馆	刘海粟美术馆、上海美术学院
能量——改革开放40年山东美术发展成果展	2018.08.09—2018.08.19	中国美术馆	中共山东省委宣传部、中国美术馆、中国美术家协会、山东省文化厅、山东省文学艺术界联合会

展览名称	时　间	地　点	主办/策展
风从草原来——内蒙古油画作品展·东莞站	2018.08.09—2018.09.02	莞城美术馆	莞城美术馆、内蒙古呼和浩特民族美术馆
“大地回春”——关山月梅花专题展	2018.08.09—2018.10.10	深圳市关山月美术馆	深圳市关山月美术馆
“器聚春城”2018昆明（中国）国际陶艺展暨当代柴烧艺术创作与收藏论坛	2018.08.09—2018.08.14	昆明国际会展中心	国家级昆明经开区文创办、云南报业文化投资发展有限公司
“不忘初心”——全国书画名家作品邀请展（河南·郑州）	2018.08.09—2018.08.19	河南省美术馆	贵州茅台酒股份有限公司
大师窖藏——近现代名家精品系列展	2018.08.10—2018.08.20	宁波美术馆	中国对外文化集团公司
承转之和——莞城美术馆馆藏水彩画作品展	2018.08.10—2018.10.18	莞城美术馆	莞城美术馆
“新时代·新征程——庆祝改革开放40周年”厦门市美术家协会历届主席团成员作品展	2018.08.10—2018.08.19	厦门美术馆	中共厦门市委宣传部、厦门市文学艺术界联合会
“养心殿研究性保护项目”阶段性成果展	2018.08.10—2018.08.31	北京故宫博物院	北京故宫博物院
刘开渠与中国美术馆	2018.08.11—2018.08.21	中国美术馆	中国美术馆、北京刘开渠艺术研究院
中国精神：第四届中国油画邀请展	2018.08.11—2018.09.03	四川博物院	中国美术家协会、四川省文化厅
“徐悲鸿与他的时代”巡展（石家庄站）	2018.08.11—2018.09.10	石家庄美术馆	中央美术学院、石家庄市文化广电新闻出版局
当代优秀摄影家作品巡展暨革命老区扶贫	2018.08.11—2018.08.15	西安美术馆	常州市摄影家协会
“镶嵌中国”——马赛克艺术邀请展（合肥站）	2018.08.12—2018.08.26	安徽博物院新馆	中国美术家协会壁画艺委会、安徽博物院、安徽省美术家协会
Xcelerator超级对撞[10]——小米·时代艺术科技大展	2018.08.12–2018.10.14	北京时代美术馆	北京时代美术馆、小米科技有限责任公司
白族传统工艺美术作品巡展	2018.08.14—2018.08.23	华侨博物院	昆明理工大学、华侨博物院
都市·生活——18世纪的东京与北京	2018.08.14　2018.10.07	首都博物馆	中国北京首都博物馆、日本江户东京博物馆
“和而不同”——成都博物馆藏清代四川地区木雕造像展	2018.08.14—2018.09.30	成都博物馆	成都博物馆
“长物为伴·宋明文人之雅致生活”展	2018.08.14—2018.10.21	浙江省博物馆武林馆	浙江省博物馆
潮汐·涌动——四川艺术高校优秀展览扶持计划“蝶变”	2018.08.15—2018.09.02	成都市美术馆	成都画院·成都市美术馆、西南民族大学艺术学院
“一带一路　岭南海丝”——青苗画家“广东海上丝绸之路”写生汇报展	2018.08.15—2018.08.25	广州市红专厂E5艺术馆	南方日报社、广东省文学艺术界联合会、广东省民间艺术家协会、广州画院

展览名称	时　间	地　点	主办/策展
“扇·逸”——中国画扇面精品展	2018.08.15—2018.08.25	中国画美术馆	中国画创作研究院
2018“城市色彩”主题系列展览	2018.08.15—2018.09.15	上海城市规划展示馆	上海城市规划展示馆
“时间之外”——马宏法雕塑作品展	2018.08.15—2018.09.02	浙江美术馆	浙江省文化厅
吞吐大荒——许钦松山水画展	2018.08.16—2018.08.26	江苏省美术馆	中国文学艺术界联合会、全国政协书画室、广东省人民政府、中共广东省委宣传部、中国美术馆、中国美术家协会、中国艺术研究院、中国国家画院
上海市第十届书法篆刻大展	2018.08.16—2018.08.26	中华艺术宫	上海市文学艺术界联合会、上海市书法家协会、中华艺术宫
“光华”——袁运甫艺术之美	2018.08.16—2018.10.07	清华大学艺术博物馆	清华大学、中国美术家协会、中国国家画院
“同行放歌”——画坛伉俪七夕节中国画作品邀请展	2018.08.17—2018.08.20	炎黄艺术馆	中央数字电视国学频道
“瓷印辉光”——中国陶瓷印创作生态研究展全国巡展·第二展（西宁站）	2018.08.17—2018.09.16	青海美术馆	北京理工大学、青海省生态保护和建设办公室、青海省文化和新闻出版厅、青海省广播电影电视局、青海省文学艺术界联合会
“海丝情·中国梦”——中国福州“海上丝绸之路”全国中国画作品展	2018.08.17—2018.08.23	福州海峡国际会展中心	中国美术家协会、福州市人民政府、福建省文学艺术界联合会
“回望太行”——苏高礼新作展	2018.08.17—2018.10.17	山西博物院艺术中心	山西博物院
岁月流金，生命回响——近代中国医学人文历史大展	2018.08.17—2018.09.20	龙美术馆西岸馆	上海市医学会、复旦大学附属中山医院、龙美术馆
辽宁省博物馆中国古代绘画展	2018.08.17—2018.11.20	辽宁省博物馆	辽宁省博物馆
2018首届博艺计划暨艺盘年度提名展（首站）	2018.08.18—2018.08.22	山东省文化馆	山东艺产宝文化产业有限公司
“峰格”——中国水彩画名家邀请展	2018.08.18—2018.08.24	齐鲁艺术馆	山东省书画艺术研究院
纪念改革开放四十周年：长江颂·长江流域书法名家邀请展	2018.08.18—2018.08.31	湖北美术馆	湖北省书法家协会、书法报社、湖北美术馆
“先生之风”——刘仑·黄志坚艺术文献展	2018.08.18—2018.09.08	广州画院先生画馆	广州画院
“弘扬经典·铸造辉煌”——2018中国当代工艺美术双年展（北京）	2018.08.18—2018.09.02	中国国家博物馆	中国艺术研究院

展览名称	时　间	地　点	主办/策展
“兰亭群星荟岭南”——全国书法精品邀请展	2018.08.18—2018.08.31	深圳画院	深圳画院、深圳市书法家协会、深圳市金一百艺术品股份有限公司
“觉醒的现代性”——毕业于宾夕法尼亚大学的中国第一代建筑师	2018.08.18—2018.10.14	上海当代艺术博物馆	上海当代艺术博物馆(PSA)、东南大学建筑学院、上海市建筑学会
讲中国故事——第五届全国架上连环画展	2018.08.19—2018.08.29	天津美术馆	中国美术家协会
“巴山蜀水”——朱常棣80寿辰中国画展	2018.08.19—2018.09.19	四川美术馆	中国美术家协会艺委会、四川省文学艺术界联合会、四川省美术家协会、成都市文学艺术界联合会、成都市美术家协会
“智者创物”——国际当代漆艺展（南昌站）	2018.08.19—2018.08.31	江西省美术馆	中央美术学院陶瓷艺术研究院、南昌市红谷滩新区管委会
“遇见·景德镇”——千年瓷都名坊手作	2018.08.20—2018.09.20	深圳市南山博物馆	景德镇市人民政府、深圳市南山区人民政府
“芥舟楫痕”——刘鸿洲画展	2018.08.23—2018.09.01	湖南省博物馆	湖南省美术家协会、湖南省画院、湖南省花鸟画家协会、湖南省中国画学会、凤凰县人民政府、湘西州文联、湖南省博物馆
首届全国工艺美术作品展	2018.08.20—2018.10.20	龙现代艺术中心	中国美术家协会和上海市文学艺术界联合会
河北省第九届妇女书法展暨全国首届女书展	2018.08.21—2018.08.26	河北美术馆	河北省书法家协会、河北省女书法家协会
第六届中国（深圳）国际红木艺术展暨中式生活博览会	2018.09.21—2018.09.24	深圳会展中心	第六届中国（深圳）国际红木艺术展组委会
“草原丝路探源”——世界摄影家眼中的巴林左旗	2018.08.21—2018.09.16	中外文化交流中心展览馆	中外文化交流中心
“青山白云·同此素心”——潘主兰书画作品展	2018.08.21—2018.08.26	福州市美术馆	福州市美术馆、潘主兰艺术研究会
“文化传承·丹青力量”——中国艺术研究院中青年艺术家系列展之徐青峰常磊	2018.08.22—2018.09.02	中国美术馆	中国艺术研究院
五大经济特区水彩画联展	2018.08.22—2018.09.11	深圳美术馆	深圳美术馆
大美中国·盛世华章——大型漆画组画展	2018.08.22—2018.09.02	广西美术馆	广西旅游发展集团、广西美术馆、广西美术家协会漆画艺术委员会
“曼舞翩跹”——敦煌壁画中的舞蹈	2018.08.22—2018.09.13	国家大剧院艺术沙龙展厅	国家大剧院
“纪念周恩来诞辰120周年”美术作品巡展	2018.08.22—2018.08.26	江苏省美术馆	淮安市美术馆
“韶影华章”——石少华摄影回顾展	2018.08.23—2018.09.02	中国美术馆	中国美术馆

展览名称	时　间	地　点	主办/策展
2018庭兰学术提名展——马国强·郭建明新作展	2018.08.23—2018.08.25	郑州美术馆	河南省中国画学会
积翠掇英——福建博物院积翠园艺术馆馆藏书画精品展	2018.08.23—2018.09.20	福建博物院	福建博物院
“大潮起珠江”——庆祝改革开放四十周年全国美术作品展（广东站）	2018.08.23—2018.09.24	广东美术馆	中国美术家协会、中共广东省委宣传部、中国美术馆、广东省文学艺术界联合会、中共深圳市委宣传部
“丝路起点·回望长安”——长安画派与长安画坛国画作品晋京展	2018.08.23—2018.09.02	中国美术馆	西安市人民政府
首届澜沧江湄公河流域国家华侨华人/归侨侨眷儿童美术作品展	2018.08.23—2018.09.15	昆明市博物馆	昆明市归国华侨联合会 金宝宝教育
“纤夫的足迹”——白德松2018作品展	2018.08.23—2018.09.02	中国美术馆	中国美术家协会
潮涌钱江：中国改革开放四十周年暨兰亭书法社双年展	2018.08.24—2018.09.09	浙江美术馆	浙江省文化厅、浙江省文学艺术界联合会、中国美术学院
“笔触历史　百年记忆”——岭南美术馆馆藏十年特展	2018.08.24—2018.10.07	岭南美术馆	岭南画院、岭南美术馆
“自然的力量”——洛杉矶郡艺术博物馆藏古代玛雅艺术品	2018.08.24—2018.11.25	深圳博物馆	深圳博物馆、湖北省博物馆、金沙遗址博物馆、洛杉矶郡艺术博物馆
“菁孙秋韵”——缪谷瑛百菊展	2018.08.25—2019.03.17	清华大学艺术博物馆	清华大学艺术博物馆
“盛世华章·西安颂歌”——军旅书画家寒石艺术交流展	2018.08.25—2018.09.02	陕西省美术博物馆	陕西省美术家协会、陕西省书法家协会、中国长城书画院
“语言之在”——2018第四届中国油画双年展	2018.08.25—2018.09.05	中华艺术宫	中国油画学会、中华艺术宫
新倾向：致颖	2018.08.25—2018.10.28	尤伦斯当代艺术中心	尤伦斯当代艺术中心
“耀世遗珍”——阿富汗国家博物馆藏珍宝展	2018.08.25—2018.11.04	深圳市南山博物馆	阿富汗国家博物馆、中国文物交流中心、中国人民对外友好协会、深圳市南山区委宣传部（文体局）
“千岩竞秀”——陆秀竞中国画作品展	2018.08.25—2018.09.02	中国美术馆	中国美术家协会、中国美术馆、浙江省文学艺术界联合会
纪念爱新觉罗·溥佐百年诞辰师生书画展	2018.08.26—2018.09.05	天津美术馆	爱新觉罗书画艺术研究会、松风画派研究会、北京坤德厚合有限公司
大师窖藏——近现代名家精品系列展	2018.08.26—2018.09.06	湖北省博物馆	中国对外文化集团

展览名称	时　间	地　点	主办/策展
“一带一路”——龙泉青瓷上海展	2018.08.27—2018.09.20	上海东方陶瓷美术馆	龙泉市人民政府、上海市长宁区文化艺术中心
海派巨擘——任伯年绘画作品展	2018.08.28—2018.11.25	辽宁省博物馆	辽宁省博物馆
动物寓言·梦幻篇——法国艺术家莫妮卡·古尔戈油画个展	2018.08.29—2018.09.09	宁波美术馆	宁波市文学艺术界联合会
2018北京当代·艺术展	2018.08.30—2018.09.02	全国农业展览馆	全国农业展览馆
惊雷破瓮——广州艺术博物院藏廖冰兄晚年漫画作品展	2018.08.30—2018.09.30	广州艺术博物院	广州艺术博物院
影像见证40年全国摄影大展	2018.08.30—2018.09.12	中国国家博物馆	中国文学艺术界联合会、中国摄影家协会
“百年华诞不忘初心”——2018·中央美术学院硕博导师作品展	2018.08.30—2018.09.13	中央美术学院	中央美术学院、保利艺术博物馆
“汉字·格律”——陈楠汉字艺术设计观（武汉展）	2018.08.31—2018.10.28	湖北美术馆	清华大学中国古文字艺术研究中心、湖北美术馆
“卓越翘楚写春秋”——武汉美术馆纪念张振铎诞辰110周年作品展	2018.08.31—2018.09.25	武汉美术馆	武汉美术馆
2018上海设计之都活动周·创新生活设计体验展	2018.08.31—2018.09.02	上海展览中心	联合国教科文组织“创意城市”（上海）推进工作办公室
2018多彩贵州文化艺术节暨庆祝改革开放四十周年主题美术作品展	2018.09.01—2018.09.08	贵州省美术馆	贵州省委宣传部、贵州省文化厅、中国美术家协会、贵州省美术馆
镶嵌中国——马赛克艺术邀请展全国巡展	2018.09.01—2018.09.08	南京艺术学院美术馆	中国美术家协会壁画艺委会
贵州画院（贵州美术馆）专职画家作品陈列展	2018.09.01—2018.09.16	贵州省美术馆	贵州省委宣传部、贵州省文化厅、中国美术家协会、贵州省美术馆
石刻万物　穿越千年——青田石雕艺术暨徐伟军作品展	2018.09.01—2018.09.14	陕西历史博物馆	陕西历史博物馆、青田石雕博物馆
“爱与祈愿·丰穰之翼”——绢谷幸二作品展	2018.09.01—2018.09.23	清华大学艺术博物馆	清华大学
“浑沌的光亮”——刘巨德艺术展	2018.09.01—2018.09.24	山东美术馆	清华大学、中国美术馆、中国美术家协会、山东美术馆
“寻归自然”——钟蜀珩绘画作品展	2018.09.01—2018.09.24	山东美术馆	清华大学、中国美术馆、中国美术家协会、山东美术馆
毕智穷工——文物修复季特展之陶瓷修复	2018.09.01—2018.12.31	陕西历史博物馆	陕西历史博物馆
“色彩的超越”——中国当代水墨重彩优秀画家联展	2018.09.01—2018.09.10	北京工笔重彩画会	北京工笔重彩画会

展览名称	时　间	地　点	主办/策展
“吞吐大荒”——许钦松山水画展（重庆站）	2018.09.01—2018.09.16	重庆美术馆	中国文学艺术界联合会、全国政协书画室、广东省人民政府、中共广东省委宣传部、中国美术馆、中国美术家协会、中国艺术研究院、中国国家画院
“兰风梅骨”——梅墨生捐赠书画作品展	2018.09.01—2018.11.15	河北博物院	河北博物院
高文藏名家题跋汉画像砖拓片展	2018.09.02—2018.09.28	山水美术馆	山水美术馆、中国汉画学会
花间逸趣·当代中国花鸟画系列展	2018.09.02—2018.09.09	天津美术馆	广州美术学院、天津美术馆、广东省美术家协会、当代岭南艺术研究院
陕西首届金石题跋展	2018.09.02—2018.09.12	锦业美术馆	《金石研究》、陕西省书法家协会
“步漆而语”——湖北省首届高校漆艺作品展	2018.09.02—2018.09.22	湖北美术学院美术馆	湖北美术学院、湖北省美术家协会
海上明月共潮生——中华艺术宫藏华人美术名家捐赠作品展	2018.09.03—2018.09.03	中华艺术宫	中华艺术宫
纪念中国人民抗日战争胜利73周年昆明书画展	2018.09.03—2018.10.12	昆明市博物馆	昆明市人民政府参事室、昆明市文史研究馆
“回响”——湖北美术学院绘画雕塑系93级中国画专业入学25周年师生作品展	2018.09.03—2018.09.13	湖北美术学院	湖北美术学院中国画系
“银川对话”——2018中国·意大利版画作品联展	2018.09.03—2018.11.03	银川国际版画研究中心	银川市文化新闻出版广电局
“自然花开”——2017年国家艺术基金资助项目自贡扎染艺术创新人才培养	2018.09.04—2018.09.13	四川美术馆	四川理工学院、自贡市扎染工艺有限公司
“菩提华光”——河北博物院藏铜佛造像展	2018.09.04—2018.10.31	河北博物院	河北博物院
问道丹青——侯北人于君慧陈秀珊师生作品展	2018.09.04—2018.10.14	辽宁省博物馆	辽宁省博物馆、中华艺术学会
“大唐风华”——唐代精品文物展	2018.09.04—2018.11.03	中国国家博物馆	中国国家博物馆、中共陕西省委宣传部、陕西省文物局
“藏源·藏缘”——2018中国西藏雅砻文化节之山南文物精品展	2018.09.04—2018.10.07	安徽博物院新馆	2018中国西藏雅砻文化节组委会
中国印刷术的活化石——十竹斋木版水印艺术作品展	2018.09.05—2018.09.16	中国美术馆	中国非物质文化遗产保护协会、中国古籍保护协会、杭州市文化广电新闻出版局
“后生命”——第二届BMAB北京媒体艺术双年展	2018.09.05—2018.09.24	中央美术学院美术馆	中央美术学院

展览名称	时间	地点	主办/策展
不忘初心 砥砺前行——陕西历史博物馆改革开放建设成就展	2018.09.05—2018.09.16	陕西历史博物馆	陕西历史博物馆
"文化传承　丹青力量"——中国艺术研究院中青年艺术家系列展之李贵君　王桂勇	2018.09.05—2018.09.16	中国美术馆	中国艺术研究院
书风·当代中青年书家邀请展（第三届）	2018.09.05—2018.09.25	武汉美术馆	武汉美术馆
无界·无尘——朱守聚、朱红梅、朱红霞三人联展	2018.09.05—2018.09.15	山东美术馆	山东艺术学院、山东工艺美术学院、济南大学、山东电子职业技术学院、山东省女书画家协会、山东美术出版社有限公司
"绿·道"——天府绿道采风写生作品展	2018.09.05—2018.09.18	成都市美术馆	成都市文化广电新闻出版局、成都市城乡建设委员会、成都市机关事务管理局
苏艺天工大师系列——钟锦德红木雕刻艺术展	2018.09.05—2018.10.10	苏州博物馆	苏州博物馆、苏州市非物质文化遗产保护管理办公室
"艺路十年"——六人作品展	2018.09.06—2018.09.10	中国—东盟艺术馆	广西青年美术家协会
第二届广东当代陶艺学术邀请展暨深圳当代陶艺大展	2018.09.06—2018.09.25	深圳画院美术馆	广东省美术家协会陶艺艺委会、深圳画院、深圳市美术协会、深圳市宝安区文学艺术界联合会
"江山如画"——金志远徐孅伉俪艺术展	2018.09.06—2018.09.16	中国美术馆	中国美术馆
大辽五京——内蒙古出土文物暨辽南京建城1080年展	2018.09.06—2018.12.09	首都博物馆	北京市人民政府、内蒙古自治区人民政府
"墨彩万钧"——陆沉的水墨艺术	2018.09.06—2018.09.16	中国美术馆	山西省委宣传部、山西省文联、山西省政府参事室（文史馆）、太原理工大学、山西省美术家协会
欢无极——杨福音的绘画艺术暨《福音画语》首发式	2018.09.08—2018.10.06	湖南省博物馆	湖南省博物馆
2018浙江·台湾合作周摄影作品展	2018.09.07—2018.09.16	浙江美术馆	浙江省人民政府、国务院台湾事务办公室
2018第五届丝绸之路国际艺术节·今日丝绸之路国际美术展	2018.09.07—2018.09.21	陕西省美术博物馆	中华人民共和国文化和旅游部、陕西省人民政府
工业4.0：转型的力量——2018中国工业版画三年展	2018.09.07—2018.10.07	湖北美术馆	湖北美术馆、中国美术家协会版画艺委会、中国工业版画研究院
贵胄绵绵：摩纳哥格里马尔迪王朝展	2018.09.07—2018.11.11	北京故宫博物院	北京故宫博物院等

展览名称	时　间	地　点	主办/策展
辽宁省博物馆中国古代书法展	2018.09.07—2018.11.20	辽宁省博物馆	辽宁省博物馆
取法乎上——苏博藏历代书法临古特展	2018.09.08—2018.10.07	苏州博物馆	苏州博物馆
“再造山河——20世纪50、60年代‘新国画运动’”研究展	2018.09.08—2018.10.07	中央美术学院美术馆	中央美术学院美术馆
“重识游戏”——首届功能与艺术游戏大展	2018.09.08—2018.10.07	中央美术学院美术馆	中央美术学院、中国文化娱乐行业协会
中国美术馆学术邀请系列展：质朴的精神——陈坚水彩作品展	2018.09.08—2018.09.16	中国美术馆	中国美术馆、中国美术家协会、中国美术学院
痕迹——白羽平、白蒂绘画作品展	2018.09.08—2018.09.24	山东美术馆	山东美术馆、德国贝尔艺术中心
“循道·惟新”——第二届西南青年版画创作推动计划	2018.09.08—2018.10.06	四川美术馆	中国美术家协会版画艺委会、四川省美术家协会
“师造化”——当代山水画写生创作转化研究展	2018.09.08—2018.09.15	中国画美术馆	中国画创作研究院
器道：京都工艺美术展	2018.09.08—2018.09.27	刘海粟美术馆	刘海粟美术馆
“一带一路·黑龙江艺术家国际艺术交流项目”2018中日韩国际交流美术展	2018.09.08—2018.09.13	黑龙江省美术馆	黑龙江省文学艺术界联合会、北海道文化团体协议会、忠清北道艺术文化团体总联合会、黑龙江省美术馆
“天海高旷　水月清华”——康有为、梁启超书法展	2018.09.09—2018.12.10	广州艺术博物院	广州艺术博物院、广东省博物馆
“紫苑墨痕”——开苑四老书画展	2018.09.06—2018.09.16	恭王府博物馆嘉乐堂	中国美术家协会与恭王府博物馆展览活动部、书画创作与研究中心
大匠之园：萧朗艺术作品展	2018.09.10—2018.10.10	天津美术学院美术馆	天津美术学院
传道：天津美术学院藏王雪涛课徒稿展	2018.09.10—2018.10.10	天津美术学院美术馆	天津美术学院
故宫博物院藏清初“四王”绘画特展	2018.09.10—2018.10.30	北京故宫博物院	北京故宫博物院
“纪念改革开放40周年”——浙川文化艺术交流展四川省诗书画院/浙江画院创作成果联展	2018.09.10—2018.09.16	浙江展览馆	四川省文化厅、浙江省文化厅、四川省文学艺术界联合会、浙江省文学艺术界联合会
风雅江南——常熟博物馆藏历代文房珍玩展	2018.09.11—2018.10.21	天津美术馆	常熟博物馆、天津美术馆
翰墨传承——书法作品展	2018.09.11—2018.09.20	浙江美术馆	平湖市陆维钊书画院
“异视”——上海抽象艺术学术互动展	2018.09.11—2018.09.24	上海视觉艺术学院美术馆	上海视觉艺术学院美术馆、上海抽象画会（上海中外文化艺术交流协会抽象画专业委员会）

展览名称	时　间	地　点	主办/策展
第二届苏州市文华奖·优秀美术作品展	2018.09.11—2018.10.07	苏州美术馆	苏州市文化广电新闻出版局
奋进·辉煌——广西美术馆馆藏广西近现代重大历史题材美术创作工程作品展	2018.09.11—2018.10.31	广西美术馆	广西美术馆
“草原放歌”——妥木斯油画展	2018.09.12—2018.09.28	中共中央党校档案馆	中国美术家协会、中共中央党校图书馆、中国艺术研究院中国油画院
“渗透”——波兰艺术家作品展	2018.09.12—2018.09.29	天津美术学院美术馆	天津美术学院、波兰弗罗茨瓦夫美术学院
“真实的启示”——蒲国昌王华祥双个展	2018.09.12—2018.09.24	贵州美术馆	中国美术家协会、中央美术学院、国际学院版画联盟、中国美协版画艺术委员会
“薪火相传”——纪念著名画家许竹楼先生诞辰110周年暨田舍郎花鸟画作品联展	2018.09.12—2018.09.24	杭州国画院美术馆	浙江省文史研究馆、西泠书画院
溯洄追新——历届全国美展、书法国展广西作品展	2018.09.12—2018.12.30	广西美术馆	广西美术馆、广西美术家协会、广西书法家协会
“原本·肉身”——李鹤雕塑作品展	2018.09.12—2018.09.26	清华大学美术学院美术馆	清华大学美术学院
2018重庆市首届综合材料绘画作品展	2018.09.13—2018.10.08	重庆市文联美术馆	重庆市美术家协会
“齐鲁画风”——山东画院作品展（重庆站）	2018.09.13—2018.09.25	重庆美术馆	山东省文化厅、重庆市文化委员会
大美中国·盛世华章——大型漆画组画展	2018.08.22—2018.09.02	广西美术馆	广西旅游发展集团、广西美术馆、广西美术家协会漆画艺术委员会
“中原华彩”——河南省书法家协会草书委员会委员作品展	2018.09.13—2018.09.23	郑州大学南校区	河南省书法家协会第六届草书委员会
中国美术馆国际交流展系列：心灵的风景·泰特不列颠美术馆珍品展（1700—1980）	2018.09.13—2018.11.06	中国美术馆	伦敦泰特美术馆、中国美术馆
“瓷艺生辉”——杨学棒作品展	2018.09.13—2018.10.05	北京故宫博物院	北京故宫博物院、温州市人民政府
“追心溯源”——心源画会第二届作品展	2018.09.14—2018.09.23	深圳美术馆	深圳美术馆、心源画会
“图像的维度”——2018袁文彬油画作品展	2018.09.14—2018.09.24	岭南美术馆	北京中国当代写意油画研究院、岭南画院
“思接千载”——2018天津·汤立·尹沧海大写意作品展	2018.09.14—2018.09.23	天津美术馆	南开大学、天津美术家协会、天津市书画艺术研究会、当代大写意花鸟艺术研究院、闹红画会

展览名称	时　间	地　点	主办/策展
中原画风·河南省美术作品甘肃展	2018.09.14—2018.09.21	兰州雁儿湾当代美术馆	中共河南省委宣传部、中国美术家协会、河南省文学艺术界联合会、甘肃省文学艺术界联合会
“追梦·山水间”——程泰宁院士建筑作品展	2018.09.14—2018.10.07	南京博物院	东南大学、中国建筑学会
梅花风骨凝画魂——潘文经先生的艺术人生	2018.09.14—2018.10.15	广西美术馆	广西美术馆
颐年奋笔写梅樱——潘文经艺术回顾展	2018.09.14—2018.10.15	广西美术馆	广西美术馆、广西中国画学会
“爱琴遗珍”——希腊安提凯希拉岛水下考古文物展	2018.09.14—2018.12.16	北京故宫博物院	北京故宫博物院、希腊国家考古博物馆
第三届海外华人艺术家邀请展别处/此在：海外华人艺术抽样展	2018.09.15—2018.11.15	何香凝美术馆	何香凝美术馆
佛缘·郭忠之佛像印作品展	2018.09.15—2018.09.26	中山美术馆	甘肃省书法家协会、中山市文学艺术界联合会、中山市书法家协会
诗联辞赋有薪传——献县传承民族优秀文化书画展	2018.09.15—2018.09.24	河北美术馆（河北画院）	河北省文化厅
记忆之光——鲁杰罗·萨维尼奥、唐勇力、朱塞佩·莫迪卡、张译丹四人展	2018.09.15—2018.09.20	中国国家画院美术馆	中国国家画院、《中国美术报》、中国美术报网、意大利驻华大使馆文化处
不朽之旅——古埃及人的生命观	2018.09.15—2018.12.08	宁波博物馆	宁波博物馆
“历史与现实”——2018宁波当代艺术节暨当代艺术展	2018.09.15—2018.09.26	宁波美术馆	中共宁波市委宣传部、宁波市文学艺术界联合会
中国·天津市首届公共艺术大展	2018.09.15—2018.10.15	天津美术馆	天津美术馆、天津城市规划学会、天津市美术家协会、天津美术学院
“脚步”——40年缩影经典作品回顾展	2018.09.15—2018.10.14	江苏省美术馆新馆	江苏省美术馆
“大桥记忆”——南京长江大桥主题艺术作品及史料巡展	2018.09.15—2018.12.12	江苏省美术馆陈列馆	江苏省美术馆
“丝路明珠雪域丹青”——丹增唐卡艺术展	2018.09.15—2018.10.07	太原美术馆	中国收藏家协会、太原美术馆、甘南藏族自治州夏河县文广局、山西省收藏家协会、五台山佛教书画艺术研究院
“中国精神”——中国美协油画艺委会委员作品展.西安站	2018.09.16—2018.10.06	西安美术学院美术馆	中国美术家协会

展览名称	时　间	地　点	主办/策展
“重温‘五一口号’、喜迎崭新时代”书画摄影展暨民盟湖北美术院第四届艺术作品展	2018.09.16—2018.09.22	湖北美术学院美术馆	民盟湖北省委
“笔歌墨舞”——徐海作品展	2018.09.16—2018.10.16	洛阳美术馆	洛阳美术馆
RE-FORM：再塑的另一种维度——中南财经政法大学艺术系十周年当代艺术雅集暨书画交流会	2018.09.16—2018.09.21	湖北省图书馆	中南财经政法大学新闻与文化传播学院
第九届海峡两岸少儿美术大展	2018.09.17—2018.09.24	厦门美术馆	中国宋庆龄基金会、中华文创发展协会、厦门市文化交流协会、海沧区文学艺术界联合会
传承与发展——2018“中华情·中国梦”美术书法作品展	2018.09.17—2018.10.05	厦门美术馆	中国文学艺术界联合会、厦门市人民政府
“风景这边独好”——2018首届都市水墨学术邀请展·都市景观·哈尔滨巡回展	2018.09.17—2018.09.27	黑龙江省美术馆	中共深圳市委宣传部、中共哈尔滨市委宣传部、深圳市文体旅游局、中国国家画院都市水墨研究所
达·芬奇　米开朗基罗　拉斐尔——来自文艺复兴的问候	2018.09.18—2018.11.18	天津美术馆	天津美术馆、意大利梅塔莫弗斯文化基金会
2018年中国水墨泼彩画双年展	2018.09.18—2018.09.23	刘海粟美术馆	江苏省昆山市文学艺术界联合会、刘海粟美术馆、昆山市侯北人美术馆
德艺双馨老艺术家杨永东、陈秀珊作品展	2018.09.18—2018.09.28	湖北美术学院美术馆	湖北美术学院
砥砺前行四十载·感恩奋进新时代”贵州省庆祝改革开放40周年大型展览	2018.12.18—2019.03.18	贵州美术馆	贵州省委、贵州省政府
木秀其荣——刘秀荣评剧艺术回顾展	2018.09.18—2018.10.07	河北博物院	河北省戏剧家协会、石家庄市演艺集团
“西部纵情”——广州艺术博物院藏刘济荣藏区题材作品展	2018.09.18—2018.10.23	西藏牦牛博物馆	广州艺术博物院、西藏牦牛博物馆
第十一届山东文化艺术节·全省优秀美术作品展览	2018.09.18—2018.10.07	山东美术馆	山东省文化厅
水墨文章（第五回）：墨道无间——中国人物画研究展（1970—1985）	2018.09.18—2018.10.21	武汉美术馆	武汉美术馆
“碧血千秋”——滇军60军出滇抗战纪念特展（滇军60军起义后改编为中国人民解放军50军）	2018.09.18—2019.01.01	云南省博物馆	云南省文化厅、云南省文物局

展览名称	时　间	地　点	主办/策展
“千年壁画　百年沧桑”古代壁画暨流失海外珍贵壁画再现传播与展示	2018.09.18—2018.09.28	四川美术学院美术馆	江苏理工学院
“师程画远”——程远绘画作品展	2018.09.19—2018.09.26	中国美术馆	清华大学建筑学院
“山水本色”——第二届中国当代青绿山水画学术邀请展	2018.09.19—2018.09.26	中国美术馆	中国艺术研究院美术研究所
臙森：许经文水墨展	2018.09.19—2018.09.27	中国美术馆	徐悲鸿纪念馆
当代工笔画作品系列邀请展、山水及花鸟写生作品展	2018.09.19—2018.09.30	北京工笔重彩画会	北京工笔重彩画会
“万物生意最可观”——田忠利中国画作品展	2018.09.19—2018.09.27	中国美术馆	中国美术家协会艺委会、中国国际书画艺术研究会、北京美术家协会、北京印刷学院
相携五十载·翰墨同行——马振声、朱理存作品展	2018.09.19—2018.10.07	重庆美术馆	中央文史研究馆、中国美术家协会、重庆市文化委员会、重庆市文学艺术界联合会、北京市文史研究馆、重庆市人民政府文史研究馆
庆祝改革开放40周年——2018天津市美术作品展	2018.09.19—2018.10.10	天津美术馆	天津市文学艺术界联合会、天津市美术家协会
“百黔百态”——创意字体展	2018.09.19—2018.09.27	贵州美术馆	绝对贵州创意设计联盟、贵州省美术家协会设计艺术委员会、多彩贵州街·出山里
西湖梦、齐鲁情——秦大虎、黄鸣、顾致农油画展	2018.09.19—2018.10.07	山东美术馆	中国美术学院绘画艺术学院、南京艺术学院、杭州师范大学美术学院
“大开大合·李琼久”——二十世纪笔墨汲川系列精品展	2018.09.19—2018.12.19	四川美术馆	四川省美术家协会
南京书画院庆祝改革开放40周年主题美术作品展	2018.09.19—2018.10.08	金陵美术馆	南京市文化广电新闻出版局
“寻梦问道”——左希文美术作品展	2018.09.19—2018.09.26	江苏省现代美术馆	江苏省文学艺术界联合会、南京艺术学院、淮安市人民政府
“寥”——杜小同水墨作品展	2018.09.20—2018.09.27	中国美术馆	江苏省国画院、山东省美术家协会
图遇时代·上海改革开放40年——2018上海国际摄影节	2018.09.20—2018.10.07	中华艺术宫	上海市文学艺术界联合会、上海市摄影家协会
“大朴尚简”——明清单色釉瓷器菁华展	2018.09.20—2018.10.20	保利艺术博物馆	景德镇市陶瓷考古研究所、景德镇御窑博物馆、保利艺术博物馆
“城市无界”——中国·上海静安国际雕塑展	2018.09.20—2018.12.20	静安雕塑公园	上海市静安区人民政府、上海市城市雕塑委员会办公室

展览名称	时　间	地　点	主办/策展
第三届“海纳百川学院内外”艺术文献展	2018.09.20—2018.10.10	四川大学美术馆	四川大学、四川省美术家协会
“金色记忆”——中国14世纪前出土金器特展	2018.09.20—2018.11.20	金沙遗址博物馆	成都金沙遗址博物馆、成都文物考古研究院
“执手同道”——吴作人萧淑芳合展	2018.09.20—2018.09.27	中国美术馆	中国美术馆、中央美术学院、中国美术家协会、吴作人国际美术基金会
2018 PHOTOFAIRS影像上海艺术博览会	2018.09.21—2018.09.23	上海展览中心	中国美术馆、中国美术家协会、中央美术学院、吴作人国际美术基金会
“铭记历史　珍爱和平”——抗战版画在丽水暨近现代美术作品邀请展	2018.09.21—2018.10.03	丽水市美术馆	浙江省美术家协会、浙江省版画家协会、浙江美术馆、丽水市文化广电新闻出版局、丽水市文联
“花鸟友于”——当代青年水墨画家提名展·七〇后花鸟篇	2018.09.21—2018.10.08	《中国书画》美术馆	《中国书画》杂志社
“吟怀未许老”——成都画院退休艺术家邀请展	2018.09.21—2018.10.19	成都市美术馆	成都画院·成都市美术馆
庞贝——瞬间与永恒	2018.09.21—2018.12.14	天津博物馆	天津博物馆、成都金沙遗址博物馆、秦始皇帝陵博物院、盘龙城遗址博物院、西汉南越王博物馆
“千针万线一缕丝”——蜀绣基础针法绣片展	2018.09.21—2018.10.08	成都博物馆	成都市非物质文化遗产保护中心、成都博物馆
“月是故乡明”——庆祝改革开放40周年山西籍省外著名画家作品展	2018.09.22—2018.09.28	太原美术馆	山西中华文化促进会、品牌中国战略规划院
“涤清神宇”——饶宗颐茶禅弦韵艺术特展	2018.09.22—2018.10.21	云浮市新兴县六祖镇广东禅文化创意园区规划展示馆	广东省文学艺术界联合会、云浮市文学艺术界联合会
“学院绘”——当代青年艺术家邀请展	2018.09.22—2018.10.08	内蒙古美术馆	清华大学美术学院绘画系
绘事之“素”——中国美术馆藏素描作品展	2018.09.22—2018.11.25	中国美术馆	中国美术馆
“闪亮的日子”——当代女艺术家邀请展	2018.09.22—2018.11.08	中央美术学院陶溪川美术馆	中央美术学院、景德镇陶文旅集团
竹之名匠——旧金山亚洲艺术博物馆藏日本竹器展	2018.09.22—2018.11.18	苏州博物馆新馆	苏州博物馆、美国旧金山亚洲艺术博物馆
“大地魂杯”——四川省第五届硬笔书法艺术展	2018.09.22—2018.09.30	四川美术馆	四川省硬笔书法家协会
自在与坚守——刘勃舒·何韵兰·何钟台作品——中秋雅集	2018.09.23—2018.10.07	中国国家画院美术馆	中国国家画院

展览名称	时　间	地　点	主办/策展
“厚土之境”——胡继宁油画作品展	2018.09.24—2018.09.28	北京恭王府博物馆安善堂	恭王府博物馆展览活动部、中国美术家协会青少年美术展览与推广中心
“印象宁波·行走的故乡”——全国名家风景油画作品展	2018.09.25—2018.10.07	浙江美术馆	中共宁波市委宣传部、宁波市文学艺术界联合会
“达意与传情·一座城市的语言向度”——2018Art烟台首届中英当代艺术双年展	2018.09.25—2018.10.12	烟台美术博物馆	烟台美术博物馆、英国萨福克大学
“流金溢彩”——乌克兰博物馆文物及实用与装饰艺术大展	2018.09.25—2018.11.19	北京故宫博物院	中华人民共和国文化和旅游部、乌克兰文化部
泥土之相——2018杭州国际当代陶艺双年展暨第11届中国当代青年陶艺家作品双年展	2018.09.25—2018.10.07	中国美术学院美术馆	中国美术家协会陶艺委员会、中国美术学院
多元体——广州美术学院研究生作品展	2018.09.25—2018.10.06	广州美术学院美术馆	广州美术学院
2018第二届当代国际水墨设计展	2018.09.25—2018.10.08	首都师范大学	2018北京国际设计周《第二届当代国际水墨设计展》组委会、首都师范大学美术学院
吴山明教授师生中国画作品展	2018.09.26—2018.10.07	山明美术院	浙江省浦江县人民政府、浙江省美术家协会、中国美术学院中国画与书法艺术学院
书于竹帛——全国简帛书法邀请展	2018.09.26—2018.10.07	山东博物馆	山东博物馆、岳麓书院、贵州孔学堂
“在桥那边”——林绍灵江南意象水彩画作品展	2018.09.26—2018.10.11	浙江美术馆	中共宁波市委宣传部、宁波市文学艺术界联合会、浙江省美术家协会、宁波日报报业集团
“为我们伟大祖国站岗”特展	2018.09.26—2019.01.06	龙美术馆西岸馆	龙美术馆
太古遗音——龙美术馆藏唐宋古琴与文人清趣特展	2018.09.26—2019.02.14	龙美术馆西岸馆	龙美术馆
“人与神”——古代南方丝绸之路文物精华展	2018.09.26—2018.12.26	三星堆博物馆	云南省博物馆、昆明市博物馆、云南李家山青铜器博物馆、成都金沙遗址博物馆、凉山州博物馆、三星堆博物馆
“多维景观”——湖北女性艺术家作品展	2018.09.26—2018.10.10	湖北美术学院美术馆	湖北省美术家协会、湖北美术学院
中原画风·河南省优秀美术作品西北四省巡展郑州回报展	2018.09.27—2018.10.07	郑州美术馆	中共河南省委宣传部、中国美术家协会、河南省文学艺术界联合会
“传移再造”——宁波市第三届油画大展	2018.09.27—2018.10.10	宁波美术馆	宁波市美术家协会

展览名称	时　间	地　点	主办/策展
“行山”——中国传统文化的当代形塑	2018.09.27—2018.12.09	河北博物院	河北博物院
“山·水·江·湖”——新媒体艺术展	2018.09.27—2018.10.25	四川美术学院美术馆	四川美术学院美术馆
“丝路明珠”——中国古代壁画现状模写展	2018.09.28—2018.10.15	滨海美术馆	恭王府博物馆
川上同行：四川美院八人展	2018.09.28—2018.10.07	深圳市关山月美术馆	深圳市关山月美术馆
“新时代新征程”——纪念改革开放40周年暨省文史研究馆成立65周年精品书画展	2018.09.28—2018.10.04	安徽省博物院（老馆）	安徽省人民政府参事室、安徽省文史研究馆
“不仅仅看见”——新现实主义水墨研究巡回展（广州站）	2018.09.28—2018.10.07	广东美术馆	山东省文化厅、大众报业集团、山东省文学艺术界联合会、山东师范大学
“一九四九年的廖冰兄”——历史转型期的廖冰兄漫画作品文献展	2018.09.28—2018.10.28	广东美术馆	广东美术馆
“鱼翔浅底”——胡钜湛个展	2018.09.28—2018.10.07	广东美术馆	广东美术馆、广州美术学院、广州美术学院教育学院、广东美协美术教育专业委员会
走向大众的美——中国设计期刊文献展	2018.09.28—2018.10.23	清华大学艺术博物馆	清华大学美术学院、清华大学艺术博物馆
“云岭撷英·映象七零”——六人中国画展	2018.09.28—2018.10.12	昆明市博物馆	云南省文学艺术界联合会、云南师范大学、云南艺术学院、玉溪师范学院
走向现代主义：美国艺术八十载（1865—1945）特展	2018.09.28—2019.01.06	上海博物馆	上海博物馆、芝加哥艺术博物馆、泰拉美国艺术基金会
近现代中国绘画大师齐白石作品展	2018.09.28—2019.02.28	福建博物院	福建博物院、北京市文物公司
混合的公共性与私密性：第三届北京国际摄影双年展	2018.09.28—2018.11.28	中央美术学院美术馆	中央美术学院美术馆
纪念“改革开放40周年”昆明市农民画作品展	2018.09.28—2018.10.15	昆明市博物馆	中共昆明市委宣传部、昆明市文学艺术界联合会
“用刀如笔”——林剑丹篆刻作品展	2018.09.28—2018.10.14	浙江美术馆	浙江省委宣传部、温州市人民政府、浙江美术馆、中国书协艺术委员会
“行走·守望·见证”——陈钢摄影作品展	2018.09.28—2018.10.07	贵州美术馆	贵州省文化厅
“来自盛京”——清代宫廷生活用品展	2018.09.28—2018.12.02	首都博物馆	北京市文物局、沈阳市文化广电新闻出版局
“薪火”——王吉祥·王颖生中国画作品展	2018.09.28—2018.10.08	河南省美术馆	中央美术学院、中国美术家协会艺术委员会、河南省文学艺术界联合会、河南省美术馆、河南省美术家协会

展览名称	时 间	地 点	主办/策展
魅力冬奥 冰雪激情——雪国精灵·冯庆油画作品展	2018.09.28—2018.10.06	天津美术馆	北京市文化局、天津文化广播影视局、河北省文化厅
法老·诸神·木乃伊——古埃及文物特展	2018.09.28—2018.12.05	湖南省博物馆	湖南省博物馆、意大利都灵埃及博物馆
“闳约深美”——南京艺术学院中国画、书法专业改革开放四十年教学成果展	2018.09.29—2018.10.21	中国美术馆	中国美术馆、南京艺术学院
花间逸趣·当代中国花鸟画系列展	2018.09.29—2018.10.14	云南美术馆	广州美术学院、云南美术馆、云南省美术家协会、广东省美术家协会、当代岭南艺术研究会
“水墨双城”——第八届深港水墨交流展	2018.09.29—2018.10.16	深圳画院美术馆	深圳市美术家协会、深圳画院、深圳市中国画学会、香港美术家联合会、香港文化艺术交流协会、香港中国画学会
当代重彩写辉煌“古代壁画研究”课题成果展	2018.09.29—2018.10.14	广东省立中山图书馆	广州美术学院、广东省美术家协会、广东省立中山图书馆
纪念改革开放40周年福建省人大系统书画展	2018.09.29—2018.10.12	福建博物院	福建省人大常委会办公厅、福建省文化厅、福建省文学艺术界联合会
“盛筵”——见证《史记》中的大西南	2018.09.29—2019.01.06	重庆中国三峡博物馆	重庆中国三峡博物馆、广西壮族自治区博物馆、贵州省博物馆、四川博物院、云南省博物馆、成都博物馆、成都金沙遗址博物馆、四川广汉三星堆博物馆
“2018年全国美术馆馆藏精品展出季活动”——中国漆艺术教学与创作生态调查报告福建省美术馆馆藏漆艺术研究展	2018.09.29—2018.10.28	福建省美术馆	福建省美术馆
碰撞·融合——长城文化展	2018.09.29—2019.01.01	山西博物院	山西博物院、内蒙古博物院、甘肃省博物馆、辽宁省博物馆
重庆美术馆馆藏人物题材美术作品展	2018.09.29—2018.10.13	重庆美术馆	重庆美术馆（重庆画院）
“从长江走来”——湖北优秀美术作品展	2018.09.30—2018.10.21	湖北美术馆	中共湖北省委宣传部、湖北省文化厅、中国美术馆
七号空间——广东美术馆青年艺术家学术提名展·第六回：“四张机”——孙策个展	2018.09.30—2018.10.26	广东美术馆	广东美术馆
“十×三十”——丁乙作品	2018.09.30—2018.11.02	广东美术馆	广东美术馆

展览名称	时　间	地　点	主办/策展
“异形”——2018上海抽象艺术宁波展	2018.09.30—2018.10.15	宁波美术馆	宁波美术馆、上海抽象画会
耕耘者——戴泽油画艺术展	2018.09.30—2018.10.21	中央美术学院美术馆	中央美术学院
庆祝改革开放40周年——河北美术作品展	2018.09.30—2018.10.19	河北美术馆	河北省文化厅
经典·劳特累克作品展	2018.09.30—2018.11.04	北京画院美术馆	布达佩斯美术馆、北京画院
“乡·恋”——走进眉山传统文化村落写生创作展	2018.09.30—2018.10.10	眉山市美术馆	中共眉山市委宣传部、眉山市文学艺术界联合会
“古蜀宝藏”——四川文物精品展	2018.09.30—2018.11.18	广东省博物馆	广东省文化厅、四川省文化厅、四川省文物局
从长江走来——湖北优秀美术作品展	2018.09.30—2018.10.21	中国美术馆	中共湖北省委宣传部、湖北省文化厅、中国美术馆
“东方风来满眼春”——中国美术馆典藏精品展（1978—2018）	2018.09.30—2018.10.21	中国美术馆	中国美术馆
“昨日·今天”——游新民中国画作品展	2018.09.30—2018.10.07	南昌美术馆	南昌画院、南昌美术馆
“移动—华东师大”——2018上海青年艺术家第三回邀请展	2018.10.01—2018.10.14	华东师范大学图书馆	华东师范大学美术学院王远教授工作室
“跷跷板”——沈烈毅装置艺术展	2018.10.01—2018.11.22	浙江美术馆	浙江省文化厅
“大汉雄风”——徐州汉代楚国精品文物展	2018.10.01—2018.11.28	武汉博物馆	徐州博物馆、武汉博物馆
“金色名片”——改革开放40年中国出入境文物展览回顾	2018.10.01—2018.11.01	河北博物院	中国文物交流中心、河北博物院
光与生活·第二届中国光艺术设计大赛	2018.10.02—2018.10.11	鲁迅美术学院美术馆	中国照明学会、鲁迅美术学院
“巾帼情怀”——第四届书画精英展	2018.10.02—2018.10.04	四川美术馆	四川省中国画学会女画家委员会
当代工笔画作品系列邀请展·彩墨山水画专场	2018.10.08.2018.10.19	北京工笔重彩画会	北京工笔重彩画会
“时代丹青”——中国画博士十二人作品邀请展	2018.10.08—2018.10.12	荣宝斋当代美术馆	北京艺宝苑文化创意有限公司、荣宝斋当代艺术馆、中国书画收藏家协会、山东临朐九州美术馆
“2018恭王府中青年艺术季”——满江红中国画作品展	2018.10.09—2018.10.13	文化和旅游部恭王府博物馆	周塑
“一片春晖寸草心”——张宗讷女士藏原北平艺专师生作品展	2018.10.09—2018.10.23	重庆市文联美术馆	重庆市文学艺术界联合会

展览名称	时　间	地　点	主办/策展
“雕刻时光”——陈乾洪非遗木刻艺术作品展	2018.10.09—2018.10.16	四川省文化馆	绵阳市书法家协会、三台县文学艺术界联合会、三台县文化广电新闻出版局、四川省文化馆
不辞长作岭南人——荔枝文化展	2018.10.10—2018.12.02	鸦片战争博物馆	广东省博物馆、广东省流动博物馆
屠宏涛个展：时间的旅行者	2018.11.10—2019.01.06	龙美术馆西岸馆	芭芭拉·波洛克
庆祝海南建省三十周年海口·十堰书法作品交流展	2018.10.10—2018.10.14	海南省博物馆	中共海口市委宣传部、中共十堰市委宣传部、海口市文学艺术界联合会、十堰市文学艺术界联合会
青山绿水——陈文灿水墨画新作展	2018.10.10—2018.10.18	厦门美术馆	中国美术家协会、厦门工艺美术学院、福建省美术家协会
纪念改革开放四十周年碧野丹青·中国当代民间绘画邀请展”	2018.10.10—2018.11.10	黑龙江省美术馆	中共黑龙江省委宣传部、中国农民书画研究会、黑龙江省文学艺术界联合会
“此境风月好”——丰子恺诞辰120周年回顾展	2018.10.10—2018.10.27	浙江美术馆	浙江美术馆、桐乡市人民政府、西泠印社、上海黄浦区丰子恺研究会
人工智能时代摄影图像的空间转换	2018.10.10—2018.10.25	清华大学美术学院美术馆	清华大学
“个人历程”——苏珊·斯沃茨个展	2018.10.11—2018.11.04	中央美术学院美术馆	德国波恩艺术与文化基金会、中央美术学院美术馆
庆祝改革开放40周年“中国梦·侨乡情——侨界书画摄影作品展”	2018.10.11—2018.10.17	厦门美术馆	思明区归国华侨联合会、思明区政协港澳台侨委员会
“时代新迹·造化心源”——当代院风双年展山水画专题展	2018.10.11—2018.10.17	陕西省美术博物馆	广州美术学院、陕西省美术博物馆、广东省美术家协会、当代岭南艺术研究院
“地平线画会”——2018北京展	2018.10.12—2018.10.21	中国华侨历史博物馆	中国华侨历史博物馆、地平线画会
“乡野考察”——李节平广东新农村专题创作作品展	2018.10.12—2018.10.21	广东美术馆	中国美术家协会艺术委员会、广东省美术家协会、广东画院、广东美术馆
“中国精神”——中国美协油画艺委会委员作品展·重庆站	2018.10.12—2018.11.04	四川美术学院美术馆	中国美术家协会
国际学院版画联盟系列活动——国际木口木刻版画作品及文献展	2018.10.12—2018.10.25	湖北美术学院美术馆	中央美术学院
“意义的回归”——中央美术学院油画系教师进行时	2018.10.12—2018.11.04	中央美术学院美术馆	中央美术学院

展览名称	时　间	地　点	主办/策展
“晴风意蕴”——北京画院花鸟画名家作品展	2018.10.12—2018.10.18	福清市美术馆	北京画院、福建省美术家协会、福建省画院、中共福清市委宣传部
“大君有命　开国承家”——小邾国历史文化展	2018.10.12—2018.12.30	山东博物馆	山东博物馆、枣庄市文化广电新闻出版局
“渍痕”——张宝玮先生画展	2018.10.12—2018.11.04	中央美术学院美术馆	中央美术学院
“七彩霞韵”——景德镇出土明官窑单色釉瓷精品展	2018.10.13—2018.10.28	广州市文物总店	广州市文物总店、景德镇市陶瓷考古研究所
江西省篆刻邀请展	2018.10.13—2018.10.16	江西省展览中心	江西省诚信促进会、江西省发展和改革委员会
“魅力红谷”——首届全国小幅漆画展	2018.10.13—2018.10.27	江西省美术馆	中国美术家协会、南昌市人民政府、江西省文学艺术界联合会
智者乐水　仁者乐山“朝圣之旅”全国书画名家作品邀请展	2018.10.13—2018.10.21	曲阜孔子美术馆	曲阜市文学艺术界联合会、孔子美术馆
山东艺术学院建校60周年美术作品展	2018.10.13—2018.10.28	山东美术馆	山东省文化厅、山东艺术学院
“海阔大潮涌”——青岛画院纪念改革开放40周年美术作品展	2018.10.13—2018.10.19	青岛画院美术馆	青岛市文学艺术界联合会
“归去来兮”——徐仲偶作品巡回展（成都）	2018.10.13—2018.10.25	四川美术馆	中央美术学院、宁波大学、四川省美术家协会
梨园芳华——烟台京剧艺术展暨京剧雅集	2018.10.13—2018.10.22	天津美术馆	烟台市委宣传部、烟台市委对外宣传办公室、烟台市文化广电新闻出版局
津和情——大美和田美术书法摄影展	2018.10.13—2018.10.16	天津美术馆	天津市委宣传部、新疆和田地委宣传部
“燃点”——上海美术学院老教授作品展	2018.10.13—2018.10.18	上海图书馆	上海大学、上海美术学院/马琳
大德化人·广州美术学院“987口述史工程”第一阶段汇报展	2018.10.14—2018.10.26	广州美术学院美术馆	广州美术学院、广东省美术家协会
2018红T/象·素：时尚插画艺术展	2018.10.15—2018.10.26	湖北美术学院美术馆	中国美术家协会服装设计艺术委员会、湖北省美术家协会、湖北美术学院
最绘画——第三届中国青年油画作品展	2018.10.16—2018.11.04	广西美术馆	中国油画学会、广西美术馆
“山海经”——怀一、汪为新、金心明作品展	2018.10.16—2018.10.28	浙江美术馆	《笔墨》杂志社
苏旺伸个展：漫游之滨	2018.11.16—2018.12.30	龙美术馆西岸馆	谢素贞
红旗飘飘——革命将士珍藏文物资料展	2018.10.16—2019.02.24	陕西历史博物馆	陕西历史博物馆、北京华协文化发展有限公司
福地　寿者——海南百岁纪事公益摄影专题展	2018.10.17—2018.10.21	海南省博物馆	海南省文学艺术联合会、海南省老龄工作委员会办公室

展览名称	时　间	地　点	主办/策展
写意云南——杜建民书画展	2018.10.17—2018.10.24	云南美术馆	云南省美术家协会、云南省书法家协会
时代印记——冯健亲捐赠油画作品展	2018.10.18—2018.11.17	南京博物院	南京博物院
第九届全国书籍设计艺术展	2018.10.18—2018.11.20	金陵美术馆	中国出版协会装帧艺术工作委员会、中共南京市委宣传部
扬州八怪书画展	2018.10.18—2019.01.06	贵州省博物馆	贵州省博物馆、扬州博物馆
“原色”——2018木艺展览&论坛	2018.10.19—2018.10.26	南京艺术学院	南京艺术学院、江苏省科普美术家协会、谭木匠控股有限公司
走进西部——合肥市赖少其艺术馆精品项目（广西）巡展	2018.10.19—2018.11.15	广西美术馆	广西旅游发展集团、合肥市文化广电新闻出版局
放逸品十家“岭南国画百家”第一回展	2018.10.19—2018.10.28	岭南美术馆	羊城晚报报业集团、岭南画院
向人民汇报三十位中青年美术家“深入生活、扎根人民”主题实践活动作品展	2018.10.19—2018.10.24	北京炎黄艺术馆	中国文学艺术界联合会、中国美术家协会、中国文学艺术基金会
陕西省庆祝改革开放四十周年美术作品展览	2018.10.19—2018.10.23	陕西省美术博物馆	中共陕西省委宣传部、陕西省文化厅、陕西省文学艺术界联合会
孟庆占书画作品展	2018.10.21—2018.10.28	天津美术馆	天津市文学艺术界联合会、天津市文化广播影视局、天津市政协文史资料委员会、天津市宝坻区政协、天津市美术家协会、中国艺术研究院美术创作中心
浙江省庆祝改革开放40周年主题展	2018.10.19—2018.11.18	浙江美术馆	中共浙江省委宣传部、浙江省文化厅、浙江省文学艺术界联合会、浙江日报报业集团、浙江广播电视集团
“醉美浏阳河”——著名画家黎越常作品展	2018.10.20—2018.10.24	荣宝斋美术馆	中共浏阳市委宣传部、浏阳市文学艺术界联合会
庆祝改革开放四十周年——“西岸杯”天津市首届楹联书法展	2018.10.20—2018.10.28	天津美术馆	天津市文学艺术界联合会、政协天津市河西区委员会
河北省“天友杯”第四届《墨情画意》中国梦——纪念改革开放四十周年大型书画展	2018.10.20—2018.10.24	河北美术馆	中共裕华区委宣传部、石家庄市裕华区文化体育局
“向前辈致敬”——庆祝河北美术出版社成立七十周年本社老画家作品展	2018.10.20—2018.11.02	河北美术出版社美术馆	河北美术出版社美术馆

展览名称	时　间	地　点	主办/策展
"一路欢歌"——许鸿飞雕塑世界巡展·南京站	2018.10.20—2018.10.31	江苏省美术馆新馆	广东省文学艺术界联合会、江苏省美术馆、广东省美术馆
"法老的国度"——古埃及文物展	2018.10.20—2019.01.01	湖北省博物馆	湖北省博物馆、意大利罗维戈研究院、威尼斯国立考古博物馆等
"江口沉银"——四川彭山江口古战场遗址考古成果展	2018.10.21—2019.01.18	四川博物院	四川省文化厅、四川省文物局、眉山市人民政府
无负芳华——陈佩秋·何家英中国画作品展	2018.10.22—2018.10.26	中国上海云间美术馆	中国美术家协会、中华文化促进会国际交流基金管理委员会、中国艺术研究院工笔画院、中国工笔画学会、北京陈少梅艺术研究会
乌拉圭当代艺术展	2018.10.22—2018.10.30	南京师范大学美术学院美术馆	乌拉圭东岸共和国驻中国大使馆、南京师范大学美术学院
纪念改革开放40周年摄影美术书法大型综合展览	2018.10.22—2018.11.04	江西省展览中心	江西省文学艺术界联合会、江西日报社、江西文演集团
"西方绘画500年"——东京富士美术馆馆藏作品展	2018.10.23—2018.12.23	清华大学艺术博物馆	清华大学艺术博物馆、东京富士美术馆
"风筝不断线"——走进吴冠中的绘画世界	2018.10.23—2019.01.10	湖南省博物馆	湖南省博物馆、浙江美术馆
"书艺传家"——刘江捐赠书法篆刻作品展暨刘江、章培筠、刘丹艺术展	2018.10.23—2018.10.30	中国美术学院美术馆	中国美术学院
第13届吾城吾乡摄影年展	2018.10.23—2018.10.31	深圳市关山月美术馆	深圳市关山月美术馆、深圳市职业摄影协会
《深圳记忆》老照片典藏展	2018.10.23—2018.10.31	深圳市关山月美术馆	深圳市关山月美术馆、深圳市职业摄影协会
"士风悠长"——陈乐民书画展	2018.10.23—2018.11.11	浙江美术馆	浙江大学出版社、浙江美术馆
"意会中国"——阿拉伯知名艺术家访华采风10周年大展	2018.10.23—2018.11.01	国家大剧院	中华人民共和国文化和旅游部、中华人民共和国外交部、阿拉伯国家联盟、四川省人民政府
"佛陀之光"——故宫博物院与止观美术馆佛教造像展	2018.10.23—2018.12.23	北京故宫博物院	北京故宫博物院、止观美术馆
"再出发"甘庭俭版画教学十五年回顾展	2018.10.24—2018.11.10	四川美术馆	中国美术家协会民族美术委员会、四川省美术家协会
首届"一带一路"非中艺术交流展	2018.10.24—2018.10.31	中国国家图书馆	肯尼亚体育与文化遗产部

展览名称	时　间	地　点	主办/策展
“情定海南”——蒙发祥作品展	2018.10.24—2018.11.04	中国美术馆	中国亚洲文化产业促进会、海口市文学艺术界联合会、海口市美术家协会、首都书画艺术研究会、海口市博物馆
精神的游牧——赵培智作品展	2018.10.26—2018.11.05	中国美术馆	中国国家画院、中国油画协会
“大美三江源”——书法篆刻邀请展	2018.10.24—2018.10.28	《中国书画》美术馆	《中国书画》杂志社、三江源国家公园管理局、青海省生态保护和建设办公室
“从长安到罗马”——中意高校摄影邀请展	2018.10.25—2018.10.30	山东工艺美术学院美术馆	中国济南国际摄影双年展组委会
“执著追求　无愧无悔”——谷钢油画展	2018.10.25—2018.11.04	中国美术馆	中国中共党史学会、中国现代史学会、中国美术家协会、中央美术学院、辽宁师范大学
“漫画人间”——丰子恺的艺术世界	2018.10.25—2018.11.04	中国美术馆	中国美术馆、桐乡市人民政府、上海黄浦区丰子恺研究会
“春华秋实”——改革开放40年上海舞台艺术说明书展	2018.10.25—2018.11.06	上海市历史博物馆	上海市文化艺术档案馆
“6×10”——一个大学设计院的现代建筑史清华大学建筑设计研究院建院60周年回顾展	2018.10.25—2018.11.08	清华大学艺术博物馆	清华大学建筑设计研究院有限公司
大潮起之江——浙江省庆祝改革开放40周年图片展	2018.10.25—2018.11.25	浙江美术馆	中共浙江省委宣传部、浙江省文化厅、浙江省文学艺术界联合会、浙江日报报业集团、浙江广播电视集团
“丹青重彩　秘境云南”——云南现代重彩画展	2018.10.26—2018.10.31	上海宝龙美术馆	云南艺术学院、云南省美协云南重彩画艺委会
第6届全国青年美术作品展西宁巡展	2018.07.26—2018.08.12	青海美术馆	中华全国青年联合会、中国文学艺术界联合会、中国美术家协会
华美再现——木漆器保护成果展	2018.10.26—2019.01.07	扬州博物馆	扬州文物局
“江南春”——钱松喦50年代作品展	2018.10.26—2018.11.22	武汉美术馆	武汉美术馆/陈履生
“遇见未来的方式”——南京·2018一分钟影像二十周年特展	2018.10.26—2018.11.25	南京艺术学院美术馆	JuliavanMourik、陈瑞、陈正、徐轩露
“水墨雅集”——2018名家书画邀请展	2018.10.26—2018.10.28	山东省图书馆	山东省美术家协会、山东省中国画学会、山东诗词学会诗书画研究院

展览名称	时　间	地　点	主办/策展
记录伟大时代　唱响奋进凯歌——河北省新闻界优秀书画作品展	2018.10.26—2018.10.31	河北美术馆	河北省新闻工作者协会、河北省新闻道德委员会、河北省新闻书画家协会
"庆祝改革开放40周年"——苏澳书画联展	2018.10.26—2018.10.31	江苏省美术馆新馆	江苏发展大会秘书处、澳门松风文化艺术协会
"十面埋伏"——另一种社会视觉的介入	2018.10.26—2018.11.26	四川美术学院美术馆	四川美术学院
"祖帖故里　云间墨韵"——上海松江书法晋京展	2018.10.26—2018.11.04	中国美术馆	中国美术馆、中共上海市松江区委、上海市松江区人民政府、上海市文学艺术界联合会
"千载清风"——古代墨竹名迹展	2018.10.27—2018.11.25	浙江省博物馆武林馆	浙江省文化厅、中共杭州市委宣传部、中国美术学院
中华古代釉陶艺术展	2018.10.27—2018.11.27	西安美术学院美术博物馆	西安美术学院、西安市文物局、陶雅网/齐跃进、周俊玲、王博、李北楠
"高原·高原"——第七届中国西部美术展油画雕塑年度展	2018.10.27—2018.11.27	陕西省美术博物馆	陕西省美术博物馆
"苏艺天工大师系列"——顾志浩红木家具展	2018.10.26—2018.12.12	苏州博物馆	苏州博物馆
"新时代新面貌新作为"——政协委员庆祝改革开放40周年书画展	2018.10.27—2018.10.30	中国政协文史馆	全国政协办公厅、全国政协书画室
"新征程　再出发"——改革开放40周年当代艺术大展	2018.10.28—2018.10.30	中国华侨历史博物馆	山水丹青（北京）国际艺术中心、中国华侨历史博物馆、中国视协艺术家诗书画学会、联合国世界非物质文化遗产保护基金会、美国集邮集团中国艺术基金会、中国国际文化艺术发展交流中心、北京青年报社、艺术财经杂志社、中国国际艺术网
"走进西南联大"——全国书画作品展	2018.10.28—2018.11.11	云南美术馆	中共云南省委宣传部、北京大学、清华大学、南开大学、云南省文学艺术界联合会、云南省文化和旅游厅、中共云南省委高校工委、云南师范大学
"子恺杯"第十二届中国漫画大展	2018.10.29—2018.11.02	中国文联美术艺术中心	中国美术家协会、桐乡市人民政府
"英士藏珍"——高英士先生捐赠展	2018.10.30—2018.11.30	清华大学艺术博物馆	清华大学艺术博物馆
唐蕃古道——七省区精品文物联展	2018.11.30—2019.03.05	青海省博物馆	青海省文化和旅游厅、青海省文物局

展览名称	时　间	地　点	主办/策展
风生水起逐浪高——纪念改革开放四十周年长三角美术作品展	2018.10.30—2019.02.28	中华艺术宫	中国上海国际艺术节中心、中共上海市浦东新区区委宣传部（文广局）、中华艺术宫
“暮光鹭影”——广州艺术博物院藏赵少昂山水画展	2018.10.30—2019.10.30	广州艺术博物院	广州艺术博物院
城市触觉——2018港澳视觉艺术双年展	2018.10.30—2018.11.11	浙江美术馆	国家文化和旅游部、香港特别行政区政府民政事务局、澳门特别行政区政府社会文化司
“乡土中原——油画名家作品展”郑州展	2018.10.30—2018.11.15	郑州美术馆	郑州市文化广电新闻出版局
龙江木版年画特展	2018.10.31—2018.11.27	黑龙江省博物馆	黑龙江省博物馆
“中国·十年”——桑德罗·特劳蒂纸本素描作品展	2018.10.31—2018.11.09	广州美术学院图书馆	广州美术学院
异托邦·中国传统版画展	2018.10.31—2018.11.20	四川美术学院CAEA美术馆	中国美术家协会版画艺术委员会、重庆市美术家协会版画艺术委员会、四川美术学院
2018上海水彩、粉画作品展	2018.10.31—2018.11.09	上海美协东外滩艺术空间	上海市美术家协会
“多彩乡村”——澥浦农民画高妮娥师生作品展	2018.10.31—2018.11.11	浙江美术馆	浙江省文化馆、宁波市镇海区澥浦镇人民政府、镇海区文化广电新闻出版局、镇海区文学艺术界联合会
档案视角“海上非遗”摄影展	2018.10.31—2018.11.11	刘海粟美术馆	上海宝山国际民间艺术节组委会
“学院陶艺十年”——武汉国际陶艺邀请展	2018.11.01—2018.11.16	湖北美术学院美术馆	湖北美术学院美术馆
“一带一路”南方丝绸之路经典人文风情绘画展	2018.11.01—2018.11.10	云南文学艺术馆	中共云南省委宣传部、云南省文学艺术界联合会、保山市人民政府
第四届岭南美术大展	2018.11.01—2018.11.15	岭南画派纪念馆	广东省美术家协会、广州美术学院、广州市海珠区人民政府
“文化风景”——白俄罗斯当代艺术展	2018.11.01—2018.11.18	中国美术馆	中国美术馆、白俄罗斯驻华大使馆
“图像"”2018清华大学美术学院教师作品展（美术）	2018.11.01—2018.11.15	清华大学美术学院美术馆	清华大学美术学院学术委员会、北京清尚建筑设计研究院
“缥缃流彩”——中国古代书籍装潢艺术馆藏精品文献展	2018.11.01—2018.11.15	上海图书馆	上海图书馆、上海科技技术情报研究所
太璞如琢——中日民间友好·崔如琢艺术西安大展暨所藏《石涛罗汉百开册页》	2018.11.01—2018.12.05	西安美术馆	故宫学院·中国画研究院、日本崔如琢美术馆

展览名称	时　间	地　点	主办/策展
庆祝改革开放40周年视觉巴山·达州市美术书法摄影作品展	2018.11.02—2018.11.10	四川美术馆	四川省文学艺术界联合会、中共达州市委、达州市人民政府
“回望传统”——山西古代艺术考察研究展	2018.11.02—2018.11.09	中国人民大学艺术学院美术馆	中国人民大学艺术学院
“一带一路共享”——纸本艺术国际交流展	2018.11.02—2018.11.06	纸本艺术馆	湖南省美术家协会、长沙市文学艺术界联合会
新娄东画派山水画作品展	2018.11.02—2018.11.09	厦门美术馆	厦门市美术馆、厦门市美术家协会、太仓市文广新局、宋文治艺术馆
“名城八载　丰碑千秋”——纪念西南联合大学在昆明建校80周年历史题材绘画展	2018.11.02—2018.11.15	昆明市博物馆	中国昆明市委统战部、民进昆明市委
“魅力天府”——成都画院专职画家优秀作品全国巡展(东莞站)	2018.11.02—2018.11.11	岭南美术馆	成都市文化广电新闻出版局、东莞市文化广电新闻出版局、成都市推广天府画派办公室
“有形”——两岸艺术高校艺术家作品联展	2018.11.02—2018.11.28	南京师范大学美术学院美术馆	南京师范大学、台南艺术大学
“岐江春早”——中山市美术书法优秀作品展(广州站)	2018.11.02—2018.11.08	广州艺术博物院	中共中山市委宣传部
“移步换境”——漆澜作品展	2018.11.02—2018.12.02	广东美术馆	管郁达
“艺术的精神”——第十届江苏省油画展	2018.11.02—2018.11.11	江苏省美术馆新馆	江苏省文化和旅游厅
在鲁艺的旗帜下——鲁美继续教育学院30年师生作品展	2018.11.03—2018.11.08	鲁迅美术学院美术馆	鲁迅美术学院
学院新方阵第十一届年展	2018.11.03—2018.11.08	中国政协文史馆	杨维民
纪念改革开放四十周年——春华秋实书画名家作品展暨王贤春书画作品展	2018.11.03—2018.11.08	河北美术馆	中国民族艺术馆、中国山水画创作院、河北省文联文化发展中心
“视界·无界”——中国当代综合材料绘画作品邀请展	2018.11.03—2018.12.02	张家港市美术馆	中国美术家协会综合材料绘画艺术委员会、中共张家港市委宣传部、张家港市文化广电新闻出版局
陈树人纪念馆建馆三十周年系列活动之“心如洁莲画如铁”——梁如洁中国画作品展	2018.11.03—2018.11.13	陈树人纪念馆	岭南画派纪念馆、陈树人纪念馆
路易丝·布尔乔亚：永恒的丝线	2018.11.03—2019.02.24	龙美术馆西岸馆	菲利普·拉瑞特-史密斯
“中国画创作与研究”——江汉八家丛书首发式暨作品展	2018.11.03—2018.11.18	湖北省图书馆展览馆	湖北省文化厅、湖北省新闻出版广电局、湖北省文学艺术界联合会、长江出版传媒股份有限公司、湖北省国际文化交流中心

展览名称	时　间	地　点	主办/策展
“溪光山色”——情寄蜀山写丹青·彭懋先中国画艺术展	2018.11.03—2018.12.03	四川美术馆	四川省美术家协会、成都市文学艺术界联合会
国家艺术基金2017年度资助项目“汝州陶瓷艺术作品展”全国巡展重庆美术馆站展览	2018.11.03—2018.11.13	重庆美术馆	河南省汝州市文学艺术界联合会
西地风起——邓枫凉山风彩墨作品展	2018.11.03—2018.11.07	中国国家画院	中国国家画院国画院、四川省诗书画院、中共西昌市委宣传部
“我向毫端寻往迹·明清山水画的古意今情”——中国古代书画研究系列展	2018.11.03—2018.12.06	北京画院美术馆	北京故宫博物院、苏州博物馆、广州艺术博物院、北京画院
“重塑”——吕佩尔茨雕塑作品展	2018.11.03—2018.12.31	山东美术馆	山东省文化和旅游厅
“中原画风”美术作品巡展（南京站）	2018.11.03—2018.11.08	江苏省美术馆新馆	河南日报报业集团
“观念与呈现”——2018油画语言拓展提名展	2018.11.03—2018.11.25	山东美术馆	山东美术馆、山东省油画学会
“交互的未来”——当代新锐青年艺术家作品展	2018.11.05—2018.11.25	深圳坪山美术馆	深圳市罗湖区文化体育局、深圳市坪山区文体旅游局
“探寻的步伐”系列个展——“从《血债》到《国际歌》”——闻立鹏作品与手稿展	2018.11.06—2018.11.16	中央民族大学美术学院美术馆	中央民族大学、吴作人国际美术基金会
黄宏瓷枕收藏艺术展	2018.11.06—2018.11.15	同济大学博物馆	同济大学人文学院
“明代御窑瓷器”——景德镇御窑遗址出土与故宫博物院藏明代嘉靖、隆庆、万历瓷器对比展	2018.11.06—2019.02.22	北京故宫博物院景仁宫	北京故宫博物院、景德镇市人民政府
“师承·第一回”——华南师大85周年校庆手稿邀请展	2018.11.06—2018.11.30	华南师范大学美术学院美术馆	华南师范大学美术学院、国家当代艺术档案库华南中心
江苏省国画院系列学术邀请展　安玉民中国画作品展	2018.11.06—2018.11.26	江苏省国画院美术馆	江苏省国画院美术馆
“七彩云南·美丽广西”——云南广西美术作品展	2018.11.07—2018.11.18	云南美术馆	云南省文学艺术界联合会、广西壮族自治区文学艺术界联合会、云南省美术家协会、广西美术家协会、云南画院
黄华兆水彩艺术作品展	2018.11.07—2018.11.18	中国美术馆	广西壮族自治区文化厅
“墨醉运都”——庄辉书法作品展	2018.11.07—2018.11.18	中国美术馆	江苏省文学艺术界联合会、淮安市人民政府
“写意的海”——吴晓林油画展	2018.11.07—2018.11.18	中国美术馆	中国美术家协会艺术委员会、山东省美术家协会、中共威海市委宣传部

展览名称	时　间	地　点	主办/策展
“古越龙山”——中国画名家邀请展	2018.11.07—2018.11.15	绍兴市中国轻纺城国际会展中心	绍兴市人民政府、天津市中国画学会
“21克”——2018杭州当代国际首饰与金属艺术三年展暨欧洲巡回展	2018.11.07—2018.12.10	中国美术学院民艺博物馆	北京故宫博物院、江西景德镇市政府
“煌煌·巨唐”——七至九世纪的唐代物质与器用	2018.11.08—2019.04.07	深圳博物馆	深圳市文体旅游局
“观海望京”——毛冬华水墨作品展	2018.11.08—2018.11.18	中国美术馆	上海美术学院
文化和旅游部2018年度国家美术作品收藏和捐赠奖励项目：色彩交响——武德祖艺术展	2018.11.08—2018.11.18	中国美术馆	中国美术馆
纪念中日和平友好条约缔结40周年中国美术馆国际交流展系列：师古妙创——师村妙石篆刻书法艺术展	2018.11.08—2018.11.18	中国美术馆	日本国驻中国大使馆、中国美术馆
吴丽珠画展——暨从艺60周年汇报展	2018.11.08—2018.11.18	中国美术馆	中国美术家协会、中央美术学院、中央数字电视书画频道
“大美运河·工致当代”——全国工笔画展全国巡展	2018.11.08—2018.11.18	扬州市美术馆	中国美术家协会中国重彩画研究会、中共淮安市委宣传部、淮安市文化广电新闻出版局、淮安市文学艺术界联合会
2018第五届南北雕塑联展（广州站）	2018.11.08—2018.11.20	广州市城市规划展览中心	广州市文化广电新闻出版局、陕西省文化厅、海南省文学艺术界联合会、广西艺术学院
第六届ART021艺术博览会	2018.11.08—2018.11.11	上海展览中心	上海廿一当代艺术博览会
“岭南艺萃”——广东省人民政府文史研究馆馆藏名家书画精品展	2018.11.08—2018.11.23	广东美术馆	广东省人民政府文史研究馆
“时代放歌”——扬州市庆祝改革开放四十周年书画作品展	2018.11.08—2018.11.18	扬州市美术馆	中共扬州市委宣传部、扬州市文学艺术界联合会、扬州市文化广电新闻出版局
贡布里希研究论坛暨文献展	2018.11.08—2018.11.16	广西美术出版社美术馆	中国美术学院艺术人文学院
墨彩江海——桂林水墨　北海水彩精品展	2018.11.08—2018.11.23	广西美术馆	广西文学艺术界联合会、广西美术家协会、广西美术馆、中共北海市委宣传部、中共桂林市委宣传部、北海市文学艺术界联合会、桂林市文学艺术界联合会

展览名称	时　间	地　点	主办/策展
2018(22届)上海艺术博览会	2018.11.08—2018.11.11	上海世博展览馆	上海文化发展基金会
杨国辛个展	2018.11.09—2018.12.02	湖北美术馆	冀少峰
“群落生境”——中国画名家作品主题展	2018.11.09—2018.11.16	天津画院青创中心美术馆	天津画院青创中心美术馆
原源同道——京津冀青年水墨作品提名展	2018.11.09—2018.12.12	天津美术馆	天津美术馆
“道·道”——王达军摄影艺术展	2018.11.09—2018.11.18	中国美术馆	中国摄影家协会、中国艺术摄影学会
“自然的气息”——张同水彩画展	2018.11.09—2018.11.18	刘海粟美术馆	上海美术学院、上海视觉艺术学院、刘海粟美术馆
庆祝改革开放四十周年·省直文化系统离退休干部书画摄影作品展(2018)	2018.11.09—2018.11.24	山东美术馆	山东省文化和旅游厅
二十世纪中国美术大家系列“雪域放歌”李焕民艺术展	2018.11.09—2018.11.18	北京画院美术馆	中国美术家协会、中国国家画院、四川省文艺联合会、四川省美术家协会、北京画院、成都画院
刘荣夫作品回顾展	2018.11.09—2018.11.19	鲁迅美术学院美术馆	鲁迅美术学院美术馆
王西京赴法作品汇报展	2018.11.09—2018.12.09	陕西美术馆	中国美术家协会、中国国家画院、陕西省文学艺术界联合会
“得意忘年”——陈永锵梁建华中国画联展	2018.11.09—2018.12.02	岭南美术馆	广东民进开明画院、佛山市文学艺术界联合会、岭南美术馆
“先生之剑”——广州画院军旅画家艺术文献展	2018.11.09—2018.11.29	广州画院·先生画馆	广州画院
庆祝改革开放四十周年“砥砺奋进　追梦之路”美术书法摄影作品展	2018.11.09—2018.11.25	昆明市博物馆	中共昆明市委宣传部、昆明市文学艺术界联合会
“色彩交响”——武德祖艺术展	2018.11.09—2018.11.18	中国美术馆	中国美术馆
“时差折叠”——美国华人油画会作品邀请展	2018.11.09—2018.11.16	广东美术馆	广东美术馆、美国华人油画会
致敬40年——河北省庆祝改革开放40周年图片展	2018.11.10—2018.11.25	河北省博物院	河北省文化和旅游厅
“新粉本”——当代中国工笔画2018年度提名展	2018.11.10—2018.11.15	中国政协文史馆	正大美术馆、唐山美术馆、雍阳美术馆
“艺壇漫步”——颜秋礼、黄海明中国画双人展	2018.11.10—2018.11.13	长沙画院美术馆	长沙画院、长沙简牍博物馆
边缘之缘——徐仲偶作品展	2018.11.10—2018.12.09	四川美术馆	四川美术馆、中央美术美院
“继往开来”——纪念改革开放40周年暨四川名家作品邀请展	2018.11.10—2018.12.05	成都市美术馆	中共成都市委宣传部、成都市文化广电新闻出版局、成都市推广天府画派办公室

展览名称	时　间	地　点	主办/策展
双城记：成都·宜宾	2018.11.10—2019.02.24	成都博物馆	成都博物馆、宜宾市博物院
“妙笔生花”——李强书画印瓷精品展	2018.11.11—2018.11.18	中国书画美术馆	中国国家画院书法篆刻院、《中国书画》杂志社、大米艺术
水墨概念艺术大展	2018.11.11—2018.12.05	中华艺术宫	上海视觉艺术学院
“千里之行”——中国重点美术学院2018届毕业生优秀作品展	2018.11.11—2018.12.02	中央美术学院美术馆	中央美术学院、广州美术学院、天津美术学院、西安美术学院、中国美术学院、湖北美术学院、四川美术学院、清华大学美术学院、鲁迅美术学院/徐冰
“势能”——大河美术青年艺术沙龙首展	2018.11.11—2018.11.17	河南大学美术馆	河南大学美术学院、大河美术青年艺术沙龙
“写意长江”——湖北省中国画作品展	2018.11.11—2018.11.18	中国文联文艺家之家展览馆	湖北省文学艺术界联合会
2018国家文化和旅游部、教育部、人力资源和社会保障部非物质文化遗产传承人群研修计划　湖北美术学院传统雕塑研修培训班结业典礼暨教学成果展	2018.11.12—2018.11.18	湖北美术学院美术馆	湖北美术学院、湖北省文化厅非遗处
“时间之镜”——首届重庆实验影像双年展	2018.11.13—2018.11.25	四川美术学院美术馆	四川美术学院、重庆市摄影家协会、重庆市美术家协会
“永怀初心”——陈钰铭师生作品展	2018.11.13—2018.11.22	中国人民革命军事博物馆	中国人民革命军事博物馆、中国国家画院、中国美协艺术委员会
文史翰墨——第五届中华诗书画展”暨“记住乡愁——蜀巴文史翰墨第五届诗书画印艺术展	2018.11.13—2018.11.18	四川美术馆	国务院参事室、中央文史研究馆、四川省人民政府
伟大的变革——庆祝改革开放40周年大型展览	2018.11.13—2019.03.20	中国国家博物馆	中共中央宣传部、中央改革办、中央党史和文献研究院、国家发展和改革委员会、商务部、中央军委政治工作部、新华社、北京市政府
“乡情画语”——台湾画家吴昊捐赠作品展	2018.11.13—2018.12.02	江苏省美术馆新馆	江苏省美术馆
“魅力天府”成都画院专职画家优秀作品全国巡展（深圳站）	2018.11.14—2018.11.19	深圳美术馆	成都市文化广电新闻出版局、成都市推广天府画派办公室
“执白落黑”——2018王劲松个展	2018.11.14—2018.12.07	广州美术学院大学城美术馆	广州美术学院大学城美术馆

展览名称	时　间	地　点	主办/策展
“彩溢·龚滩”——首届重庆市青年水彩·粉画作品展	2018.11.14—2018.11.29	重庆市文联美术馆	重庆市美术家协会、重庆山水画廊旅游开发有限公司
千载清风——纪念文同诞生一千周年《中国当代墨竹大展》	2018.11.14—2018.11.25	浙江美术馆	浙江省文化和旅游厅、中共杭州市委宣传部、中国美术学院
汉风唐韵·水墨长安—中国画作品展	2018.12.14—2018.12.23	陕西省美术博物馆	中国美术家协会、陕西省文学艺术界联合会
“无名城市”——2000年后的德国影像艺术	2018.11.14—2018.11.29	南京艺术学院美术馆	歌德学院（中国）南京艺术学院美术馆
“行远及众”——中国水印木刻版画文献展巡展·连云港	2018.11.14—2018.11.18	连云港市美术馆	江苏省美术馆
“徽韵·丝路情”——合肥、兰州、银川、东莞美术作品联展	2018.11.15—2018.11.25	岭南美术馆	合肥市文学艺术界联合会、岭南画院
中国名片——人民币发行70周年纪念展	2018.11.15—2018.11.23	海南省博物馆	中国人民银行货币金银局
城市好朋友“宋琦明·探询影像历史与城市记忆”古法盐印创作展	2018.11.15—2018.12.15	黑龙江省美术馆	黑龙江欧美同学会、东北网、古影（横琴）文物保护科技中心、黑龙江省美术馆、中国人寿黑龙江分公司、广发银行哈尔滨分行
“墨许山河”——曾来德书画艺术作品展（昆明）	2018.11.15—2018.11.22	云南美术馆	中国国家画院、云南省文化和旅游厅、云南省文学艺术界联合会、云南大学、中央数字电视书画频道
“考古新发现”——山东焦家遗址出土文物展	2018.11.15—2019.02.15	山东博物馆	山东省文化和旅游厅（山东省文物局）、山东大学、济南市文广新局、济南市章丘区人民政府
千文万华：中国历代漆器艺术展	2018.11.16—2019.02.24	上海博物馆	上海博物馆
艺术西湖·第二十一届（2018）西湖艺术博览会	2018.11.16—2018.11.19	杭州和平国际会展中心	中华文化促进会、浙江省文化厅、浙江省文化产业学会
第七届福建艺术节庆祝改革开放40周年福建省美术书法作品展	2018.11.16—2018.12.02	福建省美术馆	福建省文化和旅游厅
“行健”——潘行健艺术研究暨捐赠作品展	2018.11.16—2018.12.06	广州美术学院美术馆	广州美术学院、广东省美术家协会
“大漠霓裳　丝路梵音”——敦煌壁画乐舞研究展	2018.11.16—2018.11.27	浙江美术馆	浙江音乐学院
“通向和谐之路”——美中交往史，1784年—1979年	2018.11.16—2018.12.15	昆明市博物馆	美国驻成都总领事馆

展览名称	时　间	地　点	主办/策展
大匠之园——白庚延艺术作品展	2018.11.16—2018.12.10	天津美术学院美术馆	天津美术学院、天津市文学艺术界联合会、天津市美术家协会主办
“罗中立奖学金”——2018年度获奖作品展	2018.11.16—2018.12.09	四川美术学院美术馆	四川美术学院
“纵横千古　两岸一家”——谢稚柳、陈佩秋、傅申、陆蓉之作品展	2018.11.16—2018.11.30	北京故宫博物院武英殿	中华人民共和国文化和旅游部人才中心
“尘外千年”——定州静志寺、净众院塔基地宫文物展	2018.11.16—2019.02.24	中国园林博物馆	中国园林博物馆、定州市博物馆
汤湖美术馆馆藏作品展	2018.11.16—2019.01.20	武汉图书馆	武汉图书馆、汤湖美术馆、武汉开发区（汉南区）总工会
“学海墨光”——近现代学人书法展	2018.11.17—2018.11.24	厦门大学艺术学院	厦门大学艺术学院、厦门佰翔海丝盛业国际文化艺术发展有限公司
“自然为师”——胡明德山水写生创作展	2018.11.17—2018.11.20	中国画美术馆	中国画创作研究院、中国人民大学画院
“贤寿”——倪筱翔人物纪实摄影展	2018.11.17—2018.11.26	上海图书馆	小翔摄影工作室
出山入江：漳州当代绘画邀请展	2018.11.17—2018.12.18	漳州市美术馆新馆	中共漳州市委宣传部、漳州市文化广电新闻出版局、漳州市文学艺术界联合会
“不忘初心　追本溯源”——首届中央美术学院河北校友作品展	2018.11.17—2018.11.23	河北美术馆	中央美术学院
“楚风华彩”——两湖（湖南.湖北）水彩画联展暨湖南省水彩画学会首届会员展	2018.11.18—2018.11.22	美庐美术馆	湖南省文化厅、湖南省文学艺术界联合会、湖北省文学艺术界联合会、湖南省美术家协会、湖南省水彩画学会
“内蕴的光芒”——一个基于当下美术热点问题的微观系列研究展（第一回）	2018.11.18—2018.11.24	中国美院学院上海设计学院美术馆	上海三谦轩文化/葛玉君
2018年全国油画作品展	2018.11.18—2018.12.18	青渚美术馆	中国美术家协会
“东邻西舍”——李秀实墨骨油画新作展	2018.11.19—2018.11.25	中央民族大学美术学院美术馆	中央民族大学、吴作人国际美术基金会
翰墨禅韵　圆融之美——海峡两岸佛教文化书法展	2018.11.20—2018.11.24	中国国家博物馆	海峡经济科技合作中心
风雨同舟　携手共进——天津市统一战线庆祝改革开放四十周年书画展	2018.11.20—2018.11.25	天津美术馆	中共天津市委统战部
“时代新象”——南京市青年美术家协会十周年精品展	2018.11.20—2018.12.12	金陵美术馆	共青团南京市委
一念·敦煌写经展	2018.11.20—2018.11.25	深圳市关山月美术馆	东方朗昆

展览名称	时 间	地 点	主办/策展
“中流击水”——第二届哈尔滨·大连水彩艺术邀请展	2018.11.20—2018.11.28	龙美美术馆	黑龙江省美术家协会水彩画艺委会、大连市美术家协会
郑振铎先生诞辰一百二十周年纪念展	2018.11.20—2018.12.20	北京故宫博物院文华殿	北京故宫博物院
“一念花开”——江苏省花鸟画名家邀请展	2018.11.20—2018.12.05	扬州市美术馆	江苏省美术家协会、扬州市文化广电新闻出版局、江苏省美协花鸟画艺委会、江苏省青年美协花鸟画艺委会
“器象”——2018当代器物雕塑展	2018.11.21—2018.11.30	四川美术学院雕塑系展厅	四川美术学院雕塑系
大美连云港——周明亮水墨写生画展	2018.11.21—2018.12.02	中国美术馆	江苏省美术家协会、中共连云港市委宣传部、连云港市文学艺术界联合会
当代意象·中国写意人物画研究创作展	2018.11.21—2018.11.25	中国国家画院美术馆	国家艺术基金、中国国家画院
“丝路明珠”——中国古代壁画现状模写展（宁波站）	2018.11.21—2018.12.09	宁波美术馆	恭王府博物馆
“法古禅心”——纪念李苦禅诞辰120周年艺术展	2018.11.21—2018.12.22	中国国家博物馆	中国国家博物馆、中共山东省委宣传部、中国美术家协会、中央美术学院、山东省文学艺术界联合会
都·城——我们与这座城市	2018.11.22—2018.12.08	中国国家博物馆	北京市人民政府国有资产监督管理委员会、北京市建筑设计研究院有限公司
“恢宏改革画卷·见证巴蜀巨变”——四川省文联纪念改革开放40年文艺特展	2018.11.22—2018.12.09	四川美术馆	四川省文学艺术界联合会
“美好时代”——当代佛山2018长三角艺术交流暨佛山美术馆联盟艺术家邀请展	2018.11.22—2018.12.03	刘海粟美术馆分馆	佛山市艺术创作院、刘海粟美术馆分馆（上海市普陀区美术馆）、佛山美术馆联盟、长三角美术馆协作机制
“时代的温度”——山东艺术学院建校60周年美术作品展	2018.11.22—2018.12.02	中国美术馆	中共山东省委宣传部、山东艺术学院
“大江·观澜”——第四届昙华林国际版画邀请展	2018.11.22—2018.12.07	湖北美术学院美术馆	湖北美术学院、中国·观澜版画原创产业基地
行远及众——中国水印木刻版画文献展	2018.11.22—2018.12.09	山东美术馆	江苏省美术馆
翔龙阁杯·第三届山东青年书法（篆刻）小品展	2018.11.22—2018.11.30	济南市美术馆	山东省青年联合会、山东省书法家协会、山东省青年书法家协会、济南市美术馆

展览名称	时间	地点	主办/策展
“美在阿拉善”——岩画与居延汉简艺术展	2018.11.22—2018.12.02	中国美术馆	内蒙古阿拉善盟行署
庆祝改革开放40周年广东书法大展	2018.11.22—2018.12.06	广东美术馆	广东省文学艺术界联合会、广东省书法家协会
郑振铎纪念文献展	2018.11.22—2019.02.24	福建博物院	福建省文化和旅游厅、福建省文物局
第十回·中日美术交流联合展	2018.11.22—2018.12.24	北京画院美术馆	北京画院、日本南画院
“水墨走向现代之路”——2018深圳美术馆当代艺术展	2018.11.22—2018.12.10	深圳美术馆	深圳美术馆/陈履生
2018深圳国际艺术博览会	2018.11.23—2018.11.26	深圳会展中心	深圳市企业联合会、深圳市文化创意行业协会
“最远与最近”——吴长江高原写生作品展	2018.11.23—2018.12.12	深圳画院美术馆	深圳画院
大哉孔子——中国画创作工程	2018.11.23—2018.12.02	山东美术馆	中共山东省委宣传部、山东省文化和旅游厅、中国孔子基金会、山东省文学艺术界联合会
“意象的魅力”——北方写意油画作品展	2018.11.23—2018.11.29	人美美术馆	吉林艺术学院
殷契抒怀——朱彦民甲骨文集联书法展	2018.11.24—2018.11.30	天津美术馆	天津市书法家协会、中国殷商文化学会、天津市楹联学会、南开大学历史学院
2018海峡书画艺术产业博览会	2018.11.23—2018.11.26	厦门美术馆	厦门市文化改革发展领导小组办公室、厦门市文广新局、厦门日报社、海峡书画艺术产业协会
与古为新——孙晓云书法作品展	2018.11.23—2018.11.30	中国国家博物馆	中国书法家协会、中共江苏省委宣传部、江苏省文化和旅游厅、江苏省文学艺术界联合会
“根繁叶茂　海上生辉”——2018沪港澳台绘画联展（上海）	2018.11.23—2018.11.30	刘海粟美术馆	上海市对外文化交流协会、上海自贸区国际艺术品交易中心、刘海粟美术馆
2018上海第十一届版画作品展	2018.11.23—2018.12.02	上海美协东外滩艺术空间	上海市美术家协会
深圳国际艺术博览会（路可艺术&O空间一联合展）	2018.11.23—2018.11.26	深圳会展中心	深圳市企业联合会、深圳市文化创意行业协会
“中国唐卡艺术精品展”国内巡展北京展	2018.11.23—2018.12.02	中国美术馆	西藏文化发展促进会
“不同”——2018中国大同雕塑双年展	2018.11.23—2018.12.23	大同市中国雕塑博物馆	中国美术家协会、中央美术学院、大同市人民政府

展览名称	时　间	地　点	主办/策展
日本手工作业的形态——传统与手艺	2018.11.23—2018.12.12	重庆中国三峡博物馆	重庆市人民对外友好协会、日本国驻重庆总领事馆、日本国际交流基金会
“巨匠的足音”——中国近现代大师精品展	2018.11.24—2018.11.28	哈尔滨国际会展中心	中共哈尔滨市委宣传部、中共深圳市委宣传部/叶建强、高扬
“当代百名书法名家书四川首批十大历史名人诗文邀请展暨传承与创新”——四川省第六届书法篆刻作品展	2018.11.24—2018.11.30	文轩美术馆	四川省文学艺术界联合会
“扎根人民·描绘古风”中国艺术研究院艺术家采风写生展	2018.11.24—2018.12.03	炎黄艺术馆	中国艺术研究院
殷契抒怀——朱彦民甲骨文集联书法展	2018.11.24—2018.11.30	天津美术馆	天津市书法家协会、中国殷商文化学会、天津市楹联学会、南开大学历史学院
第三届海南省艺术节全省获奖优秀美术作品展	2018.11.25—2018.12.03	海南省博物馆	海南省人民政府
“水墨的转向”——中国当代水墨邀请展	2018.11.25—2018.12.04	绍兴市美术馆	中国水墨画学会、绍兴文理学院艺术学院当代水墨研究中心
2018首届长三角中青年版画家邀请展	2018.11.25—2018.12.12	虹桥当代艺术馆	上海市美术家协会版画艺术委员会、上海虹桥当代艺术馆、虹桥半岛版画艺术中心、上海青年艺术博览会、上海星际企业管理有限公司
“师坛锦瑟”——全国高等美术院校教师优秀作品邀请展	2018.11.25—2018.12.25	上海中华艺术宫	国家教育部艺术教育委员会、上海市文化广播影视管理局、上海市教育委员会、上海大学
“学院”——中国画教学与创作论坛暨全国青年教师中国画邀请展	2018.11.25—2018.12.03	炎黄艺术馆	中国美术家协会中国画艺术委员会
“吾以观复”——中国画形式语言与视觉传达研究方向六人联展	2018.11.26—2018.11.28	鲁迅美术学院美术馆	鲁迅美术学院中国画学院
“动漫新时代”——广州动漫艺术40年成果展	2018.11.27—2019.01.06	广州艺术博物院	中共广州市委宣传部、广州市文学艺术界联合会
广东画院创作年度展（2018）	2018.11.27—2018.12.05	广东美术馆	广东画院、广东美术馆
世相与映像——洛文希尔摄影收藏中的19世纪中国	2018.11.27—2019.03.31	清华大学艺术博物馆	清华大学艺术博物馆/菲利普·普罗格
“写爱”——金城艺术作品展	2018.11.27—2019.01.06	广州艺术博物院	中共广州市委宣传部、广州市文学艺术界联合会
写意中国——2018中国国家画院版画院作品展	2018.11.27—2018.12.01	中国国家画院美术馆	中国国家画院

展览名称	时　间	地　点	主办/策展
“大象之界”——姜宝林作品展	2018.11.27—2018.12.09	南岸至尚美术馆	广东省美术家协会、中国国家画院、李可染画院
“终将消失的印迹——滇越铁路影像纪行”大型综合性结题展	2018.11.28—2018.12.15	云南美术馆	云南艺术学院、云南美术馆
“生命的颂歌”——董继宁中国画作品展	2018.11.28—2018.12.28	湖北大学美术馆	湖北大学
“白琵鹭”特展	2018.11.28—2018.12.27	黑龙江省博物馆	黑龙江省博物馆
“浩水千山”——郑浩千彩墨作品展	2018.11.28—2018.12.04	深圳美术馆	深圳美术馆、宁波美术馆
“化物”——祝延存作品展	2018.11.28—2018.12.11	浙江美术馆	浙江美术馆、中国美术家协会水彩画艺术委员会
证据：今日艺术何以呈现人的创造力——第五届中国教育创新年会当代艺术展	2018.11.28—2018.12.01	南京国际博览中心	王林、王华祥
中国美术馆国际交流展系列：“道之为物：由象及神”	2018.11.28—2019.01.17	中国美术馆	中国美术馆、希腊雅典国家当代美术馆
“世界巨匠”——意大利文艺复兴三杰	2018.11.28—2019.02.24	南京博物院	南京博物院、意大利都灵皇家图书馆、米开朗基罗故居博物馆、佛罗伦萨乌菲齐美术馆、圣文森佐修道院
“沉默的情感”——布鲁诺·瓦尔波特作品展	2018.11.29—2018.12.23	浙江美术馆	浙江美术馆、中央美术学院美术馆
成像未来——2018国际纹样创意设计大赛作品展	2018.11.29—2018.12.12	浙江美术馆	浙江省文化和旅游厅
韶华四季——苏宪法油彩的东方诗境个展	2018.11.29—2018.12.12	浙江美术馆	浙江省文化和旅游厅
“看见·梦想”——庆祝中国改革开放40周年暨浦东开发开放28周年影像艺术展	2018.11.29—2019.01.06	民生艺术码头·八万吨筒仓	中共上海市浦东新区委员会宣传部、上海市浦东新区文化广播电视管理局
西南地区传统木刻版画创新人才培养计划成果展	2018.11.29—2018.12.17	四川美术学院CAEA美术馆	国家艺术基金、四川美术学院
“佛影灵奇”——十六国至五代佛教金铜造像特展	2018.11.29—2019.02.28	浙江省博物馆武林馆	浙江省博物馆
“八桂纪行”——当代中国书画名家邀请展	2018.11.29—2019.02.28	南宁市博物馆	南宁市博物馆、中国国家博物馆、老挝国家博物馆、缅甸（仰光）国家博物馆、广西国际文化交流中心、广西中华文化促进会、南宁市文化新闻出版广电局
“中国名片”——人民币发行70周年纪念展	2018.11.30—2018.12.16	中国国家博物馆	中国人民银行货币金银局

展览名称	时　间	地　点	主办/策展
重庆市首届"大美金佛山"摄影大赛获奖作品展	2018.11.30—2018.12.09	重庆市美术馆	重庆市文学艺术界联合会、中共重庆市南川区委、重庆市南川区人民政府、重庆市美术家协会、重庆市摄影家协会
永远的乡愁——余光中诗书画纪念展	2018.11.30—2019.03.03	重庆中国三峡博物馆	重庆市文化和旅游发展委员会、重庆市人民政府台湾事务办公室
"具象·抽象·心像"——樊一波马克斌绘画摄影作品联展	2018.11.30—2018.12.09	昆明市博物馆	云南省艺术学院美术学院、昆明市文学艺术界联合会、昆明市博物馆
"不忘合作初心　携手奋进新时代"——河西区统一战线庆祝改革开放40周年书画摄影作品	2018.11.30—2018.12.06	天津美术馆	中共天津市河西区委统战部
"西·东"——2018年度时尚回顾展	2018.12.01—2019.03.10	中国丝绸博物馆	中国服装设计师协会、国家纺织产品开发中心
"象外有境"——7人绘画作品联展	2018.12.01—2018.12.07	时代美术馆	安徽省出版集团、安徽省美术家协会
国家艺术基金2018年度传播交流推广资助项目——当代国际藏书票巡展	2018.12.01—2018.12.11	陕西省美术博物馆	广州美术学院
铁铸山川——刘三齐山水画展	2018.12.01—2018.12.14	浙江美术馆	广东画院、广东省美术家协会
五大经济特区水彩画联展(厦门站)	2018.12.01—2018.12.09	厦门美术馆	深圳美术馆、厦门美术馆、厦门市美术家协会、福建省美协水彩画艺委会、厦门水彩画会
在路上·2018:中国青年艺术家作品提名展暨青年批评家论坛	2018.12.01—2018.12.20	深圳市关山月美术馆	深圳市关山月美术馆、中国美术家协会策展委员会
庆祝自治区成立60周年·2018广西艺术作品展	2018.12.01—2019.03.31	广西美术馆	广西自治区人民政府
生命之树——中国美术馆藏非洲木雕艺术展	2018.12.01—2019.03.17	中国美术馆	中国美术馆
"行动的主体"——2018中国(西安)青年实验艺术展	2018.12.01—2018.12.15	西安美术学院	中国美术家协会实验艺术委员会
为人民而设计——山东工艺美术学院艺术与设计作品展	2018.12.02—2018.12.16	山东美术馆	山东工艺美术学院
庆祝改革开放四十周年暨"一带一路"倡议五周年"海丝"媒体艺术家厦门采风暨美画厦门大型艺术展	2018.12.02—2018.12.09	厦门美术馆	中国农业银行厦门市分行
"墨韵东湖"——2018湖北中国画作品双年展	2018.12.02—2018.12.12	湖北省工艺美术研究所	湖北省工艺美术学会、湖北省工艺美术研究所、湖北中国画研究院

展览名称	时　间	地　点	主办/策展
写意中国——2018中国国家画院年展书法篆刻作品展	2018.12.03—2018.12.07	中国国家画院美术馆	中国国家画院
“美丽中国”——纪念改革开放40周年·全国中国画作品展	2018.12.04—2018.12.10	湖南省展览馆	中国美术家协会、湖南省文学艺术界联合会
“命运墨皈”——张江舟梁占岩袁武水墨作品展·济南站	2018.12.04—2018.12.16	济南市美术馆	山东艺术学院、山东省美术家协会、济南市美术馆
“时代使命·共筑大爱”——庆祝改革开放四十周年慈善书画作品展	2018.12.04—2018.12.06	上海图书馆	中国农工民主党上海市委员会
“中国精神　国际语言　时代表现”——杨耀宁作品展	2018.12.05—2018.12.09	江苏省美术馆新馆	江苏省文化和旅游厅
西安美术学院公共艺术系装置艺术课程作品展	2018.12.05—2018.12.09	西安当代美术馆	西安美术学院
“鉴古开今——兵之道”主题书法作品展览	2018.12.05—2018.12.16	海南省博物馆	中央军委政治工作部宣传局、中国书法家协会
“积跬步　至千里”——宁波博物馆建馆十周年文物征集成果展	2018.12.05—2019.04.08	宁波博物馆	宁波博物馆
神与物游——2018·北京·尹沧海书画艺术交流展	2018.12.05—2018.12.12	中国政协文史馆	南开大学、天津美术家协会、天津市书画艺术研究会
2018·第三届中国民族美术双年展	2018.12.05—2018.12.16	中国美术馆	中国美术家协会
诗意江南”——第十七届海平线绘画雕塑联展	2018.12.05—2018.12.16	中华艺术宫	上海市美术家协会
“行千里，致广大”——2018四川美术学院教师作品年展	2018.12.05—2018.12.16	四川美术学院美术馆	四川美术学院
2018年度艺术人才培养资助项目中国耀州窑陶瓷技艺传承与创新人才培养学员结项作品汇报展	2018.12.05—2018.12.12	陕西省美术博物馆	陕西科技大学
“黑与白”——托马斯·凯尔纳摄影艺术展	2018.12.06—2019.01.06	高小华美术馆	西南民族大学艺术学院、西南民族大学高小华美术馆、西南民族大学国际合作与交流处
“投石问道”——彭祖述松花石百砚艺术作品展（北京站）	2018.12.06—2018.12.13	炎黄艺术馆	中国工艺美术协会、中华炎黄文化研究会、长春市文化广电新闻出版局
“北京意象　诗化海淀”——绘画作品展	2018.12.06—2018.12.16	中国美术馆	北京市文学艺术界联合会、中共北京市海淀区委员会、北京市海淀区人民政府

展览名称	时　间	地　点	主办/策展
吴静初作品展	2018.12.07—2018.12.20	浙江美术馆	西泠印社、浙江省文史研究馆、浙江省美术家协会、浙江美术馆、杭州市文创办
“丹青宝筏”——董其昌书画艺术大展	2018.12.07—2019.03.10	上海博物馆	上海博物馆、故宫博物院、美国大都会博物馆、东京国立博物馆
书写新时代同绘中国梦——河北省文史研究馆庆祝改革开放四十周年书画名家邀请展	2018.12.08—2018.12.16	河北博物馆	中共河北省委统战部、河北省文史研究馆
光明的足迹——纪念改革开放四十周年河北电力纪实摄影展	2018.12.07—2018.12.16	河北博物院	国网河北省电力有限公司
庆祝改革开放四十周年暨纪念中国农工民主党天津市委会成立六十周年艺术作品展	2018.12.07—2018.12.16	天津美术馆	中国农工民主党天津市委员会
吞吐大荒——许钦松山水画展（山东站）	2018.12.07—2018.12.23	山东美术馆	中国文学艺术界联合会、全国政协书画室、广东省人民政府、中共广东省委宣传部、中国美术馆、中国美术家协会、中国艺术研究院、中国国家画院
“生命的寓言”——袁侃作品展	2018.12.07—2018.12.23	上海油画雕塑院美术馆	上海油画雕塑院美术馆
中意建筑遗产修复联名展暨“築上筑”保护论坛	2018.12.08—2018.12.18	上海交通大学工程馆	曹永康
“摄寻千里：十见天地”摄影展	2018.12.08—2019.02.24	上海摄影艺术中心	上海摄影艺术中心
“文脉承宗·艺在前方”——中国大型书画艺术交流展	2018.12.08—2018.12.13	李可染画院	北京笔墨轩文化传播有限公司
“瓷画赣鄱”——江西省庆祝改革开放40周年优秀陶瓷绘画作品展	2018.12.08—2018.12.21	江西省展览中心	中共江西省委宣传部、江西省文化和旅游厅、江西省文学艺术界联合会、中国美术家协会陶瓷艺术委员会
“群芳竞秀”——庆祝改革开放40周年厦门市文化馆（站）美术书法作品邀请展	2018.12.08—2018.12.13	厦门美术馆	厦门市文化馆、厦门美术馆
金陵盛迹——十七世纪的金陵画坛	2018.12.08—2019.01.01	中国美术馆	中国美术馆、南京博物院
艺术美丽一个城市：武汉名家邀请展	2018.12.08—2019.02.17	武汉美术馆	武汉美术馆
“亚平宁的辉煌”——湖北艺术家意大利写生作品展	2018.12.08—2019.01.10	武汉大学万林艺术博物馆	武汉大学万林艺术博物馆
“火塘，故乡”——黄帅军绘画作品展	2018.12.08—2018.12.15	中国油画院美术馆	北京印刷学院

展览名称	时 间	地 点	主办/策展
写意中国——2018中国国家画院年展国画作品展	2018.12.09—2018.12.13	中国国家画院美术馆	中国国家画院
“无妄”——邬建安个展	2018.12.09—2019.01.05	嘉德艺术中心	中央美术学院、嘉德艺术中心、万营艺术空间
“山山情”——佛山·凉山艺术作品联展	2018.12.09—2018.12.25	佛山市图书馆	佛山市文化广电新闻出版局、凉山州文化广电新闻出版局
“缘结青海亦千秋”——林锡纯先生书法作品展	2018.12.09—2018.12.20	青海美术馆	青海省文学艺术界联合会、青海省书法家协会、青海美术馆
“远志四韵”——李斛的艺术步履	2018.12.09—2019.01.03	中央美术学院美术馆	中央美术学院
“至诚无息”——李瑞年与美术教育	2018.12.09—2019.01.03	中央美术学院美术馆	中央美术学院
“针成之物”——田琦林荣生双人展	2018.12.09—2018.12.28	雅昌艺术中心（深圳）	雅昌艺术中心
“苦旅心语”——宋源文个案研究	2018.12.09—2019.01.03	中央美术学院美术馆	中央美术学院
“山风徐来”——贵州省工笔画学会作品交流展	2018.12.10—2018.12.20	北京工笔重彩画会	北京工笔重彩画会、贵州画院（贵州美术馆）、贵州省工笔画学会
剑斩风浪——吴雅琳从艺、从教40年文献、作品展	2018.12.10—2018.12.20	广州大学城广州美术学院美术馆	广州美术学院雕塑系、广东省美术家协会雕塑艺术委员会
“新安墨韵”——安徽画家十二人赴金陵中国画学术邀请展	2018.12.11—2018.12.23	金陵美术馆	安徽省书画院、合肥市文学艺术界联合会
“工以载道”——广东省第七届中国画（工笔）展	2018.12.11—2018.12.22	广州美术学院大学城美术馆	中共广州市委宣传部、广州市文化广电新闻出版局、广东省美术家协会
第十六届《中山人看世界》摄影展	2018.12.11—2018.12.18	中山美术馆	中山市外事侨务局、中山市文化广电新闻出版局、中山市旅游局
“我在·西双版纳”——2018西双版纳国际美术展	2018.12.12—2018.12.28	西双版纳民族博物馆	澜沧江·湄公河流域国家文化艺术节组委会、中国美术家协会版画艺术委员会、西双版纳州文体广电局、云南省美术家协会
源生初羽2018岩彩画·壁画精品展	2018.12.12—2018.12.18	四川美术馆	四川省美术家协会、四川美术馆
“B & R一带一路·锦绣天府”——中国—东盟艺术学院教授美术作品提名展	2018.12.12—2018.12.25	成都市美术馆	成都画院（成都市美术馆）、中国—东盟艺术学院

展览名称	时间	地点	主办/策展
“沿巴尔干山到黑海”——中保当代美术交流展	2018.12.12—2019.01.13	太庙艺术馆	中央美术学院、保加利亚国家艺术学院—索非亚、北京市总工会
人中奇逸——李铁夫艺术精品展	2018.12.12—2019.01.13	北京画院美术馆	广州美术学院、广东省美术家协会、广东美术馆、广州艺术博物院、北京画院
重庆木刻版画巡展（成都站）	2018.12.12—2019.01.02	四川美术馆	重庆美术馆
“梦回大唐”——盛唐艺术与生活展	2018.12.13—2019.04.14	广东省博物馆	广东省博物馆、陕西省考古研究院、山西历史博物馆
“绿水青山”——廿四品·广东省中国画学会2018山水画（写生）年度学术展	2018.12.13—2018.12.23	佛山市文化馆	广东省中国画学会
纪念东京审判宣判70周年——东京审判巨幅长卷油画及影像图片展	2018.12.13—2019.01.08	中华艺术宫	上海市社会科学界联合会、上海交通大学
“高山仰止”——张伯驹潘素伉俪艺术文献展	2018.12.13—2019.01.13	清华大学艺术博物馆	吉林省文化和旅游厅
“老圃陈秋”——孙伯翔书画艺术展	2018.12.13—2018.12.26	中国国家博物馆	中国书法家协会、天津市文学艺术界联合会
2018第七届大学生艺术博览会（广州）	2018.12.14—2018.12.16	广州琶洲南丰国际会展中心	广州华艺大艺文化艺术发展有限公司
“衢州有礼”——纪念改革开放40周年六人书画展	2018.12.14—2018.12.23	浙江美术馆	浙江省文化和旅游厅、中共衢州市委宣传部
“江苏优秀作品系列展”——刘春杰个展	2018.12.14—2018.12.21	江苏省美术馆新馆	中共江苏省委宣传部、江苏省文化和旅游厅、江苏省文学艺术界联合会
“能动未来”——2017阿斯塔纳世博会特展	2018.12.14—2019.03.14	上海世博会博物馆	世博会博物馆与2017阿斯塔纳世博会国家公司JSC共同策划
“匠心神韵　千载存真”——荣宝斋木版水印技艺传承精典作品展	2018.12.14—2018.12.27	广州美术学院大学城美术馆	广州美术学院造型艺术学院版画系
2018江苏省优秀美术家系列展	2018.12.14—2018.12.21	江苏省美术馆新馆	中共江苏省委宣传部、江苏省文化和旅游厅、江苏省文学艺术界联合会
新中国美术家系列——广东省国画作品展	2018.12.15—2018.12.20	中国国家画院美术馆	中国国家画院、广东省文化和旅游厅
@武汉·2018“舞台：张晓刚2008—2018”	2018.12.15—2019.01.18	湖北美术馆	冀少峰
“攀古奕世”——清代苏州潘氏的收藏	2018.12.15—2019.03.17	苏州博物馆	苏州博物馆

展览名称	时　间	地　点	主办/策展
“师造化境匠心独行”——徐匡艺术展	2018.12.15—2019.01.02	四川美术馆	中国美术家协会、中国国家画院、四川省文学艺术界联合会、新华文轩出版传媒股份有限公司、北京画院
2018年第二届全国版画与设计展	2018.12.15—2018.12.25	西安当代美术馆	陕西省美术家协会、西安欧亚学院
莲梦光华——杨大名艺术作品展	2018.12.15—2018.12.21	陕西省美术博物馆	陕西省美术博物馆、中国画学会
“金陵·南洋”——中马艺术家作品交流展	2018.12.15—2018.12.21	金陵美术馆	南京市文化广电新闻出版局、马来西亚马六甲历史城区（鸡场街）工委会
“晋魏风华”——琅琊王司马金龙特展	2018.12.15—2019.01.01	南京博物院	南京博物院
灯下故人——一个德国人与海南岛的故事	2018.12.15—2019.01.15	海南省博物馆	海南省博物馆、民族文化宫博物馆、南京博物院
“湘”——当有路·湖湘改革开放四十周年纪实摄影展	2018.12.15—2019.02.24	谢子龙影像艺术馆	中共长沙市委宣传部、谢子龙影像艺术馆
“影像见证40年”——全国摄影大展（全国巡展·湖南站）	2018.12.15—2019.02.24	谢子龙影像艺术馆	中国文学艺术界联合会、中国摄影家协会、中共长沙市委宣传部、湖南省摄影家协会
滚动中的雪球·南京	2018.12.15—2019.01.16	南京艺术学院美术馆	南京艺术学院美术馆、中国欧洲艺术中心
“永恒的家园”——学术一百·山东青年美术作品全国巡展（西安展）	2018.12.15—2018.12.28	西安崔振宽美术馆	山东省文学艺术界联合会、陕西省文学艺术界联合会
“移动的壁画”——甘肃河西水陆画展	2018.12.15—2019.02.15	中国妇女儿童博物馆	甘肃省博物馆、中国妇女儿童博物馆、张掖市民乐县博物馆
“墨许山河”——曾来德书画艺术作品展（东莞）	2018.12.16—2018.12.23	岭南美术馆	中国国家画院、东莞市文化广电新闻出版局、中央数字电视书画频道
“网络艺术社会学”——艺术邀请展	2018.12.16—2018.12.31	四川美术学院新媒体展厅	四川美术学院新媒体艺术系
“美丽乡村”——第二届海南画家画海南美术作品展	2018.12.16—2018.12.22	海南省图书馆	海口市文化广电出版体育局、三亚市文学艺术界联合会、文昌市文学艺术界联合会、陵水县文学艺术界联合会
“哲匠世家营造经典”——京津冀地区园林样式雷图档展	2018.12.14—2019.03.03	中国园林博物馆	中国园林博物馆、国家图书馆
风·尚：18至20世纪中国外销扇	2018.12.18—2019.05.05	广东省博物馆	广东省博物馆

展览名称	时　间	地　点	主办/策展
“潮起之江筑梦港航”——浙江港航庆祝改革开放40年图片展	2018.12.18—2018.12.31	浙江美术馆	浙江省港航局
“走进塞罕坝”——全国美术家作品邀请展	2018.12.18—2019.01.10	河北美术馆	河北省文化和旅游厅
纪念改革开放40周年“旧貌变新颜”杭州美丽乡村中国画展	2018.12.18—2019.01.13	杭州国画院美术馆	中共杭州市委宣传部
“加密”——国际艺术大师作品特邀展	2018.12.18—2019.01.14	中国美术学院美术馆	中国美术学院
西安美术学院教师新作展	2018.12.18—2018.12.22	西安美术学院美术馆	西安美术学院
寒梅报春——杭州博物馆藏历代梅花书画精品展	2018.12.18—2019.02.27	宁波博物馆	宁波博物馆、杭州博物馆
重生：巴洛克时期的西里西亚——波兰弗罗茨瓦夫国立博物馆馆藏精品展	2018.12.18—2019.03.24	首都博物馆	首都博物馆、波兰弗罗茨瓦夫国立博物馆
2018厦门全国工笔画双年展	2018.12.18—2019.01.17	厦门市美术馆	中国美术家协会、厦门市文化广电新闻出版局
福建第八届工笔画展	2018.12.18—2018.12.29	厦门市美术馆	福建省美术家协会
“新时代·新思想·新征程”——天津美术学院纪念改革开放四十周年主题作品展	2018.12.18—2019.01.10	天津美术学院美术馆	天津美术学院
第四届《武汉艺术沙龙展》暨“研究具象”——岸·艺术汇第3回展	2018.12.18—2019.01.08	武汉美术馆	武汉荣宝斋
“情暖冬日”——首届粤港澳大湾区大学生艺术作品联展	2018.12.18—2018.12.28	广州美术学院大学城美术馆	广州美术学院
“出相入胜”——中国古代书籍插图展	2018.12.19—2019.02.28	国家典籍博物馆	国家典籍博物馆
“故乡的记忆”——农民画家范大荣油画展	2018.12.19—2019.01.03	中国美术馆	山西省美术家协会油画艺委会、阳泉美术院、阳泉美术家协会
广东当代艺术研究·后岭南文献作品展	2018.12.19—2019.01.04	广州美术学院美术馆	广州美术学院、岭南画派纪念馆
2018中国国家画院年展公共艺术院作品展	2018.12.19—2018.12.26	济南市美术馆	中国国家画院、济南市文化广电新闻出版局
靳尚谊、钟涵油画作品展	2018.12.19—2019.03.15	国家大剧院	国家大剧院
首届包头雕塑展	2018.12.20—2019.02.19	包头美术馆	包头市委宣传部、包头市文学艺术界联合会、包头市规划局
文墨宁波——林邦德书法展	2018.12.20—2019.01.03	中国美术馆	浙江省书法家协会、中共宁波市委宣传部、宁波市文学艺术界联合会

展览名称	时　间	地　点	主办/策展
“青春盛绘”——江苏省青年美术家协会庆祝改革开放四十周年美术作品展	2018.12.20—2018.12.26	江苏大剧院美术馆	江苏省青年联合会、江苏省美术家协会
“大美名城”——宁波市重大历史题材美术创作作品展	2018.12.20—2019.01.02	中国美术馆	宁波市人民政府
百年宋文治：纪念宋文治先生诞辰100周年特展	2018.12.20—2019.03.20	江苏省美术馆陈列馆	江苏省文化和旅游厅
海派三人行·任伯年、蒲华、吴昌硕书画精品展	2018.12.20—2019.03.17	浙江省博物馆武林馆区	浙江省博物馆
尼罗河畔的回响：古埃及文明特展	2018.12.20—2019.03.20	广东省博物馆	广东省博物馆、意大利都灵埃及博物馆
2018中国写实画派十四周年展览	2018.12.20—2019.02.24	天津美术馆	天津美术馆、中国写实画派
江南的春天——纪念许十明先生逝世二十周年绘画艺术展	2018.12.20—2019.03.20	江苏省美术馆	江苏省美术馆、苏州市文学艺术界联合会
“决澜新社”研究展（第一回）	2018.12.20—2019.01.13	岭南美术馆	岭南画院
“诚如所思：加速的未来”——第六届广州三年展	2018.12.21—2019.03.10	广东美术馆	广东美术馆
“初心·辞”——山东艺术学院黄河滩区主题摄影展	2018.12.21—2018.12.27	山东美术馆	山东省推进黄河滩区脱贫迁建专项小组办公室、山东省教育厅、山东省文化厅
国家艺术基金2018年度传播交流推广资助项目“当代国际藏书票巡展”（哈尔滨站）	2018.12.21—2019.01.05	黑龙江省美术馆	广州美术学院
“琅琊王”——从东晋到北魏	2018.12.21—2019.04.22	南京博物院	南京博物院
“写意中国”——2018中国国家画院年展青年画院作品展	2018.12.21—2018.12.26	中国国家画院美术馆	中国国家画院
“记忆中的风景”——湖北美术馆馆藏小幅绘画作品展	2018.12.21—2019.03.24	湖北美术馆	湖北美术馆
四川省第二届钢笔画双年展	2018.12.21—2018.12.30	四川美术馆	四川省美术家协会、四川美术馆
“东方来信”2018Inter-Youth国际高等艺术学院青年绘画展	2018.12.21—2019.01.14	四川美术学院美术馆	中国美术学院
“风好正扬帆”——中国古代航海科技展	2018.12.21—2019.03.20	上海中国航海博物馆	中国航海博物馆
“变量”——湖南省第二届青年工笔画家提名展	2018.12.22—2018.12.30	美仑美术馆	长沙市文学艺术界联合会、湖南省工笔画学会
“大好河山”——新金陵画派代表人物作品展	2018.12.22—2018.12.25	南京市规划建设展览馆	江苏凤凰艺术有限公司、江苏凤凰国际拍卖有限公司
芳草地——鲁慕迅迎春书画展	2018.12.22—2019.01.06	深圳美术馆	深圳美术馆

展览名称	时　间	地　点	主办/策展
“见证与表现”——于长江作品展	2018.12.22—2019.01.13	深圳美术馆	深圳美术馆、深圳画院
“庆祝改革开放四十周年，纪念毛泽东同志诞辰125周年”张富奎艺术作品汇报展	2018.12.22—2018.12.24	甘肃艺术馆	甘肃省文学艺术界联合会、甘肃省延安精神研究会
“百年追梦　大潮起之江”——纪念改革开放40周年浙江美术书法精品工程作品展	2018.12.22—2019.01.20	浙江展览馆	中共浙江省委宣传部、浙江省文学艺术界联合会
“从传统走来”——中国画邀请展（第九回）	2018.12.22—2019.01.20	常熟美术馆	中国美协中国画艺委会
“艺起・艺藏”——2018成都画廊协会年度艺术机构提名展	2018.12.23—2018.12.28	大观美术馆	成都画廊协会
蓄势VIII——见证：深圳市南山区美术家作品展	2018.12.24—2019.01.04	深圳大学美术馆	深圳市南山区文学艺术界联合会、深圳市南山区美术家协会
“诗中吉金　其华灼灼”——浑源彝器回乡暨《诗经》中的青铜器特展	2018.12.25—2019.03.06	大同市博物馆	上海博物馆、大同市博物馆
“古雅新风”——2018年中韩水墨艺术交流展	2018.12.25—2019.01.06	深圳市关山月美术馆	深圳市关山月美术馆、韩国光州毅斋美术馆
庆祝《中国书画》杂志创刊15周年“一年之寄”——当代中国画名家小品邀请展	2018.12.25—2019.01.02	《中国书画》美术馆	《中国书画》杂志社
“茁壮”——青苗二期・2018年度汇报作品展	2018.12.25—2018.12.31	广州美术学院大学城美术馆	中国国家画院、广州画院、广州美术学院
2018首届深圳大芬国际油画双年展	2018.12.26—2019.02.20	大芬美术馆	中国美术家协会、深圳市文学艺术界联合会、中共深圳市委宣传部、中共深圳市龙岗区委、龙岗区人民政府
“在地与间离”——首届重庆油画双年展	2018.12.26—2019.01.13	重庆美术馆	重庆市油画学会
“众志成城守护文明”——全国打击防范文物犯罪成果展	2018.12.26—2019.01.26	中国国家博物馆	公安部、最高人民法院、最高人民检察院、国家文物局
第五届林散之书法作品双年展	2018.12.26—2019.01.05	江苏省美术馆新馆	江苏省文化和旅游厅
丹青鸿爪——深圳博物馆藏20世纪中国书画精品展	2018.12.26—2019.01.01	深圳博物馆	深圳博物馆
“庆祝改革开放40周年”——陕西省群众美术书法摄影展	2018.12.26—2019.01.06	陕西省美术博物馆	陕西省文化和旅游厅
向往：“我”与安徽改革开放四十年	2018.12.26—2019.11.01	安徽博物院	安徽省文化和旅游厅

展览名称	时间	地点	主办/策展
“丝路咽喉”——敦煌历史文物精品展	2018.12.26—2019.02.25	镇江博物馆	镇江市文化广电新闻出版局
2018年江苏省高校美术教师优秀作品展	2018.12.27—2019.01.15	南京师范大学美术学院美术馆	江苏省美术家协会
“水色现场”——首届四川重庆水彩艺术联展	2018.12.27—2019.01.02	四川美术馆	四川省美术家协会、重庆市美术家协会
“人间山外”——徐卫国、魏葵中国画作品展	2018.12.27—2019.01.06	北京画院美术馆	北京画院
“今日浦东”——庆祝中国改革开放40周年暨浦东开发开放28周年浦东美术作品展	2018.12.27—2019.01.06	中国国家画院美术馆	上海市浦东新区人民政府
“问祖寻根”——姓氏文化主题展	2018.12.27—2019.04.07	国家图书馆国家典籍博物馆	国家典籍博物馆
“远古回声”——半坡遗址半坡文化展	2018.12.27—2019.02.20	上海嘉定博物馆	上海嘉定博物馆、西安半坡博物馆
“惊鸿之殿——来自北凉敦煌的问候”沉浸式影像空间展	2018.12.31—2019.01.01	大新美术馆	国家艺术基金、天津美术学院
中国新水墨作品展1978—2018	2018.12.28—2019.02.23	北京民生现代美术馆	北京民生现代美术馆中国民生银行
佳漆在秦——陕西省首届漆画作品展暨三省漆画巡展	2018.12.28—2019.01.04	陕西师范大学美术馆	陕西省美术家协会、陕西师范大学
“南田风骨”——第三届恽南田全国花鸟画作品展	2018.12.28—2019.01.15	中国·环太湖艺术城文化艺术中心	中国美术家协会、中共武进区委宣传部
“感知测试”——天津美术学院实验艺术展	2018.12.28—2019.01.06	岭南美术馆	天津美术学院实验艺术学院、天津美术学院、岭南美术馆
“美术馆之眼”——成都市美术馆2018年年度提名展	2018.12.28—2019.01.20	成都市美术馆	成都画院（成都市美术馆）
“中国现代设计巨匠”——陈之佛特展	2018.12.28—2019.03.28	中国美术学院民艺博物馆	中国美术学院
“美丽塞罕坝”——全国名家油画作品展	2018.12.28—2019.01.14	中国国家博物馆	中共河北省委宣传部、文化和旅游部艺术发展中心
汉世雄风——纪念满城汉墓考古发掘50周年特展	2018.12.28—2019.03.28	中国国家博物馆	中国国家博物馆、河北博物院
“大美阳春”——广州佛山阳江三市画家阳春写生作品展	2018.12.28—2019.01.25	广东省新石湾美术馆	广州市美术家协会、佛山市美术家协会、阳春市美术家协会、广东省新石湾美术馆
“南张北溥”——吉林省博物院藏张大千、溥儒绘画特展	2018.12.28—2019.03.17	南京博物院	吉林省博物院、南京博物院
“兹游奇绝冠平生”——傅抱石纪游写生绘画特展	2018.12.28—2019.05.30	南京博物院	南京博物院
“传移模写”——中国古代经典绘画摹本展	2018.12.28—2019.03.01	辽宁省博物馆	辽宁省博物馆

展览名称	时　间	地　点	主办/策展
“诗书合璧翰墨臻华”——胡小石自作诗文书法精品展	2018.12.28—2019.05.30	南京博物院	南京博物院
“铲释三城”——宁镇扬三地考古成果展	2018.12.28—2019.03.28	南京市博物馆	南京市文化广电新闻出版局、南京市博物总馆
“和风屏山”——第五届杭州·中国画双年展	2018.12.28—2019.02.19	浙江美术馆	中国美术家协会、浙江省文学艺术界联合会、浙江省文化和旅游厅、中国美术学院
天下黄河——“诗情画意·大美巩义”中国百名油画家河南段巩义写生作品展	2018.12.28—2019.01.02	郑州美术馆	郑州大学、河南省美术家协会、中共巩义市委巩义市人民政府
“金辉玉蕴”——南京出土宋明金银玉器展	2018.12.28—2019.03.31	南京市博物馆	长沙市文化广电新闻出版局、长沙市文物局
2019(第十一届)黄桷坪新年艺术节“艺术的盛会群众的节日”公共艺术学院师生作品展	2018.12.28—2019.01.10	重庆当代美术馆	川美·创谷
简单图像奥秘——人工智能时代摄影图像的空间转换(天津站)	2018.12.28—2019.02.17	天津美术馆	清华大学
一路连科纹浮雕铜盘	2018.12.28—2019.01.29	黑龙江省博物馆	黑龙江省博物馆
艺彩新锋——山东美术新人新作展(2018)年度精品展	2018.12.28—2019.01.08	山东省美术馆	山东省文化和旅游厅
纪念岳祥书先生诞辰105周年艺术展	2018.12.28—2019.01.15	山东美术馆	山东省文学艺术界联合会、山东省文化和旅游厅
来自阿富汗的国宝	2018.12.29—2019.03.29	湖南省博物馆	湖南省博物馆、阿富汗国家博物馆、中国人民对外友好协会、中国文物交流中心
中国美术家协会水彩画艺术委员会年度提名展2018	2018.12.29—2019.02.24	莞城美术馆	中国美术家协会、水彩画艺委会、中共东莞市委宣传部、莞城区办事处
“雅舍清风”——当代名家作品展	2018.12.29—2019.02.22	武汉博物馆	武汉博物馆
2018浙江·人类与自然油画院作品展	2018.12.30—2019.01.25	浙江自然博物馆	浙江自然博物馆
“超限”——上海当代雕塑研究展	2018.12.30—2019.01.18	上海油画雕塑院	上海油画雕塑院
“共筑中国梦·讴歌新时代”——2018厦门市文化馆全民艺术普及及成果展系列活动美术、书法、摄影作品展	2018.12.30—2019.01.07	厦门美术馆	厦门市文化馆
“井：虚拟时代的视觉”——2018第九届新星星艺术奖入围百位艺术家联展	2018.12.31—2019.01.15	江苏大剧院	蓝庆伟

展览名称	时　间	地　点	主办/策展
丹心慧眼护国门——天津文物进出境管理成果展	2018.12.31—2019.03.31	天津博物馆	天津市文物局
全国第三届册页书法作品展	2018.12.31—2019.01.13	中华艺术宫	中国书法家协会、上海市文学艺术界联合会、上海市普陀区人民政府

（吴爽　编）

学术文摘

美术史学

【中国古代美术史研究】

1. 从择吉到气势——“龙脉”观念的社会民俗学内涵及其向山水画创作的递变

崔树强的《从择吉到气势——“龙脉”观念的社会民俗学内涵及其向山水画创作的递变》一文，从中国传统风水学中的“龙脉”观念出发，讨论了山水画创作中对于“龙脉”的理解和实践。作者首先从中国传统的风水学观念中解读何为“龙脉”，文章指出，所谓的“龙脉”意识，是源自“龙”这种被神化了的动物和“脉”所折射出的气的思想与生命观念，反映了中国人传统的“大地有机论”和龙图腾崇拜文化。而自然界中的山脉由于在形态上与神话中的“龙”相似，因此山脉的走势也就被称为“龙脉”。而一段在外形上连绵起伏，并且生气贯通、有始有终、有根有源、有支有派的山脉，才能算得上是“龙脉”，而“龙脉”又往往被赋予了某种神秘的力量，与吉兆相关联。寻“气”就是风水中寻龙望势和选择地形的重要标志，其中也反映了中国人一种强烈的生命精神和择吉意识。正是这种择吉意识，影响了中国山水画的创作，即山水画中对于构图、山形走向等有了风水学上的意识。王原祁则将“龙脉”的概念作为其绘画理论的核心范畴，他既在画论中多次提及“龙脉”“山水之势”“取气”“色由气发”等说法，也运用到实践中，强调构图的重要性，从而渐渐地将“龙脉”从风水学中的概念引入到山水画的创作之中，以讲求构图的重要，以及笔墨的发挥所表现的整体气势。古代山水画家对于“龙脉”和“气势”的推重，也使“气”的观念渗透到山水画的创作之中，从而使中国山水画有了一种超越了图绘意义的形而上的特点。

（摘自《美术观察》2018 年第 3 期）

2. 顾恺之画维摩诘事考略

陈铮的《顾恺之画维摩诘事考略》一文，围绕着顾恺之是否为瓦官寺画过维摩诘像的问题展开讨论。文章从《京师寺记》所记载的关于顾恺之画维摩诘像并点睛的记录入手，指出顾恺之瓦官寺画维摩诘像的传说由于张彦远的《历代名画记》而得以传播，但是张彦远并未见过《京师寺记》的原文。文章根据相关文献与史料指出，《京师寺记》是一部志怪小说，其可信度很低。另外，故事发生时顾恺之年方十几至多二十来岁，与记载的身份不符，所提出的“注疏百万”的说法不合常理，顾恺之亲自为维摩诘点睛的方式也有悖于宗教仪轨。文章结合当时瓦官寺的地理位置与历史背景，认为在唐人的眼里，作为当时江左第一座寺庙的瓦官寺，象征着整个南朝的精神世界，但他们所见到的瓦官寺是侯景之乱后复建的，而且还以宣传为目的传播了许多神秘的“宝物”。文章认为，这些皆为当时僧侣为扩大瓦官寺影响而杜撰出来的内容，当时仿冒名家作品的现象也时有出现，在当时已是名声显赫的顾恺之被冒名为瓦官寺绘制维摩诘像也未尝不可能，因此文章认为瓦官寺的顾恺之维摩诘像甚有可能是张冠李戴的结果。

（摘自《文艺研究》2018 年第 11 期）

遗民话语的一部分。

（摘自《美术观察》2018 年第 6 期）

3. 渔钓图与宋画中的文人理想

陈新的《渔钓图与宋画中的文人理想》一文通过选取中国宋代山水画中的“渔钓”题材作为一个观照和参考，讨论“渔钓”在宋代绘画中的实用性表达和情感性寄托，更深层地挖掘文人画家的思想意趣和个人追求。文章提到，宋代绘画中的鱼钓题材大多脱离了渔事之本义，赋予渔钓以深远的人文想象和思想内涵。其中舟网与钓竿是文人画家的一个仅次于山石树水要素的山水画构造单元和象征符号，是宋代绘画中一个完美的绘画素材和寓指，是一个身不能至、心向往之的精神天堂和理想家园。宋代文人士大夫，无论在朝与否，“渔钓”均承载了当时文人天人一体、浪迹精神、恣肆江湖、洁身自好的人生理想和生命追求。“渔钓”是宋代和其后文人画家的一个精神图腾和意象符号，其精神内核与道家哲学一脉相承，宋代渔钓题材山水画对于后世历朝山水画的审美品格和创作实践影响至深至远。

（摘自《中国国家博物馆馆刊》2018 年第 12 期）

4. 洞中的棋局 —— 明遗民画家张风《石室仙机图》解读

付阳华的《洞中的棋局——明遗民画家张风〈石室仙机图〉解读》一文，从明清之际的重要画家张风的一幅题为《石室仙机图》的作品入手，解读了此画背后隐含的寓意。作者指出，《石室仙机图》为明嘉靖时期许穀编集的一本综合性围棋谱的名称，而画中亦表现了一处开阔的山洞内对弈的场景。结合当时文人圈内围棋盛行的历史，作者认为张风此画的命名绝非巧合，而是受到棋谱名称的影响。而通过张风的画论，作者认为他或许便为围棋高手，对于围棋之术有深刻体会，并善于以棋喻画，将其运用到绘画创作中。张风的家世在明代曾经非常显赫，然而因为明朝的倾覆也使他成为遗民，其幽僻的性格、独特的画风与其家学、家世关系密切。基于张风的遗民身份与意识，结合 1658 年前后张风所处的京口与南京之地反清复明兵事频繁的情况，以及受画者笪重光此时被削籍放归，尔后遁居奉道的背景，作者认为，张风绘于 1658 年的这幅《石室仙机图》具有以棋局喻兵、喻时事的含义，也构成了他隐秘

5. 早期图文关系中比拟句的视觉转换 —— 以传顾恺之《洛神赋图》《女史箴图》为例

何建波的《早期图文关系中比拟句的视觉转换——以传顾恺之〈洛神赋图〉〈女史箴图〉为例》，从传为顾恺之所创作的《洛神赋图》《女史箴图》的图像入手，讨论了早期的图文关系中比拟句在视觉图像中的表现形式。文章指出，文学的文本语言与绘画的视觉语言，是两种不同的语言，前者不受空间和时间的制约，属于“随意任性的书写方式”，后者则受到时间和空间的制约，其所呈现的对象有同时共出的性质。传为顾恺之所作的《洛神赋图》所表现的文学内容就是描述洛神惊艳形象的几个比喻，从文学文本而言，这段文字中的本体只有一个，即洛神，而喻体则有惊鸿、游龙、秋菊、春松等，绘画作品将这种文学意象变为可视的图像，似乎就只能通过图像定格的方式来呈现，因而将这些喻体都画在了洛神的周围，形成了一幅阐释文学文本的图像作品。而因《女史箴》的内容为暗喻，《女史箴图》可以使用的具有形象的喻体则更稀少，画家除表现了仅有的四个喻体形象外，还加上许多与本体寓意无关的物象，使其更符合图像逻辑，并辅之文字加以说明。基于此，文章也指出了所谓的中国传统的图文关系从一开始就有“和睦共存”的说法，可能也只是不得已而为之。而后世《洛神赋图》的临摹本，则渐渐地回归到绘画本体的创作中，舍弃了仅仅只是对比拟句的阐释，使图像摆脱了文字的注解而获得独立。

（摘自《南京艺术学院学报（美术与设计）》2018 年第 4 期）

6. 李成“仰画飞檐”新解 —— 兼谈中国古典山水画的形式语言

华强的《李成“仰画飞檐”新解——兼谈中国古典山水画的形式语言》一文，从沈括在《梦溪笔谈》中对李成表现亭馆楼塔之类的建筑时采用“仰画飞檐”的表现形式的评价出发进行论述。沈括认为李成只会“掀屋角”，不懂用“以大观

小”和折高折远的方法表现。对于沈括的观点，从20世纪30年代的宗白华开始，诸多学者关于沈括的提法对与否产生了论争，涉及中国古典山水画的空间、比例观念，观察表现方式和内在创作机制等问题。作者认为，沈括的观点是对李成创作的误读，而现有讨论也都因陷于沈括的文本之中而没有正确理解李成“仰画飞檐”的真实意图，也并非透视法的问题。文章认为，李成之所以将建筑表现为“仰画飞檐”，原因在于中国古典绘画的比例是“分类比例、伦理比例”，即“丈山尺树、寸马分人”的自然物象比例，是根据物象的常形、常象、常态的恒常之理表现的，另外又将山水拟人化，讲求尊卑、高低、主从、大小的伦理秩序，通过这两种比例关系构建画面的和谐和秩序。中国古典山水画的空间形态也不是静态的，而是时空一体的动态空间，用的是仰观俯察、游观、心观的观察方法，不是一种近大远小的透视方式。作者由此提出，李成画中之所以“仰画飞檐”，是因为中国古代的亭台楼塔都有这类特点，李成只是将这类建筑的常形、常象、常态的视觉经验画出来，与焦点透视、视觉再现没有关系，而是与中国古典绘画独特的观念有关。作者最后指出，对于中国古典绘画的研究，要反思科学主义和西方写实绘画的透视学理论所带来的干扰，回到中国古典绘画的语言体系中，还中国古典绘画形式语言本来的面貌。

（摘自《美术》2018年第10期）

7.公主的婚礼：《百子图》与南宋婴戏绘画

黄小峰的《公主的婚礼：〈百子图〉与南宋婴戏绘画》一文，详细地分析了藏于美国克利夫兰艺术博物馆的一幅无款团扇画，画有100名正在进行戏剧表演的儿童。文章首先从作品的内容入手，对《百子图》中不同局部的儿童所进行的戏剧内容进行了分类介绍，结合其他相关史料，认为此画与南宋宫廷礼仪有关，也与后妃寝宫中的“销金帐”有关。通过画中的花卉，作者认为此画应画于三四月之交的暮春，而辅以相关史料，作者从其中孩童表演的“鞑靼舞”推断出此画应画于宋理宗后期。作者据上述分析认为，此幅“百子图”有可能与南宋理宗后期皇室女性，特别是婚嫁有关，由此进一步推断，此画或为景定二年（1261）春天，宋理宗赏赐给新婚燕尔的周汉国公主的皇家礼物。

（摘自《美术观察》2018年第11、12期）

8.《东山携妓图》：一个画题的社会文化史考察

姜永帅的《〈东山携妓图〉：一个画题的社会文化史考察》以明代《东山携妓图》为研究对象。《东山携妓图》以《晋书·谢安传》“安虽放情丘壑，然每游赏必以妓女从”的典故绘制而来。文章指出，在明初宫廷的语境中，《东山携妓图》常作为四季山水屏风中“春季”的形象出现，以此表现太平盛世的景象。而沈周对戴进《东山携妓图》的临写，使《东山携妓图》摆脱了原有宫廷四季山水屏风的序列，随后成为吴门绘画中用来慰藉官员政治失意时的绘画作品。文章认为，明代中期士人对于谢安形象的青睐，不仅体现出时人对于出世时机的看法，更深一层反映出明人认为谢安所体现的“藏出世于经世”理想形象。这种情况尤其以正德年间宦官刘瑾专权时期，王鏊赠致仕的谢迁《东山图》最具代表性。而《东山携妓图》中洞天的图式在吴门绘画中得到了进一步发展，这一画题也显示出“吴派”对“浙派”绘画的继承，并在新的语境中产生了新的内涵。

（摘自《美术学报》2018年第6期）

9.《山水松石格》考征

刘玉龙的《〈山水松石格〉考征》一文，就今传梁元帝萧绎的《山水松石格》进行详细考征。文章通过对著者与内容两方面的详细考征，认为之前由《四库提要》提出的“其文凡鄙，不类六朝人语”和“未闻以山水、松石传，安有此书”的论断来判定此篇非萧绎所著，实难以成立。指出“鄙俗”本就是历代文论对于萧绎文风的普遍认识，而画史虽未明确记载萧绎画山水松石，但根据当时的绘画作品或摹本风格推测，其所作《游春苑图》或有山水、树石。与此同时，文章指出韩拙的《山水纯全集》多处引用了《山水松石格》的内容，不少词句也是对其进一步诠释和阐发。由此文章认为，此篇极有可能是被收录在萧绎“谱”类著述中，到了元代独立成篇，《宋史·艺文志》始著录，而至迟到明代易名为《山水松石格》或《松石格》，即今传的《山水松石格》。此篇内容应是他为后人传授笔法的书启，可能是其本人撰写，也可能是传授主旨思想而托付他人秉笔。

（摘自《文艺研究》2018年第2期）

10.宋金墓葬夫妇像图像分析

黎晟的《宋金墓葬夫妇像图像分析》一文从宋金墓葬中的夫妇对（并）坐像的图像形式引出夫妇像的图像学讨论。文章首先归纳了考古可见的夫妇像的图像样式，指出了宋金时期的夫妇像与前代夫妇像之间的关联和演变。其关联性在于都有着相似的图像空间结构，包括男左女右、并排端坐、悬帷幔、摆屏风等，而不同的是椅子的广泛使用，使夫妇形象坐了起来，脚踏足承。但在坐姿表现上，宋金的夫妇像更多地采用了上半身侧面像的处理方式，作者认为这可能与宋人在祭祖活动中对影堂内的祖先画像形式所形成的视觉经验有关，使当时的人在墓室中使用了同样的图式。与此同时，帷幔、桌椅、屏风也出现在当时的奉亲图像中，而对（并）坐的父母形象也成为祭祖和奉亲图像的一个通用的理想化的符号。作者认为，一种图式的形成不可能完全不受到前代母本图像的影响，如宋金墓葬中的夫妇像变为坐在椅子上的形象，与椅子的大量使用有关，而半侧面的对坐形式及相关图像符号的出现，则可能受到当时影堂空间布置的影响。这些图式的产生与当时的日常生活中长期形成的视觉经验不无关系。

（摘自《美术》2018年第6期）

11.清初古书画“北移”现象之辨

刘亚刚的《清初古书画“北移”现象之辨》一文，从清初大量古书画由南向北移动的现象入手，讨论这一“北移”现象背后的原因。文章从“北移”现象被发现谈起，探究了“北移”之后藏品的归处。作者指出，这些“北移”之后的藏品有的收藏于在京师发迹的江南人手中，有的收藏于宦游于南方的北方人手中，有的藏品随着鉴藏家的流动而流动，因此这些藏品究竟归属于谁，并不能简单地用“北移”来下定论。另外，此时藏品在多个藏家手中流转的可能性非常大，“北移”一词也无法完全确切描述。文章认为，所谓的清初古书画“北移”，只是一种浮于表面的假象，其实质是晚明以来，旧有的收藏格局被打破，藏品由晚明的南方旧族向清初新兴的士大夫阶层流动，这些新兴的士大夫阶层既包括了在京城任职的南方人，也包括在南方为官的北方人，这些藏家的地域属性，以及阶层内部藏品的频繁流转，增加了这一现象的复杂程度，仅仅用“北移”一词并不能解释这种藏品流向的复杂性。

（摘自《文艺研究》2018年第9期）

12.从两宋图文关系看“边角构图”的形成

牛国栋的《从两宋图文关系看“边角构图”的形成》一文重新讨论了两宋时期的“边角构图”形成的原因。文章指出，目前对于“边角构图”的解释分为两种：一种是“地理环境说”，认为两宋构图之变是因为北宋的画家生活于黄河中下游的开阔地带，放眼望去一片开阔之地，而南宋画家则局限于杭州西湖周边，视野被青山阻隔，烟雨迷蒙也限制了视野。另一种是“老庄思想说”，其认为南宋宫廷画家受道家虚澹思想影响而形成了布白观念。作者认为两种说法都大而泛之，未能切中艺术本体。文章从图文关系的角度切入，指出图像一般是虚拟的三维空间，而二维平面的文字如若突兀地出现在画面之中，势必会破坏画面的空间感。至北宋徽宗时期，画院出现了“代御染写”的职业画家，最后需要在画面上留出一定空间由宋徽宗御题。为了使文字不破坏图像的空间效果，这些花鸟作品往往未渲染背景空间，而将虚拟空间压缩为几乎和花鸟图像并置的空间，并将留白御题空间留出，从而成功解决了文字与图像在空间关系上的冲突，出现了一种“边角构图”的形制，出现了“空白美学”的观念。南宋时由于宋高宗热衷于“边角构图”的小景画，由此出现了对幅诗画的形式，以及压低画面留出御题空间的风格，将“空白美学”引入小景画之中，最终形成了典型的“边角构图”。其变化也是从解决文字对图像的介入开始，最终重新摆脱了文字侵扰的图文关系。

（摘自《南京艺术学院学报（美术与设计）》2018年第4期）

13. 沈周《庐墓图》与茔域山水画

秦晓磊的《沈周〈庐墓图〉与茔域山水画》一文关注到学界比较少涉及的茔域山水画。文章通过梳理墓地入画的传统，并结合相关的文献，指出茔域山水画至晚出现于元代初期，自元末到沈周生活的明中期颇为流行，但此类画作存世较少。文章从沈周的《庐墓图》入手，结合沈周本人的诗文集等相关材料，分析了《庐墓图》的制作与使用的发展脉络，以及其背后流行的文化观念。因此类山水画的受众多为宦游在外的官员，所以文章认为，制作和使用茔域山水画的行为与明代文官省墓制度和“孝忠一体”的政治文化语境有关，成画后的观看和题跋，既是文官群体间获得情感和思想之认同的方式，具有凸显“忠孝相资”的意义，也暗含了对图绘父母墓这一孝行之回报的期许。

（摘自《文艺研究》2018 年第 11 期）

14. 费城艺术博物馆藏徐渭花卉大轴研究——徐渭早期真迹及其学画时间、师承问题

邵彦、许力的《费城艺术博物馆藏徐渭花卉大轴研究——徐渭早期真迹及其学画时间、师承问题》一文以费城艺术博物馆藏徐渭《十六花卉图》为研究对象，经与三件形式和内容与其高度相关的其他博物馆馆藏作品进行分析对比，认为费城艺术博物馆的这件大轴是真迹，并从其书画风格、特殊形制、制作难度，以及书画中流露出的作者的精神面貌，推测此图很可能画于徐渭 37 岁到 40 岁之间，即居胡宗宪幕府时期，第二次结婚之前，并可能是为杭州某妓馆所作。文章认为该大轴是目前所知唯一的制作年代相对清晰的徐渭早期作品，也可为学界长期以来对徐渭习画时间的争议提供有力佐证，证明徐渭 30 多岁时已经具有出色的绘画能力，并且风格与其早期书风有共同之处，清秀飘逸而兼具法度与内敛，对于推断其晚年风格狂放的程度，对于某些传世之作真伪的审视，都有重要的参考价值。在技法上，则与陈鹤的《牡丹图》有关，尤其是墨中加胶的技术特点，以及在题材上深受陈鹤影响的痕迹，都进一步证明徐渭是早在青年时期师法陈鹤走上绘画道路的。

（摘自《美术研究》2018 年第 1 期）

15. 南宋李生《潇湘卧游图》题跋考论

施锜的《南宋李生〈潇湘卧游图〉题跋考论》一文研究了现藏于日本东京国立博物院的南宋禅画《潇湘卧游图》中的全部题材。目前该画上留存 9 条南宋人的题跋，5 条明清人的题跋，另有 1 条南宋人的题跋散佚，但载于《石渠宝笈初编》。文章通过对 9 条南宋人的题跋进行研究，得出了三个结论。第一，南宋时自上而下的修禅风气，非但使士人居士与禅师之间相互形成了紧密的关联，还使士人之间多有结社交游。第二，《潇湘卧游图》中的禅意，使南宋居士们阐发无穷，显示出深厚的禅学素养。第三，题跋中的南宋士人，并非交游圈中的画家或收藏者，而是围绕着禅社而结交的社友，对禅意的探究多过对画意的欣赏。文章指出，自明代之后的题跋，如今天常见的样貌，主要围绕鉴定、鉴藏展开论述。各种语境的题跋，生动地呈现了不同时代和身份的士人之兴致所在。

（摘自《中国国家博物馆馆刊》2018 年第 1 期）

16. 萧云从《天问图》的时代风尚与创作旨趣

孙洋洋在《萧云从〈天问图〉的时代风尚与创作旨趣》一文中，将萧云从创作的 54 幅以屈原诗歌为原型的版画《天问图》作为研究对象。作者首先归纳了萧云从这 54 幅版画所选择的表现内容，其中以奇异可怪之事最多，体现了他对奇异之事以及神怪奇兽的兴趣。同时，他也有意识地选择诗歌中能够透露兴衰之理的事物予以图绘，此举寄托了他以图规谏的思想。在刻画历史人事时，作品选择了具有情节张力、视觉冲击力的场面，作者认为这与当时为迎合大众偏好有关；而用图解作劝诫的意图，则与萧云从“尊‘骚’为‘经’”的思想有关，这使他出于对屈原作品的尊崇和实用目的进行创作。至于萧云从《天问图》和《九歌图》分别作于何时，作者通过对作者创作时的心理情绪分析认为，《天问图》应创作于明亡之前，是针对晚明社会乱象的批判和劝诫，而《九歌图》则作于明亡之后，出于作者一种出世的归隐心理。

（摘自《美术》2018 年第 4 期）

17. 一件伪作何以改变历史——从《蓬莱仙奕图》看明代中后期江南文人的道教信仰

谈晟广的《一件伪作何以改变历史——从〈蓬莱仙奕图〉看明代中后期江南文人的道教信仰》谈到，出于政治宣传的需要，明初张三丰的“神仙”形象被皇家建构起来。明代中期的嘉靖初年，伪托“冷谦”画、“张三丰”跋的《蓬莱仙奕图》在江南横空出世，该画表现的是“蓬莱”与“仙奕”等道教意向明显的神仙题材，且冷、张二人均被附着了新的“仙化”传说。文章认为，此伪本的图、跋在明代中后期的江南社会流传的过程中，更进一步强化了张三丰的形象建构和“仙化”观念的传播，并催生了多个“仇英”的摹本。《蓬莱仙奕图》与多个摹本的存在又进一步影响了世间凡人可成仙的观念，最终在万历八年（1580）发生的由诸多著名文人参与的昙阳子“仙化”事件中达到高潮，并直接影响明代末年多部画史乃至《明史》的修撰。文章通过对一件作伪的画跋产生的时代背景和其流传过程的考察，揭示隐藏在作品背后的道教史、观念史和文化史，最终探讨艺术史的价值，即图像作为非文献的证据，具备呈现文献所不能呈现的历史的特殊价值。

（摘自《中国国家博物馆馆刊》2018 年第 3 期）

18. “铸鼎象物”与“民知神奸”——关于九鼎图像的追踪

文韬的《“铸鼎象物”与“民知神奸”——关于九鼎图像的追踪》一文以文献梳理和图像分析的方法，试图回答九鼎神性的原因。九鼎成为诸侯争夺的重器，是因为它被视为天命的表征。实际上，此效力与它“铸鼎象物”的模式密不可分，即通过铸象于鼎，“使民知神奸”，进而“协于上下，以承天休”。而所铸之“象”并非具体的、写实的物象或形象，而是通过抽象和艺术再创造，传达意有所指的法象、法戒或意象。人民所知的“神奸”也不仅仅是异兽的善与恶，而是经过加工的画面背后的寓意。文章指出，九鼎神性最初来自其图像及其背后的寓意，而后才因礼法的功用，在政权的更迭中不断地被神化。最后九鼎的神秘失踪，既是“铸鼎象物”模式的失效，又是其神性的达成，与它的来历一样意味深长。

（摘自《中国文艺评论》2018 年第 1 期）

19. “江南传统”的形成与董源地位的奠立

吴湘的《“江南传统”的形成与董源地位的奠立》一文讨论了两个对象：“江南传统”与董源的地位。文章指出，从北宋开始，“江南画”或“江南传统”成为绘画史中出现较为频繁的字眼，这一类型的绘画在整个宋代产生了广泛的反响，并影响了后世的山水绘画。然而“江南画”并不是一个严格意义上的绘画流派，文章由此对于“江南传统”的形成历史进行考察，并以米芾的《画史》为出发点，溯源董源成为“江南传统”典型的原因和特殊意义，以此还原历史上真实的“董源”形象。而“江南传统”的真正完成，也经历了两个阶段：一是南宋时“江南”风格的接受和董源地位的确立，二是元代中后期董源至“二米”绘画谱系的形成。

（摘自《南京艺术学院学报（美术与设计）》2018 年第 2 期）

20. 文化理想与家国意识——论赵孟頫之文艺复古论

吴静的《文化理想与家国意识——论赵孟頫之文艺复古论》一文，以赵孟頫的文艺复古论切入，探讨其在推动文艺与审美变革的背后更深层次的文化与政治原因。文章通过对赵孟頫文艺复古论的分析，指出他在复古中重申礼乐之教，正本清源的意味尤为明确，具有一定程度的抗争意识。这种意味也存在于他的书画复古论之中，这源于他对两宋文艺的思考。他认为两宋的文艺问题，本质上在于主导“文”之思想脱离了正统理法，背离了“道”，同时对宋末文艺或文化偏颇的抨击，也直指导致这种偏颇的内在观念。他试图通过文艺中“古”所隐喻的“正统”，呼吁文化与思想向“道”复归。斥俗倡雅，则是赵孟頫的生活态度、治学思想与创作理念的核心。在他的文艺阐释中，“古”之内涵与“道”同质，他经由文艺所强化的“雅”之审美形态，将内心正统之“道”的本质予以澄明。而在元初，在士人反思文艺凋敝、力图重整社会秩序的具体情状下，赵孟頫的文艺复古论由此带有了文化抗争与政治批判的意味。其思想和精神也得到了元中期奎章阁士人的继承和弘扬，在文化和政治环境改善的情况下，他们将文艺创作视为伦理秩序重建、国家意识重塑的手段和力量，并因其掌握的权力而有能力将汉族文化与核心价值从早期表象的、被动的、浅层的状态，向内在的、深层的价值认同转化。而至元中后期，赵孟頫等人隐含的文化理想和家国意识，也从一种个人期待转变成至少是表象上的现实。

（摘自《文艺研究》2018年第6期）

21. 大汗的农事：农桑、耕织图与元代皇帝的角色认同

杨德忠的《大汗的农事：农桑、耕织图与元代皇帝的角色认同》一文指出，身为游牧民族，以忽必烈为首的元代统治者入主中原后，为了适应中原农耕经济的生产规律，同时也为了能够得到广大汉族臣民的政治认同，大多采取了积极的重农政策。配合朝廷的重农政策，《农桑图》《耕织图》等表现农业生产的绘画在当时也有了特殊的重要用途，包括仁宗、英宗、文宗在内的元代多位皇帝都表现出对此类记述农事的绘画的兴趣。因此，农桑、耕织之类的农事绘画在元代朝野得到了很好的刊印和推广，同时起到了很好的劝课农桑的功效，也使刻印农桑图作为劝课农桑的范图蔚然成风。文章认为，出现此种现象的主要原因是这些身为"异族"的统治者为了加强自己的政权统治，在汉人臣民占绝大多数的国情下，他们必须竭尽所能使得自己的政权合法化。所以积极劝课农桑并鼓励、嘉奖绘制和大规模刊行各种表现农事的图画，是他们在努力谋求政权合法化的过程中所采取的举措之一。

（摘自《美术研究》2018年第6期）

22. 南宋"命题诗画"研究——以马远《松下论道图》为例

姚远的《南宋"命题诗画"研究——以马远〈松下论道图〉为例》一文指出，南宋"命题诗画"虽然属于诗意画的范畴，但也有着自身的独特性，即先有诗，后配画，画意是对诗意的匹配和模仿。然而在存世马远的"命题诗画"中，我们却明显忽略了"先有诗"这一特征，也忽视了诗画创作主体之间巨大的尊卑之别，将绘画看成诗意之外独立的存在，将画意的呈现看作马远"有我"主体意识的自觉呈现，或将画中人物所流露出的品行情操看成马远"有我"意识的存在。文章指出，"命题诗画"中意境、格调等一开始并不是由马远创作的，而是诗人的定位，所谓马远绘画中的"有我"其实也是为了"他看"。一切画意的呈现都是为了"匹配"他者在诗中提前设定的意境。这其中唯一的"有我"就是马远的"匠心"——用他掌握的"预存图式"将图像与语词的"联觉"功能发挥到极致。而这种"预存图式"在马远的时代已高度成熟，任何类型的诗意几乎都能用约定俗成的"图像语言"表达。

（摘自《中国国家博物馆馆刊》2018年第7期）

23. 顾凝远《画引》中的画理探微

张曼华的《顾凝远〈画引〉中的画理探微》一文指出，《画引》卷一论画部分涉及前人画理、自然与画、历代名家、鉴赏观、题画诗诸方面，既是顾凝远个人观念的体现，也是晚明文人画家典型思想的浓缩。《画引》在前人画论的基础上，阐发了一系列艺术见解：提出"传神写照先知雅俗之分"，丰富了建立在形态、神态、动态基础上的人物画传神论；关注创作中感兴的作用，提出若干助"兴"之法；对"笔墨"与"生拙"、"生熟"的关系提出见解；厘清墨之枯润与气韵的关系，指出画面气韵的获得不在于"墨"而在于"境"；跳脱出将"取势"视为章法构图的传统观点，认为画家的心胸和眼界是决定画面气势的关键要素；指出"画病"中用笔三病并非限于技法问题，而是直接关系作品生死。文章认为，顾凝远虽然多围绕前人画理展开阐发，却彰显出其卓尔不群的见解和不俗的审美品位。

（摘自《中国国家博物馆馆刊》2018年第10期）

【中国近现代美术史研究】

1. 塞尚、街头剧和“土油画”——艺术家胡一川的跨媒介实践

蔡涛的《塞尚、街头剧和“土油画”——艺术家胡一川的跨媒介实践》以上、下篇讨论了胡一川艺术中的跨媒介实践。文章从广州美术学院图书馆保存的胡一川在20世纪60年代初期对塞尚画册的频繁借阅记录入手，认为这揭示了1949年之后体制内艺术家们和西方现代艺术的复杂关系，以此启发我们对革命美术的创新机制进行更为深入的讨论。而胡一川所创作的《开镣》《前夜》等是代表了革命美术新风尚的一批“土油画”作品，既包含了对后印象派等西方现代艺术的语言转化，同时也是抗战时期文艺界跨媒介实践的后果，即其画面体现出戏剧舞台经验嵌入美术创作的新方法。文章由此回顾了胡一川“洋画”、“新兴木刻”和“土油画”三个阶段，试图从东亚现代艺术史的视野来解读胡一川的艺术创作和现代艺术认知的独特性。文章穿梭在战争、革命文化和现代艺术个体实践交集的各种历史场合，以此展开对现代美术史“表”与“里”的悖论性思考。

（摘自《美术学报》2018年第4、5期）

2. 改革开放与中国美术的现代形象塑造

孔新苗的《改革开放与中国美术的现代形象塑造》谈论了改革开放40年来中国美术现代形象的自我塑造过程，并提出了在当下的世界格局中，中国美术应该思考和探索的问题。文章指出，相对于20世纪初期的新文化运动、中期的新中国文化建设，20世纪末改革开放中的中国美术，“观念更新”是一个突出的关键词。虽然还是延续着追求民族国家强盛的梦想，但改革开放后中国美术的现代追求则是置于全球现代化的大背景下去思考的，是“立足中国、走向世界，在参与全球现代交流中自塑中国美术的现代形象”。这是走出了“对内”视角，作者从“文化自觉—现代化”的二元视角来解读改革开放40年来的中国美术现代形象的自觉。在这一视角下，中国美术秉持自身深厚文化传统和本土现代文化建设的道路选择，走自己的现代之路，即在尊重不同民族文化背景的交流中，用自身对艺术的功能、语言和价值的理解方式进行表达，从而超越了“现代—传统”的线性进化逻辑。基于此种判断视角，作者认为中国美术的批评系统应该关注中国美术文化传统中的人文价值关怀，它体现于传统书画品评中的“分层批评”，而这种“分层批评”也可以在现代语境中得到再实践，以此丰富中国批评话语的建构。

（摘自《美术》2018年第10期）

3. “黄宾虹热”开始的中国画民族化回归

刘玉龙的《“黄宾虹热”开始的中国画民族化回归》一文从概述中华人民共和国成立以来对黄宾虹的研究轨迹开始，指出“黄宾虹热”出现的背后，除了改革开放之后美术界对黄宾虹本身所具有的爱国精神及强烈的民族文化意识的认同外，还应该看到这种现象背后的文化内蕴与社会根源。作者认为，一方面，“黄宾虹热”的兴起与其艺术风格符合新时期中国画的审美要求有关，为新时期传统文化的自我突破提供了一个转换的范式参考；另一方面，对黄宾虹的“回望”，也是对传统文化的回归，其背后反映了对中国文化民族精神的认同和一种回归本体、回归中国的民族性选择。文章总结道，“黄宾虹热”现象的出现和发展，是在新的社会环境下，以研究黄宾虹为契机，探索中国画发展的方向，“体现了画坛对黄宾虹艺术所蕴含民族精神、文化自信的追随”。当然，作者也提醒要警惕因对黄宾虹过分神化而可能出现的固化和僵化现象，应在坚守中国传统文化内核与精神的同时具备开拓创新意识，使“黄宾虹热”不失方向，使中国画不失民族精神，回归中国。

（摘自《美术》2018年第10期）

4. 改革开放与中国画笔墨的冷热

林木的《改革开放与中国画笔墨的冷热》一文关注了20世纪80年代后开始的关于中国画笔墨问题的论辩。作者概述了改革开放之后中国画坛的论争的发展脉络。改革开放之后，中国引入了西方的现代主义艺术思潮，从“形式美”开始，

中国画坛既打开了新的观念空间，同时也将新的样式与传统样式进行了对比，进而引发了对中国画的“创新”与“现代”的追求，由此也有了中国画“穷途末日”之说，但皆未曾涉及笔墨问题。20世纪80年代西化潮反激出的画家黄秋园与陈子庄，以及“新文人画”群体，使中国画的笔墨问题多少受到了关注。但真正引起中国画笔墨讨论的则是之后的关于“笔墨等于零”的争论和黄宾虹热，前者开启了中国画坛对笔墨的关注，而对黄宾虹的研讨则将中国画笔墨讨论推向了高潮。随着中国经济的发展以及这些具有深厚传统笔墨功底的画家的作品在市场上的热卖，“笔墨”更加占据了中国画的重要位置。但作者认为，中国传统绘画从线条到书画结合，再至笔墨精神的独立，是合乎逻辑的自然发展，但是“博大精深的中国古典绘画传统中还有意象的深刻内核，山水画中也还有意境的更为源远流长的因素”，以及非文人画系统的其他传统绘画，一味追求笔墨也会陷于陈陈相因的套路之中。文章最后以“外师造化，中得心源”来表达作者对于中国画笔墨问题的看法。

（摘自《美术》2018年第10期）

5.“美术革命”思潮百年反思

林木的《“美术革命”思潮百年反思》一文将由吕、陈二人通信所引起的“美术革命”与20世纪初的“文化革命”相联系，指出新文化运动主要涉及“科学”与“民主”，以及背后的西方文化。文章由此从四个方面对20世纪中国美术的演变加以描述。第一，“西方文化与东方文化的冲突与融合”，文章指出，20世纪初期，西方文化随着军事力量进入中国，导致西方文化在中国占据了绝对的主导地位，西化盛行，但同时也存在着对西方文化的反思及探寻中国传统文化的复兴之路，这两股思潮实际上贯串整个20世纪的中国美术史。第二，“科学主义与东方思维的冲突与融合”，这导致了“科玄之争”的出现，同时也出现了“科学”的教学方式，以及进化论的观念，而民主的启蒙则使艺术从个人行为走向为大众服务的新社会功能。第三，“为人生与为艺术的冲突与融合”，随着中国社会局势的变化，为人生的艺术逐渐走向艺术大众化的发展道路。第四，“雅俗的矛盾冲突与融合”，这一冲突与融合由艺术大众化引起，即考虑到艺术语言与大众审美之间的关系。通过这四组在“美术革命”思潮诱发下产生的美术变革，作者最后指出，在今天的文化与社会语境下，百年来的“美术革命”既有其价值，也因其“革命性”而使艺术失去了许多内涵，而在今天中国文化全面复兴的时代，中国的美术家们，“不当再是革命，而是奋力前行”。

（摘自《美术》2018年第3期）

6.蔡元培“以美育代宗教说”的历史语境和现代价值

刘成纪的《蔡元培“以美育代宗教说”的历史语境和现代价值》一文，从美学与宗教之间关系的角度回溯了蔡元培提出“以美育代宗教”说的原因。文章指出，相比于类似陈独秀的“以科学代宗教”、梁漱溟的“以道德代宗教”，蔡元培的“以美育代宗教”的美育方案，其说更具有合理性，原因在于宗教关注超验世界，而美育给人提示的正是从现象世界向超验（实体）世界上升的通道，两者存在天然的契合性。文章认为，“在美育与宗教之间，两者并不是因敌对而相互取代的关系，而是因类似而相互接替的关系”。与此同时，蔡元培不但不反对孔子和中国传统，还对受儒家教化陶冶出来的传统给予高度肯定，他正是通过对儒教的肯定而将中国传统纳入到美育体系中。其贡献则在于，一方面将“纯粹之美育”从宗教中剥离出来，同时赋予美育类似于宗教的性质，成功保留了美育之于人类精神的神圣价值；另一方面使美育成为探索现代国家建构的一个组成部分，能够参与到现代的国家建设中。同时他将中国传统美育资源纳入现代美育体系，重新认识了中国传统教育的价值，也为重建美学与美育实践的一体关系提供了一个具有恒久价值的方案。

（摘自《美术》2018年第1期）

7.时代之“变”与其命惟“新”——20世纪50年代初期傅抱石的艺术

李公明的《时代之“变”与其命惟“新”——20世纪50年代初期傅抱石的艺术》关注到傅抱石在20世纪50年代初期面对时代变革之时对于

绘画的思考与艺术思想的变迁。文章谈到，时代的变革给艺术家带来的不仅是社会制度的转变，更是一种生存方式的转变，带给艺术家的最大问题就是如何融入这个新的社会。傅抱石同样面临着时代之变给他带来的困惑，即绘事前途与文化遗产的问题。他以创作毛泽东诗意画来应对时代之变产生的生存问题。同时他的实践也使毛泽东诗意画成为当时对传统山水画进行改造的社会主义文艺中的重大成果。而对于新国画，其“新”不仅意味着一种新的艺术形式，更重要的是建构了一种新的审美观念，只有从这个角度去理解傅抱石、李可染等人的探索，才能更深刻地理解他们的贡献。

（摘自《美术》2018 年第 2 期）

8.1920年代初期上海美专教育改革的日本因素考析

林夏瀚的《1920 年代初期上海美专教育改革的日本因素考析》一文讨论了刘海粟于 1919 年赴日考察美术教育对于上海美专教育改革的影响。文章指出，刘海粟从日本考察归来之后，在上海美专引进了东京美术学校的办学模式，包括课程设置、教育理念、经营管理等方面，都向着现代化的美术教育模式发展，受到日本现代美术思潮的影响。上海美专鼓励学生向着“新颖”与“自由”发展，鼓励他们自由地探讨艺术中各种可能的新实践，同时引入了日本的“写生”教学。刘海粟归国后极力鼓吹中国画应该摆脱拘泥于临摹的方法，而通过写生来达到与造化生机相互参证的自由境界。这种追求个性与自由的艺术理念，也在上海美专中弥漫开来，使他们崇尚自然，醉心自由，对东西洋美术界有着热情的向往，也通过艺术实践对中国美术进行现代化改造，成就了中国第一代现代艺术家。

（摘自《美术观察》2018 年第 2 期）

9.“美术革命”：当代的预演与新世界构想

鲁明军的《“美术革命”：当代的预演与新世界构想》一文，从当代的视野去反思百年前的“美术革命”的现实意义。文章通过百年前的“美术革命”关于“写实”的论辩，指出康有为是造成“写实主义”称霸天下局面的“始作俑者”之一，然而他的“写实”并未寄希望于西方的“写实主义”，也没有放弃传统，甚至指出宋代的工笔设色为西方“油画”的前身。文章认为这种观念反映了康有为内心深处的“世界主义”或“普遍主义”。至“八五美术运动”时期，栗宪庭、高明潞皆有撰文讨论“美术革命”，前者指出“美术革命”是以艺术之名进行的一场思想革命和社会革命，由此也联系到了“八五美术运动”的本质；而后者则从人文主义与人道主义的角度去看待“美术革命”的精神内质，并延伸到对“八五美术运动”的解读，将两者联系在一起。文章提到，栗和高的历史表述，已经使“美术革命”的意涵超越了关于“写实”的争论，但似乎也并不止于他们所谓的思想解放、社会运动和人的自觉，而本文则将其置于与“美术革命”几乎同时期的俄罗斯无产阶级文化运动、意大利未来主义和法国达达主义的世界文化思潮之中，并指出康有为的“写实”，并非西方的“写实主义”，对于革命者所要革除的文人画，他保持了审慎和克制，他所倡导的是一种全世界可以共享的绘画方式，此种观念又与他的“大同”理想是相关的。从这一层面来看，康有为的“普遍主义”和“大同设想”本身就与上述其他国家的三种运动有着相似之处，而他所选择的“写实”代表——宋代院体画，也处处体现着一种理想的帝国山水，这也符合他关于未来世界的“大同”构想。文章由此联系到当代艺术创作中以未来世界为创作主题的作品，也从这个意义上认为，百年前的“美术革命”似乎便是当代艺术的一场预演。

（摘自《文艺研究》2018 年第 10 期）

10.“高贵的人道精神”与黄新波的左翼木刻艺术——以黄新波在香港时期（1945—1949年）的版画创作为中心

李公明的《“高贵的人道精神”与黄新波的左翼木刻艺术——以黄新波在香港时期（1945—1949 年）的版画创作为中心》以个案研究的方式，结合黄新波香港时期的历史背景，重返“二战”后香港左翼文化的历史现场，探讨黄新波在 1945—1949 年间创作的几幅代表性版画作品的题材内容、思想内涵及艺术特征。文章探讨了战后香港的社会状况及左翼文化氛围与黄新波的版画创作有何种联系。文章通过分析《控诉》等作品背后的历史语境和复杂的舆论氛围，强调其作品蕴含的强烈的人道主义价值观是对狭隘的国族、党派功利价值观的超越。在这一时期，他以香港都市背景中的底层社会为主要题材的版画创作既延续了早期木刻中关注现实时事和基于道德义愤的"控诉"主题，同时表现出更感性、更深刻的现实观察等新特征，而在香港的国际化氛围中，黄新波的创作视野和艺术资源更加广阔，其创作手法与艺术风格更具现代主义的审美特征，从中也折射出珂勒惠支、肯特等西方艺术家在中国左翼艺术创作与传播中的意义和作用。文章认为，研究黄新波此期的版画创作可以加深我们对珂勒惠支艺术在中国的传播与接受的认识，对珂勒惠支艺术在不同艺术家心灵中，以及在不同的历史和政治语境中的真实意义与作用有更深的理解。而对于20世纪40年代后期黄新波的香港版画的研究，文章也提出了关于重新反思左翼艺术赖以生长和传播的复杂历史语境、自身充满倾向性斗争的思想谱系以及在历史转折时产生的重大变异等问题。

（摘自《文艺理论与批评》2018年第5期）

11.吴冠中与形式美

彭锋在《吴冠中与形式美》一文中重新关注了40年前吴冠中所发表的《绘画的形式美》的价值。文章从吴冠中所提出的"形式美"入手，谈论了吴冠中观念中的"形式美"究竟指什么。作者首先指出，吴冠中所说的"美"与"漂亮"是两个不同的概念，前者是形式之美，而后者是内容之美，形式美更多的是画面中线条和色彩构成的美，而内容的美则是绘画的对象和材质本身的美。明确了两者的差别之后，作者简要地回顾了西方美学中形式主义的主要内容，认为吴冠中的"形式美"，有点类似于弗莱所说的"设计"和贝尔所说的"有意味的形式"。但与两者不同的是，吴冠中认为对于形式美的欣赏是与生俱来的本能，并非"延迟的、困难的"，与此同时，他认为形式美又源于形而下的世界，这些形式都能够在有形的事物和生活中找到根源。文章据此将吴冠中所说的术语具象、意象与抽象做了调整，而吴冠中提出的概念中的形式美抽象，更多的是一种意象范畴，是"似与不似之间"。作者认为，吴冠中所说的"之间"，指的是从内容中"看出"形式，因为内容是熟悉的旧事物，它可以遮蔽陌生的新事物，从内容"看出"形式就需要进行抽象与提炼，这种观念也让吴冠中的形式美可以参与到当代图像理论的对话之中。至于吴冠中所提出的"形式美"的意义，作者认为既有在中国提出现代主义的历史意义，也有让中国传统艺术重新被认识的文化意义，还有对艺术中的永恒性的追求的艺术意义。

（摘自《美术》2018年第12期）

12.缺席的天马会——1927年上海美术联合展览中的观念之争

吴静的《缺席的天马会——1927年上海美术联合展览中的观念之争》从1927年天马会缺席"美术联合展览"一事谈起，以此引出当时上海画坛派系与思想观念之争的背景，表明天马会缺席的深层缘故。文章指出，天马会在成立之初便以保持独立性为宗旨，不管是组织关系还是财务关系，都不依附于政府或任何团体。但在其第二次展览时，外界便对其严苛的会员制和展览审查制造成的排外现象提出质疑，后亦被批评作品粗制滥造、极尽模仿之能事，从而造成了天马会内部人员的决裂。以1920年由天马会成员光琳、王济远在《学灯》上批评"青年会绘画展览会"所引发的美术界论战为主，并引出了关于何为"纯粹"艺术标准和何为真正艺术批评的论战。前者以光、王二人对展览中带有现代主义风格的作品的批评为始，他们认为这些作品违背了写"自然"之实的艺术真谛，即自然之写实画风是否为艺术的标准；后者也由对展览的批评引出了艺术批评的理性公平与意气之争的讨论。文章指出，对"天马之争"的探析反映了当时中国美术界关于知识、制度和价值的认知，以及现代化进程中思想的过渡性特征。

（摘自《美术》2018年第7期）

13. 从“美育”思想再论民国“人体模特儿”事件

吴梦园的《从“美育”思想再论民国“人体模特儿”事件》关注到上海图画美术学校公开展览人体画的事件。1916年，以上海图画美术学校的学生公开展览人体画为导火索，引发了一场关于女性人体公开展览与观看合法性的长达十年的论争。回看这场争论的前因后果，在蔡元培“美育”思想的影响与推动下，人体审美被新文化知识分子引入到“艺术救国”的政治框架之下，成为提升国民素质的工具。文章指出，虽然以刘海粟为首的新知识分子宣扬一种非功利性的纯粹审美，但对人体艺术“裸”与“不裸”的争论不可避免地与政治形势紧密勾连，进而演化成新文化运动中新旧道德之间的对立。在这一过程中，妇女身体一定程度上沦为了民族—国家建构过程中新的社会阶层用于重构文化认同的工具。

（摘自《美术研究》2018年第4期）

14. 边城废墟：风景中的民族寓言

吴雪杉的《边城废墟：风景中的民族寓言》一文，以冯法祀1942年在广西创作的《镇南关》《木瓜树》为中心，结合丰子恺的漫画作品，讨论抗战时期的艺术家如何将战争废墟转化为象征国家获得新生的寓言。冯法祀的《镇南关》创作于1942年，是画家随剧宣四队在第四战区巡回演出期间前往中越边界所画，画中被战火摧毁的关城上站立着一个士兵，将战争废墟转化为一个象征民族国家复兴的寓言。同样的思路还出现在他描绘龙州城市废墟的《木瓜树》一画。文章指出，这种利用战争废墟上的重建及新生来象征中国浴火重生的图像在抗战期间非常流行，如丰子恺的漫画《大树被砍伐》。文章还指出，一个古老的国家和民族在现代的新生借助充满象征性的图像得到表达，而废墟也由此获得了一种近似纪念碑的效果，用来铭刻民族的寓言。

（摘自《美术学报》2018年第4期）

15. 王一亭“流民图”论考

王一村的《王一亭“流民图”论考》关注了王一亭的“流民图”。文章指出，从20世纪10年代末至20世纪30年代初，王一亭用水墨画的形式，绘制了多幅表现灾情和灾民、题写募捐文的“流民图”，并将作品或印刷复制品应用于他组织或参与的各类民间义赈活动中，用于劝募或义卖筹款，发挥了重要的实务功用。他所绘的“流民图”远袭宋代郑侠以来地方官吏制流民图劝赈的图绘传统，近承清末民间前辈以木版灾情画向政府汇报灾情和赈灾成就的惯例。在作品表现形式上，王一亭却未遵前人线刻版画的程式，而是以文人画一脉笔墨表现，尤其受到清代徐渭、曾衍东等非正统画家表现手法的影响。古代院体绘画和文人画鲜少涉及民生苦难主题，而王一亭借助古代乞赈图绘资源，拓宽了传统绘画表现的题材范围；同时，王一亭集中创作“流民图”的时间先于20世纪30、40年代受西方绘画影响而广泛兴起的现实主义绘画潮流，这不仅凸显王一亭的前瞻性，更显示了中国画现代变革路径中，传统资源的再生、转化及发展。

（摘自《中国国家博物馆馆刊》2018年第5期）

16. “美术革命”的文本考察与历史还原

张鹏的《“美术革命”的文本考察与历史还原》一文，再度考察了“美术革命”这一20世纪中国美术史的热门话题。文章从“美术革命”的核心文本——吕、陈二人的通信开始，指出吕、陈二文中的“革命”一词，有着不同的逻辑起点与思想含义，强调应该重视吕澂一文中的传统文化和民族艺术的重要性。作者也由此引出对于“美术革命”的理解应该放在整个新文化运动的大背景中考察的观点，并进行了对陈独秀“美术革命”的考察和对“美术革命”体系内的其他重要历史文本的考察。将陈独秀的“美术革命”放置在新文化运动中加以考察，目的是还原“美术革命”的真实历史价值，以及陈独秀的“美术革命”在美术领域和文化革命领域内的具体位置，既明确陈独秀所提出的“美术革命”真正的地位，同时也强调不可夸大其历史作用。文章最后认为，对20世纪中国美术的研究，一是需要有对原始文本与文献的深度阅读，二是要打破学科的壁垒，将研究对象放在大的历史文化背景下进行研究，重新反思“美术革命”和五四新文化运动的思想体系，还原历史真貌。

（摘自《美术》2018年第4期）

17．“美术革命”与20世纪中国美术

张晓凌的《“美术革命”与20世纪中国美术》将“美术革命”与中国美术的现代化道路联系在一起，从20世纪中国美术的现代性角度重新看待百年前的“美术革命”命题。文章首先描述了“美术革命”在历史中的思想背景与价值坐标，即晚清以降知识分子的忧时救世传统和普遍的“革命”意识形态，以学术的经世致用来救亡图存，于是纷纷提出“革命”的救世方案，“美术革命”正是在此背景中产生的。“美术革命”所主张的科学的写实主义、反传统、艺术进步观、艺术功能论，以及在中西美术冲突中形成的二元思维模式，都构成了20世纪中国美术现代性的核心内容，在一定程度上形成了20世纪中国美术变革的轨迹。作者分别从“美术革命”与“五四”以来的启蒙思潮、“美术革命”与20世纪美术的思维模式、“美术革命”与中国美术现代性、“美术革命”与科学写实主义的胜利以及“美术革命”与艺术进化观等五个方面，阐释“美术革命”与20世纪中国美术现代性建构的基础事件之间的关联性，其中就包含着“美术革命”的政治现代性诉求，“革命”的二元对立思维方式，美术中的政治与艺术、功用与审美高度复合的现代性，写实主义的被引入与在地化改造的建立，以及中西美术发展观等。这些作为20世纪中国美术现代性元素的事件，都与“美术革命”有着密切联系，实际上这些元素至今依然存在。

（摘自《美术》2018年第4期）

18．论蔡元培的“文学即美术学”——五四时期美术与科学思潮论析之一

郑工的《论蔡元培的“文学即美术学”——五四时期美术与科学思潮论析之一》从蔡元培20世纪初的学科规划中的“文学即美术学”说法入手，讨论其分科观念中的科学因素。文章指出，蔡元培将现代概念中的“艺术学”与伦理学、政事学归属为“群学”，而群学与名学、道学同属“无形理学”。此处的“理学”就是现今的“科学”。其使用具有中国学术话语体系的“无形理学”之说，也是为了使其与“有形理学”一起被纳入“科学”的阐释体系。其中也有“美术学”概念源于日文的话语系统。对于蔡元培何以将“美术学”理解并翻译为文学，作者认为，其依据有二，一是“文致太平”，二是“玩物适情”。前者旨在说明古文字系统中的“文”包含了图画与书法，而后者则强调用书写、图画和音乐等表达个人的情感及审美意趣。与此同时，20世纪美学在中国的兴起，也使蔡元培试图利用美学的基础，建立美术学的科学体系。至于美术与科学的关系，蔡元培认为是互补的，认为“科学有助于培养人的理性精神，有助于美术的发展”，而美术则能培养大众的审美判断力，并实现社会道德的进步。于是在美术教育中，蔡元培同样倡导采用科学的方式，面对自然，通过写生，用循序渐进的方法学习，因而采用了西方造型艺术的科学体系。文章最后指出，蔡元培是站在“普遍”与“超越”的立场上谈论美术与科学的关系，两者超越了文化的局限，在人性的基础上获得普遍性。

（摘自《美术》2018年第3期）

19．论梁启超的“锐入观察法”——五四时期美术与科学思潮论析之二

郑工的《论梁启超的“锐入观察法”——五四时期美术与科学思潮论析之二》一文，从梁启超的两个观点“观物体物”与“即真即美”入手来分析其对美术与科学的看法。文章指出，关于美术与科学，梁启超认为美术产生科学，而最终重点还在于“真”，“求美，先从求真入手”。而其所认为的科学，“是一种精神的观念、宇宙的观念，他将其称为自然，本真的自然”。对于美术对“真”的把握，他认为“科学的知识”是造型艺术表现的前提和必要条件，但真正的艺术家会用超功利非利害的审美态度观察对象，并赋予其外部形态，于是“观察自然”变得尤为重要。作者认为美术研究的条件有四：一为非我的“理性状态”，二为客观的“分析精神”，三为“锐入观察法”，四为“极明晰极致密的科学头脑”。而其中的“锐入观察法”则提出了他自己的一个思考，即将观察中的智性活动与人的“灵性”联系在一起，并将“锐入观察法”置于观察分析之后、内

在理法结构之前，由此形成一个完整的观察认知过程。而“即真即美”则强调了观察对象时的主体穿透性，将真视同为美。他认为不管是美术家还是科学家，都不应该停留在外部现象的观察上，应深入事物的内部，发现其内在的精神或本质性的东西，由此获得的“真相”才是美的。他所使用的“锐入观察法”，强调科学的方法，但更推崇的是科学精神，将一种科学主义的态度带入到人文与艺术学科的研究之中。

（摘自《美术》2018年第4期）

20. 吕澂的“美术革命”论

郑弌的《吕澂的“美术革命”论》一文重新回归到1918年由吕澂与陈独秀的通信所引发的“美术革命”论，从吕澂的角度切入去思考他所提出的“美术革命”的真正意涵与思想基础。文章首先从吕澂的求学经历入手，强调他的治学兴趣始终在于研究佛学，“这种纯然处于智性愉悦与求真见性的追求，同样贯穿于他对美术问题的讨论，即美育与美学”。由吕澂在“美术革命”论中对意大利未来派艺术的推荐，文章认为吕澂在看待美学与美术现象时，其视角全然是西方式的，取经始终自西向东，而其对佛学中伪说散播的现状的忧虑，也是吕澂提出“美术革命”的初心。其对月份牌的批判，也与他的佛学立场一致，即反对曲解、异解、伪托、篡改义理本来面貌。至于“艳俗”，作者认为他所讨论的重点不在于单纯地表现技法，其背后批判的是绘画图像中技法对于精神性问题的遮蔽。显然，吕澂追求的是美术中对于精神与主观意向的直接表达，反对单纯地满足人的感官愉悦。对于吕澂在“美术革命”论中所提出的四点建议，作者认为吕澂所持的是启蒙态度，如第一条指涉美术的本体论，是一种观念启蒙；第三条对西方美术的新知，则是知识启蒙。

（摘自《美术》2018年第4期）

21. 重读陈师曾《读画图》

张涛的《重读陈师曾〈读画图〉》以陈师曾《读画图》为研究起点，对于近现代艺术史上这幅融合中西画风的作品，结合当时历史原境与画家思想，做出新的解读和阐释。同时联系陈师曾其后发表的为传统中国画强力辩护的《文人画的价值》一文，从图文之间产生的悖论张力，可见陈师曾在短短数年间的画学思想产生了极大的转变与调整。文章结合其十余年间的诸多画学思考与实际践行，探求陈师曾被艺术史研究所遮蔽或忽略的另外一层面相。文章认为，陈师曾既热情拥抱过西学，也进行过许多调和中西的绘画试验，画学态度却又在1920年之后产生激变，也因此固化为传统文人画激烈辩护者的历史角色。文章从此切入，探讨这种转变背后的历史动因，以及陈师曾在中国绘画由传统向现代演进过程中的历史定位及其所面对的时代命题与自我困惑。

（摘自《中国国家博物馆馆刊》2018年第12期）

【中国书法史研究】

1. 从《秘书监志》管窥元初内府法书收藏与管理

白昕霞的《从〈秘书监志〉管窥元初内府法书收藏与管理》提到，元代内府法书收藏，始于元世祖忽必烈，内府收藏书画主要由秘书监经管，以供皇帝御览。秘书监具有收藏与管理典籍图书及书画作品的功能。文章通过对相关史料的考察，对其机构实施、书画保管及使用、书目整理与编目，以及签贴等具体事项作出详细考察。文章指出，通过这一机构，可以认识到蒙古民族统治者对法书名画的重视程度，也可见出其对汉文化的接受程度，体现了收藏的政治意义。文章认为，元文宗在文化艺术上的修养与造诣并非凭空出现的，而是在自世祖忽必烈始积累与传承基础上所形成的高峰。秘书监的存在是对元初法书名画收藏的重要物质保障，也是统治者作为笼络汉族大臣的重要手段，客观上使得热爱书画的大臣推进了一代书风的兴起。

（摘自《中国书法》2018年第2期）

2. 中晚唐时期王羲之书史地位新探

蔡显良的《中晚唐时期王羲之书史地位新探》一文，从张怀瓘对王羲之的批评引入，以此讨论中晚唐时期的所谓的“抑王论”的真实性。文章指出，张怀瓘对于王羲之的批评，仅仅是指其草书，并没有由此贬抑王羲之书艺之意。从初唐一直到李嗣真，王羲之都得到了书坛的尊奉，李嗣真则首次将“书圣”之名加在王羲之头上。不过也是从李嗣真开始，王献之的书法在书论家那里凭借其对草书的褒扬而悄悄出现在“崇王论”之中，即在独尊王羲之的基础上试图加入一个王献之，即“崇二王”。今天便有很多人借此推论出中晚唐存在所谓的“抑王论”，文章认为这显然是断章取义。文章指出，尽管在中晚唐时期有并称“二王”或“羲献”，但无论是张怀瓘还是其他人，都还是认为王羲之书法“尽善尽美”，而对于王献之则时有间言。文章最后认为，对于中晚唐时期的“崇二王”，王羲之始终处于核心地位，并无贬抑之意。

（摘自《文艺研究》2018 年第 5 期）

3.“断代史”“通史”和“传记”：三种清代“碑学”理论话语的演变路径

公丕普的《“断代史”“通史”和“传记”：三种清代“碑学”理论话语的演变路径》通过阮元、康有为和李瑞清三人的“碑学”理论，考察清代“碑学”理论话语的演变。文章通过对以“碑”为核心的概念集群的梳理，指出“碑学”理论是一个发展的过程，其中阮元首倡碑帖之学，提出了“南北书派”“北碑南帖”概念，从空间和书体的角度奠定了“碑学”的基本理论；康有为明确地提炼出“碑学”“贴学”概念，从概念与时间的角度来发展“碑学”理论；李瑞清引“南北宗”概念入“碑学”研究，从风格和类型的角度来完善“碑学”理论。文章认为，阮元的“南北书派”是“碑学”理论的基础，康有为以“碑学”“帖学”概念纠正了阮元“北碑南帖”概念的不对等性，而李瑞清则以“南北宗”的划分代替了康有为“碑学”“帖学”的对立性，完善了“碑学”理论系统。

（摘自《中国书法》2018 年第 4 期）

4.从“匿名”到“具名”：书法史的一种分野

姜勇的《从“匿名”到“具名”：书法史的一种分野》关注到书法史上的“匿名”与“具名”的关系。文章指出，以汉末为界，之前为书法史的匿名时代，其后为书法史的具名时代。前者以文字演变为动因，作品展现时代精神；后者以风格竞争为事业，作品表达个性特征。在审美价值上，匿名时代追求普遍性，具名时代追求特殊性。风格、个性越突出，排他性就越强，习气突出，包蕴性差，不易为后世所取法。文章认为，“取法乎上”意味着跨越具名时代，而去匿名时代的普遍性、丰富性中开掘出新的意识。而对于传统，文章认为不仅限于王羲之以来的具名传统，还有更为重要的此前的匿名传统，诸如颜真卿、黄庭坚、米芾、傅山、王铎等人都试图找回匿名时代的平结空间和点画节奏与质感，而清代碑学兴起更导致了一个群体和时代的转身。赵孟頫的行楷则是对紧结空间的再次强化，是晋唐的“近”，而非秦汉的“古”，因而他并非古典主义者。相反地，碑学的复兴和崛起，本质上是具名艺术家借重匿名时代以成就自身。

（摘自《中国书法》2018 年第 10 期）

5.碑学萌芽与“身份”问题——从郑簠、朱彝尊谈起

刘昕的《碑学萌芽与“身份”问题——从郑簠、朱彝尊谈起》以微观视角关注复兴汉隶的代表书家郑簠、朱彝尊，探讨“身份”问题对二人书法活动的影响。文章指出，清初金石考据兴盛，书坛也随之出现汉隶复兴，而郑簠、朱彝尊便为这一时期推崇汉隶的关键人物。但两者有着明显的身份差异，前者一生布衣，是典型的市民阶层，并非学富五车的大学者，而后者家族五世为官，为世家大族、书香门第。正是这种身份差异，导致了二者面对明清易代时产生不同的身份认同和身份焦虑，也最终造成二人访碑活动、书法风格和审美观念的差异。郑簠崇尚汉碑，他对书法的喜爱是纯粹的，是充满热情的，故其书法风格“醇”且“肆”，追求创作过程的“书写性”，强调真性情的抒发，是艺术型书家。而朱彝尊作为学者致力于经史研究，这也是他开始访碑的初衷，在这一过程中才逐渐发现汉隶的魅力，访碑活动、推崇汉隶都是其学术研究的附属品，故其属于具有代表性的学者型书家。文章也提到，明

末清初混乱的社会状况，使两者都产生了不同程度、不同类型的“身份焦虑”，迫使他们打破常规去寻找一个发泄口，汉碑的质朴和古拙恰恰迎合了他们的心理，以他们为代表的隶书家开始追求本真的书艺表现，碑学由此萌芽，最终在清中后期达到高潮和鼎盛。

（摘自《中国书法》2018年第4期）

6.两汉书法正草关系研究

梁勇第的《两汉书法正草关系研究》一文指出，书法的发展在秦之后出现了官方与民间的复线发展形态，这一形态在书法发展史上实则体现为书体中的正体与草体关系的交替演进，即由正到草、再由草到正的动态交替演进过程。文章基于这一观点，以两汉时期的书法发展为例，论述两汉书法正草发展关系的实质及内在发展规律。文章指出，对于书法的艺术审美追求又会导致在书写的过程中过于注重自我意识的表现和情感宣泄，从而导致了更进一步的草化、讹变和异体字的出现。为了实用功能的需要，官方运用行政方式厘正字体，宋代的《三字经》、明代的“台阁体”、清代的“馆阁体”在某种层面上都是出于这样的目的和需要，但同时也束缚了书家们的性情表达，于是宋代有了“尚意”书风，晚明有浪漫主义书风等，这些都可被认为是对官方严谨、呆板的正体字的破坏。文章指出，从两汉时期开始，书法复线发展形态中的这种正草关系成为一个固定的模式，书法始终没有跳出藩篱，始终都在正与草的关系转换中不断交替更迭，也成为书法发展的基本模式。

（摘自《中国书法》2018年第8期）

7.隋代楷书风格的发展及接受

李泊潭的《隋代楷书风格的发展及接受》一文，关注到了隋代的楷书发展。文章指出，隋代国祚不长又受前后朝代书法光芒的遮蔽，其楷书发展的特点和历史意义并未被充分认识。文章首先考察大量隋代楷书书迹，并将部分隋刻与南北朝、唐刻石对比，力求还原隋楷风格发展演变的过程和特点，揭示隋楷存在“加减法”改造南北朝楷书的现象，并阐释隋末出现大批书刻精湛、结体严谨的楷书的原因和意义，进而检讨历代评论隋楷的书论，钩沉出不同时期对其风格、特点、意义等方面评价的变化，厘清隋楷在后世书史上的接受情况。

（摘自《中国书法》2018年第8期）

8.清前中期帖派书家的“前碑学”意识探微

戎恺凯的《清前中期帖派书家的“前碑学”意识探微》一文以陈奕禧、何焯、王澍、翁方纲等帖派代表书家的金石考据文字及书论题跋为研究起点，着重从以下三个方面来讨论清前中期帖派书家的“前碑学”意识：一是“异美思潮”影响之下对北碑的寻访与认识，二是对北碑书法审美价值及书史意义的初步提撕，三是“派分南北”的初露端倪及对阮元碑学观念之影响。文章认为，因厘清清代书法史发展脉络的需要，以“帖系”与“碑系”进行划分有其合理的一面，但这并不表明两系的发展毫无瓜葛，不能人为地割裂二者本就具有的历史关联。文章指出，传统帖学的审美理念构成了碑派书家建构碑学理论的“前理解”，而他们对于非名家书刻的审美发现以及对新书法资源的开掘，也是一种建立在既有书法观念上的误读与追认。异美思潮的余绪与金石考据学的兴起，也使清前中期帖派书家主动参与到寻碑、访碑、研碑的热潮中，他们中的不少人也与处于同一时期的“前碑派”及碑派书家关系密切，因此其书学观念中的“前碑学”意识的萌发也是理所当然的。

（摘自《中国书法》2018年第8期）

9.竟夕忘疲：顾恺之与羊欣论书画事再研究

雍文昂的《竟夕忘疲：顾恺之与羊欣论书画事再研究》一文从《历代名画记》关于顾恺之与羊欣在“桓大司马”的邀请下讲论书画“竟夕忘疲”的记载入手，讨论其中的相关史实。文章指出，就此记载而言有不准确的地方，首先就是关于“桓大司马”为何人的问题，一般认为“桓大司马”所指为桓温。但作者认为，人物的称呼还可能存在着世袭制度的影响，即存在祖孙几辈享有共同官职的可能。再根据羊欣与桓温之间年龄的差距大，佐之其他相关历史文献，作者认为此处的“桓大司马”应为其子桓玄。文章并由此展开对于顾恺之与桓玄、羊欣与桓玄之间交往的考察，以此证明顾恺之与羊欣“论书画事”的真实情况。文章最后也指出，作为书论家的羊欣，其重要性在于将书法史的书写方式首次着落于书家自身的经历与学养之上，也注重将人物的风神与作品的气韵联系起来，初步形成一种可谓“字如其人”的评价标准，这与当时顾恺之的人物绘画传神论有着很深的契合之处。

（摘自《美术观察》2018 年第 10 期）

10. 材料、视阈、观念——以传播学视角看《张猛龙碑》的“经典化”历程

王佑贵的《材料、视阈、观念——以传播学视角看〈张猛龙碑〉的“经典化”历程》从传播学角度，从材料、视阈和观念等方面入手，考察《张猛龙碑》是如何由无名氏书刻转变为书法经典的。文章通过著录品评、拓本流传、史学评价等方面的梳理，认为《张猛龙碑》由宋明两代金石学著录、传拓、品评开始，经清初书家激赏、乾嘉名家鼓扬，最终在晚清民国被奉为书学经典范本。这一过程，伴随着出土书学材料的增益、书家视阈的改变而带来的书法观念的转变。文章指出，从传播学视角可以看出这个书法史演变中的个案却是社会、文化、思想在书法发展中的自然选择。

（摘自《中国书法》2018 年第 10 期）

11. 书与道——唐宋书法思想演变的一条线索

谢友国的《书与道——唐宋书法思想演变的一条线索》指出，盛唐的张怀瓘深受道家思想影响，提出书道概念，认为书与道合。而中唐的柳宗元，以儒家文艺观反思盛唐时的书法狂热，提出“道假辞而明，辞假书而传”，使书与道分离，这一观点影响到宋代的思想家。其中石介走向极端，以不师古法自高，书法有走向灭亡的危险。由此引起了欧阳修的警惕，以书“不能无法”进行劝诫，终难说服以圣人之道自许的石介。直到“二程”创建理学，从儒家之道的高度，提出“作书应敬”的主张，才将书与道重新建立直接的联系。文章认为，这种新思想实际脱离了书法艺术的规律，必然遭到懂书之人的反对。苏轼就认为圣人之道出于人情，又从道家思想汲取营养，以“信手”来打破“二程”的“敬”字，终于重新激活了书法的生命力。文章指出，书与道的关系，是理解唐宋书法思想演变的一条重要线索。

（摘自《中国书法》2018 年第 2 期）

12. 晚清民国无波磔隶体书风的流播——兼论十八世纪汉碑审美之内在变迁

延雨的《晚清民国无波磔隶书书风的流播——兼论十八世纪汉碑审美之内在变迁》一文提到，自唐以来，书家写隶书多将注意力集中于波磔笔画的表达，清代中期，渐有书家刻意收敛，甚至省略波磔，及至晚清民国，无波磔隶书书风更形成新的审美风尚。文章由此聚焦于这一隶书笔法的变革，通过对相关书家及书学理论的分析，以期管窥无波磔隶书所蕴含的字学渊源，以及 18 世纪以来汉碑审美的内在变迁。文章指出，清中期以来崇尚无波磔隶书风格的书家，多是精于隶书，或对文字学、金石学有所深究的饱学之士，通过将篆书简约匀称的笔法参融入隶，摒弃了唐以来隶书中常见的波磔挑法，从而复原篆隶演变之初的隶书形态，求得一种上接秦汉的高古境界。文章认为，无波磔隶法变革的基础是建立在文学史观和考古实物之上的，而非单纯地出于美学偏好。与此同时，临书观念的转变、以篆法写隶的革新和长锋羊毫的应用，以及石刻拓片的广泛流通、书法应酬需求的激增等因素，也是促使无波磔隶书书风在晚清民国得以大规模流播传习的重要条件。

（摘自《中国书法》2018 年第 10 期）

13. “史相”还是“史实”：对“南北书风融合”观念的反思与验证

闫章虎的《“史相”还是“史实”：对“南北书风融合”观念的反思与验证》重新讨论“南北书风融合”观念的真实状况。文章指出，“南北书风融合”虽然已经成为认识隋及唐初书法史的基本观念之一，但是这只能作为一种历史解释，并

不意味着具有天然的合理性。文章还指出，“南北融合”观念的出现，应是在“书分南北”被提出以及北书取得与南书对等的地位之后，“南北融合”也只不过代表了清人在碑学语境下对隋及初唐书法史“后见之明”式的解读，是一种建构出来的“史相”。文章认为，“史实”是在当时南朝风尚已强大到无法扭转的局面下，不存在主动试图“融合南北”的可能，相反，应是主动地去迎合、接受南朝的“精致文化”。从书体的角度而言，最能体现南朝书风“疏放妍妙”特点的章程书和行狎书，是北朝贵族竞相模仿的对象，而铭石书同样体现不出来“南北融合”的特点。试图将南北统一之后的书法风格归入到一个单线式的发展脉络之内，也不符合实际情况。

（摘自《南京艺术学院学报（美术与设计）》2018年第6期）

14. 康有为早年的政治交游与碑学启蒙——地缘视角下书法史中的图像传播和话语建构

张红军的《康有为早年的政治交游与碑学启蒙——地缘视角下书法史中的图像传播和话语建构》一文试图解答以下问题，即通过康有为的政治交往，探讨他是如何实现其书法观念的转向的，以及造成其理论与实践发生错位的原因。文章指出，张延秋与康有为的交往，既使康有为得以进入京师，也将其从为了科举而生的书生引向了偏嗜金石碑版的碑派书家之路。而借助于梁鼎芬，康有为得以结识各式京师官员，加上康有为的性格与行为，使他逐渐进入到当时“清议圈”的中心，也由此使他尽览金石碑版，也建立了完整的碑学理论体系。文章通过对康有为在京师的朋友圈的考察，如他与盛昱、黄绍箕、沈曾植、张裕钊等人的交往，指出了这种交往使康有为丰富了金石收藏，同时也推动了其碑派理论的完成。文章指出，在与这些京师官员交往的过程中，一方面其所接触的书家多处于帖学积累期，碑学知识尚未深入，另一方面也因其忙于上书，无足够精力践行，以及上书失败后以金石陶遣，过激的尊碑理念和其当时的书法面目存有严重的错位。而政治活动带来的地缘性便利与观念的转变，实际上直接影响了康有为的书学，这种区域性的影响元素是不应该被忽视的。

（摘自《文艺研究》2018年第3期）

15. 梁巘书法品评体系研究

张见的《梁巘书法品评体系研究》一文指出，梁巘书法品评体系是梁巘书学的灵魂和内核，其以“帖学”和“帖派”书法为研究内容，以“王书”书风为传承主线，以朝代书风为切入点和归宿点，以朝代书家、书作为研究载体，深入地挖掘和评析了晋韵、唐法、宋意、元明之态。通过对梁巘书法品评体系的剖析，可以清晰地看到其品评体系“帖学”基色。其所架构的书法品评体系具有时代的创新性和局限性。梁巘试图通过对“唐法”的体悟和运用来改变时代书风的靡弱困境，这是梁巘书评体系的时代价值。但其希望以“唐书”的劲健和瘦硬来调剂明清“帖学”书法的举措，从本质上说仍属“帖学”体系的书学行为。文章认为，梁巘的书法品评没有突破“帖学”范畴，更不可能认知“碑学”，这是梁巘书法品评的时代局限。

（摘自《美术研究》2018年第4期）

16. 汉魏六朝：中国早期古典书论的生成及其价值

朱天曙的《汉魏六朝：中国早期古典书论的生成及其价值》一文指出，中国早期书论的生成对中国历代书法理论的发展产生了深远影响。在汉代至六朝时期的书论篇目中，即产生了中国书论的基本原理、审美范畴和常用品评术语。这些书论和历史上的文论、画论一起，共同构成了中国早期古典文艺学的重要内容。文章对汉魏六朝早期书论中较为可靠的篇目进行了系统研究和描述，对其基本内容作了精要评骘，着力对这些书论形成的书法研究门类、基本品评术语及文献价值进行详细考订和解析，并指出这一时期书论在中国古典文艺学中的重要意义。

（摘自《中国书法》2018年第10期）

【外国美术史研究】

1. 专注、物件、日常生活——论维米尔作品中"专注"主题的符号表现

陈芸的《专注、物件、日常生活——论维米尔作品中"专注"主题的符号表现》从"专注"的角度阐释了维米尔绘画的特征以及其中的符号表征。文章指出维米尔的题材多选用单一活动的个体，特别是年轻女子或家庭主妇。作者认为维米尔之所以选择以此为题材，原因有三：一是构建一个颂扬女性美德的理想范式，二是营造舒适温馨的家居环境氛围，三是迎合艺术市场的需求和中产阶级的审美趣味。对于这种题材的表现，维米尔往往描绘她们专注于某一项家务或活动的情景，记录了日常生活的常见景象。关于画面中的这种"专注"性，作者从关于"专注"的哲学阐释、艺术家的洞察力以及专注效果的成像原理三方面加以分析，而维米尔画面的这种"专注"表现，使其产生出一种"反剧场性"，即作品中的人物由于专注于自己的活动视域而完全忽略了周围的环境以及观者的存在，观者反而成了隐性的闯入者。文章还指出，维米尔的画作中，地图、天体仪、乐器、乐谱等都是常见物，结合这些物件在当时社会生活中的角色，它们在维米尔的画作中象征了知识、权力与爱情。

（摘自《美术观察》2018 年第 8 期）

2.18世纪末英国湖区的视觉呈现与文化建构

冯晗的《18 世纪末英国湖区的视觉呈现与文化建构》关注到 18 世纪 70 年代之后英国的湖区是如何从一片"贫瘠而荒芜"的土地，转变成为人们心目中的"风景"的。作者首先从出版业的兴起入手，认为在 18 世纪的最后 20 年里，随着旅游业的发展，旅行指南在英国成为畅销书。在这些旅行指南的引导下，英国人对于那种原始的、被废弃的、带有异教色彩的生活方式产生了向往之情，促使他们远离城市和商业，寻找乡村与边地。另外，"如画"美学概念的确立也影响到了当时的绘画、园林和文学等领域，使艺术家们按着一种"如画"的概念去寻找和创作笔下的作品，由此形成了艺术家笔下"如画"的英国湖区。而从原本荒凉的"土地"变成人人向往的"风景"的观念转变，作者认为原因在于资本主义发展中的工业化和城市化使人们离开了土地，这种分离导致了对土地的深切怀念，而那些未被开发的自然景色更为人们所欣赏。旅行、绘画与艺术则作为对生活的"补偿"而成为新的文化消费形式，风景画也就成为风景的文化替代品。而英国旅行者对国内风景的关注，也体现了一种文化认同。

（摘自《美术》2018 年第 11 期）

3. 德国表现主义产生之前的印象主义风潮

高毅的《德国表现主义产生之前的印象主义风潮》一文关注到兴起于法国的印象主义在德国的传播情况。作者指出，德国统一后的民族主义对于外来的势力保持着强烈的抵触，这也包括了法国印象主义在德国的传播。虽然在 1890 年马奈、莫奈、德加、毕沙罗等人的作品在德国展出之后，法国印象主义作品逐渐在柏林流行起来，但与法国印象派在风格上却有所不同，这与两国对"印象"的理解不同有关。法国人的"印象"是"感官对自然所获得的外在认识，它依赖直接捕捉自然真实的感性能力"，而德国人对"印象"的理解则是"自然的'内在印象'（Eindruck），强调对事物本质的感受"。德国理性的传统决定了他们不满足于对自然界光影的捕捉，试图通过绘画反映事物的内在印象。印象主义在德国的发展促使德国涌现出了马科斯・李伯曼、卢维斯・克林特和马克斯・斯勒沃格特等德国印象主义代表人物。而印象主义在德国的传播也引发了德国艺术界对于世界性和民族性的讨论，既有坚守民族主义立场的，也有主张吸收外来艺术的。文章指出，印象主义在德国传播时，因为德国的民族主义以及德国人思辨的精神使其对于接受外来文化产生了抵制情绪，所以印象主义在德国引起激烈争议并持续了很长时间。但不管持哪种观念的人，其目的都是一致的，即为德国创作出符合时代需求的现代艺术作品，最终在以"桥社"为代表的年轻艺术家的努力下，产生了德国表现主义艺术风格，推动了德国现代艺术的发展。

（摘自《美术》2018 年第 4 期）

4. 错位的相遇：包豪斯在印度（1922—1923）

黄虹在《错位的相遇：包豪斯在印度（1922—1923）》一文中指出，1922 年在印度加尔各答举办了包豪斯师生与“孟加拉画派”联展，其展览作品的现代主义风格与包豪斯一贯的艺术设计相差甚远，其中的错位并非出于偶然，而是东西方知识分子的文化政治策略使然，也与泰戈尔出访西方有关。“一战”结束后，泰戈尔努力用行动以“精神”编织东西方平等对话的纽带。他创办的国际－印度大学旨在吸引世界智识力量和美好人性、推进以东方文化和艺术研究为中心的全球合作。为此他扬帆西行，沿途广布“精神联盟”。泰戈尔给德国带去的“精神”促使德国的艺术家敢于参与加尔各答的展览，而印度的东方精神也是西方现代主义艺术家向往和追求的精神气氛。由此产生了两者在文化策略上的一种错位，即泰戈尔所追求的是推进本土的全球化和现代化，而西方的批评家则试图通过鼓吹东方精神改造西方的艺术图景。例如，包豪斯展览策划者克拉姆里希在国际－印度大学教授西方艺术史以及批评话语中有现代主义倾向，通过强化印度艺术中的原始性元素来强调本真而富于活力的原始精神，试图以此拯救欧洲的精神沦丧。而泰戈尔则希望将世界各地的知识分子吸引到国际－印度大学，参与日用品设计，以艺术改变农民生活。这种错位也使得艺术史叙事中将泰戈尔确立为印度最早的现代主义艺术家，包豪斯的展览也成了“现代主义之胜利”的故事的开端。

（摘自《美术观察》2018 年第 4 期）

5. 简蒂莱·贝利尼：文艺复兴时期东西文化交流的个案与坐标

黄小茵的《简蒂莱·贝利尼：文艺复兴时期东西文化交流的个案与坐标》一文介绍了 15 世纪威尼斯画家简蒂莱·贝利尼为奥斯曼帝国苏丹穆罕默德二世画像的历史。文章指出，作为艺术家兼使节的贝利尼出使奥斯曼帝国为穆罕默德二世所画的肖像画，是一次东西方艺术交流的重要产物。贝利尼此画中融合了意大利文艺复兴与伊斯兰的各种文化元素，同时也把当时欧洲文艺复兴最重要的发明——线性透视、油画、肖像画和明暗法传播到了奥斯曼帝国，其所作肖像画受到了穆罕默德二世的高度评价，也成为了奥斯曼帝国苏丹肖像画的典范。反过来，奥斯曼帝国之行，也使贝利尼对东方艺术产生了浓厚的兴趣，促使他绘就了许多带有浓厚东方主义色彩的名作，被后人誉为“欧洲东方主义绘画之父”。此后随着伊斯兰世界与欧洲贸易活动的日益频繁，西方绘画中也频繁出现异域元素，为东西方文化艺术交流提供了丰富的图像材料。

（摘自《美术》2018 年第 8 期）

6. 自觉与回应——美国现代艺术转型之间的写实艺术

刘宇、刘虹的《自觉与回应——美国现代艺术转型之间的写实艺术》描述了 19 世纪末 20 世纪初美国现代艺术发展中的写实艺术发展状态，认为美国的写实艺术其实助力了美国现代艺术的发展。文章首先介绍了美国 20 世纪早期的重要艺术家霍默与托马斯·伊肯斯，他们并没有延续当时欧洲流行的现代艺术风格，而是将关注点放在美国本土的风景与人物精神的表现上，以此开启了对美国本土文化的自觉探索。将视角对准美国城市底层民众的普通生活，是“垃圾箱画派”作品的风格，而这种独立创新精神也可被视为现代艺术的源流。另外，美国城市发展带来的机械化景观，也造就了另一种与描绘底层民众不同的“精确主义”，他们用不带任何情感的写实风格描绘的机械化的“工业风景”，其形式感与简约精准的风格也成为美国现代艺术发展的推动力。20 世纪 30 年代，随着美国经济危机的爆发，一股民族主义情绪蔓延开来，格兰德·伍德、托马斯·哈特·本顿及约翰·斯图尔特·柯里等画家，用写实手法描绘美国的乡村生活，用作品阐述对乡土与往昔岁月的眷恋，而爱德华·霍珀则用一种孤独、寂寞的语言讲述人的归属和情感，充满感伤基调。他的绘画“以现实性承载了现代性的转换，被认为超越了写实主义的本质”，他也成为“美国乡土”的符号与象征。此后随着欧洲现代艺术的逐渐兴起，美国的艺术家也逐渐转入对“直接的感觉经验”的表达，抽象表现主义正式出现。但文章指出，虽然现代艺术在某种程度上成为美国艺术的代名词，但写实艺术并没有真正消失，其在当时转型期的“夹缝里”所呈现出的“独特的人文意蕴与反映社会镜像的特殊能力，以及在文化缺失语境下奋进发展的可能性”，值得后来者思索。

（摘自《美术》2018 年第 3 期）

7. 画家身份的弗莱——兼论其古典的现代性

秦韵佳的《画家身份的弗莱——兼论其古典的现代性》一文从作为艺术家的弗莱入手，论述其绘画作品与批评理论之间的关联性。文章将对弗莱绘画的理解放在了他所倡导的“新运动”背景下。弗莱推崇以后印象派为主的现代绘画风格，他也坚持着一种反浪漫的、避免“装饰风格”的绘画态度。从其作品中也能够看出他小心地处理物体与背景之间的关系以及色彩的搭配，有意识地处理变形和对个性笔迹的偏爱。然而弗莱风景画中所渲染的金色光芒，又能够让人感受到一种洛兰的古典之风，表明了他对洛兰的赞许，由此也形成了弗莱绘画中的混合风格。文章指出，弗莱之所以形成这种带古典与现代意味的作品风格，原因在于他的观点，即古典风格和现代趣味并不矛盾。这与他对塞尚的研究有关——塞尚对于普桑的古典风格推崇备至。随着他对塞尚研究的深入，对塞尚绘画观念中“建筑般精确的构图”的本质越发赞同，也坚信这源自普桑。弗莱甚至称此为法国艺术的“普桑——塞尚”传统。这样一种观念也影响了他自身的艺术创作，特别是风景和静物题材的作品呈现出重视构图设计、强调块面的连续性和坚实感的特点，相应地表现出对浓重轮廓线和色彩造型的偏爱。此后他走进塞尚生活的普罗旺斯地区，描绘那里的风土人情，感受塞尚面对圣维克多山时的观感，以及塞尚对“面对自然调整视觉”的探索。对于自己的风景画，他解释说所要表达的是静观形式时所生发的情感，试图从自然之多样而且多少有些混乱无序的形状中提取基本关系，这是造成弗莱绘画在后印象派的精神中加入形式上的“古典”趣味的原因。

（摘自《美术》2018 年第 10 期）

8. 国家赞助艺术：美国早期文化政策与机构权力

沈森的《国家赞助艺术：美国早期文化政策与机构权力》关注到了美国早前的艺术赞助问题。文章指出，美国没有文化部，“国家介入艺术”并不是美国文化制度的主要模式。美国文化在 20 世纪全面的扩张总被当作是经济实力的结果，这种经济上的巧合掩盖了美国推动国家文化政策的努力。美国的艺术资助问题，是多元文化主义的一部分，主要依靠激励型的税收政策、民间艺术基金会的支持、工会的参与和企业与私人的赞助。然而回溯历史，尤其是第二次世界大战以后到美国国家艺术基金会的建立期间，美国在文化问题上或多或少试图建构一种宏观的、以联邦政府为主导的文化艺术政策，这些政策有些是迫于经济上的压力，有些是应对苏联的文化宣传。但一个根本的事实是，在这种国家主义性质的艺术赞助事业中，它以联邦为中心，积极地介入艺术事务并推动美国的文化传播，这被视作美国文化政策的缘起。

（摘自《世界美术》2018 年第 2 期）

9. 现代之路——1865—1945 的美国绘画

邵亦杨的《现代之路——1865—1945 的美国绘画》一文关注到了美国艺术的发展状态，文章描述了 1865 年至 1945 年美国绘画的发展脉络，对这一时期的主要流派与风格进行分析，呈现了美国绘画走上现代之路的轨迹。文章指出，美国现代艺术的发展，并不是简单地从具象走向抽象之路，也没有一种绘画风格可以代表美国的现代主义。在这其中，抽象主义和现实主义都曾经发挥重要作用，而美国现代之路的统一主题应该就是对“现代性”和“美国性”的不断追问。美国的现代艺术发展不是一个民族主义崛起的过程，而是一个对外融合的过程。例如，从 19 世纪末到 20 世纪上半叶，欧洲在文化艺术上一直占有明显优势，美国具有民族性、地域性的本土艺术既不能动摇欧洲艺术的地位，也无法真正展示自己的独特性，反倒是那些积极向欧洲艺术学习、参与到国际艺术运动之中的艺术家引领了美国艺术的发展，开拓了美国艺术的视野。文章也指出，美国的现代艺术家并不一定是土生土长的美国人，也包括来自世界各地的移民。他们有着不同的艺术追求，但都表现出强烈的创造力和揭示真实的勇气。自由、开放、包容和多元的社会环境，加上几代艺术家对“现代性”和“美国性”的执着探索，才迎来了美国第一个发源于本土又影响世界的抽象表现主义。

（摘自《世界美术》2018 年第 4 期）

10. 道德化的风景：雅各布·鲁伊斯达尔的《犹太墓园》

孙晶的《道德化的风景：雅各布·鲁伊斯达尔的〈犹太墓园〉》一文指出，17 世纪荷兰的风景画在很长一段时间内被认为是对自然的忠实模仿，而画家的创作仅仅是记录下如画的自然景色。文章以雅各布·鲁伊斯达尔的《犹太墓园》为例，结合 17 世纪荷兰绘画理论和绘画传统，指出鲁伊斯达尔的风景画并不是单纯对自然的复制，而是创造出理想的自然。这种理想的自然不仅表现了画家的审美趣味，表象之下更隐含着对转瞬即逝的生命、无可避免的死亡等与社会文化紧密联系的丰富而深刻的哲学、道德和宗教隐喻。

（摘自《美术研究》2018 年第 6 期）

11. 20 世纪初日本学者对中国古代绘画传统的再发现

谈晟广《20 世纪初日本学者对中国古代绘画传统的再发现》一文，将重点放在讨论 20 世纪初期日本学者对中国古代绘画认识过程的描述上。文章指出，对于中国古代绘画的研究，日本学界存在一个不断靠近中国文人绘画传统的渐进过程，从清末民初开始的动荡局势和文化影响，使越来越多的中国藏家和皇家的中国绘画藏品流散、售卖到海外，许多就流向了日本。这批作品一方面成为日后日本许多博物馆的重要馆藏，另一方面也成为当时日本学者认识和研究中国古代绘画的重要对象。而日本学者来中国进行艺术调查，与中国藏家之间的交往也成为他们重新认识中国古代绘画的重要途径之一。文章重点梳理了关西的内藤湖南、长尾雨山，关东的泷精一、大村西崖等学者对中国古代绘画，特别是文人画的研究，以及与罗振玉、端方、廉泉等中国学者、藏家之间的关系。文章最后指出，20 世纪初期中日两国之间的这种文化交流，既促进了文人画研究在中国的再度兴起，同时也对日本和美国的中国艺术产生了深远的影响，无论是其研究人员，还是馆藏水平，都进一步推动了欧美的中国艺术收藏与研究。

（摘自《美术观察》2018 年第 5 期）

12. 文艺复兴时期故事画的叙事路径

占跃海的《文艺复兴时期故事画的叙事路径》一文关注到文艺复兴时期图像中的叙事方式问题。文章通过对不同时期的图像表达进行分析，归纳出了几种不同的叙事路径：第一种是横向水平的图画叙事惯例。横向叙事即将故事的发展在画面上以一定的顺序渐进展开，有时候室内、室外场景交替出现，图像运用建筑内外空间的转变规定了各个独立的叙事单元，也可采用人物的群落组合，人物的面貌、衣着、动作反映出故事的阶段性信息。第二种是建筑内外空间的叙事功能。建筑内外空间介入了绘画叙事，建筑内部、外部场景被综合在一起，画家在处理室内场景时采用了“拆墙”的手段，让建筑内部充分展现出来，而门、窗是建筑的内外空间产生联系的重要通道。若门窗开放着，则室内外具有连同效果，其事件在时间上是同时的，而若门窗闭合着，室内外的故事时间则可能是非同时的。第三种是叙事线路的复杂化。纵深空间参与画面叙事，就会使整个画面的故事容量急剧增加，通过门窗场景和人物聚落场景的叙事，将整个事件完整地展现出来；第四种是辅助于绘画叙事的“山坡”。那种纯粹的室外空间中的连续叙事无法借助建筑形象来完成，山坡便成为画作叙事的辅助工具，上下山坡构成了叙事的线路痕迹。第五种是“走街串巷”与大场景叙事，通过画中人物的蜿蜒的游行与观看的叙事路径，表现成一种“走街串巷”式的绘画叙事策略，运用空间深远的方法，探索大型空间中图画叙事的曲线性的秩序感。

（摘自《新美术》2018 年第 1 期）

13. 从“梦境叙事”到“梦境制造”

占跃海的《从“梦境叙事”到“梦境制造”》

一文关注到由基督教艺术发展而来的“梦境萦绕梦者”图式与主题演变。在文艺复兴时期，“沉睡”化为睡美人的优雅形式，不断激发观者的古典理想，也作为梦境的暗示元素为场景增添朦胧意味。而睡梦作为现实世界与虚幻世界之间的一扇门的象征，对于具有浪漫主义气质的画家来说，是重要的突破口。18、19世纪，浪漫主义画家将“梦”作为自由想象的托词，私人化的梦急剧增长，从而使象征与表现性的梦境取代了叙事梦境。超现实主义的现代艺术，更多的是研究梦的语言形式，借助梦的现象去再造艺术之梦，让艺术和梦一样，有类似的组织结构，让人们可以积极评价以任意想象的方式组织构图、安排秩序的绘画实践。

（摘自《南京艺术学院学报（美术与设计）》2018年第2期）

14.从法藏《九成宫图》看20世纪初法国汉学对中国绘画的研究

周建朋的《从法藏〈九成宫图〉看20世纪初法国汉学对中国绘画的研究》一文，从法国汉学家沙畹、贝特鲁奇等人对“1912年赛努奇博物馆的中国绘画”展览中《九成宫图》的研究，来探讨20世纪初法国汉学家对中国绘画的关注角度。文章指出，法国汉学家们对作品的研究，首先关注到其中所蕴含的历史背景，即从作品中可以读出关于中国历史与故事情节的内容；其次是通过当时《芥子园画传》的翻译文本，法国汉学家对界画有了了解，并由此将《九成宫图》与西方的宫室画做了比较，而其对于中国绘画中所体现出来的与西方不同的透视表现形式的理解，认为此种表现方式是中国绘画一种“不求形似”的特点的观点，也反映出法国汉学家对中国绘画的深入理解。与此同时，他们将李昭道归为北宗源头，同时也看到了此种风格与中国传统的讲求“书画相通”的技法是不同的，可见20世纪初期的法国汉学家对中国绘画传统的研究之深入。文章认为，当时法国汉学家对诸如《九成宫图》的研究和关注值得我们注意，也对挖掘20世纪初期的中西文化交流有现实意义。

（摘自《美术》2018年第3期）

15.20世纪艺术中的现代主义和东方主义

朱其在《20世纪艺术中的现代主义和东方主义》一文中指出，19世纪末，欧洲艺术在摄影出现之后，便试图脱离写实主义。而浮世绘的流行改变了欧洲画家对绘画的认识，开启了20世纪艺术史中现代主义与东方主义这一最为重要的议题。西方绘画线条中的自主性表现出现在20世纪初，抽象表现主义的线条和笔触借鉴了中国的书法形式。文章认为，现代主义和东方主义真正开始在绘画性上转向一种语言间性，即书法性与抽象主义的对话，而两者的对话在20世纪六七十年代同样发生在激浪派的偶发艺术中，试图将观念艺术发展为一种禅宗化的后观念主义。战后前卫艺术希望重建艺术与日常生活的关系，这一后观念主义是现代主义对东方哲学的随机性和日常意义的认识论的吸收。而亚洲战后艺术对后观念主义重新定义，日本具体派和物派、韩国的单色画，在参照现代主义的基础上，在观念退出的领域，借助东方哲学进行一种新的原则植入。

（摘自《中国文艺评论》2018年第9期）

【艺术设计史研究】

1.论抗战时期延安设计师的类型及其批评思想

黄厚石的《论抗战时期延安设计师的类型及其批评思想》关注到了抗战期间延安地区的设计生态。文章指出，相对于以商业文化为导向的主流设计师研究，延安的设计师是一个被忽视的群体。文章从军事化指向、劳动者指向和职业化指向三个角度出发，阐释延安时期设计师的特点及其设计思想。文章分析，军人群体是延安时期设计改造活动的主力军，军人除了正常的军事训练外，还用各种废弃物、炮弹碎片等材料设计出许多日常用品，体现出一种“另物替换”的设计思想；而文艺要走向劳动者也是延安时期文艺的主导思想，这也直接影响到延安时期的设计师，它体现了一种民粹主义的设计思想，这种设计思想一直延续到中华人民共和国成立后。文章同时也强调，延安并非没有设计师，这其中张协和、杨作材和钟敬之便是延安设计的三驾马车。整体而言，延安所有的文艺创作，包括设计艺术，都具备类似“群众路线”的特征，而这一点也直接影响到中华人民共和国成立之后很长一段时间内设计艺术的发展，同时也让人看到了在非市场环境下设计艺术发展的可能性。

（摘自《南京艺术学院学报（美术与设计）》2018年第1期）

2.20世纪30年代《现代》杂志封面设计与现代主义

黄艳华的《20世纪30年代〈现代〉杂志封面设计与现代主义》一文，通过考察《现代》的现代主义风格封面设计图式，运用图像学、现代派文学理论等方法，探究凝聚于这本文学刊物封面背后的现代设计先驱的思想动力及其影响。文章指出，诞生于20世纪30年代的《现代》杂志，以构建现代性为办刊宗旨和行动指南，网罗了当时中国现代设计先驱为该刊设计封面，力求从内容到形式都符合“现代”一词所指向的文化内核。文章肯定了《现代》的设计在中国现代设计史上存在的意义和地位，并从现代设计平台、现代设计主体以及现代设计形式三个方面，探究中国早期现代主义设计，并进一步挖掘中国早期现代设计生态，展现中国早期现代主义平面设计样貌、风格，由此揭示了现代设计主体在“现代意识”下自觉参与现代设计的构建，从而在一定意义上实现了对中国现代设计发展的助推。

（《装饰》2018年第4期）

3.现代设计思想内核与技术外壳在第三帝国的断裂与延续

徐恺、张夫也的《现代设计思想内核与技术外壳在第三帝国的断裂与延续》一文指出，20世纪30年代初纳粹掌权后，德国社会环境发生巨变，一批由政权主导的现代设计成果随之诞生。文章回溯具体的历史背景，对“国民汽车”“国民收音机”等代表性产品的设计与发展过程进行客观分析，证明此期现代设计活动失去了自由探索的可能，成为独裁统治的手段与工具。在此基础上，论证纳粹政府对现代设计思想内核的剔除和对技术外壳的挪用。文章认为，现代设计思想与理论在第三帝国时期没有获得真正发展，甚至在一定程度上助力了纳粹的独裁统治，但在政权主导的某些项目中，现代设计技术方法的运用和传承又具有一定的历史与现实意义，对德国现代设计在战后的复兴起到了有限但积极的作用。

（《装饰》2018年第9期）

4.中国工商业美术作家协会创立之考证

姚政邑、何洁的《中国工商业美术作家协会创立之考证》考证了中国工商业美术作家协会创立的具体史实。中国工商业美术作家协会是中国现代设计史上第一个社会性的专业团体，吸引了民国时期一些重要的美术家和设计师，在学术出版、写作交流、展览沟通、教育办学、救亡宣传等方面颇具影响力，代表了民国时期中国现代设计学术活动的水准和高度。文章通过对一手资料档案的查阅，对中国工商业美术作家协会的发起人、成立时间以及创立原因等三个问题进行了考证。文章指出，中国工商业美术作家协会的发起者，应该包括“王扆昌、赵子祥、徐民智、薛萍、丁熙、缪少贤、柯定盦、林蔚如、陈施君”等九人，他们均为来自当时的“四大公司”的工商美术从业者，代表了当时上海商业美术和广告设计的最高水平。而协会成立的时间，应为1934年8月17日下午6时，地点在上海南京路新新酒楼，而1935年10月6日应为协会主持公开成立大会的时间。至于成立的原因，文章认为有四：一是中国近代经济的“畸形发展”促使实业界为“振兴国运”而努力；二是19世纪30年代中国遭遇恶劣的商业环境，工商业从业者需要抱团取暖；三是美术对商业的正面促进作用；四是日本近代工艺美术发展路径的启示。

（摘自《南京艺术学院学报（美术与设计）》2018年第3期）

5.新中国·新风格：周令钊新中国视觉设计中的“新风格”研究

赵静的《新中国·新风格：周令钊新中国视觉设计中的“新风格”研究》一文论述了中华

人民共和国成立之初"新风格"的流行，解释了"新风格"的概念，指出新中国成立之初在视觉语言样式上并没有推翻一切重来，而是借助传统的辅助和配合去诠释新政权的合法地位和优越性。文章进一步研究了周令钊代表作中的"新风格"特征和组合方式，探索"新风格"在周令钊创作史中的脉络，指出周令钊作品中的"新风格"作为一种将抽象图案与政权主体进行"拼贴"、将浪漫主义与现实主义进行剪辑的语言范式，是民族传统形式转变为一种现代性民族国家的自我表征。这一方面体现了政权之于传统的绝对的权力地位，另一方面也是传统重新进入当时时代的一种现代性的表现。

（摘自《美术研究》2018年第1期）

【美术史学史研究（含方法论研究）】

1.美术史学史上的一个片断　罗马晚期镶嵌画金色底子的三种解释

陈平的《美术史学史上的一个片断　罗马晚期镶嵌画金色底子的三种解释》一文以李格尔、潘诺夫斯基和贡布里希对镶嵌画中前景与背景之间的金色的不同解释为研究对象，进而理解其各自的理论趋向。李格尔认为，这种金色的底子是一种"理想的空间基底"。在李格尔看来，"艺术作品"只不过是"物体的形相"，也就是"处于面之上与空间中的形状与色彩"，而美术史家的任务就是要通过对具体作品的形式分析，揭示一个时代或一个民族的知觉方式及背后的"艺术意志"。他认为古人的观看较多运用了触觉，而现代人更多使用纯视觉的观看方式，古代艺术以近距离观看方式为主，个体元素在"面"上展开，并通过透视短缩与投影来建立个体间的联系；现代艺术则是远距离观看的产物，追求个体对象在"空间"中的相互联系，罗马晚期正好处于这种转变的转折点上，而镶嵌画则是这一时期普遍采用的一个绘画品种。在李格尔的形式分析中，"图形"与"基底"是其分析常用的术语，人物是"图"，背景为"底"，通过阴影建立联系，而罗马晚期艺术中取消了投影，刻意回避透视短缩，并在"图形"与"基底"之间插入了金色的中景。所谓的"理想的空间基底"就是指金色底子已不再是古代构图中的那种"基底面"，而是一种理想中的、具有空间形制的基底，为空间的创造开辟了道路。潘诺夫斯基则将这种金色称为"同质化流体"，他认为空间表现方式有两种："聚合空间"和"系统空间"。前者即现代空间观念的反映，以文艺复兴的线透视为代表；后者则是古人空间观念的反映，体现于古代艺术之中。古人心目中的空间其实是一种在面上展开的空间，在作品中表现为人物之间的间隔或间隙。如果要表现纵深距离，只会将人物作前后重叠或上下叠加。而镶嵌画中的金色底子是一种非物质性的、不可测量的、无维度的"流体"，是向现代"系统空间"迈出了第一步，下一步就是对世界进行重塑，将其塑造成一个实在的、可测量的世界。贡布里希则认为金色底子是一种"艺术语言"，他首先分析了这金色底子的视觉效果，艺术家用它来表现"光"，而金色又是一种金属材料，如同一种贵重的材料呈现在观者眼前。其作用则是统一画面的一种绘画手段，这个金色底子就是处于前景与背景之间的一个中性的、散发着光芒的空间。罗马晚期的图像的目的已经从"展示"变成了"讲故事"，图画中的所有局部都成为一个句子中的语词，只有合在一起才能给出故事内容。所以在贡布里希眼里，金色底子就是一种表现形式、一种艺术语言。就三种解读来说，李格尔注重于形式分析，潘诺夫斯基建立了一套阐释原则，而贡布里希则认为形式服从于功能。

（摘自《新美术》2018年第1期）

2.从对《春》的解读看贡布里希的图像学思想

陈静的《从对〈春〉的解读看贡布里希的图像学思想》一文，从贡布里希对1945年发表的一篇关于波提切利的作品《春》的研究文章《波提切利的神话作品》出发，讨论了贡布里希对于《春》的图像学解读中所呈现的研究思想。文章首先回溯了图像学研究的发展历史，指出了贡布里希与潘诺夫斯基所提出的图像学研究中的三个层次的理论不同的看法。就第一层次而言，他认为在再现意义的层面上，对作品的理解并非完全不证自明，对任何肉眼所看到的形式和色彩，大脑都要进行某种程度上的概括，而某些形式的意义就会在概括时变得模棱两可；在第二层图像志层次上，贡布里希认为同一篇原典可以有无数种图解方式，但绝无可能仅凭单个图像就可以回溯原典，即原典与图像之间并非排他性的一对一的对应关系；在第三层次他强调了“意义”的多重性与不可捉摸性，对于不同的观者，同一件作品的意义可能截然不同。因而他认为，图像学真正的工作是在还原艺术家创作情境的前提下，在找到其原意图的基础上，对作品的意义（meaning）进行阐释，由此他提出了一个重要概念，即支配性意义（the dominant meaning），指的是作品的“意图意义或主要目的”。基于此，贡布里希对于《春》的研究提出的问题是，对于文艺复兴以至15世纪的佛罗伦萨而言，《春》中的核心人物，即维纳斯究竟意味着什么？他将此问题更加缩小为：在绘制这幅画的时间和场合中，维纳斯对于波提切利的赞助人有什么特定的意味？他由此得出了此画的赞助人洛伦佐·迪·皮耶尔弗朗切斯科受到新柏拉图主义领袖菲奇诺关于道德与人性的劝诫，要求前者注视代表人性的维纳斯，由此得出了《春》的原意，即这件作品对于赞助人的意义（meaning）所在，从而产生了对《春》及波提切利研究的新视角。

（摘自《新美术》2018年第3期）

3. 知觉的回归与中国早期美术史的重构

黄厚明在《知觉的回归与中国早期美术史的重构》中指出，中国美术史的研究经历了从文献导向向作品导向的转变，由此形成了从物质文化史和艺术形态学建构中国美术史叙事的两种基本模式。新美术史和视觉文化研究的兴起，质疑和解构既定的分析模式，以符号、视觉机制等方法取代原来的物质性和知觉问题的研究。文章从作为探寻艺术创造和风格演变奥秘的知觉理论入手，重新检讨了人的知觉方式之于艺术创造的形塑作用，并尝试从主体与客体的对立关系中探讨中国早期美术的风格变迁及其成因。

（摘自《美术研究》2018年第6期）

4. 艺术品语境与观看者心境的重构——以《艺术的故事》为例

李晓愚的《艺术品语境与观看者心境的重构——以〈艺术的故事〉为例》由贡布里希的著作《艺术的故事》的观念出发，即他书中所提到的艺术史书籍和博物馆一样，会“增加”脱离传统遗产的危险。文章由此提出两个问题，一是为什么说艺术史书籍会增加观者脱离传统遗产的危险？二是贡布里希会采取怎样的策略最大限度地降低这种危险？关于第一个问题，文章指出在《艺术的故事》中，贡布里希一直在提醒读者注意那些博物馆里的艺术作品并非完全为了审美而创造的，它们多数基于某种实用性而被创造出来，博物馆的展示已经脱离了这些作品原有的语境，其“历史语境”已经遭到了破坏和误读。即便是那些表面上没有被改换面貌的艺术品，一旦被置换了环境、组合和观看的方式，其内涵和意义也自然会随之改变。脱离了历史语境的艺术品不再是“原物”了，而各种画册、书籍中的图片更是连“实物”都不是，它们只是复制品。基于此，贡布里希在描述一件艺术品时，总是试图重构作品当初的“使用语境”：它们最初是为谁而制作的？制作的目的是什么？在移入博物馆之前位于何处？他认为，艺术品最初的用途会对其艺术风格产生重要影响。因此在讲述艺术的故事时，贡布里希不仅试图还原作品的“使用语境”，还努力重构作品的“创作语境”，从“制像任务”出发，去重构艺术家所处的具体情境，把艺术创作还原为一个选择和突破的过程。另外，他也提醒读者，古今观念的区别决定了艺术品风格的差异。与此同时，他也试图重构观者在看到一幅作品在原初位置上时的心境与情感，由此采用“类比”的策略让读者去感受面对一件作品时的原初感动。贡布里希正是通过对艺术品使用和创作情景的重构，以及引导观看者进行“历史移情”，最大限度地降低了博物馆的普及和复制技术的发达所产生的危险。

（摘自《新美术》2018年第1期）

5. 从汉学到艺术史：柯律格的中国艺术史研究

沈淑琦的《从汉学到艺术史：柯律格的中国艺术史研究》一文介绍了柯律格如何以人类学、物质史与社会学等跨学科视角研究中国艺术史。作者回顾了柯律格在英国维多利亚与艾伯特博物馆的研究与策展经历。柯律格在面对丰富的馆藏设计和工艺品时，从“物”的角度去研究它们与艺术、社会、市场及文化之间的关联性，这种从“物质性”角度出发的研究视角直接影响到他的中国艺术史研究。有别于从绘画作品的风格、技法与鉴赏等角度进行研究，柯律格从物质史、人类学与社会学等学科角度进入对中国明朝艺术史的研究，关注到艺术品作为一件“物品”在不同社会阶层中的价值、功能与意义流变，同时他将“视觉图像”纳入讨论的范畴，从微观的平民视角书写明朝的图像历史。文章从柯律格写于不同时期的几部艺术史著作勾勒出他的艺术史研究脉络，最后指出柯律格研究的独特性在于他将中国的绘画当作一种“物”，既关注到了此“物”的本质、意义与内容，也研究它的创作者、中介和接受者的关系。作者认为柯律格的“中国视角”的价值在于“他写出了大众日常所见的中国和围绕着丰富物质生活史的中国”，提醒我们对中国艺术史要更细致、深刻和更全面地认识中国的文化历史、地理疆界和多民族的紧密交流。

（《美术》2018 年第 11 期）

6. 帕诺夫斯基图像学方法在美国汉学中的运用 —— 从埃尔金斯对其西方性的批评出发

吴佩炯的《帕诺夫斯基图像学方法在美国汉学中的运用——从埃尔金斯对其西方性的批评出发》讨论了美国汉学中对于帕诺夫斯基图像学的运用所存在的西方性问题。文章通过对美国汉学家具体的研究实例和他们对图像学方法三个层次的运用的分析，指出就图像学的第一层“前图像志描述”来看，帕诺夫斯基的设定明显基于西方传统的再现理论和模仿观念，即形式与形式的聚合被视为“自然对象的再现”，彼此之间的相互关系被视为“事件”，而“表现”是指对事物特性的表现。文章认为这些定义实际上都在试图排除主体性和主观的介入造成的对感知的染色，由此而言，图像学的西方性并不仅仅在于需要注意何种艺术特征，更在于其体现了以实有、实证的理性观念为基础的图像把握方式。图像学的第二层次“图像志分析”的原始表述完全建立在西方以神话、史诗、圣经故事为基础的叙事传统之上，题材、主题所依据的漫长的文化传统和价值观也建立在西方原典之上，如何在中国语境中处理自身带有的西方性，取决于如何从图像中提炼需要认识的主题，寻找相关的中国思想、历史、文学、风俗传统，并据此解释主题，以及处理图像—文本—意识形态关系。在图像学的第三层次“图像学阐释”中，美国汉学家对视觉现象的文化含义的追寻没有直接基于帕诺夫斯基所理解的“人文精神”内容，而是追求在中国语境中的本土化，但也无法在诠释时完全排除来自西方的元素。文章认为，汉学是一种跨文化的诠释，在诠释时不可避免地以自身的文化观念、对文化的理解作为诠释的基础，美国汉学对中国艺术的研究也必然建立在自身对艺术的理解和把握方式上，从汉学家的实践来看，西方元素都不同程度地存在着，他们大多努力以情境主义的思路改造和运用图像学方法，力图避免让西方性影响其研究的有效性。

（摘自《南京艺术学院学报（美术与设计）》2018 年第 3 期）

7. 风格、画意与画史重建 —— 以石守谦的董其昌《婉娈草堂图》研究为例

王洪伟的《风格、画意与画史重建——以石守谦的董其昌〈婉娈草堂图〉研究为例》从石守谦对董其昌《婉娈草堂图》的研究入手。石守谦以《董其昌〈婉娈草堂图〉及其革新画风》一文，盛赞此画标志着董其昌一种全新风格的诞生，文章对作品进行了极好的形态学阐释，并通过此研究深化了风格、画意与画史“重建”这一学术工程。王洪伟指出，石文与高居翰、班宗华等美国学者在“外来影响”观念下解读董其昌不同，它体现了中国学者的问题意识的关注点。然而作者也指出，石文在对董其昌特殊的“直皴”笔法资源的追溯中，却存在着一种“序列”混乱与过度的史学关怀，影响到他对此画所作的解读，以及其“重建”研究的愿望。石守谦认为《婉娈草堂

图》与董其昌绕道杭州时所见的王维《江山雪霁图》与《辋川图》有关，这是基于他在画史重建研究中提出的“大师传统”与“主题传统”，前者指依据风格形式将不同时代的作品串联起来，并上溯某位更早期的重要大师的序列；后者则指一种典型画意的延续所构成的画史元素。对于董其昌《婉娈草堂图》的研究，石守谦指出了董其昌画法变革中的“大师传统”，同时还从微观角度分析了此画中的雪景主题的师承关系。但王洪伟认为，石守谦在寻找《婉娈草堂图》“直皴”画法资源的潜意识中，意欲建立起特殊的“风格序列”，此画在承担画史“重建”研究中的笔墨类型应做更明确的画法；同时，建立“风格序列”存在对风格形式背后的“画意”的揣摩，实际上石守谦对于《婉娈草堂图》的风格形式的解读存在一种序列错位，这幅画作也并非仅仅只是一幅“干冬景”，其中蕴含着董其昌现实仕宦境遇的隐性象征，石文存在着在对画意内涵与创作情景的误解，将董其昌画法变革的政治思想史意义简单化了。

（摘自《文艺研究》2018 年第 11 期）

8. 罗樾的风格观念及其中国艺术研究理路

张帆影的《罗樾的风格观念及其中国艺术研究理路》介绍了西方中国艺术史学者罗樾的学术研究经历及其研究中国绘画的方法。文章指出，虽然他与其师辈一样都运用了“风格”这一研究工具，但是罗樾与他们的不同之处在于他并不相信“风格规律”统摄了形式的进化，他所关注的是“个体的独特形式”。他认为：“风格并非在孤立的状态下单一客体的形式特征，而是用于探讨一个客体与其他客体之间关系的一种方式。”因此，罗樾的“风格学”研究方法将经过选择的对象进行线性排序，建立一个“风格”序列，并选择一些具有编年意义的差异进行判断，如将器物安排在设计者意志的序列中，而每一个器物较之前的一个都因艺术主体的意志变化而发生了一些有目的的改变。与此同时，他也将单个作品放在整体的历史把握中。他谨慎地处理“个体”与“整体”间的关系，借助彼此间的互证或互补完成“风格”序列。而面对中国早期绘画缺乏明确风格判断基准的问题时，罗樾强调要利用摹本来建立“消失的绘画史”，在判断其风格真伪的基础上，应该看到的是作品风格在当时的新颖性，由此将风格与观念、变化联系起来，进而提供具有历史连续性的内容。

（《美术观察》2018 年第 2 期）

9. 达弥施艺术史论研究范式及其当代意义

张佳峰的《达弥施艺术史论研究范式及其当代意义》一文指出，20 世纪艺术史论研究的两大主导范式为审美论和文化政治论，两者被概括为内部研究与外部研究，而两者同时也导致了线性艺术史叙事和对艺术品物性的忽视。法国艺术史家达弥施试图建构一种有别于上述两者的研究范式，他以法国科学史学派的思想为指导，越过审美论和文化政治论的理论窠臼，提出了艺术史的断裂图景与物性理论。文章称前者为“视觉考古”。一方面，他否认了艺术史的线性发展，通过对西方艺术史中的“云”这一对象的分析，指出布鲁内莱斯基所发明的透视法是一个排外性的结构，只有占据固定位置且轮廓可被线条勾勒出来的东西才能被纳入其中，而飘浮不定的“云”便在这一系统之外，但科雷乔的穹顶壁画则运用云的视觉将这一封闭系统打破了，成为开放的、无限的、自下而上的透视空间构造，而这种形制与当时天文学领域的知识话语变革有关，也与当时戏剧界的视觉技术有关。这种断裂性的视觉机制正是达弥施所要寻找和彰显的艺术史图景。另一方面，他也强调了艺术品的物性，并在两个维度上展开论述：一是绘画对载体的“呼唤”与“否定”，二是艺术品从原物到实物的嬗变。前者提醒我们绘画的载体并非中性和沉默的，而是积极介入绘画之中，并影响了绘画的表意实践；后者则强调要关注绘画在创作时所处环境的原始形态。

（摘自《南京艺术学院学报（美术与设计）》2018 年第 4 期）

10. 艺术史的二元叙事

周宪在《艺术史的二元叙事》一文中指出，艺术史的书写乃是一种历史故事的叙事，艺术史家就像小说家一样，对历史素材加以选择和整合，基于各自的叙事角度和叙述方法来讲述不同的艺术史故事。不同的叙事方法和叙述角度便建构了不同的艺术史，使得艺术史的故事多姿多彩。文章以艺术史叙事的二元结构性为构架，分别讨论了四种不同的艺术史二元叙事结构：作品对观者的二元叙事，物之学问对阐释之学的二元叙事，艺术本体对社会本体的二元叙事，学院派对博物馆的二元叙事。通过对这四种艺术史二元叙事结构进行分析，从一个独特的角度触及艺术史叙事的诸多关键方法论问题，从而为艺术史研究提供某种参照与评价。

（摘自《美术研究》2018 年第 5 期）

美术理论

【美术原理论研究】

1. 中国画史中的图、画之辨

刘成纪的《中国画史中的图、画之辨》关注到中国绘画史中的两个称谓：图与画。文章讨论了两者之间的差异背后的问题。文章认为，画家以画为职业，却常常称自己的作品为“图”，其原因大致有三：一是“图”比“画”具有更深邃的表意功能；二是“图”比“画”包含了更广泛的人类经验；三是河图在中国文明史中的神圣地位，使与此建立关联的绘画获得了价值提升。而在中国绘画史中，“图”与“画”称谓的差异反映了画家既以绘画为业，又试图超越自身局限的努力。“以图为画”的自我定位，为艺术作品提供了既兼顾审美又向认知、象征等推进的多元取向。文章同时指出，这种传统的“图”“画”之辨，也是现代艺术中关于图像与绘画关系讨论的历史样板，由此也使现代图像学的研究在中国本土艺术中获得了历史依据和理论阐明。

（摘自《文艺研究》2018 年第 3 期）

2. 框架［Frame］ 区隔于现实的界限

闵罕的《框架［Frame］ 区隔于现实的界限》一文以框架［Frame］为分析对象，从哲学的角度讨论了“框架”的概念以及绘画中的“框架”问题。文章通过对“框架”的哲学解读，指出框架是一个充当潜在的支撑的结构，同时由该零件所组成的外形轮廓并不被其完全充满。这就意味着有某种物质参与了外形轮廓的形塑，同时不属于并外在于该支撑物。因此，框架是某种意义上的初始状态，既包含了“缺失”，也包含着“未形成、未充分发展的”。框架也可以作为一个位置处所的标记，一种媒介或信息可以在其中操弄运作，从而完成由框架及其填充物 / 补白的组成结构向相互关系的显现的转变。就绘画而言，“框架”就是一个空白区域，艺术家可以将其身体和观念倾注于一个二维平面，它在观者的视阈之中放置一个装置，在真实空间的结束处以及表现空间的开始处做出标记。文章认为，这就使得框架成为一件艺术作品的真实的物质组成部分。画框由此将绘画从周围的环境中分离开来，使周遭环境隐没，令观者视而不见。画框也由此区别了作品的内和外，使作品在可见的空间中得以独立，使得绘画的再现成为一种排他性的在场，使作品得以成为作品。关于绘画中的“框架”问题，文章依据传统中国绘画与个人精神与心念的结构关系，认为绘画与其说是一种对于实景的记录，不如说是由画家的心智所建构的框架。画家将个体的内心与自然的秩序感一道呈现在清晰分明的结构之中，这些从自然而来的图像也可以被看成是画者的心灵图像。文章最后认为，绘画既可看作一个抽象关系的系统，又可看作一种话语实践，而这种创造性活动通过揭示出世界的原理、原则和价值观念的框架来显示一个整体性的特征。

（摘自《新美术》2018 年第 10 期）

3. 表象与造型的交错：从显现到造型再至图像

牛宏宝、冯原的《表象与造型的交错：从显现到造型再至图像》一文从近年来的图像学与视觉文化研究现象入手，认为国内目前的“图像转向”与西方当代的“图像学转向”存在差异，文章由此回归到从西方“图像”概念的生成入手，回溯了西方的图像概念及其生成方式在西方历史谱系中的发展过程。文章指出，西方的图像概念从古希腊的“制作”和“技艺”概念开始，其“造型”含义也是以此为基础，是一种对“内在理念”的呈现，体现了对事物内在审美性的追求，当时并没有图像或形象概念，其最好的造型应属于神性、理念的范畴，因此其形象也是完美和谐的。进入中世纪之后，与基督教相关的圣像崇拜或圣像破坏的宗教行为则构成了理解和体验图像的另一个基准点。圣像的图像让神圣者在其中显现，这是一种宗教显现，即“道成肉身”的教义，可以通过图像感受基督教的爱、恐惧与怜悯。文艺复兴时期则重新把握了希腊的造型方式，同时也开启了对现世真实的追求、对自然与人体的科学考察。透视法、解剖学的引入，让用图像再现成为可能。启蒙时代对于人主体性的重新认识，使现代意义上的艺术品概念最终形成，而对形式的体验也开始重于内容，“造型”作为一个概念也正式进入绘画的生成理论分析中，出现了一种直接的以主体视觉表现的更为平面化的抽象的绘画形象。19世纪末20世纪初，进入视觉化的图像时代，文章围绕视觉图像和机械复制的“图像时代”展开了关于本源与真实等视觉理论的论述。文章通过对西方图像概念演变的梳理，说明今天的“图像转向”“并非为了对视觉图像时代的到来作出肯定的回应，而是要开展对‘图像时代’的理性批判”。

（摘自《美术》2018年第7期）

4.重建图像时代的造型艺术形象

尚辉的《重建图像时代的造型艺术形象》将讨论的背景放在了照相图像产生之后对造型艺术创造所产生的冲击这一现实之中，正是因为照相图像的兴起，使许多画家将照相图像直接搬进画面、混淆照相图像和造型艺术形象之间的界限，从而使越来越多的画家摒弃了绘画，转而借助于新媒体进行观念艺术创作。造成这种危机的根本原因还在于照相图像的“真实”让再现性艺术失去了对于“真实”的把控，触及了西方艺术的真实再现能力。但文章认为，照相图像的“真实”与绘画作品的“真实”并不一样，前者是一种“视觉无意识”，是对“此时此地”客观的再现，而后者对于自然的“模仿”却是有选择的、经过过滤和强化的，建构的是一种具有审美意义的真实。作者认为，相比于机械图像形象，绘画造型形象至少有三个显著特征：一是想象性，即画家对审美对象的呈现具有形象思维的能动性；二是塑造感，是让二维平面虚拟出来的图像比原物象更符合画面的视觉审美特征；三是笔触味，表露了创作过程的能动性和眼与心感应末端的手工技艺。除此之外，还有造型形象中人物动作与表情的表演性。这些特征都是机械图像形象所不具备的特质。绘画再现性的意义，也并非和现场图像比真实程度，而是考量其主题提炼与意义蕴含的深刻程度。但从19世纪后半叶开始，西方绘画渐受机械图像的影响，“此时此地”感加强，使得造型艺术形象独特的塑造感和戏剧性式微，由此产生的对再现性绘画的误读，使其造型意味消解，诗性精神沦丧，绘画、雕塑等造型艺术也被西方历史“终结”。但作者认为，叙事性不是绘画的天敌，具有叙事性或再现性也不意味着远离了绘画艺术的本质。主观精神的诗意抒发是通过绘画独特的叙事性来表达的，而造型艺术形象的塑造语言就是绘画最独特的叙事语言，离开这种独特的方式，也就否定了绘画的存在。文章最后认为，应该在图像时代发掘造型艺术的审美新质，重建造型艺术形象。

（摘自《美术》2018年第6期）

5.王国维与现代中国“美术”观念的起源

谈晟广的《王国维与现代中国“美术”观念的起源》一文将王国维关于“美术”概念的理解与内涵放置到了当时的历史语境之中进行考察。文章指出，王国维是近代最早在研究中大量引入“美术”概念的学者，而他的“美术”概念的产生，可能与他在《时务报》短暂工作有关，其赴日留学后更是加深了对“美术”的认知。1900年之后，王国维所使用的“美术”，既不等同于“美学”，也不等同于“图画”，更与今天所说的“美术”不一样。其“美术”概念包含了“图画”“建筑”“雕刻”“诗歌”“音乐”“文学”等。在此之后，刘师培、蔡元培以及鲁迅等人则开始从各自的角度使用“美术”，使“美术”的概念处于不断变化之中。最后，“艺术”取代了“美术”的原初所指，由此形成了现今“艺术”与“美术”之间的区别和联系。

（摘自《文艺研究》2018年第7期）

【美术创作理论研究】

1. 笔墨语言的本体意义和独特价值

程大利的《笔墨语言的本体意义和独特价值》指出，笔墨是中华民族特有的绘画语言，溯其根源，笔墨语言与“象思维”密切相关，不局限于具体物象，而追寻生命运动的本质，以不断拓宽精神之求、抒写情致抱负为旨归，并有着严格的程式规律和审美标准。笔墨语言所具有的独特的审美价值和成熟的审美规范彰显了中华文明的独特魅力，对笔墨语言精华的保护和传承，应是中国画家的担当和坚守。

（摘自《中国文艺评论》2018 年第 3 期）

2. 媒介材料与视觉难题 关于绘画语言的一点思考

郭建濂的《媒介材料与视觉难题 关于绘画语言的一点思考》关注到油画中的媒介材料与视觉表达之间的关系。文章讨论了西方颜料的概念与演变，指出在 14 世纪，绝大多数的艺术家选择的材料都是蛋彩，到了 15 世纪早期，油彩则被广泛采用，佛兰德斯画派的艺术家是最早广泛采用油彩的，而这种媒介材料为艺术开辟了一片新天地，意大利画家也很快采用了这种方法。更容易干燥的成分使画家对油的运用更加得心应手，艺术家直接把油调在透明色料中，采用这种方法，画家可以通过反复采用透明色料来增加色调的深度。这种透明画法 15 世纪在意大利始用于油画，至 19 世纪已然发展为成熟的绘制结构，即把各种色层——透明色层、薄擦色层添加在直接画有高光和必要细节的底层色上。19 世纪后期的艺术家们偏爱直接画法，但为了使画面统一，色调和谐，也会在作品上覆盖一层均匀的凡立水，从而获得透明色层的效果。通过对于油画媒材发展的梳理，文章指出，画家只能画手中材料所允许他画的作品，只能创造出媒介所允许他创造的视觉效果。特定的时代所采用的特殊材料和手段必定会影响绘画的风格和视觉效果。

（摘自《新美术》2018 年第 3 期）

3. 历史与神学的象限 ——historia 与文艺复兴时期的“历史画”理论

高远的《历史与神学的象限——historia 与文艺复兴时期的“历史画”理论》从阿尔伯蒂在绘画领域对 historia 的重新阐释入手，讨论了在他之前基督教图像志的一些特征以及阿尔伯蒂绘画理论中 historia 的实际含义。在阿尔伯蒂的理论中，historia 要尽可能地与观众产生互动，向观者指示故事情节的发展，与此同时，还应该出现一些“著名的人物”，要包含充盈和丰富的事物，画面要“庄严”“和谐”，具有秩序。historia“应该在富有变化的人物组合且动态多样性的基础上尽量精简人物，在遵循构图规则的同时达到画面的端庄和体面”。阿尔伯蒂对于 historia 的定义，实际上是从中世纪的基督教艺术图像之中演化而来的，即通过对圣经历史场景的还原及主体人物组合的构图方式，将不同时间和地点的事物按照一定顺序并置在一起，犹如古希腊的记忆术——有规律地在场景中布局并描绘人物的特殊手势或手持的标志性物品便是记忆术在图画中的运用，而后才渐渐地基于透视法在浑然统一的空间中再现诸多可以活动的形象。阿尔伯蒂正是基于这种“修辞学”表达模式来论述绘画的原则。基督教图像志和神学家对于图像创作的指导，其表现超自然存在的“异象”图像表现，或者是不符合常规的超现实错觉现象，让观者感受到神圣的真实存在，以体现神圣启示的特殊性，实际上体现了画家对 historia 原则的灵活运用和对绘画表现的创造性发挥，进而演变出样式主义等空间错觉。阿尔伯蒂的 historia 与基督教的“神学”，构成了文艺复兴绘画的两个坐标，而此时的绘画就在这两个坐标之间摇摆，并在壁画的特殊空间媒介中达到高峰，奠定了现代绘画理论的基础。

（摘自《美术》2018 年第 9 期）

4. 光色理论传统与莱奥纳尔多的智性认知实践

马善程的《光色理论传统与莱奥纳尔多的智性认知实践》一文分析了莱奥纳尔多运用科学的方法在艺术创作中探索的行为。文章提到，自从阿尔伯蒂在《论绘画》中论及视觉与自然对象的关系之后，致力于从事艺术的科学基础研究的理论家，对自然中的物理现象发生了持续的兴趣。而莱奥纳尔多对阿尔贝蒂关注更多。他在大量实验中把艺术赖以存在与发展的认知方法和材料方法都提升到了新的水平。他从阿尔贝蒂那里吸收到的视觉艺术知识，不仅包括营造空间秩序的数学式透视法则，还包括他基于中世纪成果的光色理论。阿尔贝蒂认为色彩有四大种类——红、蓝、绿、灰，并通过混合发展出其他种类色彩，而莱奥纳尔多认为还应该加上白和黑，因为白是色彩的本源，黑是色彩的缺失。除此之外，莱奥纳尔多还注意到环境色对于阴影部位色彩的影响，认为光色的复杂性会导致没有一件物体能够完全显示本来的颜色。与色彩理论密切相关的还有空气透视，也称色彩透视。他认为色彩应当依据物体在不同距离时因尺寸减小而相应减弱，即利用线性透视来协助色彩表现，按照位置距离去计算彩度的渐变，同时考虑空间密度的影响。莱奥纳尔多的光影理论始于对客观自然的观察研究，充满更多的实验性细节，恰当地描述了绘画中的明暗、黑白关系所依赖的科学基础知识，即光线传播、自然现象与光影之间的关系规律，并提出了原生阴影与派生阴影的区别和联系，由此发展出较为完善的明暗对照法。文章指出，在对光色理论传统进行创造性回应的同时，莱奥纳尔多并未能在作品中对他所有的理论设想一一进行实践，在各种笔记手稿之外，他留下的本体意义上的艺术品非常少，而他对自然世界的兴趣、研究的广度和深度以及衍生出来的科学命题，都不能单靠视觉艺术来得到释放和解决。

（摘自《新美术》2018 年第 1 期）

5. 当代艺术的身体知觉视角

彭彤、张莹的《当代艺术的身体知觉视角》关注到在技术无限延伸的今天，身体感知被冰冷的机器取代，大量怪异的、冰冷的机器屏幕、面具以及诡异的机器运转声音填充了展览的空间，让观众陷入了异化且恐怖的世界之中。作者认为，当代艺术中的身体触知的回归，是这个视觉机器时代最紧迫的问题。文章从历史的角度回溯触知回归的可能性，指出触觉使感知系统发现世界，触知可以将情感信息传递给身体的整个感知系统，而触觉也是艺术史发展的认知起点。虽然视觉在超越触觉后跃居核心地位，但触感经验始终隐含在触觉—视觉的关系之中。在这个机器视觉不断操控身体的时代，恢复古老的知觉，恢复原始而纯粹的触感就显得很迫切。作者认为应当放弃视觉艺术中视觉的绝对地位，让躯体体验，让触觉回归到艺术创作和艺术评判中来。文章进而对一些以身体的触觉为主题的当代艺术作品加以分析，指出身体触知在以身体为媒介的当代艺术作品中回归的可能性。与此同时，也强调了手和笔触感在观众寻找触感时的直接性。文章试图通过当代艺术反观身体触知，使当代艺术回归到一种感性的、原初的和高贵的艺术体验之中。

（摘自《文艺研究》2018 年第 2 期）

6. 图像叙事与艺术真实 —— 当代中国主题性美术创作的本体规律与焦点问题

于洋在《图像叙事与艺术真实——当代中国主题性美术创作的本体规律与焦点问题》一文中指出，当代中国主题性美术创作的焦点，汇聚于内容题材、主题思想、表现手法层面的政治认同、历史认同与艺术认同三个主要课题上。文章认为，用视觉艺术表现当下社会主题与时代新风，一方面要将中国艺术传统资源与当代社会建构结合，在视觉语言的本体规律中塑造新时代的图像；另一方面则关系到国家、民族意志与艺术家个体图像叙事能力的结合。围绕着主题创作，艺术家需要解决两个层面的问题，一是时代特征与艺术个性的关系，二是集体观照与艺术家个体意识的关系。前者体现了主题性美术创作的复合性、合目的性特征，特别是表现历史与现实的主题性美术创作，更要求历史的客观具体性、真实性，应以真实的历史人物或事件为描绘对象，同时也要求创作者对描绘对象有主观评价和艺术理解。而后者则要求主题性美术作品不仅在内容形象上符合历史叙事与社会叙事，其思想也应具有相当的历史思考和现实针对性，同时也要能够体现民族精神和艺术家自身对社会的深刻思考。文章由此也引出了关于“艺术真实”与“历史真实”的论证。作者认为，在表现历史与社会现状的主题性创作中，应依循历史事实，不能凭空臆造或任意改编，但同时也应该发挥艺术的想象与创造性虚构。

（摘自《美术》2018年第8期）

7．“书画同源”与“以线廓形”——传统造型因素及方法释读

张绍敦的《“书画同源”与“以线廓形”——传统造型因素及方法释读》一文认为，中国绘画中线的表现力和由书法与绘画渊源所形成的审美风格上的一致性，已达到了形、质、神、情、韵并具的空前高度。线条化阶段以匠师为主体，笔墨化阶段以文人绘画为主流，“线”是“笔墨”的根基和依据，而“笔墨”又是对“线”的进一步丰富和拓展，从中不但可以体会到由于外来文化的融入而引起的变化，同时也可以清晰地感受到一种明确的精神指向。文章认为，只有从线条与笔墨两方面去阐释传统绘画，才是全面的。

（摘自《美术研究》2018年第2期）

【美术批评理论研究】

1．本土美术批评古今之变与承继

李昌菊的《本土美术批评古今之变与承继》一文关注到20世纪以来中国本土美术批评的转变。文章指出，本土美术批评在语言表达和价值标准方面均发生巨大变化，从文言到白话不仅是言辞外观的改变，更有西方思维模式的内置，西方美术批评术语与方法的引进，促成了评判标准的西化。文章认为，在建构本体美术批评体系的当下，传统画论的诗性表述和评价标准是有待发掘的重要文化资源，前者可为理性言说拓展新的美学向度，后者提出具有本土文化价值的评价参照，两者均需要得到继承、转换与拓新。

（摘自《中国文艺评论》2018年第3期）

2．再现的崩溃：重审福柯的绘画主张

马元龙的《再现的崩溃：重审福柯的绘画主张》一文从福柯讨论绘画的三个文本《事物的秩序》《马奈和绘画客体》《这不是一只烟斗》入手，认为福柯的这三个文本可以用一个主题进行概括，即“再现的崩溃”。所谓“再现的崩溃”，即指福柯发现了委拉斯凯支、马奈和马格利特的作品中，都在逐层地将古典绘画追求对自然的“再现”这一原则打破。文章通过对福柯三个文本的分析，指出委拉斯凯支的《宫娥》通过取消固定的观看者与被观看者的方式，预示了再现的不可行性；而马奈的作品则通过摧毁古典主义绘画以透视为核心营造的幻觉真实，让观者真正回归到对绘画物质性的关注上；马格利特则采用了一种与抽象主义截然相反的绘画风格，更加深刻地摧毁了词与物的强大关联，从而在哲学上对“再现”实施了彻底的打击。

（摘自《文艺研究》2018年第4期）

3．幻象与剧场性　以迈克尔·弗雷德的理论看当今的艺术批评

潘映熹的《幻象与剧场性　以迈克尔·弗雷德的理论看当今的艺术批评》一文通过对美国学者迈克尔·弗雷德关于幻象和剧场性概念的分析，对现成品艺术出现以来的艺术创作和艺术批评提出了疑问，指出艺术中的剧场性让当代艺术的本质发生了偏移。文章指出，对于弗雷德艺术批评的质疑，在于他并不批评某一艺术家的作品，而是基于意识可以区分客观现实和艺术，从而提出一种将真正的艺术从“物性”中分离开来的方法。文章认为，弗雷德试图通过反对真实艺术来抓住艺术品的本质，这不仅歪曲和磨灭了艺术品自身的情感力量，还把艺术变得陈旧和狭隘。基于弗雷德对艺术和物性之间分界的预设，文章指出有三点需要考虑：一是如果像弗雷德那样完全拒绝现成品艺术的出现，那么就必须同时接受艺术本质概念不可更改、全新形式艺术不会出现的局面；二是关于剧场性的讨论，按照弗雷德的立场，“剧场性”将会变成一个普遍适用的“试金石”；三是关涉到新技术和信息时代条件下的艺术状况，但在媒体至上、娱乐化泛滥、冲突加剧、种族偏见和移民风潮的背景下，当代艺术作为精英文化和娱乐的双重载体，似乎超越了逻辑和理性，提供了更适合时代的主观性形式。关于“幻象”，弗雷德的观点与柏拉图相似，他对拒绝超越真实以达到“信念”层面的艺术家持反对态度，

认为“剧场性”艺术作品的特点是努力接管现实，用现成品和幻象来替代现实，让观者沉浸其中，直到我们无法分辨来自现实的艺术品、来自符号的对象和来自对象的主观性。反剧场性的假设，对弗雷德而言，是“真实艺术”的必要条件。他认为只有具备这一条件，艺术才能通过真实艺术和剧场之间明确的分别来维持。他的策略是要表明“剧场和剧场性在当今正和艺术开展”，而现代主义绘画存在的必要性是为了“击败剧场性的存在”。他确立了以理性的神学进行艺术批判的思想脉络。文章也指出，剧场性是一种令人疏远的力量，它在观看体验中划出一道分界，把观众和“戏剧”分离开来，类似于理智中的感性、身体中焕发出来的情绪，但同时艺术失去了精神、感性和殷诚的维度，而真正的艺术来源于殷诚力量下对真理的追寻。

（摘自《新美术》2018年第9期）

4．西格蒙德·弗洛伊德眼中的艺术家

沈文婷的《西格蒙德·弗洛伊德眼中的艺术家》从弗洛伊德关于艺术家的一段文字表述出发，探讨弗洛伊德眼中的艺术家与神经症患者之间的差别。文章指出，正是因为弗洛伊德在其文字中提到“艺术家和神经症病人相距不远，也有一种反求于内的倾向”，使得艺术家们对于弗洛伊德有了一种愤慨。但是该文认为，弗洛伊德关于艺术的观念中有几个重要的内容容易被忽视，从而造成了被误解。首先是关于“艺术家”，弗洛伊德在其理论中也曾对艺术家进行分类，他认为艺术家可以分为一般艺术家和天才艺术家：前者指的是那些专门绘制历史主题、政治事件的艺术家，但除了短暂的震撼和描述一个事件外，并不能再带来任何更深层次的内容；后者则是善于编织幻想的“白日梦”、能巧妙揭示人类社会本质秘密的那群人。其次，艺术家和神经症患者“逃避现实”的方式也大相径庭。艺术家是“主动”逃离现实，构造幻想，而神经症患者是“被动”接受在现实面前的无能为力，沉溺于幻想。更为重要的是，艺术家能够在幻想中找到一条回到现实世界的路，而神经症患者只能越陷越深。艺术家知道如何经营自己的“白日梦”，不但可以使被压抑的欲望在精神活动中得到实现，还能使之成为可供别人欣赏的东西。从这一角度而言，弗洛伊德所说的艺术家与神经症患者相去不远，是建立在两者处理压抑和幻想的心理过程的语境之上的。两者处理幻想的方式存在天壤之别也就导致了两者并非同一类人。弗洛伊德对于艺术家带有敬重，对于其天赋则是在羡慕中带有一丝嫉妒。

（摘自《南京艺术学院学报（美术与设计）》2018年第6期）

5．新前卫是一种范式重复吗？——论本雅明·布赫洛对新前卫艺术的辩护

吴毅强的《新前卫是一种范式重复吗？——论本雅明·布赫洛对新前卫艺术的辩护》指出，历史上关于前卫艺术之争，源于德国美术家比格尔为历史前卫艺术和新前卫艺术所做的区分。比格尔认为历史前卫艺术有效批判了艺术体制，打破了审美自律，重新把艺术拉回到社会生活实践领域，具有范式上的开创性意义。而“二战”之后兴起的新前卫艺术在很大程度上沦为了商业的俘虏，只是无聊的语言范式上的重复，不再具有前卫的批判价值。布赫洛则认为比格尔的判断过于粗暴，忽略了前卫艺术在新的历史政治现实中的成长和反抗潜力。他以几位前卫代表艺术家的单色画创作为例，为新前卫艺术作了强有力的辩护。文章指出，布赫洛的研究提醒我们认识到，新前卫艺术为当代艺术乃至艺术史所贡献的若干重要因素和环节。

（摘自《美术研究》2018年第3期）

6．“剧场性”的绵延：迈克尔·弗雷德极少主义艺术批评的知觉现象学介入

朱橙的《“剧场性”的绵延：迈克尔·弗雷德极少主义艺术批评的知觉现象学介入》一文关注到迈克尔·弗雷德针对晚期现代主义与极少主义艺术进行批评的理论背景。弗雷德所提出的现代主义形式惯例体系，是以对抗和消解物性、维护现代主义的正统为己任，从而在理论层面为现代主义品质与价值的永恒延续构建了一条无阻碍通道。极少主义是对于现代主义避讳的物性的直接凸显，在他看来，极少主义对于绘画艺术的物

性并不是简单地认识，而是直接地加以表现，这就导致了极少主义对于绘画中物性的兴趣超越了绘画，从而使其走向了三维的物性。对于现代主义的审美立场，弗雷德认为艺术的意义和价值来源于艺术自身，并通过不同时期处理的各种形式的惯例问题体现出来，而此种坚守也使他认为极少主义艺术已不能被称为艺术，只能作为艺术的否定和对立面存在。由此他引用“剧场性”概念对极少主义艺术进行了第二阶段的批评。所谓“剧场”就是在观者与作品之间存在一种有关认知的变量关系，极少主义作品就是追求存在于作品之外的外部环境，尤其是与观者建立切身体验关系，并随感知条件的变化而变化。文章指出，弗雷德运用“剧场性”概念对极少主义所做的批评，其背后的理论依据是梅洛·庞蒂关于身体与知觉的现象学基础。极少主义作品使观看的主体与被看的客体之间形成一种不确定、未完成的关系，是一种直接的、原初的身体体验，而这种体验是一种不为现代审美所意识到的原始思维，这与梅洛·庞蒂的“还原论主体间性”的知觉现象学理论高度一致。对于弗雷德运用现象学所形成的批评理论看似矛盾的原因，作者认为他关于现代主义形式惯例的理论本质上是表达现象学的内容，而对于极少主义的批评则是知觉现象学的内容，此种理论转向是弗雷德的批评理论看似矛盾的原因。

（摘自《美术观察》2018 年第 1 期）

7. 走向当代的风景 —— 技术时代风景艺术的美学与表征转向

赵炎的《走向当代的风景——技术时代风景艺术的美学与表征转向》一文探讨了风景这一传统艺术题材在当代所发生的美学与表征转向。文章指出，风景这一概念从一开始就和自然、土地相关，而艺术史中对于风景的理解和欣赏，也总是带着审美主义的。直至 20 世纪 90 年代，风景的审美主义才受到了挑战，将风景理解为一种媒介，而且是一种日益“枯竭的媒介”。只是关于风景的这两种理解，前者主要是艺术史上的风景画，而后者还包括通过艺术媒介所表现的那个真实的自然，这也让现在对于风景的理解还要再加入一个理解自我的要素。现代艺术的发展让风景走出了对自然的表现，转而出现了现代派想象性的风景和抽象艺术。之后即出现了行为艺术、大地艺术等涉及自然、外部空间的当代艺术风景再现，使风景与空间、场所等概念交织在一起。随着当代艺术理论的发展，风景被有意识地加入了人的实践，将人类对于自我在场的理性认识和把握与审美问题区分开来，将风景问题在不同层面上转化为空间和地方问题。随着技术的发展，科技也加入到对风景的塑造中，在虚拟空间、人类进化、太空等角度重新看待风景，进而使对于风景的表现出现了更多的可能，从原来的“自然—艺术”，渐渐转变成为更多类型和层次的“空间”，成为“空间—自然—艺术—人”。文章最后指出，从古代到今天的风景艺术在元观念上并没有发生本质的改变，发生改变的只是今天的人们认识世界、改造世界、再现世界和理解世界的方式。

（摘自《美术研究》2018 年第 4 期）

【艺术设计理论研究】

1. 设计介入乡村建设的伦理思考

方晓风的《设计介入乡村建设的伦理思考》一文从当下设计介入乡村建设的热潮切入，提出关于设计介入乡村建设的伦理问题，并指出乡村建设中可能出现的价值误区。文章指出，因为在中国走向现代化的过程中，乡村问题始终被社会关注，尽管在不同历史时期都有很多具体的相关实践，但实践过程中不无偏差。文章聚焦了设计介入乡村建设过程中的“态度”，也探讨了乡村的文化意义和价值回归、新时代与家园重构，特别指出中国悠久的传统锻造了一个具有鲜明特色的乡土审美文化体系，构成了丰富而生动的乡村文化场景，是值得今人学习并有所继承、有所阐发的宝贵文化资源。

（摘自《装饰》2018 年第 4 期）

2. “东方”与“设计” 全球化下中国设计研究的一个时代命题

何振纪的《“东方”与“设计” 全球化下中

国设计研究的一个时代命题》一文关注到全球化下中国设计所应秉持的立场问题。文章从“东方学”和“东方主义”的概念入手，描述了在萨义德“东方学”研究视角下对于西方霸权主义的关注，以及20世纪70年代“西方”后殖民理论思潮的兴起。文章指出，后殖民理论思潮的发展实质上植根于当时“西方”对“自我”与“他者”之间的关系的理解，“东方主义”在非“西方”的理论视野中关注到反霸权、去殖民化的现实要求。萨义德也一再强调“逆写”能够重构“自我”与“他者”之间的关系。以“西方”人所采用的话语技巧进入宗主国的文化情景，他认为这种文化融合的反霸权方式从殖民者手中重新夺回在其领土上的发言权与行动权。在设计领域，有学者从人类学的角度研究，指出去殖民化设计的7项原则，包括价值体系的调整、互动、重组、实践、尊重、合作、和谐，以此反击全球盛行的“不平等”力量。文章认为，在全球化背景下“殖民化”到处传播，尽管在传播过程中强势方支持研究当地、记录当地，但其出发点依然主要是面向其自身的受众。这里有两个明显的特征，一是当地知识参与的缺席，二是对非“西方”价值理解的缺失。而另一个明显的非“西方”设计问题是在“西方”设计语境裹挟下的日益同质化现象。文章认为，回应“西方”文化的策略在于本土对全球元文化的取向与创造，非“西方”或生活在“东方”地区的人们能够从自身的立场出发，借助设计的力量真正掌握其文化取向。中国的设计能够为“设计”提供一种新的分类方式和陈述方法。在当前全球化背景下与各方沟通融合，从中国的角度出发重新检视“东方设计”的理论建构，可以成为当前中国设计研究重塑自我的一个时代命题。

（摘自《新美术》2018年第11期）

3. 浅议景观叙事的内涵、理论与价值

陆邵明的《浅议景观叙事的内涵、理论与价值》一文解析了如何运用景观进行场景叙事，以场景来讲述一个故事的景观设计理念。对于何为景观叙事，文章认为，景观叙事可以定义为基于叙事学的相关理论与方法来分析、理解、评价景观的要素属性、空间结构、文化语义及其建构策略，进而有效建构主题性或者地域性景观及其文化认同性。景观叙事是一种认知、表达、塑造景观及其文化意义的方法。叙事的主体通常包括开发商、经营者、设计师、使用者以及游客，还有故事中隐含的主人公，而客体一方面包括物质性载体，另一方面辅之以非物质性的叙事媒介，如图像、声音、文字等。文章进而对国际上两种主要的景观叙事理论加以介绍，即结构主义景观叙事和解构主义景观叙事：前者立足于共时性角度，从构成整体的各要素间的相互关系中来理性地考察与把握景观作品的叙事特征，继而寻找景观作品的结构模式与意义生成机制；后者则立足于历时性角度，在文章语境中考察碎片化景观语言与不同使用者之间的交互对话，认为景观意义不是固定的，而是不确定或无止境的。景观叙事在设计中的运用，主要体现在主题概念的甄选、空间结构的编排、活动功能的设置以及景观内涵意义的塑造等，使得景观作品更具意味，更加生动，更有魅力。

（摘自《南京艺术学院学报（美术与设计）》2018年第3期）

4. 在“现代性”困境下探求设计的价值理性

陶音、严磊的《在“现代性”困境下探求设计的价值理性》一文从现代性的深层矛盾出发，讨论当代设计的价值面向。文章以“价值理性”为关键词，指出“价值理性”与人的实践行为直接相关，其作用在于提供人对自身生活意义的肯定评价，它关注的是人的现实存在状态和未来趋向，以此为导向，人才知道他应该做什么和怎么做，正是以此创造了人类生存的意义，并奠定了人类生存的依据。因此文章认为，设计要改变以往形式或功能至上的准则，更注重参与性、现场感的过程导入，强调以生活世界为核心的设计价值。与此同时，也应该强调对“他者”的责任。设计师创造产品更多是从伦理学角度出发，关注与“他者”的关系，而对“他者”的责任也意味着一种社会意识。文章认为，把设计放在创造者与使用者互动的“对话”、历史与未来的“对话”中，并以此反观人类的种种行为，或许能使人认识到自我与他人的平等关系，过去、现在与未来的关系，建立设计的价值理性。而设计“价值理

性”的三个维度，分别是“可持续价值”“个体的创造性价值”“文化认同价值”。追求材料的可持续价值可理解为一种设计态度，体现一种对自然发展规律的重视，也指疏远物质与商业，保持合理的设计策略。个体参与进设计之中，也使设计产生了各种可能性，设计不再是某个固定的形式，会因为参与者的不同而呈现出不同形式，这也是设计给予生活的“空间”。文化的认同也是一种“自我认同”。自我认同包含个人对自己的生命历程的理解，通过这一连续性的建构，自我认同是一种反思性的个体存在。文章认为，设计的这三个维度，能够抚慰现代人在社会急速发展中丢失了的“稳定”“平静”之生存状态的心理焦虑，提醒设计放慢向前奔跑的功利主义频速，从历史语境中反观设计的价值取向，从生活实践的角度界定与他者关系的设计伦理问题。

（摘自《新美术》2018 年第 7 期）

5. 当代设计批评与批评性设计

易祖强的《当代设计批评与批评性设计》指出，在域外学科和新兴媒体的介入和推动下，当代设计的面向及路径因政治、经济、科技、文化间错综复杂的关系变得越来越多样化，批评的热点对象和讨论的范围边界自然也发生着变化。文本阅读不再单单指向语言文字而被看作一个普遍的文化现象，这就使得观念的表达在媒介层面得以开放。在交流手段不断丰富且对思考方式影响甚大的视觉文化世界，如果将设计的使命指认为将特定概念和可行的制作方式相结合，则设计批评不但应该提供观察的视角、讨论的路径，也应该提供更具体直观的问题映射物，即批评性设计。它是一种特殊的以直观呈现异象来提问的观念性实践。批评性设计的出现让设计批评有了两种实操路径：一是应循传统批评的方法，以文字写作为专独形式；二是在传统批评工作方法的基础上，强调批评性设计作为文本的相对主体性和自足性，并将其纳入批评体系。文章认为，在传统批评工作方法的基础上，强调批评性设计作为批评文本特殊类型的合法性并将其纳入批评的总体体系正成为一个新的探索方向。

（摘自《世界美术》2018 年第 2 期）

6. 论设计研究的“学科间性”

祝帅的《论设计研究的“学科间性”》借用了文化人类学的“文化间性”问题来讨论设计的发展方向。文章强调，设计是一门人文社会科学和自然科学的交叉学科，它兼具这些学科的属性，文章由此从设计理论研究和设计史研究两方面，对设计的“学科间性”作出了具体分析。设计作为一门应用学科，设计理论肩负着解决行业现实问题的任务，贴近设计实务的研究方法则是寻找对设计本体的解释，是设计理论与设计实践合作沟通的一个必要起点，这就要求设计学的理论研究应该是主流，而历史研究是支流，设计理论的研究应该“横向取法”，既从其他学科中获取灵感，同时重视基础研究、历史梳理、哲学思辨等角度的研究，也可以为偏重业界实务操作性的应用学科提供养分。对于设计史的研究，对设计实践的开展同样有着促进作用。从历史中寻找智慧，让设计在面对新的理念和技术冲击时不至于过分夸大或无所适从。设计学科的“学科间性”，因为不同的语境侧重，会使设计学科有时便于用工具主义研究方法提出设计史和设计人文研究的必要性，有时会从设计史研究的片面性提出实证研究方法的基础意义。这种不同的要求也反映出设计学学科不同的侧面。

（摘自《南京艺术学院学报（美术与设计）》2018 年第 1 期）

7. 中国设计修辞研究二十年：起源与展望

张野、曾馨的《中国设计修辞研究二十年：起源与展望》一文通过对从符号学到应用符号学、从修辞学到视觉修辞学、从设计符号学到设计语义学三条学术脉络发展过程进行梳理，评述了近 20 年国内设计修辞研究的起源、发展与现状。文章指出，设计修辞学的研究历史发端于西方语言符号学和修辞学，随后主要以“视觉修辞”的形式被语言符号学家、心理学家和传播学家所推动，之后才被设计学引入，并作为设计符号学理论中一个方兴未艾的子领域。文章认为，当前的设计修辞学研究存在三大问题：一是修辞学家研究设计问题不能精准适合设计专业的现实诉求；二是从语言学架构研究设计修辞，还是从设计案例反推修辞类型两大分野；三是与修辞学相比，当前设计修辞理论架构尚未形成，体系片面残缺。与此同时，文章也认为在未来的设计修辞学理论体系构建上要关注以下问题：（1）设计的选题与风格；（2）设计信息的获取与遴选分级；（3）设计修辞格的科学划分；（4）修辞识别效率与效果评估；（5）设计修辞的研究方法。

（摘自《装饰》2018 年第 11 期）

【交叉学科理论研究】

1. 视觉转向中的民俗学图像研究 —— 以北宋风俗画《金明池争标图》为例

雷天来的《视觉转向中的民俗学图像研究——以北宋风俗画〈金明池争标图〉为例》探讨了民俗学介入图像研究的可能性和方法。文章以北宋风俗画《金明池争标图》作为例子。《金明池争标图》表现的是北宋汴梁市民齐聚金明池观看龙舟争标的场景，文章结合传统社会统治阶层的民俗策略和不同阶层主题的艺术立场，指出争标节俗实际隐含着北宋皇室巩固皇权和借举办节俗以粉饰太平的目的，而图像更以象征、隐喻的方式印证了统治阶级通过节俗以教化社会的意向。在此基础上，文章提出民俗学图像研究不仅要理解和解释视觉在“制造意义”之中的意义，在观照范围上也应扩大到图像产生、编辑及其所处语境等阶段的各个“场”，将画中所呈现的元素（点）、画作背后的各种互动关系（线）以及画作展现的社会历史背景（面）三者进行结合，从而对图像进行立体、民俗志式的考察。

（摘自《南京艺术学院学报（美术与设计）》2018 年第 1 期）

2. 当代艺术的新形态 —— 试论 VR、AR、MR 艺术的社会学基础

宋刚的《当代艺术的新形态——试论 VR、AR、MR 艺术的社会学基础》一文讨论了科技发展与艺术创作的关联问题，并从社会学的角度来看待艺术与科技的关系。文章指出，随着互联网数字时代的到来，新的视觉世界通过科技被创造出来，它们分别是虚拟现实（virtual reality）、增强现实（augmented reality）和混合现实（mixed reality），即 VR、AR、MR，它们是传统艺术媒介的新视觉衍生，也是新的视觉形象和跨界的多维交互，但最根本的还是它的创造性。当代艺术的性质在于探究社会形态，其特点是通过现场与在场把艺术与社会联系在一起。运用 3R 技术的艺术对当代艺术的建构，更多的是在视觉文化的理论、模式和社会学情境下的艺术思维之间构筑一种联系，使其更有效地切入当下的社会现场。在互联网时代，社会学产生了新的分支——公共社会学，其中的专业社会学也延伸出了网络社会学。网络社会学是以互联网为载体，针对网络作为信息传递和人们互相沟通的一种方法论的探究。3R 艺术的在场与现场性，将当代艺术的社会学带入一种新的知识空间，从而创造出叙事语言，同时也将改变我们的视知觉经验。当代艺术的在场、现场以及新视觉形态的网民与网络社会的“问题意识”，正是网络社会学所关注的，即 3R 艺术社会学要面对的，正是我们重构当代艺术及其理论的理由和原因，也是探讨重构当代艺术与艺术史的出发点。

（摘自《美术研究》2018 年第 1 期）

3.“新美术馆学”的历史责任

王璜生、沈森的《“新美术馆学”的历史责任》一文提出了一个新的概念：新美术馆学。作者认为随着中国的美术馆朝着规范化和国际化的方向发展，美术馆作为一种存在力量，在中国的当代文化、当代艺术生态中产生了一些作用，也催发着中国艺术生态的多元发展与国际艺术界更开放的对话与交流。因此“新美术馆学”的提出，可以使美术馆的管理者和研究者有意识地朝着与国际同步的方向努力。文章认为，“新美术馆学”涉及三个核心问题：一是关于“人”，“人”作为主体的问题；二是关于“空间”，多向度的“公共空间”问题；三是关于“制度”，制度批判与权力反思的问题。而这里的“人”是“大写的人”，即对待“人”的态度、方式、目的与意义。一方面是关注作为“人”的艺术家，包括其文化身份、集体身份、社会身份、时代与区域的身份等，注

重于“人”的身份主动建构于被建构的过程；另一方面是作为“人”的公众，应关注如何引导公众成为对自己的主体性有清晰认识的新兴美术馆观众，其责任在于鼓励和培养“人”的自我认知能力和感知能力。新型美术馆的“公共空间”，包括了物理空间和精神空间，前者指美术馆空间边界的拓展使其融入社会的特殊公共场，后者指一种“开放”的“人的关系”，包含民主、平等等意义，为各种不同身份的人提供进行平等交流与对话的平台，具有人文关怀和社会介入的特征。随着美术馆的公共化，美术馆逐渐被认为是一个权力空间和文化标志的空间，以及知识生产和文化生产的体制化阵地。美术馆新的角色与职能转变也需要自我批判意识，并在返身观照中完成权力的让渡与制度的更新。“新美术馆学”考量权力场域、政治场域、艺术平台共生制约关系，以及当代意义的多元文化概念，它必然是基于机构研究的跨文化研究。

（摘自《美术观察》2018年第9期）

4. 龙缸与乌盆——器物中的灵与肉

郑岩的《龙缸与乌盆——器物中的灵与肉》一文从对器物的文字性描述入手去讨论器物与人的灵魂、肉体之间的意义关联。文章以清代唐英的《龙缸记》以及元代以来不断发展的《乌盆记》为考察文本，通过文本中关于两件器物的描述，将其与传说联系起来。前者是残损的器物与逝去的人的灵魂、精神联系起来而成为一件圣物。唐英作此文的实际考量则在于以此重塑清朝朝廷代理人在景德镇的形象。后者则描述了受难者借助乌盆述说自己的受难经历以完成破案的内容。文章通过分析文本中关于器物的描述，特别是关于其形态特征的描述，尝试将艺术史与历史学联系起来，通过文字描述还原器物的视觉造型，并通过这些残损的造型来讨论涵盖了内部、外部多种元素的“物”的总体历史，这种历史便不只是风格变化的历史，更是与文化传统相交织，与其背后的人、事件相交织的历史，从而还原一种复数性的历史。

（摘自《文艺研究》2018年第10期）

（吴爽　编）

专题讨论

马克思与中国共产党：主题性美术创作

于　洋

艺术创作的演进与时代精神的召唤，历来是社会文化进程和艺术史发展中的一对重要范畴。二者的呼应、契合关系，也构成了表现革命历史、社会现实题材的主题性美术创作的核心问题。2018年，站在新的历史起点上，回望中国改革开放40年来主题性美术创作的发展脉络，总结其社会文化属性与艺术本体规律，梳理深研主题性创作领域的核心课题，对于当下中国美术创作具有重要的建构价值。特别是党的十八大以来，以习近平总书记为核心的党中央高度重视文艺工作，习总书记关于文艺工作的一系列重要论述，深刻阐明了时代发展对于文艺创作的本质要求，也为新时代的文艺工作者指明了方向。坚定文化自信、自觉担负起中华民族伟大复兴新的文化使命，更成为新的历史文化语境下美术创作的核心诉求与时代课题。

那么，回到艺术本体角度看主题性创作，从题材内容、思想立意到风格样式，如何在秉持艺术品质与历史意识的同时，推陈出新、与时代脉搏共振，走出既有的模板样式，重返艺术表现的历史情境与社会现场寻求真情实感的表达，对于创作者则提出了更高的要求。回望2018年的主题性美术创作，以纪念中国共产党成立100周年为主题的大型美术创作工程、以纪念马克思诞辰200周年为主题的美术创作项目、以表现祖国大好河山和时代新貌的“中华家园”美术创作项目等主题性美术创作课题相继推出或进入实施阶段，这也为2018年度的中国主题性美术创作确立了主导方向与关键词。

一、主题性美术创作工程的时代课题

作为新时期以来中国社会发展的重要节点之年，2018年也是中国主题性美术创作继往开来、守正创新、佳作迭出的一年。四十年前，在1978年12月，随着党的第十一届三中全会的召开，中国进入改革开放的新阶段，尤其是进入21世纪以来，随着树立文化自信、建构国家形象的现实需要，主题性美术创作日渐成为美术创作界与理论研究领域的显学，受到文化艺术界越来越多有识之士的关注。

近年来，国家主题性美术创作工程和相关机构陆续发布、成立，对于主题性创作的横向拓宽与纵深发展起到了有力的推动作用。2005年至2009年，由中宣部、文化部、财政部联合主办实施了“国家重大历史题材美术创作工程”；2012年，文化部艺术司、中央美术学院共建成立了国家主题性美术创作研究中心，以构建主题性美术创作组织、教学、研究的平台；2012年至2016年，中国文联、财政部、文化部联合推出“中华文明历史题材美术创作工程”；自2017年起，文化部、财政部推出“国家主题性美术创作项目”，计划分阶段推出100件左右的主题性美术作品，本次创作工程以现实题材创作为主，兼顾历史题材创作，展现中国共产党与中华民族伟大复兴的辉煌历程，分别于2019年和2021年举办建国70周年、建党100周年大展，与中国美术馆等机构收藏的经典作品共同展出。当“国家主题性美术创作项目”创作研究班的开班仪式于2017年11月在文化部举行之时，专家们围绕着“我要画”“画什么”“为什么画”“怎样画”的问题，将主题性绘画创作的课题进一步推向深入。一个普遍的共识是，在以往中国本土美术创作中，现实题材是弱项，也是难点。“笔墨当随时代”，以艺术之眼观照、表现既往的革命历史和当下的社会现实，成为主题性美术创作的灵魂。

2018年8月1日，由中宣部、中国文联、财政部、文化和旅游部主办，中国美术家协会承办的“不忘初心　继续前进——纪念中国共产党成立100周年大型美术创作工程”在北京召开了启动动员会。此创作工程旨在通过向全国重点作者约稿和广泛动员相结合的方法，依托丰富的历史素材和研究史料，运用绘画、雕塑等造型艺术形式，再现1921年至即将到来的2021年中国共产党成立100年来各个历史时期的重大历史事件、杰出历史人物和优秀共产党人，艺术化地展现中国共产党走过的光辉历程和建立的不朽功勋，以此抒发艺术家和全社会对党和人民的热爱，对实现“两个一百年”奋斗目标和中华民族伟大复兴中国梦的美好憧憬。相较于以往相关题材美术创作项目，作为新中国成立以来国家投入规模最大、作品数量最多、专业水准最高、社会参与度最广的主题美术创作工程之一，“纪念中国共产党成立100周年大型美术创作工程”是政治意义、现实意义更为重大，党史意识更为鲜明，诗史画史观念更为突出，也更为注重艺术脉络传承性的重点美术创作工程。此项创作工程吸引了全国各地的广大美术创作者踊跃投稿，先后近2000人次申报选题。为了提高创作质量，工程办公室先后举办了三期培训会，从申报作者中选拔230名重点作者参加培训，邀请著名党史专家进行专项辅导，重点对党史及相关事件进行详细解读，共同研究探讨，促进作者更加准确深刻了解掌握党的发展历史，以视觉艺术图像表现党的辉煌历程。

2019年1月，“纪念建党100周年大型美术创作工程”评审会与创委会专家用两天时间，对创作工程四个历史分期的200多个选题草图进行了评审。这四个时期分别是新民主主义革命时期（1919—1949）、社会主义革命和建设时期（1949—1977）、改革开放和社会主义现代化建设时期（1977—2012）和中国特色社会主义新时代（2012年11月至今）。创作工程旨在推出一批思想精深、艺术精湛、制作精良的优秀作品，用能够体现党的辉煌历史、伟大民族精神、鲜明时代特征的主题性美术作品，展现中国共产党百年来带领全国各族人民昂首阔步走向世界舞台中心的丰功伟绩，用具有史诗品格、震撼心灵的精品力作描绘新时代、抒写新征程，推动中国美术事业逐步向“高峰”迈进。

2018年的中国主题性美术创作，不仅关注党和国家历史发展等重大题材的宏观叙事，还将视角聚焦于祖国河山、人文风物、现实生活。为贯彻执行习近平总书记在文艺工作座谈会和中国文联十大、中国作协九大开幕式上重要讲话精神和实施中华优秀传统文化传承发展工程的意见精神，创作一批具有鲜明时代特征和动人魅力，思想精深、艺术精湛、制作精良的优秀绘画作品，运用造型艺术形式表现中华56个民族丰富多彩的生活风情、历史风采、时代新貌，表现祖国锦绣河山、历史遗迹、人文风物、当代新姿，讲好中国故事，由国务院参事室、中央文史研究馆、国家民族事务委员会、中国文学艺术界联合会、中国美术家协会共同策划组织的“中华家园”美术创作项目，也于2018年进入具体推进实施阶段。该创作项目计划历时3年，旨在以视觉艺术语言呈现56个民族丰富多彩的生活风情和时代新貌，表现祖国大好河山、历史遗迹、人文风物与当代新貌。“中华家园”美术创作项目共计106个选题，旨在为创作者做出创作题材的内容要求。

“中华家园”美术创作项目分为“四海一家”与“锦绣河山”两个子项。“四海一家”旨在展现中华民族大家庭的56个民族风情，以每个民族作为绘画创作主题，艺术地展现各个民族的历史传统、民俗风情、人文特色、今昔变化和当代风貌，体现56个民族中华一家亲的主题内涵。“锦绣河山”则旨在表现50处中华人文胜景，以中国美景风物为绘画创作主题，艺术地表现泰山、黄山、峨眉山、天山、昆仑山、喜马拉雅山、太行山、井冈山、长白山、兴安岭等祖国各地名山，长江、黄河、雅鲁藏布江、嘉陵江、黄浦江、喀纳斯湖、鸣沙山月牙泉、雪山冰川、扎龙湿地、日月潭等江河湖川，故宫、长城、布达拉宫、延安宝塔山、西安大明宫或大雁塔、瓷都景德镇、孔庙、敦煌石窟、少林寺、龙门石窟、杭州西湖、山西大院、岳麓书院、香江妈祖庙、澳门大三巴、沪江中华宫、龙胜梯田、福建土楼、三峡大坝、贵州千户苗寨等人文景观与历史风物，以及迎客松、牡丹、玉兰、荷花、紫荆、国槐、熊猫、东北虎、金丝猴、丹顶鹤等国花、国树、国宝主题，体现中华文明历史悠久、文化积淀丰厚、人文创造多彩的主题内涵。创作者可根据选题收集素材，并按各自风格语言进行创作，作品形式也涵盖中国画、油画、版画、壁画和综合材料绘画等多种媒介种类。艺术表现形式要求以设色绘画及具象、多样写实风格为主，鼓励艺术表现手法的多元化。值得注意的是，在“中华家园”美术创作项目的选题范围中，山水画和花鸟画在数量上占据了所有选题的“半壁江山”，这也突破了以往主题性美术创作工程重“人物”为主的人文社会题材、轻“山水花鸟”的自然风貌题材的局限，成为“中华家园”美术创作项目不同于以往创作工程的重要特色。

此外，2018年的各地主题性美术创作工程项目、展览活动与学术研讨活动精彩纷呈。在主题性美术创作工程层面，中国国家画院“丝绸之路美术创作工程”等创作工程也成为今年美术界的亮点，各个省市亦相继推出了如“时代风采——上海现实题材美术创作工程”、“美丽湖南·三湘巨变”湖南省现实题材美术创作工程、宁波市重大历史题材美术创作工程等创作项目，产生了一批较高水准的美术佳作。在主题性美术展览中，2018 年 7 月以“大潮起珠江”为主题的“庆祝改革开放 40 周年全国美术作品展”在中国美术馆展出，汇聚了一批新时期主题性美术佳作，参展作品有讴歌时代巨变的宏大叙事，有切入日常生活的真切描述，展示了广大美术工作者贴近现实、关注生活的艺术表达意识，体现了改革开放现实生活对文艺创作的巨大滋养，也反映了以改革创新为核心的时代精神对文艺繁荣发展的强大推力。在主题性美术理论研究层面，2018 年 6 月和 12 月，中国美术家协会《美术》杂志社分别与四川大学艺术学院、上海美术学院联合主办了两场以“主题性美术创作的当代性”为主题的学术研讨会，来自国内各专业院校、美术机构的学者围绕“中外有关主题性美术创作传统”“主题性美术的艺术特征”“中外主题性美术审美特征比较”与“主题性美术创作的当代价值”等课题进行了深入的讨论与交流。

在各类主题创作项目工程的引领带动下，各项展览活动与学术研讨互为补充，形成了全方位的主题性美术创作生态格局。在笔者看来，从 2018 年的国家各项主题性美术创作工程来看当下的主题性美术创作，主要呈现出以下四个方面的特点与方向。

其一，推陈出新。力求突破“模板化”，强调创作的主动性与作者意识，注重对于中青年创作人才的培养。如在文化和旅游部主办的“国家主题性美术创作项目”中，由各支持、协办单位举办“国家主题性美术创作项目研究班”，通过研创培训班的形式，将创作、研究与教学紧密结合，尤其是对中青年主题性美术创作人才集中开展创作观摩和专题辅导，在相关展览活动中推出优秀的新人新作，力求在推出优秀作品的同时，培养一批主题性美术创作的青年人才。

其二，关注过程。各创作项目工程加大重视对于创作草图和艺术本体层面的创作过程的锤炼，尊重艺术创作的本体规律，从创作机制层面解决具体问题。如“国家主题性美术创作项目”、“中华家园”美术创作项目举办了数轮的创作草图观摩会议或展览活动，其中，“国家主题性美术创作工程”中央美术学院创研班、中国美术学院创研班还各自特别邀请了詹建俊、全山石等前辈名家开设讲座，追溯讲述自己的主题性创作过程，使学员近距离地感受与汲取名师大家的创作经验，将其融汇到自身的创作中去。

其三，疆域拓展。在艺术表现媒介与手法上，表现为画种、画科、题材的开拓与延展。以往的主题性创作多分布在人物题材的表现，当下的主题性创作已拓展到中国画的山水画、花鸟画与油画风景画，“中华家园”美术创作项目在此方面完成了突破。回到艺术本体角度看主题性创作，从题材内容、思想立意到风格样式，如何在秉持艺术品质与历史意识的同时，与时代脉搏共振，走出既有的模板样式，重返艺术表现的历史情境与社会现场寻求真情实感的表达，对于创作者则提出了更高的要求。

其四，理学双证。注重创作实践与学术研究相结合，关注画理画法与学术观念、历史语境的契合，使其相互促进、相互深化。仅就笔者的经历与体会，2018 年受文化和旅游部艺术司的委托和一些院校机构的邀请，笔者分别在中央美术学院、中国美术学院、中国国家画院、西安美术学院、四川美术学院、贵州省青年美协等院校机构作了有关主题性美术创作的历史性与当代性的专题讲座，与中青年美术创作者进行交流，也深切感受到作为一项带有跨学科、多维度属性的学术课题，主题性美术创作愈发受到美术界及社会各界的关注与重视。

以工程带动创作，以佳构映现时代。在各大主题性美术创作工程的引领与护航之下，这些表现重大历史事件与社会现实生活的作品所汇成的，不仅仅是一个视觉的、图像的历史，更是一个艺术意象的宝库，共同展现了美术创作与国族历史的关系及其在当代全球化的图像领域中所承担的使命。而对于时代精神与本土传统的文化自信，对主题性绘画创作来说才是一股根本、持久而深层的力量。

二、马克思主题美术创作的新热潮

2018 年 5 月 5 日，在马克思诞辰 200 周年到来之际，由中共中央宣传部、中共中央党史和文献研究院、中国文学艺术界联合会主办，中共中央编译局、中国美术家协会、中国国家博物馆承办的“真理的力量——纪念马克思诞辰 200 周年主题展览”在中国国家博物馆开幕。展览分为“伟大革命导师马克思的壮丽人生”“马克思主义中国化的光辉历程”“新创作马克思主义题材美术作品”三个部分，全景式展示了马克思的生平、革命实践、理论贡献和精神境界，展现了马克思主义在中国传播运用和丰富发展的光辉历程。

1921 年中国共产党成立以后，马克思作为革命思想领袖就成为艺术表现的重要母题。特别是红色根据地创建以后，出现了专门的革命美术创作社团与相关机构，如 1933 年成立的“工农美术社”“工农剧社美术机构”，以及 1936 年的成立的“中华文协会漫画组”等，相继出版了《革命画集》《苏联社会主义建设画集》《支前漫画》等。苏区也涌现出第一批专业美术工作者，如黄亚光、赵品三、农尚志、胡烈、廖承志、黄镇、黄奇彦、松林、张廷竹、张冰崖等，他们承担起中央苏区中央大礼堂等各项事务的设计和革命领袖图像的绘制等工作。在那时，画马克思像主要是作为政治斗争手段，而并未在艺术创作的本体层面进行深入发掘和实践。

新中国成立以来，马克思作为艺术创作的主题，曾在社会主义政治及文艺宣传中成为创作焦点。在第一届人民代表大会开幕式上，毛泽东就明确指出：“领导我们事业的核心力量是中国共产党，指导我们思想的理论基础是马克思列宁主义。”因此，新中国初期具有代表性的人物画家大都画过马克思像。1983 年，在马克思逝世 100 周年之际，中国美术界就掀起过一阵关于马克思主题的美术创作热潮。同年，人民美术出版社出版了《卡尔·马克思画传》，这本书从马克思的童年画起，全书分为童年与学生时代、走向生活、迁居巴黎、布鲁塞尔三年、在革命年代、伦敦前期、创建第一国际、巴黎公社前后、最后十年、马克思在中国10个部分，贯穿其一生的经历。这本画传集结了当时中国美术界的著名人物画名家，收录了古元、朱乃正、李天祥、赵友萍、邓澍、欧洋、杨之光、闻立鹏、潘世勋、汤小铭、王明明、王为政、艾中信、罗尔纯、张文新、张怀江等30多位艺术家的近50件美术作品，涵盖国画、油画、版画、水彩、水粉、素描、雕塑等门类。回首三十多年前的那轮马克思主题美术创作，虽然整体上看，强调以艺术图解政治的思维给当时的创作带来了某些局限，但这些作品仍以改革开放初期艺术创作的崭新气息和风格活力，使当时的美术界和社会各界观众耳目一新，也留下了一些主题佳作。

在2018年的展览中，特别设立了以“新创作马克思主义题材美术作品”作为其第三展厅美术创作专题的主旨标题。这次由国家主导的主题性绘画项目选取了马克思生平和马克思主义中国化经典片段，最新创作了24幅马克思主义题材中国画和油画作品，以视觉艺术创作的方式，纪念马克思诞辰200周年。与以往其他美术创作项目相比，此次创作任务时间紧迫，从2018年1月5日创作小组召开第一次工作会，由中共中央编译局组织专家学者对美术工作者进行相关培训，系统介绍马克思生平中的重大事件和重要节点，并提供相关资料，由美术工作者认领选题，到2018年4月12日中央有关领导带领中共中央宣传部、中国文学艺术界联合会和中国美术家协会有关负责同志赴艺术创作地，观摩正稿，提出建设性的修改意见和建议，只有短短三个月时间。且本次创作的作品尺幅皆为巨幅，中国画作品尺幅为丈六（5米 ×1.9米），油画作品不小于2.5米 ×2.5米，这也对创作者提出了更高的要求。因此，创作者们能从构思、小稿拟定到画作呈现，完满完成任务，创作出一批有温度、能够体现时代精神的精品力作，是该创作项目最大的成功之处。这次参与组织创作的艺术家有冯远、刘大为、孙景波、刘健、于文江、马刚、王铁牛、王嫩、井士剑、孙立新、李晓林、吴宪生、宋克、张峻明、邵亚川、苗再新、金瑞、俞晓夫、骆根兴、秦文清、黄骏等。这些创作者从创作构图、人物形象的刻画、主要色调、中心情节、动态趋势等方面，都进行了深入的思考和践行。在创作过程中，马克思理论专家对每一幅作品都做了相关指导，特别是在以马克思为主要人物的作品创作中，强化了主要人物形象与附属人物的安排与区别，对于马克思各阶段人物形象的年龄、体型、服饰、外貌、动作、情绪等，以及对具体场景、具体环境都作了细致描绘表现。

展览通过对马克思其人与马克思主义思想发展与传播的视觉展现，完整地呈现了这一思想体系的发展与影响历程。这次创作项目，是继1983年纪念马克思逝世100周年主题美术创作以后的又一次高规格、大规模、高水平的专题创作，同时也是对近年来主题性美术创作的又一次专题检阅与状态呈现。正如中国美术家协会分党组书记、驻会副主席徐里所说：“如何艺术展现马克思主义创始人马克思指引全世界劳动人民为实现社会主义和共产主义伟大理想而斗争的一生，特别是以绘画的艺术性来体现其浩瀚深邃的无产阶级思想科学体系，是需要美术工作者深入思考和着力探索的主题，也是中国美术家协会组织艺术研讨和创作的着力点。参与创作的美术工作者深深知道，艺术不是写日志，只有进一步理解马克思主义，理解毛泽东思想和中国特色社会主义理论体系，深刻学习贯彻习近平新时代中国特色社会主义思想，才能打造出时代艺术精品，奉献给党和人民。”（摘自徐里《真理的力量 艺术的交响——纪念马克思诞辰200周年主题展览美术作品述评》，《人民日报》2018年5月6日）在笔者看来，此次专题创作项目与展览从主题性美术创作及其社会价值的视角，同时也作为当下主题性美术创作的一个缩影，主要呈现出三个特点。

其一，立体性与还原性。“真理的力量——纪念马克思诞辰200周年主题展览”通过相关文献的立体参照和全面呈现，形象地还原了当时的思想语境，全景式展示了马克思的生平、革命实践、理论贡献和精神境界，也展现了马克思主义在中国传播运用和丰富发展的光辉历程。展览将马克思主题的美术创作与马克思、恩格斯、列宁的手稿、笔记本及亲笔签名的书籍等文献一起展出，同时重在以绘画的艺术性呈现马克思主义思想的体系，对于继续“推进马克思主义中国化、时代化、大众化”体现了十分深入有效的价值。

其二，专题性与集中性。该创作项目在短短三个月的时间里，集中创作了24幅马克思主义题材中国画、油画作品，以再现这一思想体系的诞生与传播。同时，这次创作项目也是对马克思主题美术创作的一次系统梳理与回顾。回看马克思形象在中国的出现与发展，从1907年世界出版社出版的书籍《近世界六十名人》刊登马克思肖像照片，到1920年中共建党前夕《友世画报》创刊号封面刊登的手绘红色调马克思头像，这一形象在中国的出现与传播已有一百余年。那么，这次创作项目与1983年改革开放初期人民美术出版社出版《卡尔·马克思画传》时的结集创作有何不同？在艺术语言、技法观念、审美格趣等方面展现出哪些新的气象？这些问题都在创作过程、组织机制和展示形式等方面得到了较为清晰的显现。

其三，艺术性与本体性。此次创作项目在确立特定主题方向的基础上，充分发挥、挖掘了油画、中国画艺术语言的本体价值，这使作品突破了简单图解马克思生平与形象的瓶颈，而更趋向于一阕视觉的史诗。与1983年纪念马克思逝世100周年主题美术创作系列作品相比较，这批新作更为深入地发掘了艺术语言形式和主题内在精神的关联，在写实性的表现手法之外，很多油画作品运用具象写意的画面语言、中国画作品以水墨写意的手法呈现历史真实，都各自获得了社会主题呈现与艺术本体层面的双重突破。

从新创作的马克思主题美术创作系列作品来看，如冯远的《在国际工人协会（第一国际）成立大会上》将“全世界无产者联合起来”宣言的经典历史瞬间在画面上完整呈现，孙景波的《革命一家人》以家庭伦理氛围的描绘展现这个革命家庭平凡中的伟大，丁一林的《支持恩格斯撰写〈反杜林论〉》以庄重而知性的笔触描绘二人思想的交流，马刚的《创立共产主义通讯委员会》以表现性的油画语言表现革命工作的感奋与热忱，井士剑的《参观第一届世界工业博览会》展现了马克思的无产阶级立场及工业革命对整个社会带来的改变，骆根兴的《满腔热情支持巴黎公社》将政治思想情怀和宏阔丰满的艺术表现凝结在一起，王珂的《延安时期学习马克思主义蔚然成风》弘扬了党在延安时期形成的马克思主义学风传统，张峻明的《陈望道翻译〈共产党宣言〉》对马克思主义思想在中国的早期传播的诗意表现，金瑞的《中学时代》以青春、明快的色调表现青年马克思的思想活力与革命热情……24 位画家的艺术创作，以绘画艺术语言生动展现了马克思主义的时代意义和现实意义，对于“推进马克思主义中国化、时代化、大众化”具有建构作用。在艺术创作层面，这些作品共同展现了当下主题性创作的艺术语言状态，更展现了社会时代对于艺术本体价值的尊重。

三、红色主题美术创作的时代新象

2018 年，适逢中国共产党建党 97 周年、改革开放 40 周年，诸多主题性美术创作展览纷纷展呈面世。在创作与展示的繁荣景象背后，如何以彰显艺术家个人面貌的美术创作表现宏观社会图景，讲述中国故事，表现红色主题，以获得艺术创造与时代精神的共振，成为当下主题性美术创作各个门类的艺术家共同面对的课题。

与近年来的其他主题性美术创作项目相比较，更可以看到新近创作项目的延续性与开拓性。在近些年具有代表性与主题纪念性的大型展览中，2016 年由文化部主办、中国美术馆承办的“庆祝中国共产党成立 95 周年美术作品展”，以三个不同时代的篇章展现了几代美术家的经典创作。而在此之前，由中国文联、中国美协、中国文学艺术基金会、中国文学艺术发展专项基金共同举办的“庆祝中国共产党成立 95 周年全国美术作品展”在中国国家博物馆展出。这次展出汇聚了一大批中国现代美术史上重要经典作品，堪称中国革命历史画创作的一次宏大集结，在反映不同历史时期革命历史画创作风貌的同时，也全面展现了中国共产党成立 95 年来筚路蓝缕的光辉历程。如果时光回溯到 60 余年前的 1950 年，国家博物馆的前身“中央革命博物馆筹备处”成立后不久，曾邀请在京的部分美术工作者座谈革命历史题材美术作品的创作问题。当时为了配合展览陈列，1951 年、1959 年和 1961 年，这里先后组织了三次大规模的革命历史题材的美术创作，促生了胡一川的《开镣》、王式廓的《血衣》、侯一民的《刘少奇和安源矿工》等重要作品。

回顾近一个世纪以来表现红色主题的美术创作，以时代画卷回应历史与现实命题，一直是几代美术家共同肩负的使命。20 世纪上半叶，中国民众面临的最重大紧迫的任务是民族的解放与独立，艺术须从“象牙塔”中走出来，走向民间普罗大众、走上十字街头，在抗战时期成为民族救亡的精神武器。这一时期的艺术以救国图存为主调，延续了 20 世纪 30 年代在中国美术界逐渐成为显流的“为社会而艺术”的思想，为大众而艺术、为民族而艺术，成为每个热切关注民族国家命运的艺术家的信念。这种信念体现在画面上，从 20 世纪上半叶美术史上直接表现抗战的唐一禾的《“七七”的号角》、吴作人的《不可毁灭的生命》，到以历史故事喻示现实的徐悲鸿的《愚公移山》《徯我后》《田横五百士》等，都承载着那个民族危亡时代的苦痛与自觉。新中国成立以后，主题性美术创作的题材多以革命历史为背景，以及表现劳苦大众翻身农奴把歌唱的情景和对社会主义的向往，画面大多以写实的手法表现人物形象与情节叙事。从直接表现国家重大历史事件的董希文的《开国大典》、叶浅予的《北平解放》，到表现领袖形象的靳尚谊、伍必端的《毛主席和亚非拉人民在一起》、李琦的《主席走遍全国》、钟涵的《延河边上》等，革命现实主义与革命浪漫主义相结合的表现风格，加之从个体到集体再到家国民族的视野与情怀，使一代又一代美术家在面对革命历史与民族命运等宏观政治题材时，能够更好地倾注自身的情感与思考。

经过新中国成立后近70年的积淀，以表现革命历史与社会现实为内容的主题性美术创作在今天已经发展到了相对成熟的阶段，同时也是机遇与挑战、欣喜与困惑并存的时期。时至今日，20世纪主题性美术创作的叙事手法与风格形式已经成为传统资源，同时又不断焕发出新的活力。从国家层面的引导与保障机制，到艺术生态中的主题展览活动，从历史与学术层面的推敲、深研，到艺术创作角度的推陈出新，主题性美术创作在中国正经历着新一轮的建构与新变。

尤其是近十余年来，自上而下的制度策励与各方的积极响应，使这一现象更为凸显。当前的主题性美术作品展览中，青年一代美术家的主题性创作尤为引人注目。因侧重于中国近现代美术史论研究与主题性美术创作理论研究的工作，笔者对20世纪中国表现革命历史题材与现实民生题材的美术创作做了一些梳理与调研，近年来也陆续策划了一系列以中青年美术家为主体的主题性美术展览，如由共青团北京市委员会、北京青年艺术发展促进会主办的以“新时代　青春志”为主题的2018年第二届北京青年美术双年展，和此前2017年在毛里求斯中国文化中心举办的“丝路脉动：中国青年美术作品展”、2016年举办的首届北京青年美术双年展、2015年在国子监举办的“世纪青春：中俄青年主题性美术作品展”、以“北京北京”为主题的“青春志2015：北京优秀青年美术家作品展”、2014年“青春志：北京优秀青年美术家作品展”，以及由北京朝阳区美协主办的“朝阳艺象：庆祝中国共产党建党95周年美术作品展”等。这些展览汇集展示了青年美术家和基层美术创作者近年来表现社会文化、弘扬正能量的美术作品，某种意义上也浓缩呈现了当下青年的精神状态与文化理想。在这些展览作品中，不乏表现中国共产党带领中国人民抗击外来侵略者，逐步走向独立、民主、富强的光辉历程的绘画、雕塑作品，充分体现了主题性美术创作以艺术鼓舞民众、记录历史、讴歌时代的作用。

当美术创作面对时代主题，如何坚持葆有积极正面的历史观、价值观和审美观，开拓创作眼界与思维空间，更好地吸纳历史研究和艺术创造的新鲜成果，提高对历史的发现能力和艺术创新能力，成为美术家们需要坚守与开拓的问题。在美术创作本体层面，如何在写实风格几乎一统天下的主题性创作格局中，拓展新的艺术语言，如油画的表现性语言、中国画的写意风格；如何在叙事方式上，进一步实现宏大叙事、家族叙事与个人生命体验叙事的有机融合；如何处理好艺术表现与历史现实的对应与契合关系，选择与特定主题相适应的表现手法；等等。这些课题看似宏大实则十分具体，需要当下的美术家，特别是中青年一代美术创作者结合自身的艺术语言风格，找到个体思考、审美趣味面向历史与现实的切入点。这是当下主题性美术创作的难点，同时也正是其重点与亮点。

也正因如此，新时代的主题性美术创作需要一方面承继20世纪中国美术经典作品的艺术养分，另一方面也要汲取极“左”时代“主题先行”的教训，少一些平庸蹩脚、缺乏艺术生命力的“红光亮、高大全”式作品，少一些对于历史与政治的简单图解的作品，而是以真挚诚恳、深入现实生活的态度观照与表现社会，才能创作出更多更好的、真正能打动人的力作。

综上所述，2018年的主题性美术创作重在传承中拓展，加强表现内容主题性与艺术创作本体性的紧密关联，强化形式风格与题材内容的创新意识，集中呈现了党的十九大胜利召开之后，各项主题性美术创作工程与创作专项相继发布、实施，陆续推出了一批“讴歌党、讴歌祖国、讴歌人民、讴歌英雄”的精品力作。从不同艺术表现形式上，无论是油画、中国画、版画、壁画还是雕塑乃至新媒体艺术，某种程度上，创新都意味着对传统局限的超越，意味着在整理、研判传统内容的基础上，对于优秀传统因素的创造性转化和创新性发展。这些作品所汇成的，不仅仅是一个视觉的、图像的历史，更是一个艺术意象的宝库，共同展现了美术创作与国族历史的关系及其在当代全球化的图像领域中所承担的使命。而对于本土艺术传统的文化自信，对主题性绘画创作来说才是一股根本的、持久的、深层的力量。

对主题内容的认知和体验是主题性美术创作的构思与创作基础，但作为“主题”的内容却并不是主题性美术作品的全部价值所在，主题性创作的第一性的价值核心永远根植于艺术性；主题性美术作品的接受与欣赏，也最终有赖于美术作品形式与内容共同达成的文化意趣与精神境界的升华。这一方面有赖于国家层面文化艺术体制的保障与呵护，另一方面需要我们对于主题性美术创作具有包容和多样化的理解。而对于创作者个体而言，基于民族、国家、地域等集体主义叙事的主题性美术创作，同样可以在艺术价值的层面向深处发掘。由此，主题性创作从史实中升潜而出的历史意象，借由美术家个体的艺术表达而被唤起，方能成为民族国家集体记忆的一部分，与感性的、人性化的艺术理解水乳交融。

回望过往，寄望未来。当我们面对沉重的历史与现实题材时，需要创作者对于艺术的深刻体验与敬畏感，同时也需要他对中国艺术本体精神有真切的理解和自信。诸多重要的历史与现实主题，亟待当下中国美术家用充满寓意的方式加以揭示与再现，创作出有温度、有厚度、有深度的艺术佳作。由此，当下的主题性美术创作更需一手伸向传统，一手伸向生活，汲取源头活水，深扎现实生活，方能开创新时代的创作语言与题材思路，探寻历史与现实之中透射出的深邃光芒。

（于洋　中央美院中国画学研究部主任、国家主题性美术创作研究中心副主任）

当代水墨艺术综述

于广华

从中国画到水墨画，再到水墨艺术，近百年来，中国画的现代性探索未曾止步。“85时期”，西方现代派思潮涌入，出现中国画穷途末路之说，中国画开始求新求变，“水墨画”“实验水墨”“现代水墨”“新水墨”等概念逐渐出现。2018年中国当代水墨艺术，更加注重在全球化视野之下探究水墨艺术发展，一方面是深入中国水墨传统，挖掘传统水墨艺术精神，探索具有民族式、中国式的当代水墨；另一方面是中国水墨现代性探索的深入，水墨艺术走出传统画种概念，探索水墨物质媒介自足性与水墨的现代性品质。

一、传统中国画的现代转型探索

纵观近百年的中国画发展史，中国画的改良和中西融合实验一直在进行着，我们也在不断地探索中国画的现代转型之路。在中西融合创新实验中，我们仍需坚守文化自信，坚定中国尺度，全球化背景下的当代水墨，部分传统中国画家不断进行着创新性实验，开始更加注重挖掘传统中国画的现代性特质，力求“传统出新，中西融合”[1]。

田黎明认为当代的写意人物画有许多观念源于西方绘画，但主体仍对是中国文化的认知和体悟，他认为他的画立足传统没骨方式，从中找到了今天没骨画法的表现力，从传统人文思想里去体会一些方法和笔墨内涵，从现代生活中去感受时代真善之美来融入写意元素。“中西融合讲的是以中为体，西学为用”[2]，立足于传统，结合自身现代生活的感受，探索中国画的现代转型路径。姜宝林提出“既要传统，又要现代”，所谓的“要传统”，就是要笔墨。笔墨经过两千年的文化积累，形成了严格规范和品评标准，只有在延续中国传统文脉的基础上萌发的艺术品才能使中国画具有长久鲜活的生命力。创作是以“要传统”为基础，但要传统只是前提，突破传统，实现创新才是目的。“要现代 ”就是要发挥传统基因、表现现代审美、更新艺术观念、构建新的形式。具体到创作中，就是以现代的观念筛选民族艺术中的现代因子，以民族的视角汲取西方现代艺术中符合民族审美的有益元素 。[3]桑火尧以他自身的创作实践，谈中国画传统笔墨的现代转化问题。他认为他的创作虽然来源于山水自然空间，但经过碎片化处理，成为一个接近于纯抽象的、人文、哲学意味的新的笔墨表达方式，呈现一种东方诗性的笔墨带来的审美特质。在其现代性转型之中，需强调个性追求，画家的笔墨语言第一是清晰的，第二是当下的（现代性）。在水墨探索中，对于传统，需要以创新的角度去思考，创作需面对未来。艺术家要引领这个时代的未来。

立足于传统并不是单纯对传统的重复，这里需要对传统进行二度转化，鲁虹认为田黎明、郑强、李津、周京新、南溪、刘庆和等艺术家，与80—90年代一些当代水墨艺术家很强调“反传统”与“接轨西方”的文化策略不同，这些艺术家在艺术创作中更加强调“再传统”与“再中国化”的价值观。这里所说的“再传统”与“再中国化”，不是简单地重复与抄袭传统，而是基于当下感受而对传统的再创造与再发展，这也正好构成了21世纪以来中国当代水墨的创作特色。皮道坚在“墨变”展览上提出，传统水墨的现代转型为当今世界提供另一种现代性。85美术思潮时期中国的现当代艺术是学习西方的；到了90年代，我们就开始反省能不能利用自己的文化资源，立足于自己的文化土壤，做出跟西方当代艺术不一样的艺术，水墨就是这一条途径。[4]

刘国松对传统笔墨概念进行重新阐释，他认为传统文人画的“笔墨”指向士大夫、男性和老年。他提出新的笔墨观念，认为“笔”就是点和线，“墨”就是色彩。“笔”和“墨”如果从狭隘的文人系统中走出来的话，就是“点、线、色、面”，这是所有艺术的基本元素，不是中国画独有的。[5]董小明从都市水墨视角阐释如何延续传统水墨问题。他认为，今天时代巨变，所有人的观念和行为都要追赶日新月异的世界之时，传统的中国绘画势将经历一次历史性的重大变革，当下中国画坛求新图变。希望在当代中国社会改革开放历史背景下应运而生的“都市水墨”课题的探索实践，能够成为通向传统中国画当代革新大道的一条可循之径。[6]夏可君从生命转化形式角度探讨笔墨转换问题，他认为当我们回到笔墨时，我们需要探索如何不落入传统笔墨程式化套路，此外还能生成一个新的形式，这个形式不是西方的，因为水墨是一种哲学，一种可能的生活方式，古代文人传统跟我们的生活和生命密切相关。它是一种生命转化的形式。[7]

二、水墨“物性”与“大水墨”探究

从中国画到水墨画，水墨物质媒介特性逐渐凸显，从水墨画到水墨艺术，当代水墨破除画种限定之后，“大水墨”概念随即出现。水墨的物性，即水墨媒介物的自足性，通过现代水墨、抽象水墨、实验水墨等作品，我们清晰看到水墨物质特性的凸显。传统的笔墨和文化限定被破除，水墨物性随即出场，水墨艺术不断地挖掘水墨物质特性。郑工认为，现代水墨考虑的是作为材料的水墨，在脱离“用笔”问题时会有怎样的发展空间，在现代水墨领域，随着用笔问题退场，手性和书写性不存在了。墨，不再随“笔”生发，而是随“水”运行，可在画面上任意膨胀，横冲直撞，水墨物性的凸显，解构其自身的意义系统，拒绝绘画主体的意识干预，可以为观者的再次阐释打开大门，但水墨的意指始终是漂浮。[8]

水墨物性问题并非简单的水墨语言形式探索问题，也非抽象水墨探索水墨语言形式之后当代水墨可以忽视的问题，水墨物性及抽象问题并非简单的西方抽象主义、形式主义问题，水墨物性与艺术现代性有着深层次的关联，也是当代水墨的探索方向之一。郑工认为，水墨物性的探索，随机性强，伴有“开启”的作用。正因如此，当我们在凝视这些水墨渍痕时，恍惚有着生命的自觉体验，也就在寻找某种超然物上的审美经验，达到纯粹的“静观”。[9]夏可君提出人造物、身体物、自然物三个物（世界）的“共感”，三重的物性，即自然物的水墨材质、身体的生命呼吸书写操作、作品的自然材质。自然物是水、墨和纸，身体的自然性则是水性与呼吸性的生命感受的节律化，水墨作品的自然性、生成性与可延展性，在这三个“物”之间建立“通感”关系，实现“共感”的“生命转化”的新形式。一旦水墨建立起三重世界的逻辑，这是一套新的现代性话语与哲学叙事。

贾方舟用“终极本体”概念来阐述艺术家们对水墨本体语言的极致呈现，这些艺术家孜孜以求水墨语言可能抵达的极限，他们逐渐从对现实的感悟中游离出来，通过一个点，或一条线，或一块面的无限重复，去除一切杂芜，将画面单纯化到极致，最终进入到语言的“极地”。这种终极水墨本体的努力同时也昭示出一种挑战语言极限和类似于自我修行的禅宗精神。[10]2018 年 12 月，张羽策划了“被我们误会的‘实验水墨’展”，回顾近三十年的实验水墨历程，张羽认为：“水墨作为媒介无论走出画种，还是进入国际化视野都成为现实，最终水墨回到其自身，水墨成为了水墨。”实验水墨的参与者早期以抽象水墨作品为主，张羽以及部分实验水墨艺术家，集中探索水墨媒介的物质特性和形式语言，将“水墨—物”从传统的文化语境和艺术语境中剥离出来，探索水墨物质的自足性，张羽认为理性地结束水墨作为水墨画画种，结束这样一个桎梏千年的历史，我们的努力让我们更加理性地面对开放，开放就是未来。[11]

水墨物性出场，打破画种限制，水墨观念得到更新，水墨由此打开一个新的空间，我们需要在当代艺术语境之下去理解水墨问题。水墨艺术并不局限在传统绘画领域之内，尤其在当代艺术语境之下，装置艺术、观念艺术等前卫艺术不断地扩展艺术概念，艺术与科技及新媒体的关系愈加紧密，我们可以多种艺术方式呈现水墨，因此部分学者提出“大水墨”概念，探索水墨的可能性。贾方舟认为，在当前，水墨需要直面全球化语境，中国画不是一个完全画种概念，如果从文化意义上来界定中国画，涉及中国整个的传统哲学和传统文化精神背景，那么水墨不能分离出来。水墨画概念单纯地利用水墨媒介材质进行界定，水墨画是一个拓宽边界的概念。贾方舟因此提出“大水墨”概念，在更大的范围内，不拘泥水墨媒介材质，探索水墨精神。在传统和现代的关系上，贾方舟认为传统是需要集合的，传统不是回归就可以，我们需要把传统当作一种资源和元素，把传统集合以后，让它产生新的生命，这样才可以进入当代，进入新的发展轨道上来。[12]

桑火尧认为，在今天的国际格局中，艺术家要反思我们的认知，笔墨语言是不是缺少当下性和现代性的思考。除了“十八描”和“三十六皴”，笔墨语言可以继续改良与发展，可以有很多不同的方式表达。水墨不一定是用中国的笔、墨、纸。油画、丙烯也可以表达中国的水墨精神，虽然不是水墨媒介，但气质是水墨的、东方诗性的。作为中国人，不管媒介怎么改变，骨子里东方文化的根性是无法改变的，我们需要大胆地创新和思考。鲁虹认为：“水墨艺术在中国，已有两千多年发展的历史，与油画、版画、水彩等并不一样，它远不限于一个画种的概念，而是我们必须面对的宝贵资源与财富。这一点在全球化的大背景下显得越来越重要。”[13]张羽认为，实验水墨所代表的是水墨领域中对水墨最为前沿的认识以及态度和立场，在水墨的现当代发展进程中，水墨不等于水墨画，现代水墨不等于现代水墨画，实验水墨不等于实验水墨画。实验水墨之后，水墨真正意义上进入当代艺术表达，则不可能再以水墨命名，在世界性视野的关照下，只有通过表达的方法、方式，将水墨携带进入当代艺术表达中。

水墨物性的出场，打破了传统文化的诸多程式和限制，“大水墨”概念的出现，使得我们能够抛弃中西二元对立，直观水墨物质构成，直击人的感性和心灵，由此打开一个新的空间。2018 年 12 月魏祥奇策展“体用一源：面向未来的水墨艺术”，他认为该展览重提北宋程颐“体用一源”的理念，旨在反思“中学为体，西学为用”所规范的思想史景观。当艺术家强调自身的直觉意识，在其思想深处抛开二元壁垒，没有体用差异时，便能直指本心，达到艺术本源。[14]“体用一源”以“水墨”为核心，包含综合绘画、影像、新媒体、装置等艺术形式，探讨水墨艺术的包容性与无限可能性。

数字媒体时代的到来，为水墨带来新的可能性。2018 年 12 月举办的“水墨概念艺术大展”，进一步拓宽水墨概念，将现代科技的数字新媒体等技术手段和水墨元素联合一起。该展览的交互分馆展示了以水墨为核心的影像作品；延伸分馆将当代材料设计与水墨结合，涉及玻璃陶瓷、纤维、服装等不同领域，探索当代水墨语言在材料中的运用。策展人朱刚认为，水墨不仅是中国的独特艺术，更是一种世界性的视觉语言。外国观众也开始品读水墨的意蕴和价值所在，很多西方艺术家也从中国水墨艺术中吸取营养。更具开放性的水墨艺术也早已摆脱了小众的架上艺术的拘囿，成为和服装、陶瓷等生活元素息息相关的元素，在当代，水墨赋予了人们更多的想象空间。[15]

夏可君在其策展的“新现代水墨艺术宣言”群展上提出，要探索水墨现代性的话语，建立新现代水墨艺术。他认为，传统话语在很多方面失效，现代性转换不出来，有待于转换出来的那个部分，也非等同西方的话语。西方现当代艺术已经较早地探索现代艺术部分内涵，关于现当代艺术，存在艺术的普遍性问题，但是西方的普遍性对我们这个普遍性需要重新地塑造，需要重新改写。这个现代性是可以重写的，我们可以用水墨的方式或者说是用水墨性、水墨精神来改写西方已有的现代性。[16]

三、都市水墨的探索与深入

毫无疑问，当代水墨须体现当代社会精神以及符合现代人的审美范式。都市水墨扩充着水墨的表现范围，借用水墨表达现实问题，积极地将水墨艺术与现代社会联系起来，利用水墨探索现代人的审美方式，探索当前社会的当下意义，体现现代社会精神。鲁虹认为实验水墨应该更多地直接体现当前社会出现的问题，现当代水墨的艺术实验并非只能往抽象的方向发展。它在介入现实方面上不仅大有可为，而且在中国当代艺术的大格局中应该占有自己的位置。如果古人是根据山水而表达他们对自然的感受，那么今天的艺术家则会根据消费社会的社会状态而产生新的想法，从而去表达当下人们的生活状态。现今的社会形象是古人所未表现过的，所以当代艺术家必须寻找新的图像和新的表现方式，形成新的艺术表达。[17]

刘庆和认为，大多数人真正关心的是当下的生活环境和人文背景，而要使中国画注入时代感，最紧迫的问题还是题材的拓宽。因此，需要用笔墨来表达自己与当下生活的直接联系。介入现实既不意味着要去套用革命现实主义的创作方法，也不意味着要用写实的风格去画水墨。不用写实的方法去描绘具体的场景与事件，注重从虚拟的意向上去营造一种气氛，从而调动观众的想象力去与作品交流。这与传统中国画在创作上的追求完全一致——使“我”处于“在场”的状态，能够真实地感受现代社会条件下人的处境，特别是人的憧憬、欲望、失落、无奈等复杂的心理意绪。[18]

尚辉认为，当都市水墨以其多元的表现形态和多样的媒材融入而表现出宽阔的文化跨越之后，人们也越来越清晰地看到了中国画在中国城市化进程中所发生的审美蜕变。水墨艺术从对山林溪泉、田园乡村、花卉鸟虫的自然观照，转换为对人类生活与生存的高度物质文明世界的观照。现代都市开始逐渐改变人类聚居的生态环境，都市水墨应当成为构建这种城市审美生态的指路标，应当成为人类都市生存的精神理想的伊甸园。[19]董小明认为，“笔墨当随时代”，产生于农业文明基础上的传统水墨画，与在都市文明基础上孕育生长发展的都市水墨的关系，已经成为我们当前不容回避而必须认真思考的问题。[20]

在都市水墨发展中，一方面注重都市物象与图像的挖掘和营造；另一方面，当前的都市水墨还需更加注重物象与水墨特性的结合，注重挖掘人的心理，转为对人的关注。顾丞峰以 2018 年 3 月在武汉美术馆举办的“都市水墨学术邀请展”作品为例，他认为该展大部分属于写实水墨层面，只是描绘了城市建筑的外形，对城市中的人的精神领域基本没有触及；部分作品属于“装饰性”都市水墨；另一些作品则根本与“都市”无缘，说其是山水画也许更适合。他希望“都市水墨”不要仅停留在题材上，希望“都市水墨”和装饰性水墨划清界限；更希望“都市水墨”的实践者都将对都市外形的关注转到对“人”的关注，集中到当代都市精神的关注，而不是空有都市的虚幻外壳，这样我们的水墨艺术才可能有质的变化。[21]刘庆和也意识到水墨画在今后的发展中，首先要把确立传统的水墨特质作为前提，然后要更多地考虑图像问题。[22]

新时期的都市水墨创作，根据自身对于现代消费社会的理解，也开始着重挖掘人内在的在现代社会中的变化，由以往对都市的再现走向抽象心理元素的挖掘。比如艺术家冯斌的作品，《2017-1》和《2018-23》描绘了二人相拥起舞的画面。画面简洁而充满了活力，艺术家表达了对现代生活的一种想法：都市人都渴望一种相互偎依的精神关系，但是我们却又脱离不开像跳舞似的仪式化的行为。另外，都市水墨的大水墨概念也在拓展，冯斌采用了丙烯和亚麻布材质，但画面仍然保留着一丝水墨画渲染和笔刷的视觉效果。创作工具不是传统水墨，但是通过模仿水墨画的效果，他可以进一步拓宽水墨画的可能性和表现能力。由此也表现都市水墨和抽象水墨、实验水墨之间的借鉴，显示出都市水墨对水墨现代转型探索的深入。马琳认为，“水 + 墨：人物画的发展”展览所涉及的 8 位艺术家（蔡广斌、靳卫红、蒋奇谷、黄一瀚、黄国武、李周卫、王劲松、吴松）只是中国当代艺术发展中的个案，他们的创作只是呈现了水墨人物画在当代发展的 8 个侧面，并不是当代水墨人物画的全部。此次展览至少有两个方面没有被纳入其中，一个是“新文人画”人物画，另一个是“浙派人物画”。这也意味着水墨人物画还有很多课题待研究。[23]

尚辉认为都市水墨在当代艺术格局中已形成自己的独特风貌，并占有独立领地。它在表现方式上不再局限于书写性，而是融涵了所有现当代艺术的表现类型，在媒材上也不束缚于水墨宣纸，而是以水墨为本体并试图囊括几乎所有的艺术媒材乃至现成品，使不同种质、不同时代的文化都可以进行跨越性创造。就艺术的表现形态而言，都市水墨也不再专注于意象、不再满足于具象，而更多痴迷于抽象、表现、图像和隐喻。都市水墨已从单纯的对城市物质生活的审美观照走出，不仅将中国画释放到当代性层面，而且其本身就是中国最鲜明独特的当代艺术。[24]

四、改革开放 40 年与水墨发展史梳理

2018 年是改革开放 40 周年，在水墨艺术领域，也出现了部分梳理水墨艺术发展历程的展览，比如“中国新水墨作品展 1978—2018”。该展分为“新中国画”和“新水墨”两个单元，集中呈现了改革开放 40 年中国水墨艺术的代表性作品，系统梳理了 40 年来中国水墨艺术的发展脉络。部分学者也开始回顾和总结水墨发展历史，展望水墨未来。

“中国新水墨作品展 1978—2018”的“新中国画”单元策展人张晓凌认为，水墨 40 年取得的成就有三个原因，第一是改革开放 40 年带来的大时代，第二是大时代给我们带来的全球化的格局，第三是不断地向民族文化回归、认同和激活的历史过程。[25]王镛在“中国新水墨作品展 1978—2018”学术研讨会中发言主题为“走向现代，回归传统”，他认为改革开放初期 1978—1989 年这个阶段，突破了“文革”假大空的现实主义模式，恢复了表现人性真正现实主义本意，此外，受西方现代思潮影响，在 85 思潮的推动下，这一时期中

国画的发展方向是走向现代，改革开放中期的1990—1999年，中国画主要的趋势是回归传统，比如这个阶段出现了“黄宾虹热”等，但是在回归传统的笔墨的同时，缺乏对中国画传统精神的深入探讨，陷入单纯的对传统的模仿，2000—2018年，这一阶段的趋势应该说是走向现代与回归传统的整合。我们可以把中国画现代性的发展基因提炼出来，转化成为现代艺术的形式。在新世纪，从笔墨技法到精神内涵层面，并不像改革开放中期简单地模仿，追求写意精神，已经成为当代中国画家回归传统的共识。[26]

尚辉在“中国新水墨作品展1978—2018”学术研讨会中发言主题为“突围与回归”，他认为“突围与回归”是中国画现代性变革的两种张力，“85时期”中国画的“穷途末路说”引发了中国画现代变革的大讨论，有了这样一次观念更新，现代水墨才得以出现，水墨画由此进入了世界艺术领域。90年代初的新文人画的产生既有对传统文化的回归，也同时借用西方现代的自我表现思想，形成了一种强大的融合度。90年代以来，我们可以看到很多作品用水墨来表达与西方现当代艺术一样的观念，这把中国画、水墨画拉向了世界范围的艺术判断，这就是突围，这是艺术价值的一种方式；但是同时在中国画的内部，有一种很强大的回流之势，这是一种反哺和持守相平行的文化的张力。尚辉认为，突围和回归没有高下之分，传统的多了，就需要突围。突围太远，就需要再度寻找回归传统的文化路径，突围有多远，反弹就有多大，回归有多深，突围就有多远，反弹就有多大，突围和回归在艺术变革上，遵循着一种能量守恒的规则。艺术的发展总是在突围和回归之间寻找自己的一种新的途径，回归和突围构成了艺术变革，艺术拓展依靠的就是这两者的力量。[27]

高天民认为80年代中国画和水墨的概念讨论对于当时的观念更新起到很重要的作用。观念得到更新，中国画才能面向世界，才有了新的可能性。此外，从今天的水墨发展状况来看，它已经完全不是以往的中国画的概念，用以往的中国画的概念已经无法描述今天的水墨发展，水墨艺术不仅是中国艺术中一个重要的具有创新力量和创新意识的领域，而且在世界范围之内，它也产生了非凡的意义和影响。[28]冀少峰大致将“中国新水墨作品展1978—2018”展览分为院体水墨、实验水墨、抽象水墨、表现水墨、水墨影像、水墨装置、水墨行为、女性水墨、都市水墨。他认为，水墨的发展逐渐从传统水墨到现代水墨到当代水墨，从架上走到架下，从平面走向立体，从二维走向三维，从静态走向动态。他认为，传播中国水墨，体现了文化自信和文化自觉，现代的水墨需要找到突破传统与现代进退两难的方法，当代水墨表达当代社会人们的当代思维方式。

赵力认为，水墨是中国艺术的一个文化载体，也是中国当代艺术的创作媒介和思想资源。通过水墨，一方面可以将历史和现在联系在一起，另外一方面让创作者回顾过去，更明确自己的态度和立场。水墨不应停留为中国艺术家的手段专利或者文化身份，而应该成为全球化的艺术方式和创作场域。为此，我们除了寄希望于文化间的彼此尊重与多样化的文化并存之外，也应更为积极关注于水墨观念的当代实践、水墨创新的体系建构以及水墨精神的全球传递。

一方面，王平认为改革开放40年来，中国画衍生的“水墨画”“现代水墨”“当代水墨”“新水墨”这些概念，正是以世界艺术作为参照系发展的结果。在信息时代的今天，艺术的区域性被打破，我们需要关注和参与世界。当下的水墨艺术家拓展水墨多种表现的可能性，呈现出多元并存、探索深入、互动并进的局面。但另一方面，王平认为世界艺术这个参照系又成为中国以水墨为材料的艺术家在不同的层面消解本题、转换意义从而导致其背离民族根基的麻醉汤。部分艺术家迷恋于形式，忽视了艺术精神追求，我们需要思考探索既有民族性又具国际性的艺术。对于中国画或水墨艺术的发展，我们需要思考是否以东方艺术精神为主体对世界艺术精神进行重构，中国画在经历了一段以西方艺术为参照系的发展经历后，它和它所衍生的艺术形式是否需要重新回到以传统中国艺术为参照系的发展轨道中来。

贾方舟以“里应外合”来概括中国当代水墨艺术中的两股“合力”：在传统文化与水墨精神这个节点上，它们来路不同，却向度一致。一路从“水墨之门”内向外突围，一路从水墨之外向内聚拢，从而形成“里应外合”之势。正是这向外突围与向内聚拢的两股“合力”，将中国的传统水墨转化并呈现为一种当代方式。作为中国传统文化的标志和象征，水墨的当代呈现已经远远不是停留在纸面上的、由笔和墨的种种规范和技巧完成的传统样式。在我看来，这场变革，可以视为水墨走向当代的一个标志，因为它是在一个敞开的空间里，以一种充满自信的姿态将中国传统水墨以解体的方式获得重生。[29]

综上所述，2018年的当代水墨的探索，一方面是从中国画内部生发，如“中国新水墨作品展1978—2018”的“新中国画”单元，姜宝林、田黎明、周京新等人，立足于中国画的笔墨观念，细微揣度笔墨以及背后的隐约闪现的东方美学，挖掘中国画现代性因素；另一方面，当代水墨试图破除传统文人画程式，采用多种方式凸显水墨的物质媒介，注重人与物直接的本能的感觉构成，利用水墨触发现代人的新感性。一方面从内部的拓展，另一方面从外部解构，水墨的物感不断地凸显，不断地开启新的意义出来。从内外两个方面，不断地对中国画进行解构与重建，探索具有中国式、东方式的现代性品质的水墨艺术。

（于广华　上海大学上海美术学院博士生）

注释

[1] 孟繁玮、缑梦媛：《专访田黎明：改革开放以来的中国画》，《美术观察》2018年第12期。

[2] 孟繁玮、缑梦媛：《专访田黎明：改革开放以来的中国画》，《美术观察》2018年第12期。

[3] 姜宝林：《既要传统，又要现代；既很中国，也很世界》，《美术》2017年第10期。

[4]《“墨变”实验水墨艺术作品邀请展——34位当代水墨艺术家的时代追求》，https://news.artron.net/20181219/n1038704.html，2018年12月19日。

[5]《开启与攀越——六位大咖北京对话中国水墨现代性》，http://art.china.cn/zixun/2018-04/12/content_40289533.htm，2018年4月12日。

[6] 董小明:《风景这边独好——首届"都市水墨学术邀请展"·都市景观》,《艺术当代》2018年第2期。
[7] 夏可君:《只有一种自然化的艺术可以拯救我们》, https: //news.artron.net/20180718/n1012086.html, 2018年7月18日。
[8] 郑工:《改革开放与中国美术思潮》,《中国文艺评论》2018年第11期。
[9] 郑工:《改革开放与中国美术思潮》,《中国文艺评论》2018年第11期。
[10]《"极地"上海巡展开幕——当代水墨的讨论持续升温》, https: //news.artron.net/20180202/n986093.html, 2018年2月2日。
[11] 张羽:《为被我们误会的"实验水墨"正名》, https: //news.artron.net/20181224/n1039284.html, 2018年12月24日。
[12] 贾方舟:《"水墨40年"学术研讨会发言》, https: //mp.weixin.qq.com/s/gh-bBF8UNIyjGfLnriVjAg, 2018年12月18日。
[13] 鲁虹:《"锋向:水墨新意象——2018当代水墨邀请展"序言》, https: //news.artron.net/20180930/n1025739.html, 2018年9月30日。
[14]《"体用一源"亮相中国美术馆:集结水墨中坚力量》, https: //news.artron.net/20181225/n1039600.html, 2018年12月25日。
[15]《舞动身体也能创作水墨画,"水墨概念艺术大展"亮相中华艺术宫》, https: //news.artron.net/20181112/n1032296.html, 2018年11月12日。
[16] 夏可君:《只有一种自然化的艺术可以拯救我们》, https: //news.artron.net/20180718/n1012086.html, 2018年7月18日。
[17]《刘庆和对话鲁虹:寻找水墨与当代文化的联接点》, https: //news.artron.net/20180606/n1005866.html, 2018年6月6日。
[18]《刘庆和对话鲁虹:寻找水墨与当代文化的联接点》, https: //news.artron.net/20180606/n1005866.html, 2018年6月6日。
[19]《首届"都市水墨学术邀请展"亮相深圳画院 凛冽寒冬挡不住"风景这边独好"》, https: //news.artron.net/20180201/n985655.html, 2018年2月1日。
[20] 董小明:《风景这边独好——首届"都市水墨学术邀请展"·都市景观》,《艺术当代》2018年第2期。
[21] 顾丞峰:《寻找"都市水墨"的精神指向》,《书画艺术》2018年第5期。
[22]《刘庆和对话鲁虹:寻找水墨与当代文化的联接点》, https: //news.artron.net/20180606/n1005866.html, 2018年6月6日。
[23] 马琳:《"水+墨:人物画发展"的阐释和方法》, https: //news.artron.net/20180821/n1018373.html, 2018年8月21日。
[24]《都市水墨:中国最独特的当代艺术——首届"都市水墨学术邀请展"亮相深圳画院》, https: //news.artron.net/20180213/n987987.html, 2018年2月13日。
[25]《"中国新水墨作品展1978—2018"在京开幕》, http: //www.xinhuanet.com/shuhua/2018-12/19/c_1123875405.htm, 2018年12月19日。
[26] 王镛:《走向现代与回归传统》, https: //mp.weixin.qq.com/s/4WwGviMxqfo8Iu7-vr-Xyg, 2018年12月18日。
[27] 尚辉:《突围与回归》, https: //mp.weixin.qq.com/s/ewLwhLDGH7MrgE68HG6j0g 2018年12月18日。
[28] 高天民:《关于四十年的水墨艺术》, https: //mp.weixin.qq.com/s/x7aJLlF4ncFreNoKUXv3DQ, 2018年12月18日。
[29]《从1978到2018,史诗级"中国新水墨作品展"亮相北京民生现代美术馆》, http: //news.mei-shu.org/art/20181218/182995.html, 2018年12月18日。

跨媒体艺术与数字艺术

林宸胄

“跨媒体”一词，在传播出版领域指将视觉信息数字化并转化为网络数据，以此实现超越具体媒体（crossmedia）的数据管理、使用与传播，“跨媒体”概念在此指基于网络技术和数字技术基础上对具体媒介的超越。而美术学院甚至艺术领域里使用的“跨媒体”概念则源于录像技术时代的“新媒体”概念，在数字技术代替传统的录像带技术之后，20世纪90年代中泛指录像、影像艺术的“新媒体”的“新”，迅速被网络技术、数字虚拟技术甚至人工智能等技术的发展所取代，这也使得原有艺术格局中的“新媒体”分类不再适用，拜新技术所赐至少出现了以下“新媒体”概念之外的艺术类型：对应数字技术的“数字艺术”概念、以处理网络数据为主的网络艺术、使用VR（Virtual Reality）虚拟技术在内的互动虚拟艺术，以及基于各类生物技术的生物艺术等。“跨媒体艺术”概念的出现是为“新媒体”概念无法涵盖新技术带动的艺术实践使然，在学院中，“跨媒体艺术”干脆成为实验艺术、策展等新形态艺术实践的代名词，“跨媒体艺术”这个概念取代了曾经的实验和前卫概念，艺术中的前卫在词义上被技术中的前卫悄然替代。

一、科技艺术：技术、媒介或工具

20世纪五六十年代的艺术传统使得中国人对于艺术工具论颇为警惕，如自认在艺术认知上继承了五六十年代传统的当代艺术家徐冰就推崇老一辈艺术家古元能够面对社会现实而改造艺术语言的同时，又极为谨慎而坚持地排除五六十年代传统中的工具论。在一场学术对谈中，对谈者说道：“对年轻艺术家，我建议最好不要把自己规范为某种媒体的艺术家，慢慢地把材料工具的思维变成个人本体的思维了。”徐冰回应道：“很多艺术家都是由于某一种材料把他真正的人的特殊之处给掩盖了。”[1]除了担心对于工具媒介的研究掩盖个体对自身特质的敏感之外，徐冰所要表述的是，工具媒介问题不应当成为创作所要面对的真正问题，也就是人类生存所要面对一系列重大问题。

你做的工作必须要在那个点上，下围棋叫眼位，宁丢九子，不让一眼，作品的价值在于所能碰到的这个问题，是人类永远会碰到的，如此将来的人就绕不开你的作品。作品在想法上必须特别的结实，特别精致，抓住了这个东西，作品就有了，别的东西都是不重要的。有了这个东西，作品就可以变得特别单纯，外在东西才可以简单起来。我从来没有特别考虑过材料和风格，我从来没有担心过。只从材料上来考虑问题的艺术家，都不会太有出息。如果你不从材料、风格、流派上来考虑艺术，你的艺术就是无限的。[2]

徐冰始终强调"语言即方法"，他所说的"语言"不仅仅是工具，而是被置换成了借由进入社会问题而对既有艺术系统进行的调适甚至改写与突破。而就现有的"跨媒体艺术"而言，其概念史和"语言"的更新却是受技术升级而推动的。自白南准时代开始，电子技术成为艺术形态更新的主要推动力，无论是白南准本人早期由关注电子音乐到关注电子媒体的转变[3]，还是20世纪60年代中期对综合了声音、机械和影像媒介的"电子艺术"概念的强调，到后期对电子图像的语法性实验，对电子技术的运用、研究和实验始终贯穿着白南准的艺术生涯。正如白南准本人在60年代中期说过的："有一天艺术家将使用电容器、电阻、半导体来工作，正如今天艺术家们使用画笔、小提琴和杂物。"[4]新技术在艺术形态上终将替代旧技术，也是在这种技术更新趋势艺术更新的逻辑下，先是随着存储介质技术的更新，盒装录像带被光碟取代，"录像"一词也变为"影像"，又随着电子技术被数字技术取代，至20世纪90年代，"新媒体"出现并被用于形容技术革新之后的艺术形态；到21世纪计算机网络技术、人工智能，以及置入人工虚拟现实的各类互动装置的出现再次刷新了技术形态，与之相匹配的艺术形态则换为"跨媒体艺术""数字艺术"。20世纪90年代推动录像艺术的邱志杰说过："媒体进化论是一个错误的想法，装置不一定就比绘画有什么革命性的意义，至少在我们开始介入的90年代，已经不能用一种媒体革命的论调来谈论它了。"[5]邱志杰的话是针对装置与绘画艺术两类媒介之分而言的，而对于数字技术等新技术的更新换代而导致"媒介进化"，未见其表态。

技术革新同时也意味着技术怀旧，既然事物都有相辅相成的一面，那么人的活动总具备丰富的可能性，况且文化本就充满惰性、惯习和成规。19世纪摄影技术的出现曾经使人担忧绘画是否会被摄影取代，但绘画很快就向前迈进了一步，甚至开始利用摄影而进行创作，旧体系同化了新技术，虽然新技术自身又催生出一个体系。就人类文化史中的常规行为——模仿而言，西方艺术史中，对于人及外在世界的模仿与发现，至少可以上溯到古希腊时代，古希腊雕塑的优美人体是西方文明肇端时代对于人的经典解读；到文艺复兴时期，模仿被发现、想象和创造所冲淡，这个过程经历了现代主义阶段并延续至今。在西方文明之外的中国，魏晋时代顾恺之针对人物画的"形神论"等已开始了对于人的观照，这个漫长的过程直至明清文人画形成一种特定阶层的群体审美人格为止，对人的观照则更多地上升为一种群体性的审美理想。

“模仿”是人类文化史中的常规行为，而现今掀起公众讨论热潮的人工智能技术从本质上说也是一种模仿技术。1956年达特茅斯会议将会议所讨论的内容命名为“人工智能”——那就是如何用机器模仿人类智能。60年代末期，美国人费根鲍姆提出知识问题，在机器中引入专门的知识系统之后向“专家系统”的方向发展。进入80年代之后，人工智能领域拓展出了不同的方案：沿着传统思路强调机器的计算和搜索能力的符号主义、主张自下而上地让机器主动学习以形成解决问题能力的联结主义，以及模拟同环境互动的简单个体组成群体智慧的行为主义。进入21世纪之后，人工智能研究的一个显著特征是向商业化发展，资本的推动也是最切实的动力，人工智能很快就在深度学习、人类大脑模拟和人工配合机器三个方向上有迅速的进步。自“图灵测试”发表的20世纪中期开始，到当今的深度学习、人类大脑模拟和人工配合机器，人工智能技术的发展自模仿而生，又因模仿而推进，并至今处于模仿行为的范畴内。在艺术领域，人工智能技术的运用同样是“模仿”，主要的原理是利用卷积神经网络进行深度学习，模拟艺术史上的作品风格以及各种风格背后的创造机制。

经过19世纪以照相机为代表的新模仿技术的洗礼，人们已经学会如何去面对新的模仿技术。也正是在模仿逻辑之下，人们对技术革新有了心理准备：不管技术如何升级，只要技术能够实现代入，实现对上一个版本的媒介的替换就行了。然而面对人工智能技术所引发的新一波技术升级时，人们却面临着一个逻辑困境：人工智能技术的发展存在着一种可能性，当人工智能技术发展到足够接近人时，技术有可能突破“模仿”的范畴，技术可能拥有主体意识，甚至可能取代人。而当一项“工具”取得主体地位时，人又当如何实现技术代入、如何以技术为工具为人类主体所用？人工智能引发逻辑困境，提示了人以技术为工具的狭隘，提示了技术依赖即将遭遇到的困局，而在艺术领域，中国当代艺术自“新媒体”到“跨媒体”，无不处在技术依赖的逻辑之中。

二、前卫逻辑

跨媒体艺术所面临的问题，除了技术依赖陷阱之外，还在于艺术在历史中所扮演的前卫角色被技术取代。

回顾艺术的前卫史，如比格尔所说，当18世纪私人赞助体系取代宫廷和贵族赞助体系时，艺术以反对其所依附于其上的价值系统为前卫[6]，艺术上的前卫仍然试图在社会结构中扮演着纠正、调适与试验的角色。18世纪末和19世纪初，主张自律的艺术仍然选取和批判社会有关的叙事作为主要的题材，但开始以一种矛盾的心态看待现代性，那种容纳现代性的现时状态，也就是“现在”，在“前卫”艺术家的作品中是被否定的，而“未来”则是积极的、被肯定的。这种趋势保持到了19世纪后半叶，马奈、库尔贝们以叛逆者的姿态与旧有艺术告别，“前卫”坚定地建立在否定过去的基础上；而到20世纪初，出现了拥抱未来的机器美学，意大利人的未来主义通过马里内蒂传给了俄国人，由此与左翼联系起来而成为拥抱全新未来的乌托邦式信念，1919 年开始的包豪斯运动所津津乐道的是描绘与设想未来的形态；阿尔弗雷德·巴尔于 1936 年在纽约 MOMA 策划的“立体主义和抽象艺术”展览中所画的从立体主义到几何抽象的示意图表，则意味着在现代主义阶段，艺术成为一种线性的书写。与此同时，格林伯格在《党派批评》杂志的氛围中，将抽象表现主义的“前卫”归于对大众文化的批判和拒绝，由于受到左翼思想的影响，格林伯格实际上是把媒介纯粹、回归形式的主张放在对过去与现在的反抗基础之上，抽象表现主义实际上要拥抱的也是一个未来乌托邦。

在西方艺术史语境中，“前卫”概念指对现有艺术体制的反叛，同时也若隐若现地指向一个未来乌托邦，“前卫”指摆脱旧体制，实验、构建和拥抱新系统，从某种意义上看，“前卫”逻辑在本质上是历史进化论。当技术形态的更新迅速刷新艺术形态，技术的前卫取代艺术的前卫时，艺术中的历史进化论有可能被技术革新带来的逻辑所改写。

也有理论家曾经有意无意地给出过对解决技术依赖的理论设想，如阿多诺描述过，以艺术的“不参与”来反抗工具理性宰制的“艺术冬眠”[7]；斯蒂格勒也曾设想过，由于技术生成在结构上领先于社会生成，导致社会体制抵制技术而产生中断和悬置，并通过悬置和中断技术程序而开启新可能“构成一种新的时空单位、一种新的心理层面和集体层面上的个性化过程，构成一个新的时代”[8]。这些试图通过休克疗法重启包括艺术在内的社会系统的免疫能力的设想，与艺术曾经试图要拥抱的未来状态一样，本质上充满了乌托邦色彩，但是面临新技术的可能宰制，艺术不但需要重拾反叛精神和曾经扮演过的社会角色，还需要反省其“前卫”定位，反省进化历史观，以使自身在未来社会结构中保有一席之地。

三、数据统治与技术规训

2018 年中，中国当代艺术围绕新技术而产生的实践是丰富而多元的。艺术家不仅使用新技术进行创作，还在创作中体现了对新技术的敏锐感知——技术正成为一个空前强大、无所不在又不着痕迹的“大他者”。2018 年 11 月中旬，生活在苏格兰格拉斯哥的女艺术家蕾切尔·麦克莱恩（Rachel Maclean）在北京的金杜艺术中心举办了她在中国的第一次个展。麦克莱恩的作品不仅以影像装置为主，还运用到了数字虚拟互动技术，在一组题为《我们要数据！》的作品中，麦克莱恩将其中一幅作品的画幅当作电脑显示界面，界面中各个表示功能的图标都被打叉以示关闭，画幅中的那些像宠物一样的胖乎乎的生物似乎断粮一般，纷纷做沮丧恐慌状，另一幅形象则干脆举着一个写着“我们要数据”的标语牌；而另一幅画面中，一个腰部别着智能手机、手中举着 iPad 的形象，像神一般光芒四射，看上去就是一尊法力无边的神祇。麦克莱恩的作品描绘了数字时代的真切图景，一边是那些痴迷于在线连接和数据的芸芸众生，他们早已习惯于被投喂以数据碎片，而另一边则是看上去法力

麦克莱恩 《我们要数据！》 6组热燃料升华印刷织物 2016年

无边的数据之神，数据已然统治世界，只不过这一切被包裹在可爱、卡通又性感的形象，以及甜俗搞笑的外表之中。

数字技术已然统治世界，世界的每个角落无不充满数字的身影。艺术家刘展对北京外交公寓 12 号空间进行了改造，他将 60 部分别接受不同境外电台信号的收音机固定在一个缓慢旋转的圆盘支架上，并在“收音机圆盘”前放了一支麦克风，被固定在圆盘上的收音机旋转着靠近麦克风又转开，收音机里的各个境外电台正使用英语法语俄语等各种语言演播，声音混在一起相互冲突和抵消，并通过麦克风传输到分布在空间的各个不同角落的喇叭里，充斥在空间的各个角落。刘展的装置提示了我们所处的环境：这是一个无处不充荡着信息、信号，却又混杂不堪、充满碎片的世界。

年轻艺术家刘月的个展《鸮》中只有一件名为鸮的作品——这个展览展出的是一件空间装置。刘月在空间外装了两盏射灯，在空间内部装有许多破碎的镜片，并堆砌了各种捡来的废弃物，两盏射灯的灯光穿过堆着杂物的黑暗空间，通过镜片折射而在空间中穿行，如同暗夜森林中折射出光的猫头鹰（鸮）的眼睛。光使得黑暗中的事物显现，光是一种信息，使得事物轮廓毕现，使得真相毕露。光于事物的关系，也就是信息、数据于世界的关系，它无所不在，又置身事外，暗中笼罩着世界。

艺术家们对于数据与世界的关系了然洞悉，这种了解甚至并不超过手机不离手的常人，难得的是，这种数据与世界的关系被他们以数字技术直接体现、以前数字时代的技术甚至原始手段加以体现，而这种数据统治世界的图景，比福柯的圆形监狱更为隐蔽和彻底。

四、新的体验

2018 年 9 月，中央美术学院美术馆举办了“第二届北京媒体艺术双年展”，展览的主题是“后生命”，探讨“生命”这个概念在新技术时代的拓展、变异与延伸。展览中的作品运用到生物基因、人工智能和机器人等技术，三类技术的运用分别对应于“后生命”主题的三个子板块——“合成生命”“数据生命”“机械生命”。在合成生命单元，作品《组织培养和人造子宫及其文化艺术》的作者们以危地马拉的解忧娃娃作为形象原型，在人造子宫

刘月个展《鸮》的展览现场

中培养现代版的解忧娃娃；在数据生命单元，日本艺术家渡边克己等人创作的作品《御御签》通过网络技术接通展厅现场观众与位于东京科学未来馆的机器人，机器人识别观众的声音，并将信号转译，生成一个“御御签”现场给到观众；在“机械生命”单元，作品《神经风景》重现了数据如何重建神经元的视觉过程，作品《被监视：来自监视文化的瞬间》则重组和编辑了监控视频材料，对监视的状态进行了重新解读。

“后生命”提供并阐释了随着技术发展而逐渐时兴起来的人类中心主义之外的视角，而在大型展事中如台北双年展等，参展的作品或是利用数字技术呈现作品，或是探讨数字技术带来的问题，新技术不仅成为艺术创作手段还成为话题，人的体验被新技术迅速改观。一些小型的展览较为出色地呈现了这种技术进入体验的状态，如姜俊策划的施政、高入云的双个展“漫游——往复”，以两个作者的不同创作诠释了人面对技术时的两种状态，施政的三维虚拟风景呈现了一个由数字技术编码出来的全新世界，巨大的影像尺幅与声音使得观众完全沉浸在展厅空间之中，“漫游”在那个虚拟数字世界里。高入云的作品则要安静微弱得多，白色的机械装置带动着细细的线，随着观众的活动而反复运动，机器与人产生了一种生硬却又微妙的沟通。“漫游”和“往复”用一种机械式的生硬方式给出了两种数字化的体验，动作和过程本身就是主题，正如数据本身就是目的。

张培力的新作《卷帘盒子》探讨了人在面对不可预知及不可控空间时所产生的体验，一组如车库大小的“盒子”由水泥框架和卷帘门构成，人走进门内空间之后，空间内还有其他的卷帘门升起又放下，不断地阻隔内部的空间，于是人就处在一个看似开放而又被不自主地隔绝的不确定的空间里，这种体验提示了一个四处充斥着数据，看似透明开放，实则障碍重重的境地。

徐冰的《蜻蜓之眼》在2018年中被多次播放和展示，这部“电影”完全由监控视频剪

张培力的《卷帘盒子》

剪辑而成，甚至连表示电影许可证的龙标也是剪辑得来的。剧本情节主要是寻找，男主人公寻找女主人公蜻蜓，而蜻蜓在不断变化身份，游移和隐蔽，却始终处在监控镜头的视野之下。监控本身就代表无处不在的监视，而当被监视对象一直处在镜头前面，甚至化身为视频直播表演者，面对镜头配合监视时，监视行为被逆转了，但直播的表演者要求“打赏”的时候，镜头后面的观众的参与行为表明其正从一个监视者转变为信息流通的参与者，观众也被裹挟进数据洪流之中。被裹挟在数据洪流中的身不由己，以及观看、监视和寻找的徒劳，又向我们提示了我们的观看期待是否合理的问题，我们的观看是被技术塑造并推动着，汇集成滚滚数据洪流又被裹挟着四处冲荡。

五、数字图像

面对旧艺术系统，艺术家在介入一项新技术时，最直接的反应往往是对新技术的图像学改写，如汉斯·贝尔廷对白南准的解读：在 1947 年的作品《电视佛》中，白南准用电子技术探讨的仍是新技术条件下的图像观看技术。[9]

年轻艺术家劳家辉在 2018 年举办了个展，展览中的作品是被数字化之后的各种形象画面，生命个体被不规则锯齿的边缘、粗糙像素颗粒的模糊视效呈现出来，数字技术改变了事物外貌，正如游戏等数字体验改写了个体记忆，那种在童年时代的游戏图景混合着新的技术图景再次出现。艺术家叶凌瀚则将网页图像制作成“皮肤”，并把这些数字皮肤包裹在三维人体身上，而那些三维人体则以马蒂斯的舞者形象为蓝本制作，数字技术制作出来的舞者被包裹在碎片化的皮肤里随着音乐起舞，在炫目的光中，夸张而恣肆的舞姿、闪烁变

叶凌瀚 《舞蹈、纹身、数据的狂欢》 五屏录像 1分10秒 2018年

幻的皮肤如数据洪流一般令人头晕目眩、无法自拔。

对图像的数字化呈现更多地接近人对数字技术本身的体验感，那是一种新奇刺激的感官体验，同时又有一种无法把握的眩晕感，而脱离数字技术，又有艺术家故意使用前数字技术时代的技术去创作，呈现前代技术在数字时代的尴尬境地。何迟的个展名为“隔音”，在展厅的不同空间中同时播放由艺术家本人翻唱的十首二十年前的港台流行歌曲，而展厅中还提供灌装了翻唱歌曲的磁带，磁带的外包装壳上写着一句话：“我和我们之间，隔着一段声音。”大概没有几个人能够找到播放设备去播放这些磁带，旧技术如同记忆一样产生隔阂与生硬之感，而在新技术规训之下的个体已经不再适应旧技术，那具曾经被旧技术拥抱的身体面对旧技术时需要努力调适和转变，才能适应这种从新到旧的倒转。

陈晓云的个展“降临”取自一部同名的科幻电影，电影中外星人使用一种不同于人类依照线性时间进行的语言，语言中的多种信息和词汇同时给出，而电影中的语言学家在掌握了这种语言技术之后居然学会了感知不同维度的时间，成了超人和先知。“降临”中的语言技术实际上就是绘画和图像的呈现原理，同时呈现多种信息，这种超越文字和语言的信息呈现能力同样也超过了新媒体影像技术，而作为一种新的技术形态，在普通人的认知中新媒体影像要比绘画更为“先进”，但在陈晓云借由“降临”而提示的那样，这种媒体进化论认识是否正确呢？

前数字时代的传统媒介仍然有其优势之处，宗宁运用摄影媒介再现和阐释了古典文学中的场景；而由“阳江组”更名的“阳江组合”则用书法之外的手段呈现书法；2017年威尼斯中国馆展览的参与者邬建安则仍然使用民间视觉资源创作。这些面向丰富的创作表明，数字技术时代中传统媒介仍然有存在的理由，甚至有巨大的空间可供发掘。而在数字时代中，艺术家还使用传统媒介回应新技术，如年轻艺术家丛云峰用手工描绘 0 和 1 的计算机二进制代码，以此组成传统山水画图式，这种以手工制造仿电子数字的倒置看上去有些简陋，却是通过一种直接的方式将两者艺术创作模式并置在一起，被技术刷新而更替了的创作模式背后，那个创作主体虽隐没不显却始终存在着。

在面对新技术的种种艺术创作中，技术或是被描述为一种无所不在的隐没他者，或是直接成为作品的媒介而隐没于作品之中，这种技术与艺术之间的纠缠也正如艺术与个体、传统、社会现实等外在物之间的相互纠缠。也正如技术被描述的状态一般，个体、传统乃至社会现实都曾经被描述为艺术的他者：个体之于艺术，有强调个人痕迹的现代艺术，有反个体意识的"达达"，也有将个体融于艺术之境的中国古典艺术；传统之于艺术，有"以古为新"的古典艺术，有反传统的当代艺术，也有引入其他传统的西方现代艺术；社会现实语境之于艺术，有积极介入和干预社会现实的博伊斯式的"社会雕塑"，有强调反映社会现实的"社会主义现实主义"，也有回避甚至脱离社会现实语境的纯粹语言实验。技术与艺术的关系与冲突并不是什么新鲜的事情，而面对不可把握的未来的焦虑、对个体生存境况的忧思以及对艺术体系的更新冲动又使得技术问题成为艺术所必须面对的重要命题，在技术至上的时代，艺术复古不能，革新却是有待努力。

（林宸胄　中央美术学院艺术学理论博士、福建师范大学美术学院讲师）

注释

[1] 徐冰、殷双喜、冯博一：《观念的生长——徐冰、殷双喜、冯博一对话录》，《美术研究》2005 年第 3 期。
[2] 徐冰、殷双喜、冯博一：《观念的生长——徐冰、殷双喜、冯博一对话录》，《美术研究》2005 年第 3 期。
[3] 白南准 1963 年的个展"对音乐的解说——电子电视"将电子乐乐器作为雕塑装置，配合电视等组成现场作品，乐器和电视机的并置和组合提示了白南准对电子技术媒体的关注。
[4] 李笑男：《白南准的电子意识与早期影像艺术语言建构》，《荣宝斋》2010 年第 10 期。
[5] 邱志杰：《我做装置通常是行为的遗迹》，http：//www.qiuzhijie.com/critiquefangtan/016.htm，2007 年 10 月 22 日。
[6] [德]彼得·比格尔编：《先锋派理论》，高建平译，商务印书馆 2002 年版。
[7] [德]西奥多·阿多诺：《美学理论》，王柯平译，四川人民出版社 1998 年版。
[8] [法]贝尔纳·斯蒂格勒：《技术与时间：3. 电影的时间与存在之痛的问题》，方尔平译，译林出版社 2012 年版，第 8 页。
[9] [德]汉斯·贝尔廷：《汉斯·贝尔廷谈图像、身体与媒介》，《中国文化报》2013 年 3 月 31 日第 8 版。

当代艺术创作中的思想与方法

林宸胄

一、进化论史观与精英化倾向

2018年第3期《美术观察》杂志刊登了秦兆凯的《当代艺术的困惑》一文[1]，文中提出对当代艺术的质疑：以观念代替审美、形式、风格和技巧，这是将艺术推向哲学式的话语阐释，是将艺术推向精英化；而打破艺术与生活的边界，将艺术引向反审美与反形式语言，则使得艺术被去掉了门槛，使得艺术成为庸俗的借口，或是成为肆无忌惮地打破一切现有成就与道德规范的托词。秦兆凯的文章还指出美术史学者王瑞芸对于杜尚的解读有过分阐释之嫌，因而引发了王瑞芸、林木等的回应文章。[2]王瑞芸的回应文章指出了中西当代艺术界人士认识上的差别，即西方当代艺术的重要艺术家无不是强调放弃一元化的思维方式，放弃所谓"正确"的唯一立场，而相比之下，中国当代艺术界却以追寻所谓"纯正"的西方当代艺术为目标，两者之间高下立判。林木的文章则回应了王瑞芸和秦兆凯，林木指出，王瑞芸之所以相信西方当代艺术是最先进、最高级的艺术形态，这背后恰恰是历史进化论，是一元决定论，因而与她所提倡的西方当代艺术中的多元化是相悖的。

三位学者的争论让人看到了艺术界久违的围绕学术观点的论争，20世纪90年代开始的关于"打中国牌"的争论由于其时中国当代艺术面临的切实处境而不了了之，进入21世纪之后，在中国的政治经济逐渐强盛的背景下，对"中国"的叙述不再局限于融入和追随西方，而逐渐转为在世界舞台中的参与和互动。因而较之"打中国牌"的争论，秦兆凯等人的讨论也不再局限于中西二分的思维，不再局限于从地缘政治的角度去想象西方当代艺术，而是更为全面深入地了解西方当代艺术，并意识到西方当代艺术自身所面临的问题。

秦兆凯关于当代艺术取代现代艺术之后出现价值混乱的担忧，同后现代主义思潮出现之际，人们对新思潮引发的价值观改变的担忧如出一辙。这种忧虑的重提除了出于学者责任感之外，还在于无法把握现实的焦虑，在全球化背景下，当代艺术的问题也逐渐普适化，秦兆凯所重拾的担忧和重提问题有诸多值得借鉴之处。细察秦兆凯在文中的表述，除了对当代艺术抛弃形式语言体系不满之外，秦兆凯还认为当代艺术为了反现代艺术的精英化，表面上看是将艺术与生活的界限打破，实则是将艺术带到完全依靠文本阐释的状态、带向另一种精英化：

> 所谓艺术即生活，任何东西都可以是艺术，人人都是艺术家的说法，尽管说辞上貌似通俗，实质上与大众所理解的艺术相距甚远。除了让那些并无艺术才能之辈有机可乘，对于普通大众来说，并无实际意义。相反，这种说辞不仅不能拉近和观众的距离，恐怕反而使大众觉得莫名其妙而对艺术敬而远之。[3]

王瑞芸的回应文章并不直接讨论当代艺术精英化的问题，而是将当代艺术的发展问题看成全球化背景下的价值多元化问题，在多元化视角下，并不是“每一种东西都可以是正确的，而是，‘正确’这个立场停止使用了”[4]，换言之，艺术打破与生活之间的界限而更新系统之后，新的系统处于一种开放的状态，疆域和边界都模糊而相对化了。而王瑞芸文章的问题，不仅在于达到这种开放状态的现实困难（这种不断清理成见的开放状态本身也是一种精英化的工作方式），而是文中牢牢抓住杜尚和安迪·沃霍尔，尤其是以杜尚为例去证明这种开放性状态的必要性与合理性，王瑞芸对杜尚的援引恰恰与当代艺术的反精英化趋向构成了悖论，杜尚对她个人而言，不仅是理解西方当代艺术的入门途径，而且是一个评判的标准，这个标准的确立使得“多元化”成为悖论。林木的文章肯定了王瑞芸就西方论西方、就事论事的相对客观的态度之后，话锋一转，直接指出了她的前后矛盾：“王瑞芸则是克服了一切对艺术的感受放弃了一切既有的美的标准，抛却了一切‘我执’，一头栽进杜尚和‘当代艺术’哲学家们新设定的‘立场、标准’之中。”[5]但林木随后将这种“恳切笃信开放性”的矛盾归为进化论历史观带来的恶果，正是因为全盘接受包括西方当代艺术在内的西方文明成果，王瑞芸才陷入了进化论史观的陷阱，才造成了自身话语的矛盾。林木将王瑞芸的话语矛盾的根源归为进化论史观，却没有回应秦兆凯提出的当代艺术反精英化却走向另一种精英化的悖论，或许林木认为这个问题的根源也可以归为进化论史观。[6]

林木提出的进化论史观导致的西方中心主义对中国当代艺术造成的困扰和局限至今依然存在，而这个问题不仅涉及价值观、历史观的狭隘与开放，也涉及艺术市场、地缘政治甚至意识形态等问题。而秦兆凯所说的当代艺术的精英化悖论还涉及西方当代艺术中的个人主义问题，当个人主义同消费主义合流之后，精英主义被大众文化“异化”为个人英雄主义，安迪·沃霍尔们更为关注的是扮演文化英雄，书写个人主义的传奇故事，以此颠覆现有的艺术系统。两人所论的问题不尽相同，但都与中国当代艺术的创作方法有关——在当下的语境中，是追随西方，书写个人主义传奇，还是另谋出路？是否存在一种不同于西方的当代艺术创作方法，个体在社会中应当扮演什么样的角色？

二、徐冰的思想与方法：以社会现场改造艺术系统

2018 年 7 月 21 日在北京尤伦斯当代艺术中心开幕的展览“思想与方法”是徐冰具有回顾性质的大型个展，徐冰在中国当代艺术界的重要与独特，加之展览所具有的学术研究气质，使得这个展览颇受关注。

徐冰以创作者的身份谈他对西方当代艺术的思考，每每出人意料却又顺理成章：

> 其实对我来说，在西方这么长时间一直接触和直接参与各种各样的艺术观念的实践，观念主义也好，极少主义也好，或者是行为也好，波普也好。说实话对我来说这些其实都属于知识的范畴，是我参照系里面的一个参数，它绝取代不了你的艺术观，因为你的艺术观从开始接受艺术教育时，已经是根深蒂固了。
>
> ……
>
> 我怎么样走到这个地步，今天我发现，实际上完全是由于，我老老实实地面对艺术和生活的关系，我一直在执行最早建立的对艺术的概念——艺术来源于生活。[7]

“艺术来源于生活，”这是 20 世纪五六十年代中国艺术界的主流艺术观，而徐冰在回忆他的老师古元时，多次提及这个观点。他甚至认为，无论古元还是安迪·沃霍尔，作为一个重要的、能够站得住脚并对艺术史有贡献的艺术家，他们的共同之处就在于选择了独特的形式去反映各自面对社会现场时的感悟，是“对社会及文化状态的敏感而导致的对旧有艺术在方法论上的改造”[8]。

评论者在回顾徐冰的艺术创作时，每每按照题材与使用媒介而将之分为符号信息和实体造物两类，前者包括了徐冰从《天书》开始到《新英文书法》《地书》等使用文字、符号创作的作品，后者包括《文化动物》《凤凰》《木林森计划》等大型项目，而这个分类是极为粗陋的，因其未能涉及创作者在创作方法与思考上的转变。徐冰在其创作生涯中最早提出的关键词是“复数性”，所谓“复数性”实则指版画的媒介特征——因版画需要将制作好的“版”、也就是处理好的对象转印出来才成为正式作品，而正式作品也就是经过复制所得的产物，是一种“痕迹”，而这样的“痕迹”可以被多次复制，而这个特点则被徐冰称为“复数性”。徐冰的“复数性”概念面世的时间是 1987 年，该年中徐冰以《五个复数》系列为他的研究生毕业创作，并发表有《对复数性绘画的新探索与再认识》一文。[9]虽然“复数性”这个概念在随后的创作中被转化为《天书》中的“伪造字”的巨大体量、《文字写生》中组成“风景”的重复汉字、《地书》和《背后的故事》中的单独出来就无意义的碎片、甚至《蜻蜓之眼》中毫无个性差异的监控影像，但在 20 世纪 80 年代末的徐冰，“复数性”仍然代表了其面对学院环境所发生的思考，而这个阶段可以笼统地称为“学院阶段”。

1989 年，徐冰应威斯康星州大学之邀前往美国，之后在威斯康星州麦迪逊市的

2018年尤伦斯当代艺术中心“徐冰：思想与方法”展览现场

Elvehjem博物馆举办了展览，由此开始了在美国的创作阶段。在美国阶段，徐冰思考的重心是不同文化之间的冲突以及个体处于跨文化时的状态，如其在叙述1993年开始创作的作品《英文方块字》时说道：“在国外生活实际上是生活在两个文化的中间地带。这地带的问题对自己来说，是新的，对人类来说也是值得讨论的。因为将会有越来越多的人进到这个地带，遇到其中的问题。”[10]对文化冲突状态的描写与分析在中国近代以来已是数不胜数，但能够将文化冲突转化为一种折中而又不失机智幽默的状态，如以书法写就的新英文方块字，这就是艺术家的创造力和智慧了，徐冰的新英文书法也在文化交流上扮演了一个有趣的角色，许多机构和个人邀请徐冰以新英文书法为其“题字”，中国传统的书法功能借由新的面貌和形式在当代世界得以重现。除了《英文方块字》之外，《文化动物》等作品也同样反映了徐冰在20世纪90年代对文化冲突问题的思考，但《文化动物》等作品运用了一系列动物作为材料，除了思考不同文化间的冲突状态之外，还由此推导出了单种文化对人与事物的限制与侵染状态，而徐冰描述其为“文身”。“我们讨论的不是文化的力量它是否能改变什么，而是讨论文化在一种关系中的作用和限制。我的很多作品都与‘纹身’这个概念有关系。其实我们都是被文过身的，都有一个文化的伪装。”[11]

2008年，旅美18年的徐冰接受了母校中央美术学院的邀请，回国担任副院长，而他回国后的第一件作品《凤凰》则以钢铁、劳动等资本主义体系中的“剩余产品”，重新拼接成一个传统符号“凤凰”，并让其如神话般地“飞翔”在由资本繁殖出的现代都市公共空间中。美国艺术评论家芭芭拉·波洛克（Barbara Pollack）在她的书中描绘过2008年前夕的北京：

北京城的建筑高度陡然上升，为了准备2008年奥运会，许多社区被拆毁，新建筑拔地而起。与上海那些引人入胜的残留殖民式建筑相反，北京看起来巨大，令人困惑而局促不安。这里到处都是起重塔吊，往未来风格建筑的厚实玻璃塔顶上吊钢梁，这座城市曾经由故宫延伸出去的地平线不断地被刺破，而那些最初设计成让坦克车队在45分钟到达城里的任何地方的道路上正发生交通拥堵。[12]

这个徐冰回国之后见到的城市正被资本裹挟着前行，并不断繁衍出体量巨大的都市奇观，令城市中的芸芸众生相形见绌，成为微不足道的渺小存在，这种意象被徐冰以一对庞大强壮、乖戾躁动又笨拙犹豫的"凤凰"传递了出来。如果说2008年之后徐冰的创作产生了某种转变的话，最直接的理由是他所面对的社会环境发生了变化，如他自己所说的，艺术是对不同社会现场的反应。而事实上，对劳动与资本关系的思考，在他之前的《何处惹尘埃》《烟草计划》等作品中已经开始，在谈及针对美国"9·11事件"的作品《何处惹尘埃》时，徐冰说道："为什么说那个双塔最后能够倒成平地，是因为那个双塔属于物质结构最奇特的一种关系，聚集了太多的物质的能量在里面，其实它是不正常的、人为的、资本主义的，对物质基本元素的使用，成为这么一个物质的载体。这事件具有更深的暗示性，是因为最终要回到最基本的物质状态。"[13]这里的"太多的物质的能量"既指金融资本的高度繁殖与凝聚，又指帝国主义的全球霸权政治，而聚合了这种种关系的摩天大厦在短短几分钟里崩塌溃散、化为烟云尘埃，这也印证了徐冰反复针对的一个命题，文化甚至文明的限定总是相对有限的，处在文明限定中的关系也总是短暂易逝的。《何处惹尘埃》将事物虚幻易逝的一面呈现了出来，而《烟草计划》同样触及了资木主义的跨国运作、劳动力市场的转变等问题，并涉及历史、文化与记忆的关系问题，与《何处惹尘埃》相比，《烟草计划》是以社会学考证的方式切实推进着项目进行，只是整个过程更为游移和丰富；而与归国之前的两件作品相比，《凤凰》同样是对资本与劳动命题的推进，但与前两者相反，《凤凰》却是生产出了一件庞大沉重的明确物体，这种视觉效果的呈现方式在于徐冰则是一个最大的转变了。

在关于徐冰的艺术创作的诸多关键词中，形式、艺术语言又是一对重要的关键词：

对于艺术家来说，最关键的是必须要找到一个说话的方法，把你的思想说出来，因为你的这种思想认识是新的，所以你的语言必须是全新的和具有独到的说话的方式的，这就是新艺术产生的线索。思想家很多，但思想家还不是艺术家。好的艺术家和差的艺术家的区别在于是否能够获得独有的说话方式。

这个新的语言不是材料的问题，而是艺术方法论的问题。当代艺术是什么？是艺术家对他所处的时代的敏感，而导致的对于旧有的艺术方法论的改造。不管你有多深的思想，但如果你不能提交这种“新的艺术方法论”的东西，你就不是一个好的艺术家。[14]

在徐冰看来，艺术语言已经不再局限于狭隘的形式风格，而是吸收与转化社会现场的能量，并将之用于改造既有的艺术系统，这种改变和改造也意味着全新的艺术语言，而在这层意义上，艺术语言代表着一种改造旧系统的全新艺术方法论，因而语言即方法。《凤凰》重现了剩余劳动的生产过程，并把剩余生产的物质重置到由资本打造的空间里，以此使得无效的剩余生产“有效”，这个利用资本重现被资本抛弃的剩余劳动生产过程并将“产品”置入资本集中地的过程，实则是《地书》和《背后的故事》中将无意义的碎片重构为一个有意义之物的逻辑重现。因而，就“方法”而言，徐冰是在借由产生在不同社会现场的“语言”，使既有的方法体系呈现出新的面貌。

徐冰在2017年的新作《蜻蜓》则又延续了《地书》《背后的故事》《凤凰》等作品的手法，将一系列无意义的“复数性”碎片重构为一件全新的作品。也正如多年前《天书》和《英文方块字》对书法界产生的冲击一般，这部纯粹以监控视频素材剪接成的“电影”又对电影语言产生了冲击——以某一领域不曾有过的方法创作属于该领域的作品，这个徐冰的惯用方法验证了“语言即方法”这个貌似不合理的逻辑的合理之处。徐冰以中西艺术现场亲历者的身份强调中国艺术的新传统，这种声音对于当代艺术而言是一个极有价值的提示。

三、个人主义倾向与个体工作方式

在2010年的一篇访谈文章中，当被问及哪一位西方艺术家对个人的影响较大时，徐冰的答案是安迪·沃霍尔：

安迪·沃霍尔我对他兴趣比较大。因为我觉得他对那个时代，对美国文化核心的部分，艺术和商业市场之间的关系，实际这个人要比他同代人认识深得多。好的艺术家肯定是思维能力很强的人，他的工作就是用艺术和艺术家的生活来揭示美国文化中最实质的那一部分，而且用一种艺术的语汇来揭示的。等于是以其人之道还治其人之身的方法，用商业和流行本身的部分来说这个事情。[15]

联系前文提及的“语言即方法”的表述时，我们会发现就以艺术语言回应社会现场并以此改造既有艺术系统而言，安迪·沃霍尔早已做出了成就，而那个被徐冰推崇的、面对社会现场作出反应的安迪，与秦兆凯口中的那位以贫乏为创新、以个人神化为艺术书写的安迪，两者莫不是同一个人？就是那个被王瑞芸褒奖有加，又被林木视为艺术标准的杜尚，

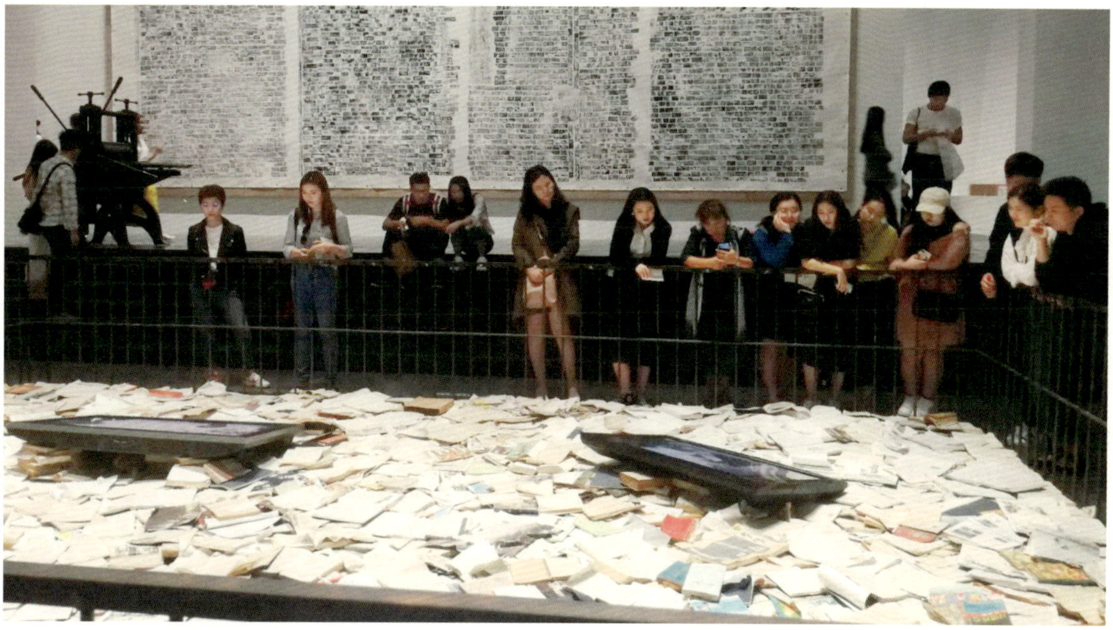

"徐冰：思想与方法"展览现场

徐冰也是认同的：

> 沃霍尔和杜尚，在他那个时代把艺术和文化的关系，艺术本身的局限性和不确定性，认识得极深。他做了很多东西其实都是在制造这个没法解的障碍和怪圈，他是一个顽童，也是一个思想家。[16]

徐冰与秦兆凯等人对待西方当代艺术大家的态度差异，不仅在于艺术认识的差异，也在于双方身份的不同：作为艺术家个体，对于自己在社会中取得的名声与地位是无法掌控的，一名出色的艺术家是无法阻止自己成为一个文化英雄这一社会事件的进展的，而至于有部分人借由"文化英雄"身份在生产"文化垃圾"这又是另一回事了。不可否认安迪·沃霍尔对于利用商业条件进行的"表演"带有个人主义色彩，但是就安迪·沃霍尔与杜尚两人的个人气质与追求品位而言，两人也是极为不同的，作为个体的艺术家面对的主要问题是艺术问题，其目标也主要是对既有的艺术状况和面貌有所贡献，而不是极力回避在历史中的个人痕迹，就西方当代艺术中的个人主义倾向而言，中国当代艺术家与艺术评论者给出的是两种截然不同的态度。

就语义而言，狭义的个人主义指极力夸大个体之间存在的差异，而就艺术家个体而言，这种个体之间的差异不可避免，正如个体之间的相似也不可避免。就淡泊萧散的个人趣味追求而言，杜尚实在不能与安迪·沃霍尔归为一类，其倒是与徐冰本人更为接近；而徐冰又曾将古元同安迪·沃霍尔相提并论，并认为两者皆以自身特有的艺术表达方法去对各自的社会与时代作出反应。

而对于包括了个人自由、个人至上主义的广义个人主义，洛克、霍布斯以及卢梭等一众社会契约论的主张者在倡导个人权利之初就思虑深远，提倡以社会契约对无比膨胀的自由个人加以约束调和；而西方世界的文艺复兴、宗教改革以至法国大革命和“五月风暴”等历史事件与进程则使得绝对自由主义的趋势愈演愈烈，个人的自由和权利被写入了《独立宣言》（1776，美国）和《人权和公民权宣言》（1789，法国）；随后，集体主义的兴衰又影响了个人主义，20世纪60年代“革命”与乌托邦的盛兴又再次调和了个人与集体的两极化倾向，而20世纪90年代苏联的解体使得集体主义一端又陡然式微，福山宣布历史已告终结，唯有依靠现有的民主体制管理和制衡个人主义与自由主义，除此之外再无其他可能。接踵而来的是一系列社会事件，1992年美国大选成为自由派和保守派之争，共和党保守派在强调家庭与宗教等“美国传统价值观”之余，强烈抨击社会上的极端自由化现象，保守派分子帕特·布坎南甚至提出以文化战争反对极端的个人主义与自由主义。在艺术领域，1987年，安德里斯·塞拉诺（Andres Serrano）的作品《尿浸基督》引发了保守派势力的指责，保守派又顺藤摸瓜，由塞拉诺挖出对其提供过赞助的美国国家艺术基金（NEA），后者被里根政府削减预算，并从此逐渐由赞助艺术家创作转为赞助大众参与艺术项目。[17]因而广义个人主义就算在西方世界也并不一帆风顺。

而在中国当代艺术领域，20世纪80年代中期开始的“美术新潮”运动多以强调个体创造力、呼吁个体解放的面貌出现，稍后的“玩世现实主义”和“政治波普”等则用一种嘲讽戏谑的语言反集体化叙事，90年代之后的行为艺术、新媒体艺术等几个较为集中的领域都强调个体生命感悟，个人视角、个体叙事和个体实验成为前卫与启蒙的代名词，这种现象持续至今。另外，在个体叙事之外，也应当看到，中国当代艺术自产生之始就作为群体性文化现象而存在，不仅被历史化书写的“星星画展”是一个群体性事件，就连整个85美术新潮中都充满了大大小小的艺术自我组织，90年代这种以群体面貌出现的个体化叙事表明，集体主义的新传统仍然存在，即使是在艺术语言个体化为诉求的前提之下。

四、反智化、去风格与个体实验

精英化的个人主义，在艺术上意味着在相对封闭的自我世界中创作，而徐冰所强调的面对生活、社会与时代的艺术观又是20世纪五六十年代中国艺术的主流模式，这种反个人主义的倾向同政治因素裹挟在一起，成为中国的一个新艺术传统。

近年来，“坏画”成为中国当代艺术界的一个突出现象。何为“坏画”？批评家易英将之解读为以个人本能对艺术体制进行的颠覆：“坏画并非原始本能单纯在形式上的反映，而是返回到他的生命本能，在‘手性’的形式上体现出生命本能与现实原则相冲突的东西。”[18]“坏画”之所以“坏”，在于其不成“画”，不具备成为“画”的大部分因素，甚至

段建宇 《艺术女神刚刚醒来 No.3》 布面油画 181cm × 217cm 2011年

就不在乎去成为“画”，正是这种漫不经心、不在乎又经意为之的态度加剧了置于前缀的“坏”的叛逆色彩。

以段建宇为例，其画面以近乎直白的方式对形象进行“硬解释”，使得画中人在近于“强词夺理”的逻辑下被代入画面，由此产生一种混淆语境后“文不对题”的荒诞感，而这类带有语言游戏性质的符号误读混用，同杀马特、火星语等亚文化中的挪用现象有异曲同工之妙。因此，从绘画所反映的文化诉求上，段建宇的“坏画”重在破坏语境而少于清理语境，至于建构一套独有的语言系统，那要看对语言冗余程度要求的高低了。与段建宇的无厘头相比，王音似乎显得“有条理”一点，其工作方式更偏向于视觉考古，所涉及的绘画语言涵盖了从近代早期中国的“土油画”到苏式油画和西方现代主义等；在王音的创作中，对绘画语言的模仿不是问题，从油画进入中国起这种模仿就已经开始；成问题的是，王音所使用的所有语言都是看起来被典型化了的过去已有的语言，这就如同一个人总是用别人的腔调说话、顶着别人的脸生活而把自己隐没在历史背后一样，既是对既有经验的疏离，又是将主体性完全让位给了语言，在此意义上，王音的“画中人”就是绘画语言本身，如同电子图像就是二进制计算机语言本身一样，是个赤裸而又残酷的真相。

如果说王音的“坏画”是充满智性色彩的实验，那么廖国核的“坏画”简直就是灾难，那近于涂鸦的形象，混杂的是不知从何而来的理由、意思、嘲笑或干脆是谩骂，“坏”得直接而彻底，“坏”得让人无语。王音是彻底隐藏在语言背后，而廖国核则是彻底撇开了语言，展现出一种歇斯底里式的混乱，而这种混乱，居然颇像处于精神错乱状态下的石鲁、沙耆，充满了能指无法缝合于所指而产生的能指紊乱漂移，充满了倒错、断裂和眩晕。“坏画”有可能摆脱体制而通往原初自我，那种状态下的“画中人”本应是质朴纯真的，但是在廖国核这里，“画中人”摆脱规则束缚之后奔向了实在界的原质，奔向了狂乱和崩溃。

王音、段建宇、廖国核三人的创作是近年来“坏画”现象中较为突出者，艺术界对“坏画”进行过诸多的讨论，在诸多声音中，将“坏画”归于对中国现代艺术语言的反思与重构，以及视“坏画”为反抗艺术体制而追求原始自我这两类观点最为成熟。无论作者的初衷为何，就“坏画”而言，由于在语言上故意的倒错，以及将形象放置在相悖的语境中，“坏画”看起来一本正经又荒诞滑稽，庸俗困顿却又颇有活力，充满了荒诞悖论。这种来自现实而有别于超现实梦境的荒诞，使得无论观众向何处联想都会碰壁，这让画幅上覆盖着一层由经验的不确定性带来的迷雾，这种解读的失效就意味着它与那些表意清晰、风格鲜明的好画拉开了距离，意味着所谓“坏画”的出场。而“坏画”的出场，按易英的话说，“意味着绘画本身的解体”[19]。随着艺术的体制化与体系化，反个人主义的新艺术传统遭到了再次逆转与转化，反智、去风格、去历史的个体实验成为个人主义的一个新的变种。

五、艺术乡建与共同体实验

2018年，对艺术乡建的成果展示以及相关活动开始成为艺术界一类较为重要的展示活动。艺术乡建项目集中出现在2010年前后，山西的“许村计划”、安徽的“碧山计划”等项目的出现使得艺术介入到乡建活动中去，在将近半个世纪后，艺术终于再次找到一个大范围介入社会现实的突破口。

艺术乡建自落地之初便具有浓厚的乌托邦色彩。“碧山计划”的创始人欧宁在《碧山共同体：乌托邦实践的可能》一文中说道：“碧山共同体的中文命名，也是基于理想主义的出发点，表达了外来移居者与本地村民在同一块土地上共同生活，共同进退，你中有我，我中有你的愿景。”[20]乌托邦、共同体等概念让人回想起20世纪20年代梁漱溟的告诫：

> 乡村建设项要紧的是乡村自己振作，乡村自己能振作，自己里面先有生命有生机（即能自觉有组织），然后才能吸收外边的滋养料，才能接受外边的帮助；不然乡下人不能自觉地有组织的去谋自救，而单靠乡村以外的人来救济乡村，结果是不会有真的成功的。[21]

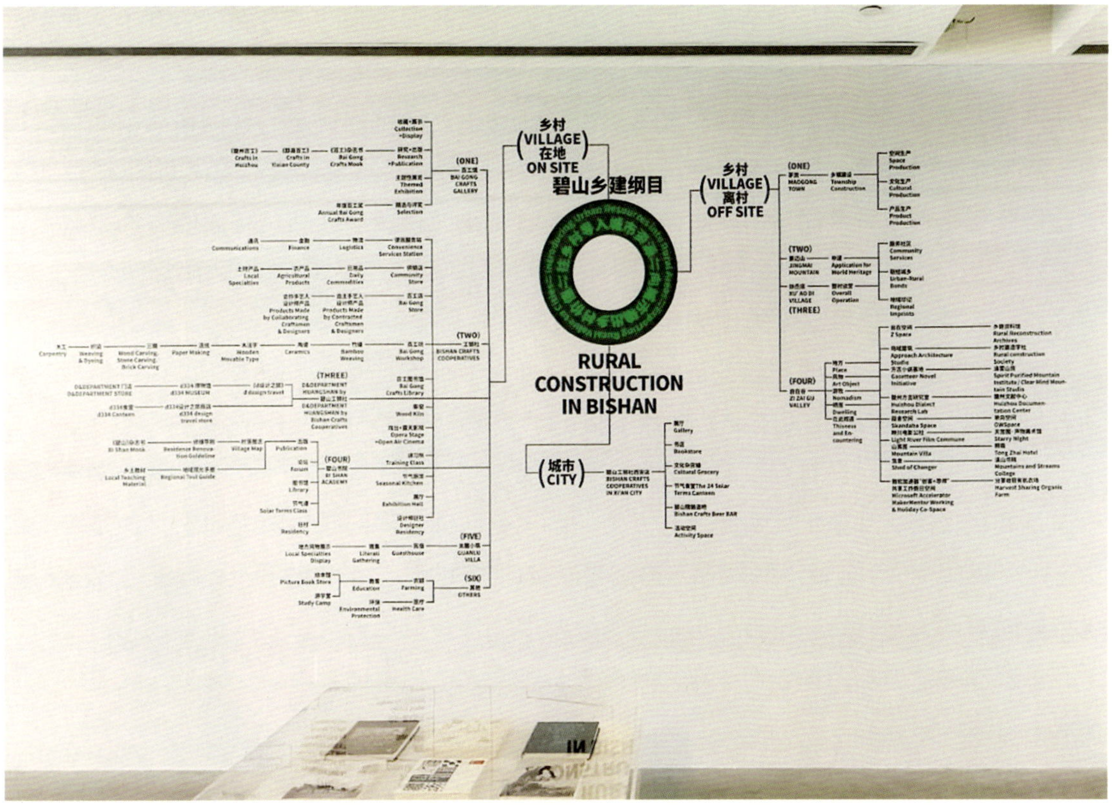

北京民生美术馆“中国当代艺术年鉴展2018”中“碧山计划”项目现场

而早在梁漱溟从事乡建的一个世纪之前也就是19世纪20年代，为了反对时行的杰克逊式个人主义，美国人曾经兴起过一阵子的共同体实验，工业家罗伯特·欧文（Robert Owen）的新和谐社区和社会主义者乔治·里普利（George Ripley）的布鲁克农场（Brook Farm）等项目纷纷落地，然而各类项目均好景不长，欧文的项目因自身的工厂经营不善而未能持续为新和谐项目提供经济援助，使得新和谐仅仅维持了不到两年（1825—1827）就宣告夭折；里普利的项目因资金困难而迟迟无法开动，在做出调整，引进傅立叶的空想社会主义为主导思想，好不容易吸引了人员而有所进展之后，又毁于一场大火。可见有史以来，乡建项目最重要问题是经济问题，而经济问题的背后是项目主导者如何为项目“造血”“输血”，如何以经济基础维持项目运转的问题。中国近代乡建史中，卢作孚以经济入手的“北碚实验”其直接效果显然要优于梁漱溟以政治为主的辉县和邹平实验，以及晏阳初以平民教育为主的定县与华西村实验。

相比之下，艺术乡建者们显然是将经济问题让位给了乌托邦情怀，而2014年7月，“碧山计划”遭到周韵的微博质疑，“碧山计划”中谁才是项目的主体，批评艺术家只顾着营造自己理想中的景观而没有考虑村民的诉求，只顾着“看星星”的理想而忽略了村民“要路灯”的需求，是颠倒了乡建项目的主体。[22]周韵的文章在微博上引发了争论和关注。而在现实运作中，“碧山计划”的主要项目仅仅是艺术家出资认购村民旧宅并加以改造，以及在乡村中举办大型文化活动等，碧山村的村民在这些项目中的参与度极为有限，村中以旧宅改造的“碧山书局”“理农馆”“猪栏三吧”等公共场所的经营者是外来者，光顾者也多为外来游客；诸如“碧山丰年祭”之类的大型活动由艺术家找资金，村民在活动之后又回到日常生活之中。就“共同体”而言，乡建推动者既不能与当地村民形成“共同体”，也无法让村民自己形成“共同体”，欧宁自己也承认，“在与村民形成利益共同体方面，我们非常无力”[23]。经济上的无以为继，无法融入当地村民，以及当地政府态度的逐渐疏离，“碧山计划”遭遇到的这些困难使其在5年之后陷入停滞状态。

对于周韵提出的主体问题，艺术乡建的推动者中也不乏清晰判断者，如许村项目的推动者渠岩就曾分析道：“关于谁是乡建主体的讨论此起彼伏，知识分子和艺术家对乡村有理想主义的幻想，村民对乡村的困境和自身的生活的改变非常紧迫，这本身就会带来很大的误差和错位……如果主体明确，双方的关系也就明朗，但问题也随之而来，这是否会成为一个矛盾的两面，彼此不能融合，但又相互彼此存在。”[24]渠岩的“主体”是艺术家与村民，而随着两方对自身的主体身份的明确，两类主体对彼此的身份界限也就逐渐清晰，甚至有可能成为矛盾的两面，而这在渠岩看来暂时是无法化解的，因而他转身又将主体认同换成了自我认同：

> 我不是救乡村，而是在救自己。我们的精神何时返乡？虽早已在城市安身立命，但灵魂为何不能在喧嚣的都市安放。我们看似光鲜体面的生活，其实与我们的精神价值和信仰背道而驰，也忽略了心灵深处所要慰藉的情感。我们受到狂飙式的现代化鼓舞，马不停蹄地追赶城市化的步伐，也习惯了用西方的判断来鞭策自己，以至于迷失了方向，也丧失了自身文明初始的信仰和她应该闪烁的光芒。[25]

与欧宁相比，渠岩的话语中少了乌托邦色彩，在他看来，欧宁式的“共同体”是不太可能实现的，原因就在于艺术家与村民之间的主体差异，因此艺术家不如通过乡建项目去确认自身的主体性，乡村中的原始农业文明也有可能为艺术家跳出“西方现代”这个参照系提供资源。渠岩的这两段文字出自同一篇文章，而前后的态度变化——从前面的遭遇主体性矛盾到返回寻求自身主体性，这个过程可以说代表了大多数艺术乡建参与者的心路历程。

就共同体实验而言，乡建主体的归属不应当在当地村民和乡建主导者两端之间择取其一——作为共同体，应当强调的是一种合作思维和平等原则，这或许是反拨个人主义的共同体实验的精义所在。而在中国近代乡建史中，合作思维并不乏先例，20世纪二三十年代国民党政府的农村合作政策与孙中山早期的以“合作”解决民生、实现民主的主张有关，孙中山的农村“合作”主体指农民。[26]而20年代以薛仙舟及《平民》周刊杂志社为中心的合作主义运动中，因其反对资本主义和激进社会主义的政治立场，“合作”更多地是指平民之间的合作[27]；薛仙舟本人的关注点先是城市手工业者弱势群体，后来才扩展涉及农村，在1927年为国民党政府起草的《中国合作化方案》中，薛仙舟的主张是整个社会合作化，最终消灭城乡差异。国民党政府经过在江浙等地的实行之后于1935年在实业部设立“合作司”，并聘任最早推广合作事业的民间组织“华洋义赈会”的总干事章元善为司长[28]，在章元善起草的《代拟全国合作事业实施方案纲要》中写道：“合作事业应由人民自动经营，故应视民众的合作训练为合作事业的基本工作，在人民自动力未充分时，政府尤须以政治力量促进其发展。”[29]按此，国民党政府主导的合作事业虽涉及农村，但以农民为主体的合作却只是其中一个阶段，最终的目标是实现三民主义，由国家力量主导下的“合作”最终仍然要归于国家政权的统合，农村的“合作”主体是归于国家政权统合之下的农民。

国民党政府主导的农村合作事业被1937年日军侵华战争打断，并随着政府的内迁而流于形式。20世纪30年代，以农民革命代替乡村建设成为大部分中共党人的观点，1936年中共地下知识分子千家驹等人出版了《中国乡村建设批判》一书，批判梁漱溟和晏阳初的乡建只是维持现有秩序而不能从根本上改变农民的处境，而要彻底改变现有制度唯有动员农民进行阶级斗争和革命；至此，组织农民革命而彻底改变农村的激进主义话语，在“改变”的逻辑上压过了民间乡建的多元试验，而在现实中席卷农村的农民运动也使得之前试图在农村渐进改良的努力归于失败。在革命为主导的激进话语中，农民、乡村被整合到阶级—革命的叙事话语中。激进话语脉络下的“合作”主体其实是强大的政权意志，“合作”的主体由表面上的模糊转为绝对的单一，集体主义思维取得绝对的统一。激进主义与逐步改革农村弊病的改良主义是两条不同的历史脉络，而激进主义遗产留下的绝对化思维无疑影响了当代乡建的判断，乡建过程中出现的诸如将乡村彻底城市化、让乡村彻底回归原始农业文明形态等论调就是激进遗产影响的例子。

在艺术乡建的“共同体实验”中，个体被置于一个更为广阔的社会情境与历史文脉之中，对于个体之间的关系与共处状态的设想、组构与调适等，不仅是艺术在新的社会现场中的有益生发，还是艺术界对于未来社会结构形态的探讨。以艺术之名，实验开始更为深切而激越。

无论是个体化的语言实验，还是有别于个体化的共同体实验，“坏画”和艺术乡建所代表的近年来的中国当代艺术的新的实践，提示了个体面对新旧艺术传统、面对世界艺术生态环境时碰撞出的可能性。正如徐冰所说的中国当代艺术已经拥有了自身独特的方法和思考，而这种有别于西方的当代艺术语言和方法，正是产生于一个有别于西方的现实和历史语境中，产生于对特定的历史和现实问题的解决过程中。

（林辰胄　中央美术学院艺术学理论博士、福建师范大学美术学院讲师）

注释

[1] 秦兆凯:《当代艺术的困惑》,《美术观察》2018 年第 3 期。

[2] 王瑞芸:《回应"当代艺术的困惑"》,《美术观察》2018 年第 5 期;林木:《是一元"正确",还是多元错误?——读王瑞芸〈回应"当代艺术的困惑"〉有感》,《美术观察》2018 年第 9 期。

[3] 秦兆凯:《当代艺术的困惑》,《美术观察》2018 年第 3 期。

[4] 王瑞芸:《回应"当代艺术的困惑"》,《美术观察》2018 年第 5 期。

[5] 林木:《是一元"正确",还是多元错误?——读王瑞芸〈回应"当代艺术的困惑"〉有感》,《美术观察》2018 年第 9 期。

[6] 林木和王瑞芸在文中均提及黄河清(河清),前者提及黄河清试图将中国论证为世界多元中的一元,河清在他的著作《现代,太现代了!中国——比照西方现代与后现代文化艺术》一书中将后现代主义描述为对现代主义的批判,主要批判现代主义的三个方面:个人主义、人类中心主义和进步论。但河清并没有描述与后现代主义相对应的艺术形态,即西方当代艺术中存在问题,而是随后出版了《艺术的阴谋》,将西方当代艺术归为西方国家在冷战背景下的意识形态阴谋。参见河清《现代,太现代了!中国——比照西方现代与后现代文化艺术》,中国人民大学出版社 2004 年版;河清《艺术的阴谋》,广西师范大学出版社 2005 年版。

[7] 殷双喜等:《本土资源的视觉再造——徐冰"凤凰"项目美术界学术座谈会》,《东方艺术》2010 年第 11 期。

[8] 徐冰:《我心中的古元》,《美术研究》1997 年第 1 期。

[9] 关于"复数性"概念的阐释,徐冰的原文是:"版画作为间接性绘画,它是通过艺术家依创作意图对媒介物进行规定性处理,经过印刷的间接过程,使该媒介物转化成痕迹的形式呈现为画面。由于痕迹的出现来源于同一媒介物,这使版画原作的产生具有可重复性,使其成为'具有复数性的绘画'。复数及规定性印痕是版画别于其他画种的关键所在。"参见徐冰《对复数性绘画的新探索与再认识》,http://www.xubing.com/cn/database/writing/365。

[10] 徐冰:《英文方块字》,http://www.xubing.com/cn/database/writing/306。

[11] 徐冰、殷双喜、冯博一:《观念的生长——徐冰、殷双喜、冯博一对话录》,《美术研究》2005 年第 3 期。

[12] Barbara Pollack, *The Wild, Wild East: An American Art Critic's Adventures in China*(《狂野东方:美国艺术评论家的中国之旅》), Blue Kingfisher, 2010.3。

[13] 林木和王瑞芸在文中均提及黄河清(河清),前者提及黄河清试图将中国论证为世界多元中的一元,河清在他的著作《现代,太现代了!中国——比照西方现代与后现代文化艺术》一书中将后现代主义描述为对现代主义的批判,主要批判现代主义的三个方面:个人主义、人类中心主义和进步论。但河清并没有描述与后现代主义相对应的艺术形态,即西方当代艺术中存在问题,而是随后出版了《艺术的阴谋》,将西方当代艺术归为西方国家在冷战背景下的意识形态阴谋。参见河清《现代,太现代了!中国——比照西方现代与后现代文化艺术》,中国人民大学出版社 2004 年版;河清:《艺术的阴谋》,广西师范大学出版社 2005 年版。

[14] 徐冰:《英文方块字》,http://www.xubing.com/cn/database/writing/306。

[15] 徐冰、崔灿灿:《我的营养,我的方法——徐冰访谈录》,《画刊》2010 年第 8 期。

[16] 同注[15]。

[17] 王长松、李雪飞:《美国国家艺术基金会艺术资助政策的演变及启示》,《人文天下》2015 年第 11 期。

[18] 易英:《坏画探源》,https://news.artron.net/20170103/n899228.html。

[19] 易英:《坏画探源》,https://news.artron.net/20170103/n899228.html。

[20] 欧宁:《碧山共同体:乌托邦实践的可能》,《新建筑》2015 年第 1 期。

[21] 梁漱溟:《乡村建设大意》,《梁漱溟全集》第一卷,山东人民出版社 1989 年版,第 623 页。

[22] 2014 年 7 月哈佛大学社会学博士周韵发微博文章质疑碧山计划的精英主义倾向,批判其与二三十年代乡建运动中"不以知识分子或基层政权为中心而以村民为中心"的"乡建精神"背道而驰。随后欧宁予以回应,并在微博上引发论争。文章见《碧山计划引哈佛博士周韵与策展人欧宁笔战》,https://www.guancha.cn/culture/2014_07_06_244166.shtml。

[23] 2014 年 7 月哈佛大学社会学博士周韵发微博文章质疑碧山计划的精英主义倾向,批判其与二三十年代乡建运动中"不以知识分子或基层政权为中心而以村民为中心"的"乡建精神"背道而驰。随后欧宁予以回应,并在微博上引发论争。文章见《碧山计划引哈佛博士周韵与策展人欧宁笔战》,https://www.guancha.cn/culture/2014_07_06_244166.shtml。

[24] 渠岩:《艺术乡建——许村家园重塑记》,《新美术》2014 年第 11 期。

[25] 渠岩:《艺术乡建——许村家园重塑记》,《新美术》2014年第11期。

[26] 在1912年的《建国方略》中,孙中山写道:农民应该“在合作方式下大联合,去组织团体以恢复自己的地位,谋自己的幸福”(孙中山:《建国方略》,中国长安出版社2011年版)。

[27] 合作运动之初,cooperation一词既译作合作,又译作互助,而“互助”的背后是俄国无政府主义者克鲁泡特金的“互助论”,是无政府主义,而合作的思想来源有空想社会主义、基督教社会主义、国家社会主义和无政府主义。参见赵泉民《“主义”话语与20世纪中国合作经济思潮的兴起》,《东方论坛》2005年第1期。

[28] 华洋义赈会成立于1921年,是一个全国性的民间社会救助团体,下设“工程水利分委办会”和“农利分委办会”,后者负责推进农村合作信用社事业,国民党政府大力推进合作事业的原因之一是有了华洋义赈会的成功案例。参见刘纪荣《政府行为与农村合作社发展:1927~1937年南京国民政府合作政策的历史解读》,社会科学文献出版社2016年版。

[29] 刘纪荣:《政府行为与农村合作社发展:1927~1937年南京国民政府合作政策的历史解读》,社会科学文献出版社2016年版,第118页。

敦煌学与敦煌美术研究

郑　弌

在近年来的敦煌学与敦煌美术研究中，其动向表现在以下几个方面：新材料的调查、整理、发覆；跨区域、跨宗教、跨语系、多民族的研究视野；自觉性检讨学科方法与研究范式；重视早期考察史及研究的史学史；关注物质层面的匠作及工程问题。这些研究从各层面持续推动敦煌研究向更广阔的研究领域及交叉学科拓展，更深入而贴切地发掘材料意涵，而不致受限于相对其他研究方向而言较少有新出材料的缺憾。

一、洞窟调查、新见文献与图像新释

近年来，甘肃省文物局组织实施的“甘肃省中小石窟调查”项目，主要的目的是对甘肃省境内除了敦煌莫高窟（包括敦煌西千佛洞、瓜州榆林窟）、武威天梯山、天水麦积山、永靖炳灵寺等大型石窟群以外的中小型石窟群进行摸底调查，以便更好地进行管理和保护。该项目中属于兰州市与白银市以西区域内的甘肃中小石窟（主要是河西中小石窟）的调查工作由敦煌研究院考古研究所承担。《肃南皇城大湖滩石佛崖石窟调查简报》[1]刊布了现存8个洞窟及其残存的唐代塑像、壁画，以及西夏或元代重修壁画遗存。此类中小石窟之前少有全面调查，因此也未进入研究视野。随着全面调查工作的展开，此类调查对于整体、全局性地认识中古河西石窟很有意义。《肃南上石坝河石窟第3窟壁画研究》[2]即为甘肃中小型石窟个案研究的成果。

在个案研究的方法论应用中，敦煌学与敦煌美术间的关系往往被化约为单纯的图文对照关系。但这种简化的思维逻辑在很大程度上扭曲了中古宗教美术背景下宗教艺术品与文献的共生关系。

仪式问题，成为近年来学者讨论的一个切口，因为它能最大限度地将图像与文献统合于同一文化语境及事件内。例如，《中国佛教仪式研究——以斋供仪式为中心》[3]一书将佛教仪式分为修持仪式和斋供仪式，以斋僧形态为参照，利用敦煌遗书中论义文、斋文、变文和密教仪轨，辅以宋元民间科仪、宝卷、意旨集等新材料，搭建了佛教斋供仪式的组合结构。该书集中研究了道安三例、论义、唱导、斋意、俗讲、水陆法会、预修寄库等一系列中国佛教仪式核心问题，揭示了中国佛教仪式由僧施食向施饿鬼食的转变历程，为理解佛教中国化开拓新视角，也是以斋供模式研究中国古代宗教的新尝试。

《敦煌石窟弥勒经变剃度图所见出家仪式复原研究》[4]同样讨论仪式问题，但其理路是以图证史，体现了近年来史学界日趋用图像材料补益传世史籍及出土金石材料之不足，即所谓“形象史学”。形象史学与美术史最突出的区别，在于学术立场、方法、旨归是否以图像为中心。对于欲入佛门的拟出家者而言，剃发仪式是由俗人到僧尼身份转变的重要标志。该文讨论了留存于唐、五代、宋初敦煌壁画弥勒经变中的剃度图，是历史时期剃度场景的形象资料，将此类画面与唐代道宣《四分律删繁补阙行事钞》和道世《法苑珠林》等佛教律典中记载的僧尼出家时所历经的“摩羯告众”“发心请师”“庄严道场”“辞亲易服”“灌顶皈依”“剃发”“受袈裟”“受三归五戒”等环节仪式进行对照分析，认为敦煌壁画中的剃度图像是现存较为完整的有关唐、五代、宋佛教出家剃度仪式和过程的图像资料，有重要的研究价值，结合相关佛典，从形象史学的角度，可一定程度上帮助了解和复原中古时期佛教出家剃度等相关问题。《敦煌壁画汉唐长安城相关问题申论》[5]同样是借助“形象史学”的路径。敦煌壁画中有关汉唐长安城的图像，分别出现在莫高窟初唐第323窟“张骞出使西域图”“昙延法师灵异故事”莫高窟盛唐第217、103窟佛顶尊胜陀罗尼经变“序品”中，另有以莫高窟第85窟为代表的晚唐五代时期华严经变中的里坊图像。这些唐、五代、宋初出现在敦煌壁画中的有关汉唐长安城的图像，是目前所知仅存的以彩色壁画形式记录汉唐长安城相关信息的资料，有重要的历史和学术价值。该文通过壁画中所记录的城市格局、建筑样式、场景细节等，认为佛教绘画象征性、理想化地再现了作为佛教之都的长安城。类似的研究还有《敦煌建筑画卷中的大唐长安影像——以大明宫含元殿建筑形制为例》[6]。该文在前人对大明宫含元殿考古发掘及复原研究基础上，结合相关文献记载，运用考古学和图像学的方法，将敦煌壁画中平面呈“凹”形佛寺建筑图像及日本相关佛寺建筑的考古资料，与含元殿建筑形制进行对照分析。该文提出，含元殿是一座具有原创性的建筑，并对之后的佛寺建筑形制产生了重大影响，此后平面呈“凹”形佛寺建筑盛行一时。因此，含元殿可作为相关历史问题年代判断的标志性建筑。此类研究的原型可追溯至敦煌建筑研究名家萧默。[7]

在个案研究方面，唐代泗州僧伽的信仰与图像研究是学界经久不衰的题目。《从粟特僧侣到中土至尊——僧伽大师信仰形成内在原因探析》开拓了从西域文化背景考察僧伽信仰兴起文化渊源的视角，提出：“僧伽之所以成为至尊，根本原因在于僧伽大师之本行，他既擅长粟特祈雨术，又精通西域幻术，还善用西域医药及卜兆，四者各不相同，但又相互联系，而将四者有机联系在一起之纽带当即僧伽大师的‘灵异感通’。僧伽长期活动于民间，凭借自己的神通治病救人，利益众生，故而赢得了信徒（甚至摩尼教徒众）的爱戴与敬信。”[8]这一思路类似于早前学界讨论汉末三国两晋南北朝佛教初传时，将习见于僧传的灵验感通事迹追溯至葱岭为中心的西域中亚。此种观点固然有助于看到西域各文化宗教混融的历史事实，但很大程度上忽略了以译经和义理传播为先导的传法活动性质；同时，亦忽略了佛教美术东传中频频采用的策略性因素与信仰内核的关系。例如敦煌北朝早期洞窟有意无意间混同了帝释天与帝释天妃出行图像与中国本土神祇东王公及西王母题材的边界。

作为中古佛教美术最重要也最丰富的遗存之一，敦煌美术研究集中体现了南北朝至隋唐时期宗派分野及不同信仰体系的影响。尽管就宗派、判教等观念性问题究竟在何种程度上影响造像的题材、组合、配置等，学界仍存争议。无疑，法华、华严等信仰体系相关的各历史阶段图像，始终是敦煌美术研究的重要组成。相应于此，断代性的美术史研究仍占据主流。

《大通智胜佛与十六王子艺术表现再述》[9]专注于法华题材中不为人所注意的部分。敦煌壁画中法华经变虽多，然就此题材之表达却相当少，且时代晚在五代；而晋冀鲁豫地区之石窟碑像与题铭中大通智胜佛与十六王子事题材可达十余处，跨度从北魏至隋。该文认为，此题材虽置于《化城喻品》中，但意涵关涉《法华经》基本精神，因而值得重视。

法灭思想对中国北朝造像思想影响深远。《法灭尽经》是5世纪末至6世纪初成书的一部中国撰述佛经，体现的是来自印度佛教的法灭思想。以此经为代表，还有一批主要见于《出三藏记集》著录的佛经，可称之为法灭尽经类佛经。这批佛经在僧祐看来没有疑问，但从隋代开始，大都成了疑伪经。《法灭思想及法灭尽经类佛经在中国流行的时代》[10]探讨了《法灭尽经》成书所依凭的印度法灭思想来源问题，以及法灭尽经类佛经流行的特定年代，强调印度佛教法灭思想不能简单等同于中国佛教的末法思想。

敦煌莫高窟第320窟南壁壁画题材不见于其他洞窟，一直未能定名。通壁壁画由中央说法会、下方宝池莲花化生、两侧莲茎和千佛三部分组成。《敦煌莫高窟第320窟大方等陀罗尼经变考释》[11]提出，这是依据北凉法众译《大方等陀罗尼经》绘制的一铺经变，宣传释迦说陀罗尼时幻现出的景观。《大方等陀罗尼经》在中国南北朝时期就十分流行，对中国佛教影响较大。第320窟大方等陀罗尼经变的发现，使敦煌石窟又增加了一种新经变。

《敦煌隋朝经变画艺术》[12]高屋建瓴地总括了隋朝经变画艺术样式、特征及成就。该文基于对隋朝敦煌壁画中经变画的全面调查，试图对隋朝经变画在表现技法的发展等方面进行阐释。隋朝的经变画从表现形式上分为四类：（1）长卷式构图；（2）单幅结构；（3）对称构图；（4）以说法场面为中心的中轴对称构图。其中第四类成为唐代以后最流行的构图形式。这一形式在隋朝的最终形成，源于六朝以来山水画、建筑画的发展带来的空间表现技法的成就，而经变画的发展也推动了后来大画面经变中空间表现的日益成熟。

随着佛教文殊信仰在中国的流行，山西五台山被认定为文殊菩萨的道场，唐代会赜等人检行五台山圣迹，创制“五台山图”并逐渐传播开来。敦煌壁画中亦保存了多幅五台山图，其中以莫高窟五代第61窟通壁巨制五台山图为代表。《敦煌壁画・五台山图》[13]收录了郭祐孟、赵声良关于文殊信仰和五台山图研究的两篇重要论文；精选了敦煌壁画五台山图像80余幅，以单一题材成书。

《贞观年间的丝路往来与敦煌翟家窟画样的来历》[14]承续了罗世平在2000年提出的“长安样式”概念[15]，由此观照初唐敦煌美术图样来源。敦煌莫高窟第220窟是初唐时期开凿的重要石窟，根据窟内发愿文和题记以及相关史料可知，该石窟开凿于太宗贞观十六年（642）至高宗龙朔二年（662）间。其主室的众多经变画，特别是北壁一排七身药师佛立像和东壁维摩诘经变中与阎立本《历代帝王图》相同的帝王图像，从未在此前的敦煌壁画中出现，应当是新摹自长安的画样。唐朝在高祖武德六年（623）牢固据有敦煌，特别是贞观七年正式更名为沙州后，中原与敦煌的关系更加紧密，一些大族、文士陆续往来敦煌，敦煌的文人如翟通也曾经乡贡而到长安获得明经出身，还有贞观十八年为迎接东归的玄奘而从长安来至敦煌的使臣，这些人士都有可能把长安画样带给敦煌。因此可以说，贞观十六年开始开凿的莫高窟第220窟中的长安画样，是当时中原与敦煌文化交流的必然结果。

唐首都长安及其附近的佛教艺术作品是考察唐前期（安史之乱前，755—763）佛教艺术极为重要的对象。西安现存的武周时期（690—705）及其之前的唐代作品极少。而与此同时，敦煌莫高窟中则保留了大量隋代至唐代的佛像及菩萨像。《敦煌莫高窟唐前期第一期诸窟的特征》[16]集中讨论莫高窟初唐时期（唐前期第一期）的代表性窟第57窟和第322窟。该文认为，虽然从隋第三期诸窟中继承了诸多形式，但这两窟也发生了一些变化。其中最大的变化是，南北壁开始描绘西方净土或弥勒净土等特定的净土图。此外，净土图中增加了往生的具体性描绘，同时塑像也获得了前所未有的写实感。唐前期第一期，特别是第322窟中所见的佛教造像的世俗化，无疑是中原地区佛教美术的如实反映。

榆林窟第2窟正壁中间绘文殊变，其上方为涅槃图，两侧为救八难图。关于这些图像的组合关系，一直没有合理的解释。《榆林窟第2窟正壁文殊图像解析——西夏石窟考古与艺术研究之三》[17]在实地考察的基础上，对图像的细节进行了一一解读，认为这些图像应是以五台山文殊为中心，将《文殊师利般涅槃经》和《文殊真实名经》的相关内容组合到一起，反映出当时文殊信仰与社会现实密切结合的历史事实。

在唐五代至宋时期，敦煌与于阗往来密切。从政治联姻、信仰交流、图像传播等各方面，不一而足。《再论敦煌石窟中的于阗国王与皇后及公主画像——从莫高窟第4窟于阗供养人像谈起》[18]聚焦于莫高窟第4窟东壁门南于阗皇室供养人画像。其身份分别是于阗国王尉迟苏罗及其皇后阴氏、两位于阗公主及两位婢女。榆林窟第31窟甬道北壁所绘的男女供养人像也是尉迟苏罗与阴氏夫妇。该文认为，莫高窟第4窟内其他汉装男女供养人像可能均为敦煌阴氏家族的成员，此窟可能是于阗皇室与阴氏家族共同开凿的一个洞窟。莫高窟第4窟与榆林窟第31窟建成的时间，都在北宋初期尉迟苏罗即位为于阗国王之后。

书法研究无疑是敦煌遗书与艺术研究结合的重要位点，但并非近年热门。《从敦煌遗书看中古书法史的一些问题》[19]从石刻材料和纸绢墨迹的差异出发，强调敦煌遗书对中古书法研究的重要性；进而由书写格式、书者身份及其文化修养、作品优劣、中外交流等角度，讨论中古书写者的审美理想与情趣如何穿透千年，直抵人心。《敦煌本〈诸经杂辑〉刍探——兼议敦煌草书写本研究的有关问题》[20]讨论了较少为国内学界关注的敦煌遗书中草书写本的一例个案。该文认为，被分为两段的敦煌草书写本长卷S.6888书写内容、形式与《经律异相》《诸经要集》等佛教类书形式相近，为佛经片段的辑录，属于佛教类书；只有部分小标题，不分卷品（章节），似乎是更原始的草稿，也有可能是个人的随记。该文最终提出，S.6888是一份没有广泛流通的佛教类书稿，故可定其卷名为《诸经杂辑》。

在洞窟年代考证和个案研究方面，另有如下成果可资注意：《炳灵寺第70、126、128、132窟壁画时代考》[21]通过比对炳灵寺上述四窟壁画内容、功德主等信息，结合第70窟石刻题记及格鲁派在炳灵寺佛教活动情况，提出上述四窟绘于明万历二十九年（1601），由王苗、王秉仪、甘应惩、锁定、罗氏等家族成员出资，属于格鲁派壁画。《麦积山石窟第23窟供养人图像年代蠡测》[22]认为麦积山石窟第23窟彩绘女供养人，并非此前认定的北魏原作或隋代重绘，而是北周重绘，在服饰特点和人物组合配置方面充分体现出当时胡汉融合的特殊社会历史风格，真实再现了秦州地区北朝贵族女性礼佛场景。《莫高窟第217窟东壁供养人洪认生平考》[23]确认了洪认出自刘氏家族，在戊寅年（918）前后担任永安寺法律，之后，又升任永安寺僧政，在贞明九年（923）继阎会恩出任都僧政，大约在长兴二年（931）至丙申年（936）四月之间亡故。在洪认荣升都僧政时，为了表示庆贺，以洪认为代表的刘氏家族重修了莫高窟第217窟。莫高窟初唐第220窟维摩诘经变中的帝王图像是敦煌壁画的代表性作品之一，它对研究中国古代帝王冕服制度及人物画史具有重要的价值。《莫高窟第220窟维摩诘经变帝王像研究》[24]将此帝王像与传为唐阎立本的《历代帝王图》相关帝王形象进行对比研究，并参照《周礼》等相关文献记述对该帝王像进行新的解读。在莫高窟第431窟中心塔柱南侧上层的西魏壁画中，有过去多被称为“乘象入胎”和“夜半逾城”的两幅作品。《莫高窟第431窟中的“乾基罗”和“茂持罗”——乾基罗、茂持罗与乘象入胎、夜半逾城图像的对比分析研究》[25]对此两幅作品与莫高窟相关的乘象入胎和夜半逾城图像进行了对比分析，又根据佛经、文献等资料，考证其应该分别为“乾基罗”和“茂持罗”，即《大方等陀罗尼经》所讲的梦王形象。

二、跨文化与多民族

敦煌美术研究先天地具备跨文化研究的性质。此处的“文化”，既是语境，又是对象。作为语境，它形塑了图像与文本；作为对象，文化间的互动互融，造就了敦煌美术的多样态。因此，敦煌美术的跨文化研究，亦可解析为跨区域、跨宗教、跨语系、多民族共四重研究视野。

虽然《佛教譬喻“二鼠侵藤”在古代欧亚的文本源流》[26]从敦煌遗书的仪式类文书（如书仪、患文、愿文、邈真赞、斋文等）及疑伪经《法王经》入手，但讨论的对象与思路是“二鼠侵藤”文本及图像在古代欧亚的印度、波斯、中国、日本、朝鲜半岛的跨区域传播；在佛典、民间信仰、耆那教等跨宗教传播；在印度佛经、汉译佛典、伊斯兰故事、基督教文本乃至日本江户故事中的跨媒介、跨文体传播。《"老鼠噉铁"型故事及图像在古代亚欧的源流》[27] 从敦煌研究院收藏的一件敦煌卷子（敦研 256）中，抄录了一则"老鼠噉铁"的故事。该故事（ATU1592）从印度分别流传到中国（敦煌、新疆地区）、波斯与阿拉伯地区、东南亚乃至欧洲的法国和俄罗斯等地，其时间悠久，范围广阔。该文共找出了 19 个异本，分析了不同版本故事的主旨、结构、情节、细节等方面的异同，以及形成异同的原因。该故事流传背后所隐含的商业、贸易流通与诚信原则等社会因素，是促进该故事广泛流传的基本因素。更重要的是，该文找出了 5 幅该故事的插图，并分析了其图像与文字文本的关系，以丰富对古代丝绸之路文学插图本的认知。

同样是关于同一题材的跨区域、跨媒材的传播与流变研究，《中印早期佛教宝瓶莲花图像流播》[28] 考察单一图像传播中的演变。在佛教东传中，"宝瓶""宝瓶莲花"原意由印度本土的生命本源象征，转向佛陀舍利供养。其象征含义、表现形式和造型样式持续演变。供奉用瓶多与莲花组合，在佛教语境下融合了生命寓意及生死观念。进入中国后，逐渐成为供奉礼佛及世俗装饰的重要组成。类似的研究如《佛传"降魔成道"的文本与图像流变》[29] 以图式问题为核心，相对传统地讨论了最初记载于印度佛经、属于佛传一部分的"降魔成道"，从早期印度石刻和壁画，经西域传入中国后，其文本与图像如何历经多次改写与发展，在本土化进程中发展出新的图文面貌。

少数民族语文书不仅能用以参照汉译系统，与造像问题也有极其密切的关系。《敦煌藏 3 叶婆罗谜字梵语—回鹘语双语〈法身经〉残片释读》[30] 提出该组残叶文本为《法身经》，属于丝路北道写本系统。《法身经》在佛教东传中扮演了重要角色，西域与河西诸石窟有众多类型的图像，如法界像、佛塔等即与其相关。其汉译佛经即包含前后五个译本：安世高《佛说宝积三昧文殊师利菩萨问法身经》、僧伽婆罗《度一切诸佛境界智严经》、阇那崛多《入法界体性经》、不空《大圣文殊师利菩萨赞佛法身经》、法贤《佛说法身经》。该文讨论了汉译与梵文、回鹘译本的关系，以及各本所体现的主题。

敦煌莫高窟北区 B464 窟出土有大量汉文、西夏文、回鹘文、藏文、蒙文、梵文文献及回鹘文木活字等，而更为重要的是，该窟中室、后室甬道和后室中写满了回鹘文经文题记。如此众多的回鹘文题记，在已发现的敦煌石窟中尚属首例。《敦煌莫高窟北区 B464 窟回鹘文题记研究报告》[31] 通过对回鹘文题记的释读，一方面可修正以往学界对窟内善财童子五十三参等壁画内容的解读；另一方面，可推知 B464 窟现存壁画应出自回鹘人之手，该窟时间下限可定为元代，是元代回鹘洞窟。

《榆林窟第 16 窟叙利亚字回鹘文景教徒题记》[32] 介绍了榆林窟第 16 窟墙壁上的一份题记。该题记是敦煌地区的第一份景教徒突厥文献，是由来自瓜州的回鹘景教徒朝圣者于元代书写的。题记清楚地表明，在元代统治时期，敦煌周边存在有回鹘景教徒，也证明了回鹘景教徒与佛教徒有部分共同的文化传统。

藏传佛教美术研究是中唐以降敦煌美术研究的重心之一。《从黑水城星曜曼荼罗看汉藏夏之间的文化勾连》[33] 首先回顾了 1931 年聂历山借助西夏文文献《圣星母中道法事供养根》判定并阐释黑水城出土星曜曼荼罗图像，认为该仪轨所据的根本文本之一当为《诸星母陀罗尼经》，从敦煌藏经洞所见大量汉藏文本到黑水城、武威等地陆续发现的西夏文异译本《圣曜母陀罗尼经》，提示该信仰在河西这个文化汇流的核心地带的重要性。该文对比西藏与内地的材料，重新解读西夏图像，对于汉、藏、夏等文化相互之间的关联，对于多维度的影响以及河西的自身创造，提出更准确的认知。

三、方法自觉与学科体系

当一门学科或研究方向发展到相应阶段，必然需要反思其赖以成型的方法论及研究立场。这种自我更新体现于敦煌美术研究之中，即是近年来有关风格学的省思。风格学是近代美术史学科得以成立的基础之一，其弊端自然广为人知。但这并不意味着旧方法未可旧瓶装新酒。同样，新方法对旧材料的处理与新释，为敦煌美术研究打开了思路。因此，不同进路的方法论反思与自觉更新，都进一步促使敦煌美术学科体系趋向完善。

《唐代佛教官寺特殊功能研究》[34] 从制度史层面讨论了唐代四次诏令天下诸州统一设立佛教官寺的现象，分别是高宗乾封元年（666）、武周天授元年（690）、中宗神龙元年（705）和玄宗开元二十六年（738）。该文提出，除了弘法传教的基本功能，这些寺院区别于普通佛寺的功能在于：政治象征与宣传、接待来华僧众与国内宾客、承担国忌行香等国家礼仪、掌管地方僧政。该问题看似是制度史的讨论，背后所涉及的是唐代皇权与教权的互动关系，僧政制度、寺院空间、造像活动及国家礼仪，都被纳入这一权力游戏中。而这一点恰恰源自南北朝晚期至隋的影响，并波及日本等地。[35]

《中唐至北宋〈金刚经〉扉画说法图考察》[36] 极尽全面地汇集了现存最古的五件唐至北宋插图本《金刚经》扉画说法图，详尽、细致且深入地分析说法者、闻法众、请法者（须菩提）、说法处所（祇树给孤独园）四种图像要素的特征，有力地提出扉画说法图与壁画金刚经变两类经变虽则依据完全相同的图本，却分属于两种图像系统。该篇还旁涉“孙四娘子墓本”主尊尊格认定、北宋前插图本《金刚经》分布及传播，以及卷首《说法图》定型时代等问题，提出富有见地的意见。该文看似延续了传统的图文互证思路，实则树立了如何讨论不同媒材（《金刚经》扉画与壁画“金刚经变”）所属图本与图像系统的问题。

作为 20 世纪北美中国艺术史研究代表人物方闻的入室弟子，张建宇新著《汉唐美术空间表现研究——以敦煌壁画为中心》[37] 在相当程度上代表了以风格研究为表征的方氏学统在国内学界的最新进展。该书致力于在汉唐艺术“模拟形似史”的大背景下，运用风格学方法，以北凉至盛唐敦煌壁画之“空间表现”问题为切入点，把汉民族特有的空间表现方式与外来佛教题材的融合过程进行系统考察。将考古艺术品、传世作品和文献三者有机结合起来，并把风格史的演变置于其所在的历史文化情境中，从观念史、社会史和文化史的宏观背景中阐释风格之变。在具体研究过程中，以空间画法这一基本视角，重新考察中国佛教艺术研究中的某些重要议题，譬如北魏佛教美术之汉化改革，北朝晚期敦煌工匠集团的分工合作及粉本使用，以及唐代净土式经变画的图式来源等，并力图揭示出古代中国艺术在表现空间方面的独特性。张氏著另外两篇文章分别从北朝早期及晚期切入，讨论敦煌壁画的风格转向问题。《莫高窟早期壁画的空间表现——兼论早期重点洞窟的年代关系》[38]从莫高窟“早期三窟”长期存在“北凉说”和“北魏说”的争论出发，以“空间表现”为切入点，考察莫高窟早期重点洞窟的壁画风格，并发现第272窟、275窟和北魏壁画间有较明显的差异。是文结合洞窟体量、壁画技法以及历史背景，认为“北凉说”更合理。其中，第275窟的横卷式壁画形式未必源自汉晋传统，可能与犍陀罗艺术传统有关。《样式背后：省思北朝晚期风格之变》[39]认为北魏汉化改制带给艺术的影响，不仅体现在人物形象（“秀骨清像”）和衣冠制度（“褒衣博带”）方面，还表现为对山水背景的偏好，以及空间再现的渐趋成熟。北朝晚期风格之变，可从三个层次加以诠释：首先这是一次南朝化变革（汉族化）；其次还可理解为汉代艺术传统的再次复兴（汉朝化）；最后对佛教艺术而言，这是在中国发生的一场“视觉方式”的转变。

四、早期考察及史学史的补证

百余年来敦煌学的深厚积淀，使其有必要发展其史学史，促进学科内省。相对敦煌学中的历史与文献研究，敦煌美术史研究发展尚不充分，研究亟待持续深入。正因于此，从现在即需重视整理早期考察、调查、流散史，并注重史学史的研究。敦煌美术的特殊性，使其史学史研究不仅能补证学术考据，还涉及近代以来中国美术民族化、现代化的时代转型。

李浴先生1944—1946年供职于国立敦煌艺术研究所，在职期间他对石窟进行过系统调查研究，撰写了《莫高窟艺术志》《敦煌石窟内容之考察》《安西榆林窟》《天水麦积山石窟》等多份调查报告。2015年9月，李浴先生后人向敦煌研究院捐赠部分先生收藏的有关敦煌的未出版的文献资料及个人著述。《敦煌研究院新入藏李浴敦煌遗稿的内容及其价值》[40]初步刊布相关资料，并作简要介绍，表明这些史料对于研究敦煌学学术史及敦煌研究院院史具有一定的历史价值和学术价值。

张大千的敦煌临摹、考察活动多彰显以审美价值，往往被视为艺术家的临摹创作活动而不为学术研究所重。但张大千以其艺术直觉的敏感性，重新发掘了敦煌归义军时期供养人像作为生者真仪的特殊性。特殊性背后，体现的是晚唐五代归义军政权的在地化倾向。这一立足本土、强调文化主体性的历史现象，表现在张大千自敦煌归来后于川渝多地举办的临摹展览中，恰好呼应了抗战时期大后方的救亡话语以及吁求“中国文艺复兴”的心理诉求。由此，张大千的敦煌临摹活动及作品，与贯穿整个近代中国的民族话语达成了合流。张大千的临摹手法、取向、考察路数，多有争议。《“预流”：重访西北考察语境中的张大千》[41]钩沉史料，融汇美术史研究与近代美术史学史方法，回到抗战时期西北考察的历史语境下，重新发掘张大千对艺术现象的敏感。其看似摹古，却参与民族文化身份的追寻与重塑，堪称陈寅恪所称学术史中的“预流”。

五、工匠、营建与图像研究

在美术史研究中，工匠与营建活动研究曾长时间未纳入研究视野。即便在石窟研究中考虑到工匠问题，大多趋向两个方面：或将工匠作为艺术创造者，或将工匠及其区域行会/画工团体视为粉本制作与传播的承载者。但这些视角都不足以还原工匠在石窟营建中的位置。同样，营建问题被视为石窟考古中的工程问题。然而，从选址到开窟造像，营建问题从一开始就与石窟空间的营造、造像问题紧密相关。

《莫高窟采石场遗址调查》[42]初步披露了莫高窟东南宕泉河采石场遗址基本情况，而此前尚无学者做过全面的调查工作。采石场的相关信息，对于理解莫高窟现存造像、石碑、建筑构件的来源、营建方法、工匠等都很有帮助。此外，采石场存留的摩崖题刻，周边遗址如三危山老君堂、宕泉沟成城湾古堡及佛塔、和尚沟寺院遗址，都有助于研究莫高窟历史及造像活动。关于麦积山石窟第78窟的开凿时代，有后秦和北魏两说。《以烘烤工艺论麦积山第78窟的开凿年代》[43]以造像壁画制作工艺流程为切入点，认为现存的焚烧木枋和仇池镇壁画是同一时期作品，不存在相互叠压关系，故该窟的开凿年代应为北魏时期。

《敦煌古代工匠研究》[44]一书分为两部分。上篇为研究篇，首先对敦煌工匠的基本情况如行业类别、技术等级等做了介绍，接着从手工业经济和科学技术两方面分别进行探讨。而本篇的重点是艺术工匠部分，这部分同时结合画史、画论等文献，分为艺术创造和艺术设计两个专题，前者是对创造敦煌石窟艺术的历代工匠们各方面的情况加以深入探讨，特别是对工匠们营造石窟的情况做了详细阐述；后者从艺术设计学的角度认识敦煌艺术与敦煌工匠。本篇还对当代艺术家们关心的“艺术家”与“匠人”的问题专门进行了深入讨论。在工匠特色研究部分，分地域、艺术、民族民间三方面，并结合当时当地的社会制度等问题进行深入研究；最后将敦煌工匠研究纳入艺术人类学的轨道，试图建立敦煌艺术人类学的研究方法体系。下篇为史料篇，全面梳理和展示了与敦煌古代工匠相关的史料，敦煌工匠史料主要来源于三个方面：记载和歌颂“功德主”即洞窟窟主们营造佛窟的碑、铭、赞、记资料中有关于“良工”与“巧匠”的零星描述；佛窟与佛画中的工匠供养人画像与题记；官府和寺院的收支账目中关于工匠的役使和供给记录。

六、余论

2018年初，敦煌学界在半月之内痛失三位巨擘：饶宗颐（1917.8.9—2018.2.6）、宿白（1922.8.3—2018.2.1）、金维诺（1924.12.9—2018.2.17）。三位先生学术卓然宏深，就敦煌学领域而论，分别代表了相关又相异的方向：文书研究、石窟寺考古、石窟美术史。在学科建设方面，后两位分别是北京大学考古专业与中央美术学院美术史专业的创办者与奠基者之一。2019年5月10日，中央美术学院于金维诺先生逝世周年之际举办“传铎：纪念金维诺先生美术教育与学术成就研讨会”，系统性地总结金维诺先生学术成就。

正如金维诺先生的老学生、美术史系老系主任薛永年先生在会上所总结：“60多年来，他不断开拓研究领域：敦煌艺术、石窟寺艺术、汉唐美术、卷轴画、书画鉴定、绘画史籍、宗教美术、寺观壁画、藏传佛教美术等等。而他的学术生涯始终与建立具有中国特色的现代中国美术史学紧密联系在一起。在美术史教育方面，从培养本科生、研究生到培养博士生，金先生花费了毕生心血，集中办系前辈的集体智慧，建构了现代中国美术史教学体系，以培养德才兼备、具有中国根脉和世界眼光、富于开拓精神又拥有实际工作能力的中国美术史学者。”[45]青山应如是，白首待何人。站在这样一个历史节点上，能够清晰地看到一代学人自有一代学人的使命，而回望即是为了展望。

（郑弌　中央美术学院美术史系副教授）

注释

[1] 张小刚等：《肃南皇城大湖滩石佛崖石窟调查简报》，《敦煌研究》2018年第4期。
[2] 肃南上石坝河石窟是一处地处偏远的小型石窟，少有人知。该文以第3窟中的壁画为研究对象，首次对壁画的空间分布、题材选择、情节内容做了详细、全面的阐释与研究。是文不仅解读出了所有的西游记壁画，还分辨出了观音救难等画面。在此基础上又对壁画的题材组合、内容与形式的关系、营建意图和壁画反映的社会思想状况做了初步探讨。张利明、张敏：《肃南上石坝河石窟第3窟壁画研究》，《敦煌研究》2018年第3期。
[3] 侯冲：《中国佛教仪式研究——以斋供仪式为中心》，上海古籍出版社2018年版。
[4] 沙武田、李玭玭：《敦煌石窟弥勒经变剃度图所见出家仪式复原研究》，《中国美术研究》2018年第1期。
[5] 沙武田：《敦煌壁画汉唐长安城相关问题申论》，《敦煌研究》2018年第3期。
[6] 王雨：《敦煌建筑画卷中的大唐长安影像——以大明宫含元殿建筑形制为例》，《敦煌研究》2018年第3期。
[7] 萧默：《敦煌建筑研究》，文物出版社1989年版。
[8] 杨富学、张田芳：《从粟特僧侣到中土至尊——僧伽大师信仰形成内在原因探析》，2018年第3期。
[9] 张总：《大通智胜佛与十六王子艺术表现再述》，《敦煌研究》2018年第5期。
[10] 刘屹：《法灭思想及法灭尽经类佛经在中国流行的时代》，《敦煌研究》2018年第1期。
[11] 王惠民：《敦煌莫高窟第320窟大方等陀罗尼经变考释》，《敦煌研究》2018年第1期。
[12] 赵声良：《敦煌隋朝经变画艺术》，《敦煌研究》2018年第3期。
[13] 赵声良主编：《敦煌壁画·五台山图》，江苏凤凰美术出版社2018年版。
[14] 荣新江：《贞观年间的丝路往来与敦煌翟家窟画样的来历》，《敦煌研究》2018年第1期。

[15] 罗世平:《四川唐代佛教造像与长安样式》,《文物》2000 年第 4 期。

[16] 八木春生:《敦煌莫高窟唐前期第一期诸窟的特征》, 姚瑶译,《敦煌研究》2018 年第 6 期。

[17] 赵晓星:《榆林窟第 2 窟正壁文殊图像解析——西夏石窟考古与艺术研究之三》,《敦煌研究》2018 年第 5 期。

[18] 张小刚:《再论敦煌石窟中的于阗国王与皇后及公主画像——从莫高窟第 4 窟于阗供养人像谈起》,《敦煌研究》2018 年第 1 期。

[19] 毕罗:《从敦煌遗书看中古书法史的一些问题》,《敦煌研究》2018 年第 1 期。

[20] 马德、马高强:《敦煌本〈诸经杂辑〉刍探——兼议敦煌草书写本研究的有关问题》,《敦煌研究》2018 年第 2 期。

[21] 赵雪芬:《炳灵寺第 70、126、128、132 窟壁画时代考》,《敦煌研究》2018 年第 5 期。

[22] 曹小玲、孙晓峰:《麦积山石窟第 23 窟供养人图像年代蠡测》,《敦煌研究》2018 年第 5 期。

[23] 陈菊霞、曾俊琴:《莫高窟第 217 窟东壁供养人洪认生平考》,《敦煌研究》2018 年第 4 期。

[24] 赵燕林:《莫高窟第 220 窟维摩诘经变帝王像研究》,《敦煌研究》2018 年第 6 期。

[25] 马兆民:《莫高窟第 431 窟中的“乾基罗”和“茂持罗”——乾基罗、茂持罗与乘象入胎、夜半逾城图像的对比分析研究》,《敦煌研究》2018 年第 4 期。

[26] 陈明:《佛教譬喻“二鼠侵藤”在古代欧亚的文本源流》(上),《世界宗教研究》2018 年第 6 期;《佛教譬喻“二鼠侵藤”在古代欧亚的文本源流》(下),《世界宗教研究》2019 年第 1 期。

[27] 陈明:《“老鼠啖铁”型故事及图像在古代亚欧的源流》,《西域研究》2018 年第 4 期。

[28] 张晶:《中印早期佛教宝瓶莲花图像流播》,《中国美术研究》2018 年第 4 期。

[29] 张薇:《佛传“降魔成道”的文本与图像流变》,《中国美术研究》2018 年第 4 期。

[30] 范晶晶、彭金章、王海云:《敦煌藏 3 叶婆罗谜字梵语—回鹘语双语〈法身经〉残片释读》,《敦煌研究》2018 年第 3 期。

[31] 张铁山、彭金章、皮特・茨默:《敦煌莫高窟北区 B464 窟回鹘文题记研究报告》,《敦煌研究》2018 年第 3 期。

[32] 松井太:《榆林窟第 16 窟叙利亚字回鹘文景教徒题记》, 王平先译,《敦煌研究》2018 年第 2 期。

[33] 廖旸:《从黑水城星曜曼荼罗看汉藏夏之间的文化勾连》,《敦煌研究》2018 年第 4 期。

[34] 聂顺新:《唐代佛教官寺特殊功能研究》,《世界宗教研究》2018 年第 5 期。

[35] 此前的相关研究可参见郑弌《道成舍利:重读仁寿年间隋文帝奉安佛舍利事件》,《美术研究》2016 年第 3 期。

[36] 张建宇:《中唐至北宋〈金刚经〉扉画说法图考察》,《世界宗教研究》2018 年第 2 期。

[37] 张建宇:《汉唐美术空间表现研究——以敦煌壁画为中心》, 中国人民大学出版社 2018 年版。

[38] 张建宇:《莫高窟早期壁画的空间表现——兼论早期重点洞窟的年代关系》,《美术观察》2018 年第 1 期。

[39] 张建宇:《样式背后:省思北朝晚期风格之变》,《美术研究》2018 年第 2 期。

[40] 王慧慧、冯志国:《敦煌研究院新入藏李浴敦煌遗稿的内容及其价值》,《敦煌研究》2018 年第 6 期。

[41] 郑弌:《“预流”:重访西北考察语境中的张大千》,《中国国家博物馆馆刊》2018 年第 2 期,

[42] 吴军、刘艳燕:《莫高窟采石场遗址调查》,《敦煌研究》2018 年第 1 期。

[43] 董广强:《以烘烤工艺论麦积山第 78 窟的开凿年代》,《敦煌研究》2018 年第 5 期。

[44] 马德:《敦煌古代工匠研究》, 文物出版社 2018 年版。

[45] 摘自薛永年 2019 年 5 月 10 日发言。另参见薛永年《学林失巨擘 领步忆良师——缅怀金维诺先生》,《中国美术报》2018 年 3 月 26 日第 7 版; 罗世平《鉴古开今 永远进取——金维诺教授的学术人生》,《美术》2018 年第 4 期。

学科报道

2018年中国画理论与实践研究综述

陈青青

回顾改革开放40年是2018年中国各个领域，特别是美术界的工作重点所在。改革开放以来，中国美术的创作实践、理论研究、展览陈列、艺术市场以及美术教育和新兴学科的发展，都发生了翻天覆地的变化。此外，2018年恰逢几所美术院校周年纪念，各种美术纪念活动与回顾展览令人目不暇接，几所学院在发展文脉的梳理上尤其注重中国画实践与理论领域。因此，2018年可谓是中国美术界的回望梳理之年，而中国画的发展理路构成了梳理工作中重要的组成部分。2018年中国画总体特征与热点问题，可大致归纳为四点：其一，改革开放40年中国画发展理路回顾；其二，中国画名家大师百年诞辰纪念；其三，美术教育纪念年；其四，传统绘画与美术史学研究。

一、改革开放40年中国画发展理路回顾

20世纪以来，中国画面临中与西、传统与现代等多重影响，呈现出具有独特面貌的现代转型，也在种种转向中不断深化、丰厚、扩展而成为新的传统，尤其是在改革开放之后，中国画处于更为开阔的艺术界域之中，不断掀起的文化热潮影响和催生了中国画更为多元和多向度的发展。2018年是中国改革开放40周年，在回望之际，可以深切感受到中国画无论在理论还是实践方面都有一些新的突破，尤其是对改革开放40年来中国画面貌形态的梳理和总结，成为今年中国画界的热点论题。

进入2018年，全国各美术馆、博物院纷纷聚焦改革开放40年，策划举办了一系列展览："东方风来满眼春——中国美术馆典藏精品展（1978—2018）""大潮起珠江——庆祝改革开放40周年全国美术作品展""闳约深美——南京艺术学院中国画、书法专业改革开放40年教学成果展""新时代新徽派——安徽书画40年精品晋京展""能量——改革开放40年山东美术发展成果展"等，多角度、多方位地展示了改革开放40年以来中国画的发展理路与成就，生动具体地反映了各个地区中国画的不同风格语言与发展现状，也多角度展现了当代中国社会文化建设的探索历程与成就，全方位反映出中国画在现代进程中的进步与发展。

特别是北京民生现代美术馆举办的“中国新水墨作品展1978—2018”，可以说是首次对改革开放40年来的水墨艺术进行了系统梳理，作为2018年末压轴大戏，展览通过回溯40年来中国水墨艺术发展变革的动态历程、多样形态和丰富面貌勾画和归纳了改革开放以来的美术图景，也引发了对于当下相关领域创作与理论研究的新思考。展览分为“新中国画”和“新水墨”两个板块，以时间为线索，分别呈现“1978—1989年”“1990—1999年”“2000—2018年”这三个不同历史时期具有代表性的艺术作品，呈现中国水墨从传统走向多元发展、跨文化视野多向繁荣的格局。虽然在今天看来，新中国画和新水墨画的共性与边界还没有明确的界定，中国水墨画与中国画在继承民族文化传统与向西方现当代艺术靠拢的趋势上也未有清晰的划分，但在这40年的历程中，画家们通过不懈的努力、探索、实验、拓展，逐渐由传统出新，激活传统语言创造，形成了对民族文化的回归和面对世界的自信，也因其在观念、语言、形式等方面的推进为世界提供了独特的文化创造与中国经验。[1]

二、中国画名家大师百年诞辰纪念

除回顾改革开放40周年的特别展览之外，艺术家诞辰周年纪念展依然是今年中国画界乃至整个美术界的关注点所在。2018年举办了多场名家大师纪念展，从个案的视角回顾和研究了中国画大家的艺术之路，也使得中国画理论研究进入了更为精致和深入的阶段。

开年之初，为纪念潘天寿诞辰120周年，李桦、李可染、叶浅予诞辰110周年，张仃诞辰100周年，中国文联、中国美协举办“纪念潘天寿、李桦、李可染、叶浅予、张仃百年诞辰座谈会”，在20世纪中国美术发生变革的时代语境下，这几位国画大家无疑都做出了重要贡献，留下了有关中国美术文化属性、发展趋向与前进方向的思考，也留下了大量优秀的艺术佳作。大师之风，山高水长，激励来者，感召今人，他们的艺术生涯与20世纪中国美术的发展紧密相连。研讨会回顾了五位先生的人生经历和艺术业绩，也进一步从他们坚定的艺术追求与信念中汲取力量，对今天推动中国画实践研究与理论发展具有薪火相传的重要意义。

今年是丰子恺诞辰120周年，丰子恺嫡孙丰羽策划纪念系列展览，分别在香港、杭州、北京及丰子恺故乡浙江桐乡举办，五场展览主题不一，分别是：“诗·韵——当丰子恺邂逅竹久梦二”，通过50件竹久梦二（1884—1934）与80件丰子恺的作品，探讨游学日本的丰子恺如何学习竹久梦二，以及二者各自的艺术风格特点；“当时明月在——丰子恺文翰家珍”试图从书法的角度探讨丰子恺的翰墨文心；“此境风月好——丰子恺诞辰120周年回顾展”是对丰子恺艺术人生的多维展现；“漫画人间——丰子恺的艺术世界”概括性地呈现丰子恺画家、散文家、艺术理论家、音乐教育家、装帧设计家和翻译家6个身份，以求全面还原丰子恺多样的艺术人生；“我自爱桐乡——丰子恺艺术省亲展”，从故土乡音的角度勾勒出这位从桐乡石门镇走出去的少年，如何成长为一位艺术大家的生动过程，并充分展现丰子恺终生热爱家乡的浓浓情意。自20世纪80年代起，上海丰子恺研究会的成立成为全国最早集中研究丰子恺的机构，1997年杭州师范大学（原杭州师范学院）弘一大师丰子恺研究中心的成立进一步推动了相关研究的进行，较大程度地推进了对丰子恺作品、文章书稿等的整理、编纂、出版和研究。2018年，这五场系列展览较为完整地梳理了丰子恺在这诸多方面的成就，也再一次为观众呈现了一个以诗心与童心传播真善美的文化艺术大家。

2018年还是李苦禅和张伯驹诞辰120周年。作为“国家博物馆20世纪大师系列展”之一，“法古禅心——纪念李苦禅诞辰120周年艺术展”在中国国家博物馆开幕，展览展出了李苦禅不同创作时期的百余件作品，从学生时期的画作草稿到去世几小时前的书法日课习作，包括与齐白石、徐悲鸿等人的通信往来、论画手稿等，全方位呈现了李苦禅的艺术历程。在纪念诞辰之际举办李苦禅的大型艺术展，回顾他的画学脉络和创作贡献，有着重要的学术意义与文化意义。李苦禅一生的艺术成就与人生品格勾画了20世纪中国画形态演进的发展历程，也诠释了中国“文化脊梁”的时代内涵；与此同时，“予所收蓄　永存吾土——张伯驹先生诞辰120周年纪念展”在故宫武英殿开幕，张伯驹曾说：“予所收蓄，不必终予身，为予有，但使永存吾土，世传有序，则是予所愿也！”[2]作为民国时期的收藏大家，张伯驹不仅以个人高超的艺术修养与鉴赏眼力收藏了一大批珍贵书画，还以慷慨博大之心将全部收藏捐献给国家。本次展览以国有博物馆中经张伯驹先生鉴藏的古书画为限，展品共33件（套），分故宫博物院、国家博物馆、吉林省博物院三个部分，借此展览展现了一位饱含家国情怀，充满民族大义的文人，也为观者呈现了一位“化私为公，足资楷式”[3]的收藏大家。

三、美术教育纪念年

2018年可以说是美术教育的纪念年：中央美术学院建校100周年、中国美术学院建校90周年、鲁迅美术学院建校80周年。各大美院在学院周年纪念之际，将百年以来的学院文脉与艺术硕果都做了系统的整理与展示，百年以来学院中国画发展的历程也囊括其中。中央美术学院相继推出的几场大展无疑都将百年来中国美术变革与创新的时代性纳入其中，“悲鸿生命——徐悲鸿艺术大展”作为中央美术学院百年校庆特展在中央美院校庆日开幕。徐悲鸿作为20世纪中国美术史上开创一代新风的先驱者和奠基人，同时作为新中国成立之后中央美院的首任校长，在近代中国美术与美术教育的发展中起到了举足轻重的作用。这次展览中展出了数幅徐悲鸿的国画作品，充分印证了徐悲鸿中国画改良的画学思想。“悲鸿生命——徐悲鸿艺术大展”，除了展出徐悲鸿家喻户晓的重要作品之外，还展出了极为珍贵的徐悲鸿藏画中之精品——被视为“悲鸿生命”的《八十七神仙卷》，这是此卷真迹首次全卷展开与观众见面，不仅丰富了展览的维度，也掀起一股观画高潮。紧接着，“与时代同行——中央美术学院百年校庆精品展”在中央美院美术馆开幕，以百年为轴，串联出艺术创造的视觉印记。展出国画、油画、版画、雕塑等经典作品140余件，以中央美院美术馆馆藏为基础，精选了美院百年发展史当中，从北平艺专、延安鲁艺到新中国成立等各时期，由央美师生创作的代表作品。其中，中国画作品以线性展示了20世纪文化变革背景下传统风貌与时代精神的表现形式，尤其展现了中央美术学院在百年发展的历程中如何在中国画实践中进行变革和创新。此外，中央美院还举办了“再造山河——20世纪50、60年代‘新国画运动’”研究展，选取了20世纪中期中国画革新之路的精品之作，并梳理了有关中国画变革的讨论文字，从“中国画转型的讨论”“写生图新”和“山河新貌”三个板块构建了20世纪50—60年代中国画革新过程中山水画的演变之路。这几个展览从中央美院的历史文脉中探研，但显然超越了简单的回顾与梳理，而勾连出在时代更迭下中国画艺术语言与形制的变更转向，包含传统中国画在现代转型过程中所遭遇的挑战与创变。

2018年，中央美术学院还依托一批馆藏叶浅予作品，先后举办“仅仅是速写？——叶浅予个案研究展系列一”“物·悟——叶浅予个案研究展系列二”“叶浅予的‘民族学’——叶浅予中国画艺术专题展”。这几次专题研究展不仅汇总了叶浅予不同时期的代表作品，还整理出他的近180幅速写精作，同时包括敦煌壁画的临摹作品以及叶浅予对民族艺术融入人物画题材与笔墨的探索。正如策展人曹庆晖在前言中说的，此次展览以民族学作为研究视角，是作为“研展叶浅予藏品的一个艺术观察的视角，一个资源汇流的途径，一个开放的讨论空间”[4]。

中国美术学院与鲁迅美术学院也同时举办了隆重的纪念活动。其中，中国美术学院举办了“中国·美术·学院——中国美术学院九十周年纪念展”，借此大展纪念学院建校90周年。展览通过在国美教学中撷取的15个案例，全面呈现了九十年的发展理路，这其中极其重要的一部分即是中国美院在中国画创作与教学上重要的贡献。自蔡元培在西湖畔振臂疾呼建立“创造美、实现美”的“艺术院”[5]以来，以美育为宗旨的使命就被烙印在了国美人的品格精神之中。随即，林风眠、潘天寿等一代人在融合中西与传统出新两条脉络中拓展中国画实践与教育的路向，为近代中国画的现代化变革和本体文化坚守起到了重要作用。此外，为纪念中国美术学院建校90周年，《国美之路大典》也全部付梓。这部丛书由百余位中国美术学院的师生团队参与编辑，历时十载，共16卷39册，近1500万字、2万图版，成为研究中国美术学院艺术教育史最具规模的学术刊物之一。

四、传统绘画与美术史学研究

在图像数字化、艺术科技等正在重塑社会文明生态之时，对传统绘画与美术史学的研究依然是艺术实践与画学理论的重要组成部分。从2018年相继推出的重要展览就可以看出，全国美术界对传统书画作品研究的热度仍未减弱，各美术馆、博物馆调动馆藏资源，以专题或个案形式系统展示。这其中重要展览有：故宫博物院举办的“铁笔生花——故宫博物院藏吴昌硕书画篆刻特展”，展览通过四个单元，集合绘画、书法、篆刻三类作品百余件，展示吴昌硕多方面的艺术成就，分别从吴昌硕绘画的艺术渊源、大写意的绘画风格、交游与影响，以及书法篆刻四个方面呈现，突出表现吴昌硕最具特色的画风和富有生命力的笔墨，展现这位艺术大师开放进取的博大胸怀以及对时代变迁的积极融入；上海博物馆年末推出“丹青宝筏：董其昌书画艺术大展”，此次展览是以上博专家多年来对董其昌及其所处时代，以及对相关艺术史发展脉络的梳理与研究为基础的，可以说是一个“研究型展览”。展览分为三部分，呈现出艺术性、经典性与学术性的统一：第一单元“以古为师——董其昌和他的时代”，旨在探讨董其昌所置身的时代土壤，体现对其两大艺术来源的研究与梳理；第二单元“宇宙在手——董其昌的艺术成就和超越”，以董氏创作时间为序，全面展示董氏艺术成就，还原其艰辛的艺术探索历程；第三单元“一代宗师——董其昌的艺术影响和作品辨伪”，包括受董其昌影响的主要画派、画家之作等。此次展览不仅填补了大陆地区董其昌展览的空白，也实现了诸多领域的创新突破。例如，首次古代书画类全球总动员式策展，将书画真伪鉴定的经典案例还原至展厅，以及建立董其昌数字人文专题配合展览等。

不容忽视的是，北京画院一直以中国画收藏、研究和展示为主，特别是对齐白石艺术的研究和推广，可以称得上是收藏齐白石作品数量最多、体系最完备的艺术机构。2018 年开年首展即是北京画院与徐悲鸿纪念馆共同合作推出的“白石墨妙 · 倾胆徐君——徐悲鸿眼中的齐白石”专题展，此次展览以徐悲鸿旧藏齐白石作品为基础，同时配合展出北京画院收藏的齐白石、徐悲鸿作品，将两家艺术机构收藏的齐白石艺术精品七十余件套汇聚一堂，并通过相关作品、文献、信札全面梳理两位艺术大师相识、相交、相知的详细过程。2018 年 7 月，北京画院又相继推出“胸中山水奇天下　齐白石笔下的山水意境之二”，从“湘上青山好景光（1882—1902）”“看山曾作天涯客（1902—1916）”“卅年删尽雷同法（1917—1929）”“岳语湘烟梦往还（1930—1954）”四个板块，分别对齐白石学画之初、五出五归远游期间、定居北京“衰年变法”时期，以及人生最后时期的山水画作品进行梳理和研究，从中探寻齐白石山水画的演变过程与原因，以及山水画对于齐白石创作的重要意义。此外，在研究梳理自身藏品的基础上，北京画院也十分注重与其他机构进行合作，展开更为广泛的学术交流与展览合作。“我向毫端寻往迹——明清山水画的古意今情”是该系列展览的第四展。如果说，2015 年举办的明清文人实景山水作品展意在展示明清山水画中“实景”与“写生”的关系，致力于讨论画家在自然界中如何进行写实性描绘，那么此次展览则重在强调山水画中“摹古”的价值与意义，突显在传统绘画中临习古人的重要性。

2018 年是北京画院的山水之年，除了推出以“胸中山水奇天下——齐白石笔下的山水意境之二”“我向毫端寻往迹——明清山水画的古意今情”等重要专题展览项目外，还于 2018 年 9 月 22 日至 23 日在北京会议中心举办“北京画院 2018 年度学术年会专题研讨会：

山水画在当代的表现与未来走向”。研讨会设置为三个专题，分别是“齐白石研究”“中国古代山水画”“中国山水画走向何方?”，汇集了国内外众多美术史学者、画家等共同探讨山水画的发展流变。其中，“齐白石研究”专题研讨会既有宏观整体的论述，又有深入的个案研究，对他独具现代特点的山水画语言，他的书法、篆刻，以及生平、交游、艺术传播与出版等问题进行了讨论，可以说在以齐白石山水画研究为重点的“山水之年”有效推动了相关研究的细化和深入；“中国古代山水画”学术研讨会囊括了纪游胜景、图像流变、跨界传播、画作考辨、理论反思五个主题，来自不同高校及研究机构的21位专家学者分别进行了主旨发言，探讨山水游历与山水画创作之间的关系、不同主题的山水画图式之形成及其在后世的传播与变异，除此之外还讨论了山水画图式在不同媒介上的运用，以及山水画图式在建筑空间中所发挥的作用，最后，集中论述了山水画作的真伪考证、品格高下，绘画本体之外延伸出的意涵趣味，以及山水笔墨图式的功能与意义等；“中国山水画走向何方?”研讨会专场围绕“中国画走向何方?”“画家的社会身份和责任”“山水精神与多维度思考”三个议题展开讨论，总结与探讨了中国山水画在20世纪的发展并对其未来走向进行了设想，同时从新媒体的角度，探讨了新媒体艺术对中国山水未来走向的影响。当代水墨在脱离了以“山水”为中心的生活方式之后，用一些外来的物品和媒介，自外向内地揭示了水墨艺术惯例的局限，借助新的表述方式与创作探索，在新媒介和新技术中呈现出新的面貌，也从中引发了山水画当前存在的危机和未来可能的转机。

中国画创作实践与理论研究始终是中国美术发展进程中的核心问题，也是艺术界、美术家普遍关心和关注的重点课题。2018年处在改革开放40年的历史节点，因时间节点的特殊性，这一年中国画创作与研究更多地将精力放在回顾、整理与梳理上，诸多关键词与热点问题的提出依然基于对过去成果的评判、挖掘、研究和讨论，而中国画自身在新时代大环境影响下应当做出的新变与调整并未有大的突破，尽管从2018年的诸多展览活动、学术研讨中已初见深入研究的端倪，但依然缺乏更具创见或精致入微的探研。总而言之，2018年中国画坛不仅以贯穿古今的视野囊括了对美术发展的历史叙事，更以新的观赏方式与新的文化体验试图实现创作实践与艺术理论的通达，此种趋向，为人文传统与笔墨表达的当代新象带来了新的启示，也成为中国画在当下合振时代脉搏进行有效探索、迈向艺术高峰的必经之路。

（陈青青　中央美术学院博士，中央美术学院国家主题性美术创作研究中心助理研究员）

注释

［1］严长元:《40年，中国水墨点染出新传统》,《中国文化报》2018年12月23日。

［2］张伯驹:《丛碧书画录序》，载杨新主编《张伯驹潘素捐献收藏书画集》，紫禁城出版社1998年版。

[3] 1956年7月，时任文化部部长沈雁冰亲笔为捐献8件国宝的张伯驹先生颁发褒奖令，其中赞誉张伯驹“化私为公，足资楷式”。冯其庸：《旷世奇人张伯驹丛碧老人诞辰一百一十周年纪念》，《紫禁城》2018年第3期。

[4] 曹庆晖：“叶浅予的‘民族学’——叶浅予中国画艺术专题展”展览前言。

[5] 蔡元培于1928年3月出席国立艺术院成立典礼，并做题为《学校是为研究学术而设》的开学演讲，提出“艺术是创造美的、实现美的”“要以纯粹的美来唤醒人的心”，洪再新：《崇尚学术与艺术创作教学——再论美院的美术史共同课改革》，《新美术》1994年第1期。

2018年中国写实与写意油画热点问题盘点

陈国辉

一、2018年中国写实与写意油画展览热点盘点

2018年，由中国美术家协会、中国油画学会等各级单位举办了各种类型的中国写实与写意油画展览项目。其中，“2018年中国写实画派十四周年展”“具象中国2018——写实油画作品展”“可见之诗——第三届中国油画风景作品展（2018）”“最绘画——第三届中国青年油画作品展（2018）”“语言之在——第四届中国油画双年展（2018）”“文脉传薪——2018中国写意油画学派作品年展”等是影响力较大的展览。

由中国油画学会、山东省文学艺术界联合会、潍坊市人民政府联合举办的“可见之诗——第三届中国油画风景作品展（2018）”在山东潍坊十笏园文化街区开幕，是中国油画学会近年来举办规模较大的一次邀请展。展览特邀詹建俊、靳尚谊、许江、钟涵、闻立鹏、张祖英、闫振铎、罗中立、韦尔申、杨飞云、郭润文、范迪安、徐里、王胜利、孙景波、宋惠民、杨参军、庞茂琨、雷波等100余位国内知名油画大家参加展览，所展190余幅作品为各位艺术家最新创作作品。在活动期间，主办方通过展览展示、与名家互动等多种方式展现了当代中国油画的风采，促进了中国油画市场的兴旺繁荣。“最绘画——第三届中国青年油画作品展（2018）”于7月13日在呼和浩特市内蒙古美术馆开幕。此次展览由中国油画学会、内蒙古自治区党委宣传部、呼和浩特市人民政府、内蒙古自治区文学艺术界联合会主办，内蒙古油画学会、内蒙古美术馆、斯琴塔娜艺术博物馆承办，并得到内蒙古自治区工商业联合会、共青团内蒙古自治区青年联合会的大力支持。由中国油画学会、上海中华艺术宫联合主办的“语言之在——第四届中国油画双年展（2018）”于8月25日在中华艺术宫展厅开幕。本届中国油画双年展览由詹建俊、靳尚谊、全山石、邵大箴、钟涵担任策展，许江、殷双喜担任执行策展。展览组委会围绕“绘画语言”主题，共有32位画家的200余幅作品参展。

“文脉传薪”油画展到2018年已经是第四届。自2015年北京当代中国写意油画研究院成立以来，在深圳市宣传文化发展事业专项基金的支持下，由深圳市关山月美术馆和北

京当代中国写意油画研究院共同主办的“文脉传薪——中国写意油画学派名家研究展”连续三年成功举办，2017 年更获得国家艺术基金的资助，在中国美术馆举办了展览，后又在各地巡展，形成了广泛而深远的影响。该项目以中国写意油画年度展的方式，从对中国写意油画学派名家作品的展示、研究和出版入手，展开对中国写意油画进行学术研究和梳理，以推动中国当代写意油画的发展。中国美术家协会主席范迪安先生在展览前言中指出：“油画从西方传来，经过几代艺术家的研究与创造，成为表述中国文化主题和表达中国思想观念的视觉载体，更成为表现中国画家文化情怀的语言，油画在中国的传播与广泛的社会接受也使油画拥有中国自身文化环境的支持。在全球文化交汇和交融的情境中，中国油画需要寻找自己发展的路向。近些年来，一大批油画家重视在文化精神层面弘扬传统、驻足本土、探索创造，体现了一种新的文化自觉。‘写意油画’就是当代中国油画的一种新的学术现象，也体现了中国油画家新的文化选择。”第四届“文脉传薪”油画展以“家园”为主题，旨在让艺术家们用不同的叙事方式和关注视角，描绘出对于当下生活和精神家园的依恋和理想，创作出更多优秀的作品奉献给这个伟大的时代。“家园”作为人类的心灵归属，有着极强的向心力和凝聚力；家园意识作为一种文化积淀，体现中国文化根性和民族的文化精神，也促使艺术家热切关注自己当下的生活和精神家园，并以自己独特的审美方式关照和反映当代生活和精神的家园，而使这种家园意识在新时代彰显出新的文化意义和美学价值。

“具象中国 2018——写实油画作品展”汇集了中国写实油画领域的 26 位优秀艺术家的百余幅作品，展出作品题材多样，风格迥异，而且都遵循着一个基本原则——以具体生动的艺术形象描述当代中国万象。画家们注重油画的中国化，这里有对现实生活惟妙惟肖的描摹，也有对故乡故土的怀念，并以此表达对社会、生活的审美趣味。本次展览是中国写实油画领域又一朵绽放的艺术之花，也是中国顶尖油画家向观众贡献的一场酣畅淋漓的视界盛宴。其中，“具象中国”的领军人物，中国写实油画家王沂东先生，再次向读者展示了他高超的油画技巧，并证实了这样一条艺术原则：精美的写实笔法可以达至形而上的艺术境界。

由中国写实画派、北京 1+1 艺术中心、天津美术馆联合举办的“2018 年中国写实画派十四周年展”一共展出了中国写实画派艺术家陈逸飞、艾轩、杨飞云、王沂东、陈衍宁、徐芒耀、何多苓、刘孔喜、袁正阳、郭润文、王宏剑、朝戈、张利、龙力游、夏星、李士进、王玉琦、徐唯辛、郑艺、翁伟、忻东旺、庞茂琨、冷军、殷雄、石良、李贵君、张义波、朱春林、王少伦、徐青峰等人的作品。中国写实画派是改革开放进程中的自然产物，十四年来，不断有优秀艺术家参与，由最初十余人发展到现在的三十余人，虽然不能涵盖中国写实油画全貌，写实画派却具有一定的代表性。经过历年的坚持，写实画派已连续举办十四届展览，得到学界和社会各界的广泛支持、关注，以及建设性的批评。该次展览共展出油画作品约 90 幅，全面呈现了艺术家创作的基本面貌及 2018 年的经典之作。

2018年12月31日，由山水油画艺术研究院、清华大学美术学院朱曜奎油画创作高级研修班、歌德艺术中心主办，嘉利文化承办的“净界——2018—2019写实油画全国巡展”北京首展在歌德艺术中心隆重开幕。参加“净界”首展的三十多位画家，其中有很多都是当代著名油画家，都是现实主义写实画派的优秀画家，又各具风格。不少参展作品体现出画家们用自己的画笔表现着自己在生活中、平凡的器物中发现的独特的美。

为纪念中央美术学院百年校庆，由中央美术学院主办，中央美术学院油画系、中央美术学院美术馆组织策划的“意义的回归——中央美术学院油画系教师进行时”展览，展出央美油画系在任的22位教师40余件（组）近期代表作品。中央美术学院前身是国立北平艺专，作为中国现代美术教育的开创者和践行者，中央美术学院的油画教学与创作都是中国的一面旗帜，在各个时期都产生了历史性的影响和示范效果。本次展览以“意义的回归”为主题，展示了央美的绘画教学转型，显示了他们作为集体力量对于油画绘画的信念和坚守。

2018年度的大型写实与写意油画展览以持续性品牌推进，不仅进一步丰富了中国油画界的创作与推广，搭建学术平台；还有利于建立在艺术家与公众之间的互动交流，逐渐形成集艺术创作、艺术传播、艺术营销、艺术欣赏于一体的当代中国油画展示系统，产生了广泛的社会效应。

二、2018年中国写实与写意油画学术论文热点

2018年发表的中国写实与写意油画学术论文对中国写实油画的学术意义、理论界定，以及油画的题材内容、形式语言和思想观念等相关理论问题进行了全面论述；对写意油画定位中涉及的“写意性”“写意精神”等概念定义做了深入的、学术的梳理和讨论；同时，对中国写实、写意油画的发展提出了许多建设性的意见。

围绕着中国写实油画的主题、思想、形式等为研究对象，不少学术论文进行了深入剖析。如莫德格《写实油画的观念诉求》[1]从写实油画的发展历程与现状、观念性在写实油画中的体现与表达路径两个主要脉络来论述写实油画的观念诉求，强调写实油画不仅要体现出当下时代的面貌，更要体现出当下时代的精神内涵。文章指出艺术家甚至要创造出超越时代的观念性，给予观者视觉基础上的深层体验，使中国的写实油画拥有更旺盛的生命力。姜向东的《论中国写实油画的精神实质》[2]指出，写实油画是一种西方绘画的主要表现形式和方法，也是中国油画的重要组成部分；写实的精神实质是构成整个油画艺术发展过程中的生命依据，追求精神目标则是一切艺术的使命，中国写实油画必须牢牢把握精神这根底线，否则将失去存在的意义。王鲁湘的《写实油画的静谧之美》[3]一文，根据势象空间主办的“超然——中国油画名家邀请展”汇集的徐芒耀、杨飞云、郭润文、冷军、李贵君、朱春林、常磊七位当代颇负盛名的油画家的共40余幅作品，指出中国当代写实油画

的近况和油画家们的思考与探索。师学博的《再看写实油画中的“真实性”》[4]认为“真实性”在写实油画家的眼中是比较敏感的话题。但如何鉴别“真实性”以及在写实性创作当中处理“真实性”需要解决什么问题，必须进行深入的学术研究。许畅的《上海青年画家现代都市题材写实油画创作研究》[5]聚焦于上海青年画家的创作背景是开放多元的“海派文化”与多姿多彩的生活，从现代视角切入都市母题，力图对现代都市题材写实油画的思维方式、创作理念、表现手法作梳理研究，从而为相关的绘画创作探索提供必要的理论支持和学术参考。

如果上述论文是对中国写实油画整体性的现象分析与研究的话，那么下述论文则是从写实油画个案分析的角度进行阐发的。2018年，著名写实主义油画家郑艺先生不幸过世，陈池瑜先生撰写了两篇纪念性的文章，分别是《郑艺油画的北方情结与写实风格》[6]和《怀念郑艺——自然之诗与生命关怀》[7]，从郑艺先生从艺的历程、艺术风格、写实主义方法、精神品格和画坛上的重要影响进行了深切的缅怀，并指出20世纪80年代以来，中国现实主义写实艺术之所以得到较快发展，主要原因是用现实主义方法表现容易为大众所喜闻乐见。陈茜的《试析中国当代古典写实油画大师作品中的艺术语言》[8]指出几位中国当代古典写实油画家的绘画作品特点，总结其绘画风格并浅析其作品中的艺术语言，认为不少现当代中国古典写实油画名家的油画绘画启蒙大多源自发展成熟的西方古典油画，从构图、造型、阴影关系、立体感等方面入门，一步步发展成为具有中国特色的中国当代古典油画艺术。戴平均的《坚持超现实主义写实油画的道路，创造独特的语言体系和人文关怀》[9]认为20世纪80年代随着国内艺术家对现代艺术潮流的深入研究，随着国内艺术观逐步与世界接轨，各种优秀的绘画作品如雨后春笋般层出不穷。曾经被认为是传统和正统的写实绘画，却在这股艺术思潮中，陷入了两难的境地。但若是突破其中观念上的困顿，将现代主义绘画的语言风格融入写实绘画当中，会开拓出独特的语言体系和创作路径。尚辉先生的《心理场阈的形象再造——从戴平均的画室幻境看70后写实油画的艺术追求》[10]对70后写实油画家戴平均的绘画艺术主题、写实语言和精神追求进行深入剖析，指出戴平均写实油画的心理象征主义的意义与价值。

谢婉怡的《当代写实油画中的怀旧主题探析》[11]以王沂东和郭润文两位画家为研究对象，对当代写实油画中的怀旧主题、表达方式、精神追求进行了探析。郭惠的《中国当代写实油画中诗意情怀的体现》[12]则对中国当代写实油画中的“诗意情怀”展开分析，选择了朝戈等几位艺术家个案探讨了绘画主题当中的“诗意性”表达的特征与形式。晓君的《视野与使命——致北京靳尚谊艺术基金会青年教师扶植计划创作研究展》[13]一文结合由北京靳尚谊艺术基金会主办，中国艺术研究院中国油画院协办的在中国油画院美术馆举办的“北京靳尚谊艺术基金会青年画家扶植计划暨绘画新锐展”项目，指出当代中国写实油画有别于青年艺术家一味追逐各种欧美现当代艺术流派，体现出坚持写实主义的学术意义与现实意义。

关于中国写意油画方面，有不少论文围绕写意油画的概念、范畴、特征等展开论述。王胜选的《中国写意油画探析》[14]围绕“写意油画”这个概念展开讨论，指出其是在我国油画民族化发展过程中提出来的，虽然至今并未被广泛接受，然而经过几代人的创作发展与理论探讨，已成为当代中国油画的创作主流。而如何推动写意油画在当代的进一步发展及其理论的完善，正是需要学界探讨的重要问题。陈晔的《中国写意油画之我见》[15]认为中西方在关于绘画的审美特征上的差异性导致了绘画艺术表现方式的不同。中国写意油画的诞生历经几代人的探索，从林风眠到赵无极、吴冠中、戴士和等把西方油画的传统技法理念结合东方色彩、表达方式，形成中西合璧的中国写意油画现象。黄礼攸的《写意油画初探》[16]一文以创作实践的角度，依次从写意油画的概念梳理、东方写意论与油画语言系统，以及写意油画语言方法论三个方面，探讨写意油画作为当代中国油画创作的一种现象和路径的价值与意义。

上述 2018 年度发表的中国写实与写意油画相关论文，虽然在学理、概念、语言、形式、精神等方面展开了论述，取得一定的研究成果，但必须指出的是，这些论文更多的是停留在创作经验、语言形式等浅层描述，仍然缺乏较为有深度的、能从宏观视野下关照油画学科发展脉络以及哲理性分析的研究论文。

三、2018 年中国写实与写意油画热点问题剖析

（一）重视持续推广的展览品牌

为了探讨中国油画当前面临的各种问题，更进一步探讨中国油画的艺术精神、审美品格、中国特色与时代语言，从学理上深入研究包括中国油画在内的世界油画发展中的多重艺术现象，特别是培育和挖掘青年艺术家，搭建学术展览平台，2018 年，中国油画学会一以贯之地坚持推进了“可见之诗——第三届中国油画风景作品展（2018）”“最绘画——第三届中国青年油画作品展（2018）”“语言之在——第四届中国油画双年展（2018）”、北京中国写意油画院持续推进了第四届“文脉传薪”油画展、中国写实画派继续推广“2018 年中国写实画派十四周年展”和“具象中国 2018——写实油画作品展”等展览。这些连续性展览项目表明中国写实与写意油画界都将以系列性品牌展览为学术切入点，旨在通过展览项目建构推动中国写实与写意油画发展的专业性学术平台。

（二）“写意精神”的深化

北京当代中国写意油画研究院的成立，标志着新时期以来对中国写意油画的创作、展览、研究进入新阶段。中国美术家协会主席范迪安先生指出，北京当代中国写意油画研究院成立以来，注重在三个方面推动学术，一是进一步梳理和研究百年来几代中国油画家在“写意精神”上的实践方式，在“文脉”上建立起学术谱系；二是组织专题性的写生、展览

和交流活动，促进社会文化的建设；三是注重发现和支持年轻画家参加学术活动，形成更广泛的学术探讨。以“文脉传薪”中国写意油画年度展为主题，该展览项目从对中国写意油画学派名家作品的展示、研究和出版入手，展开对中国写意油画进行学术方面的研究和梳理，以推动中国当代写意油画的发展，并深入对中国写意油画的“写意精神”进行核心概念阐释。“写意”在中国绘画里面有着极其丰富的历史积淀和文化内涵，是中国精神及中国风格的代指，作为中国美学的核心概念，写意是中国绘画有别于西方绘画的重要特征。中国油画在语言上的民族化探索步伐在不断地成熟和向前迈进，中西文化差异使得中国油画家经过了一个多世纪的思考，花费大量的心血、时间和精力去探索两种绘画形式融合的各种可能。“写意油画”的本质支撑和内在学术理想是“写意精神”，这也是许多画家在探索上持续投以热情的根本动力。作为中国艺术传统的重要特征，“写意”的内涵博大精深，包含了人与自然、自我与世界的交融，也展现了具有东方文化属性的语言特征。许多艺术家一方面投身自然，驻足热土，脚踏中国山川大地，面向丰富的现实生活，在作品中表达出鲜明的现实感；另一方面努力从中国传统文化的思想观念和视觉方法论上汲取营养，反拨图像时代对绘画语言的冲击和影响，在学术文脉上展开实践的传承与探索，由此形成了“写意油画”这个学派丰富的个体成果和整体的蔚然气象。

（三）写实题材与语言体系的突破与创新

中国写实油画过去受马克西莫夫的指导，“苏派”风格广为流传，至今影响中国美术教育界，所造成的直接影响是多以直接画法为主，画法单调，层层不透明色反复消磨了细节处理，予人繁杂堆砌的视觉感受，像是水粉画的“长期作业”。另外，题材十分单调，主要是农民题材、历史题材、大头众生相题材等充斥着整个画界，或者是躺在床上的女人模特，摆设随意，低俗、模仿、抄袭的痕迹比比皆是。随着图像时代的到来，大量图像绘画语言与观念性被引进中国写实油画领域，不仅打破了以往的单一的绘画题材，还在观念语言、表达精神等方面大大拓展了中国写实油画的语言体系。

（陈国辉　中国艺术研究院博士，广州美术学院绘画艺术学院讲师）

注释

[1] 莫德格:《写实油画的观念诉求》,《美术大观》2018 年第 1 期。
[2] 姜向东:《论中国写实油画的精神实质》,《文艺生活》2018 年第 11 期。
[3] 王鲁湘:《写实油画的静谧之美》,《公关世界》2018 年第 7 期。
[4] 师学博:《再看写实油画中的“真实性”》,《艺术教育》2018 年第 11 期。
[5] 许畅:《上海青年画家现代都市题材写实油画创作研究》,《美与时代》2018 年第 5 期。
[6] 陈池瑜:《郑艺油画的北方情结与写实风格》,《美术》2018 年第 5 期。
[7] 陈池瑜:《怀念郑艺——自然之诗与生命关怀》,《油画艺术》2018 年第 1 期。

[8] 陈茜:《试析中国当代古典写实油画大师作品中的艺术语言》,《艺术评鉴》2018年第8期。
[9] 戴平均:《坚持超现实主义写实油画的道路,创造独特的语言体系和人文关怀》,《美术大观》2018年第4期。
[10] 尚辉:《心理场阈的形象再造——从戴平均的画室幻境看70后写实油画的艺术追求》,《美术大观》2018年第4期。
[11] 谢婉怡:《当代写实油画中的怀旧主题探析》,《美与时代》2018年第2期。
[12] 郭惠:《中国当代写实油画中诗意情怀的体现》,《美术大观》2018年第1期。
[13] 晓君:《视野与使命——致北京靳尚谊艺术基金会青年教师扶植计划创作研究展》,《美术》2018年第7期。
[14] 王胜选:《中国写意油画探析》,《美术观察》2018年第10期。
[15] 陈晔:《中国写意油画之我见》,《艺术评鉴》2018年第11期。
[16] 黄礼攸:《写意油画初探》,《艺苑》2018年第5期。

2018年版画学科发展综述

何禹珩

作为一个有着辉煌历史的艺术品种，版画近年来的蓬勃发展引起了更多的关注与思考。由于版画本身的特性与概念是一个不断拓展、变动的过程，因此，版画创作的发展与理论研究的关联显得尤为紧密。2018 年，版画学科由这两个维度继续互相推动，既在一些学术传统中进行了延续深入，又开拓了一些新的探索方向，这些思考不仅推进了版画理论研究，对版画创作亦有着深远的影响。版画创作的发展趋势会内化于各类展览、学术活动及研究讨论中，因此，本文拟从展览与学术活动、理论及史学研究、版画教育的延伸与发展这几个“显性”方面出发，一窥 2018 年版画学科发展的动向与成果。

一、展览与学术活动

2018 年，各类版画展览层出不穷，展览的数量与质量都有了一定提高，这不仅说明社会对版画的关注度提升，同时也体现了创作者们的活跃与创新。这些展览按其展出内容或可大致分为几个类别：（1）综合性版画展；（2）版画家个展 / 联展；（3）已故版画家研究性个展；（4）古代、民间传统版画展；（5）国际版画交流展等。

2018 年举办的综合性版画展览，有“第三届中国版画大展”（深圳・中国版画博物馆）、“桃花盛开・2018 首届中国版画作品展”（南京・江苏大剧院）、“版画中国・版画艺术在民间”（全国系列巡展）、“第三届澳门版画三年展”（澳门・澳门当代艺术中心）、“工业 4.0：转型的力量——2018 中国工业版画三年展”（武汉・湖北美术馆）、“循道・惟新：第二届西南青年版画创作推动计划展览”（成都・四川美术馆）、“2018 深圳・中国当代学院版画展”（深圳・中国版画博物馆）等。

其中“第三届中国版画大展”是中国版画博物馆举办的两年一届的综合性版画展览。该展前两届更多聚焦于“版画与社会关系”这一命题，而这一次它的关注点落在了当代版画的“身份”以及生态问题。[1] 此次展览入选的 245 件作品有一定的“全面”性（版种全，地域广，作者身份多样），从这些作品来看当下版画的探索实践并没有统一的倾向，跨度很广，但总体上艺术家们由对版画本体的思考继续深入，回归“自我”，从技法和认知意识层面都显示出了更多的“文化自信”。湖北美术馆举办的“工业 4.0：转型的力量——2018 中国工业版画三年展”是启动于 2012 年的较成熟品牌展览。在“工业版画”这一看似狭小的命题框架下，版画家们用各自的方式对工业建设、生态平衡、环境污染、城市发展、科技进步等关乎人类生存、社会发展的问题进行了冷静的关照与反思，体现了版画创作对现实世界的回应与助力。四川美术馆举办的“循道·惟新：第二届西南青年版画创作推动计划展览”包含了“中国当代版画名家原作典藏四川巡展”以及“西南青年版画创作推动计划”两个单元。9 位当代版画名家与 32 位西南地区青年版画家的联动体现了中国当代版画发展中的一种传承关系。四川地区版画自新中国成立以后逐渐形成了以黑白木刻为主的地域特征，这次展览中大量青年艺术家仍然运用了这一传统形式来表达自己的艺术思想。从这个区域性版画展览可以看出，各地方版画传统仍然发散着新鲜的生命力，而如何引导、凝聚以适应新的社会生活环境是值得多方面探讨的问题之一。这些综合性版画展不仅及时敏锐地捕捉了版画发展的新方向、新问题，为版画家们提供了很好的展示机制，同时也提示了我们对于作为传播平台的美术馆等机构如何构建版画与观众的沟通桥梁，如何以其立场推动版画创作及学术发展等问题的思考。

2018 年举办个展或联展的版画家有王华祥、杨锋、王家增、孔国桥、李帆、杨宏伟、陈琦、蒲国昌、张广慧、徐匡、范敏、徐宝中、祝延存、刘春杰、钟曦等。他们从各自擅长的版种、领域出发，进行不同面向的实践创新，形成了较为成熟的个人艺术面貌。在 2018 年举办的展览中，他们既对自己的艺术道路进行了阶段性小结，也对版画问题进行了与时俱进的思考。例如，孔国桥在近年来多以铜版为出发点进行综合材料性的系列创作。2018 年 1 月，在北京爱慕美术馆举办的“与‘历史’有关——杨锋、王家增、孔国桥艺术展”中，孔国桥展出的《理想国》系列采用了铜版腐蚀技法，但作品整体更倾向于思想性而非技术性。陈琦在亚洲艺术中心举办的“陈琦个展：印痕与复数”展示了部分新作。他创作于 2018 年的《喧嚣的尖叫 Squeal》以及《12cm》等作品体现了绘画感的即兴抒发在版画中的运用尝试以及对“版”及“印痕”本身的思考。这些作品正是其“以为具有独立原创价值的印痕与非机械性复数是当代版画核心价值的体现，也是当代版画艺术范式直接的视觉呈现”[2] 这一观念的实践成果。

已故版画家的研究性个展在 2018 年亦有不少，如四川美术学院举办的“偕史同在·江敉先生艺术展”回顾梳理了川美版画系创建人之一江敉的艺术成就；北京画院主办的“雪域放歌——李焕民艺术展”展示了李焕民多种类型的作品，系统梳理了这位以藏族题材为终生创作主题的版画家的艺术人生。近年来，对老版画家的梳理展出逐渐增多，与以往大型回顾展不同，这些展览更“注重对‘老先生’个体性、复杂性及其个人精神的发掘，从而使展览在内容充实丰富的同时，具有一种精神的底蕴”[3]。展览在增强展示性、趣味性、研究性、学术性的同时，使观者得以走入这些老先生的艺术精神世界，他们的创作历程也因此具有了更加深远的现实意义。

关于古代、民间传统版画的展览如“水印千年——中国水印版画大展”（杭州·浙江美术馆）分为五个篇章，同时包含了历史文献、作品与现当代创作。这些展览既提供了回望历史的机会，是一种有效的“撒播”，也体现了版画界对于民族传统的重视和探索。对传统的学习不是“复制”而是“活化”，如何更好地利用民族民间传统这一历久弥新的问题，仍然发人深省。

各类学术论坛活动对于版画理论概念的生发，学科发展的探讨深入，创作问题的批评分析等方面有较大影响，足以呈现当下版画学科发展的重点、难点。2018年版画类学术活动颇为活跃，其中较有代表性和影响力的有9月在景德镇陶溪川美术馆举办的“国际学院版画联盟大展”系列活动。研讨会上联盟成员达成以下共识：（1）数码版画可被常规展览纳入；（2）独幅版画是版画；（3）基于原作进行再创作也被界定为原创版画；（4）摄影版画作品可被纳入版画展览。传统版画定义在“刻”与“印”，“间接性”与“复数性”等既定特征之间，而这次研讨会所达成的共识，无疑极大地拓宽了版画的“边界”。从这些共识中也可以简明地看出近年来版画界对于其定义与概念所重点关注的几个问题：数码版画、独幅版画、原创版画、摄影版画等。这些问题虽仍有很大的讨论空间，不过它们的出现和争议又一次提示人们，被普遍接受的版画“间接性”与“复数性”概念以及“版”“印痕”“刻、印”等问题需要被再审视、再思考。

二、理论及史学研究

版画史及理论的梳理研究在几代人的努力下，已有较为良好的基础，但在新的问题、材料、研究方法层出不穷的今日，仍有很大空间。2018年关于版画理论及史学研究大体上围绕三个主要方面：（1）当代版画创作、理论问题；（2）古代版画史；（3）近现代版画史。

有关当代创作、理论问题的思考，对于版画创作走向有着显著的影响。围绕这些问题的讨论，有不少具有较高创作与理论水平的艺术家直接参与其中，他们以自己的实践经验出发，提出了颇有深意的看法与观点。例如，关于当下版画界热点问题数码版画，万子亮通过对版画形态进行界定，对其形态魅力进行分析，认为“数字技术与艺术的表达之间不存在阻隔，是能够相互促进和相互渗透的理性链接”[4]。而关于对传统版画（特别是木版传统）的认知运用问题，黄洋认为传统技法对于当代人由陌生到熟悉的过程，正是一种“当代性的转换”方式，而他对于运用版画思维以其他媒介进行创作持开放态度。对于木刻版画在当代语境中的延续发展，万子亮认为应当进一步认清木刻版画的文化形态和社会属性，他强调了木刻版画在不同时期的“社会本体责任”[5]。中国传统民间版画，通常亦采用木刻形式，于洪分析认为传统民间版画以叙事、场所、方式三者关系为切入点的思考方式对于当代版画创作很有启发。[6]不少版画“出身”的艺术家在创作中做出了更多向的跨界实践，版画的“边界”看似被不断模糊，对此苏新平认为版画可以“根据狭义与广义的概念分为两大类：一类是具有传统纸上形态的间接性绘画；另一类是为艺术家提供概念启发的'公共性艺术'"。版画家应当作为"时代的敏感者"在"大美术视野"下进行拓展。正如苏新平所说，版画蕴含着"跨界的种子"[7]，在对传统的活化承继下，在版画思维的不断拓展中，当下版画创作正逐渐跨越无形的"边界"，与多学科领域交叉融合呈现出多彩面貌，而这种交融也要求对于版画有更为深入、开阔的本体认知。

古代版画史研究由于实物材料等多方面因素，学者们仍较多着眼于明清，但研究角度、方法日益丰富。沙永汇从版面比例、视觉强化等方面以图像学角度对明万历年间金陵小说版画插图中的视觉语言进行考察；[8]张薇将18世纪洋风姑苏版画与同期欧洲版画中的中国形象对比分析，展现了同一时期不同视角下"分裂的帝国"形象；[9]周亮将明崇祯年间《名山记》从底本、画家、风格特征等方面进行梳理阐释，对刊刻地等问题进行考证，确立了其在明清山川版画中的地位与价值；[10]高志忠对明宫内监金忠所刊两本版画进行考释，不仅展现了其艺术内涵，亦由此触及了明代宫廷中"儒宦"的身份认同以及存在作用等问题。[11]此外，刘乐君、顾彩虹、赵兰涛、刘丽萍等人将清代瓷器中对版画图式的利用转换做出分析研究，体现了版画在其时对时代审美风尚等方面的影响作用。[12]对于古代版画史的研究，不仅体现了美术史研究方向的深入，亦有助于创作者更加清晰、客观地认知传统，对传统的沿承势必建立在深入系统的认知之上。

至于近现代版画史，对新兴木刻运动和新中国成立后第一代、第二代版画家等对象问题的梳理研究都有了更加深入和细致的推进。个案研究方面，李公明对黄新波1945年至1949年在香港时期的时代背景、活动等进行了深入考证分析，探讨他这一时期代表性作品的题材内容、思想内涵及艺术特征等问题；[13]吴雪杉分析了鲁迅曾对李桦提出的"grotesque"意蕴为何，并提出鲁迅的批评与李桦早期木刻风格形成之间的关联；[14]郝斌从古元延安时期婚姻题材木刻入手，结合相关文献材料及延安时期木刻创作实际，将古元木刻置于延安革命运动及妇女解放运动等大背景下进行审视；[15]简圣宇对20世纪三四十年代陈烟桥的文艺批评进行研究，展现了这位木刻家的另一面；[16]凌承纬梳理了李少言的艺术经历，勾勒了这位从硝烟中走来的人民艺术家的艺术人生[17]。此外，一些研究者对新兴木刻运动史料进行了进一步研究，如周锦嫦考察了20世纪30年代现代版画会、鲁迅与日本料治朝鸣的艺术交流问题；[18]周爱民将抗战时期的摄影与木刻进行勾连，分析抗战时期艺术中沉淀的丰富视觉文化内涵以及这些视觉记忆之于当代艺术的启示与反思意义。[19]

对个案或是背景、事件、史料的考察研究，既是拂去历史尘埃的"去蔽"，又是"以史为鉴"的当代反思契机。对于古代版画史或近现代版画史的追溯研究，既可夯实版画传统的根基，亦对当下版画的发展与思考有着现实意义，理论与实践二者也正在这样的互动中相辅相成。

三、版画教育的延伸与发展

中国现代创作版画兴起于20世纪初期，但版画教学直至新中国成立后才有了较为系统全面的建设发展。在这半个多世纪的历程中，高等艺术院校中的版画专业不断壮大，版画教育也延伸至越来越多的教育阶段和层面。狭义的版画作为一个技术性极强的画种，其专业教育的重要性不言而喻。2018年10月，“第十四届全国高等艺术院校版画教学与创作年会”在清华大学美术学院举办。“年会”自1992年由全国重点美术院校版画系协商发起，对于高等艺术院校的版画教学与发展有着较大影响力。这一届“年会”以“向内向外——版画的学院教育与公众审美”为主题。“版画外延的扩展，也导致了版画的艺术表现特性及媒介材质美感等变得模糊的倾向，是继续‘走出’版画，还是‘回归’版画本体？向内向外，出走与回归，这是近几年在学院版画教学及创作中面临的较为突出的现象与问题。”在清华大学美术学院官方推送资料中的这段话，很好地勾勒出此次年会的主题来源，这也正是近年来版画界所面临的核心问题之一。关于此类问题的讨论颇为激烈，距离达成统一共识尚有距离，版画家们以自己的实践做出了各自的回应。正是在碰撞与争议之间，版画创作日益丰富多样、形式广泛、思维活跃，对版画教育以及版画创作的发展与突破均有裨益。

在高校版画专业教学之外，各类版画教育的开展亦颇为兴盛。例如2018年“国家艺术基金艺术人才培养资助项目”中即有“水印版画人才培养”（中国国家画院）、“西部地区版画创作人才培养”（云南艺术学院）、“西南地区传统木刻版画创作人才培养”（四川美术学院）、“中国传统版画创作创新人才培养”（广州美术学院）等版画相关项目。从这些项目的内容来看，它们基本是立足中国版画传统进行传承、创新，从高校、画院等专业平台及成果出发，试图将其影响扩大，进行更广的传播与更深的探索。

在传统的追索之外，正如“第十四届全国高等艺术院校版画教学与创作年会”的主题所关注的那样，当下版画概念的外延及创作语境的转换对于版画教育而言既是机遇亦是挑战。关于当下版画教学的讨论持续不断，如曹丹、刘丽娟基于对版画场域的转变对学院版画教学进行思考，并提出在掌握版画基本属性的基础上拓宽对材料运用的可能性以及从技术化教育模式中脱离，通过版画这一媒介进行更广泛的艺术教育层面等建议。[20]但这样的问题需要在持续的教学实践中，根据多方面综合情况进行不断调整转变，尚未形成较为清晰的改革发展方向。同时，关于版画史论的教学研究在高校层面仍未能专业化、系统化，仅有少数院校开展，版画史论研究的“缺位”对于版画实践的发展亦会产生影响。另外，颇具专业性与技术性的版画如何更好地与中小学美术教育实际相结合亦是值得关注的问题。

四、小结

由上述梳理可以看出，2018年各类版画展览及学术活动的繁荣，为版画学科发展起到了良好的助力作用。艺术家们用各自的创作与思考对版画本体以及版画发展等问题做出了面向广泛的回应。版画自诞生之日起便肩负着“社会性”与“传播性”的重任，这样的传统在新时期中通过美术馆等中间桥梁延伸，而如何继续深化与社会、群众的沟通是机构及艺术家需要从不同立场、角度继续思考探索的问题。由于版画本身所蕴含的“跨界的种子”，版画家们的创作日益呈现出更为多元、多样的面貌，版画的边界随时代发展在不断拓展。但无论是对当代版画问题的理论思考，还是对版画史料的挖掘研究，都提示版画家们从“根源”去探寻，与时代相结合。而对于版画教育的关注，关系着版画未来发展的方向与希望，这其中所蕴含的问题仍亟须更多的理论与实践探索。2018年的版画学科仍然是“问题”丛生的一年，这些问题远没有“定论”，但这种“问题意识”也正是版画学科不断突破、发展的原动力。

（何禹珩　中央美术学院2018级博士研究生）

注释

[1] 谢湘南:《中国版画大展，让版画的光渗入生活》,《南方都市报》2018年5月17日。
[2] 陈琦:《印痕与复数——当代版画本体的再认识》,《南京艺术学院学报（美术与设计）》2018年第6期。
[3] 郝斌:《并非老生常谈——李桦、王琦纪念个展解析》,《美术观察》2018年第2期。
[4] 万子亮:《数码版画艺术再思考》,《南京艺术学院学报（美术与设计）》2018年第5期。
[5] 万子亮:《木刻版画的形态与属性》,《艺术百家》2018年第4期。
[6] 于洪:《叙事·场所·方式：中国传统民间版画的启示》,《新美术》2018年第9期。
[7] 孟繁玮、缑梦媛:《专访苏新平：“大美术”视野下的版画拓展》,《美术观察》2018年第11期。
[8] 沙永汇:《明代万历年间金陵小说版画插图中的视觉语言》,《美术》2018年第6期。
[9] 张薇:《分裂的帝国图像：18世纪晚期中西视阈下的“中国形象”》,《艺术工作》2018年第4期。
[10] 周亮:《明刊本〈名山记〉版画插图研究》,《美术》2018年第11期。
[11] 高志忠:《以画载道与艺术动化：明宫内监金忠所刊两本版画考释》,《美术研究》2018年第1期。
[12] 刘乐君、顾彩虹:《版画〈水浒叶子〉与康熙五彩瓷人物图式的比较研究——以康熙五彩瓷水浒人物故事图盘为例》,《中国陶瓷》2018年第5期。
[13] 李公明:《“高贵的人道精神”与黄新波的左翼木刻艺术——以黄新波在香港时期（1945—1949年）的版画创作为中心》,《文艺理论与批评》2018年第5期。
[14] 吴雪杉:《Grotesque：鲁迅的批评与李桦早期木刻风格的形成》,《文艺理论与批评》2018年第4期。
[15] 郝斌:《革命、性别和艺术家——论古元〈离婚诉〉的创作与重刻》,《文艺理论与批评》2018年第1期。
[16] 简圣宇:《对鲁迅“战斗精神”的追慕与偏执——20世纪30至40年代陈烟桥的文艺批评研究》,《南方文坛》2018年第2期。
[17] 凌承纬:《人民的艺术家——写给李少言先生》,《美术》2018年第2期。
[18] 周锦嫦:《1930年代现代版画会、鲁迅与料治朝鸣艺术交流考》,《美术学报》2018年第5期。
[19] 周爱民:《现实与纪实：抗战时期的摄影与木刻》,《文艺理论与批评》2018年第2期。
[20] 曹丹、刘丽娟:《对当下学院版画教育的思考——基于版画场域的转变》,《艺术工作》2018年第3期。

2018年中国雕塑

韩小囡

21世纪的第二个十年，中国当代雕塑前缘突进，势头迅猛，向度多元。2018年的中国雕塑，依然在观念、科技、传统文化、公共空间（城市与乡村）、国际交融诸方面保持强劲推动力，在当代艺术及社会文化领域的影响力越发显现。中国雕塑在20世纪末还是“当代性”步伐相对滞后的艺术“重工业”，如今以日渐充盈的观念与理论自觉，已然从边缘徘徊状态逐步占据当代艺术的中心领地。

有如此判断，并不是为中国雕塑张目。从“视觉艺术”向“空间艺术”的转移应是全球艺术发展的趋势，至少“二战”以后，整个西方艺术的主流已不再是绘画，当绘画在西方艺术中占据了相当长时期的主流位置之后，近几十年来，一个雕塑的“黄金时代”到来了。回想自20世纪下半叶至今，诸多西方当代艺术名家及其作品大都可以归在雕塑范畴内，因为他们的创作都跟媒介、物质、空间有关，都是围绕这样一些问题展开。相应地，西方艺术史的核心问题也转向雕塑的问题——雕塑理论与雕塑哲学，雕塑创作似乎更能激发出众多层面的理论与哲思。2018年中国雕塑的走向，可以理解为是对这样一种全球艺术趋势的呼应，虽然它还有着中国的特殊性。

一、雕塑家与雕塑展

对一个时段而言，艺术发展状态的重要表征就是展览。因此，年度雕塑概述也总是要从展览谈起。2018年的雕塑展览多样而活跃，画廊、美术馆、学术机构、学院体系、地方政府等主办的各种雕塑展不胜枚举。面对繁杂的材料，首选具体雕塑家与相关雕塑展览，从中梳理出中国雕塑创作的年度关键词，或不失为可行的办法。学院体系的展览以及地方主办的各种雕塑展与雕塑节，将分别在本文第二、三部分叙述。

（一）“日常”“物性”与“东方性”——谭勋与沈烈毅

谭勋、沈烈毅分别执教于天津美术学院与中国美术学院，二人在杭州举办了“‘日常’之上——谭勋、沈烈毅作品展”之后，又分别举办了个展，是2018年活跃度较高的雕塑家。选取他们作为雕塑家代表，当然不仅是因为活跃度，而是因为他们的创作倾向——基于“日常”“物性”与“东方性”的观念思考与表达，恰恰是中国当代雕塑创作在观念探索上的一个成熟走向。正如策展人何桂彦所言，这是一次“规模小但是意义大”的展览。他们作为中国雕塑家，挖掘中国的日常经验背后所隐含的观念，并以一种极具东方审美修辞的“物质性”方式呈现出来，观念、媒介与修辞似乎达到了某种中庸式的平衡，这也许是中国当代雕塑相对合理的自我系统之一。

（二）“身体”与“触觉”——《感同身受》

“触觉的回归”是现代主义之后西方艺术理论的重要命题，强调躯体的体验性，是对“形式”与“视觉”的反动。近年来，中国雕塑在观念主义方向上的实验，就有着对“身体”与“触觉”问题的思考。2018 年 8 月，北京松美术馆首个雕塑大展“感同身受”展出了 8 位当代艺术家的 40 余件作品，从展览主题到展览单元的名称“体觉”与“色醒”，都可以看到策展人及艺术家对“身体”与“触觉”问题的关注，“体觉”意在揭开艺术家身体与材料之间关系的特殊性，譬如隋建国的影像作品《肉身成道》；“色醒”意在凸显艺术家在作品表面的细致处理所带来的特殊观感乃至触感，譬如向京作品中的身体对触觉的呼唤。

（三）布德尔、布尔乔亚与瓦尔波特

近年来，中国与国外博物馆及艺术基金会等收藏机构频繁开展交流，从国家博物馆、大学博物馆到各私立美术馆都引入了大大小小的展览，尤其是一些西方现当代艺术家的展览频频亮相中国，从客观上来说是对中国当代艺术发展的一种良性刺激。中国国立美术馆缺乏对西方现当代艺术品的收藏，这些展览某种程度上补充了这种缺憾，虽然对于学习艺术的青年人而言可能也只是杯水车薪。2018 年，布德尔、布尔乔亚与瓦尔波特三位西方雕塑家的作品均来到了中国，尤其是布德尔的展览在学院范畴引发了相关讨论，介绍与评论文章也见诸期刊，可能由于展览主办方是大学博物馆，而布德尔作为西方雕塑现代转型的开端人物，又与学院古典雕塑教学体系有着更密切的接续关系。“永恒的丝线”与“沉默的情感”是布尔乔亚与瓦尔波特两位个性鲜明雕塑家的展览，一个运用丝线与布料等软材料进行装置创作，另一个运用木头进行接近超写实雕塑的人像创作，应该说两个展览都激起了业界的观展热潮，但并没有像布德尔那样在学院范畴引发较广泛讨论，部分原因是否可以理解为：对现代主义之后的西方当代雕塑，我们还没太多的话可说？

二、学院教育与学术研讨

对于中国当代雕塑而言，美术学院的师生依然是主体，中国雕塑的当下与未来依然与学院教育息息相关，似乎并不存在太多体制外的职业雕塑家，一个未经科班训练的人很难

进入这个系统中。因此，中国当代雕塑年鉴中，学院的教育和研究状况是非常重要的组成部分。

（一）展览与奖项——引领雕塑创作与教学的风向标

目前，中央美术学院、四川美术学院、西安美术学院都设有针对全国雕塑专业学生的奖学金，每年毕业季都对各院校选送及自荐的学生作品进行评奖。其中，中央美术学院设立的“曾竹韶雕塑艺术奖学金”评选已举办十年，在全国美术院校雕塑专业的影响广泛，已成为观察各院校雕塑教学成果的最佳窗口和风向标。2017—2018 年举办了“十年一见——‘曾竹韶雕塑艺术奖学金’获奖作品全国巡展”，将十年间的全部获奖作品在全国十大美院巡回展览，首展在广州美术学院，最后一站回到中央美术学院，展览集中呈现了十年来中国雕塑高等教育的成果。

2018 年 4 月 25 日，“寻找雕塑的明天——第六届‘明天雕塑奖’入围暨获奖作品展”在四川美术学院美术馆开幕。“明天雕塑奖”是继“曾竹韶雕塑艺术奖学金”之后的又一雕塑奖项，由四川美术学院、四川明天文化艺术投资管理有限公司联合设立。两个奖项都比较强调雕塑创作的观念性、新锐性与实验性，可以说代表了中国雕塑创作与教学的前沿和方向。

除以上奖项，针对各美术学院雕塑专业毕业创作及青年雕塑家的展览，也有愈来愈多的趋势，《雕塑》杂志、中国雕塑学会等每年均有主办类似展览活动，教育教学展览整体呈现活跃趋势。

（二）学术研讨活动——理论自觉与跨界交流

雕塑学界的学术研讨活动也日趋丰富，尤其是对“雕塑”这样一个小圈子的突破，雕塑理论自觉逐步建立，在此以两个研讨活动为例。其一是由中央美术学院主办，北京隋建国艺术基金会、中央美术学院雕塑系联合承办的“观念之道——2018 国际雕塑研讨会”，于 2018 年 4 月 9 日在中央美术学院举行。研讨会邀请了国内外 27 位艺术史、艺术理论、艺术批评和哲学、美学等领域学者与会，就“观念艺术”相关问题分单元进行主题发言。该研讨会实为北京隋建国艺术基金会、中央美术学院雕塑系与中国民族摄影艺术出版社联合推出的长期性学术项目——“现当代雕塑理论译丛”的一部分。该项目计划每年翻译、出版 2 至 3 本以雕塑为主题或与雕塑相关的西方现当代经典艺术史论著作，对中国雕塑理论研究有着重要推动作用，尤其体现出雕塑家群体对雕塑理论的自觉意识。

其二是 2018 年 7 月 27 日，由中国雕塑学会、敦煌研究院、西安美术学院、天水市人民政府主办，麦积山石窟艺术研究所、西安美术学院雕塑系、清华大学美术学院雕塑系承办的“麦积山国际雕塑论坛 · 2018”学术年会在天水麦积山举行。论坛对中国传统雕塑的审美特征、形式语言、研究方法论及个案等问题进行了跨学科的碰撞与探讨，是雕塑学界与艺术史学界、文物管理与研究机构的一次跨界交流，也是近年来中国雕塑界对传统雕塑艺术资源愈加重视的体现。

三、双年展与艺术节

雕塑与真实材料、真实空间有着天然联系，正因如此，它十分适用于目前中国及各地方政府在社会文化建设层面的需求，各种雕塑双年展、艺术节、创作营等官方艺术活动也在全国各地开展起来。

2018年11月23日，在山西大同中国雕塑博物馆开幕的“不同·2018中国大同雕塑双年展”是颇具当代中国雕塑学术考量的展览，展览共分为“器物篇”“具象篇”“材料篇”“户外篇”“科技篇”5个板块，展出作品共250件。总策展人之一孙振华讲到，5个板块的划分具有创新意义，是在对中国雕塑现状的精确分析基础上得来的，每个板块的背景和针对的问题也相对清晰。器物雕塑是从中国自身文化建设中生发出来的成果，这一概念跨越本身可看作中国雕塑界一个重要的具有原创性和原发性的成果。具象板块面临的最大问题是具象写实雕塑在当代语境下的合理性探讨，具象雕塑究竟该有怎样的未来。材料思考是中国雕塑改革开放后的持续关注点，这些年的材料探索究竟有哪些成果，是这一板块的呈现价值所在。科技如何与人文、艺术和审美更好地融合，技术如何更有温度，这是科技板块的问题。户外板块讨论的重点是公共艺术的范畴与价值取向，引发对雕塑公共性的思考。科技与户外板块都是第一次出现在双年展中。

此外，2018年山西平遥与广东东莞都举办了具有国际视野的首届雕塑节。首届平遥国际雕塑节国际策展人劳伦佐·柏内德蒂指出，在平遥这样一座古城内引入当代艺术，目的在于凸显雕塑与其地缘、历史维度的亲缘关系，展览力求同时展现国际文化的多元性与艺术项目的“在地性”。雕塑节围绕“以雕塑为史”“中国精神”“内在的生命意志”三大主题展开，邀请当今活跃在国际艺术创作领域中的近20位国外艺术家和20余位中国艺术家参展，许多艺术家进行了驻地创作，完成了当代艺术与历史古城的一场文化空间对话。

与平遥不同，东莞是中国改革开放的前沿地，长期以来的标签就是“世界工厂”，这样一个城市同样选择了雕塑作为“调节元素”，可见雕塑作为空间艺术的优势。“延伸的空间——2018东莞雕塑装置艺术节”也具有较大规模与国际视野，邀请了来自十几个国家的115名艺术家参展，可以看得出两位总策展人范明正、赵艳婷对东莞城市文化建设有着强烈的使命感，希望以艺术节的持续举办以及针对东莞的“在地性”创作，将其打造为德国明斯克一样的艺术旅游城市，也体现出粤港澳大湾区建设机遇下珠三角城市对自身发展与转型的迫切需求。

2018年各地方政府或官方举办的雕塑展还有很多，如“2018中国·上海静安国际雕塑展”“2018中国·民勤沙漠雕塑国际创作营”“丝路新语·2018博鳌国际雕塑展”“第八届中国·曲阳国际雕塑（定瓷）文化艺术节”“丝路之光2018·甘肃首届雕塑作品邀请展”“2018江苏雕塑月”系列展览、“2018中国·漳州国际雕塑艺术展”“2018‘人与自然’——中国·郑州国际雕塑展”“春潮2018·青岛雕塑双年展”“2018深圳（坪山）国际雕塑展”等。可以看到，各地或依托“一带一路”倡议，或利用地方传统雕塑资源，纷纷以雕塑展作为提升城市形象、活跃文艺创作、优化文化产业的策略。

四、新方向与新领域

综观2018年中国雕塑界的创作、展览与教育全貌，可以看到中国雕塑发展的一些新方向与新领域，它们自然不是在2018年才出现的新趋势，但在这一年的诸多现象中，我们可以感到这些探索逐渐明朗与成熟起来。

（一）数字雕塑——雕塑与科技交融

21世纪初，数字雕塑开始进入中国雕塑界的视野，数字虚拟技术与真实可触的雕塑之间究竟会产生怎样的关联？3D扫描与打印技术给具象雕塑带来的是便利还是冲击？数字技术会给当代雕塑的材料、形式带来怎样的美学与观念创新？艺术与科技之间存在着哪些可能性？随着数字技术与雕塑越来越密切的结合，这些问题都无法回避。2006年，广州美术学院最早开设了本科课程“数码雕塑”，近年来许多院校都进行了数字雕塑的相关实验室和课程建设。继2017年12月22日“全国高等艺术院校数字雕塑教学研讨会”暨“2017中国·西安数字雕塑作品展”在西安美术学院举办之后，时隔一年，2018年12月22日，吉林艺术学院的国家艺术基金项目“国家艺术基金3D科技写实雕塑人才培养作品展”暨“新时代全国高校数字雕塑探索与创新研讨会”在吉林艺术学院举行。在《雕塑》杂志主办的“2018第二十届中国雕塑论坛”上，山西宇达青铜文化艺术股份有限公司董事长卫恩科还详细谈了数字技术给雕塑制作产业带来的可能性。在2018年学术期刊中，也有数篇讨论数字雕塑的创作与教学问题的论文发表。各个领域的应用、各个层面的研讨都充分证明，数字雕塑已成为一个较明确的雕塑艺术与科技结合的发展方向，不久的将来，数字雕塑作为一个专业方向进入当代雕塑教育也是有可能的。

（二）器物雕塑——当代因传统而自省

器物雕塑是近年来出现的新概念，究其根本应该是出于对中国传统雕塑的重新检讨，其凸显的不同于西方雕塑传统之处便是发达的“抽象器物造型之美”，或者说在中国雕塑史中“器”与“像”至少应该是并重的系统。2008年，中央美术学院雕塑系成立了第一个中国传统造型研究工作室，其核心课程就是“器物造型”，原因就是工作室负责人张伟教授对中国古代三维造型中“器物造型”重要性的认识与思考。2018年，他在“不同·2018中国大同雕塑双年展”中负责“器物”板块的策展，即明确提出虽然“器物”作为学术概念尚不明晰，但希望借此梳理中国传统造型体系与现代雕塑概念之间的区别、融通、混杂以至对立，甚至指出“重新确立器物观（或器物概念），不仅对我们今天的传统艺术造型研究与创作极富启发性和指导性，还关涉审美教育、文化认同、技艺传承、系统建构等层面的问题”。无独有偶，四川美术学院雕塑系也成立了器物雕塑工作室，并在2018年举办了“器象——2018当代器物雕塑展”，并进行了“物周为器——在消费时代，如何思考器与物、技与艺的关系”为主题的研讨。可见，基于对中国造型艺术传统认知的不断深入，当代雕塑观念与创作实践也在发生着相应变化。

（三）在地艺术——“社会雕塑”与“雕塑社会”

学院雕塑教学近年来还有一个正在探索中的新领域——在地艺术，主要体现为雕塑家与乡村社会的结合。2012年，广州美术学院雕塑系开设了“在地实验艺术”课程，持续以广州大学城南亭村作为“实验”对象，完成了一个比较成熟的课程案例。同样是2012年，四川美术学院雕塑系在贵州省桐梓县羊磴镇发起的一个综合艺术项目——“羊磴艺术合作社”，艺术家持续在这里与当地居民一起合作，将艺术还原为一种“形式化的生活”。2018年11月底，“社区更新与公共艺术国际学术论坛”在四川美术学院召开，羊磴镇作为本次论坛学者实地考察对象，勾连了人文社会科学领域的讨论，应该也是雕塑外延拓展的重要一极。此外，甘肃省秦安县石节子村等地的在地艺术项目也在持续进行。雕塑走出架上、走出美术馆，最终走出城市、走向乡村，实则是雕塑艺术与更广泛意义上的人文学科进行跨界融合的又一新走向。

五、结语

即使仅仅关于雕塑，一年之中的人物、事件也是芜杂的，一篇综述难免挂一漏万，无法将其还原。然而，透过现象的芜杂，我们总能捕捉某些趋势。2018年的中国雕塑在观念性与实验性的道路上继续前行，理论自觉渐强，雕塑家已在当代标准、身份建构等方面形成个性化的自我系统，中国雕塑的“当代性”持续生长。雕塑作为空间艺术的特殊性也被广泛运用，地方文化建设与雕塑展览活动相映繁荣。中国雕塑与科技、传统、人文诸方面的交叉与融合也正营造出其发展的新领域。

（韩小囡　山东大学历史学博士，广州美术学院雕塑与公共艺术学院副教授）

2018年艺术设计研究综述

彭圣芳 彭宝莹

自1998年教育部颁布的《普通高等学校本科专业目录（1998年）》列出“艺术设计学”学科后，“艺术设计学”学科下的各类“艺术设计”专业方向蓬勃发展，为社会培养了大量设计实践和理论研究人才，也为国民经济各行业发展和文化产业的振兴做出了很大贡献。2012年，教育部颁布了新版的《普通高等学校本科专业目录（2012年）》，将“艺术学”及其下属学科（包括“艺术设计学”）从“文学”中划出，单列出独立的“艺术学”门类。因从属于“艺术学”门类的属性，一级学科“艺术设计学”也直接定名为“设计学”。经过20年的发展，艺术设计的蓬勃生机与活力成为驱动社会发展的新力量，也以跨学科的姿态为人文社科领域和工程技术应用领域积累了丰富的科学知识。

结合2018年艺术设计领域的学术热点及主要成果，本文将从五个方面阐述主要的实践和理论成果，以概括出本年度艺术设计的发展趋势。

一、深度融入产业，探索创新设计驱动发展的可能性

《国务院关于推进文化创意和设计服务与相关产业融合发展的若干意见》中已明确将设计与相关产业融合作为经济社会与产业转型的重要推动力，阐明我国经济进入新常态，创新驱动将成为推动经济发展的重要战略。创新源自设计，设计是将知识、技术、信息和创意转化为产品、工艺、装备及服务的先导，决定着制造与服务的品质和价值，因此是产业链、价值链、创新链的源头。2018年3月，中国国际经济交流中心王晓红等著《创新设计引领中国制造》[1]由人民出版社出版，阐述了实施创新驱动发展战略以实现“中国制造向中国创造转变，中国速度向中国质量转变，中国产品向中国品牌转变”的目标。

《装饰》2018年第12期以“设计驱动”为专题，组织多篇文章进行了讨论。北京智米科技有限公司苏峻发表文章《让设计成为企业的战略核心——2010年后科技公司的崛起优势》提出，2010年之后，技术和产品创新成为时代的宠儿，这是中国设计取得进展的好机会，也是设计驱动型企业的“红利期”。重视设计的企业要对设计、生产过程、出售策略、售后体系每一个阶段都投入精力，尤其是利益驱动型企业忽视的设计和售后阶段，而这一

切都需要企业将设计作为战略核心。广州美术学院钱磊副教授撰文《由内而生的设计驱动——以富士胶片的转型为案例》，围绕富士胶片的转型与升级案例，展开对设计驱动的一系列延伸解读。认为富士胶片依靠设计驱动的变革，不局限于具体形制的设计，以思维的设计为引导，着重于“需求—技术”关系的重构，以核心技术多元化扩展来实现满足新市场、新需要的业务设计，展开企业组织的设计，体现了设计作为一种方法的广泛适用性。

关于设计驱动企业品牌发展，广州美术学院童慧明教授提出设计驱动型品牌才能令设计的价值最大化。他的《设计驱动型的品牌与时代》一文梳理了设计驱动型品牌和市场驱动型品牌、科技驱动型品牌的区别，并认为设计驱动型品牌应该体现以用户体验为中心的设计思维，并用这种设计思维驱动品牌的所有商业活动。童慧明认为设计驱动型品牌有四个重要的特征，分别为设计是品牌核心、公司发展战略上始终致力于把创新设计作为品牌战略决策的优先级、在产品上持续创造具有颠覆性和极致用户体验的产品、发展战略目标上努力成为产业领军者。

基于以上认识，一些设计赛事直接引入了“设计驱动”的概念与机制。其中，由中国美术学院主办的“中国设计智造大奖（DIA）”和广州美术学院主办的“全国大学生工业设计大赛”在这方面表现突出。DIA 大奖整合产业资源对符合创新趋势的设计成果进行评价，通过探索建立符合科学与艺术融合趋势的平台帮助“中国制造”和“中国品牌”提升产业增长的质量和效益，形成国际竞争新优势。[2]“全国大学生工业设计大赛”始终关注产业变革的第一现场，尝试与我国制造业集中的区域形成合作，推动获奖作品转化，建构一种设计驱动模式。

二、彰显伦理价值，倡导以设计改善和服务民生

设计理论家帕帕奈克曾提出设计应该为广大民众服务，而不是为少数富裕国家服务，并强调设计尤其应该为第三世界的人民服务。[3] 以设计改善和服务民生体现的是对人类的关怀，是设计伦理价值和人文精神的彰显。2018 年 5 月，中共中央政治局召开会议审议并通过了《国家乡村振兴战略规划（2018—2022 年）》和《关于打赢脱贫攻坚战三年行动的指导意见》。面对消除贫困的挑战，设计在扶贫事业上正在发挥积极作用。

2018 年 4 月，第二届世界工业设计大会召开，会上联合国工业发展组织、工信部、中国工业设计协会等联合发起了“设计扶贫”倡议。11 月，第二届中国工业设计展览会在武汉举办，展会特别设立“设计扶贫”展区，展示通过工业设计为脱贫致富、乡村振兴产生显著推动作用的产品及项目。同期，召开“设计扶贫在行动”专题论坛，工信部产业政策司、中国工业设计协会以及全国各地企业、高校代表出席论坛，分享讨论设计扶贫在实施过程中的做法、效益和建议。12 月，工信部召开全国各省、市、区“设计扶贫”电视电话会议，进行相关政策解读、行动计划发布和特色案例示范。

与此相关的学术成果也相继发表。山东工艺美术学院潘鲁生教授发表《设计服务民生》一文，基于新时代“以人民为中心”的国家发展战略提出“设计服务民生”的倡议，响应“乡村振兴”战略提出“为三农设计”的命题。文章论证了设计与民生问题的关系，并结合国内外设计实践、研究案例，从设计助推产业兴旺、生态宜居、乡风文明、治理有效、生活富裕五个方面展开，为设计积极响应国家乡村振兴战略提供方案。中国美术学院宋建明教授发表文章《设计作为一种生产力，可精准扶贫》认为：要对“贫”的成因有正确认识，继而提出“对症下药”的方法，通过分享三个不同类型的实验——“彩色渔岛”、“农村文化礼堂”及“艺创小镇”的营造，验证了该校文创设计团队对设计作为精准扶贫智慧力量的思考。四川美术学院段胜峰教授在“设计扶贫”的组织和宣传上也投入极大。他们通过搭建重庆设计扶贫信息服务平台和组建重庆乡村振兴行动联盟，推动设计服务民生。其在《包装工程》2018 年第 10 期策划选题“设计介入精准扶贫”，组织文章对设计推动精准扶贫，修复贫困人群、村落的弹性生态系统，建立协作式社会创新体系等进行了讨论。

除了针对乡村和贫困人口的具有典型意义的探索，设计介入民生还体现为更大范围内的以设计支持和引导积极的社会和环境变化。清华大学美术学院钟芳、刘新的文章《为人民、与人民、由人民的设计：社会创新设计的路径、挑战与机遇》从设计与人民大众不同关系的角度理解并探讨社会创新设计的不同路径与发展脉络，以跨学科的视角，将公共管理、商业管理中对设计与大众的关系在时代断面上进行比较，分析社会创新设计发展历程，梳理社会创新设计在当下社会中面临的机遇与挑战。同济大学设计创意学院娄永琪教授在城市推动展开设计驱动的基于社区的社会创新项目《NICE 2035：一个设计驱动的社区支持型社会创新实验》，是一个通过有意识地引导大学和社区创新力碰撞、交融、协同共创，探索“自下而上”地激发城市社区创新潜力的全新范式。

三、汲古而融今，研究传统工艺与当代设计的有效链接

在中国共产党十八届五中全会关于“构建中华优秀传统文化传承体系，加强文化遗产保护，振兴传统工艺”和“十三五”关于“制定实施中国传统工艺振兴计划”的要求下，为促进中国传统工艺的传承与振兴，原文化部、工信部联合发布了《中国传统工艺振兴计划》，引发学界对本土传统文化及工艺的高度重视。“十九大”报告中，要“推动中华优秀传统文化创造性转化、创新性发展”的命题迁移到设计领域就应该是研究当代设计如何汲古融今，智慧地转化并体现中华民族的优秀传统。

中国传统的造物和设计智慧是宝贵的本土资源，可以成为当代设计的来源，但前提是要寻找合适的转化路径。西安美术学院赵农教授《民艺造物与艺术设计》一文从民间艺术造物的角度，提出民间工艺的生产需要设计积极介入，认为民间文化的发展需要阶段性地维护；针对不同材料和消费者，要合理地采用艺术设计的手法使民间工艺规范化、系统化；

艺术设计家也需重视生态化的工艺品设计，既不破坏自然环境，亦使人类长久地生存在其中。山东工艺美术学院潘鲁生教授的论文《传统工艺是设计教育的宝藏》则围绕传统工艺与设计教育的关系，强调传统文化对设计的重要意义，认为只有深刻领会了本民族的传统文化精神，才可能形成兼容并蓄的文化视野，只有真正把握了民众对于生活、对于文化、对于审美的诉求，才能形成具有生命力和广阔应用空间的设计。其论文《保护·传承·创新·衍生——传统工艺保护与发展路径》更从传统工艺的保护与发展出发，梳理了对实施传统工艺振兴的建议。立足中国本土传统文化，中国美术学院郑巨欣教授的《中国传统工艺再思考》一文强调，尊重传统、学习传统是一方面，更重要的是通过活化传统、推陈出新，凸显中国传统工艺的意义和价值。论文围绕中国传统工艺，通过探讨其分类概念、变化中的实在观、美术与图案，再思考了传统工艺的价值与未来。南京艺术学院张明教授《东西方造物方式的"源"与"元"研究》一文则通过厘清东西方造物方式的历史路径和人类思维抽象的轨迹，从对比的角度为建立中国文化特征设计体系提供参考。文章认为，很多情况下传统的设计理念与工艺已不能完整表达新时代催生的设计想法，因此，设计必须在纯粹中寻求裂变，做到统一与多元并重，既要变革也要坚持保持自己的民族文化特征，更要正确把握设计全球化和本土化的辩证关系。

在主张文化自信、振兴传统工艺的导向下，国家艺术基金对传统工艺当代转化的展览项目和人才培养类项目表现出了较大的支持力度。自2014年设立以来，该基金已经支持了一批与传统工艺相关的创作、展览和人才培养项目，投入大量资金扶持高校、研究院所和其他机构进行传统工艺现代转化设计的实践、教育与推广。

四、适应技术变革，推动设计边界和内容的拓展

艺术设计与科学技术的发展紧密联系。第四次工业革命带来的人工智能、大数据和云计算等从工具手段、内容对象和用户特征等方面对设计产生了深刻影响。设计的边界和内容在持续拓展，它不再局限于实体的"物质"设计，而越来越关注非实体的"非物质"设计，于是，基于信息的交互设计、体验设计和服务设计逐步走向前台。2018年4月21日，阿里巴巴集团在其主办的"UCAN用户体验设计论坛"上宣布，其自主研发的人工智能设计师"鹿班"正式对外开放功能，它能高效取代现在部分设计师的重复性设计劳动。在未来，任何人都可以通过"鹿班"一键生成自己的海报，大大降低设计的门槛和成本。这是人工智能技术在创意类领域的一次重要尝试，对此，学术各界态度不同，既有乐观看法也有悲观论调。然而无论如何，由技术推动的设计变革已经势不可挡。当然，由技术推动的设计变革也是一种主动选择。清华大学美术学院徐迎庆教授在清华大学创立了未来实验室，探索前沿技术推动下的设计可能性。该实验室借助理科、工科、文科和艺术设计交叉的优势，把计算、传媒、艺术汇聚合一，通过创新技术变革人类的认知、互动的逻辑。通过未

来人、机、物的融合来理解用户和服务用户的研究，特别是场景理解和人场交互，以及在这个过程中发现新的研究领域。

交互设计专家辛向阳教授的《设计领域的新现象》一文分享了他认为在非物质设计领域新出现的规律性的东西，提到：工业设计、产品设计，包括视觉传达设计发展到今天被冲击，而交互设计、服务设计、体验设计概念的出现，其实是背后设计共性问题的显现。辛向阳、曹建中的论文《定位服务设计》通过梳理服务设计的学科缘起，分析服务设计的相关研究成果和现状，从服务的商业定位和设计原则两方面解读并定位服务设计，认为当服务以产品的附加价值出现并基于效率原则进行设计时，服务设计往往是针对相对稳定目标的服务加工；基于同样的原则，但以服务作为核心主体时，服务设计的主要内容常常是服务流程的再造；当服务设计的目标是创造意义，即便以产品附加价值出现，服务也将为产品增加功能属性之外的新的内容，重塑产品意义；当以意义创造为目的，全面创新服务体系时，服务设计是理念、商业模式和范式的转变。辛向阳、王晰的论文《服务设计中的共同创造和服务体验的不确定性》通过对服务本体特征和服务接触中的共同创造的解析，阐述服务体验的不确定性，从而阐明服务设计和其他非物质设计对象之间的细微但根本性的差异。江南大学代福平教授的《体验设计的历史与逻辑》一文则探讨了体验设计兴起的历史过程中所蕴藏着的生活世界逻辑：经过人机工学之前、人机工学、用户体验，体验设计最终形成，终于成为一切设计活动的共有维度，认为体验设计的逻辑是将设计对象由人为事物的客观性转向人的主观感受，将设计目的由技术世界转化为生活世界，从而不断克服人的异化状态，促进人的自由体验。

五、重视设计史书写，建构完整而开放的设计学理论

自 1977 年英国成立设计史协会以来，“设计史”已经成为一门显学。在此之前，设计史研究的先驱佩夫斯纳就以《现代运动的先锋》《现代设计的源泉》《关于美术、建筑与设计的研究》等著作为设计史研究奠定了基础，并以其实践表明，设计史的研究不能脱离美术史、科技史、文化史和社会史。另一设计史研究的先行者吉迪恩写作的《机械化掌控》，更强调工业进步对现代世界及人造物的影响，提倡文化研究法介入设计史研究。的确，设计史的研究具有基础性的意义，它往往成为影响设计理论、设计批评标准形成的核心要素。时至今日，在世界范围内设计史的书写渐趋完整。但设计史研究的学科工具和书写的立场角度却有着不一样的发展。在国内，学界对中国古代传统设计的历史发展脉络研究渐趋完整的情况下，设计史研究朝着更为深入和细致的方向有了发展。同时，也有一些学者将视线延伸至近现代以至当代设计上来，试着书写与今天更为接近的设计历史。国外设计史研究和写作的方法与动向也得到了国内的关注，并被引进。这都表明，重视设计史书写、着力建构完整而开放的设计学理论成为一种共识。

就中国古代设计史研究向深入方向发展的趋势而言，主要体现为以边缘性的、少数民族的和基于田野研究的个体个案为对象的研究层出不穷。南京艺术学院李立新教授的《象生：中国古代艺术田野研究志》一书，以田野研究的个案为古代设计文化发展及相关理论探索借助人类学的工具探寻出一种新的理论视域，为设计学的研究转向提供了思路。湖南工业大学肖晓通过其对朱和平教授的门类设计史著作《中国古代包装艺术史》的书评，阐述了在古代设计史研究方法方面的一些观点。此方面由于成果众多，难以尽述，但总体的趋势是中国古代设计史的形态已渐趋完整而丰满。在此基础上，一些学者开始试着书写与今天更为接近的设计历史。2018 年 9 月出版的《上海制造中的设计》（沈榆、魏劭农著）结合上海的百年工业制造，介绍了民国时期、计划经济时期、改革开放时期中国设计发展的历程以及各个阶段设计的特点，选取工业产品设计、包装设计、海报设计及相关设计内容，从“日常生活”“国家形象”“传播与接受”“出口贸易”“交通运输”五个方面讲述回应时代需求的中国设计。

在设计史研究自觉意识的驱动下，国外设计史研究和写作的方法与动向也得到关注，并被引进。2018 年 9 月，为纪念《装饰》创刊 60 周年，“面向未来的设计学——国际设计期刊主编论坛”在清华大学召开。活动上，《设计史期刊》编委、澳大利亚斯威本科技大学副教授丹尼尔·胡帕茨在其演讲《设计史：多样性与全球化》中分享了三种《设计史期刊》研究设计史的视角与方法：一是以物为基础展开研究，即它是如何产生、如何使用，以及如何传播和产生影响的；二是基于类型学的方法，即把一类物品进行分类；三是基于地域性的研究，即国家身份、地域特点等如何通过物质文化展示出来的。另外，丹尼尔·胡帕茨列出目前设计史领域所面临的挑战，并强调了历史观的重要性。他还提到，传统的设计史研究常常针对具体的物，今天是否也可以换一个出发点，比如变成以用户为中心、以使用物体的人为出发点。结合其于 2018 年出版的《现代亚洲设计》一书，可以观察到西方设计史学者正在突破线性叙事与以欧洲为中心来进行设计史研究，进而不再把工业革命放在考量的核心地带，尝试以不同方式、不同视角来看待亚洲国家的一些设计领域。鲁迅美术学院刘春芽的《从区域协作到全球对话——当代国外设计史研究的团体与网络》一文阐述了西方设计史研究团体的发展和现状，介绍了设计史从西方到非西方的发展。湖南大学何人可、李辉的《全球史视野下的长沙窑古陶瓷设计研究》以跨文化贸易与交流历史语境中的长沙窑古陶瓷的设计演变与创新为主题，对演变过程中跨文化互动与设计的关系等问题进行多维视角考察。山东大学王震亚在《包装工程》杂志策划“全球化视野下的设计史研究”专题，组织文章对设计史研究的全球化趋势的理论和个案进行了讨论。这些都在表明，在去中心化的观念之下，设计史研究的“多样性”和“全球化”已成定势。

六、结语

站在中国现代设计百年发展的历史节点上，设计实践和理论研究都承载着对大众、对传统、对未来的责任。在技术、商业、文化和各种社会运行机制都逐渐开放的环境中，无论是设计实践还是理论研究，都应该在尊重现实条件的态度上，尽可能地发挥设计驱动社会发展、创造人类福祉的作用；同时，也理应在一种自觉意识下，通过设计来为人文社科领域和工程技术应用领域积累相应的客观知识。

（彭圣芳，广州美术学院工业设计学院教授；
彭宝莹，广州美术学院工业设计学院 2019 级硕士研究生）

注释

[1] 该书在工信部、中国工程院委托课题《制造业创新设计发展行动纲要研究》(2016 年)的基础上形成。

[2] 卢涛:《DIA 大奖：另一种“设计驱动”的力量》,《装饰》2018 年第 12 期。

[3] 参见[美]维克多・帕帕奈克《为真实的世界设计》, 周博译, 中信出版社 2013 年版。

2018年美术史学研究评述

梁舒涵

2018年的美术史学研究，总体而言，思想性不断加强、学术视野更进一步拓宽。从出版著作、学术论文及研讨会等方面来看，2018年的美术史学领域的研究主要表现出四个方面的较新倾向：一、对“改革开放”以来美术思潮的回顾；二、思想性进一步加强，特别是以观念为主导的美术史研究不断增多；三、对图像生产与文本使用的理解逐渐深化；四、东西方文化视野的交汇逐渐形成。

一、“改革开放”美术回顾

2018年是改革开放40周年，在庆祝改革开放40周年大会上，习近平总书记发表了重要讲话，在提到40年来文化方面取得的成就时指出：“40年来，我们始终坚持发展社会主义先进文化，加强社会主义精神文明建设，培育和践行社会主义核心价值观，传承和弘扬中华优秀传统文化，坚持以科学理论引路指向，以正确舆论凝心聚力，以先进文化塑造灵魂，以优秀作品鼓舞斗志，爱国主义、集体主义、社会主义精神广为弘扬，时代楷模、英雄模范不断涌现，文化艺术日益繁荣，网信事业快速发展，全民族理想信念和文化自信不断增强，国家文化软实力和中华文化影响力大幅提升。改革开放铸就的伟大改革开放精神，极大丰富了民族精神内涵，成为当代中国人民最鲜明的精神标识！”[1]在此背景下，艺术类刊物积极响应时代号召，刊登了一系列回顾改革开放以来美术事业蓬勃发展的文章。例如《改革开放与中国美术思潮》一文针对中国美术在不同时期出现的思想观念进行了分析，并注意到前后之间相应的联系。在整体的思想脉络上，作者认为，“关注现实，表现生活”这一创作思想依然是主流，个体意识的觉醒与艺术创作的自由，则表现在“实验”与“创新”这一与现代性密切相关的问题上。[2]此外，也包括《美术》杂志2018年第11期“改革开放”专栏中的《从丘壑到景观——改革开放与中国城市山水画语言嬗变》《空间再造与价值重构——改革开放40年的公共艺术》两篇文章。前者从城市山水画所处的现实情境、功能与意义的建构、审美意识的转化、形式语言的嬗变、主要画家及特点等方面切入，着重梳理这一题材的发展变化，揭示其从丘壑内营到直写景观之变的内在逻辑，以及其承继传统、借鉴西方现代艺术的方法路径和发展的多种可能性，凸显了城市山水画的时代价值。[3]而后者则以都市公共空间中的雕塑为例，回顾了改革开放40年来公共艺术在功能、表达方式、风格以及生产机制等方面发生的变化，在塑造城市形象、彰显城市或区域文化精神、构建精神场域等方面发挥的重要作用。[4]

二、饱含思想的艺术史学逐渐形成

综观2018年出版的各类艺术史学术著作和发表文章，艺术史材料中的观念始终是学术兴趣所在，也更像是带有主题策划意识的学术研究。此类研究说明，学术界对中国美术史的关注已逐渐从对材料的兴趣向材料的叙事和表意方面延伸，如巫鸿教授的《"空间"的美术史》[5]即如此。此书是巫鸿教授应OCAT研究中心之邀于2016年6月20—22日在芝加哥大学北京中心进行的系列讲座的整理出版。通过"空间与图像"、"空间与物""空间与总体艺术"三部分，构筑了一个新的阐释维度。例如，在书中他着重强调了敦煌艺术社会空间的完整性等问题。既有具体材料形成的专著也有数例涉及观念生成的问题，如刘晓达的著作《王者无外　天下一家：美术史视野中秦皇汉武时代"天下"观》。作者将研讨的主题放置在东周晚期至西汉中期政治与社会转型的宽广背景中，采取历时性的写作方式，系统分析与论辩了从秦始皇至汉武帝时代，皇帝在臣僚、工匠的协助下如何通过形式多样的视觉艺术去建构与呈现"天下"观念。[6]吴雪杉的《长城：一部抗战时期的视觉文化史》基本上采用了视觉文化的研究方法，用大量新闻照片、画报等图像材料探究了长城的政治和文化的象征意义。[7]类似研究思路中较有代表性的论文有《儿戏与沙场：13—16世纪婴戏图中对战争的回应与想象》[8]。此文讨论了南宋至明代中期婴戏图中与战争有关的图像因素，侧重于对画中军旗、武器和打斗场面的描绘。这些图像除了与不同时代的战争有间接的关联之外，更多寄托的是一种期盼健康子嗣、期待儿童健康成长的愿望，图画也因此成为达成这些愿望的途径之一。用同类方法撰写的论文还有《大汗的农事：农桑、耕织图与元代皇帝的角色认同》[9]、系列论文《魂舟·魂车·魂桥　图像中的灵魂信仰探讨》等[10]。

当然，艺术史中的思想问题并不局限于古代学术。2018年发行的"图想丛书"及其发布研讨会"从图像到思想"，即是对图像与思想之间多维度关系的讨论。这套丛书有三本：《今天，我们用什么做艺术？》[11]、《我们能摸准艺术的脉搏吗？》[12]及《我们可以这样解读艺术吗？》[13]，是中央美术学院的三位教授就当代艺术的哲学问题进行的思考。正如"图想丛书"主编尹吉男在首发式致辞中谈到"图像是有思想的"，过去的研究以"文本"为核心展开，设定图像是没有思想的，但历史上有很多信息是文字不能表达的，只能用图像表达，比如太极。这也是这套丛书的意义所在，讨论图像的思想性以及通过图像来思想。

三、图像生产与文本再释

2018年以物质文化为基础的艺术考古学领域著述丰硕，这些研究加深了学界乃至公众对于艺术史物质维度的理解，也揭开了作为审美物品的艺术品的生成原因及制作过程。前者，《束禾集：考古视角的艺术史》是杨泓教授数十年学术生涯的集结，收录了作者从1977年至2018年所写的论述、资料综述、书序等共30篇文章。该书除了论述美术考古学与艺术史的联系外，研究范围还包括田野考古所获得的实物标本，特别是从古代墓葬中获得的现代人认为与美术有关的考古标本，包括古代建筑、古代家具、绘画、雕塑、宗教艺术、工艺美术等方面。[14] 从生产角度而论，《敦煌古代工匠研究》通过敦煌的工匠活动来还原某种我们今天看来是“艺术品”创造的历史语境。根据文献记载和历史遗存，该书详细考据了敦煌古代工匠的职别与级别、社会地位、经济生活、艺术创造、技术进步、角色转换、民族精神等问题，为敦煌学的研究和拓展提供了新的视角。[15] 地理视角近年也已成为学术界关注的新话题，《北宋开封绘画崛起的时空考察》一文以隋唐以来的北方绘画为叙事线索，对北宋开封本土绘画崛起的历史地理背景进行了时空考察，并最终得出结论：自隋唐前期北方绘画开始占据主导地位以来，虽经历了晚唐与五代时的曲折发展，但随着政治中心由长安向开封的东移，北宋的统一使北方得到了短暂恢复的机会。而开封作为帝国新的政治中心，在其本土绘画的根基之中不免留有深厚的唐人典型，即该文所称的中国古代绘画发展中的北方传统。[16]

图像的生产除了实物记录之外，还有文本证据，两者的互证经常是学术界的兴趣所在。无论中外，文本历来是美术史研究的重要手段，特别是在某个时代的品评标准、趣味变迁、价值生成方面，因此画论也是历来中国艺术学术的研究重镇。本年度出现的一系列学术著述不乏对以往画论、画史的新见，如《〈历代名画记〉中几则画家材料的考辩》一文，就是力图指出张彦远的摘引错误和张冠李戴之处，如张彦远将谢赫对顾骏之的评论用到了顾景秀身上等问题。文本的重新解读一方面是对已有文本进行深化和考据，从而获得新的信息，另一方面也体现为获得新的文本关联。例如《从满文档案和美术史资料看清朝与哈萨克诸部关系史——以〈哈萨克贡马图〉源流为中心》一文即如此。 作者结合满文档案与美术史资料，讨论了郎世宁画《哈萨克贡马图》的缘由与乾隆帝如何看待哈萨克右部归附事件，对哈萨克右部归附、遣使、贡马过程做了综合考察，进而探讨这一画作反映出的政治与文化的双重意涵，并认为乾隆朝君臣将左、右哈萨克部纳入藩属体系后，通过系统整合历史资源和盛世文化，在宫廷画作中展现出清朝上承汉唐旧疆、下启后昆新识的全新西域叙事与国家意象。

四、影响史中的交叉视野

在美术史研究以至更广范围的艺术创作、展览等领域，2018年度最明显的趋势在于全球视野的进一步自觉，已经从数年前单纯的单向度影响扩展到对相互影响的思辨层面。这种趋势既与“一带一路”等不断开放、交流的大政方针有关，更是包括艺术史、文学、历史学、文化理论、哲学等人文学科自身发展的必然成果。这种全球化视野在2018年度的各种著作、会议、论文、科研项目中得到了大量体现。11月，在中央美术学院举办的国际美术教育大会的国际美术教育大会艺术史论坛的主题即“如何书写全球艺术史”。论坛分为三个板块——跨文化的艺术交流、艺术史的延伸、视觉文化与艺术史，显示出艺术史正突破以欧美为中心的文化和学科边界，开始形成新的方法论，构成全球艺术史的书写模式。诚然，“全球艺术史”在学理层面争议不断，例如，美国著名艺术哲学家大卫·卡里尔（David Carrier）在十年前便出版了一本小书《世界艺术史及其对象》（*A World Art History and Its Objects*），讨论了建立一种世界性的艺术史叙述模式的可能性问题[17]，并一度引起学界争议。但这一话题无疑已成为艺术史的一个新晋分支，保罗·盖蒂基金会近年来发起的“连接不同艺术史”的宏大计划可谓对这一趋势的最佳回应。除了国际美术教育大会之外，由中央美术学院李军教授策划的展览“无问西东——从丝绸之路到文艺复兴”以展陈、学术研讨会、出版物的形式综合呈现了文艺复兴时期欧亚大陆两端活跃的文化交流情况。[18]

在2018年出版的学术著作方面，中国艺术史的国际化视野多集中在对海外藏的中国艺术作品的研究，以及海外学者给中国艺术史带来的新思路和新方法上，如《行到水穷处：班宗华画史论集》[19]、《帝王巨观：波士顿的87件中国艺术品》[20]、《西雅图的艺术传奇——富勒的中国艺术品收藏》[21]等。视觉文化方面的交流史研究也出现了数种力作，如《西洋镜：法国画报记录的晚清1846—1885》[22]。此书系团队之作，研究者遍寻各国公私博物馆，搜集到了300余幅版画，均来自《画刊》《世界画报》等世界上最早一批以图像为主的法国报刊。而陈平原教授的《左图右史与西学东渐：晚清画报研究》则与之相反，是从中国晚清的画报中寻找彼时中外相遇时留下的痕迹，且学术性更强，更加侧重晚清时代中国对于西方的认识。[23]

更多中外交流的个案研究仍然体现在文章方面。在中外学者合作的《南粤泥塑艺术的早期西传：广东艺匠奇官（Chitqua）研究》一文中，作者注意到中国肖像艺术的西传研究一向乏人问津，偶有学者关注到附着在瓷器、装饰品上的肖像画及晚清南粤的外销画，但因文献匮乏及语言障碍，研究往往流于粗浅描述，甚至张冠李戴，错讹百出。该文从一类广东民间艺匠入手，尽可能援用一手西文文献厘清其于乾隆年间的访英经历和交游人群，以此考察南粤微型泥塑人像在欧洲的传播状况及其背后的经济、文化动因，并通过这个典型案例剖析中西美术理念碰撞与融合而产生的互补效应以及中国民间艺匠早期跨文化之旅的意义。此文是近年来影响史方面较有代表性的一篇个案研究[24]。在近现代中外交流方面，《从京都国立博物馆藏中国近代书画看20世纪初的中日美术交流》一文通过分析日本京都国立博物馆藏中国近代书画的收藏过程及特点，窥探了20世纪初中日美术交流的一些细节问题。[25]同样，《20世纪初日本学者对中国古代绘画传统的再发现》一文着眼于晚清民国的历史时局和文化影响观，从20世纪初日本学者在中国进行艺术调查、结交中国文藏界人士等细节出发，以丰富的史料勾勒出以日本关西地区的内藤湖南、长尾雨山，关东地区的泷精一、大村西崖为代表的日本学界重新认识中国画传统和文人画价值的过程，以及与中国国内学者之间的互动。[26]

五、艺术史学界大事纪要及展望

2018年度，除了常设、增设的各种论坛和会议、讲座、出版物之外，对于美术史学术事业而言也有数个具有标志性或值得铭记的事件。首先是2018年8月，习近平主席给中央美术学院的八位老教授（周令钊、戴泽、伍必端、詹建俊、闻立鹏、靳尚谊、邵大箴、薛永年）撰写回信之事。信中强调“美术教育是美育的重要组成部分，对塑造美好心灵具有重要作用。你们提出加强美育工作，很有必要。做好美育工作，要坚持立德树人，扎根时代生活，遵循美育特点，弘扬中华美育精神，让祖国青年一代身心都健康成长”[27]。其中，邵大箴、薛永年两位教授为我国著名艺术史家，为我国的美术史研究和教育事业做出了卓越贡献。此次回信必将更加鼓舞激励我国艺术史研究者立足学术，秉持正确方向，深入挖掘我国优秀传统艺术的价值。

我国第一个美术史系诞生于中央美术学院，2018年该校举办了百年校庆，在给八位老教授的回信中，习主席也对艺术教育的方向做出了重要指示：“值此中央美术学院百年校庆之际，希望学院坚持正确办学方向，落实党的教育方针，发扬爱国为民、崇德尚艺的优良传统，以大爱之心育莘莘学子，以大美之艺绘传世之作，努力把学院办成培养社会主义建设者和接班人的摇篮。”[28]

不幸的是，中央美术学院美术史系主要创建人金维诺教授（1924—2018）于2018年年初仙逝。正如中央美术学院范迪安院长在“传铎：纪念金维诺先生美术教育与学术成就研讨会”（2019年于中央美术学院举办）的致辞中表示：“金维诺先生以毕生心力为新中国的美术教育，特别是中央美术学院美术史学科的事业发展不懈耕耘、开拓奋进，是坚定文化自信，坚持守正创新，坚持立德树人的优秀楷模。”

2018年度我国的艺术史学领域不仅涌现出大批优秀的著述，而且也为考古学、思想史、文学史、科技史等其他学科带来了新的视角，从而在整个人文学科中占有越来越重要的地位。艺术史学当今的繁荣发展以及学科感召力是数代学人共同努力的结果，更体现了国家对于学术研究和文化建设方面的重视。

（梁舒涵　北京大学文学博士、天津师范大学新闻传播学院讲师）

注释

［1］《习近平在庆祝改革开放40周年大会上的讲话》，全文刊载于新华网，2018年12月18日。

［2］郑工：《改革开放与中国美术思潮》，《中国文艺评论》2018年第11期。

［3］韩立朝：《从丘壑到景观——改革开放与中国城市山水画语言嬗变》，《美术》2018年第11期。

［4］赵志红：《空间再造与价值重构——改革开放40年的公共艺术》，《美术》2018年第11期。

［5］［美］巫鸿：《"空间"的美术史》，世纪文景／上海人民出版社2018年版。

［6］刘晓达：《王者无外　天下一家：美术史视野中秦皇汉武时代"天下"观》，文物出版社2018年版。

［7］吴雪杉：《长城：一部抗战时期的视觉文化史》，生活·读书·新知三联书店2018年版。

［8］黄小峰：《儿戏与沙场：13—16世纪婴戏图中对战争的回应与想象》，《美术研究》2018年第5期。

［9］杨德忠：《大汗的农事：农桑、耕织图与元代皇帝的角色认同》，《美术研究》2018年第6期。

［10］陈锽：《魂舟·魂车·魂桥　图像中的灵魂信仰探讨之三》，《新美术》2018年第9期。

［11］尹吉男：《今天，我们用什么做艺术？》，山东美术出版社2018年版。

［12］尹吉男、西川、李军：《我们能摸准艺术的脉搏吗？》，山东美术出版社2018年版。

［13］李军：《我们可以这样解读艺术吗？》，山东美术出版社2018年版。

［14］杨泓：《束禾集：考古视角的艺术史》，中国社会科学出版社2018年版。

［15］马德：《敦煌古代工匠研究》，文物出版社2018年版。

［16］赵振宇：《北宋开封绘画崛起的时空考察》，《美术学报》2018年第1期。

［17］David Carrier, *A World Art History and Its Objects*, Penn State University Press, 2009.

［18］展览图录为湖南省博物馆编《在最遥远的地方寻找故乡：13—16世纪中国与意大利的跨文化交流》，商务印书馆2018年版。

［19］［美］班宗华：《行到水穷处：班宗华画史论集》，白谦慎编，刘晞仪等译，生活·读书·新知三联书店2018年版。

［20］［日］木下弘美：《帝王巨观：波士顿的87件中国艺术品》，上海书画出版社2018年版。

［21］姚进庄：《西雅图的艺术传奇——富勒的中国艺术品收藏》，何子璐译，上海书画出版社2018年版。

［22］赵省伟：《西洋镜：法国画报记录的晚清1846—1885》，张霞、李小玉译，广东人民出版社2018年版。

［23］陈平原：《左图右史与西学东渐：晚清画报研究》，生活·读书·新知三联书店2018年版。

［24］施晔、Freerk Heule：《南粤泥塑艺术的早期西传：广东艺匠奇官（Chitqua）研究》，《美术研究》2018年第2期。

［25］陈雅婧：《从京都国立博物馆藏中国近代书画看20世纪初的中日美术交流》，《美术研究》2018年第3期。

［26］谈晟广：《20世纪初日本学者对中国古代绘画传统的再发现》，《美术观察》2018年第5期。

［27］习近平给中央美术学院八位老教授回信，新华社（北京）8月30日电。

［28］习近平给中央美术学院八位老教授回信，新华社（北京）8月30日电。

2018年美术理论与批评研究综述

黄　琳

一、2018年度研究概况

2018年美术理论与批评研究领域，在出版、论文及活动方面都有显著的体现。在论文发表方面，典型文章见于《美术研究》《美术》《美术观察》等期刊，发表数量近50篇，多集中于美术史研究方法、“美术革命”、美术批评的危机等方向上。在出版方面，图像学方面的书籍占据了半壁江山，有米歇尔的《图像何求？形象的生命与爱》、埃尔金斯的《图像的领域》、彼得·伯克的《图像证史》、哈斯克尔的《历史及其图像：艺术及对往昔的阐释》等。

在美术批评领域，2018年出版的最重要的一本书是《20世纪西方艺术批评文选》[1]。文选分“批评的典范”与“批评的理论”两编，分别侧重呈现批评写作与现当代艺术史的关系、批评写作本身的范式与方法论，基本包含了20世纪西方各个时期的代表性批评文章。该书与2017年出版的《20世纪中国美术批评文选》共同勾勒了艺术批评的发展轮廓。当所有人都在谈论艺术批评的失语时，这两本文选可谓解决当下批评危机的重要实践。

除论文发表与书籍出版外，年度研究还和当年的社会活动有关。在美术批评领域，举办了第十二届中国美术批评家年会。年会的主题为“批评的现场”，批评家们从“批评的理论现场”“批评的文化现场”“批评的艺术现场”三个议题进行了讨论。武汉美术馆还举办了“批评的立场——第四届中国青年批评家论坛”，就“批评与策展——策展式写作的有效性与社会价值”进行讨论，以批评的立场介入当代艺术的实践活动。

从研究成果来看，选题的偏重及多少，在很大程度上是由期刊主导的，选题策划往往决定了文章的具体内容。如2018年是“美术革命”发生100周年，《美术》杂志在第3、4、5期相继推出了相关文章，并有一篇博士学位论文，使其成为最重要的年度话题。

二、美术理论与批评研究最新动向

（一）传统议题的持续关注

美术理论与批评中的有些话题在学术讨论中往往是避不开的，如美术史研究方法、批评的危机等。

1. 美术史研究方法

近些年，随着西方美术史研究方法论被不断地引进，这方面的讨论很活跃，尤其是关于图像学的研究。

2018年关于图像学的研究，最重要的是引进出版了米歇尔的《图像何求？形象的生命与爱》和埃尔金斯的《图像的领域》。米歇尔回答了我们在生活中为什么如此强烈地受到图像和图画的吸引等问题，并讨论了视觉艺术、文学和媒介之间的关系[2]；埃尔金斯则对图像范围和研究方式进行了革命性的推动，他把视野放远到"非艺术"的图像[3]。他们的研究已远远超越瓦尔堡、潘诺夫斯基等人对图像的阐释。

此外，关于图像与历史之间关系的讨论占据了很大一部分。英国历史学家彼得·伯克《图像证史》系统讨论了历史学家如何利用图像解读历史，以及在此过程中存在的机遇与危险。[4]另有四篇文章基本继续了他的讨论，并通过具体案例明示陷阱，也探讨了图像研究之于呈现历史面貌更为丰富的可能性。郭伟其《时间的图像》，以文以诚关于罗聘《袁枚像》的解读为例，认为历史学家仍衷于将图像作为某种"一般思想史"的证据，美术史家应为其提供必要的监督。[5]邹建林《作为文化史征候的"图像证史"》，以马奈《枪决》为例，重申伯克的观点：图像作为证据发挥作用的领域不是传统意义上的政治史或事件史，而是范围更广泛的文化史。[6]叶原《警惕图像研究中的"预设规律"》，则以北魏佛像为例，认为图像程式的基本面貌也会出现骤然间的改变，而不能沦为预设规律的附庸与点缀。[7]刘冠《图像中的"多维"历史》，以武梁祠系列图像为例，认为图像是存在多维的信息，不应局限于相对狭窄而单一的轨道中。[8]2018年还出版了《历史及其图像：艺术及对往昔的阐释》，哈斯克尔在书中通过考察瓦萨里、黑格尔、布克哈特、赫伊津哈等人的著作与观点，揭示"图像证史"的魅力，也指出其中无法避免的思维和情感陷阱。[9]

除图像学外，在艺术社会学方面也有一定的研究成果。卢文超《艺术社会学的两难困境及其解决之道》，认为艺术和社会学是非常不同的两个领域，要小心翼翼地保持两者的平衡。[10]沈淑琪《媒体、艺术、商品：20世纪上半叶视觉艺术之艺术社会学研究》，是以艺术社会学研究20世纪上半叶的视觉艺术，探讨其视觉性、媒体性和商品性等特质。[11]

进入21世纪以来，关于中国美术史学史，尤其是民国时期的美术史著作，日益受到学界的关注。上海书画出版社即策划了一套美术史经典著作的丛书，2018年出版了三部——姜丹书的《美术史》[12]、余绍宋的《中国画学源流之概观》[13]和刘思训的《中国美术发达史》[14]，并邀请相关学者撰写了导读文章。

有五篇文章讨论了20世纪中国美术史的写作或研究方法。邓福星《编写20世纪美术史三题议》，认为马克思主义哲学是研究20世纪美术史的基本方法。[15]吴雪杉《美术史，还是图像史？》则认为这应该是开放的，媒介、传播、效果等要被纳入，“图像史”和“视觉文化研究”概念也要被参考。[16]

郑工、于洋和杭春晓皆聚焦在具体史料上，通过对史料的辨析、挖掘，来探讨20世纪中国美术史的研究。郑工《问题与困惑：由个体化学术引发的思考》，认为史料要去辨析，同时随着不同的研究方法进入美术史写作领域，写作者的主体意识与价值观念日益突出，趋向个体化的学术立场。[17]于洋《带着温度的近距离美术史叙事：20世纪中国美术史写作与研究方法论三题》，认为从史料出发并深掘社会文化动因，是20世纪中国美术史写作及研究在未来的路径。[18]杭春晓《谁写作，为谁而写？从近现代美术史材料谈起》，则从史料出发，讨论了20世纪中国美术史的写作及受众对象。[19]

2. 批评的危机

随着艺术网媒、自媒体等平台迅速崛起，批评主体的泛化、批评力度的弱化已成为不争的事实，立场鲜明的批评家似乎越来越少。

多数学者在批评的危机或失语问题上是持悲观态度的，如马钦忠《艺术批评是当代艺术系统的“弱配置”》，认为真正自由的批评写作在当代艺术系统配置上没有空间，批评的真实声音和批评的自由写作被彻底边缘化。[20]彭锋与孙振华也有近似观点，但提出一定的解决途径。彭锋《艺术批评的学院前景》，强调只有发展学院艺术批评，才有生存的空间。[21]孙振华《艺术批评的系统生态、社会生态和自身生态》，指出三种生态是观察批评问题的三个维度，也是走出批评困境的三条出路。[22]

胡斌和盛葳将主要的关注视角放在新语境与新媒体上，并持有一种较为乐观的态度。胡斌《批评的新语境与我们的应对》，指出一个系统性的角色失落不能就此改变，但某些可能性也在新语境下萌生。[23]盛葳《媒体变革中的艺术批评》与《捍卫批评》，则认为传统意义上的现代艺术批评衰亡并不代表艺术批评自身消失，它已通过媒体的变革转换为全新的样式。[24]

沈语冰在这个问题上是较为客观的，正如他在《20世纪西方艺术批评文选》序言中所言：“说批评失效就是从根本上误解了批评的意识形态话语性质；而说批评无能，则从根本上夸大了批评的能力。批评是诸话语效应的一部分，应当回归它的本质。”[25]

（二）年度话题——“美术革命”

2018年正值“美术革命”发生100周年，相关论文达10多篇，可谓做了全面的反思与讨论。

对“美术革命”进行整体反思的是林木《“美术革命”思潮百年反思》[26]。文章梳理了“美术革命”与20世纪初的社会革命与文化革命的关系，认为“美术革命”的精髓是“科学”与“民主”，以及统领两者之上的西方文化。进行历史还原与史况钩沉的，是王鹏杰《“美术革命”史况钩沉》[27]、张鹏《“美术革命”的文本考察与历史还原》[28]。两位作者都通过相关文献，试图对“美术革命”这一史实进行还原，廓清事件发生的历史背景与思想前提，如对吕澂、陈独秀等人美术思想的解析。

王鹏杰还进一步重估“美术革命”的历史效果，认为其在当时并未造成明显影响，但在20世纪80年代以后被普遍看作“中国美术现代化”“中国美术革命”的起点或转折点。关于历史效果的讨论，还有张晓凌《“美术革命”与20世纪中国美术》[29]和孔新苗《“美术革命”与中国美术的现代知识生产》[30]。张晓凌对“美术革命”的历史功绩做了较为系统的描述和评价，并认为“美术革命”就置身当下。孔新苗则认为对“美术革命”在中国美术现代进程中生产意义与价值的解读会有差别，但作为20世纪中国美术变革的重要文本和特定概念，它的符号能量和话语生产力已然生效。

对相关人物的考察主要集中在吕澂与刘海粟上。郑弌《吕澂的“美术革命”论》[31]，认为吕澂的美术主张与其佛学家身份相关。曾小凤《从“美术之弊”到“美育之效”：吕澂“美术革命”的批评视景》[32]，具体分析了吕澂的批评话语从“美术之弊”向“美育之效”的转化过程。封钰《“美术革命”语境中刘海粟的先驱意义》[33]，从“美术革命”的多样性要求角度，说明了刘海粟作为一个先驱的独特意义。

“美术革命”在百年中国美术的演变过程中发挥着重要的作用，也极具研究价值，尤其是对“美术革命”相关人物的思想考察仍有一定的研究空间。

（三）相关学科的交叉融合

“美术理论”与“美术批评”分属不同的学科，但有着密切的关联。在某种程度上来说，美术批评其实就包含在美术理论中。比如在古代美术理论中就有品评，关于这方面的研究有穆瑞凤《彦悰〈后画录〉品评标准及理论》[34]。在近现代美术理论方面，也是如此。曾小凤《“美术革命”与中国现代美术批评的发生》，[35]即研究“美术革命”标志着中国现代美术批评的发生，美术批评对艺术运动起着某种支配或推动作用。

从美术理论基本的研究范畴来看，传统的画论、书论等研究都在其中。在这一方面，美术理论和美术文献学是有一定的交叉。2018年，在美术史文献版本方面的考据，有韩刚《〈历代名画记〉宋本再考》[36]、《姚最〈续画品〉成书与流传考略》[37]；在文人画理论方面的研究，有朱良志《〈石涛画语录〉讲记》[38]和苏金成、沈山《画者，文之极也：中国文人画概念的历史变迁》[39]等；在形与真方面的研究，有王陶峰《玄、禅交融视阈下的荆浩“真画”论》[40]。

三、问题与展望

综观2018年美术理论与批评领域的研究，有些基本问题，如美术的本质、功能、接受等，已较少涉及。在传统议题方面，虽然已有很多成果，但似乎仍有一定的研究空间。如在图像与历史的关系方面，《图像证史》以及上述文章所举的事例都是著名的画作，那如何通过一般性的画作来证史？美术史家尤其强调历史学家在使用图像时的陷阱，但反过来看，美术史家在证史方面却一直以来有着明显的不足。在西方艺术史学中，国内尤其推崇以贡布里希为代表的学派，但在其他学派及人物方面，却容易被忽略。张坚《另类叙事：西方现代艺术史学中的表现主义》[41]，即反思和发掘长久以来西方艺术史学中被忽视的一种另类叙事——表现主义，而强调“视觉”人文主义的发展线索。

关于美术与科学关系的研究，埃杰顿尤其关注这一问题。他的《乔托的几何学遗产：科学革命前夕的美术与科学》[42]，探讨了西方发端于17世纪的“科学革命”与距其300年前由乔托开启的文艺复兴“艺术革命”之间的传承关系。中国美术理论中，关于这方面的研究较少，郑工以蔡元培和梁启超为例，论析了“五四”时期的美术与科学思潮。《论蔡元培的“文学即美术学”：五四时期美术与科学思潮论析之一》[43]，分析蔡元培思想的来由以及如何定位于现代的学科系统，寻求其分科的学理依据。《论梁启超的“锐入观察法”：五四时期美术与科学思潮论析之二》[44]，则通过梁启超的两个重要观点——“观物体物”与“即真即美”，分析他对美术与科学关系的看法。

除对蔡元培、梁启超的研究外，尚辉《时代之思：王琦对中国现实主义美术理论的探索》[45]通过梳理王琦美术文论，系统分析了他的现实主义理论。个案研究，往往以小点切入，谈论更容易深刻透彻。在近现代美术史家或美术家理论思潮方面，个案研究还需不断积累。

综上所述，2018年的美术理论与批评研究取得了较丰硕的成果，虽呈现出一定的不足和不均衡，但也预示着这门学科的年轻及很大的研究空间、发展前景。

（黄琳　上海大学上海美术学院2019级博士研究生）

注释

[1] 沈语冰、张晓剑主编:《20世纪西方艺术批评文选》，河北美术出版社2018年版。

[2] [美]米歇尔:《图像何求？形象的生命与爱》，陈永国等译，北京大学出版社2018年版。

[3] [美]埃尔金斯:《图像的领域》，蒋奇谷译，江苏凤凰美术出版社2018年。另参见吴佩炯《帕诺夫斯基图像学方法在美国汉学中的运用：从埃尔金斯对其西方性的批评出发》，《南京艺术学院学报（美术与设计）》2018年第3期。

[4] [英]彼得·伯克:《图像证史》，杨豫译，北京大学出版社2018年版。

[5] 郭伟其:《时间的图像》，《美术观察》2018年第9期。

[6] 邹建林:《作为文化史征候的"图像证史"》,《美术观察》2018 年第 9 期。
[7] 叶原:《警惕图像研究中的"预设规律"》,《美术观察》2018 年第 9 期。
[8] 刘冠:《图像中的"多维"历史》,《美术观察》2018 年第 9 期。
[9] [英]弗朗西斯·哈斯克尔:《历史及其图像:艺术及对往昔的阐释》,孔令伟译,商务印书馆 2018 年版。
[10] 卢文超:《艺术社会学的两难困境及其解决之道》,《民族艺术》2018 年第 6 期。
[11] 沈淑琪:《媒体、艺术、商品:20 世纪上半叶视觉艺术之艺术社会学研究》,《南京艺术学院学报(美术与设计)》2018 年第 3 期。
[12] 姜丹书编著:《美术史》,穆瑞凤导读,上海书画出版社 2018 年版。
[13] 余绍宋:《中国画学源流之概观》,余昊导读,上海书画出版社 2018 年版。
[14] 刘思训:《中国美术发达史》,陈池瑜导读,上海书画出版社 2018 年版。
[15] 邓福星:《编写 20 世纪美术史三题议》,《美术观察》2018 年第 9 期。
[16] 吴雪杉:《美术史,还是图像史?》,《美术观察》2018 年第 9 期。
[17] 郑工:《问题与困惑:由个体化学术引发的思考》,《美术观察》2018 年第 9 期。
[18] 于洋:《带着温度的近距离美术史叙事:20 世纪中国美术史写作与研究方法三题》,《美术观察》2018 年第 9 期。
[19] 杭春晓:《谁写作,为谁而写?——从近现代美术史材料谈起》,《美术观察》2018 年第 9 期。
[20] 参见马钦忠《艺术批评是当代艺术系统的"弱配置"》,《上海艺术评论》2018 年第 3 期;马钦忠《艺术批评的"锚地"和"发明意义"的修辞学批评困境》,《美术研究》2018 年第 6 期。
[21] 彭锋:《艺术批评的学院前景》,《美术观察》2018 年第 4 期。
[22] 孙振华:《艺术批评的系统生态、社会生态和自身生态》,《美术观察》2018 年第 4 期。
[23] 胡斌:《批评的新语境与我们的应对》,《美术观察》2018 年第 4 期。
[24] 参见盛葳《媒体变革中的艺术批评》,《美术观察》2018 年第 4 期;盛葳《捍卫批评》,《上海艺术评论》2018 年第 3 期。
[25] 沈语冰、张晓剑主编:《20 世纪西方艺术批评文选》,河北美术出版社 2018 年版。
[26] 林木:《"美术革命"思潮百年反思》,《美术》2018 年第 3 期。
[27] 王鹏杰:《"美术革命"史况钩沉》,《美术》2018 年第 3 期。
[28] 张鹏:《"美术革命"的文本考察与历史还原》,《美术》2018 年第 4 期。
[29] 张晓凌:《"美术革命"与 20 世纪中国美术》,《美术》2018 年第 4 期。
[30] 孔新苗:《"美术革命"与中国美术的现代知识生产》,《美术》2018 年第 5 期。
[31] 郑弌:《吕澂的"美术革命"论》,《美术》2018 年第 4 期。
[32] 参见曾小凤《从"美术之弊"到"美育之效":吕澂"美术革命"的批评视景》,《美术研究》2018 年第 1 期;曾小凤:《"美术革命"与中国现代美术批评的发生》,博士学位论文,中央美术学院,2018 年。
[33] 封钰:《"美术革命"语境中刘海粟的先驱意义》,《美术》2018 年第 4 期。
[34] 穆瑞凤:《彦悰〈后画录〉品评标准及理论》,《中国美术研究》2018 年第 2 期。
[35] 参见曾小凤《"美术革命"与中国现代美术批评的发生》,博士学位论文,中央美术学院,2018 年。
[36] 韩刚:《〈历代名画记〉宋本再考》,《美术学报》2018 年第 2 期。
[37] 韩刚:《姚最〈续画品〉成书与流传考略》,《艺术设计研究》2018 年第 1 期。
[38] 朱良志:《〈石涛画语录〉讲记》,中华书局 2018 年版。
[39] 苏金成、沈山:《画者,文之极也:中国文人画概念的历史变迁》,《南京艺术学院学报(美术与设计)》,2018 年第 2 期。
[40] 王陶峰:《玄、禅交融视阈下的荆浩"真画"论》,《中国美术研究》2018 年第 2 期。
[41] 张坚:《另类叙事:西方现代艺术史学中的表现主义》,北京大学出版社 2018 年版。另参见程咪咪《维也纳美术史学派与形式主义》,《天津美术学院学报》2018 年第 1 期。
[42] [美]埃杰顿:《乔托的几何学遗产:科学革命前夕的美术与科学》,杨贤宗、张茜译,商务印书馆 2018 年版。
[43] 郑工:《论蔡元培的"文学即美术学":五四时期美术与科学思潮论析之一》,《美术》2018 年第 3 期。
[44] 郑工:《论梁启超的"锐入观察法":五四时期美术与科学思潮论析之二》,《美术》2018 年第 4 期。
[45] 尚辉:《时代之思:王琦对中国现实主义美术理论的探索》,《美术》2018 年第 1 期。

2018年艺术社会学研究综述

陆　豪

2018年度中国艺术社会学研究主要呈现两方面态势。一方面，国内学者积极努力引入西方前沿问题研究，为艺术社会学带来了新鲜的生命力，但是相关的研究成果主要集中于少数学者，使得研究方向和解释路径稍显单一化与集中化；另一方面，跨学科应用研究显现得更为具体，尤其在音乐、经济、文学、戏剧、舞蹈以及网络技术上均有所涉及，然而以“制造问题”替代“问题意识”，“蹭热度”般发明新专业术语的倾向也逐渐显露出来。上述两方面态势共同构成了2018年度艺术社会学研究的主要框架。艺术社会学在成为国内各专业学科“座上宾”的同时，也开始面临具体研究与概念挪借的两难窘境。

一、艺术社会学的基础理论研究

艺术社会学作为一门重要学科，因其跨学科的研究视点和独特的研究方式在国内外艺术研究中日益受到关注。越来越多的学者开始尝试进入艺术社会学的研究之中，在不断地扩展研究领域的同时，更加注重学科理论发展的均衡性和完整性。2018年度中国艺术社会学研究成果颇丰，相关研究论文40余篇，相关出版译著2本，开始出现跨界跨学科的具体研究，从西方艺术社会学理论及实践的引入性分析，逐渐介入中国文艺理论的本土实践。

南京艺术学院的陶小军在《艺术社会学发展态势探析》一文中对艺术社会学发展历程进行了梳理，通过对基础理论的总结、存在问题的说明，揭示了艺术社会学在当前的发展态势。他认为艺术社会学当下存在两个方面的问题，一个是“作为一门交叉学科，学科交叉性体现的不明显”[1]，另一个是研究方法的局限性。前者一方面因庸俗社会学派试图以经济因素对词语、比喻、韵律进行解释，用物质生活条件去限制具有历史意义的现实生活，从而忽略了其中的政治、思想和心理生活；另一方面，“国内的艺术社会学研究还普遍停留在对西方社会学理论术语的贴标签性的引用层面”[2]，简单地套用社会学理论，生硬地检视艺术活动表现出来的具体社会现象及问题。同时，社会学定量分析与定性分析两种方法都不足以对复杂的艺术现实进行阐释，针对复杂的艺术社会学研究对象需要结合解释研究的方法介入其中。东南大学的卢文超在艺术社会学发展历史的基础上，总结出西方艺术社会学出现的两次转向，并形成了三种不同的理论范式。第一种是以卢卡奇、阿多诺为代表的探究“艺术与社会”关系的范式，其目的在于批判艺术本身；第二种是以霍华德·贝克尔和理查德·彼得森为代表的“艺术界”和“文化生产视角”理论，旨在对艺术进行客观、真实的描述和研究，进而推动艺术社会学从思辨走向经验，借此出现了“经验转向”；第三种则是提亚·德诺拉和安托万·亨尼恩推出的“新艺术社会学”，使得传统的艺术社会学发生了“审美转向”。[3]新艺术社会学作为当下西方艺术社会学研究的前沿问题，更注重艺术的能动性，将审美重新纳入艺术社会学的研究视野，给予了艺术社会学新的研究动力。卢文超通过对英国艺术社会学家提亚·德诺拉音乐思想的转变研究，探讨从“什么引起了艺术”到“艺术引起了什么”的艺术社会学研究新转向。他认为新艺术社会学是一种更富前景的研究路径，相比阿多诺缺少经验基础的艺术研究和贝克尔忽略艺术特殊性的社会学研究，提亚·德诺拉的研究方式保持了二者之间的平衡并达成一种合理的连接方式。他在另外一篇《将审美带回艺术社会学——新艺术社会学理论范式探析》中深入细致地论述了新艺术社会学未来的理论发展前景。新艺术社会学的不同之处在于它将审美重新纳入了研究核心，将艺术社会学关注的“人与人的互动”扩展到“人与物的互动”。[4]“艺术社会学”的三种范式表现为历时性的存在，对于中国当下的理论需求而言，发展艺术社会学的要义在于如何将这些范式与中国具体的艺术问题结合起来，通过重新引入“艺术社会学”的知识体系来深刻理解中国艺术问题的独特性、丰富性与复杂性。

艺术社会学作为一种国外应用最为广泛的艺术研究方法，国内对其研究尚停留在对个人和传统范式的再阐释，以及专业术语概念的引介层面。中国人民大学李金花根据 1921 年到 1933 年间中国对弗理契的艺术社会学思想的翻译文献，以及此期间不同批评家对其思想的阐释，对弗理契艺术社会学的中国接受进行了三个阶段的划分，并指出：“日本、苏联马克思主义运动中的弗理契批判和中国无产阶级运动的发展共同影响了弗理契艺术社会学思想在中国的命运。”[5]进而论证了“马克思主义文论的中国化是一个不断选择、反思、批判建构的过程，同时也提醒我们在当下的批评中警惕庸俗社会学对马克思主义唯物史观的侵害”[6]。卢文超在《什么是文化菱形？——格里斯沃尔德艺术社会学思想研究》中对传统艺术社会学的核心问题“艺术与社会”之间关系的讨论，梳理了从“反映论”到“文化菱形”的理论变化，并以美国艺术社会学家格里斯沃尔德对伦敦剧院中城市喜剧和复仇悲剧的研究为案例，在文化菱形的框架基础上阐释“意图、接受、理解、解释”的文化社会学研究方法。[7]霍华德·贝克尔是近几年国内艺术社会学研究的热点人物之一，随着其代表作《艺术界》中文版的引入，已逐渐为国内学人所知，卢文超作为此书的中文译者一直致力于贝克尔艺术社会学理论的推广和研究。他认为贝克尔的艺术社会学是一种悬置审美判断的价值中立态度，“这种价值中立只是美学层面的，而不是社会层面的”[8]。“美学层面上的价值中立在社会层面正好相悖，贝克尔把批判质疑的矛头指向了做出价值判断的权威人士，指向了艺术家”[9]，即美学层面的价值中立会导致社会层面上的价值不中立，贝克尔的理论充满了浓浓的反精英主义价值味道。

2018年关于西方艺术社会学的研究主要集中在两本译著的出版。一本是中央编译出版社出版的阿多诺撰写的《音乐社会学导论》，这本书是由阿多诺1961—1962年为法兰克福大学《音乐社会学》课程所作的讲义。全书分为12章，分别以音乐接受的类型、轻音乐、歌剧、室内乐、现代音乐等为主题来阐释作者的音乐理论。阿多诺的音乐理论是建立在其美学基础上的，而其美学则以其哲学为前提。他认为艺术是对现实的否定性认识，这在于艺术不是对于已经存在的把握，而是对于那尚不存在的追求。在此基础上，他指出艺术的特性为非实在性与异在性、非模仿性和非反映性、精神化和无概念性、不确定性和难解性等。基于这样的美学观念，阿多诺强调艺术对于现实的批判性。他认为现代世界和人是分裂的碎片，而唯有艺术才能够拯救它们。[10]阿多诺的《音乐社会学导论》是其美学理论在音乐领域中的具体化。其主要内容包括音乐类型的分析和对于音乐接受的分析。这也就贯串了音乐和社会这一音乐社会学的基本主题。特别值得注意的是，阿多诺强调了自己研究的自发性的思考，这种思考是建立在直接经验的基础上的。另一本是上海译林出版社出版，美国艺术社会学者薇拉·佐尔伯格撰写的《建构艺术社会学》，作者认为无论艺术家具有怎样的个性特征，他们的作品都直接或间接地依赖于社会结构，建立了一套评估制度、经济、政治是如何影响艺术创造的社会学方法。该书考察了艺术家生活的社会环境及其所面对的支持和压力，他们需要取悦的公众及其必须抗争的社会力量。佐尔伯格还对高雅与低俗艺术的区分、艺术流派演变的原因以及艺术品价值波动的历史过程等问题做出了细致分析。[11]

二、当代艺术、网络技术与社会学的互动

20世纪以来，当代艺术开始从形态学逐渐进入社会学研究。社会学里的问题意识成为当代艺术最重要的标识。伴随着互联网数字时代的加速，网络已经成为大众现实生活中的一个不可或缺的构成部分。“网络成为一个新型的社会，一个数据化的社会现实，这就是我前面所说的，形势逼人，形势催人，形势不等人，在这个全新的数据化（虚拟化）的社会现实中，你不想挪动就很难，除非与这个时代断层、脱节，进而被这个社会离弃。”[12]“网络艺术社会学”作为2018年国内艺术社会学研究衍生的一个全新术语，最初由四川美术学院宋钢引入。他认为：“当代艺术其实是围绕着艺术教育来谈的。艺术、艺术教育的发展跟当下的社会、社会现场有着紧密的联系。因为中国是最大的社会现场，中国的社会现实和社会现场完全是一个网络社会。”[13]网络几乎关涉到社会活动中的任何一个领域，所以网络艺术学就是以网络为特征所展开的多种学科的研究，一门名副其实的新学科。这一观点与当下国际主流的新艺术社会学提出的“艺术引起了什么”完全相悖。或许正如宋钢所表示的“有网络音乐、网络戏剧、网络文学、网络电影、网络拍卖，甚至网络教学，诸如此类。

作为回应为什么不能有网络艺术社会学?”[14] 宋刚在《当代艺术的新形态——试论 VR、AR、MR 艺术的社会学基础》一文中对 3R 进行了系统的解释，他表示：“3R 艺术概念的提出及传播促进着当代艺术形态的改变。3R 艺术对当代艺术的重构，更多的是在视觉文化的理念、模式和社会学情景下的艺术思维之间构建一种关系，从而进入社会现场，即网络形态下的互联网世界。”[15] 当代艺术的在场与现场以及新视觉形态下的网民与网络社会构成的“问题”，成为网络社会学研究的对象，也是“我们重构当代艺术与艺术史的出发点”[16]。

2018 年 12 月 16 日，四川美术学院组织“网络艺术社会学”教学工作坊值得学界关注。整个工作坊讨论的议题从互联网形态、空间与网络、网络社会学、网络与法律和网络与艺术社会学 5 个方面展开，共有来自国内外 17 位学者出席。中国文联电影艺术中心程青松以现代舞表演为例，强调艺术在场，他认为虚拟网络无法替代在场感受，视觉直观带来的震撼和感动是其他媒介无法替代的，强调网络维度下真实现场的重要性。宋钢谈到在当前互联网下的中国社会是一个巨大的现场，在新时代必须重新审视当代艺术与社会现实的关系，艺术家需要对网络中是否存在艺术做出自己的价值判断。艺术研究院王端廷表示互联网形态主义艺术和其他艺术形式都是在对当代艺术的质疑中产生的。北京拍卖行业协会会长甘学军则从艺术市场的角度出发，指出中国艺术市场应该走出高远的象牙塔，尽管互联网形态主义尚处于一个感性的状态，但可以提供一个更多元的思考方向。复旦大学陆晔则反对现实生活与网络生活的二元对立，二者的高度融合能够创造出一个新兴的生活样式。四川美术学院王林总结道，互联网形态主义需要更多的学术梳理和研究。网络是真实的虚拟，网络技术的发展促进了新的、具有实验性的艺术形态发生。无论是艺术批评论家还是艺术家都应带着批判的眼光和态度看待艺术史的发生。[17]

三、作为方法的跨学科应用研究

中国艺术研究院宋建林在采访中表示，我国艺术社会学研究集中在重建艺术社会学的反思、艺术社会学与文化研究的关系、中国当代艺术的社会学转型、当代形态的艺术社会学构想等领域。而艺术社会学的跨学科应用研究关系着艺术与社会关系的互动，这其中包括艺术与社会文化环境、民族宗教、经济、政治、道德等社会关系的方方面面的互动，只有弄清艺术与社会各要素之间的互动机理，才能实现艺术与社会学的真正渗透。[18] 美国西北大学社会学系方军以艺术社会学的研究方法，对中国新兴中产家庭消费抽象艺术的情况进行讨论。他基于调查问卷数据、深度访谈和参与式观察发现，在中国的语境，阶级属性不是预测中产家庭艺术消费的有效指标，既不能预测个人家中拥有艺术品的数量，也不能预测其是否喜欢或拥有抽象艺术。消费抽象艺术并非用于标示社会地位、实现文化区分，更多只是强调抽象艺术对想象力的激发，这与新艺术社会学强调的回归审美及物质性相一致。[19] 天津商业大学陈志峰在《民国时期艺术市场化的经济社会因素及其对当代的启示》

中谈到，民国时期艺术市场中的经济社会因素变迁是艺术作品转化为具有商业价值的市场交易对象的重要推手，从社会阶层结构而言，部分艺术家身份从创作者转型为具有商业意识的艺术市场从业者，其间也衍生了众多艺术中介机构，进一步推动艺术市场的进程。[20]然而，东南大学沈淑琦通过对“月份牌海报”“布匹商标”“摄影”等视觉呈现的新城市地景的分析，从视觉艺术的视觉性角度出发探讨中国20世纪上半叶的视觉艺术，她认为此期间的艺术不但具有商品性，还具有媒体性特质，通过艺术社会学研究方法能够深入解读中国如何接受西方商品传入时视觉艺术上的转译和在地化。首都师范大学李雷透过对贝克尔和布尔迪厄的艺术界或艺术场域的机构与体制问题讨论，以及对“艺术家”在历史上的形象变化进行分析。他认为，艺术体制因不同的社会文化语境而呈现不同的外在表征和结构特质，艺术家随着不同历史语境之下艺术的境遇和艺术场域运行规则的演变，而不断发生着形象的转变，艺术体制与艺术家二者间是一种天然共生关系。在二者的相互作用下，艺术体制会不断生发出新的表现形式，艺术家也会不停地建构自身形象。[21]值得关注的是，东南大学卢文超另辟蹊径关注新古典主义经济学视野中的艺术观念，探讨美国经济学家威廉·格兰普（William D.Grampp）通过论证艺术价值等于经济价格，艺术遵循经济学规律，艺术等同商品等方面，讨论艺术品与艺术家经济性的一面，进而认识到“为无价之物定价”的机械性与简单化，批判总结新古典主义经济学介入艺术社会仅仅表明了一种立场，即艺术可以被商品化，艺术家可以被商人化，却忽略了二者的特殊性和复杂性。[22]作为艺术社会学研究的具体应用，在他的另一篇《艺术社会学视野中的本真性两难困境及其超越——对诗人余秀华的个案考察》的文章中，以农民诗人余秀华为案例讨论其本真性的两个方面：一是媒体对余秀华的本真塑造，二是余秀华自身的作品呈现。随着余秀华成名，其本真性的蜕变也在媒体形象和作品中得以显现。这种两难的困境，关乎其身份的转换以及当前诗歌行业结构。他认为农民诗人余秀华的两难困境与艺术家相比，后者显得更加游刃有余，艺术家获得的收入越高，其作品就越具有本真性。[23]

整体来看，2018年艺术社会学研究是2017年诸多重要议题的成果呈现，整体研究的集中性和主题的丰富性体现出艺术社会学在国内潜在的发展前景。这些成果归纳起来具有两个显著特质：第一，艺术社会学的研究视野开始趋于开阔，不仅关注西方艺术社会学前沿问题，如新艺术社会学的热议、网络艺术社会学的出现，以及对音乐和戏剧的讨论，还从基础理论研究开始转向具体案例及其跨学科主题应用层面；第二，海外中国学者开始逐渐关注中国艺术社会学研究，尤其是对中国当代艺术的考察及其作品的不同阶层的接受调研等，这在一定程度上为国内艺术社会学研究带来了对比的态度。综观2018年艺术社会学研究，尽管国内学者研究成果产量颇丰，在积极努力引入西方前沿研究的同时，研究成果主要集中于少数学者，研究方向的单一化、解释路径的集中化以及学术研究的阵营化，共同构成一个不可避免的趋势，即国内艺术社会学学科影响力的薄弱。我们应该更多地关注艺术社会学本土应用的具体实践，而不仅仅是基础理论的引介和“蹭热度”般发明新的专业术语。“问题意识”并非“制造问题”，实当以预见性的意识和批判性的思维看待现实生活中的具体事物与社会发展中的文化歧义。

（陆豪　中国美术学院博士，广州美术学院跨媒体艺术学院副教授）

注释

[1] 陶小军:《艺术社会学发展态势探析》, 2019 年 7 月 19 日，中国社会科学网（http://www.cssn.cn/ysx/ysx_ysxll/201804/t20180403_3896748.shtml）。

[2] 陶小军:《艺术社会学发展态势探析》, 2019 年 7 月 19 日，中国社会科学网（http://www.cssn.cn/ysx/ysx_ysxll/201804/t20180403_3896748.shtml）。

[3] 卢文超:《从艺术社会学到新艺术社会学——提亚·德诺拉音乐思想的转变》,《文艺研究》2018 年第 12 期。

[4] 卢文超:《将审美带回艺术社会学——新艺术社会学理论范式探析》,《社会学研究》2018 年第 5 期。

[5] 李金花:《弗理契艺术社会学思想在中国的接受（1921—1933）》,《江西社会科学》2018 年第 10 期。

[6] 李金花:《弗理契艺术社会学思想在中国的接受（1921—1933）》,《江西社会科学》2018 年第 10 期。

[7] 卢文超:《什么是文化菱形? ——格里斯沃尔德艺术社会学思想研究》,《外国文学》2018 年第 6 期。

[8] 卢文超:《不中立的审美中立——论霍华德·贝克尔艺术社会学的社会批判维度》,《人文杂志》2018 年第 6 期。

[9] 卢文超:《不中立的审美中立——论霍华德·贝克尔艺术社会学的社会批判维度》,《人文杂志》2018 年第 6 期。

[10] [德]特奥多尔·W. 阿多诺:《音乐社会学导论》, 梁艳萍等译，中央编译出版社 2018 年版。

[11] [美]薇拉·佐尔伯格:《建构艺术社会学》, 原百玲译，译林出版社 2018 年版。

[12] 宋钢:《为什么要研究“网络艺术社会学”》, 2018 年 7 月 15 日，美篇网（https://www.meipian.cn/1gjtw64m）。

[13] 谭娟:《“艺术教育”如何打破边界?“网络艺术社会学”在中国》, 2019 年 1 月 4 日，雅昌艺术网（https://news.artron.net/20190104/n1041201.html）。

[14] 谭娟:《“艺术教育”如何打破边界?“网络艺术社会学”在中国》, 2019 年 1 月 4 日，雅昌艺术网（https://news.artron.net/20190104/n1041201.html）。

[15] 宋刚:《当代艺术的新形态——试论 VR、AR、MR 艺术的社会学基础》,《美术研究》2018 年第 1 期。

[16] 宋刚:《当代艺术的新形态——试论 VR、AR、MR 艺术的社会学基础》,《美术研究》2018 年第 1 期。

[17] 谭娟:《“艺术教育”如何打破边界?“网络艺术社会学”在中国》, 2019 年 1 月 4 日，雅昌艺术网（https://news.artron.net/20190104/n1041201.html）。

[18] 明海英:《拓宽艺术社会学研究领域》, 2019 年 1 月 28 日，中国社会科学网（http://ex.cssn.cn/zx/bwyc/201901/t20190128_4818050.shtml）。

[19] 方军:《中国新兴中产家庭中的视觉艺术——职业地位群体、抽象艺术与自我呈现》,《社会学研究》2018 年第 5 期。

[20] 陈志峰:《民国时期艺术市场化的经济社会因素及其对当代的启示》,《山东社会科学》2018 年第 1 期。

[21] 李雷:《从“天才”到“艺术界代理人”——艺术体制理论视野下的“艺术家”形象考察》,《文艺争鸣》2018 年第 5 期。

[22] 卢文超:《为无价之物定价? ——新古典主义经济学视野中的艺术观念批判》,《东南大学学报（哲学社会科学版）》2018 年第 3 期。

[23] 卢文超:《艺术社会学视野中的本真性两难困境及其超越——对诗人余秀华的个案考察》,《当代文坛》2018 年第 3 期。

2018年中国艺术人类学学术讨论的焦点与热点

方李莉

2018 年中国艺术人类学研究的热点与焦点主要有以下几个方面：一、许多学者几乎都在不约而同地发表有关中国艺术人类学的学科反思和理论总结的文章，其标志着中国艺术人类学正在从快速发展阶段进入到逐步成熟的阶段。但通过梳理，我们看到民族志写作还是艺术人类学研究的主流，许多有新意的理论也是来自扎实的民族志研究。二、出现了一批发掘历史文献与文物资料，重新认识和利用中国传统艺术资源，研究中国文化基因的论文，并形成了重要的研究趋势。三、研究紧跟中国的社会发展与实践，非物质文化遗产的保护与传承、传统工艺复兴、乡村振兴等国家的重要文化战略成为研究的焦点与热点。四、关注国际前沿研究热点，开拓了许多新的研究空间和主题。

一、学科的自觉与反思

中国艺术人类学发展至今已有近 40 年的历史，中国艺术人类学学会从成立至今也已走过了 12 年的风风雨雨，一年一次会议，每一年都会出版厚厚的两大本论文集，还出版有大量的译著与专著。这些论文和专著所形成的资料，足以让我们去总结和反省我们所走过的学科之路。另外，2018 年也是中国改革开放 40 周年，而中国的艺术人类学的发展也是由此而起。也许是这个原因，在 2018 年，许多学者几乎都在不约而同地开始反思这些年我们所走过的学术之路，开始有了学科自觉，并在追问我们中国艺术人类学做了些什么？在未来我们还需要做什么？这些追问意味着中国艺术人类学正在由快速发展逐步走向成熟。

这一年，笔者在《思想战线》2018 年第 1 期发表了论文《中国艺术人类学发展之路》[1]。论文对中国艺术人类学近 40 年的发展之路进行了论述。通过论述，我们看到中国 40 年来的巨大变化，为中国学术理论创新提供了许多新的研究资源。艺术人类学也是如此，因为作为其研究对象的艺术，在社会实践方面往往具有先锋性，其所具有的创造性精神往往是冲破旧的藩篱的一种力量，这样的研究对象也就构成了产生当代中国艺术人类学原创性理论的基础。洛秦在 2018 年中国艺术人类学学术研讨会上宣读的论文《论音乐人类学的“中国经验”》[2]，则提出了艺术人类学的“中国经验”这样的论述。他在论文中提出的“音乐上海学”里面不仅体现有“中国经验”，还有上海这样大都市所形成的自身经验，可以形成一个上海音乐学派。笔者相信，以后像这样有地方特色、有自身独立见解的研究会越来越多，并将汇集成一个中国学派的洪流。

孟凡行副教授也在2018年的学术研讨会上宣读了论文《从学科建设的角度看艺术人类学的学科定位、研究对象和研究方法》[3]。在这篇论文中，他从学科建设和学科发展的角度做了一个深刻的反省与讨论。与此同时，董波发表了《今天需要什么样的艺术人类学——新时代中国艺术人类学发展的新的生长点》的论文[4]，安丽哲也发表了《2006—2016中国艺术人类学研究范式与特征——以中国艺术人类学学会的数据与文献为例》的论文[5]，这两篇论文从不同的角度以中国艺术人类学学会成立以来的历年论文、历年会议，以及会员结构等为研究资料，对中国艺术人类学10余年的发展进行了归纳与研究。其让艺术人类学的学者们对学科的发展路径、学者们的知识结构和研究目标有了一个清晰认识，从而具有更进一步的学科自觉性。

二、有关艺术介入乡村建设的研究

艺术人类学最值得肯定的地方就在于其研究始终是跟随中国的社会实践，也始终是为中国的发展而做的研究。近期艺术介入乡村建设是艺术人类学界所关注的一股潮流，从2016年开始由笔者倡导和主持的艺术介入乡村建设的论坛，每年由中国艺术研究院艺术人类学研究所承办，至2018年一共举办了三届。

在2018年中国艺术人类学的年会上，多位学者宣读了相关论文，如季中扬、康泽楠宣读的《主体重塑：艺术介入乡村建设的重要路径——以福建屏南县熙岭乡龙潭村为例》[6]，通过对山西许村和福建龙潭村两个以艺术介入的乡村建设所进行的对比研究，论述了艺术介入乡村建设的重要路径，其论述的观点和方法很有启示意义。李祥林的论文《乡村振兴背景下的乡村艺术》[7]，讨论了从现代社会的“去语境化”到后现代的“再语境化”过程中，乡村艺术在其中所起的作用与价值。

罗瑛的论文《民族艺术的认同空间：文化景观与地方表述》[8]，论述了民族艺术是文化景观构建与地方性表述再生产的重要元素，这样的观点使我们意识到，乡村振兴也包括了乡村景观形象和地方性表述的再生产，在这样的过程中民族艺术与乡土艺术将起着至关重要的作用，这也将是属于艺术介入乡村建设的一部分。还有王璇的论文《艺术人类学视角下“安居乐业”的乡村空间形态探析》[9]，也是从生活和人本层面考察了传统与当代乡村空间在追求“安居乐业”目标时两种存在形态的特点与比较，讨论了如何通过正确处理人与自然，人与人的关系，使乡村空间形态更加符合人们的物质与精神生活需要，更加宜居。东南大学的王廷信在题为《乡村振兴战略与中华优秀传统艺术体系建构》[10]的文章中提到乡村文化建设在乡村振兴战略中发挥基础性的关键作用，中华优秀传统艺术作为乡村振兴的核心要素之一，是乡村文化的有机组成部分的重要观点。

三、有关手工艺复兴方面的研究

手工艺复兴也是2018年艺术人类学所关注的重要研究领域，取得的相关成果也很丰硕，有荣树云的杨家埠年画研究、安丽哲的潍坊风筝研究、杨柳的云南新华村金属工艺研究、王永健的景德镇陶溪川研究、孟凡行的陕西凤翔泥塑研究、郭金良的景德镇老鸭滩瓷板画研究、李宏复的江苏镇湖刺绣研究、吴南的北京雕漆研究、韩澄的北京金属工艺研究、朱翊叶的宜兴紫砂陶研究、洪梓萱的福建莆田仙游镇红木家具研究、邹龙洁福建莆田仙游镇木雕工艺研究等。这些学者的研究成果在2018年都陆续得到了发表。艺术人类学对手工艺的田野考察成果引起了《中华文化画报》的关注，于2018年辟出了一期题目为《中国传统手工艺复兴调查》的增刊，里面发表了以上这些学者们的田野考察的研究文章共14篇。这些研究都属于国家重点课题“社会转型与传统工艺美术的发展研究”里的子课题成果，这是新中国成立以来做的规模最大的一次手工艺复兴的田野调查。这一课题于2015年立项，将于2019年结题，现在研究已接近尾声。

在这一研究中，笔者作为课题主持人发表了论文《生活革命与中国式文艺复兴的新观察——社会转型中的手工艺复兴研究》[11]，在研究中提出了“手艺中国”的概念。这一概念的重要性在于笔者认为传统的中国不单是一个农业国家，而是一个农工国家，也就是农业和工业并存的国家，当然这里讲的工业不是机械工业，而是手工工业。因此，中国不仅是一个乡土中国，也是一个手艺中国，这是中国的文化基因。基因的重要性就在于其始终会成为中国发展的一个重要的内在因素。在工业文明时由于机器代替手工，中国的手工业优势丧失了，所以中国落后了。当人类社会经历了四次工业革命，并向超工业文明时代转型时，在中国大地产生的一场手工艺复兴的潮流，就有可能让中国无论是在文化上还是在经济上都获得一个新的发展机遇。

四、前沿理论的探讨

这里前沿理论的探讨，指的是以往艺术人类学较少关注的新的研究，这一研究有的还与国际的潮流有关系。第一个值得关注的问题就是艺术人类学对当代艺术的研究，这在国际上已经形成了一个热门话题，但国内在这一方面的研究才开始。

继出版于2017年的挪威阿纳德·施奈德主编的《全球性相遇中另类的艺术和人类学》(*Alternative Art and Anthropology: Global Encounters*)[12]后，2018年又出版了由维也纳人类学家托玛斯·菲利兹（Thomas Fillitz）和保罗·范·德·格利普（Paul van der Grijp）主编的《当代艺术人类学：实践、市场和藏家》(*An Anthropology of Contemporary Art: Practices,*

Markets, and Collectors），这两本书的共同特点是其不仅关注到了当代艺术的人类学转向，还把眼光拓展到欧洲以外的艺术领域。

2018 年刘翔宇将阿纳德·施耐德主编的《全球性相遇中另类的艺术和人类学》的前言《选择：世界本体论与当代艺术、人类学的对话》[13] 翻译出来，被收录在 2018 年中国艺术人类学年会的论文集中。在这篇文章中最值得关注的方面是：许多西方艺术家已直接接触到西方之外的他异性和各种知识，这种知识的接触将会改变当代艺术家的创作。

在这样的过程中，人类学的理论要重新构建，并对艺术品的构思和制作产生影响，当然这些影响不是表现在田野调查的现场周围（或是在民族志表演活动）中，而是在艺术家工作室（也就变成了实验室）并最终在展览空间和艺术界中物化的艺术形式中。[14] 这样的结果将导致越来越多的艺术家进入田野，成为准人类学家，同时人类学家也可以介入到艺术创作中成为准艺术家，这是一个很有趣的思考。

华裔美国作者王爱华（Aihwa Ong）在她的《马可·波罗忘了：当代中国艺术重建全球》一文中提出了“全球的非欧洲式重构”的观点，并指出：“未来正变得越来越模糊，因为未来不再由唯一的历史观来预想。”[15] 特里·史密斯也在其《当代艺术：超越全球化的世界潮流》的文章中认为“全球化的霸权作为一种世界现象”已经被打破，全球化不能替代现代性和后现代性。[16] 在这里史密斯看到的不是只有一股全球化力量在影响当代艺术，而是各种当代艺术的同时并存，每种当代艺术都有其自身的审美标准。[17] 因此，即便是当代艺术也不是只有一种标准，其和传统艺术一样，存在着多元化的发展趋势。因此，施耐德提出，“我们必须要认可差异、尊重彼此”。“必须承认差异的同时代性”，他的这些观点告诉我们，“当代艺术家与土著艺术家的合作超越了传统的边缘与中心、西方与非西方、民族国家与土著团体或其他二元模式”。[18] 而构成了一个新的全球化当代艺术场景。这种情况同样出现在中国，在中国这样的案例也很多，如杨丽萍的《云南映象》、谭维维的“华阴老调一声喊”、谭盾的《女书》都是当代艺术家与民间艺术家合作。在 2017 年，中国策展人邱志杰以“生生不息”作为主题，通过中国古代神话，采用传统的民间技艺，推出了具有中国哲学思想的当代艺术。在他组织的创作队伍中不仅有当代艺术家，同样还有传统的民间艺人。

中国的当代艺术界虽然也出现了如此现象，但中国的艺术人类学有关这方面的研究较少，尤其是这方面的艺术民族志就更少。在 2018 年的论文中，有一篇傅祎与廖橙合作的民族志论文《当艺术家遇见民艺大师》，记录和讨论了这方面的内容。

五、艺术民族志的记录与研究

艺术人类学研究的主体就是做田野，撰写艺术民族志，这样的工作在 2018 年仍然是中国艺术人类学研究的主流工作。笔者主编出版了第一部专门讨论艺术民族志的文集《写艺术——艺术民族志的研究与书写》。文集的内容分为：艺术民族志写作方法探讨，城市艺术民族志写作，舞蹈民族志写作，音乐民族志写作，美术民族志写作，非遗、民俗及其他。选入了30余位具有代表性作者的论文。对于年轻的中国艺术人类学研究队伍来说，这部文集的出版具有一定的典范性和引导性。

此外，从2018年发表的论文，包括在2018年中国艺术人类学年会上收到的论文，最多的也还是反映不同地域和民族的艺术现象的民族志式的论文。在这些论文中，学者们对不同地域的不同艺术现象、艺术仪式进行了描述，记录和呈现了中国多元的地方艺术和民族艺术发展现状，是非常重要的学术成果。有相当的部分是描述不同少数民族艺术的文章，如申波《"地方化"语境中的"象脚鼓"乐器家族释义》，牛乐、刘阳《沸腾在乡间的娱神者——洮河流域"拉扎节"田野考察》，刘雨《医巫闾山满族剪纸的艺术特征与创新发展——张侯氏剪纸艺术研究》，刘鑫林《关东满族刺绣枕头顶图案研究》，王晓珍《文化交流中的新疆库车建筑彩画》，袁晓莉《刻木为契：黎族物化的原始记事符号研究》，张红梅《海南黎族传统手工艺中的原始宗教信仰研究》，向芳《艺术的神话背景——以壮族铜鼓、服饰为例》等，这些都是一些极其珍贵、非常值得去记录和研究的民间艺术现象。

还有一些艺术民族志研究自觉地将非遗保护与传承纳入自己的研究中，因为艺术人类学研究的这些民间艺术事象基本上都是当地的非遗项目，因此，如果我们是动态的研究和记录这些艺术事象的话就不得不讨论这方面的内容。有关这方面的论文很多，如黄丹《沪剧保护与传承的艺术人类学思考》，黄龙光、杨晖《非遗视野下彝族花鼓舞保护的多主体协作》[19]，吴衍发《皖北非物质文化遗产的特征及生成性分析》[20]。

这些民间的传统艺术资源不仅面临需要讨论的非遗的传承与保护问题，还面临着在新的社会语境下新的发展问题，尤其是商品化所带来的冲击。如杨丹妮的论文《非物质文化遗产伦理视角下的龙州壮族天琴女性禁忌破除》[21]、张晨《商业场域视角下民众在文化重构中的推动作用——以土家族撒尔嗬为例》[22]、郝春燕《艺术教育视阈中网络"非遗"人类学价值研究》[23]。以上的这些论文不仅记录了传统的民间艺术如何成为保护的非遗对象以及转化为具有商品价值的现代人的消费对象的动态过程，同时还提出了许多令人深省的思考。

六、结语

通过以上的叙述，我们可以看到，尽管在艺术人类学研究中，理论的总结非常重要，但如果没有扎实的民族志的记录与研究，我们就很难会及时关注到中国在社会实践中所发生的各种文化与社会的变迁甚至是重构，也很难会关注到在这些变迁与重构的过程中，中国的传统艺术与当代艺术之间又会产生哪些变化？在这些变化的过程中作为社会象征符号和体系的艺术作品，在扮演着什么样的角色？其意味着人类社会正在发生一些什么样的转型等这样的一些问题。因此，只有走进田野，在田野中感受中国社会不断实践的脉搏，发掘中国传统文化中的艺术资源，认识中国的文化基因，沿着从实求知的人类学研究之路走下去，并在此基础上推动中国社会和文化经济的发展，中国的艺术人类学的发展之路才会越走越宽广。最终才能够建立一个中国的艺术人类学学派，为世界人类学理论大厦的建构贡献一份力量，也包括为推动人类社会和文化的发展贡献一份力量。

（方李莉　东南大学首席教授，艺术人类学与社会学研究所所长，
中国艺术研究院艺术人类学研究所研究员）

注释

[1] 方李莉：《中国艺术人类学发展之路》，《思想战线》2018年第1期。

[2] 洛秦：《论音乐人类学的"中国经验"》，《音乐研究》2018年第2期。

[3] 孟凡行：《从学科建设的角度看艺术人类学的学科定位、研究对象和研究方法》，载《艺术人类学与新时代的中国发展2018年学术年会论文集》，尚在出版中。

[4] 董波：《今天需要什么样的艺术人类学——新时代中国艺术人类学发展的新的生长点》，《内蒙古艺术学院学报》2018年第4期。

[5] 安丽哲：《2006—2016中国艺术人类学研究范式与特征——以中国艺术人类学学会的数据与文献为例》，《南京艺术学院学报（美术与设计）》2018年第4期。

[6] 季中扬、康泽楠：《主体重塑：艺术介入乡村建设的重要路径——以福建屏南县熙岭乡龙潭村为例》，《民族艺术研究》2019年第2期。

[7] 李祥林：《乡村振兴背景下的乡村艺术》，载《艺术人类学与新时代的中国发展2018年学术年会论文集》，尚在出版中。

[8] 罗瑛：《民族艺术的认同空间：文化景观与地方表述》，载《艺术人类学与新时代的中国发展2018年学术年会论文集》，尚在出版中。

[9] 王璇：《艺术人类学视角下"安居乐业"的乡村空间形态探析》，载《艺术人类学与新时代的中国发展2018年学术年会论文集》，尚在出版中。

[10] 王廷信：《乡村振兴战略与中华优秀传统艺术体系建构》，《民族艺术》2018年第5期。

[11] 方李莉：《生活革命与中国式文艺复兴的新观察——社会转型中的手工艺复兴研究》，《中华文化画报》2018年第S1期。

[12] Arnd Schneider, *Alternative Art and Anthropology: Global Encounters*, Bloomsbury Academic, 2017.

[13] [挪威]阿纳德·施耐德：《选择：世界本体论与当代艺术、人类学的对话》，刘翔宇译，载《艺术人类学与新时代的中国发展2018年学术年会论文集》，尚在出版中。

[14] Douglas R. Holmes and George Marcus, "Para-Ethnography", *The SAGE Encyclopedia of Qualitative Research Methods*, ed. Lisa M. Given (Thousand Oaks: Sage, 2008).

[15] Aihwa Ong, "What Marco Polo Forgot: Contemporary Chinese Art Reconsfigures the Global", *Current Anthropology*, 53(4)(2012): 471-94 (including comment section).

[16] Terry Smith, "Contemporary Art: World Currents in Transion Beyond Globalization", in Hans Belting, Andrea Buddensieg, and Peter Weibei (eds.), *The Global Contemporary and the Rise of New Art Worlds* (Cambridge, MA: MIT Press, 2013).

[17] Terry Smith, "Contemporary Art: World Currents in Transion Beyond Globalization", in Hans Belting, Andrea Buddensieg, and Peter Weibei (eds), *The Global Contemporary and the Rise of New Art Worlds* (Cambridge, MA: MIT Press, 2013), my italics.

[18] Mark Watson,"Centring the Indigenous':Postcommodity's Transindigenous Relational Art",*Third Text*,29,(3)(2015).
[19] 黄龙光、杨晖:《非遗视野下彝族花鼓舞保护的多主体协作》,载《艺术人类学与新时代的中国发展2018年学术年会论文集》,尚在出版中。
[20] 吴衍发:《皖北非物质文化遗产的特征及生成性分析》,载《艺术人类学与新时代的中国发展2018年学术年会论文集》,尚在出版中。
[21] 杨丹妮:《非物质文化遗产伦理视角下的龙州壮族天琴女性禁忌破除》,载《艺术人类学与新时代的中国发展2018年学术年会论文集》,尚在出版中。
[22] 张晨:《商业场域视角下民众在文化重构中的推动作用——以土家族撒尔嗬为例》,载《艺术人类学与新时代的中国发展2018年学术年会论文集》,尚在出版中。
[23] 郝春燕:《艺术教育视阈中网络"非遗"人类学价值研究》,载《艺术人类学与新时代的中国发展2018年学术年会论文集》,尚在出版中。

实践中创造“中国范式”

—— 非物质文化遗产的保护实践与发展需要

董永俊

2018年是改革开放40周年，也即将迎来中华人民共和国成立70周年，在这样特殊的时间节点，回顾百年中国的文化发展历程具有特殊的意义。新时代我国大力传承、弘扬中华优秀传统文化取得了卓越成就，精神文明建设成效显著，文化软实力逐步增强，尤其以非物质文化遗产（简称“非遗”）保护实践的发展为代表。自21世纪初我国的非遗保护工作启动以来，经过不到20年的发展推进，“非遗”已经成为一个家喻户晓的“热词”，其社会关注度与认知度逐步提高。我国的非遗保护工作在实践中形成了“中国经验”“中国做法”，非遗研究也进行了多方面的探索，取得诸多理论进展。

一、非遗保护实践的人民性

保护非物质文化遗产，作为一项由联合国教科文组织推动以保护人类文化多样性为目的的国际行动，引入我国开展实践的过程中，必然要经历本土语境化的文化适应。中国非遗保护实践是文化融合的产物，由此形成了所谓的“非遗保护的中国实践”的格局与气象。以人民为中心的社会主义文艺是我国文化事业发展的基本路线，也是非遗保护实践遵循的基本原则。

“最早从学术研究的视角切入非物质文化遗产保护运动的，是美术界学者。”[1] 其所指正是中央美术学院在非遗事业初创期所做的努力，以民间美术学科为根基，在靳之林、乔晓光等民间美术学者的极力推动下，中央美术学院率先建立专门研究机构，从事非遗教学与研究工作，开展剪纸普查申遗工作、乡村民间艺术传承保护、非遗传承人培训等一系列科研教学工作，可以构成一个典型案例。下面以梳理民间美术与非遗的发展历程为例，探讨非遗保护实践的人民性问题。

20世纪初期，在北京大学发起的民间歌谣采集运动，被视为现代民俗学的发端之一。“中国民间文学运动的发展，逐渐将知识分子的注意力转向了农村……重新塑造了中国知识分子的农民观。”[2] 在中国知识分子的意识中，形成了对民间文化的理想和浪漫的情怀与向往，当时流行一句口号“到民间去”，知识分子开始走向农村，关注民间文化。这是新文化运动的重要思想倾向，代表了更普遍意义的人性精神，民间文化中蕴含的民族根性和美好纯朴的生命情感，也成为知识分子实现民族复兴的希望和心灵寄托。

1930年，左翼作家联盟成立，主张“文艺大众化”；1931年，鲁迅先开始领导“新兴木刻运动”，主张木刻工作者创作连环画，以通俗艺术的形式表现社会与现实，发挥战时革命宣传的政治功能。鲁迅清楚地意识到民间年画一类的通俗艺术为大众所喜爱，如果能够将艺术审美的元素吸收进木刻创作中，将起到启蒙大众、宣扬革命的作用，因此他鼓励左翼木刻家要学习研究民间美术。

延安时期，毛泽东《在延安文艺座谈会上的讲话》发表以后，民间美术开始进入革命文艺家的视野和艺术实践中。1937年，日本发动“七七事变”标志全面侵华战争的开始，延安成为中国共产党革命根据地的中心，很多知识分子怀着革命理想投身延安，参与到革命事业中。1938年，鲁迅艺术学院成立。1942年10月，延安文艺座谈会召开，毛泽东《在延安文艺座谈会上的讲话》中明确提出“文艺为人民服务”的思想，成为革命文艺工作的指导思想。针对鲁艺的教学与实践工作，毛泽东提出了“大鲁艺”和“小鲁艺”的实践理念。

延安时期，以江丰、古元等为代表的美术工作者注重实践，关注农民的生存现状以及民间艺术传统，用意民间艺术的采集，虚心向人民学习，以农民群体的审美习惯为创作标准，使延安木刻运动在艺术语言叙事表达的“民族化”探索上取得了巨大的成功。在延安木刻艺术的发展过程中，延续鲁迅所力行的改旧创新的思想文脉，延安鲁艺的师生们通过采风与深入实践，推陈出新而创作出“民族化”“大众化”的为人民喜闻乐见的新文艺形态。

中华人民共和国成立后的一段时期内，民间美术事业的发展呈繁荣之势，民族民间艺术的收集、研究与教育工作逐渐展开与深化。在美术展览中，代表群众艺术的民间美术创作是重要组成部分。民间文艺事业呈现“百家争鸣、百花齐放”的发展态势，但随着“文化大革命”的到来戛然而止。

1978年，党的十一届三中全会召开后，开始倡导民族文化复兴，在基层开展了广泛而深入的群众文化工作，其中就包含了“民间艺术之乡”的评选以及民间美术的普及、发掘和推介。20世纪80年代改革开放，正值西方文化涌入的热潮，民族民间文化也在悄然复兴，“民间美术热”也带来了鲜活强烈的有本土文化内涵的精神启示。1979年，时任中央美术学院院长的江丰不遗余力地推进着民间美术相关学科的建立与发展。[3]

20世纪末，民间美术也如同跌入低谷的民间文化命运一样，面临着生死的抉择，同时也抓住了时代和社会发展的新机遇，即21世纪初教科文所启动的非物质文化遗产项目。2002年5月8日，中央美术学院成立“非物质文化遗产研究中心”，在国内高校率先创建并完善以“非物质文化遗产——中国民间文化艺术”研究为主旨的新专业领域，将民间美术作为人类文化遗产正式系统地列入大学艺术教育，主要从事非物质文化遗产方面的普查、抢救、保护、研究、文化发展规划、人才培养等科研教学及社会实践工作。中心倡导的基本理念包括：关注人类文化遗产，关注民族优秀文化传统的可持续发展价值，关注民间文化遗产保护传承，关注民间社区文化发展创造，关注大学教育在社会转型期对文化与遗产方面的重要作用，探索以“产、官、学、民”的科研理念实现科研社会参与和新型专业人才培养。

从革命文艺到民间美术再到非物质文化遗产，中央美术学院民间美术专业经历了70余年的发展历程，始终延续着来自延安鲁艺革命文艺传统的“人民的文脉”。在不同的时代背景下，每代学人都坚持以人民为中心，在实践中秉持对民族民间文艺人民性的信念，而民间美术正是非遗各门类发展历程的一个缩影，人民路线也是我国非遗保护实践的基本方向。

中国非遗保护事业从21世纪初启动以来，在国家与社会各界推动下，经过十余年的社会实践，成为国家体制内的日常工作，非遗概念深入人心，而非遗保护一直践行为人民服务的价值观。正如文化和旅游部非物质文化遗产司司长陈通在《浅论非物质文化遗产保护中的人民立场问题》所论：“我国非物质文化遗产是各族人民在生产实践中共同创造的，是以‘人’为承载者的活态传承的文化遗产。如果脱离了人民的社会实践，非物质文化遗产就会失去生命力。非物质文化遗产保护中要坚守人民立场，人民是遗产的创造者、拥有者、守护者、传承者，也应该成为遗产保护传承的参与者和受益者。”[4] 人民性是非遗保护实践的基本特征之一，既是出发点，也是落脚点，只有人民群众的广泛参与，才能真正涵养非遗的传承活力，这既是为时代所驱，也是发展所需。

二、非遗保护实践的公共行政建设

非遗保护传承工作，作为一项由政府为主导的社会事业，在我国的文化事业的发展中，尤其在文化和旅游融合发展的新形势之下，在守住中华文化的“根”与“魂”、提升文化自信、增强文化软实力等方面的意义愈加凸显。2018年，在文化和旅游行政部门的推动下，非遗保护各项工作稳步开展，取得了一系列显著的成绩。2019年1月13日，光明日报和中国文化传媒集团共同评选发布了“2018中国非遗十大年度事件”[5]，这份榜单反映了我国非遗保护工作的阶段性发展状况，主要体现在如下五个方面。

（一）指导理念。以习近平新时代中国特色社会主义思想和关于传承弘扬中华优秀传统文化的重要论述精神为根本遵循，在工作开展过程中，逐渐认识并归纳非遗的特征、保护规律，提出了“见人见物见生活”“活态传承活力再现”“保护非遗实践、传承能力和传承环境”等理念，言简意赅，深入人心。

（二）制度建设。2018年5月，文化和旅游部、工业和信息化部印发《文化和旅游部、工业和信息化部关于发布第一批国家传统工艺振兴目录的通知》，全国共计14个门类的383个传统工艺项目入选，以国家传统工艺振兴目录为抓手，落实传统工艺振兴措施，进而探索行之有效的经验和模式。2018 年 6 月，文化和旅游部印发《关于大力振兴贫困地区传统工艺助力精准扶贫的通知》，要求各地以市场潜力大、带动就业强的传统工艺项目为依托，以培训为重要抓手，帮助建档立卡贫困人口学习传统工艺和相关技能，推动“非遗 + 扶贫”工作取得实效。2018 年 7 月，文化和旅游部、国务院扶贫办联合印发《关于支持设立非遗扶贫就业工坊的通知》，以深度贫困地区“三区三州”为重点，兼顾部分少数民族国家级贫困县，共同确定了第一批 10 个“非遗 + 扶贫”重点支持地区，支持设立一批非遗扶贫就业工坊，通过培训精准帮扶建档立卡贫困户参与就业，促进增收。2018 年 12 月 10 日，文化和旅游部出台《国家级文化生态保护区管理办法》，于 2019 年 3 月 1 日起正式施行，提出国家级文化生态保护区建设的指导思想和工作目标、申报设立的条件和程序、责任主体、主要任务和措施。2018 年，从顶层设计层面制定了一系列政策法规、规范性文件，尤其是在非遗助力精准扶贫方面取得了实践与理论的双重突破，凸显我国非遗保护工作逐渐在制度化、规范化方面取得成绩。

（三）非遗名录。我国已经建立了较为完善的非遗代表性项目四级非遗名录体系，对体现中华民族优秀传统文化，具有重大历史、文学、艺术、科学价值的非遗项目，会被列入各级非遗代表性项目名录，予以保护。截至 2018 年年底，国务院批准公布了四批共 1372 项国家级非遗代表性项目，各省（区、市）公布了 15777 项省级非遗代表性项目，各市、县也公布了本级非遗代表性项目。

在非遗代表性项目名录基础上，建立国家级非遗代表性传承人名录，目的是提高非遗保护传承能力，推动非遗当代活态传承。2018 年，文化和旅游部公布了 1082 位第五批国家级非遗代表性传承人，至此，共认定了五批 3068 名国家级非遗代表性项目代表性传承人，各省（区、市）公布了 16432 名省级代表性传承人，形成了逐级梯次分布的非遗代表性传承人队伍。

我国作为联合国教科文组织《保护非物质文化遗产公约》缔约国，一直致力于申遗工作，并积极履约。2018 年，在国家级非遗代表性项目中遴选出的“藏医药浴法”成功申报为人类非物质文化遗产代表作，至此，我国已有 40 个项目列入联合国教科文组织非遗名录（名册），其中，共有 32 个非遗项目被列入人类非遗代表作名录，7 个项目被列入急需保护名录，1 个项目被列入优秀实践名册。基于我国政治制度特点，分类多级的非遗名录制度成为非遗保护事业管理以及各项工作有效开展的基础。

（四）队伍建设。关于队伍建设，主要包括传承人群的人才培养与工作队伍的梯队建设。2015 年起，原文化部会同教育部启动实施“中国非物质文化遗产传承人群研修研习培训计划”（以下简称“研培计划”），以帮助非遗传承人群“强基础、拓眼界、增学养”为目标，委托专业院校开展教育培训活动。2018 年起，该项计划扩大为文化和旅游部、教育部、人力资源社会保障部共同实施，三部联合印发《中国非物质文化遗产传承人群研修研习培训计划实施方案（2018—2020）》。截至 2018 年 12 月，全国各所参与院校共计举办各类研修、研习、培训628期，培训学员2.7余万人次，加上各地延伸培训，覆盖总人数近9.5万人次。2018年，文化和旅游部开展全国非物质文化保护工作先进集体先进个人评选表彰工作，共表彰先进集体50个、先进个人99名。举办全国非遗工作人员培训班以及地方非遗保护工作人员培训班，明确了非遗保护工作理念，提高了各级非遗保护工作者的履职能力、专业素养和工作水平。

（五）展示传播。2018年，展示传播方式的创新与发展，有效提高了非遗的可见度、美誉度与影响力。在2018年“文化和自然遗产日”系列活动中，全国共举办大中型非遗宣传展示活动3700多项。制作并在中央电视台播出《非遗公开课》，宣传非遗保护理念，普及非遗知识。开展非遗影像展、非遗服饰秀、非遗讲座月等品牌传播活动，线上线下共2.6亿人次参与。以“活态传承、活力再现”为主题，举办第五届中国非遗博览会，展示近年来全国非遗保护工作取得的进展，82万人次到场参观，近6000万人次通过网络观看，产生了广泛的社会效应。

2018年6月，全国非遗保护工作座谈会在天津举行，时任文化和旅游部副部长项兆伦发表讲话，总结了近年来我国非遗保护工作取得的新成效，提出了非遗保护实践中存在的问题，尤其是对一些重要的概念与学理进行了深入剖析，并阐发下一步工作思路。这篇发言，是理解现阶段我国非遗保护实践状况的政府工作报告，也是一篇极具学术价值的研究文献。讲话结尾谈道：“非遗实践的历史很悠久，非遗保护的事业还很年轻。很多事应该怎样做，怎样才能做好，都需要深入的研究和大量的实践。我们要加强学习和研究，在实践中准确了解和把握非遗工作规律，不断提高工作水平和质量。”[6]强调实践与研究对于非遗保护事业的重要意义，然而，当前的现实状况是非遗保护实践先行，而非遗理论研究则相对滞后。

三、非遗保护实践需要学科发展

非遗研究随着非遗保护实践而发展，同时也为非遗保护实践提供智力支持。然而目前我国的非遗研究理论进展明显滞后于实践发展的步伐，非遗研究的学者队伍不稳定，创造力、创新力明显不足，因此，为了科学有效推动非遗保护实践的可持续发展，非遗学科建设有待加强。尽管学界对非遗是否能构成一门独立的学科尚存争议，但是现实需要非遗的学科化发展。宋俊华提出非遗“学科共同体”观点：“非物质文化遗产学是一门新兴交叉学科，是适应人类非遗保护需要而兴起的。非遗学的独立，是一个渐进发展的过程，既要有自觉的案例研究，更要有系统的理论探索，而这一切都有赖非遗学科共同体来实现。”[7]而大学应该是非遗研究与人才培养的重镇，同时，非遗也将为大学教育提供新资源、新思维与新体系。

目前，中国教育在价值观念上，更倾向与国际接轨，教学体系与方式相对单一。在全球一体化的国际形势之下，学院教育更应当探索多元文化教育的实践，与本土文化传统也应接轨。事实证明，大学是研习优秀传统文化的重要场所之一，而青年学生将成为民族文化遗产传承新生力量。

中国正在经历文明转型期，快速的城市化发展使乡村正在消亡，许多以民俗生活为载体的非遗正在随之消失，对教育而言，非遗潜藏着巨大的可持续价值。大学不仅是非遗教育传承之地，对非遗作为多样性民族文化资源以及本体艺术体系，都有着潜在的巨大的本土知识需求以及文化实用与使用的诉求，高校与非遗传承社区的双向互动的交流学习，是非遗可持续传承的重要途径之一。

目前，大学和非遗的关系仍处在项目化的参与和科研课题的研究上，非遗课程普及仍处于起始阶段。社会化的非遗保护对大学的需求是急迫的，许多大学也以极大的热情投入进来，但从可持续的视角来看，由于缺乏相关非遗的专业学科建设和课程普及，大学在社会项目的实践中，欠缺活态保护经验以及系统深入的研究能力。由于缺少与非遗相匹配的专业学科，高校的研究缺乏长远的规划，忽视基础研究。

当今，亟须建立针对中国本土发展需求的新专业学科，培养非遗保护、发掘与研究的专门人才。大学应当通过基础研究和合理的课程设置，来研究、探索中国非遗可持续传承与发展的时代课题。大学应该推动知识体系的整体发展，建立非遗相关学科，培养非物质文化遗产保护、发掘与研究的专门人才，发挥高校在文化遗产时代应当担负起的社会服务与文化使命，这是时代的需求，也是社会发展的必然选择。[8]

（董永俊　文化和旅游部民族民间文艺发展中心助理研究员，中央美术学院艺术学博士）

注释

［1］ 施爱东：《学术运动对于常规科学的负面影响——兼谈民俗学家在非遗保护运动中的学术担当》，《河南社会科学》2009 年第 3 期。

［2］［美］洪长泰：《到民间去：中国知识分子与民间文学，1918—1937》（新译本），董晓萍译，中国人民大学出版社 2015 年版。

［3］ 杨先让：《中央美术学院年画、连环画系成立始末》，《美术》2010 年第 10 期。

［4］ 陈通：《浅论非物质文化遗产保护中的人民立场问题》，《文化遗产》2018 年第 1 期。

［5］ 1. 习近平总书记高度重视传承发展中华优秀传统文化。2. 藏医药浴法列入联合国教科文组织人类非物质文化遗产代表作名录。3. 文化和旅游部、工业和信息化部发布第一批国家传统工艺振兴目录。4. 文化和旅游部表彰全国非物质文化遗产保护工作先进集体和先进个人。5. 第五批国家级非物质文化遗产代表性传承人公布。6.“多彩非遗、美好生活”——2018 文化和自然遗产日系列活动精彩纷呈。7. 第五届中国非物质文化遗产博览会成功举办。8. 文化和旅游部、教育部、人力资源和社会保障部联合印发《中国非物质文化遗产传承人群研修研习培训计划实施方案（2018—2020）》。9. 制定并颁布《国家级文化生态保护区管理办法》。10. 印发《关于大力振兴贫困地区传统工艺助力精准扶贫的通知》《关于支持设立非遗扶贫就业工坊的通知》，全面推进“非遗 + 扶贫”工作。光明日报、中国文化传媒集团：《关于区域旅游产业发展环境及其战略的研究》，2019 年 1 月，中国民俗学网（https://www.chinesefolklore.org.cn/web/index.php? NewsID=18613）。

[6] 项兆伦:《项兆伦在全国非物质文化遗产保护工作座谈会上的讲话》,2018 年 9 月,文化和旅游部政府门户网站(https://www.mct.gov.cn/whzx/whyw/201809/t20180911_834728.htm)。
[7] 宋俊华:《论构建非物质文化遗产学科共同体》,《文化遗产》2019 年第 2 期。
[8] 乔晓光、董永俊:《实践的精神:中国民间美术与非物质文化遗产课程模式研究》,江西美术出版社 2018 年版。

文献索引

文献索引

[编写说明]

1. 文献分为著作与论文两大类型。著作以研究性专著为主，不含编著及辞典类的工具书，但包含译著及学术会议论文集；论文仅限于期刊论文，以研究性论文为主。

2. 以文献发表的作者姓名首字母为序，按 A–Z 先后顺序。

3. 作者姓名拼音相同，文献以发表时间先后排序。

4. 文献信息收录的顺序为：作者、文献名称、出版单位或刊物名称、出版日期或刊物期数。

A

[奥]阿洛瓦·里格尔，刘景联，视觉艺术的历史语法．译．上海：上海三联书店，2018.

[美]阿瑟·C. 丹托．何谓艺术．夏开丰，译．北京：商务印书馆，2018.

安娜·卡基米娜．俄罗斯"莫斯科概念主义"流派漫谈．世界美术，2018（1）.

艾玛·克莱顿－米勒，张舒．剪出杰作．世界美术，2018（2）.

阿塞夫，李险峰．巴基斯坦公共艺术发展的历史与现状．美术研究，2018（2）.

安佳．云南傣族的南传佛寺壁画．美术，2018（5）.

艾国．从"止观""静虑"看中国画的精神内核．中国文艺评论，2018（7）.

安生．包世臣"删定书谱"的书学理念考．中国书法，2018（18）.

B

[美]班宗华．行到水穷处：班宗华画史论集．白谦慎编．刘晞仪等，译．北京：生活·读书·新知三联书店，2018.

[荷]布拉姆·克姆佩斯．绘画、权力与赞助机制：文艺复兴时期意大利职业艺术家的兴起．北京：北京大学出版社，2018.

[英]彼得·伯克．图像证史．杨豫，译．北京：北京大学出版社，2018.

保罗·柯林斯，万笑石．神圣的动物．世界美术，2018（1）.

白文．古印度宗教文明的帔帛服饰．艺术工作，2018（2）.

贝米沙，王漪璠．藏于欧洲的中国现代绘画——布拉格国立美术馆的京派绘画收藏．美术观察，2018（3）.

白昕霞．从《秘书监志》管窥元初内府法书收藏与管理．中国书法，2018（4）.

布拉达帕迪亚·帕尔，李慧君．关于犍陀罗菩萨图像的思考．中国美术研究，2018（4）.

鲍静静．从《论艺术与鉴赏》看弗里德伦德尔的艺术鉴赏传统．新美术，2018（4）.

白舸，屈行甫．中国古典园林中"游观"的美学阐释．南京艺术学院学报（美术与设计），2018（4）.

毕罗，姚宇亮．"写"与"书"——中古中国的书写世界．中国书法，2018（5）.

贝尔纳·斯蒂格勒，丹尼尔·罗斯，卢睿洋.雕塑、培育负人类世.新美术，2018（5）.

白彧.结构与解构——浅析雕塑领域中陶瓷雕塑结构性实验.艺术工作，2018（6）.

鲍贤伦.书法实践的终极价值追求.中国书法，2018（21）.

白砥.碑与帖的形式美感.中国书法，2018（23）.

C

陈平原.左图右史与西学东渐：晚清画报研究.北京：生活·读书·新知三联书店，2018.

陈振濂.文艺批评中的规范与逻辑诸问题.中国文艺评论，2018（1）.

陈平.美术史学史上的一个片断：罗马晚期镶嵌画金色底子的三种解释.新美术，2018（1）.

陈杰.摄影意境论的艺术本体性探究.湖北美术学院学报，2018（1）.

陈涛.感觉真实、叙事性与体感：数码特效时代的"现实主义"影像.艺术百家，2018（1）.

曹庆晖.蔡元培的美育蓝图及其对国立美术学校创办的推动.美术，2018（1）.

曹庆晖，秦建平.冯法祀：《刘胡兰就义》与"马训班".美术研究，2018（1）.

曹洋.一台二妙——高二适与章士钊学术探讨举隅.中国书法，2018（1）.

蔡连国，郭彦.山东平原出土唐代佛教造像.文物，2018（1）.

崔亚男.《大云寺弥勒重阁碑》研究.美术学报，2018（1）.

陈旭.创意驱动的意大利设计管理模式.美术学报，2018（1）.

常凤霞.吴其贞的古法书鉴定——以吴氏《书画记》为中心.美术学报，2018（1）.

陈通.浅析美国二十世纪六十年代的"反文化"的兴起.艺术工作，2018（1）.

崔朝阳.中国早期墓葬艺术中"神"、"人"身份的图像化表达.艺术工作，2018（1）.

查律.黄牧甫金文入印之检讨.中国文艺评论，2018（2）.

陈永怡.山水文章——钱松喦对生活和写生的认识.美术，2018（2）.

陈杉，伍妍，师宏艳.清代江华瑶族神像画中十殿图图像研究.装饰，2018（2）.

陈南.燕蹴飞花落舞筵——从敦煌壁画中的"舞筵"看唐代毡毯艺术.荣宝斋，2018（2）.

曹国媛，曾克明.勒·柯布西耶"螺旋形"空间原型的设计实践解析.美术学报，2018（2）.

崔晓蕾.笛卡尔理性主义与普遍法则——17世纪法兰西绘画雕塑学院的历史画教学.美术观察，2018（2）.

陈振濂.关于当代中国书学研究的现状、问题和愿景.中国书法，2018（3）.

崔树强.从择吉到气势——"龙脉"观念的社会民俗学内涵及其向山水画创作的递变.美术观察，2018（3）.

陈思.北宋文人士大夫绘画品评影响研究.美术研究，2018（3）.

陈雅婧.从京都国立博物馆藏中国近代书画看20世纪初的中日美术交流.美术研究，2018（3）.

陈静.从对《春》的解读看贡布里希的图像学思想.新美术，2018（3）.

陈璐瑶.视像与心相：贡布里希谈知识在图画中的地位.新美术，2018（3）.

曹意强.艺术与人文.新美术，2018（3）.

陈思.图像学视角再探汉隶《石门颂》书风.南京艺术学院学报（美术与设计），2018（3）.

程大利.笔墨语言的本体意义和独特价值.中国文艺评论，2018（3）.

陈日红.武陵山区土家族织锦传承源流考.湖北美术学院学报，2018（3）.

陈剑，严珞菲.桃源民间刺绣的民俗分类与文化内涵.中国美术研究，2018（3）.

陈都.民国舆论对"后印象派"的阐述——兼论民国画坛的市井江湖化.中国美术馆，2018（3）.

曹小鸥.我看中国设计新思潮.美术，2018（4）.

陈瑾.里希特：我不明白为什么你说"在具象性和抽象性之间有矛盾".艺术工作，2018（4）.

陈相锋．论眉山竹派的开创与发展．艺术工作，2018（4）．

陈珊妍．略论清朝内府刻本的装帧形式．新美术，2018（4）．

陈同基．自然细节与人生哲思试论六朝山水诗对山水画的影响．新美术，2018（4）．

陈琳琳．论中国古代诗词的图像诠释——以明代《诗馀画谱》为中心．南京艺术学院学报（美术与设计），2018（4）．

陈锴生．苏轼《新岁展庆帖》印鉴考释．中国书法，2018（4）．

程渤．元人碑帖收藏与刻帖研究．中国书法，2018（4）．

崔若健．明清时期会馆建筑的装饰艺术特色及其文化学释义——以山陕会馆建筑装饰艺术风格分析为例．艺术百家，2018（4）．

程国栋．陈洪绶《水浒叶子》考析．中国美术研究，2018（4）．

常青．南涅水两尊坐佛残像造像风格研究．美术研究，2018（4）．

蔡涛．塞尚、街头剧和“土油画”——艺术家胡一川的跨媒介实践（上）．美术学报，2018（4）．

蔡涛．塞尚、街头剧和“土油画”——艺术家胡一川的跨媒介实践（下）．美术学报，2018（5）．

陈璐．19世纪初英皇室中国热的遗响——英皇阁建筑装饰中的中国文化元素探析．美术，2018（5）．

蔡显良．中晚唐时期王羲之书史地位新探．文艺研究，2018（5）．

陈磊．陕西彬县大佛开凿缘起再探．美术学报，2018（5）．

陈真．浅谈中国古典画论美学思想对本土美术批评的启示——从宗炳的《画山水序》说起．中国美术馆，2018（5）．

曹昆萍．当代风景摄影的崇高美学研究．南京艺术学院学报（美术与设计），2018（5）．

程雅娟．敦煌壁画绘小型玻璃器研究：丝绸之路上玻璃东传过程中的佛教化演变．南京艺术学院学报（美术与设计），2018（5）．

陈振濂．书法“新时代”和新思想（上）．中国书法，2018（5）．

陈振濂．书法“新时代”和新思想（下）．中国书法，2018（7）．

曹子达．潘玉良绘画中的装饰性元素与审美风格研究．艺术工作，2018（5）．

曹蓉．《云烟过眼录》中的鉴藏活动——元初的古物交易与流转．艺术工作，2018（5）．

常卫平．20世纪两岸文化视野中黄君璧绘画传承与教育思想研究．艺术百家，2018（5）．

蔡克翰，陈星．框中生景：丰子恺绘画作品中的框景表现与审美追求．艺术百家，2018（5）．

陈佳．纳入官学轨道的清代书院书法教育．中国书法，2018（6）．

陈捷，张昕．宣化辽墓与阁院寺：密教仪轨影响下的符号体系和神圣空间．美术研究，2018（6）．

陈剑澜．康德论美的艺术．美术研究，2018（6）．

陈雅飞．《非非画报》：研究香港早期美术社团的珍贵史料．美术研究，2018（6）．

陈敏思．宗教艺术迁演中的造像样式变异——以晋江草庵摩尼光佛石像为例．美术研究，2018（6）．

陈婧莎．政治力与地景重塑：三本同胞“摄山图”小考．美术学报，2018（6）．

程国栋．“敢言天地是吾师”——溯源弘仁的黄山游历和黄山图作．美术学报，2018（6）．

陈俊吉．《法书要录》研究（上）．艺术工作，2018（6）．

陈悦新．龟兹石窟佛衣与僧衣类型．文物，2018（6）．

成子，成文光，韩长松．“真实宅第”的艺术缩影：焦作出土的汉代陶仓楼．装饰，2018（7）．

陈明．自塑：中国当代油画的更新与重造．中国文艺评论，2018（7）．

曹建．何绍基的东坡情结．中国书法，2018（7）．

陈芸．专注、物件、日常生活——论维米尔作品中“专注”主题的符号表征．美术观察，2018（8）．

曹瀛文．浙江省博物馆藏无款《九歌图》小考．荣宝斋，2018（8）．

蔡涛．关良、谭华牧、丁衍庸的现代艺术实践与“东洋回顾”现象．文艺研究，2018（8）．

陈星．民国时期李叔同影像之编纂与刊布．文艺研究，2018（9）.

陈锽 . 魂舟・魂车・魂桥图像中的灵魂信仰探讨之三 . 新美术，2018（9）.

陈望衡 . 中华民族意识与国家意识之源 . 荣宝斋，2018（9）.

蔡副全 . 赵孟頫书《雍古氏家庙碑》释考 . 中国书法，2018（9）.

陈培站，王曰美 . 碑学视阈下的碑帖关系辨析 . 中国书法，2018（10）.

陈明烨 . 素描史上的一个转折点：达・芬奇的构图速写 . 美术观察，2018（10）.

褚福玲 . 纵逸潇洒奇警异常——任伯年绘画自题款与其书风演变 . 荣宝斋，2018（10）.

曹瀛文 . 浅析赵孟頫之"作画贵有古意". 荣宝斋，2018（10）.

褚福玲 . 刀法精到线条旖旎——任伯年常用印"任伯年"白文方印研究 . 荣宝斋，2018（11）.

陈铮 . 顾恺之画维摩诘事考略 . 文艺研究，2018（11）.

陈晶 . 中国古代工匠制度下工匠精神的产生与演进 . 新美术，2018（11）.

陈斗斗 . 关于"东方设计学"的几点问题 . 新美术，2018（11）.

陈军 . 多媒介庄园：西格玛尔・波尔克的艺术景观 . 美术，2018（12）.

陈彦姝 . 再说定窑加釦 . 美术观察，2018（12）.

曹意强 . 参照系中国画的"本体语言"之变 . 新美术，2018（12）.

陈新 . 渔钓图与宋画中的文人理想 . 中国国家博物馆馆刊，2018（12）.

常雷 . 作为史实的图像再现——从《文会图》管窥北宋茶事及其器具 . 荣宝斋，2018（12）.

程仲谦 . 从赵之谦题跋、信札看鉴藏对其书法的影响 . 中国书法，2018（13）.

程国栋 . 弘仁题画书法渊源论 . 中国书法，2018（15）.

成联方 . 几与原文语气无别——谢饮涧补《孟孝琚残碑》所缺八十八字及其可信性探析 . 中国书法，2018（17）.

陈磊 . 至人无法：从《吴民先跋〈沙孟海画像〉》说起 . 中国书法，2018（18）.

陈佳 . 论清代南书房的地位与作用 . 中国书法，2018（18）.

陈名生 . 略附此心报平安——南京博物院藏文徵明《付彭、嘉六书》考释 . 中国书法，2018（19）.

陈振濂 . 当代书法创作"观念"发展的三个阶段 . 中国书法，2018（21）.

陈典提 . 潘祖荫书学思想初探 . 中国书法，2018（22）.

曹景强 ."关学"视阈下于右任的书学思想 . 中国书法，2018（22）.

崔旋，李文婷 . 孙过庭草书《千字文》传本真伪考 . 中国书法，2018（22）.

崔旋 . 叶恭绰鉴藏视野中的艺术与学术——兼论其与吴湖帆之交游 . 中国书法，2018（24）.

D

戴璐 . 前工业时代之迷思——以乔治亚时代肖像画在美国的收藏为例 . 荣宝斋，2018（1）.

丁亚雷 . 逸气、贵气、大气——沈周的精神遗产 . 中国美术研究，2018（1）.

丹尼尔・鲁宾斯坦，朱橙 . 介入的失败：仿像时代的艺术批评 . 世界美术，2018（1）.

杜宝昌，戚锋 . 席德进绘画作品风格浅析 . 新美术，2018（1）.

戴晓云 .《历代名画记》中几则画家材料的考辩 . 美术研究，2018（2）.

戴华刚 . 图片里的风习民情——十八至十九世纪广州外销画的社会风俗 . 荣宝斋，2018（2）.

邓锋 ."画家"之路的技艺经验与史观维度——张大千学习"画家之画"及相关问题的再讨论 . 中国国家博物馆馆刊，2018（2）.

都刘平 . 元儒汪泽民佚文辑存与生平交游考 . 中国书法，2018（2）.

D.P. 沃克，巨若星 . 菲奇诺的"音乐—Spirit"理论 . 新美术，2018（3）.

丁方，史蕊 . 当前中国美术创作问题及应对之道——基于"东方文艺复兴"的视角 . 美术研究，

2018（4）.

董捷.《西谛书话》版画史料考论三则：纪念郑振铎先生诞辰120周年.新美术，2018（4）.

董赟.画可以群：从合画角度考察中国画的交际性.中国美术研究，2018（4）.

董强.从新古典主义到“消防队员”画家——19世纪学院体制下的法国艺术.中国国家博物馆馆刊，2018（4）.

邓宝剑.起于“科学”而归于“人格”——谈民国陈康《书学概论》之得失.中国书法，2018（4）.

杜鹏飞.王国维书法浅议.中国书法，2018（5）.

戴丹.“摩涅莫辛涅”——阿比·瓦尔堡的一个项目和一座图书馆的变迁.南京艺术学院学报（美术与设计），2018（6）.

段亚鹏，姜树林.以“奕世文明”牌坊雕刻图案为例初考明代廷试事仪.装饰，2018（6）.

董树宝.漂浮的烟斗：早期福柯论拟像.文艺研究，2018（7）.

丁霏.图书满室翰墨香——米芾书画收藏圈初探.荣宝斋，2018（8）.

丁霏.近三十年李叔同美术活动研究综述.荣宝斋，2018（11）.

丁海涵.郑曼青京沪交游与画学思想考察.文艺研究，2018（12）.

杜纶渭.从“锥画石”到“锥画沙”：唐代草书笔法理论生成的一个侧面.中国书法，2018（12）.

杜立.颜体书风对版刻书法的影响——以江西金溪浒湾地区版刻书迹为例.中国书法，2018（12）.

戴家妙.赵之谦信札研究综述.中国书法，2018（13）.

杜鹏飞.略言姚茫父书信兼及《弗堂类稿》编纂.中国书法，2018（13）.

丁宏武，任明.东汉汉阳陇县摩崖石刻《河峪颂》文本考释.中国书法，2018（14）.

都刘平.《石渠宝笈》的历史文献价值——以《全元文》辑佚为中心.中国书法，2018（16）.

段成贵.陈澧《摹印述》研究.中国书法，2018（20）.

董雪.从于右任的革命心路历程看其书法的发展演变.中国书法，2018（20）.

董家鸿，文景刚.王士禛书学思想析论.中国书法，2018（22）.

E

［英］E.H.贡布里希.贡布里希文集：规范与形式.杨思梁等，译.南宁：广西美术出版社，2018.

鄂霞.现代解释学视野下中国当代艺术的跨文化传播.艺术工作，2018（1）.

F

［英］佛朗西斯·哈斯克尔.历史及其图像：艺术及对往昔的阐释.孔令伟，译.北京：商务印书馆，2018.

［英］弗朗西斯·波泽罗.女性自画像文化史.韩子仲，王燕飞，译.上海：上海人民美术出版社，2018.

傅申.书法鉴定：兼怀素《自叙帖》临床诊断（典藏版）.上海：上海书画出版社，2018.

［日］肥田路美.云翔瑞像：初唐佛教美术研究.颜娟英，译.台北：台湾大学出版中心，2018.

方笑天.似与不似之间——河西魏晋壁画墓中的“伯牙弹琴”与“李广射虎”.美术观察，2018（1）.

傅凌智.中国北方村庄里的艺术、战争与现代性.装饰，2018（1）.

费泳.南京栖霞山新发现的“江总残碑”及相关问题.南京艺术学院学报（美术与设计），2018（1）.

方辉.分明与融洽——论黄宾虹的“浑厚华滋”.美术观察，2018（2）.

傅春禹.被遮蔽的理想国——刘开渠《农工之家》图像研究.中国美术研究，2018（2）.

冯春术.裴景福与《黄庭经》——心太平本《黄庭经》递藏关系及其印章考.中国美术研究，2018（2）.

方波.康乾时期帖学书家的临帖之路——以张照为讨论中心.中国书法，2018（3）.

封钰.“美术革命”语境中刘海粟的先驱意义.美术，2018（4）.

封加樑．传统审美观念与当代油画理论体系——以21世纪初的三次油画展为例．新美术，2018（4）．

房桦．民国时期何香凝的社会交游与绘画实践．美术学报，2018（5）．

傅无为，张博．教养凝视用视觉艺术夺回公共空间．新美术，2018（5）．

冯民生．“图像时代”中国当代美术的回归与超越．美术，2018（6）．

方笑天．杰西卡·罗森：中国艺术与考古的“摆渡者”．美术观察，2018（6）．

付阳华．洞中的棋局——明遗民画家张风《石室仙机图》解读．美术观察，2018（6）．

范银花，樊媛媛．地底的风华——唐墓葬雕塑作品中的女性文化管窥．艺术百家，2018（6）．

付晓彤．“物妖”益增：明代时尚观念的兴起．艺术工作，2018（6）．

方胜．金石书画在唐诗校勘中的局限及其原因．中国书法，2018（8）．

付俊良．民国时期连环图画的传播与影响．美术，2018（9）．

傅录志．苏轼书法美学思想管窥——从《黄州寒食诗帖》谈起．中国书法，2018（10）．

樊祎雯．赵孟頫《致景亮书札册》再考．中国国家博物馆馆刊，2018（11）．

冯晗.18世纪末英国湖区的视觉呈现与文化建构．美术，2018（11）．

冯雨．床榻之辨：东魏谢氏冯僧晖墓双阙围屏石床研究．装饰，2018（11）．

傅巧玲，方舟．哲匠精神与高校育人模式研究．新美术，2018（12）．

方泽亚，周子芾．明中期“吴门书派”对黄庭坚的接受．中国书法，2018（18）．

范伟．符号学与书法图像的生成机制．中国书法，2018（18）．

方小壮．“八面出锋”考．中国书法，2018（22）．

G

高志忠．以画载道与艺术劝化——明宫内监金忠所刊两本版画考释．美术研究，2018（1）．

高树浩．儒医王肯堂与上层文人的书画交游——以韩世能和董其昌为例．荣宝斋，2018（1）．

葛承雍．“醉拂菻”：希腊酒神在中国——西安隋墓出土驼囊外来神话造型艺术研究．文物，2018（1）．

郭怀宇．集古有成——张大千的收藏与创作演变之关系．中国国家博物馆馆刊，2018（2）．

耿明松．明代绘画专史研究．南京艺术学院学报（美术与设计），2018（2）．

管健鸿．石涛的“自认”与“他认”：《山水人物图》研究．艺术工作，2018（2）．

葛承雍．湖湘地域出土唐代胡俑的艺术特色．美术研究，2018（3）．

郭文忠．从满文档案和美术史资料看清朝与哈萨克诸部关系史——以《哈萨克贡马图》源流为中心．美术研究，2018（3）．

郭建濂．媒介材料与视觉难题关于绘画语言的一点思考．新美术，2018（3）．

郭建平，张真．明代《宝绘录》研究补遗及作者张泰阶生平事略考．南京艺术学院学报（美术与设计），2018（3）．

郭青林．明代书画家的笔墨形式论．中国美术研究，2018（3）．

谷新春．许从龙《龙宫赴斋图》研究．美术学报，2018（3）．

郭亮．透视观与帝国肖像——欧洲测绘术影响下的明清风景．艺术工作，2018（3）．

高毅．德国表现主义产生之前的印象主义风潮．美术，2018（4）．

郭振宇．从傅山到阮元——基于碑学肇兴下的“《淳化阁帖》观”考察．中国书法，2018（4）．

谷卿．王国维的金石观．中国书法，2018（5）．

顾谦倩．浅析消费社会的美学新形态．南京艺术学院学报（美术与设计），2018（5）．

巩朋．《平定西域战图》及其历史内涵．美术，2018（5）．

高敏．从营业书目看二十世纪上半叶的全形拓．艺术工作，2018（6）．

葛芳．清中期宫廷紫檀家具之兴衰探析．美术学报，2018（6）．

葛复昌，薛飞．"卫门书派"对书法史的三大贡献．中国书法，2018（6）．

高远．从新出唐志管窥徐浩楷书风格嬗变与传播．中国书法，2018（7）．

葛华灵．台阁体的溯源．中国书法，2018（7）．

郭君涛．古代希腊与古代西域壁画技法材料对比及创化研究．美术观察，2018（7）．

郭旭颖．王蒙《仿王维辋川图卷》相关问题研究．荣宝斋，2018（7）．

公丕普．"断代史""通史"和"传记"：三种清代"碑学"理论话语的演变路径．中国书法，2018（8）．

葛玉君．一种审美范式的潜在性转向．美术，2018（8）．

顾浩，李成．人类学视域的中国民间美术研究范式相关问题．装饰，2018（9）．

高远．历史与神学的象限——historia与文艺复兴时期的"历史画"理论．美术，2018（9）．

高泽婷．"御题"系列鉴藏印研究．荣宝斋，2018（9）．

高金玉．中国古代"莲华化生"形象与世俗化观念的变迁．美术观察，2018（10）．

高士明．解放的艺术——策展作为行动之书．新美术，2018（10）．

宫林林．声音与对话罗贝尔·潘热及其戏剧创作初探．新美术，2018（10）．

郭婷，艾小群．认知负荷视角下的AR博物馆导览用户感官质量与行为模式研究．装饰，2018（10）．

顾振清．原乡情结与腾格里主义的复苏．美术观察，2018（11）．

郭大兴．论董其昌书法审美的批评意识．中国书法，2018（11）．

顾跃．近代澳门寺庙教堂的雕刻工艺．美术，2018（12）．

甘中流．工夫与天然——二王父子审美趣尚的分野及相关的历史问题．中国书法，2018（13）．

谷重．元结重修舜庙并置相关碑刻考．中国书法，2018（14）．

郭潇．形学之思：古今视野下的康有为碑学——以《广艺舟双楫》为中心的考察．中国书法，2018（14）．

高箬远．明永乐周藩"东书堂本"《十七帖》考释．中国书法，2018（16）．

高光新．中国古代侍书制度史研究．中国书法，2018（16）．

龚吉雯．孟孝琚碑汉画研究．中国书法，2018（17）．

郭婧超．从中秋帖子词看乾隆对《中秋帖》的鉴藏态度．中国书法，2018（18）．

郭振宇．《淳化阁帖》与清初的帖学传统．中国书法，2018（20）．

耿钧，庞现军．从博物探索到汉学认知：十七至十九世纪西方受众对中国书法的接受．中国书法，2018（20）．

甘中流．书法形式的文化根源及特性．中国书法，2018（23）．

H

［荷］赫尔特·扬·凡·德尔·斯曼．洛伦佐与乔瓦娜：文艺复兴时期永恒的艺术与短暂的生命．陈瑶，译．北京：北京大学出版社，2018.

黄戈，牛欣雁．古代朝鲜文献、画迹中的浙派画风兴衰述略．艺术百家，2018（1）．

黄厚石．论抗战时期延安设计师的类型及其批评思想．南京艺术学院学报（美术与设计），2018（1）．

郝斌．革命、性别和艺术家——论古元《离婚诉》的创作与重刻．文艺理论与批评，2018（1）．

韩天腾，丁国昌．从《封神演义》中九龙沉香辇看辇形椅制在明代的演变．装饰，2018（1）．

哈尔·福斯特，戴陆．淫秽、卑贱、创伤性．世界美术，2018（1）．

辉俱含，马香伊．试论中国画中古意的形成．艺术工作，2018（1）．

华强，华沙．落花流水纹考．中国美术研究，2018

（1）.

黄锦前 . 河南大学文物馆藏商周青铜礼器 . 文物，2018（2）.

黄训飞 . 沃霍尔艺术形象营造初探 . 中国美术馆，2018（2）.

韩刚 .《历代名画记》宋本再考 . 美术学报，2018（2）.

韩荣，邹雁南 . 唐宋时期花形金银盏物质形态之设计考评 . 装饰，2018（2）.

黄凌子 . 开启与激活——抗战时期刘开渠在雕塑艺术上的建构 . 中国美术研究，2018（2）.

韩刚 . “无李论” 献疑 . 中国美术研究，2018（2）.

胡晓瑞 . 吴大羽油画的 “中国式” 抽象性表征 . 中国美术研究，2018（2）.

黑特・史德耶尔，刁俊春 . 数据之海：数据真理妄想与（错误）模式识别 . 新美术，2018（2）.

黄念然 . “折” 与中国古代艺术结构创造 . 文艺研究，2018（3）.

黄河，刘宁，张凌浩 . 设计驱动创新视角下设计政策研究及对我国产业转型升级的启示——以日本为例 . 南京艺术学院学报（美术与设计），2018（3）

黄杰 . 王蒙入明知泰安州考 . 荣宝斋，2018（3）.

黄楠 . 组雕《人民公社万岁》艺术表现手法及其历史价值研究 . 艺术工作，2018（3）.

何雅闻，罗晓欢 . 四川地区清代墓葬建筑装饰中之 “拥吻图” 考辩 . 装饰，2018（3）.

何志国 . 印度佛教偶像起源再探 . 中国美术研究，2018（3）.

郝文杰，程丽敏 . 论潘天寿艺术中的本源意识、审美感应思想及其当代价值 . 中国美术研究，2018（3）.

韩鼎 . 早期艺术中 “兽面—菱形” 主题研究 . 中国美术研究，2018（3）.

韩延兵 .《宣和画谱》编纂研究 . 美术学报，2018（3）.

华天雪 . 如何 “坚决”，如何 “稳步” ——以胡一川、徐悲鸿为核心的华大三部美术系与国立北平艺专的合并问题（上）. 美术学报，2018（3）.

华天雪 . 如何 “坚决”，如何 “稳步” ——以胡一川、徐悲鸿为核心的华大三部美术系与国立北平艺专的合并问题（下）. 美术学报，2018（4）.

黄虹 . 错位的相遇：包豪斯在印度（1922—1923）. 美术观察，2018（4）.

黄寒冰 . “想象中国” 的视觉方式庄学本人文地理摄影的民族主义思考 . 新美术，2018（4）.

胡慧芬 . 论徽派古建筑的艺术表现美 . 新美术，2018（4）.

黄艳华 .20 世纪 30 年代《现代》杂志封面设计与现代主义 . 装饰，2018（4）.

黄小娇 . 从古典走向现代——对安格尔另类现代性的解读 . 中国国家博物馆馆刊，2018（4）.

韩刚，廖奇琦 . “不复区别其优劣” 考释 . 南京艺术学院学报（美术与设计），2018（4）.

何建波 . 早期图文关系中比拟句的视觉转换——以顾恺之《洛神赋图》《女史箴图》为例 . 南京艺术学院学报（美术与设计），2018（4）.

韩延兵 .《历代名画记》编纂研究 . 中国美术研究，2018（4）.

洪永稳 . 论苏轼 “尚意” 书风中 “意” 之美学内涵 . 中国美术研究，2018（4）.

洪玲 . 城市生态美学建构的理论思考与实现途径探析 . 湖北美术学院学报，2018（4）.

胡湛 . 北齐邺畿石经碑考 . 中国书法，2018（4）.

何国梅 .21 世纪以来国内图像叙事研究述评（上）. 湖北美术学院学报，2018（4）.

黄笃 . 中国抽象艺术的境遇 . 艺术工作，2018（4）.

红梅 . “徐君倾胆” 与 “倾胆徐君” ——徐悲鸿和中央美术学院 . 美术，2018（5）.

黄小峰 . 儿戏与沙场：13—16 世纪婴戏图中对战争的回应与想象 . 美术研究，2018（5）.

黄文祥 . 赵孟頫 “古意” 考辨及其对南宋青绿画风的矫正 . 美术学报，2018（5）.

黄大德 . 李铁夫的 “革命艺术” 观——从李铁夫的漫画《今日时局》说起 . 美术学报，2018（5）.

韩美芹 . 浅析贺友直美术作品中的人民性 . 中国美术馆，2018（5）.

霍楷，徐晨 . 悲壮与抗争——东北抗战宣传画风格及影响 . 艺术工作，2018（6）.

黄厚明．知觉的回归与中国早期美术史的重构．美术研究，2018（6）.

黄展．民国时期上海广告钟设计研究．装饰，2018（6）.

黄晨．前瞻探索：庞薰琹在抗战中的美育思想构建．南京艺术学院学报（美术与设计），2018（6）.

郝雅莉．论传统染缬工艺对现代蜡染艺术的发展启示．南京艺术学院学报（美术与设计），2018（6）.

侯瑞琪．今日有谁怜骏骨夕阳沙岸影如山——从《骏骨图》看龚开的遗民思想．荣宝斋，2018（6）.

黄杰．“潇湘八景”图式本旨及其流衍考论．荣宝斋，2018（6）.

黄晨，黄宗贤．回归与超越——抗战时期庞薰栗绘画风格之转变．美术，2018（7）.

黄应全．阿瑟·丹托的体制论艺术观：解释构成艺术作品说．文艺研究，2018（7）.

黄德荃．中晚明的收藏热潮与身份地位竞争．荣宝斋，2018（7）.

胡斌．系统的局限与可能——关于青年艺术支持问题的探讨．美术，2018（8）.

黄宗贤．重大题材美术创作与中国现当代美术史的建构．美术，2018（8）.

黄克．书法经典及其泛化——兼论“碑学”“帖学”及“民间书法”的相关问题．中国书法，2018（8）.

韩茗．六朝铜灯具类型及其相关问题．中国国家博物馆馆刊，2018（8）.

黄笃．超逸——中国当代抽象艺术．美术观察，2018（8）.

后藤亮子．中日美术界笔墨观差异之探源——从赵孟頫和牧溪在日本画坛的不同际遇谈起．新美术，2018（9）.

黄虹．传统与新潮：巴基斯坦现当代艺术概览．美术观察，2018（10）.

黄鼎．笔墨、造型及题款：任伯年作品鉴别的关键．荣宝斋，2018（10）.

洪永稳．清代书学中的“丑学”理论及其成因．中国书法，2018（10）.

华强．李成“仰画飞檐”新解——兼谈中国古典山水画的形式语言．美术，2018（10）.

黄辉．王时敏的家学传统与隶书风格．中国书法，2018（11）.

韩立朝．从丘壑到景观——改革开放与中国城市山水画语言嬗变．美术，2018（11）.

韩伟华．艺术的未完成性——以达·芬奇的未竟之作为个案．文艺研究，2018（11）.

何振纪．“东方”与“设计”全球化下中国设计研究的一个时代命题．新美术，2018（11）.

黄小峰．公主的婚礼：《百子图》与南宋婴戏绘画（上）．美术观察，2018（11）.

黄小峰．公主的婚礼：《百子图》与南宋婴戏绘画（下）．美术观察，2018（12）.

黄厚明，陈云海．画家与观众的互动中国山水画史研究的新视野．新美术，2018（12）.

黄修珠．从米芾“改笔”说笔法的“向背”．中国书法，2018（12）.

何林英．汉代碑刻隶书笔形特点的动态考察．中国书法，2018（12）.

韩立平．本体笔法境界——北宋文人书学的核心命题．中国书法，2018（12）.

胡鹏．沙孟海书学思想的生成——从回风堂问学（1920—1922）说起．中国书法，2018（18）.

黄晓青．地湾汉简书体特征——兼论隶书到行书的早期发展演进．中国书法，2018（19）.

何昱杰，成方．保存国粹与弘扬新知——书籍史视野下的诸宗元及其书画学研究．中国书法，2018（20）.

黄惇．宗法观与书法批评标准的差异．中国书法，2018（21）.

黄艳萍．从西北屯戍汉简看汉代书法的自觉意识．中国书法，2018（24）.

贺炜炜．明清书家书写异体字现象探因．中国书法，2018（24）.

J

姜永帅．身世之谜与流传缺位：顾园《丹山纪行图》研究．南京艺术学院学报（美术与设计），2018（1）.

姜寿田．国学概念的提出、辨析及书法与国学的关系．中国书法，2018（2）．

蒋英，徐晓芳．其命惟新：张聿光与早期海派舞台美术革新研究．南京艺术学院学报（美术与设计），2018（2）．

蒋雯．心隐于世平淡天真——元钱选绘画作品心隐之研究．荣宝斋，2018（2）．

吉人，赵启斌．略论傅抱石泉瀑雨声绘画的现代意识及时代特点．荣宝斋，2018（2）．

江澜．论元代文人画“简”的独特性——兼与南宋院体画、禅僧画的比较．艺术百家，2018（2）．

加布里埃尔·卡韦略．实物和动态影像之间——从安德烈·布勒东的《灰姑娘的烟灰缸》到路易斯·布努埃尔的《维莉迪安娜》的想象和投射．新美术，2018（2）．

荆琦．整理国故——俞剑华画籍研究之方法论概述．南京艺术学院学报（美术与设计），2018（3）．

蒋苇．无处安放的局外人——埃德加·德加与印象派．艺术百家，2018（3）．

季海洋．从《中国画改良之方法》到《悲鸿自述》——徐悲鸿艺术观点的延续与修正．美术，2018（3）．

江澜．禅学与元代文人画品格的现代性反思．湖北美术学院学报，2018（4）．

姜永帅．《东山携妓图》：一个画题的社会文化史考察．美术学报，2018（6）．

姜楠．另一种现代主义——伊朗现当代艺术．美术观察，2018（7）．

焦兴涛．图像改造与雕塑选择．美术，2018（7）．

姜洪．清人对黄庭坚书法的接受研究．中国书法，2018（8）．

荆子洋．“规矩”“沓拖”考——汉魏六朝品评术语两例．中国书法，2018（8）．

金龙强．从结构主义的视角再谈类型问题．新美术，2018（8）．

金蕾．文艺复兴绘画中的“神圣之光”与“自然之光”．美术观察，2018（10）．

姜勇．从“匿名”到“具名”：书法史的一种分野．中国书法，2018（10）．

江兴祐．曾默躬与《日省轩印稿初拓》及《日省轩印稿》．荣宝斋，2018（10）．

姜勇．金粟山藏经纸流失考．中国书法，2018（20）．

姬毓，杨东建．新朝气象与旧臣情结——《龙藏寺碑》撰人遗民心态考述．中国书法，2018（20）．

K

［英］柯律格．蕴秀之域：中国明代园林文化．孔涛，译．郑州：河南大学出版社，2018.

孔六庆．中国第一本花卉画专著《小山画谱》解读与批评．南京艺术学院学报（美术与设计），2018（2）．

卡米尔·罗宾逊，李京泽．声波艺术——对“聆听行为”的批判．世界美术，2018（2）．

孔令伟．关于杭州国立艺术院早期美术史教学的一点思考．新美术，2018（4）．

孔新苗．“美术革命”与中国美术的现代知识生产．美术，2018（5）．

亢康．从城市雕塑建设过程看艺术家的社会职责．艺术工作，2018（6）．

康宁．《世界各国人民大团结》和《中国各族人民大团结》壁画创作研究．中国国家博物馆馆刊，2018（7）．

孔新苗．改革开放与中国美术的现代形象塑造．美术，2018（10）．

康佳琦，张明．从《簪花仕女图》看杨仁恺的书画鉴定．中国书法，2018（10）．

康锐．赵之谦致方祖绶《考试差事》札系年．中国书法，2018（13）．

L

［加］罗斯·金．布鲁内莱斯基的穹顶——圣母百花大教堂的传奇．冯璇，译．北京：社会科学文献出版社，2018.

刘晓达．王者无外天下一家——美术史视野中秦皇汉武时代“天下”观．北京：文物出版社，2018.

刘旭光．欧洲近代艺术精神的起源：文艺复兴时期佛罗伦萨的文化与艺术．北京：商务印书馆，2018.

李翎．鬼子母研究：图像、经典与历史．上海：上海书店出版社，2018.

李永强 . 元初绘画新貌的先锋：钱选绘画问题再考 . 上海：上海书画出版社，2018.

刘成纪 . 蔡元培“以美育代宗教说”的历史语境和现代价值 . 美术，2018（1）.

蓝凡 . 技术对艺术的颠覆：艺术分类的新维度 . 艺术百家，2018（1）.

刘东芹 . 草书字法研究述略 . 中国书法，2018（1）.

李英武，古棕 . 传承与探索——第二代留俄美术家群体的现状分析 . 美术研究，2018（1）.

李静 .“温都里纳”考——作为舶来品的清代金星玻璃 . 美术研究，2018（1）.

李骁 . 艺格敷词的历史及功用 . 新美术，2018（1）.

李晓愚 . 艺术品语境与观看者心境的重构以《艺术的故事》为例 . 新美术，2018（1）.

李云 . 乔治娅・奥基芙与纽约图像 . 新美术，2018（1）.

李启乐 . 清代中国的西洋镜、社会和视觉性 . 装饰，2018（1）.

李思洋 .《避暑宫图》时代属性再探 . 南京艺术学院学报（美术与设计），2018（1）.

李安源 . 明清鼎革之际文人画家的丧乱遗怀——以王鑑、王时敏等的太仓文人交游圈为例 . 南京艺术学院学报（美术与设计），2018（1）.

李韬 . 新中国初期王逊和邱石冥关于国画艺术论辩的再阐释 . 中国美术研究，2018（1）.

李西建，李雄燕 . 陶弘景“劲媚”书法美学观探析 . 中国美术研究，2018（1）.

梁燕，张同标 . 波罗王朝的密续信仰和佛像谱系 . 中国美术研究，2018（1）.

罗晓欢，罗楠 . 四川地区清代墓葬建筑中的八仙雕刻装饰研究 . 中国美术研究，2018（1）.

李军 . 吴湖帆旧藏明翻本《七姬权厝志》书后 . 艺术工作，2018（1）.

李林 . 艺术经典的建构与消费：一件传世人物画作品引发的思考 . 艺术工作，2018（1）.

雷天来 . 视觉转向中的民俗学图像研究——以北宋风俗画《金明池争标图》为例 . 南京艺术学院学报（美术与设计），2018（1）.

凌承纬，左小康 . 从《愚公移山》看抗战时期徐悲鸿艺术的现实主义取向 . 美术，2018（1）.

黎向群 . 关于方人定兄弟抗战时期的信札以及《春睡画院欢迎方苏杨黄归国画展》考论 . 美术学报，2018（1）.

黎丽明 . 画中禅机：张穆《牧牛图册》考析 . 美术学报，2018（1）.

刘晓达 . 宅院、国家、天下——对南越王墓与宫苑遗址出土部分遗存之思考 . 美术学报，2018（1）.

李苏杭 . 米勒对凡・高绘画创作影响探析 . 美术学报，2018（1）.

林木 . 画家的个性与共性——从新金陵画派谈起 . 美术，2018（2）.

刘悦笛 . 从“美育代宗教”到“生活美育”——返近代美育之本，开当代美育之新 . 美术，2018（2）.

李公明 . 时代之“变”与其命惟“新”——20 世纪 50 年代初期傅抱石的艺术 . 美术，2018（2）.

李承臻 . 浅析庾肩吾《书品》美学思想 . 中国书法，2018（2）.

刘英尧 . 晚清民国魏碑书法的四变及其原委 . 南京艺术学院学报（美术与设计），2018（2）.

刘洪彩 . 美国哈佛艺术博物馆藏北齐弟子立像考略 . 南京艺术学院学报（美术与设计），2018（2）.

刘晋晋 . 歪脸——从伦勃朗油画到图像融合 . 世界美术，2018（2）.

里克・鲍伊诺，章文 . 理解我的观念 . 世界美术，2018（2）.

刘爽 . 末日的新生——伊凡四世时期俄罗斯宗教壁画末日图像初探 . 世界美术，2018（2）.

刘玉龙 .《山水松石格》考征 . 文艺研究，2018（2）.

廖宏勇 . 弥散的视觉性——论设计思维的视觉转向 . 文艺研究，2018（2）.

刘允泉，李宝垒，原芳芳 . 山东青州出土十六国时期鎏金铜马具 . 文物，2018（2）.

李帅 . 吐蕃印章初探 . 文物，2018（2）.

刘子琪 . 思维世界的传承：从恽向到恽寿平 . 艺术工作，2018（2）.

刘丽娴，沈丽暘 . 中国工艺美术史中的独特案例——土山湾“百塔”及其历史价值 . 艺术百家，2018（2）.

李毅华，李雪明．书论的语言形式及其思维模式．中国书法，2018（2）．

吕盈池．汉代书法史料中的误读与引申——以史料词语分析为例．中国书法，2018（2）．

兰浩．诠释限度、诠释偏见与诠释偏离——中国书法诠释的三个问题．中国书法，2018（2）．

李建春．意外与笔墨——从水墨的源头再出发．湖北美术学院学报，2018（2）．

李安源．王鉴与明清鼎革之际的太仓文人交游圈．中国国家博物馆馆刊，2018（2）．

江琳，安海嵩．苏联政治宣传画的视觉表达与分析．中国国家博物馆馆刊，2018（2）．

刘佳．董希文三次进藏和油画中国风．美术学报，2018（2）．

李啸非．浮世风雅：晚明的书籍、书商和出版．美术学报，2018（2）．

李万康．温字编号考——兼论元秘书监图籍皮藏关防与收储流程．南京艺术学院学报（美术与设计），2018（2）．

李清振，石天锐．中国画隐士形象的审美形态．南京艺术学院学报（美术与设计），2018（2）．

罗易扉．“穷人”的知识：论原住民文化艺术所有权．南京艺术学院学报（美术与设计），2018（2）．

兰芳．论造物学视阈下艺术设计研究的新理念．南京艺术学院学报（美术与设计），2018（2）．

李成，赵芳．关于工艺品“仿制”绘画原作的文化反思——以扬州刺绣《雪景寒林图》为例．中国美术馆，2018（2）．

林书杰．从山水到山水画——中国画“画法”的意义探讨．中国美术研究，2018（2）．

林夏瀚．1920年代初期上海美专教育改革的日本因素考析．美术观察，2018（2）．

罗莎·巴罗齐．一堆砖块？佩德罗·科斯塔的《回首向来萧瑟处》、劳动与美术馆空间．新美术，2018（2）．

李翎．中国石窟中所见鬼子母像．美术研究，2018（2）．

李军．图形作为知识——十幅世界地图的跨文化旅行（上）．美术研究，2018（2）．

李军．图形作为知识——十幅世界地图的跨文化旅行（下）．美术研究，2018（3）．

李云．城市经验与民族认同：查尔斯·席勒的纽约画像．美术研究，2018（3）．

连明生．在材质美中释放心灵——论书画篆刻艺术中的材质与风格的关系．美术研究，2018（3）．

李海磊，慕漫红．南北朝兽面图像谱系及其传播研究．中国美术研究，2018（3）．

李嘉璐．诗情画意——以唐宋山水题诗画的三种维度分析中国“诗画一律”传统．中国美术研究，2018（3）

刘泰然．观看的三个层次：论中国艺术中的“图式”化感知．中国美术研究，2018（3）．

刘承华．艺术被“灌注”生命的历程——从传神写意到韵律化．中国文艺评论，2018（3）．

李昌菊．本土美术批评古今之变与承继．中国文艺评论，2018（3）．

刘颖．榛莽之行——抗战中的木刻运动家野夫．中国美术馆，2018（3）．

刘宇，刘虹．自觉与回应——美国现代艺术转型之间的写实艺术．美术，2018（3）．

林木．“美术革命”思潮百年反思．美术，2018（3）．

刘晨．双关图像及其源起考略．中国国家博物馆馆刊，2018（3）．

刘北一．日据时期传统水墨画风格在台湾的延续与嬗变探析．湖北美术学院学报，2018（3）．

刘成纪．中国画史中的图、画之辨．文艺研究，2018（3）．

李安源，黄皓峰．顾况绘画方式献疑——兼论“小笔”．美术观察，2018（3）．

连文舟．清代广州口岸西洋风景画探究．美术观察，2018（3）．

刘芝华．物质与身份——以朱守城墓出土的文房用具为例．美术学报，2018（3）．

李铁军．李铁夫的影剧活动——兼论“生平重建”之话题．美术学报，2018（3）．

李冠燕．做革命人，画革命画——20世纪60年代的革命历史题材美术创作活动．美术学报，2018（3）．

李彤．唐代神龙年间京畿墓室壁画线型风格初探．新美术，2018（3）．

李芽．中国古代臂饰文化考．南京艺术学院学报（美术与设计），2018（3）．

李晗．对20世纪三十年代“中国留法艺术学会”艺术家学群的初步考察．南京艺术学院学报（美术与设计），2018（3）．

李雅君．山西平顺大云院壁画维摩诘经变图像研究．南京艺术学院学报（美术与设计），2018（3）．

刘亚刚．由“江村体”之争论及康熙朝书画鉴藏类著述体例．南京艺术学院学报（美术与设计），2018（3）．

刘琼，李婷．图像与时间．南京艺术学院学报（美术与设计），2018（3）．

陆邵明．浅议景观叙事的内涵、理论与价值．南京艺术学院学报（美术与设计），2018（3）．

卢丁．解析《南诏图传》背后的历史隐情．南京艺术学院学报（美术与设计），2018（3）．

李传文．苏东坡文人画思想二题．湖北美术学院学报，2018（3）．

梁骥．张照行迹考．中国书法，2018（3）．

刘晓峰．张燕昌翻刻天一阁本《石鼓文》始末及影响．艺术工作，2018（4）．

刘元堂．论南宋版刻楷书书手、刻工与印工．艺术百家，2018（4）．

刘海清．保尔·克洛岱尔的东方美学观与诗画智慧．美术研究，2018（4）．

刘丽娴，郝艺妍，沈丽旸．土山湾中国宫：晚清中国建筑艺术的西方解读与融合．装饰，2018（4）．

刘北一．清代中晚期台湾水墨画的发展脉络与风格研究．湖北美术学院学报，2018（4）．

刘曦林．中国画语言与思维的整体观．荣宝斋，2018（4）．

李兆奎．陈师曾教育经历考．荣宝斋，2018（4）．

刘浩川．故宫博物院“李日华藏本”《十七帖》考论．中国书法，2018（4）．

刘元堂．从米芾书法论及南宋版刻行草书．中国书法，2018（4）．

李传文．明代漆器工艺设计家杨埙疏证．美术学报，2018（4）．

李新，苏婉珍．艺术至“真”——梵高绘画艺术及其内心世界探微．中国文艺评论，2018（4）．

李珊．论六朝“竹林七贤”图绘模式及意涵的转变．湖北美术学院学报，2018（4）．

李汇龙，邵晓峰．南宋刘松年《中兴四将图》图像研究．湖北美术学院学报，2018（4）．

李玉峰．西夏瓦当纹饰探析．南京艺术学院学报（美术与设计），2018（4）．

李超，周孝勇．李叔同《自画像》相关艺术资源研究．南京艺术学院学报（美术与设计），2018（4）．

黎明．艺术学理论：边界的焦虑与困境．南京艺术学院学报（美术与设计），2018（4）．

连冕．标本化·史料网·数据库：工艺及书画著录经典文献的科学化整理——兼记《〈天水冰山录·钤山堂书画记〉标校》．南京艺术学院学报（美术与设计），2018（4）．

卢珊．山水衬景人物的审美功能和意趣．南京艺术学院学报（美术与设计），2018（4）．

廖丹．碑学余响——祝嘉对包、康碑学理论的发展．美术观察，2018（4）．

李雯雯．犍陀罗艺术初说法图像研究．中国美术研究，2018（4）．

刘鹏．从肖像画陈列方式看国立特列恰科夫美术馆的历史叙事．中国美术馆，2018（5）．

刘天明．视觉语言与画面表现．艺术工作，2018（5）．

刘垚，张一涵．曾鲸与西法的关系以及对“墨骨法”的再认识．艺术工作，2018（5）．

李宝荀．艺术表现形式的消解和建立．艺术工作，2018（5）．

罗筠筠．塞尚的艺术及其美学反思．艺术工作，2018（5）．

刘云华．红帮裁缝张尚义在日发展时间考辨．装饰，2018（5）．

刘宬一．蒹葭苍苍 白露为霜——中国画芦苇形象的研究．荣宝斋，2018（5）．

李永强．中国画“写生”之考论．荣宝斋，2018（5）．

梁刚．《韩熙载夜宴图》的断代考订．荣宝斋，2018（5）．

李明 .“遗民意识”：程邃绘画中“金石气”成因的一个假说 . 美术学报，2018（5）.

李公明 .“高贵的人道精神”与黄新波的左翼木刻艺术——以黄新波在香港时期（1945—49 年）的版画创作为中心 . 文艺理论与批评，2018（5）.

李新铎 .“经营位置”与现代主义的空间转换与置换比较研究 . 南京艺术学院学报（美术与设计），2018（5）.

李立红 . 美学理论视域下的中西艺术精神本体论比较研究 . 南京艺术学院学报（美术与设计），2018（5）.

李冠燕 . 袁江《山水人物》图册及相关问题探析 . 中国国家博物馆馆刊，2018（5）.

刘文文 .“人为的真实”——论弗朗西斯·培根对写实主义的再发明 . 美术观察，2018（6）.

刘礼宾 . 中国当代雕塑创作四十年管窥 . 美术研究，2018（6）.

罗原，高小华 . 立体主义视域下的苏州园林框景研究 . 美术研究，2018（6）.

刘祥，赵成杰 . 王昶与钱大昕金石交游考论——以《履二斋尺牍》所收佚札为中心 . 中国书法，2018（6）.

李若晴 . 烈士精神与革命记忆：20 世纪诗画中的红棉意象 . 文艺理论与批评，2018（6）.

李雯雯 . 古印度鹿野苑流派的释迦“八相”图像研究 . 南京艺术学院学报（美术与设计），2018（6）.

李慧希，尹航 . 从抽象的世界到经验的世界——现当代建筑学知识体系中的地图观念 . 南京艺术学院学报（美术与设计），2018（6）.

李永强 . 虚谷人物画研究 . 中国国家博物馆馆刊，2018（6）.

李庚坤 . 从“民族”救亡到“公共领域”建构——艺术家的“社会担当”与 20 世纪中国美术 . 艺术工作，2018（6）.

李良 .“释道”与“道释”——《五代名画补遗》画题疏证一则 . 艺术工作，2018（6）.

李志鹏，荣霞 . 中国传统绘画的分化与创新 . 艺术百家，2018（6）.

黎晟 . 宋金墓葬夫妇像图像分析 . 美术，2018（6）.

吕少卿，童兴强 . 弗与世同：时代突变下浙江的清寂画风 . 美术学报，2018（6）.

刘云华 . 红帮裁缝之源流基于时间和地点的考证 . 新美术，2018（7）.

卢涛 . 从“天宫楼阁”看建筑空间中的造境艺术 . 新美术，2018（7）.

刘含之 . 乾嘉年间吴中地区书画鉴藏述要 . 中国书法，2018（7）.

李仁伟 . 圣俗之变：山西宋金元神庙戏台形制与地方社会之关系 . 装饰，2018（7）.

李冠燕 . 光照史册的革命历史题材美术创作——以筹备建立中国革命博物馆为契机 . 荣宝斋，2018（7）.

李黎阳 .“足迹”小组留在现代艺术史上的足迹 . 荣宝斋，2018（7）.

李若晴 .1921 年甲工学潮中的高剑父与陈炯明 . 文艺研究，2018（7）.

熊敏，廖媛雨 . 从笔墨意趣到图画真景——中国历代虞山题材绘画 . 美术，2018（7）.

梁勇第 . 两汉书法正草关系研究 . 中国书法，2018（8）.

刘昕 . 碑学萌芽与“身份”问题——从郑簠、朱彝尊谈起 . 中国书法，2018（8）.

李泊潭 . 隋代楷书风格的发展及接受 . 中国书法，2018（8）.

刘海平 . 历史画的当代挑战 . 美术，2018（8）.

李鹏 . 张渥与十一段本《九歌图》. 美术，2018（8）.

李诗芸 . 论《清明上河图》所绘“解”字店不是低档酒店 . 装饰，2018（8）.

李一娜，李少博 . 达斡尔族哈尼卡艺术特征与文化内涵探析 . 装饰，2018（8）.

刘子琪 . 明清江南收藏与恽南田艺术风格之形成 . 文艺研究，2018（9）.

刘亚刚 . 清初古书画“北移”现象之辨 . 文艺研究，2018（9）.

李奕青 . 从关百益画像论“中国考古会”的创立 . 中国国家博物馆馆刊，2018（9）.

李研 . 但丁《神曲》与地狱图像 . 新美术，2018（9）.

梁伟 . 中国近代的月份牌图像 . 新美术，2018（9）.

鲁道夫·维特科夫尔，张婷．作为一门学科的艺术史及对美国艺术史研究的一些思考．新美术，2018（9）．

林木．是一元"正确"，还是多元错误？——读王瑞芸《回应"当代艺术的困惑"》有感．美术观察，2018（9）．

黎晟．民国时期南薰殿图像播迁、存佚考．美术观察，2018（9）．

刘杨．德勒兹哲学视阈下的当代建筑审美新思维．美术观察，2018（9）．

鲁闽，蒋佳妮．《诗经·国风》中的"缁衣"考．装饰，2018（9）．

雷德侯，吴秋野．六朝书法中的道教因素（上）．荣宝斋，2018（9）．

雷德侯，吴秋野．六朝书法中的道教因素（下）．荣宝斋，2018（10）．

吕文明．东晋高平郗氏家族书法文化初探．中国书法，2018（10）．

龙红，董秋雨．晚清以来画者的"碑学"实践探析．中国书法，2018（10）．

李祥．长物之好：晚清碑学大兴波及下的书画市场．中国书法，2018（10）．

李连生．书画论与清代词学理论关系探微．中国书法，2018（10）．

刘大龙．碑派笔法成因探赜．中国书法，2018（10）．

刘川，李冰林．何绍基论书诗中"碑帖融合"观探析．中国书法，2018（10）．

鲁明军．"美术革命"：当代的预演与新世界构想．文艺研究，2018（10）．

柳贞娥．萤火虫之光迪迪－于贝尔曼的残存美学．新美术，2018（10）．

林木．改革开放与中国画笔墨的冷热．美术，2018（10）．

刘苏文．安东内洛·达·梅西纳和文艺复兴早期祭坛画之新变．美术，2018（10）．

刘玉龙．"黄宾虹热"开始的中国画民族化回归．美术，2018（10）．

刘丽娴．土山湾美术工艺的当代价值．新美术，2018（11）．

刘征．东方设计方法论结构初探．新美术，2018（11）．

郎青．草木染色中东方智工和巧工的文化精神．新美术，2018（11）．

连冕．中国现代设计先驱郑可的"包豪斯"情结——兼述其与庞薰琹之关系．新美术，2018（11）．

刘子亮，杨军，徐长青．汉代东王公传说与图像新探——以西汉海昏侯刘贺墓出土"孔子衣镜"为线索．文物，2018（11）．

李昌菊．借鉴·重建·转化——改革开放40年中国油画的自主探索之路．美术，2018（11）．

李黎阳．基彭伯格：一个将生命变为现实的人．荣宝斋，2018（11）．

梁鸿．得意金城双弟子昇湖渊穆镜湖清——吴镜汀与陈少梅艺术成就概述及相关思考．荣宝斋，2018（11）．

李文琪．董其昌《燕然山铭》浅论．中国国家博物馆馆刊，2018（11）．

刘珈源．维特鲁威了解几何光学传统吗？．新美术，2018（12）．

刘玉琪．近代中国的"制服之道"——1912年与1929年服制的颁布与施行．装饰，2018（12）．

李永康．新疆焉耆佛教雕塑初探．美术，2018（12）．

李文琪．博物馆中的"物"与时间——以《董美人墓志》及拓片为例探讨．荣宝斋，2018（12）．

林梅村．张弘略墓与定兴窖藏出土元代宫廷酒器——兼论浮梁磁局创烧元青花之年代．文物，2018（12）．

李建民．以"象"论书摭谈．中国书法，2018（12）．

罗朝璨．汉简中的横画起笔分析．中国书法，2018（12）．

梁理．姚华书法教育观考察——以"茫父家书"为例．中国书法，2018（13）．

梁少膺．云峰山《郑羲下碑》及诸摩崖的书、刻考察．中国书法，2018（13）．

梁达涛．高情古意叙泰华——从陈澧与李文田的书法交游看二人碑学思想之渊源．中国书法，2018（14）．

李梦媛．"拙"的内涵变迁——兼论帖学与碑学的审美判断．中国书法，2018（14）．

刘瑞鹏．髡残书法风格及其书学思想探微．中国书法，2018（15）．

梁达涛，余凯凯．弘仁题画书法的“静”与“清”．中国书法，2018（15）．

罗昌繁．碑志与书史：从碑志书丹管窥北宋中晚期书坛生态——以宋敏求为例．中国书法，2018（16）．

雷雨．虞集理学书论思想研究．中国书法，2018（16）．

罗红胜，廖毅勇．苏轼书风演变历程的思想依据与事实背景——以传世信札为例．中国书法，2018（17）．

李永忠．八大山人与石涛绘画题款的比较．中国书法，2018（17）．

赖以儒．南唐三主书法考述．中国书法，2018（18）．

林小桃．崇“思离群”慕金石拙——浅论沙孟海对浙派的观点转变与影响．中国书法，2018（18）．

李淑琴．方硬简练古拙飞动——北齐《道明墓志》的书法特色．中国书法，2018（19）．

刘德龙．朴学影响下的陈鸿寿书法．中国书法，2018（20）．

李洁冰．文字不可以小技视之——于右任“标准草书”的文字革新意义．中国书法，2018（20）．

林霄．陈淳、王宠师承祝允明的新证据．中国书法，2018（21）．

刘苏文，李李宪．试论南朝书风对北朝的影响——以“王褒入关”为参照．中国书法，2018（22）．

李一．重温诗文传统．中国书法，2018（23）．

赖起凤．近代中国书法发展的缩影——以徐三庚书秋山纯肆业文凭为中心的个案研究．中国书法，2018（23）．

李清文．韵、法之变：欧、虞、褚对《龙藏寺碑》的继承与创变．中国书法，2018（24）．

李泊潭．从字形看北宋隶书风格演变．中国书法，2018（24）．

李雪莉．法古求新以西汇中——康有为的书法革新思想论析．中国书法，2018（24）．

M

马楠．平中不平：白描构造的微观空间．美术研究，2018（1）．

马善程．光色理论传统与莱奥纳尔多的智性认知实践．新美术，2018（1）．

孟祥笑．图像史学与《唐墓壁画演剧图》研究的若干问题．文艺研究，2018（1）．

毛全周．论赵孟頫“用笔千古不易”的书学思想．中国书法，2018（2）．

马骁骅，刘玉睿．郎世宁的穿越．世界美术，2018（2）．

马全福．机械复制技术影响下视觉叙事的复兴．南京艺术学院学报（美术与设计），2018（2）．

穆海亮．样板戏绘画的审美特殊性及其艺术悖论．湖北美术学院学报，2018（2）．

穆瑞凤．彦悰《后画录》品评标准及理论．中国美术研究，2018（2）．

马钦忠．阿兰·巴迪欧的艺术直接生产“真理”论．世界美术，2018（3）．

马新宇．清代碑学研究以拓本为唯一依据的学术性考察．文艺研究，2018（3）．

马明宸．平凡世界里的意义重寻——卢沉当代都市人物画艺术简论．荣宝斋，2018（3）．

马钦忠．阿甘本的“人”与“含混性”的视觉艺术的救赎之路．艺术工作，2018（3）．

牟晓林．瓷绘《西厢记》戏曲故事图像研究．美术观察，2018（3）．

孟宇．“平正”与“正宗”标准下的矛盾——陈垣书学观管窥．中国书法，2018（4）．

马建华．古元延安时期木刻艺术风格研究．美术研究，2018（4）．

梅初．摹复系统新技术对古代壁画的意义．美术研究，2018（4）．

马元龙．再现的崩溃：重审福柯的绘画主张．文艺研究，2018（4）．

马涛．虽以画工论吴生已妙绝——试论吴道子对中国道释画及中国绘画的贡献．荣宝斋，2018（5）．

马祥和．从晋“韵”到唐“法”——书法审美观念的嬗变．中国书法，2018（5）.

梅雨恬．文心与画：戴熙与他的诗人交游圈．艺术工作，2018（5）.

马钦忠．艺术批评的“锚地”和“发明意义”的修辞学批评困境．美术研究，2018（6）.

马晓飞．印度支那高等美术学院与越南现代美术的开端．美术观察，2018（7）.

梅墨生．乾嘉经学与之后书学小议．中国书法，2018（7）.

梅跃辉．清代碑学中的篆隶思想．中国书法，2018（8）.

马顺平．赵孟頫《致季宗元札》书写年代新证．中国国家博物馆馆刊，2018（8）.

马一恒．当代语境中的新型碑帖关系——以印刷术、照相术、当代展览为视角．中国书法，2018（10）.

马健中．巩县《元故张思忠神道碑》考略．中国书法，2018（10）.

闵罕．框架［Frame］区隔于现实的界限．新美术，2018（10）.

闵靖阳．延安鲁艺美术部在东北的演化与传承（1945—1953）．美术观察，2018（10）.

毛建波．余绍宋的书法实践．中国书法，2018（11）.

毛建波．潘天寿鱼鹰题材作品研究．美术观察，2018（12）.

梅松．吴昌硕的第一部自钤印谱——《朴巢印存》解读．荣宝斋，2018（12）.

慕德春．碑学与日本现代书法之“维新”．中国书法，2018（14）.

马钦忠．书法形式的“中国风景”：词语、线条、方向性符号空间．中国书法，2018（17）.

米文佐，周斌．中国古代文人藏墨现象探析——以苏轼为例．中国书法，2018（18）.

马旭明．黄檗派高僧隐元书法及其用印．中国书法，2018（20）.

N

［美］倪雅梅．中正之笔：颜真卿书法与宋代文人政治．杨简如，译．南京：江苏人民出版社，2018.

聂松．“山”之视觉图像在山水画中的意义．荣宝斋，2018（1）.

牛漫青.20世纪早期中国美术的“写实”价值观——以技法科目相关认识为重点的考察．美术研究，2018（1）.

牛国栋．马远《孔丘像》的误读．美术，2018（2）.

牛漫青.20世纪早期中国绘画的“写生”观念及实践——以习画方式为中心的考察．美术，2018（3）.

牛国栋．从两宋图文关系看“边角构图”的形成．南京艺术学院学报（美术与设计），2018（4）.

聂劲权．“为视觉表达服务”试论莫霍利－纳吉的摄影观．新美术，2018（7）.

牛宏宝，冯原．表象与造型的交错：从显现到造型再至图像．美术，2018（7）.

聂皓雪．边界的魅力：从乔治・奥特看“精确主义”叙事话语的多重性．美术观察，2018（11）.

P

［美］卜寿珊．心画——中国文人画五百年．皮佳佳，译．北京：北京大学出版社，2018.

［美］彭慧萍．虚拟的殿堂：南宋画院之省舍职制与后世想象．北京：北京大学出版社，2018.

彭栓红．多元文化孕育下的云冈石窟造像模式．美术观察，2018（1）.

裴珍妮，赵毅平．中国明清时期艺术的观照方式．装饰，2018（1）.

潘溯源．数字艺术中的人机交互模型结构与交互控制行为设计研讨．艺术百家，2018（1）.

彭再生．元代复古潮流与文人艺术兴盛下的书法教育．中国美术研究，2018（1）.

潘艺．苏联革命历史题材油画中的历史叙述与意向表达．中国国家博物馆馆刊，2018（2）.

彭彤，张莹．当代艺术的身体知觉视角．文艺研究，2018（2）.

彭锋．重思“以美育代宗教”．美术，2018（2）.

彭锋．重读《重为华山图序》．南京艺术学院学报（美术与设计），2018（2）.

潘丰泉 . 西方视觉艺术与人体画表现——兼议东方绘画 . 荣宝斋，2018（4）.

彭德 . 传统风格和“与古为新”——论中国传统绘画的风格观念 . 新美术，2018（4）.

平路青 . 民国报刊视阈下毕加索作品的传播与影响 . 美术，2018（5）.

彭再生 . 中国书法中“势”的含义生成与表现 . 文艺研究，2018（5）.

裴亚莉 . 长安画派与中国西部电影的主流成就 . 文艺研究，2018（6）.

彭明浩 . 榆林窟原始崖面初探 . 美术研究，2018（6）.

潘镜如 . 雅俗共营：民间汉字图形创作主体探究 . 美术观察，2018（7）.

蒲燕 . 米友仁《潇湘图》小考 . 荣宝斋，2018（8）.

潘映熹 . 幻象与剧场性——以迈克尔 · 弗雷德的理论看当今的艺术批评 . 新美术，2018（9）.

彭德 .“过度阐释”质疑 . 荣宝斋，2018（9）.

潘晴 . 从国博“学院与沙龙”展探寻法国历史画的创作特色与发展机制 . 美术，2018（9）.

彭砺志 . 从“经史之学”到“分科艺学”——余绍宋的中国现代画学贡献 . 中国书法，2018（11）.

彭倩 . 教育与合作从高校“非遗研培”思考传统工艺的再造与活化 . 新美术，2018（11）.

彭锋 . 吴冠中与形式美 . 美术，2018（12）.

潘力，孙卫欣 . 大村西崖的美术史研究态度 . 美术观察，2018（12）.

潘文协 . 攀古楼主人的书画鉴藏兴趣 . 新美术，2018（12）.

Q

奇洁 . 纳塘印刻版画演绎出的汉藏满蒙民族交流——内蒙古五当召与昆都仑召佛传故事壁画研究 . 美术学报，2018（1）.

丘新巧 . 论“意”：话语结构中的位置及其变异 . 中国书法，2018（2）.

乔治 · 迪迪 – 于贝尔曼，陈旻 . 欲望所致——何以让我们揭竿而起 . 新美术，2018（2）.

曲艺 . 模仿、繁衍、再生——清末民初至二十世纪中期《春牛图》年画的不同类型及其演变 . 南京艺术学院学报（美术与设计），2018（2）.

秦兆凯 . 当代艺术的困惑 . 美术观察，2018（3）.

钱莺歌 . 门第书香第一家张崟张深《临顿新居图》双卷研究 . 新美术，2018（3）.

钱成，叶康宁 . 清扇面收藏“海内第一”宫本昂、宫昱兄弟考——兼论明清泰州宫氏艺文世家的书画创作与鉴藏 . 中国美术研究，2018（3）.

乔志强 . 文化民族主义与中国美术史学科之建构 . 美术学报，2018（4）.

屈健，王曼利 .“精神分裂”与石鲁后期绘画风格论 . 美术研究，2018（5）.

曲丹儿 . 重复的意义——古希腊瓶画的视觉叙事策略 . 装饰，2018（5）.

祁海宁 . 皇家寺院的孑遗——南京大报恩寺遗址出土明代佛像与六拏具砖 . 文物，2018（5）.

戚灵岭 . 感觉的认知与误识 . 南京艺术学院学报（美术与设计），2018（6）.

瞿孜文 .《决澜社相关文献新解》的再解与补充 . 美术，2018（7）.

钱松 . 论何绍基书法批评中的经世意识 . 中国书法，2018（7）.

秦晓磊 . 李东阳对沈周绘画的鉴藏——兼论北京文官与沈周的互动 . 中国国家博物馆馆刊，2018（7）.

钱莺歌 .《元七君子图》新论 . 美术观察，2018（8）.

秦韵佳 . 画家身份的弗莱——兼论其古典的现代性 . 美术，2018（10）.

奇洁 . 安得同心人和我师友篇——齐白石与李苦禅交谊略考 . 荣宝斋，2018（11）.

秦晓磊 . 沈周《庐墓图》与茔域山水画 . 文艺研究，2018（11）.

秦兆凯 . 谁决定当代艺术的价值？——玛瑞娜 · 阿布拉莫维奇现象回想 . 美术观察，2018（12）.

屈波 . 模特、米开朗琪罗与力士：徐悲鸿《愚公移山》壮汉图像的生成 . 文艺研究，2018（12）.

R

[日]河添房江．唐物的文化史．汪勃，[日]山口早苗，译．北京：商务印书馆，2018.

任艺林．“环境”观念溯源——一种整体系统性设计观念的诞生．装饰，2018(1).

任军伟．沈周对查士标绘画的影响．中国美术研究，2018(1).

阮怡帆．从马利坦“灵感”论看中国书画理论中的“虚静”说．南京艺术学院学报(美术与设计)，2018(5).

任平山．试论克孜尔石窟“裸女闻法”图像三种．美术观察，2018(5).

任文岭．赵孟頫行书《楞严经三阿难赞佛偈》卷鉴藏及相关问题考．美术学报，2018(6).

冉令江．魏晋文人书家与楷书的衍生、流变．中国书法，2018(6).

任天．出乎意料的局部建筑中的日常性与直接性．新美术，2018(8).

阮弦．论伊秉绶书法的“历史理性”．中国书法，2018(18).

S

尚刚．烟霞丘壑：中国古代画家和他们的世界．北京：北京大学出版社，2018.

邵亦杨．全球视野下的当代艺术．北京：北京大学出版社，2018.

邵亦杨．20世纪现当代艺术史．上海：上海人民美术出版社，2018.

邵宏．东西美术互释考．北京：商务印书馆，2018.

施錡．宋元画史中的博物学文化．上海：上海书店出版社，2018.

石守谦．风格与世变：中国绘画十论．北京：北京大学出版社，2018.

尚辉．时代之思：王琦对中国现实主义美术理论的探索．美术，2018(1).

邵晓峰．芳菲菲兮袭余——陈师曾家族与徐悲鸿的情愫与交游．美术，2018(1).

邵学成．阿富汗文物珍宝展的叙述方式——以考古学艺术史进程为主要线索．美术，2018(1).

尚爽．自律与他律的融通——谈美术发展的视域延伸．艺术工作，2018(1).

邵彦，许力．费城艺术博物馆藏徐渭花卉大轴研究——徐渭早期真迹及其学画时间、师承问题．美术研究，2018(1).;

司开国．抗美援朝运动中的中央美术学院．美术研究，2018(1).

苏金成．宗教图像的精神世界——水陆画的文化内涵与学术价值．美术研究，2018(1).

宋刚．当代艺术的新形态——试论VR、AR、MR艺术的社会学基础．美术研究，2018(1).

孙欣．美术馆里流动的景观——云的视觉再现史．中国美术馆，2018(1).

沈伟棠，郭真真．再造：从安阳北关唐墓壁画看中晚唐北方庭园中的盆池景观．装饰，2018(1).

宋松．山东地区汉代画像砖初论．艺术工作，2018(1).

苏丹．南宋孔子像的批评与制作——以欧阳守道《上吴荆溪乞改塑先圣像公劄》为例．中国美术研究，2018(1).

师爽．民国时期中西美术比较中的话语模式．中国美术研究，2018(1).

沙武田，李玭玭．敦煌石窟弥勒经变剃度图所见出家仪式复原研究．中国美术研究，2018(1).

苏醒．唐代绮罗人物画探析——兼论中唐人物画玩赏化的倾向及其对五代仕女画的影响．湖北美术学院学报，2018(1).

苏珊娜·沙勒，鹿镭．阿尔贝托·费奥科的创新回溯：色彩层次．世界美术，2018(1).

S. 马耶夏克，谭慧颖．理解的疆域：论艺术解读的广泛性——维特根斯坦视角．世界美术，2018(1).

施晔．荷兰代尔夫特蓝陶的中国渊源研究．文艺研究，2018(1).

施锜．南宋李生《潇湘卧游图》题跋考论．中国国家博物馆馆刊，2018(1).

邵亦杨．德国当代艺术的新活力．美术研究，2018(2).

施晔，FreerkHeule. 南粤泥塑艺术的早期西传：广东艺匠奇官(Chitqua)研究.美术研究,2018(2).

孙津.空间减损境况中的艺术形象重塑.美术,2018(2).

苏珊娜·沙勒,鹿镭.吉内特·卡伦:从惊奇到形式.世界美术,2018(2).

沈森.国家赞助艺术:美国早期文化政策与机构权力.世界美术,2018(2).

盛葳.画家卢沉的现代观和西方观.中国文艺评论,2018(2).

石凤珍,李佳.晋北沿边堡寨的空间特征及其建筑艺术.文艺研究,2018(2).

施錡.画中之羊与苏武之象:从陈洪绶的两件《苏李泣别图》说起.南京艺术学院学报(美术与设计),2018(2).

孙利光.歌德的小诗和"美育代宗教".新美术,2018(3).

孙淼,杨建明.从日本桂离宫和东照宫看日本的传统审美.南京艺术学院学报(美术与设计),2018(3).

孙机.《汉画解读》中收录的拓片是否可信.中国国家博物馆馆刊,2018(3).

孙路遥.壁上乾坤——山西地区古代墓葬壁画探微.荣宝斋,2018(3).

孙薇,王皓.从"反对阐释"理论看美术馆公共教育问题.艺术工作,2018(3).

宋伟,马雪.意象性摄影:古典美学精神的现代性转换.艺术工作,2018(3).

宋岫远.山色无非清净身——禅宗"法身"思想对中国古代艺术理论的影响.文艺研究,2018(3).

苏金成,沈山.北齐时期造像题记书法风格探源.中国书法,2018(3).

施锜.略论南宋赵葵的《杜甫诗意图》.中国美术研究,2018(3).

桑盛荣.北宋"国是"与书画意涵.中国美术研究,2018(3).

沈淑琦.媒体、艺术、商品:20世纪上半叶视觉艺术之艺术社会学研究.南京艺术学院学报(美术与设计),2018(3).

时玲玲.宋代后妃的孝悌观念及其图像表现.艺术百家,2018(3).

孙洋洋.萧云从《天问图》的时代风尚与创作旨趣.美术,2018(4).

孙垂利.墓主之位——宋代巴蜀地区石室墓葬后壁题材安排.美术学报,2018(4).

宋力.雅集与文人趣味的绵延——从《聚英图》到20世纪上半叶的扬州画坛.南京艺术学院学报(美术与设计),2018(4).

宋修见.时代关切与笔墨观照——从近现代经典美术作品看艺术为人民服务的内在逻辑.美术研究,2018(4).

宋玖安.罗振玉的实用书写与书法——以行草书为中心.中国书法,2018(4).

宋东来.光影背后的现代生活——略论T.J.克拉克的社会艺术史研究方法.艺术工作,2018(4).

盛葳.当代性:重建中国抽象艺术的历史和理论.艺术工作,2018(4).

苏世英.北宋敕制碑志翰林书手探赜.中国书法,2018(4).

苏醒.《女史箴图》的风格与来源——兼论魏晋南北朝人物画的两大脉络.湖北美术学院学报,2018(4).

孙武军,张佳.敦煌壁画迦陵频伽图像的起源与演变.中国国家博物馆馆刊,2018(4).

孙月沐.中国文化书法的复兴之价值意义(上).荣宝斋,2018(4).

孙月沐.中国文化书法的复兴之价值意义(下).荣宝斋,2018(5).

沈懿旻.嘉兴灶画.美术,2018(5).

苏珊·里希特,赵娟.中国的犁耕皇帝:欧洲启蒙运动中新统治思想的示范.美术研究,2018(5).

舒群.自律的人——当代艺术谜案追踪的终极答案.艺术工作,2018(5).

孙琳.明代墓葬石像生制度考察——以潘埙墓为例.南京艺术学院学报(美术与设计),2018(5).

尚辉.重建图像时代的造型艺术形象.美术,2018(6).

邵晓峰.百年中国雕塑的主题创作.美术,2018(6).

邵菁菁.从汉代墓室壁画看马车礼制与车马出行图意义.中国美术馆,2018(6).

邵亦杨 . 美的回归？——当代艺术的转向 . 美术研究，2018(6).

石荣强 . 墙外的梅香——浅析中国原生艺术生态与艺术价值 . 美术研究，2018(6).

孙晶 . 道德化的风景：雅各布・鲁伊斯达尔的《犹太墓园》. 美术研究，2018(6).

邵晓峰 . 雕塑艺术中的"应物"观 . 艺术工作，2018(6).

孙琳 . 元代书法家陆友仁生平考释 . 中国书法，2018(6).

盛诗澜 . 张大千《三贤图》考 . 中国国家博物馆馆刊，2018(6).

苏丹 . 宋人《盥手观花图》研究 . 南京艺术学院学报(美术与设计)，2018(6).

宋文文 .《十竹斋书画谱》初版原貌的探索 . 南京艺术学院学报(美术与设计)，2018(6).

沈文婷 . 西格蒙德・弗洛伊德眼中的艺术家 . 南京艺术学院学报(美术与设计)，2018(6).

宋潞鑫 . 从《人物山水图》册看金农晚年的孤苦 . 荣宝斋，2018(7).

宋健 . 陈之佛图案生涯的转折 . 新美术，2018(7).

宋涛 . 道契神合——何绍基与三晋学人 . 中国书法，2018(7).

宋石磊 . 一种抽象的形式——广州艺术博物院藏画弘仁《黄山始信峰图》的西法因素 . 荣宝斋，2018(8).

师若予 . 古代丝路上的佛教假面艺术交流 . 中国国家博物馆馆刊，2018(8).

尚辉 . 重识主题性绘画的叙事特征与审美价值 . 美术，2018(9).

沈燕 .20 世纪二三十年代关于国画前途问题的论争 . 美术，2018(9).

孙冰冰 . 模拟・对抗・解构——丹尼尔・李伯斯金的建筑策略 . 美术观察，2018(9).

斯文・吕蒂肯，杨贤宗，刘振 . 保持距离阿比・瓦尔堡论神话与现代艺术 . 新美术，2018(9).

沈海泯 . 三时代中西方装饰语言的流变 . 新美术，2018(9).

宋芳斌 . 宋徽宗"瘦金体"书法风格关联性探源 . 荣宝斋，2018(9).

司开国 .1940—1949 年"美术节"考论 . 美术观察，2018(10).

苏叶 . 从"四欧宝笈"谈晚清民国时期拓片鉴藏及其影响 . 中国书法，2018(10).

孙振华 . 与历史发展相互印证——中国城市雕塑 40 年 . 美术，2018(11).

沈淑琦 . 从汉学到艺术史：柯律格的中国艺术史研究 . 美术，2018(11).

宋佳益 . 笔触的跳脱——提香晚期绘画解析 . 美术，2018(11).

孙尔 .20 世纪现代艺术思潮影响下的纤维艺术变革 . 新美术，2018(11).

宋述林 . 晋唐有心笔与书迹研究 . 中国书法，2018(11).

盛少勤，陈琦 . 清代馆阁体与抄稿本写手的家庭教育和社会身份之关系 . 荣宝斋，2018(11).

石硕 . 从内务府造办处档案看雍正朝线法通景画的产生 . 装饰，2018(12).

史怡然 . 中世纪图像与文本的差异 . 新美术，2018(12).

孙津 . 改革开放新中国画美学品格的若干基本关系 . 美术，2018(12).

孙强，李阿珂 . 碑学审美视野下的经典建构——以《龙藏寺碑》为例 . 中国书法，2018(12).

宋玖安 . 由清晰到模糊：碑学思潮与审美风尚 . 中国书法，2018(16).

宋立 . 晚清碑学视阈下的隋碑审美 . 中国书法，2018(16).

宋雪云鹤 . 从石涛梅花主题画作中看其诗文与书法 . 中国书法，2018(17).

苏显双 .《雪庵字要》"八善""八美""八忌""八病"释义 . 中国书法，2018(18).

孙志强 . 清初印人吴廖考述 . 中国书法，2018(20).

石澍生 . 由吐鲁番出土墓志试议写与刻等问题 . 中国书法，2018(23).

宋立 . 徐三庚篆书的取法 . 中国书法，2018(23).

宋战利 .《兰亭序》文本释义研究 . 中国书法，2018(24).

沈歆．论版刻书画在古代书画范本中的缺位——兼及中国古代书画复制形式．中国书法，2018（24）．

T

［美］唐小兵．流动的图像：当代中国视觉文化再解读．上海：复旦大学出版社，2018.

谭徐锋．亦儒亦侠亦风流——章士钊的社会交往．中国书法，2018（1）．

汤林丽.20 世纪白俄罗斯雕塑发展历程中的谢尔盖・谢利哈诺夫和康斯坦丁・谢利哈诺夫．美术观察，2018（2）．

滕琪．"南北殊派本代兴"——何绍基碑学书论中的苏、黄影响．中国书法，2018（2）．

童宇．叶恭绰与吴湖帆：鉴藏家的交往．美术学报，2018（2）．

陶小军．晚清金石味书画的再发展与救国理念的传递——以吴昌硕为例．新美术，2018（3）．

谈晟广．一件伪作何以改变历史——从《蓬莱仙奕图》看明代中后期江南文人的道教信仰．中国国家博物馆馆刊，2018（3）．

童兴强，吕少卿．复古与建立：赵孟頫"古意"中的图像引用．美术学报，2018（4）．

童永生，沈瑞．梅清的生平考证及其山水画艺术研究．中国美术研究，2018（4）．

谈晟广.20 世纪初日本学者对中国古代绘画传统的再发现．美术观察，2018（5）．

唐培勇．从《春山驴背图》看徐悲鸿对中国山水画的突破和发展．中国美术馆，2018（5）．

唐晓林．浸入此时此地——"85 新空间"与"池社"．南京艺术学院学报（美术与设计），2018（6）．

谈晟广．王国维与现代中国"美术"观念的起源．文艺研究，2018（7）．

邰高娣.20 世纪三四十年代陕西关中木版图画遗珍之探讨．美术观察，2018（7）．

陶音，严磊．在"现代性"困境下探求设计的价值理性．新美术，2018（7）．

汤传盛．从阮、康、沈到书法艺术"立场"——碑学审美发展的一条逻辑线索．中国书法，2018（8）．

唐晓林．当伤痕变成矫饰——从 1985 年黄山油画艺术研讨会说起．新美术，2018（10）．

唐家路．中国传统工艺当代价值的理论发现与体系建构．新美术，2018（11）．

滕有平，朱发运．基于公众视角的江南城市历史街区的公共艺术研究．新美术，2018（11）．

唐宇．新莽时期六博图像探微．中国国家博物馆馆刊，2018（11）．

佟飚．两只兔子的邂逅．新美术，2018（12）．

汤林丽．奥克兰美术馆收藏管理研究．美术观察，2018（12）．

谈晟广．姚华与民国初年北京画坛．中国书法，2018（13）．

陶运清．小莽苍苍斋藏周星誉致张星鉴信札两通考释．中国书法，2018（14）．

谭帅．"索""应"之间——翁同龢的书法应酬．中国书法，2018（15）．

田婧媛．以理为尚：明代前期的书法意象论．中国书法，2018（18）．

W

［美］巫鸿．"空间"的美术史．钱文逸，译．上海：上海人民出版社，2018.

［美］巫鸿．中国绘画中的"女性空间"．北京：生活・读书・新知三联书店，2018.

王中旭．千里江山：徽宗宫廷青绿山水与江山图．北京：人民美术出版社，2018.

汪民安，宋晓萍．中国前卫艺术的兴起．北京：北京大学出版社，2018.

汪小洋．中国墓室壁画史论．北京：科学出版社，2018.

万新华．阅读傅抱石．南京：江苏凤凰美术出版社，2018，

W.J.T. 米歇尔．图像何求？形象的生命与爱．陈永国，高焓，译．北京：北京大学出版社，2018.

吴雪杉．长城：一部抗战时期的视觉文化史．北京：生活・读书・新知三联书店，2018.

王一村．明代"流民图"考．美术，2018（1）．

王鹏 .20 世纪以来中国画中女性形象的性别建构 . 美术研究，2018（1）.

王鲲 . 论德库宁绘画的“矛盾性”与“不确定性”. 美术研究，2018（1）.

王霖 . 汉传佛教美术的早期风格流变 . 新美术，2018（1）.

吴京颖 . 自然与象征的平衡安布罗乔・洛伦采蒂笔下的风景 . 新美术，2018（1）.

王洪伟 . 董其昌《纪游图册》“双胞案”再议 . 中国国家博物馆馆刊，2018（1）.

王晓光 . 由秦汉简牍具名与书手研究谈起 . 中国书法，2018（1）.

吴雪杉 . 董其昌与日本画 . 世界美术，2018（1）.

吴刚毅 . 沈周赠吴宽送别图之研究 . 中国美术研究，2018（1）.

汪亓 . 从赵孟頫到沈周——管窥沈周山水画一端 . 中国美术研究，2018（1）.

吴士新 . 再谈中国艺术史的编写问题 . 中国美术馆，2018（1）.

文韬 .“铸鼎象物”与“民知神奸”——关于九鼎图像的追踪 . 中国文艺评论，2018（1）.

乌云 . 卫拉特蒙古传统服饰文化的象征内涵简析——以“策格德克”“乌兰扎拉”为例 . 装饰，2018（1）.

温翔然 . 溥心畬艺术中“松意象”初探 . 荣宝斋，2018（1）.

韦昊昱 . 巴蜀燕京万里云（上）——齐白石与四川史事三题齐白石与四川史事三题 . 荣宝斋，2018（1）.

韦昊昱 . 巴蜀燕京万里云（下）——齐白石与四川史事三题齐白石与四川史事三题 . 荣宝斋，2018（2）.

王中旭 . 丁云鹏《释迦思惟出山像》考——兼谈丁云鹏晚岁画中的“枯木禅”. 美术研究，2018（2）.

王志勇 . 线质：心画的直接表征——从黄宾虹的艺术实践谈起 . 美术研究，2018（2）.

王陶峰 . 玄、禅交融视阈下的荆浩“真画”论 . 中国美术研究，2018（2）.

王一村 . 清末民国“流民图”的传承、衍变与艺术成就 . 中国美术研究，2018（2）.

王宗英 . 类型、符号、隐喻与象征——中国传统绘画母题“文人雅集图”的现代阐释 . 中国美术研究，2018（2）.

王丹青，王云凌 . 妥协与变革——关山月的美育实践及其图像语言转化（1953—1962）. 美术学报，2018（2）.

王汉 . 论袁江绘画中的西方因素 . 中国美术馆，2018（2）.

吴端涛 . 浅析美术作品中的中共“一大”会址和党的形象 . 中国美术馆，2018（2）.

王晨海，彭婵娟 . 作为新媒体的虚拟现实在艺术展示设计领域的应用及其前景 . 世界美术，2018（2）.

王照宇 . 史实与图像：陈居中与《文姬归汉图》. 艺术工作，2018（2）.

吴湘 .“江南传统”的形成与董源地位的奠立 . 南京艺术学院学报（美术与设计），2018（2）.

吴维忆 . 校准手（工）艺：美学与社会意义双重维度的批判思考 . 南京艺术学院学报（美术与设计），2018（2）.

吴红松 . 秦汉文字改制及其书法意义 . 中国书法，2018（2）.

吴士田，詹绪左 . 东汉至晚唐书论语言研究综述 . 中国书法，2018（2）.

万炜 . 早期交椅的一种特殊形制及其演变——以岩山寺壁画中的一件交椅为例 . 装饰，2018（2）.

W.J.T. 米切尔 . 方法、疯癫与蒙太奇 . 新美术，2018（2）.

王鹏杰 .“美术革命”史况钩沉 . 美术，2018（3）.

王忠华 . 乾隆帝古玉鉴考研究 . 荣宝斋，2018（3）.

王照宇 . 明中叶古书画鉴藏家华夏家系考 . 中国美术研究，2018（3）.

王洪伟 . 何当送归夜，风雪满西楼——董其昌《西兴暮雪》背后的政治隐情 . 美术学报，2018（3）.

万笑石 . 摩挲钟鼎，亲见商周：晚明语境中的张叔珮墓出土铜鼎 . 美术学报，2018（3）.

王双阳 . 马和之《诗经图》中的音乐图像 . 新美术，2018（3）.

埃德加・温德，杨思梁 . 尔堡的“文化科学”概念及其对美学的意义 . 新美术，2018（3）.

王惠东．潘天寿艺术中的现代性．艺术工作，2018（3）．

王学雷．虞龢《论书表》中的文房论札记．艺术工作，2018（3）．

吴雁．动态影像设计中视觉修辞的艺术表现——动态影像设计先驱索尔·巴斯的早期经典电影片头设计解析．艺术工作，2018（3）．

王忠林，嵇亚林．神圣与世俗的圆融：雍和宫弥勒大像的象征意蕴研究．艺术百家，2018（3）．

吴雪杉．“称他为圣者”：利玛窦肖像在欧洲的传播与变形．世界美术，2018（3）．

吴静．身份、角色与图像——1940年代陕甘宁边区“劳动英雄”形象的塑造逻辑．文艺理论与批评，2018（3）．

吴佩炯．帕诺夫斯基图像学方法在美国汉学中的运用——从埃尔金斯对其西方性的批评出发．南京艺术学院学报（美术与设计），2018（3）．

万书元．数字媒体时代的艺术批评．南京艺术学院学报（美术与设计），2018（3）．

魏娜，辛向阳．公共空间知识结构与研究热点——基于CiteSpace的图谱量化研究．南京艺术学院学报（美术与设计），2018（3）．

吴毅强．新前卫是一种范式重复吗？——论本雅明·布赫洛对新前卫艺术的辩护．美术研究，2018（3）．

王少军，傅怡静．论水宁寺唐代摩崖造像的中国传统雕塑语言运用．美术研究，2018（3）．

文韬，张伟．儒家器物观与中国传统艺术造型．美术研究，2018（3）．

翁志丹．庐山泉瀑及其绘画研究．美术研究，2018（3）．

王志新．图像“力场”．湖北美术学院学报，2018（4）．

王煜，焦阳．试析汉代图像中的风、雨、雷、电四神．中国美术研究，2018（4）．

王洪伟，刘军强．董其昌与《富春山居图》“子明卷”之关系新议．中国美术研究，2018（4）．

王洪斌．符号学视域下的中国民间美术研究．中国美术研究，2018（4）．

韦宾．“小景”再考．中国美术研究，2018（4）．

王鲲．艺术的复杂性——以德·库宁“女人”系列作品为例．文艺研究，2018（4）．

王惠莹，陈芳．宋代鱼枕冠考析．装饰，2018（4）．

王忠华，傅娇．清代周乐元内画鼻烟壶研究．荣宝斋，2018（4）．

王仁海．论《宝贤堂集古法帖》在明代书法转型中的重大意义．中国书法，2018（4）．

王守民．论金代墓志书体、书风及其演变．中国书法，2018（4）．

王敏．中国传统建筑瓦当装饰中的“连珠纹”及其流变考．艺术百家，2018（4）．

王红，刘素仁．沉浸与叙事：新媒体影像技术下的博物馆文化沉浸式体验设计研究．艺术百家，2018（4）．

吴雪杉．空间、媒介与自我：《在世界和平大会听到南京解放的消息》．美术研究，2018（4）．

吴梦园．从“美育”思想再论民国“人体模特儿”事件．美术研究，2018（4）．

王欣．“反抗”何以实践——中国当代女艺术家的个体叙事与艺术史叙事．美术研究，2018（4）．

吴雪杉．边城废墟：风景中的民族寓言．美术学报，2018（4）．

吴雪杉．Grotesque：鲁迅的批评与李桦早期木刻风格的形成．文艺理论与批评，2018（4）．

吴越滨．越窑佛像装饰的中国化演变考研．新美术，2018（4）．

吴毅强．艺术与政治的象征逻辑以德·迪弗的前卫理论为例．新美术，2018（4）．

万子亮．木刻版画的形态与属性．艺术百家，2018（4）．

魏骏瑶．风景画的入画性与涂绘性关系及审美表现——基于沃尔夫林艺术风格学的思考．艺术百家，2018（4）．

王照宇．金农《人物山水图》册系列图像研究——以“故宫本”为核心．荣宝斋，2018（4）．

王瑞芸．回应“当代艺术困惑”．美术观察，2018（5）．

王洪义．如何定义公共艺术的专业性？．美术研究，2018（5）．

王中焰．论飞白书．文艺研究，2018(5).

王宇．《文美斋诗笺谱》的版本辨析及文献辑要．南京艺术学院学报(美术与设计)，2018(5).

吴湘．从地域到诗画意境：论绘画中的“潇湘”意涵．南京艺术学院学报(美术与设计)，2018(5).

王一村．王一亭“流民图”论考．中国国家博物馆馆刊，2018(5).

韦秀玉．雅俗的变奏：朱瞻基生肖绘画研究．中国国家博物馆馆刊，2018(5).

王忠华．浅议辽宁省博物馆藏清末周乐元、马少宣内画鼻烟壶．荣宝斋，2018(5).

王乐，赵丰．从中国到罗马——帕尔米拉出土丝绸图案体现的艺术交流．艺术百家，2018(5).

吴晶琦．谈模糊与真实的显现——许亨《异生》系列雕塑作品观后．艺术工作，2018(5).

吴敢．古意一何深！——赵孟頫的律吕之学及相关琴事．艺术工作，2018(5).

魏运成．试论新时代中国油画的文化精神．中国美术馆，2018(5).

王可．重组・交互・身体——虚拟美学的三个关键词．美术研究，2018(6).

王诗晓．西汉墓室壁画的升仙仪式与图像体系研究．美术研究，2018(6).

吴若明．克拉克瓷名辨及海上丝路贸易区域功用研究．美术研究，2018(6).

王飏．宋文治山水画的“三亲”特质．艺术百家，2018(6).

吴振．“江南画”与董源的渊源考论．艺术百家，2018(6).

吴昊．中国民间绘画中的五色观念及其衍变．美术，2018(6).

吴毅强．摄影究竟是什么？——以乔弗里・巴钦的摄影概念研究为中心．文艺研究，2018(6).

吴静．文化理想与家国意识——论赵孟頫之文艺复古论．文艺研究，2018(6).

吴秀华．20世纪香港画坛一隅．中国美术馆，2018(6).

王强，刘熙婧．字学在卫氏书派中的意义．中国书法，2018(6).

吴高歌．康有为“传卫”说略论——兼论“卫门书派”相关问题．中国书法，2018(6).

王治．南北朝时期西方净土信仰的转型及无量寿尊像造作的特点与规律．南京艺术学院学报(美术与设计)，2018(6).

王金玲．古代岭南漆艺的“出位之思”．南京艺术学院学报(美术与设计)，2018(6).

王菡薇，夏梦华．中央大学时期(1927—1937)吕凤子绘画观及其发展．南京艺术学院学报(美术与设计)，2018(6).

王宇洁．中国国家博物馆藏新年画文物及作品研究．中国国家博物馆馆刊，2018(7).

吴静．缺席的天马会——1927年上海美术联合展览中的观念之争．美术，2018(7).

吴秋野．《墨梅图》卷作者考．荣宝斋，2018(7).

王文娟．徐悲鸿的写实主义及其再理解．美术观察，2018(8).

王蕾．从第六届全国青年美展探讨青年艺术的新趋势．美术，2018(8).

王文新，李淑春．精致而苍凉——张爱玲的肖像插图研究．文艺研究，2018(8).

吴雪杉．古长城外：朝向“新”的目光．文艺研究，2018(8).

王家葵．刘喜海《金石苑》考略．中国书法，2018(8).

王连龙，胡宗华．《刘贤墓志》考论．中国书法，2018(8).

魏琪．论清代碑学的萌兴——以翁方纲、王澍书学观的分合为中心．中国书法，2018(8).

王帅．从《漓江夜泊》中探寻“夜景画”的美——宗其香漓江题材浅析．荣宝斋，2018(8).

王菡薇，丁苏川．姚绶《心赏》图册与明初江南文人风气．美术，2018(9).

卫恒先．边缘的一代——民国时期留日雕塑家考．美术，2018(9).

王璜生，沈森．“新美术馆学”的历史责任．美术观察，2018(9).

王檬檬．公共艺术与行动方式．新美术，2018(9).

汪菲．公共艺术中“公共”一词的历史多义性．新美术，2018（9）.

王连起．赵孟頫早期书札考．中国书法，2018（9）.

万新华．煦色韶光——傅抱石《韶峰春晓》读记．荣宝斋，2018（9）.

汪晓东．“出砖入石”渊源考辨．装饰，2018（9）.

王文娟．徐悲鸿的艺术批评．美术，2018（10）.

王曦．中国当代艺术地域叙事的错位机制——从古根海姆美术馆的中国展谈起．文艺研究，2018（10）.

王鹏.20世纪以来中国画女性形象的塑造．中国文艺评论，2018（10）.

王中焰．关于“八分”再认识——兼论其对书体衍变的价值．中国书法，2018（10）.

王佑贵．材料 视阈 观念——以传播学视角看《张猛龙碑》的“经典化”历程．中国书法，2018（10）.

魏军刚．北魏《赵盛夫妇墓志》考略．中国书法，2018（10）.

吴洁．复调的繁花：图形表皮的建构实践和美学思考．装饰，2018（10）.

吴端涛．永乐宫重阳殿壁画传道图像研究．中国国家博物馆馆刊，2018（10）.

王洪伟．风格、画意与画史重建——以石守谦的董其昌《婉娈草堂图》研究为例．文艺研究，2018（11）.

王墨晗．明陈洪绶《斗草仕女图》初探．荣宝斋，2018（11）.

王拓，张薇．合作化时期（1949—1957）民间手工艺人社会身份的变化与技艺传承——以北京玉雕艺人潘秉衡的从艺经历为例．新美术，2018（11）.

王拓，张薇．罗伯特·亨利：美国本土性现实主义绘画的实验者．美术，2018（12）.

宛少军．改革开放以来的历史画油画创作．美术，2018（12）.

王玉芳．东西之间话妆奁：阿富汗阿伊哈努姆石盒、古希腊梳妆盒、中国古代漆奁的艺术比较．美术，2018（12）.

吴士新．从借建到营建——新时期中国城市雕塑的发展脉络．美术，2018（12）.

王霖．恽南田事迹丛考（一）．新美术，2018（12）.

王渊清．清初访碑：田野考察的滥觞．中国书法，2018（12）.

吴天泽．碑学视域下陈鸿寿书风嬗变研究．中国书法，2018（12）.

吴彦颐，姚夏雨．“雄强茂密”：康有为碑学审美理想发微．中国书法，2018（12）.

王强．《刘岱墓志》的史料价值——兼谈东莞刘氏的身份问题．中国书法，2018（13）.

韦力．姚华的颖拓艺术与他的名流朋友圈．中国书法，2018（13）.

王兴芬．《河峪颂》与《西狭颂》的文献和艺术价值浅论．中国书法，2018（14）.

王强．大字无过瘗鹤铭——再访焦山《瘗鹤铭》石刻．中国书法，2018（15）.

吴增辉．弘仁画风与书风之关系．中国书法，2018（15）.

吴健华．宋代右文崇儒与皇室书法教育．中国书法，2018（16）.

王新利．宋代皇室书家概论．中国书法，2018（16）.

魏东方．试论晚清书家对书法本体论的贡献．中国书法，2018（18）.

王雪源．试论盛唐草书中的情感表达——以张旭、怀素为例．中国书法，2018（18）.

王佑贵．清代北碑书学观三题述略．中国书法，2018（22）.

吴红松．论清初书坛的“遗民情结”．中国书法，2018（22）.

吴彦颐，姚夏雨．《天发神谶碑》对徐三庚篆书的影响．中国书法，2018（23）.

X

［美］小塞缪尔·Y.埃杰顿．乔托的几何学遗产：科学革命前夕的美术与科学．杨贤宗，张茜，译．北京：商务印书馆，2018.

肖燕翼．古书画名家名作辨伪三十例．杭州：浙江大学出版社，2018.

谢波．画纸上的道境：黄公望和他的《富春山居图》．成都：四川人民出版社，2018.

谢宏声．现代艺术的三个幽灵．北京：北京大学出版社，2018.

谢子静．古戏台戏曲彩绘图饰艺术探析．新美术，2018（1）.

许伟东．书法：自然的迹化——道家的书法功能观念及其美学追求．湖北美术学院学报，2018（1）.

许家德．元人周砥及其《宜兴小景图》卷研究．中国国家博物馆馆刊，2018（1）.

须博，过伟敏．南宋宗教建筑与城市格局的空间分布特征——以苏州《平江图》为例．艺术百家，2018（1）.

徐胭胭．乾隆皇帝的"纪念碑"：《大禹治水图》玉山研究．文艺研究，2018（1）.

谢青．符号学视角下的西南少数民族图案艺术研究．美术研究，2018（2）.

谢友国．书与道——唐宋书法思想演变的一条线索．中国书法，2018（2）.

辛魁鹏．对米芾"颠狂"性格和偏激言论的再辨析．中国书法，2018（2）.

向净卿．唐代书学的两种哲学诠释定向．中国书法，2018（2）.

徐东树．平民文化转向与碑学兴起．中国书法，2018（2）.

邢鹏飞．中国早期建筑展览会中艺术的介入与建筑师的身份认同．装饰，2018（2）.

肖诗颖．中国早期绘画中的回眸图式研究．中国美术馆，2018（2）.

熊雯．涅槃与生死——以庆山寺地宫为例看唐代地宫与墓葬的关系问题．中国美术馆，2018（2）.

许莉钧．3D 打印技术在工业设计创新战略中的应用探索．艺术百家，2018（2）.

薛永年．新金陵画派的历史功绩和历史经验．美术，2018（2）.

徐凯．浅谈中国炻器与英国炻器的异同．艺术工作，2018（3）.

谢兴伟．机器智能时代：艺术何为？．艺术工作，2018（3）.

谢征．中国山水画与易学之美——以夏珪的《溪山清远图》为例．中国美术研究，2018（4）.

邢逸菲．论六朝人物画创作的审美意识．中国美术研究，2018（4）.

徐紫迪．真实与虚构：重读维米尔《代尔夫特一景》．文艺研究，2018（4）.

徐紫迪．维米尔绘画的隐喻——细读《天文学家》．美术观察，2018（4）.

徐晴．何绍基写意篆书观及其当代价值．中国书法，2018（4）.

辛尘．印理钩玄——或谓篆刻艺术原理基本范畴辨析．中国书法，2018（4）.

熊文彬．十七世纪西藏绘画艺术的伟大变革：云南丽江博物馆藏十世噶玛巴活佛的《十六罗汉》唐卡组画．美术研究，2018（4）.

徐炯．"参数化主义"的时代成因与基本特征探究．南京艺术学院学报（美术与设计），2018（4）.

徐小鼎．艺术家书的历史脉络与发展现状．南京艺术学院学报（美术与设计），2018（5）.

许俊．从《古雅》看王国维书法美学的现代性建构．中国书法，2018（5）.

谢兴伟．"istoria"是否应成为躲避之物？——当代绘画的创作与接受问题．艺术工作，2018（5）.

许亨．"异生"——作为多元精神世界矛盾与对抗的艺术产物．艺术工作，2018（5）.

薛龙春．新见故宫藏翁方纲致黄易四札考释．艺术工作，2018（5）.

肖川．李可染现代山水画变革的学理启示．美术研究，2018（5）.

徐明．中国文人画中"水"的形态演进与哲学传承．南京艺术学院学报（美术与设计），2018（6）.

徐惠林．从古物所到故宫博物院——二十世纪湖州籍文化名人留下的"印记"．荣宝斋，2018（6）.

薛帅杰．清代楹联书法兴盛与书风转变．中国书法，2018（7）.

许松．傅山书法思想新论．中国书法，2018（8）.

戎恺凯．清前中期帖派书家的"前碑学"意识探微．中国书法，2018（8）.

熊瑛．雅好与时玩——明末文人对画绣的品鉴及收藏．美术观察，2018（8）.

徐恺，张夫也．现代设计思想内核与技术外壳在第三帝国的断裂与延续．装饰，2018（9）．

徐龙国．山东大型胡人石雕像与欧亚文化交流．中国国家博物馆馆刊，2018（10）．

向帆，朱舜山．中国家谱树的绘制实验报告——基于中国历代人物传记资料库的视觉化实践．装饰，2018（10）．

薛芮．王锡爵、王衡、王时敏祖孙三代书法略论．中国书法，2018（11）．

夏天．宋辽金时期墓葬装饰灯檠初探．中国国家博物馆馆刊，2018（11）．

肖志丹．“启明夫人”考——兼谈齐白石与杨溥的交往．荣宝斋，2018（12）．

夏中义．从“白石诗草”看齐白石“诗画同源”——兼谈艺术史的“百年公论”．文艺研究，2018（12）．

夏南，刘新，钟芳．设计的新语境：分布式经济的可持续性研究．装饰，2018（12）．

徐舒桐．从起笔方式再探战国文字与隶变的关系．中国书法，2018（12）．

向彬，梁芝英．从髡残题画书法看其师承及艺术特征．中国书法，2018（15）．

徐欢．髡残题画书法研究．中国书法，2018（15）．

向净卿．晚清碑学中的自由性向度．中国书法，2018（16）．

薛飞．兼通诸体博涉多优——论石涛题画书法．中国书法，2018（17）．

戎恺凯．沙孟海“颜书观”探微．中国书法，2018（18）．

徐学毅，余凯凯．岳飞名下《奉使郎中札》考．中国书法，2018（20）．

徐利明．潜心师古力避时习——强化“师古”理念与实践是医治时弊的良方．中国书法，2018（21）．

徐学标．秦汉殳书名实研究．中国书法，2018（22）．

向彬．“书圣”考论．中国书法，2018（22）．

邢建丽．书学视野下“鸟虫书”性质研究．中国书法，2018（24）．

Y

余辉．画里江山犹胜——百年艺术家族之赵宋家族．杭州：中国美术学院出版社，2018．

杨先让，杨阳．黄河十四走：黄河民艺考察记．桂林：广西师范大学出版社，2018．

杨新．中国古代书画鉴定二十五讲．杭州：浙江大学出版社，2018．

杨泓．束禾集：考古视角的艺术史．北京：中国社会科学出版社，2018．

杨逸．是一是二：宋元祖先画像的绘制、仪式与信仰．中国美术研究，2018（1）．

余静贵．论《淮南子》的工艺美学观．中国美术研究，2018（1）．

杨简茹．重塑婚姻与国家认同——以50年代初的“幸福婚姻”题材绘画为例．文艺理论与批评，2018（1）．

杨振国．中国美术史教学的良师．艺术工作，2018（1）．

杨小京．安刻本《书谱》．艺术工作，2018（1）．

应宜文．“设计”考辨——对中国设计史的一种新认识．美术研究，2018（1）．

约翰・多尔夫曼，张楚．走进神秘世界．世界美术，2018（1）．

于向东．邓峪石塔的塔身四面造像研究．南京艺术学院学报（美术与设计），2018（1）．

杨德忠．元代的职贡图与帝国威望之认证．美术学报，2018（2）．

杨晓萍．古代书法意象理论钩沉及其内涵解读．中国书法，2018（2）．

殷双喜．中国精神与东方审美．美术研究，2018（2）．

易祖强．当代设计批评与批评性设计．世界美术，2018（2）．

杨灿伟．“周年”的泛化与滥用——对当下纪念性展览现状的思考．美术观察，2018（3）．

杨庆．从题跋书法批评文献看清代帖学观及碑帖分期．文艺研究，2018（3）．

杨秀发．怀素南宗禅师身份的补证．艺术工作，2018（3）．

杨光．年画中的都市民俗——上海小校场年画艺术特色解读．艺术工作，2018（3）．

于洋.民国初期北京画坛传统派的“新”与“旧”——以金城、林纾画学思想为中心的考察.美术，2018(3).

姚少丽.鲍少游教育生涯初探——以广东省立中山图书馆藏鲍少游文献为中心.美术学报，2018(3).

姚政邑，何洁.中国工商业美术作家协会创立之考证.南京艺术学院学报(美术与设计)，2018(3).

姚少丽.鲍少游研究述略——由广东省立中山图书馆藏鲍少游文献引发的思考.中国美术馆，2018(3).

尤灿.书香门第守文游艺——近现代南通尤氏家族与书画艺术.荣宝斋，2018(3).

郁献军，过伟敏，贡雪.基于分形理论的现代景观雕塑及其空间维度研究.艺术百家，2018(3).

杨悦，汤祖雷.重庆抗战木刻版画的审美特征与当代创作启示.美术研究，2018(4).

伊家慧.图文结合式研究方法对佛教研究的意义——以佛陀降生神话为例.湖北美术学院学报，2018(4).

阎盈汐.近代中国商业美术中的图绘资源及其趣味——对于20世纪早期关良本土绘画蒙学的考察.艺术工作，2018(4).

杨慧丹.从“提神太虚”到“世俗之眼”——《点石斋画报》与晚清视觉文化的转型.荣宝斋，2018(5).

于洋.改革开放四十年中国画学科的延展与衍进——以新时期中国画坛与中央美院中国画学科为中心.美术研究，2018(5).

裔萼.何香凝的合作画.美术，2018(5).

杨德忠.大汗的农事：农桑、耕织图与元代皇帝的角色认同.美术研究，2018(6).

杨吉平.卫门书家及其时代.中国书法，2018(3).

杨勇，刘昕.魏晋时期书法世族化现象研究——以卫门书派为例.中国书法，2018(6).

杨二斌.卫恒《四体书势》“字势”论述未周辩——兼论“古文”“籀篆”观念认知问题.中国书法，2018(6).

姚国瑾.锺卫书风与南北书派.中国书法，2018(6).

杨凡舒.描写危机——《抗战漫画》杂志与漫画家的战时风格.美术学报，2018(6).

姚立伟.汉画中“选鬼神于太阴”信仰的演变.美术学报，2018(6).

叶公平.1917年京师书画展览会.美术学报，2018(6).

杨春艳.基于传播理论的黑龙江北大荒版画的文化脉络分析.艺术工作，2018(6).

叶公平.完颜景贤家族的藏书.艺术工作，2018(6).

叶康宁.内野皎亭的汉籍收藏及南画创作.艺术工作，2018(6).

闫章虎.“史相”还是“史实”：对“南北书风融合”观念的反思与验证.南京艺术学院学报(美术与设计)，2018(6).

俞乐琦.新城王氏与传李龙眠《十六应真图》.中国国家博物馆馆刊，2018(6).

杨祥民.基于古扇形制考证的汉语工具书注解勘误.装饰，2018(7).

杨瑾.唐章怀太子李贤墓《客使图》戴鸟羽冠使者之渊源.中国国家博物馆馆刊，2018(7).

姚远.南宋“命题诗画”研究——以马远《松下论道图》为例.中国国家博物馆馆刊，2018(7).

姚少丽.鲍少游留学日本京都考——围绕广东省立中山图书馆藏鲍少游文献的研究.荣宝斋，2018(7).

亚当·布里哈特，杨嵩.无边的作坊.新美术，2018(8).

杨嵩.从自发聚落到生发图式.新美术，2018(8).

杨曙光，丰俊青.丰子恺的书法交游——以沈定庵、陆维钊、费新我为例.中国书法，2018(8).

姚冯翀.清代碑学中的“去中心化”倾向.中国书法，2018(8).

于洋.图像叙事与艺术真实——当代中国主题性美术创作的本体规律与焦点问题.美术，2018(8).

闫雪峰.伦勃朗在中国的传播与研究.美术观察，2018(8).

杨清汀，窦永锋.经学视阈下的古隶典范——关陇道东汉摩崖石刻《河峪颂》书法探赜.荣宝斋，2018(9).

于洪．叙事·场所·方式中国传统民间版画的启示．新美术，2018（9）．

雍文昴．竟夕忘疲：顾恺之与羊欣论书画事再研究．美术观察，2018（10）．

袁安奇．浅析蔡元培的伦理、教育与美育．新美术，2018（10）．

杨程斌．信阳长台关战国楚墓彩绘漆瑟巫术图像研究．装饰，2018（10）．

杨岩松．书画“双胞案”应该怎样研究——对《董其昌〈纪游图册〉“双胞案”再议》的回应．中国国家博物馆馆刊，2018（10）．

余旭鸿．大学美术馆的望境．新美术，2018（12）．

杨蕴菁．外拙内精笔简意足——安徽萧县汉画像石艺术特色探析．荣宝斋，2018（12）．

闫晓姣．民国篆刻研究的学术风貌——以包凯《治印术》和李健《金石篆刻研究》为例．中国书法，2018（12）．

严佐之．赵之谦《论学丛札》与绩溪金紫胡氏家学．中国书法，2018（13）．

尤婕．论曾熙沪上鬻书的迎合与突围．中国书法，2018（14）．

杨庆．清代碑学理论构建过程中的篆隶观念考论．中国书法，2018（14）．

杨丹霞．髡残的书迹与书法风格．中国书法，2018（15）．

于明诠．书法史就是书法家的心灵史——兼论书法史的历史分期．中国书法，2018（16）．

杨刚．沈遘《屯田帖》考——兼论沈遘的书法艺术．中国书法，2018（16）．

姚夏雨，吴彦颐．创制时期与游艺时期——从沙孟海印学史的分期看印章功能之嬗变．中国书法，2018（18）．

殷娜．从“北于南郑”并称看于右任书法地位的初步确立．中国书法，2018（20）．

叶磊．中日文化交流视阈下日本古代书法的嬗变发展研究．中国书法，2018（20）．

叶培贵．文本之“坑”与规避之“方”——书法创作中的常见文本问题及其解决之道．中国书法，2018（23）．

杨晓萍．魏晋南北朝女性价值观及书法教育探微．中国书法，2018（24）．

杨亮．清代书法资料研究二题．中国书法，2018（24）．

于唯德，孔令通．北宋篆书碑额书法艺术风格及其流变．中国书法，2018（24）．

于博．明代丛帖标题与刻款内容研究．中国书法，2018（24）．

闫章虎．唐代墓志中书法相关修辞模式与意象研究．中国书法，2018（24）．

Z

［美］詹姆斯·埃尔金斯．图像的领域．［美］蒋奇谷，译．南京：江苏凤凰美术出版社，2018．

朱琪．真水无香——蒋仁与清代浙派篆刻研究．杭州：浙江人民美术出版社，2018．

朱存明．丑与怪：从史前艺术到汉画像中的怪异研究．北京：生活·读书·新知三联书店，2018．

张鹏．辽金皇家艺术工程研究．杭州：浙江大学出版社，2018．

张建宇．汉唐美术空间表现研究：以敦煌壁画为中心．北京：中国人民大学出版社，2018．

张坚．另类叙事：西方现代艺术史学中的表现主义．北京：北京大学出版社，2018．

张涛．草头露与陌上花：齐白石北漂三部曲．南宁：广西美术出版社，2018．

张弘星．展览：一种不同的艺术史．装饰，2018（1）．

张建宇．莫高窟早期壁画的空间表现——兼论早期重点洞窟的年代关系．美术观察，2018（1）．

张伟劼．观看《格尔尼卡》的三种视角．美术观察，2018（1）．

朱橙．“剧场性”的绵延：迈克尔·弗雷德极少主义艺术批评的知觉现象学介入．美术观察，2018（1）．

张希．百年云冈——二十世纪以来日本关于云冈石窟的文献概述．湖北美术学院学报，2018（1）．

张玉安．虚拟与现实之间——关于数字媒体与艺术的几点思考．艺术百家，2018（1）．

张全民．略论关中地区隋墓陶俑的演变．文物，2018(1).

张世彦．从张光宇到光华路学派(下)．中国美术研究，2018(1).

朱存明，高梦晴．论汉画像中的“云化鸟”图像．中国美术研究，2018(1).

张悦．卢卡斯·克拉纳赫“忧郁”系列作品研究．世界美术，2018(1).

赵炎．经验拓展的场域——偶发艺术与新媒体实验．世界美术，2018(1).

张卉．夏商周陶器与青铜器设计艺术关系探析．南京艺术学院学报(美术与设计)，2018(1).

张建宇．敦煌隋至盛唐壁画中的“山水之变”．南京艺术学院学报(美术与设计)，2018(1).

祝帅．论设计研究的“学科间性”．南京艺术学院学报(美术与设计)，2018(1).

张越．传统再发现与中国画发展．艺术工作，2018(1).

张翀．金文整饬的动力与方法——以早期铜鼎铭文为例．艺术工作，2018(1).

朱亮．靳之林先生民俗艺术研究中的“本原文化”思想阐析．中国美术馆，2018(1).

赵艳玲．湖社画会对天津美术发展的影响．中国美术馆，2018(1).

周林．论信息时代的版权立法——以追续权立法为例．美术研究，2018(1).

赵静．新中国·新风格：周令钊新中国视觉设计中的“新风格”研究．美术研究，2018(1).

曾小凤．从“美术之弊”到“美育之效”——吕澂“美术革命”的批评视景．美术研究，2018(1).

占跃海．文艺复兴时期故事画的叙事路径．新美术，2018(1).

邹国力，王玲娟．从章士钊信札论其书学观．中国书法，2018(1).

周善怡．1930年代中期广州市立美术学校国画系的教学研究．美术学报，2018(1).

周功钊．生土建构的诗学图景——对传统“桢杆”夯筑法及其聚居空间的认知与书写．美术学报，2018(1).

赵振宇．北宋开封绘画崛起的时空考察．美术学报，2018(1).

赵琰哲．再话前朝金粉事——晚明名妓肖像的隔代重绘与“秦淮八艳”意象的后世塑造．美术学报，2018(1).

张引．张光宇造型艺术中的“方圆相寓”．装饰，2018(2).

张熙．徐悲鸿的“猫”．美术观察，2018(2).

张帆影．罗樾的风格观念及其中国艺术研究理路．美术观察，2018(2).

张娜．新中国初期湖北新年画创作活动研究．湖北美术学院学报，2018(2).

张建宇．样式背后：省思北朝晚期风格之变．美术研究，2018(2).

张绍敦．“书画同源”与“以线廓形”——传统造型因素及方法释读．美术研究，2018(2).

张坚．试论中国传统书法品评的通感手法及其审美功能．中国书法，2018(2).

赵辉．史陵及其书事考述．中国书法，2018(2).

张朋川．马家窑类型舞蹈纹彩陶纹饰另解．南京艺术学院学报(美术与设计)，2018(2).

张聪，耿剑．云冈第9窟后室明窗东西侧壁神祇尊格考．南京艺术学院学报(美术与设计)，2018(2).

朱金华．从“如画”到“复兴如画”：自然“看”法中的现代设计反思．南京艺术学院学报(美术与设计)，2018(2).

赵成清．20世纪上半叶西方装饰艺术中的中国审美趣味．南京艺术学院学报(美术与设计)，2018(2).

占跃海．从“梦境叙事”到“梦境制造”．南京艺术学院学报(美术与设计)，2018(2).

张正忠．浅论中国田园山水画的外延空间．中国美术馆，2018(2).

张紫石．《自叙帖》之金章宗“群玉中秘”真伪——兼论贾似道“秋壑图书”印及《式古堂书画汇考》时代．荣宝斋，2018(2).

张煊傈．互换视角：1669至1907年间中国与欧洲文化艺术交流的交互影响．艺术工作，2018(2).

张玉丹，刘振宇．新发现张大千榆林窟考察笔记初探．中国国家博物馆馆刊，2018（2）．

郑弌．"预流"：重访西北考察语境中的张大千．中国国家博物馆馆刊，2018（2）．

张欢．贵州水族墓碑艺术特征及文化内涵．中国美术研究，2018（2）．

郑文．王维、赵孟頫诗画与王原祁《桃源图》的关系．中国美术研究，2018（2）．

朱万章．与古为新：吴昌硕葫芦题材绘画探究．中国美术研究，2018（2）．

朱己祥．内黄县理固村唐代造像塔年代及来源考．中国美术研究，2018（2）．

周杨．风云山水外，大道棋局中——日本正仓院藏琵琶捍拨画中的山水与高士主题．中国美术研究，2018（2）．

赵志红．回望云峰：赵望云艺术实践的当代启示．中国美术研究，2018（2）．

庄蕙芷．西汉琉璃葬具与海昏侯的琉璃席．中国美术研究，2018（2）．

朱塞佩·托尔，赵宏伟．论人工智能的期待与现实——运用艺术检视本体论问题．世界美术，2018（2）．

周爱民．现实与纪实：抗战时期的摄影与木刻．文艺理论与批评，2018（2）．

周邓燕．"新闻摄影"：从文化商品到战时动员工具（1931—1945）．文艺理论与批评，2018（2）．

赵辉．从政治统治转向书学审美：唐太宗书法理论钩沉及其文化渊源诠释．艺术百家，2018（2）．

赵怀力．走向大鲁艺——新时代连环画艺术工作者的使命．艺术工作，2018（2）．

周宪．中国当代抽象艺术的视觉形式与哲学意味．文艺研究，2018（2）．

翟晶．后殖民视域下的当代艺术——霍米·巴巴对艺术批评的介入．文艺研究，2018（2）．

张翔．内容的解构与观念的重释：芷江天后宫门坊雕刻研究．美术学报，2018（2）．

朱亮．陕北秧歌的艺术作为与当代民俗艺术生存．装饰，2018（3）．

周建朋．从法藏《九成宫图》看20世纪初法国汉学对中国绘画的研究．美术，2018（3）．

周诗岩．视觉文化的面孔．新美术，2018（3）．

张夜莺，陆少坎．狄德罗收藏的一套素描淡彩兼论17、18世纪的欧洲壁纸业．新美术，2018（3）．

张学峰．新文化运动时期中国画概念形成考论．中国美术研究，2018（3）．

赵兰．北方移民影响与四川宋代画像石室墓．中国美术研究，2018（3）．

曾佳．关于雍正变装肖像画政治意涵的阐释．中国美术研究，2018（3）．

赵振宇．元代绘画发展的地理格局．荣宝斋，2018（3）．

赵振宇．北宋画家流动与开封画坛建构．艺术工作，2018（3）．

曾巍．西尔维亚·普拉斯诗歌对乔治·德·基里科绘画的演绎．湖北美术学院学报，2018（3）．

朱亮亮，王韧．刘海粟二十世纪上半叶美术展览活动考述．南京艺术学院学报（美术与设计），2018（3）．

曾佳．以《乾隆及妃古装像轴》为例看乾隆的江南情结．南京艺术学院学报（美术与设计），2018（3）．

邹卫．明清熨斗装饰审美世俗化特征研究．南京艺术学院学报（美术与设计），2018（3）．

张足春．从掞发灵襟到崇真尚实——"洪宪复辟"后叶恭绰艺术审美观衍变管见．美术学报，2018（3）．

张荣国．相互生发：北宋王诜的书法鉴藏与创作．中国书法，2018（3）．

张明，吴凡．张照临书应酬研究．中国书法，2018（3）．

张函．张照的书学思想．中国书法，2018（3）．

张红军．康有为早年的政治交游与碑学启蒙——地缘视角下书法史中的图像传播和话语建构．文艺研究，2018（3）．

张彬．《打花鼓》绢画中的人物服饰研究．装饰，2018（3）．

张隽．"妇人启门"再探——从宋代风水学说起．荣宝斋，2018（3）．

郑工．论蔡元培的"文学即美术学"——五四时期美术与科学思潮论析之一．美术，2018（3）．

郑工．论梁启超的“锐入观察法”——五四时期美术与科学思潮论析之二．美术，2018（4）．

张晓凌．“美术革命”与20世纪中国美术．美术，2018（4）．

张鹏．“美术革命”的文本考察与历史还原．美术，2018（4）．

张郁乎．石涛《十六应真图》研究．美术观察，2018（4）．

朱天曙．黄宾虹致卞孝萱的五通手札——兼谈黄宾虹的印学与画学．美术观察，2018（4）．

章锐．英国伦敦弗里兹艺术博览会研究．美术观察，2018（4）．

张书彬．栴檀释迦瑞像的摹刻与渡海奝然入宋与日本清凉寺的建构研究．新美术，2018（4）．

张宏．“澄怀味象”对中国书法创作审美意义的探寻．新美术，2018（4）．

郑烨．尼奥·劳赫和他的历史穿越．新美术，2018（4）．

郑泓．刍议波洛克滴画中的东方特质．新美术，2018（4）．

曾四凯．鉴定家的眼睛——从贝伦森的日记中走进风景．新美术，2018（4）．

战红岩，王确．《美育》杂志与民国美育观念、实践的多元展开．艺术工作，2018（4）．

赵莉，KiraSamasyk，NicolasPchelin．俄罗斯国立艾尔米塔什博物馆藏克孜尔石窟壁画．文物，2018（4）．

赵铖，丁山．消费社会视阈下的中国当代景观设计探究．艺术百家，2018（4）．

朱浒．曹操墓画像石之“金日”“贞夫韩朋”“鲁秋洁妇”故事考．中国美术研究，2018（4）．

张晶．中印早期佛教宝瓶莲花图像流播．中国美术研究，2018（4）．

张薇．佛传“降魔成道”的文本与图像流变．中国美术研究，2018（4）．

张广村．宋人尚意诠解——唐法笼罩下宋代书法的精神突围．中国美术研究，2018（4）．

郑文．明清书画关系探赜．中国美术研究，2018（4）．

张佳峰．达弥施艺术史论研究范式及其当代意义．南京艺术学院学报（美术与设计），2018（4）．

张彬．诨砌随机开口笑——宋杂剧首服“诨裹”考．南京艺术学院学报（美术与设计），2018（4）．

郑娟．论信息在艺术内容中的编码方式．南京艺术学院学报（美术与设计），2018（4）．

张一弛．山水“秋境”中的时间感与生命感．南京艺术学院学报（美术与设计），2018（4）．

赵玲．青州北齐佛像渊源的新思考．南京艺术学院学报（美术与设计），2018（4）．

朱飞，李艳．地域文化视野下南京民国时期ArtDeco风格建筑装饰的探究．南京艺术学院学报（美术与设计），2018（4）．

张顺兵．五胡十六国早期铭石书对魏楷的影响——以后赵故都邢台《晋政残碑》为例．中国书法，2018（4）．

张勇东．魏晋南北朝书法发展与历史演进．中国书法，2018（4）．

赵广青，赵辉．右军书《黄庭经》及其流变．中国书法，2018（4）．

张丽娜，才智琦．由《庵上坊》到美术史知识生成的讨论．艺术工作，2018（4）．

张薇．分裂的帝国图像：18世纪晚期中西视阈下的“中国形象”．艺术工作，2018（4）．

庄明．倪瓒避地离家始末及原因再论．艺术工作，2018（4）．

郑弌．吕澂的“美术革命”论．美术，2018（4）．

郑弌．中国近代建筑早期转型的三种面相（1910—1928）．美术研究，2018（4）．

张见．梁巘书法品评体系研究．美术研究，2018（4）．

张艺．现代主义的分野——从1933年《艺术旬刊》新年讨论看中国现代主义美术运动的两种流变．美术研究，2018（4）．

赵炎．走向当代的风景——技术时代风景艺术的美学与表征转向．美术研究，2018（4）．

郑梓煜．艺术批评何以进入历史？——《20世纪中国美术批评文选》的启示．美术研究，2018（4）．

郑茜．据德游艺 撰谱传世——李衎画竹及其《竹谱详录》中的人文精神．中国美术馆，2018（4）．

朱万章．王时敏花卉画研究．美术学报，2018（4）．

庄程恒．信仰、地域与礼俗的交错：北宋孙四娘子墓随葬物研究．美术学报，2018（4）．

朱晓云．历史坐标中的法国“学院派”．中国国家博物馆馆刊，2018（4）．

赵旭晴．《五王醉归图》卷真伪考．荣宝斋，2018（4）．

朱万章．陈半丁葫芦题材绘画研究．中国美术馆，2018（5）．

朱亮亮．论“米家山水”图式语汇在明代的流变及影响．中国美术馆，2018（5）．

朱燕楠，郭鹏宇．从离薋园到弇山园：王世贞的艺术交游与园居图景之形塑．南京艺术学院学报（美术与设计），2018（5）．

朱文涛．技、物、居的追索：海德格尔设计思想发凡之“问”与“思”．南京艺术学院学报（美术与设计），2018（5）．

张晶．中国早期佛教座椅与拏具图像探源．南京艺术学院学报（美术与设计），2018（5）．

周锦嫦．1930年代现代版画会、鲁迅与料治朝鸣艺术交流考．美术学报，2018（5）．

周利锋．吴荣光书风形成与翁方纲之关系考论．美术学报，2018（5）．

张俊沛．莫高窟第217窟中的唐代建筑语素．美术学报，2018（5）．

赵盼超．宋元饮茶用具“汤瓶”之概念与形制研究．装饰，2018（5）．

赵颖，李文超．时空交响曲——绘画空间的构建与颠覆．艺术工作，2018（5）．

郑工．如何充实而有光辉——从《血战台儿庄》论徐青峰的叙事策略．艺术工作，2018（5）．

周宪．艺术史的二元叙事．美术研究，2018（5）．

张鹏．金代女真功臣墓葬艺术研究——以乌古论窝论家族墓葬为中心．美术研究，2018（5）．

张帆．胡朝佛风：十六国时期鎏金佛像艺术的发展．美术研究，2018（5）．

赵鹏辉．简论碑派章草的发展与演进．美术观察，2018（5）．

郑弌．印度佛教美术考察笔记（上篇）——新德里藏斯坦因所掠绢画初步研究．美术观察，2018（5）．

郑弌．印度佛教美术考察笔记（下篇）——从桑吉到德干．美术观察，2018（6）．

张卉．张风的遗民情怀及其绘画表达——关于《炯伯社师卷》、《石室仙机图卷》相关问题研究．美术观察，2018（6）．

张健．缠枝花在明代．美术观察，2018（6）．

张长虹．吴冠中的艺术观——以《我读石涛画语录》为中心的研究．美术研究，2018（6）．

张令伟，戴莹莹．不尊古法、不囿常法、不拘笔法：宋代禅门水墨画的重要转变．文艺研究，2018（6）．

张小开，孙媛媛．基于甲骨文与出土文物的商代竹器造物考证研究．南京艺术学院学报（美术与设计），2018（6）．

张珊，丁洁雯．传顾恺之《洛神赋图》祖本创作时代再探——从东晋南朝服饰角度谈起．南京艺术学院学报（美术与设计），2018（6）．

周睿．帖学复兴：现代人的寻根与怀旧．南京艺术学院学报（美术与设计），2018（6）．

邹轶泓．巴黎画派作品中的现代性：一个基于画面形式分析的研究．南京艺术学院学报（美术与设计），2018（6）．

朱剑．中国现代写意性雕塑发展脉络初探．美术，2018（6）．

朱璐璐．苍秀摔宕 骨韵兼善——清初“吴中三书家”书风探赜．荣宝斋，2018（6）．

赵晓娇．米芾南官石刻考及其风格特征．荣宝斋，2018（6）．

张翔．“来世”：十六国时期石窟壁画与墓葬壁画两种形态的表达．美术学报，2018（6）．

张烁烁．论陆游对苏轼“无意”诗书观的接受．中国书法，2018（6）．

赵维红．卫恒《四体书势》文本简校及涵义浅绎．中国书法，2018（6）．

翟燕，李杰．张裕钊“书而不作”现象考辨．中国书法，2018（6）．

钟妍．敦煌壁画中的相风乌．装饰，2018（6）．

张春艳．当代挑战与策展理念浅谈设计博物馆长期陈列．新美术，2018（7）．

张盈袖．解析何绍基对传统帖学经典的重新排序．中国书法，2018（7）．

朱天曙．"颜行"流派与何绍基．中国书法，2018（7）．

朱会晖．康德艺术论中形式主义与表现论之间的张力．文艺研究，2018（7）．

周莹．绘画对图像符号系统的抗逆．美术，2018（7）．

赵立波，张烈．元代丝织品中的格里芬图像研究．装饰，2018（7）．

邹其昌，李青青．从《睡虎地秦墓竹简》管窥秦代工匠文化．美术观察，2018（7）．

张草．殷商时期金文中赏赐贝的研究．中国书法，2018（8）．

朱琪．金农"冬心砚"与《冬心斋砚铭》新探．中国书法，2018（8）．

张艳秋．江苏出土汉代木俑类型与特点．中国国家博物馆馆刊，2018（8）．

张国云．古代侗族女子嫁衣研究．装饰，2018（8）．

周芳利．张大千泼墨泼彩形成的内在理路研究．荣宝斋，2018（8）．

赵昊．晋察冀边区初小教科书红色主题教育的图像传达．美术，2018（8）．

赵昆．中国画的写意精神．中国文艺评论，2018（8）．

张玉丹．日本浮世绘对张大千仕女画的影响——以四川博物院藏《海棠春睡图》为例．荣宝斋，2018（9）．

朱万章．与古为新：吴昌硕葫芦题材绘画探究．荣宝斋，2018（9）．

张书彬．渡海化现与法脉转移——日本醍醐寺藏《文殊渡海图》研究．美术观察，2018（9）．

赵权利．赵佶绘画鉴别中的落款问题．美术观察，2018（9）．

张卉．1682年真州之行和龚贤晚年的风格转变．文艺研究，2018（9）．

朱其．20世纪艺术中的现代主义和东方主义．中国文艺评论，2018（9）．

朱琪．新出土明代文人印章及其艺术特征综论．中国国家博物馆馆刊，2018（9）．

周峰．清代刻帖对赵孟书法接受的影响．中国书法，2018（9）．

张红军．尚古观念下的篆隶为源观．荣宝斋，2018（10）．

郑付忠，吴康．从《广艺舟双楫》百年批评看"后碑学"流变．中国书法，2018（10）．

张曼华．顾凝远《画引》中的画理探微．中国国家博物馆馆刊，2018（10）．

张柠．论作为农耕美学之典范的青花瓷．文艺研究，2018（10）．

张杨．革命时代的艺术革命以20世纪40年代延安时期的"新洋片"创作为例．新美术，2018（10）．

张彬．国家博物馆藏唐代参军戏俑人物服饰研究．装饰，2018（10）．

朱彦．宋代礼图的东亚传播以《绍熙州县释奠仪图》之"祭器图说"在朝鲜的传播为中心．新美术，2018（11）．

朱海辰．招贴及其相关名称的源起与发展．新美术，2018（11）．

张雷，杨小婧．木结构榫卯技术刍议．新美术，2018（11）．

郑巨欣．中国传统工艺再思考．新美术，2018（11）．

翟志强，王其全．技艺与道义中国古代工匠的社会境遇与工匠精神的当代弘扬．新美术，2018（11）．

张野，曾馨．中国设计修辞研究二十年：起源与展望．装饰，2018（11）．

郑工．改革开放与中国美术思潮．中国文艺评论，2018（11）．

郑晓慧．王原祁题画书法特点及交游考．中国书法，2018（11）．

朱琪．明代王锡爵墓出土印章及其相关印学思考．中国书法，2018（11）．

朱浩云．清代"南伊北邓"的艺术及市场走向．荣宝斋，2018（11）．

章利国．文化传承收藏有学——略说中国收藏学．美术，2018（11）．

周亮．明刊本《名山记》版画插图研究．美术，2018（11）．

赵志红 . 空间再造与价值重构——改革开放 40 年的公共艺术 . 美术，2018（11）.

张苗苗 . 从开放建构到多维发展——改革开放以来的中国水彩艺术 . 美术，2018（12）.

张涛 . 重读陈师曾《读画图》. 中国国家博物馆馆刊，2018（12）.

张隽 . "一笔画" 考辨 . 荣宝斋，2018（12）.

朱剑 . "道" 观念视域下的中国山水画之 "拙" . 荣宝斋，2018（12）.

张激 . 人类的 "艺术基因"（上）一种演化艺术论 . 新美术，2018（12）.

曾齐宝 . 中国传统雕塑之 "塑列画苑" 与 "塑绘一体" . 新美术，2018（12）.

朱孟武 . 清代山水画的程式化风格 . 新美术，2018（12）.

赵晶 . 明代画家周全考略 . 美术观察，2018（12）.

刘金龙 . 类型学视阈下沈延毅书法取法研究 . 中国书法，2018（12）.

张锦伟，夏祥军 . 杨仁恺唐代草书研究摭析 . 中国书法，2018（12）.

赵紫文 . 晚明张瑞图草书字形批评 . 中国书法，2018（12）.

朱玲玉 . 抗战时期重庆书学史理论文献研究 . 中国书法，2018（12）.

张小庄 . 从信札看赵之谦与魏锡曾的交往及其他 . 中国书法，2018（13）.

张明，郝长宁 . 规范与典范——唐代馆阁文人正体书法的表现及意义 . 中国书法，2018（14）.

祝帅 . 民国报刊上的康有为其人其书
—兼论现代大众传媒对书家形象之建构 . 中国书法，2018（15）.

张静 . 晚明书学理论的推进 . 中国书法，2018（15）.

张金梁 . "稾书" 考论 . 中国书法，2018（16）.

张荣国 . 北宋私人书法鉴藏审美研究 . 中国书法，2018（16）.

赵晓娇 . 清代科举制度与皇权意识下的状元书法研究 . 中国书法，2018（16）.

郑付忠 . 八大山人题画诗与书画 "治生" 考 . 中国书法，2018（17）.

朱万章 . 吴荣光书画鉴藏印说 . 中国书法，2018（17）.

张俊峰，张波 . 民国汉上印学研究体系初探 . 中国书法，2018（18）.

翟万益 . 汉简时代的书法艺术——以《地湾汉简》为例 . 中国书法，2018（19）.

周利锋 . 吴荣光北京书法交游考——兼及嘉庆、道光时期北京的书法生态 . 中国书法，2018（20）.

张祖平 . 苏轼书论中的 "远" . 中国书法，2018（22）.

张岩 . 傅山狂草中的抗争意识 . 中国书法，2018（22）.

张铁华 . 由碑及帖：李瑞清书学观念的转变 . 中国书法，2018（22）.

朱飞军 . 王羲之书法的精神本质初探 . 中国书法，2018（22）.

朱善华 . 从 "尽其理" 管窥王弘撰的书学思想 . 中国书法，2018（22）.

曾彬，赵辉 . 唐太宗《晋祠铭》及其清复制碑探析 . 中国书法，2018（22）.

朱天曙 . "颜行" 流派初论 . 中国书法，2018（22）.

张小庄 . 徐三庚的生平交游及其书法艺术 . 中国书法，2018（23）.

朱培尔 . 书法创作的边界问题 . 中国书法，2018（23）.

周侃 . 制度史视野下先唐史官书手职事的动态考察 . 中国书法，2018（23）.

张广村 . 唐人尚法与书写新秩序的确立——以唐代书论为中心 . 中国书法，2018（24）.

张锦伟 . 赵古泥篆刻取法与印学思想探析 . 中国书法，2018（24）.

周白宇 . "崇古" 与 "创新" 的融合——论北宋书家对颜真卿的接受 . 中国书法，2018（24）.

（吴爽　编）

年度纪实

年度纪实

一月

1月1日，由江苏省美术馆主办的“美好生活——传统优秀民间美术系列展”，在江苏省美术馆陈列馆一楼展出。

1月2日，著名艺术史论家、古陶瓷学家、书法家、清华大学美术学院教授叶喆民逝世，享年94岁。

1月5日，由中央编译局、中国文联共同主办，中宣部理论局和文艺局共同参与，中国美协具体承办的“马克思题材绘画作品创作工作会”在中国文联举行。

1月5日，“中国梦·实干兴邦——第6届全国（大芬）中青年油画展”在深圳市大芬美术馆开幕。本次展览由中国美术家协会、中共深圳市委宣传部主办，中共深圳市龙岗区委、深圳市龙岗区人民政府、深圳市文学艺术界联合会承办，深圳市美术家协会、大芬美术馆协办。

1月5日，由国家民委支持、民族文化宫主办、民族文化宫博物馆承办的2018年新年特展“文化记忆——中国丝绸之路非物质文化遗产展”在民族文化宫正式开展。

1月5日，由中外文化交流中心、四川美术学院共同主办，中华世纪坛艺术馆协办的国家艺术基金2017年度传播交流推广项目汇报展“西南中国：茁壮生长的力量——四川美术学院教师作品展”在北京中华世纪坛艺术馆开幕。

1月5日，著名书画家、版画家、河南省美术家协会副主席和名誉主席、河南省书画院院长陈天然逝世，享年92岁。

1月6日，正大美术馆主办的“时代心像——当代中国人物画名家学术邀请展”在中国政协文史馆展出。

1月6日，“第三届山东省青年美术大展（双年展）”在山东美术馆开幕。

1月7日，由凤凰艺术年展组委会主办，《中国美术报》、中国美术报网支持的“自塑：笔道与心迹——2018中国当代油画学术邀请展”于凤凰古城拉开序幕。

1月8日，“中国·苏州首届国际木版年画展传承·创新·交流——中国木版年画国际学术研讨会”在苏州举行。

1月9日，“工逢盛世·中国工笔画名家学术邀请展暨中国工笔画名家学术研讨会”在北京炎黄艺术馆举行。

1月9日，“第三届江西当代艺术展暨景观2018国际艺术交流展”在南昌开幕。

1月10日，由中国画学会、中国国家博物馆书画艺术研究创作中心共同主办，中国宣纸股份有限公司、《国画家》杂志社、《收藏》杂志社、楷盛美术馆协办的“河山纪行——当代中国画名家画名山雁荡山篇写生展”在浙江美术馆展出。

1月11日，由中国美术家协会主办，中国美术家协会油画艺术委员会、山东美术馆承办的“中国精神：第四届中国油画展（第三区段）抽象——当代中国非具象油画艺术展”在山东美术馆开幕。

1月12日，中国美术家协会漆画艺术委员会在广西桂林召开2018工作会议。

1月12日，“写意中国——古代文明与当代社会——中国国家画院油画院‘一带一路’艺术考察专题研究展”在中国美术馆开幕。

1月12日，中国画学会2017年度工作会议在北京会议中心召开。

1月15日，由中国文联、中国美协主办，中央美术学院、中国美术学院、潘天寿纪念馆、北京鲁迅博物馆、李可染艺术基金会、叶浅予艺术馆、清华大学张仃艺术研究中心协办的“纪念潘天寿、李桦、李可染、叶浅予、张仃百年诞辰座谈会”在北京召开。

1月15日，中国美术家协会第八届七次主席团会议在北京会议中心召开。

1月15日，“中国当代水彩系列研究展(北京、天津、河北)”在中国国家画院美术馆开幕。

1月16日，2018年中国美协工作会议在北京国际会议中心召开。

1月16日，“张大千艺术展”在中国国家博物馆举行。

1月16日，“时代肖像”大型展览在太庙艺术馆开幕。

1月17日，中国美术家协会艺术委员会2018年工作会议在京召开。

1月17日，“雪域丹青　匠心筑梦——青海唐卡绘画艺术精品展”在中国美术馆展出。

1月18日，“陕西省中国画学会成立大会暨首届作品展”在陕西省美术博物馆开幕。

1月18日，“油画中原——十年回顾展”在中国文艺家之家展览馆开幕。

1月19日，“水印千年——中国水印版画大展”在浙江美术馆展出。

1月19日，“合作·共赢：一带一路国际版画邀请展”在今日美术馆开幕。

1月19日，“漆启墨续——湖北美术馆迎新春馆藏作品展”在湖北美术馆展出。

1月20日，“回乡——忻东旺的艺术人生”展在山西博物院会展中心开幕。

1月22日，“袁运甫先生和他的学生们——绘画雕塑作品展”在清华大学美术学院美术馆开幕。

1月23日，“仅仅是速写？——叶浅予个案研究展系列一”在中央美术学院美术馆开幕。

1月23日，由北京市古代钱币展览馆主办的“帝都之门　画笔留痕——明清北京城门风景油画展”在北京德胜门箭楼三层开幕。展出了从小生活在北京的画家黄庶创作的38幅描绘明清时期北京城门盛景的油画作品。

1月24日，中国文联、中国美协赴陕西照金开展“扎根生活沃土、服务基层群众”慰问活动。

1月25日，“民族与时代——徐悲鸿主题创作大展”在中国美术馆开幕。

1月25日，“笔墨当随时代——重走万里路　弘扬新金陵画派精神江苏美术采风成果展”在中国美术馆开幕。

1月25日，“花开盛世——中国美术馆藏花鸟画精品展”在中国美术馆开幕。

1月26日，“在最遥远的地方寻找故乡——13—16世纪中国与意大利的跨文化交流展”在湖南省博物馆开幕。

1月26日，文化部艺术发展中心主办、中国画创作研究院承办的“梦的起点——全国首届学院派优秀毕业生作品展”在炎黄艺术馆展出。

1月26日，北京陈半丁艺术研究会第一次会员大会在北京市文联举行。

1月27日，“前卫主义新潮(1985—1992)”在上海明圆美术馆开幕。继“前卫·上海——上海当代艺术30年文献展(1979—2010)”第一单元展览“重启现代主义(1979—1985)”之后，该系列展的第二单元展览。

1月28日，“时代叙事——山东美术馆年度典藏精品展(2017)”在山东美术馆开幕。

1月28日，天津美术馆主办、天津九思文化传播承办的“中国水墨现场·天津2018”在天津美术馆开幕。

1月29日，由中国美术家协会、首都师范大学主办，宜兴市文广新局承办的“全国大学生美术作品展”巡展在宜兴市美术馆开幕。

二月

2月1日，“‘一带一路’——河北美术家云南写生创作作品展”在河北省美术馆开幕。此次展览是河北画院2017年7月25日至8月15日期间举办的“一带一路”——河北美术家云南写生、采风活动的成果汇报。

2月1日，“文明的回响：来自阿富汗的古代珍宝”展亮相成都博物馆。

2月1日，由中国国家画院都市水墨研究所、深圳画院主办，武汉美术馆协办的“风景这边独好——2018首届‘都市水墨学术邀请展’·都市景观”在深圳画院拉开序幕。

2月2日，作为开年首展，北京画院与徐悲鸿纪念馆联合推出的“白石墨妙　倾胆徐君——徐悲鸿眼中的齐白石”展览在北京画院美术馆展出。

2月2日，“宝藏经典　活化精神——中国美术馆典藏精品展Ⅱ”在中国美术馆展出。

2月3日，由中国美术家协会、中国人民解放军美术书法研究院、上海市文化广播影视管理局主办的“绿色时空——当代美术名家上海邀请展”在上海刘海粟美术馆开幕。

2月6日，由深圳关山月美术馆、李可染艺术基金会共同主办的“二十世纪中国美术家的记忆——大雅宝胡同甲2文献研究展”在关山月美术馆面向公众开放。

2月6日，“绿水青山就是金山银山——浙江省文史研究馆主题创作书画展”暨新馆开馆仪式在浙江省文史研究馆新馆启幕。

2月8日，“第六届四川省青年美术作品展览”在四川美术馆开展。展览由四川省美术家协会、四川美术馆主办，并在雅安、西昌、攀枝花、成都四市进行巡展。

2月9日，“炎黄艺术馆馆藏民间美术作品展”在炎黄艺术馆开幕。大部分民间美术作品由中央美术学院冯真教授捐赠。

2月10日，中国国家画院、中国美术学院主办，中国国家画院油画院、中国美术学院美术馆承办的“中华意蕴——中国油画艺术国际巡展国内汇报展”（杭州站）在中国美术学院美术馆开幕。

2月15日，第三届“新青年·当代艺术国际推广计划”纽约展暨“新青年：中美青年艺术展”在美国纽约大都会展馆开幕。本次展览由中央美术学院主办，上海新美术馆与纽约室内设计学院共同协办，由中央美术学院余丁教授和纽约室内设计学院钱志坚教授共同担任学术主持。

2月17日，中国著名美术史家、美术教育家，国际知名敦煌学者，中央美术学院教授，中国国家文物鉴定委员会委员，敦煌吐鲁番学会副会长金维诺因病辞世，享年93岁。

2月25日，著名美术理论家、中国美协美术理论委员会原副主任、江苏省美术馆原副馆长马鸿增逝世，享年78岁。

2月27日，由中国美术家协会、淮安市人民政府主办，中国文联美术艺术中心、江苏省美术家协会、淮安市委宣传部、淮安市文广新局、淮安市文联、清江浦区人民政府承办的“纪念周恩来诞辰120周年中国画作品展”在周恩来总理的家乡江苏省淮安市开幕。

2月28日，著名油画家、清华大学美术学院教授郑艺逝世，享年57岁。

三月

3月3日，中国女画家协会、炎黄艺术馆主办的“视·界——2018中国当代女性艺术研究展”在炎黄艺术馆开幕。这一展览是以女性艺术家为主体的学术研究展，旨在关注并推动中国当代女性艺术家的发展，并从学术角度对当代中国女性艺术家的生存现状与创作状态进行一次梳理与呈现。

3月5日，为了纪念中国美术学院建校九十周年，“世纪同心——中国美术学院师生捐赠作品特展”开幕式在中国美术学院美术馆举行，展览共展出馆藏作品200余件和文献手稿若干。

3月8日，“第二届中国画学会展　时代华章2018”在中国美术馆举行。展览以“当代中国画的时代格局”为学术主题，指向当代中国画创作所呈现出的传统性、时代性与创新性，力求从不同方面体现中国画学会的艺术包容性与学术前沿性，展现当下中国画的宏观时代格局与艺术本体自觉，推动当代中国画创作与研究的发展。

3月10日，由泉州市文学艺术界联合会、泉州台商投资区党工委党群工作部、华侨大学美术学院、韩国美术协会、鲁迅美术学院大型艺术工作室联合主办的“守望海丝·历史与态度——2018泉州国际当代艺术展”在泉州海丝两岸青年三创基地开幕。

3月12日，中国文联、中国美协“深入生活、扎根人民”浙江庆元写生创作活动举行。

3月12日，“中国文联、中国美协‘中国精神·中国梦——美丽乡村行’采风写生创作活动”在丽水市启动。

3月12日，由中国汉画学会与北京山水美术馆共同主办的国家艺术基金2018年度资助项目“中国汉画大展”在北京山水美术馆开幕。参展作品全部由中国汉画学会的集体会员单位提供，分别来自全国23家文博单位，展出汉画拓片587件(套)。

3月14日，亚洲顶级国际设计展“设计上海”在上海展览中心拉开序幕。本次展会将引进来自

30多个国家及地区的超过400家国际及本土设计品牌和知名艺廊，通过大量新品发布、特别策划的互动装置和众多设计活动，呈现先锋的设计理念。

3月14日，"国风盛典"中国美术家协会艺术委员会专家走进松阳采风写生活动启动仪式在浙江云上平田举办。

3月15日，"第二届中国画学会展：时代华章·2018"在中国美术馆开幕。

3月16日，由中国美术馆、香港中文大学文物馆联合主办的"自我有乾坤——吕寿琨与早期水墨运动"在中国美术馆开幕。此次展览从香港中文大学文物馆及香港艺术馆精选51件20世纪40年代至70年代吕寿琨最具代表性的作品，展示其扎根传统而突破中西藩篱的水墨艺术风格。

3月16日，中央美术学院主办，中国美术家协会协办，中央美术学院美术馆、徐悲鸿纪念馆承办的"悲鸿生命——徐悲鸿艺术大展"在中央美术学院美术馆展出。

3月17日，值徐匡先生80岁诞辰，由中国美术家协会、中国国家画院、北京画院、四川省文联、四川省美协主办的"匠心独行——徐匡独版画艺术展"在北京画院美术馆开幕。

3月18日，"君子如玉——程征艺术展"在陕西省美术博物馆开幕。

3月20日，中央美术学院主办，中央美术学院艺术设计研究院、中央美术学院视觉艺术高精尖创新中心、中央美术学院美术馆承办的"为中国设计——中央美术学院设计学科成果展"在中央美术学院美术馆开展。

3月22日，中国文联、中国美协领导和专家观摩指导马克思题材绘画作品创作。

3月22日，"中央美术学院美术馆组织策划的"与时代同行——中央美术学院百年校庆精品展"在中央美术学院美术馆2层展厅拉开序幕。此次展览展出国画、油画、版画、雕塑等经典作品140余件，以中央美术学院美术馆馆藏为基础，精选了美院百年发展史当中，从北平艺专、延安鲁艺到中华人民共和国成立等各时期央美师生创作的代表作品。

3月25日，由中国美术学院、中国美术馆主办的"中国·美术·学院——中国美术学院九十周年纪念大展"在中国美术馆开幕。展览着眼于"中国""美术""学院"三个关键词，以中国艺术的先锋之旅、美术教育的核心现场、学院精神的时代宣言三条线索展开。

3月26日，"由中国美术家协会、浙江省文学艺术界联合会、中共宁波市委宣传部主办，中国美术家协会综合材料绘画与美术作品保存修复艺委会、西安美术学院承办的"中国美术家协会综合材料绘画与美术作品保存修复艺委会2018西安年会"在西安美术学院召开。

3月26日，由意大利文化遗产活动与旅游部、中国国家文物局、北京市文物局主办，首都博物馆承办的"文艺复兴时期意大利的艺术、文化和生活"展在首都博物馆开幕。

3月26日至27日，由中国美术学院、中国美术馆共同主办的中国美术学院建校九十周年校庆北京系列活动——"Panel21：前沿，我们何以可能讨论未来？"在中国美术馆举办。来自世界各地的学者、艺术家对未来的发展提出各自的见解。

3月28日，中国美协召集24个专业艺委会专家，以及北京、辽宁、吉林、黑龙江、天津、河北、山西、山东、内蒙古美协和部队方面代表，在北京召开了"第十三届全国美展艺委会、华北片区调研工作会"。

3月30日，由西南师范大学出版社主办、中央美术学院艺术管理与教育学院承办的中央美术学院规划教材、郑勤砚新著《中国美术教育史略》新书发布会在北京时代美术馆隆重召开。

3月30日，中央美术学院教授、博士生导师张绮曼获"中国建筑装饰协会设计年度人物终身成就奖"。

3月31日，"铸时代篇章——青年雕塑家作品展"在中国美术馆展出。此次展览由中国美术馆、中华艺文基金会主办，27位参展雕塑艺术家每人提供了代表自己艺术水准的5件雕塑作品，展出的135件雕塑作品布满中国美术馆13—17号展厅。

四月

4月1日，中央美术学院百年校庆正式启动，中央美术学院校史馆正式开馆，28位名师名家塑像落成。

4月2日，为纪念张伯驹先生诞辰120周年，故宫博物院与张伯驹潘素文化发展基金会、中国国家博物馆、吉林省博物院举办的"予所收蓄　永存吾土——张伯驹先生诞辰120周年纪念展”在故宫武英殿开幕。

4月3日，“炎黄之春——2018水墨邀请展”在京开幕。本次展览为炎黄艺术馆主办的第三届“炎黄之春”水墨邀请展，共展出70后、80后为主的54位艺术家的170余件作品。

4月7日，“寄言2028——中国美术学院建校九十周年特展”在中国美术学院美术馆（南山校区）开幕。

4月8日，中国美术学院举行建校九十周年庆典大会，还举行了纪念建校九十周年升旗仪式、中国国际设计博物馆开馆仪式暨系列展、九秩国美校友座谈会、国内艺术院校院（校）长座谈会、中国美术学院良渚校区奠基仪式、“国美之夜”校庆晚会等活动。

4月8日，由中国国家画院、河南省文化厅、河南省文学艺术界联合会主办的“写意中国·2018中国国家画院美术作品展（郑州）”在郑州美术馆开幕。

4月10日上午，由中国画学会主办的“美术创作工程《长江万里图》巨幅长卷展”开幕式暨新闻发布会在中国国家博物馆举行。《长江万里图》是以新时代的长江为主题的美术创作工程，画卷全长200米、高1.5米，全面地展示了新时代长江的自然风貌和文化景观。

4月10日，由凤凰艺术年展组委会主办，凤凰古城文化旅游投资股份有限公司、北京易艺科技有限责任公司承办的大型国际性艺术展览活动“跨文化视野中的意大利当代艺术展”在凤凰古城开幕。

4月10日，“青春心印——2018第5届关山月美术馆青年工笔画展”在深圳市关山月美术馆开幕，此展是关山月美术馆多年重点打造的品牌展览项目。

4月11日，“‘中华家园’美术创作项目草图观摩展”在中国美术馆开幕。本次展览由中国文学艺术界联合会、国家民族事务委员会、国务院参事室、中央文史研究馆、中国美术家协会共同主办实施，中央文史研究馆书画院承办，共展出入围作品111幅。

4月11日，“跨文化视野中的意大利当代艺术展暨中意院长论坛”在湖南湘西凤凰古城举办。来自意大利和中国各大美院的院长及教授，就全球化背景下中意当代美术教育的前景进行了一次深入的对话。

4月12日，由中国艺术研究院、中国美术家协会共同主办，中国艺术研究院中国画院承办“时代印迹——中国艺术研究院中国画院第四届院展”在中国美术馆开幕。

4月12日，由中国美术馆主办的自2017年7月金砖国家美术馆签署成立联盟意向书以来的首次论坛“特色·融汇——金砖国家美术馆联盟论坛”在中国美术馆七楼报告厅开幕。中国、南非、巴西、俄罗斯、印度五国五座国家级美术馆的代表以“特色·融汇”为主旨展开学术研讨。

4月13日，第十三届全国美展华南片区调研工作会在杭州召开。

4月13日，四川省美术家协会第七次全省代表大会在成都举行，梁时民当选四川省美协第七届主席团主席。

4月13日，中国美术馆主办的“特色·融汇——金砖国家美术馆联盟特展”，在中国美术馆一层第2、3号厅举行。展览展出金砖国家美术馆联盟成员美术馆收藏和遴选的经典作品62件。

4月13日，“第三届广东当代陶艺大展”在广州美术学院大学城美术馆开幕。

4月14日，由中国美术家协会主办，中国美术家协会油画艺术委员会、山东美术馆、鲁迅美术学院美术馆承办的“中国精神：第四届中国油画展（第三区段）抽象——当代中国非具象油画艺术展”巡展在鲁迅美术学院美术馆开幕。

4月14日，“在东方——意象·新媒体作品展”在今日美术馆开幕。

4月14日，“梦幻成真——纪念何海霞诞辰110周年精品展”在嘉德艺术中心开幕。参展作品110余件，书画作品占大多数，主要为何海霞先生20世纪60年代至80年代的作品。

4月15日，由中国美术家协会、深圳市文联、罗湖区人民政府主办，中国文联美术艺术中心、中国美协水彩画艺委会、中共深圳市罗湖区委宣传部（区文化体育局）承办的“首届深圳国际水彩画双年展”在深圳罗湖美术馆开幕。

4月18日，由中国国家画院、中共洛阳市委宣传部、河南省美术家协会、河南省中国画学会主办的“写意中国·2018中国国家画院美术作品展”在洛阳美术馆开幕。

4月19日，以“弘扬伟人精神，缅怀革命先驱”为主题的纪念周恩来总理诞辰120周年全国书画展在全国政协礼堂举办。本活动由中国延安精神研究会主办，深圳七凤星文化传媒有限公司承办，海盈科技集团(香港)有限公司协办，西南交通大学支持。

4月20日，由中国国家博物馆、中国美术家协会、中央美术学院、北京靳尚谊艺术基金会联合主办的“戴泽艺术展”在中国国家博物馆开幕。

4月20日，“乌拉圭的瓜拉尼艺术展”在中国美术馆开展。

4月20日，由深圳市美术家协会、深圳美术馆主办，深圳市美术家协会水彩画艺委会、深圳水彩画会、深圳市罗湖区美术家协会协办的“庆祝改革开放40周年·2018深圳水彩画展”在深圳美术馆开幕。

4月20日，由中国画学会、中央数字电视书画频道、中共山东省委宣传部、山东省文化厅、山东省文学艺术界联合会、潍坊市人民政府联合主办“第八届中国画节”在潍坊开幕。

4月21日，“艺术态度——中国画名家人物作品邀请展”在北京81美术馆开幕。

4月21日，由中国版画博物馆主办，《中国版画》编辑部协办的“中国当代版画名家原作典藏首展”在中国版画博物馆开幕。

4月22号，中国美协副主席、广东省文联主席、广东画院院长许钦松作品展“吞吐大荒——许钦松山水画展”在深圳关山月美术馆开幕。

4月22日，“大道成器——国际当代陶艺作品展”在清华大学艺术博物馆开幕。此次展览由国家艺术基金支持，清华大学艺术博物馆主办，邀请当代海内外有影响的陶艺家69人，展示中外陶艺精品83件。

4月22日，“‘六法论’之气韵生动篇——当代中国画名家系列展”在荣宝斋美术馆开幕。

4月23日，第十三届全国美展西南片区工作调研会在贵阳召开。

4月24日，由福建省文化厅、福建省文学艺术界联合会、南平市人民政府主办，福建省美术家协会、松溪县人民政府承办，南平市美术家协会、福建美术在线协办的“生态家园——福建松溪版画作品展”在中国美术馆开幕。

4月26日，由中国艺术研究院、中国美术馆、中国美术家协会共同主办的“乘物游心——吕品田绘画作品展”在中国美术馆开幕。

4月26日，由中央美术学院、中国艺术研究院、中国美术馆、中国美术家协会、广州美术学院共同主办的“闳约逸致——苏百钧中国工笔画展”在中国美术馆启幕。

4月26日，“发明的精神——美国哈格利博物馆与图书馆藏·19世纪美国专利模型展(巡)”启动仪式在清华大学艺术博物馆举行。

4月28日，由中国美术家协会、高邮市人民政府共同主办的“邮驿路 运河情”全国中国画作品展在高邮开幕。

4月28日，由黑龙江省工艺美术协会主办的“黑龙江省优秀工艺美术大师作品展”在黑龙江省美术馆开幕。

五月

5月3日，由中国画学会、山西省文联、人民美术出版社举办的“吉祥五台山——中国画艺术展”在北京人民出版社美术馆开幕。

5月4日，由国家图书馆(国家典籍博物馆)与山东省潍坊市博物馆共同主办的“清官板桥 三绝传世——郑板桥专题展”在国家典籍博物馆开幕，展出潍坊市博物馆精选馆藏郑板桥书画、石刻拓本以及扬州画派的墨迹67件。

5月5日，由中共中央宣传部、中共中央党史和文献研究院、中国文学艺术界联合会主办，中共中央编译局、中国美术家协会、中国国家博物馆承办的“真理的力量——纪念马克思诞辰200周年主题展览”在中国国家博物馆开幕。

5月5日，由中国美术家协会主办，中国美术家协会油画艺术委员会、山东美术馆、西安美术馆承办，天和城(天津)置业投资有限公司协办的“中国精神：第四届中国油画展(第三区段)抽象——当代中国非具象油画艺术展”巡展在西安美术馆开幕。

5月7日，中国文联、中国美协文艺培训志愿服务项目——福建美术培训班开班。

5月7日，“开放的西美——西安美术学院2018届硕士研究生毕业作品展”开幕式在西部美术馆举行。

5月8日，中国美术家协会2018年深入学习贯彻习近平新时代中国特色社会主义思想和党的十九大精神专题培训班在浙江湖州开班。

5月8日，2018中央美院百年校庆毕业季启动，“2018年中央美术学院研究生毕业作品展”同期开幕。

5月8日，由中国博物馆协会美术馆专业委员会学术支持，烟台市文化广电新闻出版局主办、烟台美术博物馆承办的“纪念改革开放40周年——国内沿海开放城市美术馆馆藏作品展暨2018美术馆发展论坛”在烟台美术博物馆开幕。

5月8日，由桂林市文新广局、兰州市文化和旅游局共同主办，桂林画院、兰州画院、桂林美术馆、兰州美术馆共同协办的2018“大河魂——兰州画院美术作品桂林展”在桂林美术馆开启。

5月8日，“以形写神——2018全国高等艺术院校中国画人物造型主题交流展暨研讨会”在南京艺术学院美术馆开幕。

5月9日，由中国美术家协会、中央美术学院、北京画院联合主办，北京画院美术馆承办的“史海寻贝——美术史论家李松的治学与收藏”展在北京画院美术馆开幕。

5月10日，中国美术家协会主办的“艺术与和平——中国当代美术作品展”在希腊马其顿当代艺术博物馆开幕。

5月12日，“讲中国故事——第五届全国架上连环画展”在重庆美术馆开幕。此次展览由中国美术家协会主办，中国文联美术艺术中心、中国美术家协会连环画艺委会、重庆美术家协会、盼盼集团惟善轩美术馆承办，鲁迅美术学院、中共重庆市大足区委、重庆市大足区人民政府协办。

5月12日，中国美术家协会油画艺术委员会、江苏省油画学会、苏州美术馆共同主办的“聚焦新时代——中国油画名家邀请展”在苏州美术馆开幕。这是自1949年以来在苏州举办的水平最高的油画展览。

5月14日，“灵之所在　魂之所系——匈牙利艺术研究院作品展”在今日美术馆开幕。

5月14日，“融——法国杜尚奖提名艺术家作品展”在清华大学艺术博物馆开幕。作为“中法文化之春”的重要活动，本次展览由清华大学艺术博物馆、法国驻华大使馆、法国国际艺术传播委员会联合会共同主办。

5月15日，广州美术学院2018届研究生毕业作品展开幕。

5月16日，清华大学美术学院、清华大学深圳研究生院2018届夏季毕业硕士研究生毕业作品展在清华大学艺术博物馆举行联合开幕式。

5月17日，“Ctrl+Alt+Del 重启：2018湖北美术学院本科生毕业作品展”在湖北美术学院开幕。

5月19日，由中国美术馆主办的“典藏活化”系列展“丝路飞虹——韩乐然诞辰120周年中国美术馆藏韩乐然作品展”在中国美术馆展出。展览以20世纪40年代“丝路文化”探索浪潮为背景，共展出韩乐然作品97件。

5月20日，“2018南京创意设计周暨南京艺术学院5.20毕业展演嘉年华”在南京开幕。

5月23日，毛泽东同志《在延安文艺座谈会上的讲话》发表76周年之际，由中国文学艺术界联合会、中国美术家协会、中国文学艺术基金会共同主办的2018“中国精神·中国梦——美丽乡村行写生采风作品展”在文化和旅游部恭王府博物馆开幕。

5月23日，“艺术成就梦想——2018鲁迅美术学院毕业季暨80周年华诞启动仪式”开幕。

5月23日，“艺术为人民——纪念毛泽东《在延安文艺座谈会上的讲话》发表75周年延安鲁艺美术回顾展”在延安鲁迅艺术文学院旧址开幕。本次展览由中国美术馆，延安市委、市政府共同主办，展出了中国美术馆精选的32位延安鲁艺师生的83件作品，涉及版画、年画、油画等艺术形式。

5月23日，由北京美术家协会、北京画院、中央美术学院中国画学院共同主办的“艺林风华——梁长林作品展”在北京画院美术馆开幕。此次展览聚集了梁先生在20世纪七八十年代创作的不同风格与主题的作品。

5月24日，“中国美术学院毕业创作展示周”拉开序幕。

5月25日，“2018年中央美术学院本科生毕业作品展”开幕。

5月26日，由中国美术家协会、福建省文联、福清市政府主办的“水墨融情海丝梦——首届全国中国画作品展”开幕式在福清市美术馆举行。

5月28日，2018四川美术学院本科毕业作品展于大学城虎溪校区和黄桷坪校区展出。

5月28日，“达芬奇＆鲁班——2018山水美术馆艺术科学国际大展”在北京山水美术馆开幕。

此次展览由山水文园集团、山水美术馆、时尚集团、中央美院视觉艺术高精尖中心传统活化项目组、中华世纪坛世界艺术中心主办，MetaMorfosi srl艺术基金会、北京学生活动管理中心、北京市学生金帆书画院、理木工坊、BOE(京东方)、中展德美集团等协办。

5月28日，《中央美术学院美术馆藏精品大系》发布。正值百年校庆之际，中央美术学院组织学院学术中坚力量，首次梳理以美术馆藏品为主要部分的全院藏品，精选了各个艺术门类中在艺术史和教学上有重要意义和代表性的作品，以规范的编辑体例和精致的印刷质量编纂出版。共计收录上至宋元、下迄当代1300余位艺术家的2000余件作品，尤以明清绘画、20世纪前半叶中国油画、1949年以来的现实主义风格绘画为精。

5月29日，“意会中国——阿富汗知名画家访华采风创作展”在北京恭王府博物馆开幕。此次展览展出了五位阿富汗艺术家在华驻留期间创作的24幅作品，题材主要取自画家此次访华采风过程中获得的中国印象和灵感，兼及部分阿富汗风景和人文风貌。

5月29日，由中共安徽省委宣传部、中国美术家协会、中国书法家协会、中国美术馆和安徽省文学艺术界联合会、安徽省文化厅共同举办的“新时代　新徽派——安徽书画40年精品晋京展”在中国美术馆开幕。

5月30日，中国文学艺术基金会、福建省文联、福建省美协联合举办的“寻找时代美丽乡村——福建省青年画家‘深入生活　扎根人民’创作成果汇报展”在中国文联文艺家之家展览馆开幕。本次展览是徐国雄2017年6月申报的中国文学艺术发展专项基金资助项目大型中国画系列创作《寻找时代美丽乡村》的成果作品，以水墨重彩表现了福建美丽山川、乡土风情和新时代美丽乡村。

5月31日，“广州美术学院2018届本科毕业展”在广东美术馆开展。

六月

6月2日，“俊采星驰——江西美术作品学术邀请晋京展”在中国美术馆开幕。此次展览由中国美术家协会、江西省文学艺术界联合会、南昌市红谷滩新区管委会主办，南昌市人民政府、江西省美术家协会、南昌市文学艺术界联合会、中国漆言画社承办。

6月2日，由浙江美术馆、中华世纪坛艺术馆、天津美术馆主办的“安格尔的巨匠之路——来自大师故乡蒙托邦博物馆的收藏”在浙江美术馆开幕。

6月3日，“铁笔生花——故宫博物院藏吴昌硕书画篆刻特展”暨《故宫藏吴昌硕书画全集》新书发布仪式在故宫博物院文华殿展厅举行。

6月4日，2018届上海美术学院毕业生优秀作品展开幕式暨2018届研究生毕业答辩启动仪式在刘海粟美术馆举行。

6月5日，“黑龙江省首届时装画展”在哈尔滨龙广958艺术馆开幕。展览由黑龙江省文学艺术界联合会、黑龙江省美术家协会共同主办，黑龙江省美术家协会服装设计艺术委员会、哈尔滨师范大学美术学院服装系承办。

6月6日，“2018深圳油画年度展”在深圳美术馆开展。展览由深圳市美术家协会、深圳美术馆主办，深圳市美术家协会油画艺委会、深圳观澜美术馆承办，共呈现深圳市油画艺术家的精彩艺术作品70余件。

6月8日，由中华全国青年联合会、中国文学艺术界联合会、中国美术家协会共同主办的“第6届全国青年美术作品展”在中国美术馆开幕。

6月8日，“镶嵌中国——马赛克艺术邀请展全国巡展·武汉”在武汉美术馆开幕。举办全国性的马赛克镶嵌艺术展览在中国尚属首次。展览邀请了李化吉、唐小禾、王肇民、刘秉江、袁运生、孙景波、曹力、冯健亲、李林琢、程犁、郑爽、苏新平、林蓝等70位艺术家参展。

6月9日，“无问西东——从丝绸之路到文艺复兴”展在国家博物馆开幕。展览包括意大利21家博物馆与国内17家博物馆的200余件(套)精品，反映了13至16世纪中国与意大利文化艺术之间不绝于缕的交流。

6月9日，第二届银川双年展在银川当代美术馆开幕。此次双年展着眼于历史上跟西北大陆有交接的国家和地区，邀请了丝绸之路沿线的30个国家的80组(92)位艺术家，从银川在地缘政治上的特殊性出发，以“生态学”为切入点，以“游牧”为关键词。

6月10日，由中国美术家协会主办，中国美术家协会连环画艺委会、华侨大学党委宣传部、美术学院和泉州海外交通史博物馆承办的“讲中国故事——第五届全国架上连环画展(泉州站)”在泉州海外交通史博物馆开幕。

6月10日，西安美术学院2018届“时空留痕——未来见”本科毕业作品展在西安美术学院开幕。

6月11日，由云南艺术学院、云南省文学艺术界联合会主办，云南艺术学院美术学院、云南省美术家协会承办的“2018中国·南亚东南亚国际美术展(雕塑)”在云南省文学艺术馆开幕。本次展览展出来自意大利、日本、缅甸、孟加拉国、尼泊尔、泰国、韩国、马来西亚以及印度、保加利亚、中国台湾等14个国家和地区的近300件雕塑作品。

6月12日，由中国文学艺术界联合会、中国美术家协会、中国文学艺术基金会、中央民族大学、首都师范大学共同主办的“西部少数民族青年美术家作品展暨第七届西部少数民族青年美术家高研班开学典礼”在中国文艺家之家展览馆开幕。

6月12日，“期颐艺境 德承百年——湖北美术学院世纪艺术家馆藏精品展”在湖北美术学院美术馆开幕。

6月12日，由中友国际艺术交流院、荣宝斋天津有限公司共同主办、荣宝斋画院协办的“改革开放40周年·携手共建美好中国”绘画成就展在全国对外友协礼堂开幕。

6月13日，“清华大学美术学院2018届本科生毕业作品展”在清华大学艺术博物馆大厅开幕。

6月15日，由中国美术家协会、福建省文学艺术界联合会、漳州市人民政府主办的“墨香诏安——中国画作品展”在诏安开幕。

6月15日，“在花园——天津美术学院2018届毕业生优秀作品展”在天津美术学院美术馆正式开幕。

6月15日，由浙江省文学艺术界联合会、浙江省青年联合会、浙江省美术家协会、浙江美术馆联合主办的“勇立潮头——浙江省第七届青年美术作品展览”在浙江美术馆开展。

6月15日，“中国当代水彩系列研究展(黑龙江、吉林、辽宁)”在中国国家画院美术馆开幕。展览由中国美术家协会水彩画艺术委员会、黑龙江省美术家协会、吉林省美术家协会、辽宁省美术家协会主办，中国国家画院美术馆、黑龙江省美术家协会水彩画艺术委员会、吉林省美术家协会水彩画艺术委员会、辽宁省美术家协会水彩画艺术委员会承办。

6月16日，由上海大学上海美术学院主办的“融合的视界：亚欧经典版画展国际论坛”在上海美术学院开幕。本次展览定位于研究型文献展，共展出16至21世纪亚欧经典版画245幅。

6月16日，龙美术馆(西岸馆)举办“转折点——中国当代艺术四十年”展览，以时间为线索分为四个章节共展出龙美术馆所藏的40年来具有影响力的近百件作品。

6月17日，由中国美术家协会、海门市人民政府主办，中国文联美术艺术中心、中国美术家协会中国画艺委员会、江苏省美术家协会、中共海门市委宣传部、海门市文联承办的“江海门户通天下”全国中国画作品展在江苏海门开幕。

6月17日，“匈牙利当代艺术展”在中国美术馆开幕，展出了来自匈牙利艺术家的99件绘画作品及24件雕塑作品。

6月20日至22日，由中国美协漫画艺术委员会和邯郸市纪委监委联合主办的“全国廉政文化建设与漫画创作研讨会”在邯郸召开。

6月22日，由中国美术家协会、四川省文学艺术界联合会主办，中国文联美术艺术中心、四川省美术家协会、四川美术馆承办的“入蜀方知画意浓——全国美术作品展(中国画)”在成都四川美术馆举行开幕式。

6月23日，“镶嵌中国——马赛克艺术邀请展全国巡展 徐州”在徐州美术馆开幕。

6月23日，荣宝斋(成都)有限公司主办的“版画的力量：500年世界大师经典作品回顾展”在成都荣宝斋展厅开幕。

6月24日，由中国美术家协会版画艺术委员会、中央美术学院和宝隆艺术区主办，上方美术馆承办的“版画中国——(版画艺术在民间)全国系列巡展”首展在北京上方美术馆开幕。此次展览秉承中国美协第五届版画艺委会第一次工作会议精神，邀请了33位国内版画名家以及134位青年艺术家共同展出近200件作品。

6月24日，“中国艺术研究院研究生院2018届研究生毕业作品展”在炎黄艺术馆拉开序幕。

6月24日，“融合的视界——亚欧经典版画展”在上海民生现代美术馆开幕。

6月24日，“中国当代艺术年鉴展2017”在北京民生现代美术馆开幕。本次年鉴展由中国民生银行、北京民生现代美术馆、北京大学视觉与图像研究中心、吴作人国际美术基金会共同主办。北京大学历史系教授、世界艺术史学会主席朱青生继续担任展览策展人，北京大学视觉与图像研究中心副主任滕宇宁、北京民生现代美术馆展览部团队执行策展。

6月24日，“一个天才的心相——忻东旺艺术作品展”在清华大学艺术博物馆开幕。

6月26日，由中央美术学院设计学院主持策划、中央美术学院院长范迪安担纲学术主持的“艺·在生活 —— 沉浸式艺术设计展”在国家大剧院开幕。

6月26日，由陕西省美术博物馆、河北美术馆联合主办的“高原·高原——中国西部美术展收藏作品展”在河北美术馆开展。

6月27日，由中国美术家协会新文艺群体(组织)展览与推广中心、文化和旅游部恭王府博物馆展览活动部共同主办的“古骨新风——萧和人物画作品展”在文化和旅游部恭王府博物馆开幕。

6月27日，“美美与共——中国美术馆藏国际艺术作品展”在中国美术馆展出。展览从馆藏的3500件外国艺术家作品中，遴选出60余个国家100多位艺术家的200余件油画、版画、雕塑、摄影等精品。

6月27日，“唯我与君同性真——何画柳题中的诗情画意”专题展在何香凝美术馆展出。

6月27日，“腕底烟云未等闲——纪念何香凝诞辰140周年艺术精品展”在深圳何香凝美术馆开幕，共展出何香凝艺术精品画作74件。

6月28日，纪念何香凝先生诞辰140周年暨首届“香凝如故” ——全国美术作品展(中国画、油画)在中国美术馆开幕。展览由民革中央、中国美术家协会共同主办，中国文联美术艺术中心、民革中央画院、民革中央企业家联谊会、中山博爱基金会承办。

6月30日，“首届鲁迅版画大展暨‘狂人100’中国版画大展”在金陵美术馆开幕。本次展览由鲁迅文化基金会、中央美术学院、中国美术家协会版画艺术委员会、中共上海市虹口区委宣传部联合主办，上海鲁迅文化发展中心、海派文化中心承办，金陵美术馆(南京市艺术研究院)协办。本次版画大展精品展征集了岳敏君、方力钧、杨锋、张敏杰等著名艺术家、版画家的作品，涵盖了各个年龄段和多元的形式风格，既有以八大美院版画系众多教授为代表的学院派版画家，又着重推出了一批30岁左右青年艺术家的新人新作。

6月30日，“庆祝建党97周年‘一带一路·漫眼看世界’全国著名水墨漫画家作品展暨辽宁漫画展”在沈阳日报美术馆拉开序幕。此次展览由中国美术家协会漫画艺术委员会和辽宁省美术家协会作为学术支持，辽宁省美协综合画种艺术委员会主办，沈阳日报美术馆承办。

6月30日，第五届“青未了——山东省高等学校美术院系应届毕业生优秀作品展”在山东美术馆开展。

6月30日，“2018中国艺术教育博览会暨改革开放四十周年艺术教育成果展”在北京中国国际展览中心开幕。本次艺术教育成果展由文化和旅游部、中国国际贸易促进委员会批准，中国艺术职业教育学会和中国国际展览中心集团公司联合主办。

七月

7月1日，“何处是蓬莱——仙山图特展”在台北故宫博物院开幕。

7月2日，由中国美术家协会主办，中国文联美术艺术中心、中国美协连环画艺委会、湖北美术学院、重庆市美协承办的“讲中国故事——第五届全国架上连环画展”(湖美站)在湖北美术学院昙华林校区美术馆开幕。

7月6日，由中国美术家协会和马耳他中国文化中心共同主办的“艺术与和平——中国当代美术作品展”在海上丝绸之路的重要节点——马耳他首都瓦莱塔开幕。

7月7日至8日，中国美协漆画艺委会“第十一届全国漆画高研班”在西安、南昌、桂林开班。

7月9日，中国美术家协会青少年美术展览与推广中心正式挂牌。

7月10日，“行远及众·中国水印木刻版画文献展”在江苏省美术馆开幕。本次展览分为典藏水印木刻版画作品展、木刻版画史料展、水印木刻版画邀请作品展、青年水印木刻版画作品展四部分，展出作品和文献300余件。

7月11日，中国国家画院“数字艺术研究所”“美育研究所”在京成立。

7月12日，“以漆为媒·华东师范大学漆艺术展”在上海龙现代艺术中心开幕。

7月13日，由中国美术家协会少儿美术艺委会、中共凤阳县委宣传部联合主办的“中国少年·画中国——走进凤阳”活动在安徽凤阳举行。

7月15日，由中国美术家协会主办，中国美术家协会油画艺术委员会、山东美术馆承办的“中国精神：第四届中国油画进京展”在中国美术馆开幕。

7月15日，“博洛尼亚国际插画展中国巡展（北京站）暨守望童年——中国原创图画书大师作品纪念展”在北京今日美术馆开展。

7月16日，由中国美术家协会版画艺委会、苏州市委宣传部、苏州市文学艺术界联合会主办，苏州市美术家协会、苏州高新区文体中心寒山美术馆承办的“桃坞镌印——2018年（苏州）全国版画邀请展”在苏州寒山美术馆开幕。

7月17日，由故宫博物院与北京画院合作举办的“清平福来——齐白石艺术特展”在故宫博物院开幕。

7月18日，“中华意蕴——中国油画艺术国际巡展（意大利）”在罗马开幕。

7月20日，“第三届中国漆画学术提名展”在浙江宁波美术馆开幕。本次展览由中国美协漆画艺委会、宁波市文联主办，参展人员27人，均为50岁以下的年轻漆画家，展出作品近110件。

7月20日，由平遥县人民政府联合奥地利莫比乌斯艺术基金会共同主办的首届平遥国际雕塑节在平遥古城揭幕。

7月20日，由陈履生担当学术主持，游江策划，深圳美术馆主办的“见字如晤　纸短情长——深圳美术馆现代书画艺术大家信札暨典藏精品展”在深圳美术馆展出。

7月20日，“花间逸趣·当代花鸟画系列展”在山东美术馆开幕。山东美术馆、深圳市关山月美术馆主办，当代岭南艺术研究院协办，广州鲁逸文化承办。

7月21日，“动漫原画特展——一支铅笔诞生的世界”在国家典籍博物馆开展。共展出400余幅动漫原画与珍稀赛璐璐，包括迪士尼经典动画电影以及热门日本动漫等。

7月21日，“徐冰：思想与方法”展在北京尤伦斯当代艺术中心（UCCA）开幕。

7月24日，中国美术家协会壁画、水彩画、环境设计、工业设计艺术委员会换届大会在京召开，王颖生、陈坚、苏丹、鲁晓波分别任主任。

7月25日，“文脉传薪——2018中国写意油画学派作品年展”在深圳市关山月美术馆开幕。此次展览由中央美术学院院长范迪安担任总策划，围绕着“家园”的主题，87位艺术家的近百件作品将呈现中国写意油画学派在该领域的全新探索。

7月26日，由无锡博物院、安徽博物院联合主办的“吴地雅事——无锡博物院藏文氏一门书画特展”在安徽博物院新馆五楼开展。

7月27日，由中国美术家协会主办，中国文联美术艺术中心、中国美协连环画艺委会、绍兴市文广新局、绍兴画院、盼盼集团惟善轩美术馆承办的“讲中国故事——第五届全国架上连环画展”（绍兴站）在绍兴市美术馆开幕。

7月27日，“麦积山国际雕塑论坛·2018”学术年会在天水举行。此次论坛由中国雕塑学会、敦煌研究院、西安美术学院、天水市人民政府共同主办，麦积山石窟艺术研究所、西安美术学院雕塑系、清华大学美术学院雕塑系承办。

7月27日，“深圳当代中国画年度展”在深圳美术馆展出。

7月27日，由中国美术家协会、中共广东省委宣传部、广东省文联、中共深圳市委宣传部和中国美术馆共同主办的“大潮起珠江——庆祝改革开放40周年全国美术作品展”在京开幕。

7月29日，“传神写韵——2018中国写意油画学派人物专题研究展”在北京万荷美术馆开幕。这是由北京当代中国写意油画研究院主办、北京万荷美术馆承办，向中国油画界推出的一项专题研究性展览。展览共邀请了63位国内知名的老中青三代写意油画家，展出作品共计149幅。

7月30日，中国美术家草原四季（夏季）采风写生活动启幕。

八月

8月1日，由中宣部、中国文联、财政部、文化和旅游部主办，中国美术家协会承办的“不忘初心继续前进——纪念中国共产党成立100周年大型美术创作工程”在北京召开启动动员会。

8月1日，“国风盛典——首届全国中国画作品展”在中国国家画院（国展）美术中心开幕。展览由中国美术家协会、中国文学艺术基金会主办，中国文联美术艺术中心承办，北京关心成长文化发展有限公司协办。

8月3日，由北京市总工会联合中央美术学院共同举办的“劳动创造生活：目营心匠——精微绘画作品展”在太庙艺术馆开幕。

8月5日，由中国美术家协会、中国美术馆、中国国家画院、中国艺术研究院联合主办的“书林写意——马书林中国画作品展”在中国国家博物馆开幕。

8月6日，2018中国美协艺委会（综合材料绘画）青年文艺人才培训在京开班。

8月7日，著名国画家、苏州市文联主席、中国画学会理事、苏州市中国画研究会会长刘振夏逝世，享年77岁。

8月8日，由中国美术家协会新文艺群体（组织）展览与推广中心、文化和旅游部恭王府博物馆展览活动部、中国国家画院版画院共同主办的“春风春雨　中国——庆祝改革开放四十年新文艺群体版画提名展”在文化和旅游部恭王府博物馆开幕。

8月9日，由中共山东省委宣传部、中国美术馆、中国美术家协会、山东省文化厅、山东省文学艺术界联合会主办的“能量——改革开放40年山东美术发展成果展”在中国美术馆开幕。

8月9日，由民族文化宫与宁夏回族自治区文化厅主办，民族文化宫博物馆、民族文化宫展览馆和宁夏回族自治区博物馆共同承办的“朔地恋歌——宁夏岩画特展”在北京民族文化宫开展。

8月10日，“生为变法——朱振庚作品展”在武汉美术馆拉开序幕。此次展览由批评家栗宪庭担任策展人，共展出艺术家生前所创作的110余幅作品，同时配以手稿、访谈视频、年表等文献资料的陈列，其中手稿作品约2700件。

8月12日，“镶嵌中国——马赛克艺术邀请展全国巡展·合肥”在安徽博物院老馆开幕。

8月14日，中国美术家协会2018年第三期中青年文艺骨干和文艺管理干部培训班在北京开班。

8月14日，“新时代·新生活——全国速写作品邀请展暨第四届广州速写作品展”在中国文艺家之家展览馆开幕。本次展览由中国艺术报社、中共广州市委宣传部、广州市文联主办，中国美协学术指导，广东省美协、广州美术学院学术支持，广州市美协、中共广州市黄埔区委宣传部协办。

8月16日，“光华——袁运甫艺术之美”在清华大学艺术博物馆开展。此次展览由清华大学联合中国美术家协会、中国国家画院共同主办，清华大学美术学院、清华大学艺术博物馆共同承办，展出了袁运甫先生艺术作品123件，其中包括故宫博物院所藏的《长江万里图》。

8月17日，“第八届中国北京国际美术双年展”筹备启动新闻发布会在京召开。

8月17日，“‘海丝情·中国梦’——中国福州‘海上丝绸之路’全国中国画作品展”在福州海峡国际会展中心开幕。此次展览由中国美术家协会、福建省文学艺术界联合会、福州市人民政府主办，中国文联美术艺术中心、中共福州市委宣传部、福建省美术家协会、福州市文学艺术界联合会承办，福州市美术家协会协办。

8月18日，“弘扬经典 铸造辉煌——2018·中国当代工艺美术双年展”在中国国家博物馆开幕。

8月19日，由中国美术家协会主办，中国文联美术艺术中心、中国美术家协会连环画艺委会、天津美术馆承办的“讲中国故事——第五届全国架上连环画展”巡展在天津美术馆开幕。

8月20日，“首届全国工艺美术作品展”在上海龙现代艺术中心开幕。此次展览由中国美术家协会和上海市文学艺术界联合会主办，中国美术家协会工艺美术艺术委员会、上海市美术家协会、上海美术学院、上海龙现代艺术中心承办，上海市创意设计工作者协会、上海工艺美术研究所协办。

8月22日，著名漫画家、人民日报社高级编辑、中国新闻漫画研究会名誉会长方成在京逝世，享年100周岁。

8月23日，《中国美术家协会入会细则》修订。

8月23日，“深入生活　扎根人民——中国美术家协会中国画艺术委员会写生作品展”在亚明艺术馆开幕。展览由中国美术家协会、安徽省文联、中共合肥市委宣传部、合肥市文联主办，中国美协中国画艺委会、安徽省美协、亚明艺术馆承办，安徽省美协中国画艺委会、安徽省中国画学会协办。

8月26日，“丝路起点　回望长安——长安画派与长安画坛国画作品晋京展”在中国美术馆开幕。

8月27日，四卷本《中华史诗图文志——中华文明历史题材美术创作工程文献集》新书首发式在中央文史研究馆举行。

8月28日，“品真格物——全国青年工笔画作品展”在天津现代美术馆开幕。此次展览由中国美术家协会、天津市委宣传部主办，中国文联美术艺术中心、天津画院承办。

8月28日，“海派巨擘——任伯年绘画作品展”在辽宁省博物馆开展。

8月28日，“启航—— 2018首届中国艺术院校优秀毕业作品联展”在广东书法园开幕。

8月30日，习近平总书记给中央美术学院8位老教授回信，向他们致以诚挚的问候，并就做好美育工作、弘扬中华美育精神提出殷切期望。

8月30日，中国美术家协会第八届理事会第三次会议在北京会议中心召开。

8月31日，在中国美术家协会第八届理事会第三次会议闭幕会上，中国美术家协会集中学习习近平总书记给中央美术学院8位老教授的回信。

8月31日，“城市触觉—— 2018港澳视觉艺术双年展”首展在北京民生现代美术馆展出。

8月31日，“绢谷幸二作品展——爱与祈愿·丰穰之翼”开幕式和二阶俊博的和平外交轨迹——《大贺莲 花开世界》出版发布会在清华大学艺术博物馆举行。

九月

9月1日，“中国梦 · 燕赵雄风——全国中国画、油画作品展”在石家庄美术馆开幕。此次展览由中国美术家协会、中国文学艺术基金会、河北省文化厅、河北省文学艺术界联合会主办，中国文联美术艺术中心、河北省美术家协会、《时代书画报》、河北名家书画院承办。

9月1日，“镶嵌中国——马赛克艺术邀请展全国巡展”在南京艺术学院美术馆开幕。

9月3日，由中国国家博物馆与中共陕西省委宣传部、陕西省文物局共同举办的“大唐风华”展览在中国国家博物馆开幕。

9月3日，“银川对话—— 2018中国 · 意大利版画作品联展”暨国际艺术论坛在银川开幕。本次展览由中国国家画院版画院、银川市人民政府、意大利国立版画研究中心主办，银川市文化新闻出版广电局承办。

9月5日，由中国美术家协会主办的“艺术与和平——中国当代美术作品展”在西班牙马德里中国文化中心开幕。

9月5日，“‘后生命’第二届BMAB北京媒体艺术双年展”在中央美术学院美术馆开幕。

9月6日，“大辽五京——内蒙古出土文物暨辽南京建城1080年展”在首都博物馆开幕。

9月8日，2018“重识游戏——首届功能与艺术游戏大展”在中央美术学院美术馆开幕。

9月9日，第四届“八荒通神——哈尔滨美术双年展(中国画)”在哈尔滨禹舜美术馆开幕。此次展览由中国美术家协会、中共哈尔滨市委宣传部主办，中国文联美术艺术中心、黑龙江省美术家协会、黑龙江禹舜文化艺术研究院和禹舜美术馆承办。

9月9日，“2018中日韩国际交流美术展”开幕式音乐会在黑龙江省美术馆举行。

9月11日，由中共山东省委宣传部、中国美术家协会、山东省文学艺术界联合会主办，山东省美术家协会承办的“首届全国美术高峰论坛”在山东济南开幕。

9月11日，“异视——上海抽象艺术学术互动展”在上海视觉艺术学院美术馆开幕

9月11日，故宫博物院藏清初“四王”绘画特展在故宫文华殿开幕，展出文物多达113件(套)。

9月12日，“心灵的风景：泰特不列颠美术馆珍品展(1700 — 1980)”在中国美术馆开幕。

9月13日，由山西省文物局主办、山西博物院承办、全省19家文博单位共同协办的“古韵新生——山西省可移动文物保护成果展”在山西博物院开展。

9月14日，由中国美术家协会壁画艺术委员会、四川美术学院、重庆市美术家协会共同主办的“第三届‘一带一路’壁画论坛——传统壁画的复制与修复研究”暨作品展在四川美术学院举行。

9月15日，“步漆而语——湖北省首届高校漆艺作品展”在湖北美术学院美术馆开幕。

9月15日，江苏省美术馆举办“脚步—— 40年缩影经典作品回顾展”，展出了自20世纪七八十年代至今的江苏省美术馆馆藏作品100余幅。

9月 19日，由中国艺术研究院主办、大井艺术馆承办的“山水本色——第二届中国当代青绿山水画学术邀请展”在中国美术馆开幕。

9月20日，“讲中国故事——第五届全国架上连环画展”巡展在鲁迅美术学院美术馆开幕。此次展览由中国美术家协会主办，中国文联美术艺术中心、中国美术家协会连环画艺委会、鲁迅美术学院、盼盼集团惟善轩美术馆承办。

9月20日，“穿越大洋的艺术——美国印第安纳大学埃斯凯纳齐艺术博物馆藏19—20世纪风景画展”开幕式在清华大学艺术博物馆举行。

9月20日，“纪念改革开放四十周年上海美术作品展”在中华艺术宫举办，展出作品90余件。

9月21日，“执手同道——吴作人、萧淑芳合展”在中国美术馆开幕。

9月22日，“古城新脉·城墙之外——2018西安当代艺术展”在西安美术馆开幕。

9月22日，中国美术馆“典藏活化”系列展：“绘事之‘素’——中国美术馆藏素描作品展”在中国美术馆开展。

9月26日，由中国美术家协会主办的“艺术与和平——中国当代美术作品展”在捷克国家会议中心开幕。

9月26日，“纪念改革开放四十周年印象宁波·行走的故乡——全国名家风景油画作品展”在浙江美术馆开幕。

9月28日，由炎黄艺术馆、黄胄美术基金会共同主办的“黄胄与二十世纪中国美术”学术研讨会在京召开。

9月29日，“闳约深美——南京艺术学院中国画、书法专业改革开放40年教学成果展”在中国美术馆开幕。此次展览展出了南京艺术学院42位杰出校友和现任教师的140余件作品。

9月30日，“中央美术学院百年校庆特展：耕耘者——戴泽油画艺术展”在中央美术学院美术馆开幕。

十月

10月9日，中国美术家草原四季(秋季)采风写生活动启动。

10月10日，“此境风月好——丰子恺诞辰120周年回顾展”在浙江美术馆开展。

10月12日，由中国美术家协会主办的“中国精神——中国美协油画艺委会委员作品展(重庆站)”在四川美术学院美术馆开幕。

10月12日，“师严道尊：中央美术学院油画系第三工作室教学研究展”在中央美术学院美术馆开幕。

10月12日，“意义的回归：中央美术学院油画系教师进行时”在中央美术学院美术馆开幕。

10月12日，“渍痕：张宝玮先生画展”在中央美术学院美术馆开幕。

10月12日，“地平线画会——2018北京展”在中国华侨历史博物馆开幕。

10月13日，“魅力红谷——首届全国小幅漆画展”在江西省美术馆开幕。此次展览由中国美术家协会、南昌市人民政府、江西省文学艺术界联合会主办，中国文联美术艺术中心、中国美术家协会漆画艺委会、南昌市红谷滩新区管理委员会、江西省美术家协会、江西省美术馆、南昌市文联承办。

10月13日，“不忘初心——全国书画名家作品邀请展(贵州·贵阳)”在贵阳开幕。本次展览由中国国家画院、中国画学会学术支持，贵州省文化厅、贵州茅台酒股份有限公司、中国文化艺术发展促进会中外人文交流委员会主办。

10月16日，“金城流韵——21世纪新丝绸之路”全国中国画作品展在甘肃兰州金城画院开幕。展览由中国美术家协会、甘肃省文联主办，中国文联美术艺术中心、甘肃省美术家协会、兰州市委宣传部、甘肃金城画院承办。

10月17日，“直觉意识:绘画的原力(第一回)”展览在北京时代美术馆举行。

10月17日至20日，“‘蒲公英行动’全国城乡美术教育与教师培养论坛”在湖南第一师范学院东方红校区和长沙师范学院北校区美术与设计学院举办。

10月19日，由中国文联、中国美术家协会、中国文学艺术基金会共同主办的“向人民汇报——三十位中青年美术家‘深入生活、扎根人民’主题实践活动作品展”在北京炎黄艺术馆拉开序幕。

10月19日，国家艺术基金2017年度传播交流推广项目“融合·跨界”——第二届中国当代玻璃艺术三年展暨学术论坛在河南省美术馆开幕。本次展览活动由清华大学主办，中国工艺美术协会、中国国家画院协办，清华大学美术学院、中国国家画院公共艺术院、河南省美术馆和中国工艺美术协会玻璃艺术专业委员会联合承办。

10月20日，由中国美术家协会主办，中国美术家协会环境设计艺委会、广州美术学院承办的“为中国而设计——第八届全国环境艺术设计大展暨学术论坛”在广州美术学院大学城美术馆开幕。

10月20日，“美丽右玉——山西省油画风景展”在山西大学美术学院美术馆开展。

10月20日，鲁迅美术学院建校80周年纪念大会召开。

10月21日，由中国美术家协会、神木市人民政府主办，中国文联美术艺术中心、陕西省美术家协会承办的“翰墨神木——2018全国中国画作品展”在神木开展。

10月21日，由中国美术家协会、中共威海市委宣传部主办的“逐梦·威海卫——2018全国风景、静物油画作品展”在中国油画小镇国际博览交易中心开幕。

10月21日，由中国美术家协会、景德镇市人民政府主办的“千年景德·瓷上中国——首届中国(景德镇)当代陶瓷绘画作品展”在绿地昌南里文化艺术中心开幕。

10月21日，“第五届‘三毛杯’中国漫画大展”在张乐平纪念馆开幕。展览由中国美术家协会漫画艺委会、海盐县人民政府和上海三毛形象发展有限公司主办，海盐县文学艺术界联合会承办。

10月21日，“首届全国少儿陶艺及塑作展”在陕西省铜川市耀瓷文化小镇美术馆开幕。

10月22日，“西方绘画500年——东京富士美术馆馆藏作品展”在清华大学艺术博物馆开幕。

10月24日，由内蒙古自治区党委宣传部、中国美术家协会、内蒙古自治区文联联合组织的“草原四季·全国美术作品展览”创作动员会在北京召开。

10月25日，清华大学建筑设计研究院建院60周年回顾展“6×10——一个大学设计院的现代建筑史”在清华大学艺术博物馆开幕。

10月25日，“清华大学建筑设计研究院建院60周年暨2018清华设计学术周”在清华大学大礼堂开幕。

10月25日，由中国美术馆、桐乡市人民政府、上海黄浦区丰子恺研究会联合主办的“漫画人间——丰子恺的艺术世界”在中国美术馆开幕。

10月25日，“执著追求　无愧无悔——谷钢油画展”在中国美术馆开幕。

10月26日，“第七届秀洲·中国农民画艺术节”在浙江嘉兴秀洲开幕。

10月27日，由中国美术家协会主办，中国文联美术艺术中心、中国美术家协会连环画艺委会、重庆市美术家协会、盼盼集团惟善轩美术馆承办的“讲中国故事——第五届全国架上连环画展”天津滨海站在天津滨海文化中心美术馆开幕。

10月27日，“第十四届全国高等艺术院校版画教学与创作年会暨首届清华大学版画艺术节”在清华大学美术学院美术馆举行。

10月27日，“精神游牧——赵培智作品展”在中国美术馆开幕。

10月28日，由中国美术家协会主办，中国文联美术艺术中心、广东省美术家协会、中共肇庆市委宣传部、肇庆学院承办的“山水砚都　多彩肇庆——全国中国画作品展”在肇庆美术馆开幕，同时还举行了肇庆美术馆落成揭牌仪式。

10月28日，“‘转化·创造’——第七届‘刘开渠奖’国际雕塑大展”在芜湖开幕，34件雕塑作品顺利落成入园。

10月29日，由中国美协与桐乡市人民政府共同主办、中国文联美术艺术中心、中国美协漫画艺委会、桐乡市文广新局承办的“‘子恺杯’第十二届中国漫画大展”开幕式在中国文联展览馆举行。

10月30日，“中国美术家协会美术工作者职业道德建设委员会成立大会暨第一次全体会议”在中国文联四层报告厅举行。

10月30日，“英士藏珍——高英士先生捐赠展”在清华大学艺术博物馆开幕。

10月31日，“2018上海水彩粉画作品展”在东外滩艺术空间开幕。此次展览由上海市美术家协会主办，上海市美术家协会水彩粉画艺术委员会、水彩画工作委员会、粉画工作委员会、东外滩艺术空间承办。

10月31日，“中国·十年——桑德罗·特劳蒂油画研究暨捐赠作品展”在广州美术学院美术馆开幕。此次展览由广州美术学院主办，广州美术学院城市学院、广州美术学院美术馆承办，广州美术学院中国写意油画研究所协办。

十一月

11月1日，由中国美术馆、白俄罗斯驻华大使馆联合举办的“文化风景——白俄罗斯当代艺术展”在中国美术馆开幕。展览共展出八位白俄罗斯艺术家的十余件精彩作品。

11月1日，“第四届广东岭南美术大展”在岭南画派纪念馆开幕。此次展览由广东省美术家协会、广州美术学院、广州市海珠区人民政府主办，岭南画派纪念馆、海珠区文化广电新闻出版局承办。

11月1日，“岭南双擘——关山月　黎雄才书画精品展”在广东汕头开展。

11月2日，“中国美术家协会美术理论委员会2018年会暨委员作品展”在常州举办。

11月2日，“异彩飞扬——首届中国少儿绘画作品展”在江苏省现代美术馆开展。本次展览由中国美术家协会少儿美术艺术委员会、江苏省美术家协会主办，江苏省美术家协会少儿美术艺委会承办，江苏艺之行文化投资发展有限公司协办。

11月2日，“2018年全国美术馆馆藏精品展出季”活动验收评审工作在北京举行。

11月2日，由中央美术学院主办的“国际美术教育大会”在中央美术学院开幕。

11月2日，由江苏省文化和旅游厅主办，江苏省美术馆和江苏省油画学会承办，无锡凤凰艺都美术馆、无锡凤凰画材集团和江苏油画雕塑院协办的“艺术的精神——第十届江苏省油画展”在江苏省美术馆开幕。

11月3日，“图像ⁿ——2018清华大学美术学院教师作品展(美术)”在清华大学美术学院美术馆开幕。

11月3日，由中国美术家协会综合材料绘画艺术委员会、张家港市委宣传部、张家港市文广新局主办的“视界·无界——中国当代综合材料绘画作品邀请展”在张家港市美术馆开幕。

11月4日，由中国艺术研究院主办，中国艺术研究院国家当代艺术研究中心和今日美术馆联合承办，关注中国抽象艺术多媒介研究的展览“界面效应Becoming”在今日美术馆开幕。

11月5日，由中国美术家协会漆画艺术委员会与安徽省美术家协会共同主办、安徽省美术家协会漆画艺术委员会承办的“第十三届全国美展漆画创作动员大会”在安徽黄山召开。

11月5日，由人民大学艺术学院主办的“回望传统——山西古代艺术考察研究展”在中国人民大学艺术学院美术馆开幕。展览集中展示了人民大学艺术学院2014级中国画本科及部分研究生赴晋东南地区，以唐宋彩塑为重点的写生、临摹作品80余幅。

11月7日，由中国美术家协会青少年美术推广中心主办的“直觉意识：绘画的原力(第二回)”展览在北京时代美术馆举行。

11月8日，“美绘梦想　新时代　青春志2018北京青年美术双年展”在中华世纪坛开幕，243位艺术青年的260余件作品最终入选了本次展览。

11月9日，由华东师范大学美术学院主办的“观念的中国性：美术理论上海高峰论坛”在华东师范大学召开。来自全国的20余位美术理论界的专家学者围绕论坛主题展开研讨。

11月9日，由中国美术家协会、中国国家画院、四川省文学艺术界联合会、四川省美术家协会、成都画院、北京画院共同主办的“雪域放歌——李焕民艺术展”在北京画院美术馆开幕。

11月9日，“色彩交响——武德祖艺术展”在中国美术馆开幕。

11月9日，“艺术史：40×40——从四十位艺术家看改革开放四十年的中国当代艺术”展览在上海宝龙美术馆开幕。

11月10日，第十二届中国美术批评家年会在上海举行。

11月11日，“千里之行——中国重点美术院校2018届毕业生优秀作品展”于中央美术学院美术馆开幕。

11月12日，北京美术家协会第六次会员代表大会召开，范迪安当选第六届北京美协主席。

11月13日，“学院陶艺十年——武汉国际陶艺展”在湖北美术学院美术馆开幕。

11月14日，中国美协主办的“送欢乐·下基层”慰问采风活动走进六安金寨革命老区。

11月14日，湖北省文学艺术界联合会主办，湖北省美术家协会、湖北省国画院承办的“写意长江——湖北省中国画作品展”在中国文联文艺家之家展览馆开幕。

11月14日，陕西省美术家协会第五次会员代表大会召开，郭线庐当选第五届陕西美协主席。

11月14日，“千载清风——纪念文同诞生一千周年中国当代墨竹大展”在浙江美术馆开展。

11月15日，由中国美术家协会、中共江苏省委宣传部、江苏省文化和旅游厅、江苏省文学艺术界联合会共同主办的“大道有痕——2018中国百家金陵画展(版画)”在江苏省美术馆开幕。

11月16日,“2018中国文联、中国美协文艺培训志愿服务项目(中级)四川巴中美术培训班开班暨贫困小学捐赠仪式”在巴中举行。此次活动由中国文联、中国文艺志愿者协会主办,中国文联文艺志愿服务中心、中国美术家协会、四川省文联承办。

11月16日,中共中央对外联络部礼宾局、中国美术家协会党建工作交流会在中国文联4楼报告厅举行。

11月16日,“艺术史家的艺术——中国当代美术史论家艺术作品展暨艺术史的图像与风格学术研讨会”在广西举办。

11月16日,“千文万华——中国历代漆器艺术展”在上海博物馆展出。

11月16日,浙江音乐学院主办的“大漠霓裳丝路梵音——敦煌壁画乐舞研究展”在浙江美术馆展出。

11月17日,由中国人民革命军事博物馆、中国国家画院、中国美协艺术委员会联合主办的“永怀初心——陈钰铭师生作品展”在中国人民革命军事博物馆开幕。

11月17日,“第二届EAST-科技艺术季”之“EAST-科技艺术教育国际大会”在中央美术学院举行。此次大会由中央美术学院主办,中央美术学院视觉艺术高精尖创新中心、实验艺术学院、设计学院承办,山水美术馆协办。

11月17日,“合成 分解——第六届云南艺术学院美术学院双年展”在云南艺术学院开幕。

11月17日,“2018视觉艺术教育研讨会”在华东师范大学召开。此次研讨会由华东师范大学美术学院主办,华东师范大学美术教育系、华东师范大学艺术教育研究中心、长三角美术教育研究联盟承办。

11月19日,由中国美术家协会、中国女画家协会、中国妇女儿童博物馆联合主办的“时代华彩——首届中国女美术家作品展”在中国妇女儿童博物馆开幕。

11月21日,由中国国家博物馆、中共山东省委宣传部、中国美术家协会、中央美术学院、山东省文学艺术界联合会主办的“法古禅心——纪念李苦禅诞辰120周年艺术展”在中国国家博物馆开幕。

11月21日,“美在阿拉善——岩画与居延汉简艺术展”在中国美术馆开幕。展览展出岩画实物、雕塑、拓片、汉简等共计100多件。

11月22日,“当代意象——中国写意人物画研究创作展”在中国国家画院美术馆开幕。

11月22日,“妮基·圣法勒——二十世纪传奇女艺术家及她的花园奇境”展览新闻发布会暨开幕式在今日美术馆举办。

11月22日,“水墨走向现代之路——2018深圳美术馆当代艺术展”开展。

11月22日,“纪念改革开放40周年‘时代的温度’——山东艺术学院建校60周年美术作品展”在中国美术馆开幕。

11月23日,“中国唐卡艺术精品展”在中国美术馆开展。

11月23日,“最远与最近——吴长江高原写生作品展”在深圳画院美术馆举行开幕仪式。

11月27日,第八届北京双年展主题创研会暨第二次策委会在京召开。

11月27日,“平民情怀——平山郁夫藏丝路文物展”在中国国家博物馆开幕。

11月27日,“扎根人民、描绘古风——中国艺术研究院艺术家采风写生展”在北京炎黄艺术馆开幕。

11月28日,由西北民族大学、中国美术家协会漆画艺术委员会、甘肃省美术家协会、陕西省美术家协会、山西省美术家协会联合主办的“甘肃、陕西、山西三省漆画邀请展”在西北民族大学美术馆开幕。

11月28日,“中国美术馆国际交流展系列——道之为物:由象及神”在中国美术馆开展。

11月28日,“写意中国·2018中国国家画院版画院作品展”在中国国家画院美术馆开幕。

11月29日,“大哉孔子——中国画创作工程作品展”在山东美术馆开幕。

11月30日,由中国美术家协会中国画艺术委员会主办的“学院——中国画教学与创作论坛暨全国青年教师中国画邀请展”在炎黄艺术馆开幕。

十二月

12月1日,“中国美术家协会实验艺术委员会

2018年度工作会议”在西安美术学院召开。

12月3日，“‘为人民而设计’——山东工艺美术学院艺术与设计作品展”开幕。

12月4日，“美丽中国——纪念改革开放40周年全国中国画作品展”开幕式在湖南省展览馆举行。此次展览由中国美术家协会、湖南省文联主办，中国文联美术艺术中心和湖南省美术家协会、湖南省画院、湖南省美术馆承办。

12月4日，“重塑——吕佩尔茨雕塑及绘画作品展”在山东美术馆开展。

12月5日，由中国美术家协会主办，中国文联美术艺术中心、中国美术家协会民族美术艺术委员会承办的“第三届中国民族美术双年展”在中国美术馆开幕。

12月5日，“‘感恩海洋·潮起象山’——全国中国画作品展”在浙江象山开幕。展览由中国美术家协会、浙江省文学艺术界联合会主办，浙江省美术家协会、宁波市文学艺术界联合会、象山县人民政府承办。

12月5日，“清华大学美术学院2019届第一次硕士研究生毕业作品展”在清华大学美术学院美术馆开幕。

12月5日，“行千里·致广大：2018四川美术学院教师作品年展”在四川美术学院美术馆开幕。

12月5日，“来自中国美术馆的艺术——似与不似：对话齐白石”展览在韩国首尔艺术殿堂书艺博物馆举办。

12月6日，“静待花开——第四届中国西部基础美术教育论坛”在四川美术学院举办。此次展览由中国美术家协会美术教育委员会、四川美术学院、重庆市教研科学研究院、重庆《课堂内外》杂志有限责任公司联合主办。

12月6日，由浙江美术馆和香港大学美术博物馆共同主办的“湖山胜概·绵延千年的雕版印刷展”在香港大学美术博物馆开幕。此次展览是文化和旅游部2018年度内地与港澳文化交流重点项目之一。

12月6日，“北京意象·诗化海淀绘画作品展”在中国美术馆开幕。

12月7日，“吞吐大荒——许钦松山水画展(山东站)”在山东美术馆开幕。展览由中国文学艺术界联合会、全国政协书画室、广东省人民政府、中共广东省委宣传部、中国美术馆、中国美术家协会、中国艺术研究院、中国国家画院主办。

12月7日，“丹青宝筏——董其昌书画艺术大展”在上海博物馆开幕。这是内地迄今为止举办的规模最大的董其昌书画艺术大展，展出的154件(组)书画精品系统呈现了董其昌及其时代的书画艺术成就与意义。

12月7日，著名美术史论家、中央美术学院教授、原中央美术学院图书馆馆长汤池逝世，享年85岁。

12月8日，“金陵盛迹——十七世纪的金陵画坛”在中国美术馆开幕。

12月8日，“2018‘灿’第四届薪技艺国际工艺美术展”开幕式在孟加拉国家美术馆举行。

12月8日，“面向东方——‘60年代’中国当代艺术展”在中央美术学院陶溪川美术馆开幕。

12月8日，“时代新颜——2018山西首届女油画家艺术特展”在太原美术馆开幕。

12月8日，中国当代美术建设专题研讨会系列“承继、拓展与建构——中国现当代美术史论国际研讨会”在四川大学艺术学院举办。

12月9日，“苦旅心语——宋源文个案研究”在中央美术学院美术馆开幕。

12月9日，“远志四韵——李斛的艺术步履”在中央美术学院美术馆开幕。

12月9日，“至诚无息——李瑞年与美术教育”在中央美术学院美术馆开幕。

12月9日，“写意中国·2018中国国家画院年展——国画作品展”在中国国家画院开幕。展览展出该院国画院68位研究员的158幅最新作品。

12月9日，著名油画家、美术教育家、中央美术学院教授靳之林逝世，享年90岁。

12月10日，中国文联、中国美协组织美术家赴广西三江侗族自治县开展“中国精神·中国梦——美丽乡村行”写生采风创作活动。

12月11日，“中国美术家协会漫画、少儿美术、雕塑、民族美术艺术委员会换届大会”在北京召开，陈黎青、尹少淳、黎明、殷会利分别担任主任。

12月12日，由中国美术家协会主办，中国文联美术艺术中心、中国美术家协会连环画艺委会、鲁迅美术学院、盼盼集团惟善轩美术馆承办的“讲中国故事——第五届全国架上连环画展”在鲁迅美术学院大连校区艺术博物馆开幕。

12月12日，“人中奇逸——李铁夫艺术精品展”在北京画院美术馆开幕。

12月12日，“沿巴尔干山到黑海——中保当代美术交流展”在太庙艺术馆开幕。本次展览是“劳动创造幸福·相约丝绸之路系列展览”之一。

12月12日，由中央文史研究馆书画院、中国国家画院书法篆刻院、中央数字电视书画频道主办的“丘壑澄怀·中国书画名家学术邀请展”在中央数字电视书画频道美术馆开幕，展出了程大利、龙瑞、曾来德等书画家的作品100余幅。

12月12日，“庆祝改革开放40周年和唐山解放70周年唐山名家美术作品展”在唐山美术馆开幕。此次展览由唐山市文化广播电视新闻出版局、唐山劳动日报社、唐山市文学艺术界联合会主办，共展出180余幅作品。

12月12日，由澜沧江·湄公河流域国家文化艺术节组委会、中国美术家协会版画艺术委员会、西双版纳州文体广电局、云南省美术家协会共同主办的“2018(第二届)西双版纳国际美术展”在西双版纳民族博物馆开幕。

12月12日，“第四届全国高校插图艺术作品展暨首届全国高校书籍装帧艺术展”在北京印刷学院美术馆开幕。本次展览由中国美术家协会插图装帧艺术委员会、北京印刷学院主办，北京印刷学院设计艺术学院承办，苏州大学艺术学院协办。

12月13日，“生命之美——第二届‘东西南北中’·中国少儿版画教育联会作品邀请展暨版画教学培训交流研讨会”在深圳举办。此次展览由中国美协少儿美术艺委会、深圳大学师范学院、中国观澜版画原创产业基地主办。

12月13日，“山风徐来——贵州省工笔画学会作品交流展”在塞隆水泥库艺术空间开幕。展览由北京工笔重彩画会主办，塞隆水泥库艺术空间承办，共展出了39位艺术家的41幅作品。

12月13日，由吉林省文化和旅游厅主办的“高山仰止——张伯驹潘素伉俪艺术文献展”在清华大学艺术博物馆开幕。此次展览从张伯驹、潘素两位先生的笔墨耕耘、诗文唱和、师友交往等角度，向广大观众详细讲述了张伯驹、潘素伉俪的艺术人生。

12月14日，“2019年度中国中青年美术家海外研修工程成果汇报会”在中国文联召开。

12月14日，“法古禅心——纪念李苦禅诞辰120周年艺术展”学术研讨会在国家博物馆举办。

12月14日，“改革开放40周年暨武汉美术馆开馆10周年——艺术美丽一个城市：武汉名家邀请展”在武汉美术馆开幕。

12月14日，上午10：00，由山东画院、山东美术馆主办的“2018山东画院年展”在山东美术馆开展，展出了55位参展画家的150余件作品。

12月14日，“不期而遇——四川美术学院雕塑系2018教师学生作品年展”在四川美术学院雕塑系展厅开幕。四川美术学院雕塑系自2004年举办首届学生作品年展以来，今年已经举办十五届，成为川美学生展览的重要学术品牌。本次展览共有学生参展作品120件(组)、教师作品31件。

12月14日，“寂静——陈坚纸上作品展”于湖北美术学院开幕。

12月15日，“师造化境 匠心独行——徐匡艺术展”在四川美术馆开幕。展览由中国美术家协会、中国国家画院、四川省文学艺术界联合会、新华文轩出版传媒股份有限公司和北京画院共同主办，四川省美术家协会、四川美术馆、四川美术出版社承办。

12月15日，由博宝艺术网、中国工艺艺术品交易所有限公司、北京德善智信文化艺术交流股份有限公司、民族文化宫联合主办的“水墨深呼吸——中国山水画名家精品展”在民族文化宫举行。

12月15日，“色之谐——闫平、周刚作品展”在北京艺术粮仓开幕。

12月15日，由中共中央党校、中国美术家协会、鲁迅美术学院共同主办的“如境：李象群当代艺术展”在深圳蛇口海上世界文化艺术中心展出。

12月15日，由中国美术家协会策展委员会主办，陶溪川美术馆承办的首届“策展在中国论坛暨2018年中国美协策展委员会年会”在景德镇陶溪川美术馆开幕。

12月18日，“2018厦门全国工笔画双年展开幕式暨《红楼梦》音画交响民族音乐会”在厦门美术馆开幕。此次展览由中国美术家协会、厦门市文化广电新闻出版局主办，中国文联美术艺术中心、厦门市美术馆承办。

12月18日，“中国新水墨作品展1978—2018”在北京民生现代美术馆开幕。展览集中呈现了180位水墨艺术家的200件作品，首次对中国改革开放40年来水墨艺术进行大规模系统梳理，水墨艺术

40年发展历程在展览中得到了较全面的呈现。

12月18日，2018中国国家画院“‘一带一路’采风写生作品展”在炎黄艺术馆开幕。

12月20日，“海派三人行——任伯年、蒲华、吴昌硕书画精品展”于浙江省博物馆开幕。

12月20日，宁波市人民政府主办的“大美名城——宁波市重大历史题材美术创作作品展”在中国美术馆开幕。

12月20日，由中国驻海地商代处发起，中央美术学院、中国人民对外友好协会主办的“海地1948—2018的艺术”展在北京田地艺术中心开幕。

12月21日，“2018·中国当代水墨年鉴三周年特展‘体用一源：面向未来的水墨艺术’”在中国美术馆开幕。

12月21日，“‘东方来信’第四届Inter-Youth国际高等艺术学院青年绘画展——四川美术学院巡展”于四川美术学院美术馆开幕。此次展览由中国美术学院主办，中国美术学院绘画艺术学院、四川美术学院、鲁迅美术学院、苏州美术馆、国际高等艺术学院青年绘画展组委会协办，中国美术学院美术馆、四川美术学院美术馆、鲁迅美术学院美术馆、中国美术学院外事处、中国美术学院创研处、中国美术学院研究生处、中国美术学院实验教学管理部、“技艺与方法”学术研究中心共同协办。

12月22日，中国美术家协会第九次全国代表大会在北京召开。

12月23日，“‘游映·曙光’四川美术学院老教授画展——新年艺术节”于重庆四川美术学院108老教授美术馆开幕。此次展览由四川美术学院老教授协会、108老教授美术馆联合主办，重庆展艺艺术品有限公司承办。

12月23日，“九凡一墨——安徽中青年画家邀请展”在时代美术馆开幕。此次展览由安徽出版集团、农工党安徽书画院联合主办，安徽时代艺品文化投资有限责任公司、安徽九凡工程设计咨询有限公司承办。

12月24日，第十三届全国美术作品展览展区申办会在京举办。

12月24日，由中国国家画院主办，青年画院承办的“写意中国——2018中国国家画院青年画院作品展”在中国国家画院美术馆开幕。

12月25日，由中国文联、中国美协共同主办的“纪念何香凝、丰子恺、吴作人、王琦百年诞辰座谈会”在北京会议中心召开。

12月25日，“庆祝改革开放40周年——第三届全国新钢笔画学术展”在上海宝山国际民间艺术博览馆开幕。展览由民革上海市委、中共宝山区委统战部指导，中国美术家协会连环画艺委会、上海市宝山区文化广播影视管理局、上海市宝山区吴淞街道联合主办，鲁迅美术学院传媒动画学院、上海宝山国际民间艺术博览馆、上海逸仙画院承办。

12月25日，“中国梦·高原情——西部绘画作品展”在上海开幕。此次展览由国家新闻出版广电总局美术家协会、四川省文联、西藏自治区文联、上海市长宁区文联指导，四川省古玩收藏协会和四川美术家协会联合推出。

12月25日，由成都市文联、雅安市文联主办的“纪念改革开放40周年——2018‘画意成都’美术作品年度展暨成都·雅安美术作品联展”在文轩美术馆拉开序幕。

12月26日，由重庆市油画学会主办的“在地与间离——首届重庆油画双年展”于重庆美术馆开幕，共有180余件作品参展。

12月27日，“‘写意·苏州’（山水篇）中国画双年展”在苏州美术馆开幕。此次展览由中国美术家协会主办，中国文联美术艺术中心、苏州市文广新局承办，苏州国画院、苏州美术馆、苏州市美术家协会协办。

12月27日，“今日浦东——庆祝中国改革开放40周年暨浦东开发开放28周年浦东美术作品展”在中国国家画院美术馆开幕。

12月27日，四川省美术家协会、重庆市美术家协会主办的“水色现场——首届四川·重庆水彩艺术联展”在四川美术馆开幕。

12月28日，“南田风骨——第三届恽南田全国花鸟画作品展”在中国·环太湖艺术城文化艺术中心开幕。此次展览由中国美术家协会、中共武进区委宣传部主办，中国文联美术艺术中心、江苏省美术家协会、江苏环太湖文化艺术城有限公司承办。

12月28日，“天津美术学院实验艺术年展”在东莞岭南美术馆开幕。此次展览由天津美术学院、岭南画院主办，天津美术学院实验艺术学院、岭南美术馆承办。

12月28日，由中共河北省委宣传部、文化和旅游部艺术发展中心共同主办的“‘美丽塞罕坝’

全国油画名家作品展”在中国国家博物馆开幕，共展出参与艺术家们的190余幅作品。

12月28日，由陕西广播电视台主办的“美丽陕西——当代国画名家作品展”在西安亮宝楼开幕。

12月29日，由中国美协水彩画艺委会、东莞市委宣传部、莞城区办事处主办的“中国美术家协会水彩画艺术委员会年度提名展2018”在东莞市城美术馆开幕。

12月29日，“第七届西部少数民族青年美术家高级研修班结业展”在中央民族大学美术馆开幕。

12月29日，“深圳创意十二月：龙岗文化创客月”系列活动之“蜕茧新生：国际动态视觉创意艺术展”在深圳红立方公共艺术馆开幕。

（苏丹　编）